アレクサンドロス変相

古代から中世イスラームへ

Yuriko Yamanaka
山中由里子【著】

名古屋大学出版会

アレクサンドロス変相　目　次

凡　例　vii

序　章　歴史と虚構の狭間のアレクサンドロス……1

I　アレクサンドロスに関する知識の源
——古代世界からイスラーム世界へ——

第1章　偽カッリステネスのアレクサンドロス物語……19
1　物語の生成　19
2　東方への伝播　21
3　物語の概要　25

第2章　ギリシア・ローマ古典史料における
アリストテレスとアレクサンドロス……33
1　天才と天才の出会い　34
2　アリストテレスに宛てたインドの不可思議についての書簡　37
3　アレクサンドロスへの忠言の手紙　39

第3章　イスラーム以前のイランにおけるアレクサンドロス……45

1　ペルセポリス焼尽　46
2　大王の記憶　57
3　ササン朝ゾロアスター教文献におけるアレクサンドロス　70

II　預言者アレクサンドロス

第1章　「二本角のアレクサンドロス」……101
1　『クルアーン』第一八章「洞窟」八二―九七節　102
2　「二本角」の正体　109
3　アレクサンドロスにまつわるシリア語キリスト教伝説　121
4　一神教とアレクサンドロス　126

第2章　イスラーム世界におけるアレクサンドロスの神聖化……133
1　タバリーの『タフスィール』　134
2　預言者伝集　152
3　ディーナワリーの『長史』　169
4　ニザーミーのアレクサンドロス物語　174

III　哲人王アレクサンドロス

第1章　「君主の鑑」文学におけるアレクサンドロス……202
1　「君主の鑑」とは　202
2　アダブ文学と先行文明の影響　206
3　サーリム・アブ・ル＝アラーの「アレクサンドロスに宛てたアリストテレスの書簡集」　214
4　『秘中の秘』　219

第2章　アダブからヒクマへ……230
1　アリストテレスの忠言　231
2　アレクサンドロスの金言　235
3　「インドの裸行者」との問答　239
4　アレクサンドロスの最期　244

IV　歴史叙述の中のアレクサンドロス

第1章　初期のアラブ歴史学――ハディースの時代……257

1　歴史としてのイスラーイーリーヤート――ワフブ・ブン・ムナッビフ　258
2　スィーラの歴史観――イブン・イスハーク　262
3　イブン・ヒシャームの『王冠の書』　268
4　征服史とアレクサンドロス――イブン・アブド・アル＝ハカム　272

第2章　非アラブの貢献――ペルシア、ビザンツの遺産……282
1　『列王伝』の翻訳――イブン・アル＝ムカッファア　284
2　ビザンツ、キリスト教史学の影響　287

第3章　万国史の登場――ハディースからの解放……294
1　事典的歴史――イブン・ハビーブとイブン・クタイバ　294
2　物語的歴史――ディーナワリー　299
3　博識と原典批評――ヤアクービー　314
4　ハディースへのこだわり――タバリー　321
5　時代の知の集成――マスウーディー　331

第4章　権力の地方分散と歴史――東方イスラーム世界を中心に……354
1　ブワイフ朝下の歴史家　355
2　サーマーン朝下における近世ペルシア語の台頭　357

3　ガズナ朝スルタンたちの「アレクサンドロス模倣」　376
4　セルジューク朝期の歴史書　387
5　歴史の指標としてのアレクサンドロス　390

終　章　超越と限界を体現する男……397

あとがき　403
註　巻末 83
原典資料　巻末 72
参考文献　巻末 30
付録「偽カッリステネスのアレクサンドロス物語」諸系統　巻末 23
図版出典一覧　巻末 19
索　引　巻末 1

凡例

表記・転写について

ギリシア語

・ギリシア文字はラテン文字に転写する。アクセント記号と気息記号は省略する。
・長音をカタカナ表記しない。ただし、テーバイ、スーサ、クーマイ、コーモスなどの慣用化された地名、名詞は例外とする。
・重子音は表記する。ただし、アポロンなど慣用化されている場合は、アポッロンとはしない。
・ph はパ行で表記せず、ファ、フィ、フ、フェ、フォを当てる。
・人名のカナ表記はギリシア語読みで、ラテン文字表記はラテン語読みにする。書名はラテン語で示す。

パフラヴィー語（中世ペルシア語）

・ローマ字音声転写は、マッケンジーの辞書の方式に従う。D. N. Mackenzie, *A Concise Pahlavi Dictionary* (London : Oxford UP, 1971), xiv–xvi.
・＊は復元形を示す。
・引用文で言葉を補う場合は、〈 〉に入れる。

アラビア語

・アラビア語の字母の配列順に b, t, th, j, ḥ, kh, d, dh, r, z, s, sh, ṣ, ḍ, ṭ, ẓ, ʻ, gh, f, q, k, l, m, n, h, w, y, ʼ を用いる。
・短母音は a, i, u, 長母音は ā, ī, ū, 二重母音は ay, aw とする。
・定冠詞 al- は、ローマ字転写においては、発音における太陽文字との同化の有無にかかわらず、al- とする。カタカナ表記では、表音主義に従う。
イブン・アル＝ナディーム　↓イブン・アン＝ナディーム
ただし、イブン・アブド・ル＝ハカム　↓イブン・アブド・アル＝ハカム

・固有名詞冒頭の「アル＝」は表記しない。

・人名の「……の父」abū ＋ al- や、dhū ＋ al- の構成においては、仮名表記では連結ハムザと先行文字との同化を考慮する。さらに連結ハムザの直前の長母音は発音通り、短母音として仮名表記する。
サーリム・アブー・アル＝アラー　↓サーリム・アブ・ル＝アラー
ズー・ル＝カルナイン　↓ズ・ル＝カルナイン

・語頭のハムザは表記しない。連結ハムザは省略する。

・語尾のター・マルブータは省略する。ただし、属格限定される名詞末尾、および長母音に続くター・マルブータはローマ字表記においてtで示す。

・母音を伴わない「アイン」は小文字で表記する。
サアラビー、サーラビー　↓サァラビー
ミイラージュ、ミーラージュ　↓ミィラージュ
ムウタミド、ムータミド　↓ムゥタミド
ただし小文字が重なってしまう場合は大文字で表記する。
ムカッファア、ムカッファー　↓ムカッファア

・「……の息子」を意味する「イブン」が人名の間にある場合は、ローマ字表記ではb. で示し、カナ表記では「ブン」とする。

ペルシア語

・アラビア語の場合に準じ、これにp, ch, zh, gを補う。wの代わりにvを用いる。

- 母音は一七世紀までのテクスト、人名、書名は古典音を採用した。すなわち、短母音、a, i, u、長母音 ā, ī, ū、二重母音 ay, aw。ただし古典書の書誌的情報においても、現代の校訂者、出版社などは現代音で転写した。
- 詩のローマ字転写は、古典音を採用し、韻律の規則に従って、実際に発音される音と母音の長短とを転写する。韻律上、発音されない短母音は（ ）に入れる。

参考文献の省略形

Boyce, *HZ*	M. Boyce, *A History of Zoroastrianism*. Handbuch der Orientalistik I, VIII.1.2.2.1–3, vols. I–III (Leiden : Brill, 1989, 1982, 1991).
BSOAS	*Bulletin of the School of Oriental and African Studies*
CHAL	*Cambridge History of Arabic Literature*
CHI	*Cambridge History of Iran*
DkM	*Dēnkard*. 校訂＝D. M. Madan, *The Complete Text of the Pahlavi Dinkard*, 2 vols. (part I, books III–V : 1–470 ; part II, books VI–IX : 473–953) (Bombay : The Society for the Promotion of Researches into the Zoroastrian Religion, 1911).
EI[1]	*E. J. Brill's First Encyclopaedia of Islam, 1913–1936*, 9 vols. (Leiden).
EI[2]	*The Encyclopaedia of Islam, New Edition* (Leiden, 1960–).
EIr	*Encyclopaedia Iranica*
GAS	Fuat Sezgin, *Geschichte des Arabischen Schrifttums*, vols. 1–12 (Leiden : Brill, 1967–2000).
JAOS	*Journal of the American Oriental Society*
JNES	*Journal of Near Eastern Studies*
JRAS	*Journal of the Royal Asiatic Society*

LCL	*Loeb Classical Library*
ZDMG	*Zeitschrift der Deutschen Morgenländischen Gesellschaft*

序章　歴史と虚構の狭間のアレクサンドロス

History is a romance that is believed;
romance, a history that is not believed.
——Horace Walpole (1717–1797)
(*Works*, 4 : 368)

紀元前三五六年、アレクサンドロス三世は、マケドニア王であるフィリッポス二世とエピロテ王女オリュンピアスの間にペッラで生まれ、少年期にレオニダス、アリストテレスらの教育を受け育つ。マケドニアは当時のギリシア世界の中心アテネから見れば、辺境の後進国と軽蔑されていたが、フィリッポスは軍制改革を進め、遂に前三三八年、カイロネイアの戦いでアテネ・テーバイ連合軍を破り、ギリシア諸都市を制圧する。翌前三三七年にはスパルタを除く全ポリス（都市国家）を召集し、コリントス同盟を成立させ、その実権を握る。コリントス同盟の総帥となったフィリッポスはペルシア遠征軍の総司令官に任命されるが、遠征の先遣隊が小アジアに派遣された矢先、前三三六年に暗殺されてしまう。

弱冠二〇歳にして新進国家マケドニアの国王となった若きアレクサンドロスは、同盟を父から引き継ぎ、一世紀半ほど前のペルシア戦争においてペルシア側がアテネを焼いたことに対する「報復戦争」を大義名分に、ギリシア連合軍を率いて、紀元前三三四年に東方遠征に進発する（地図1）。

翌年、天下分け目の戦いとなったイッソスの戦い（図1）でアケメネス朝ペルシアの王ダレイオス三世を破り、

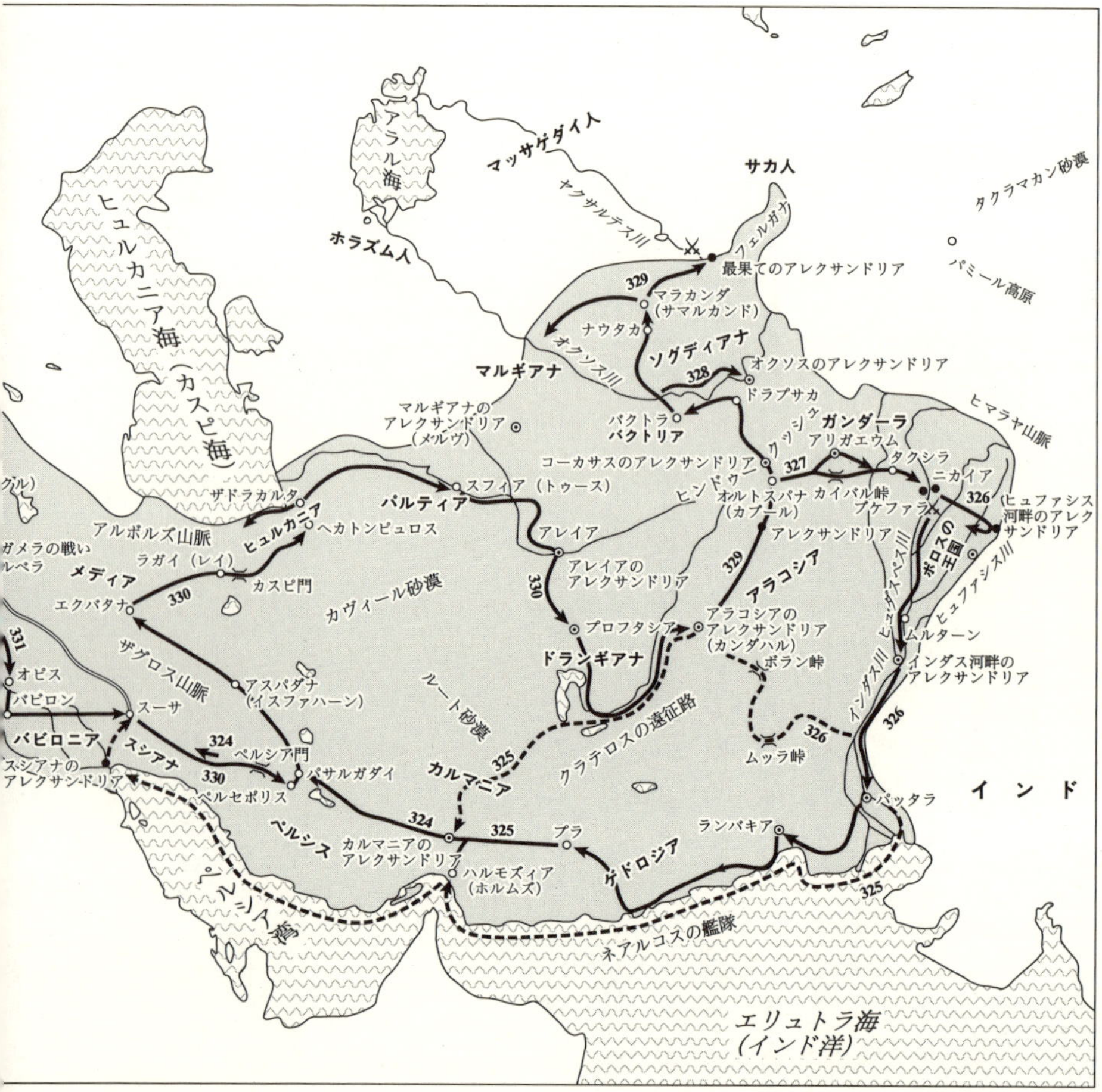

スの帝国（前334-323年）

エジプトに進軍、征服してから、逃げたダレイオスを追ってメソポタミアに進む。そして紀元前三三一年にガウガメラの戦いにおいてまたもや勝利を収める。そこからさらにペルシア帝国の心臓部であるパールス地方（ギリシア語でペルシス。現在のファールス地方）に突入し、地元住民の激しい抵抗に遭いながらも前三三〇年の初め頃に、アケメネス朝の宗教行事の中心地として精神的首都であったペルセポリスを占領。この贅を尽くした都に滞在している間、ア

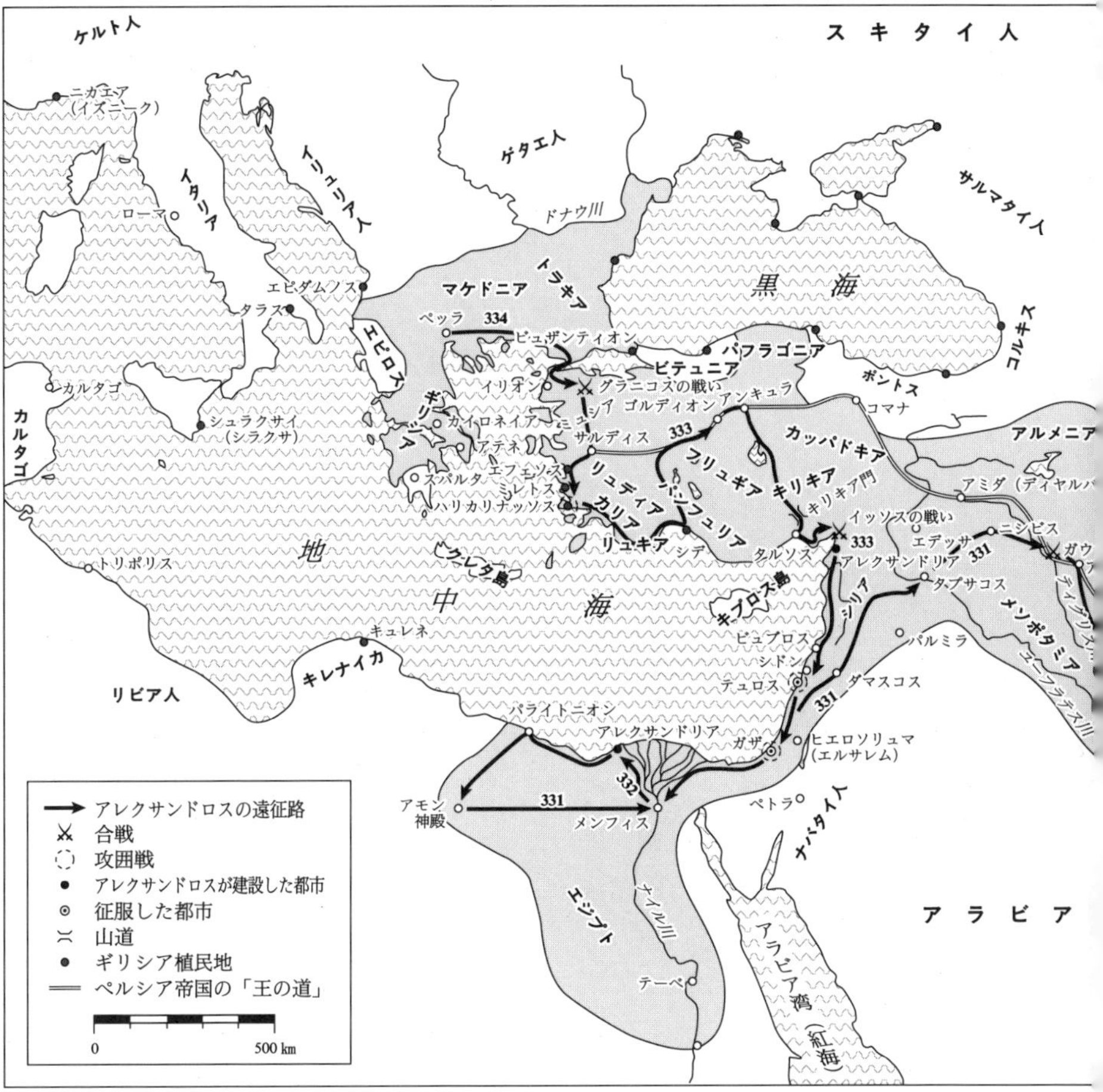

地図1　アレクサンドロ

レクサンドロス軍は財宝の一切を略奪し、王宮や神殿の一部を破壊して、再び進発する際には、全てを焼き尽くしてしまった。そして、その直後、ダレイオス三世は自らの側近ベッソスらによって殺害され、栄華をきわめたアケメネス王朝は実質上滅びる。

一方、アレクサンドロスは、暗殺者ベッソスを捕らえるためにバクトリアに進み、さらにソグディアナに入るが、インダス川の最後の支流ヒュダスペス河畔に到達したところで兵士たちの要請

図1　イッソスの戦いを描いたモザイク（ポンペイ出土）

により帰途に就く。そしてバビロニアまで戻ってきたところで原因不明の熱病にかかり、アレクサンドロスは紀元前三二三年六月一〇日（一一日、一三日説もあり）に三三歳の若さで死んでしまう。

大王の死後、彼の臣下の部将たちの間で起こった後継者（ディアドコイ）争い（紀元前三二三―二八〇年）の結果、帝国は分裂する。紀元前三〇一年までには、カッサンドロス、リュシマコス、プトレマイオス、セレウコスがそれぞれマケドニア、トラキアと小アジア、エジプト、シリアからイラン高原の覇権を握った（地図2）。そしてアレクサンドロスの死後四〇年もの間続いた抗争の末に、最終的に旧アケメネス朝ペルシア帝国の領地は、エジプトがプトレマイオス朝、小アジアからインダス川流域までがセレウコス朝の支配下に治まることになる。

以上が、歴史の参考書に見られるようなアレクサンドロスの生涯の概略である。父が築いた軍事力の基盤があったとはいえ、一人の青年がわずか一〇年強の間に、一世紀半もギリシア世界を脅かし続けていたアケメネス王朝を倒し、アジアにおける覇権の構造を覆した。その衝撃はギリシアからインドまでの人々の記憶に深く刻まれたのである。ヘレニズムの潮が引き、西アジアにおいて新たな権力・文化・信仰の波が押してはまた引いてゆく中で、アレクサンドロスは、その時々の、その土地の思潮によって、英雄のごとく称えられ、神のごとく敬われ、また悪魔のごとく罵られた。アレクサンドロスをめぐる言説は、様々な歴史的コンテクストにおいて常に再生し続け、幾世代もの権力者、宗教家、思想家、詩人、作家たちにインスピレーションを与え続けたのであった[1]。そして彼の強烈な個性と超人的な威力に、彼が征服した領土をさらに越えたほぼ地球全域の人々が、今なお惹きつけられ、そこに自らの信条、夢や野望、畏怖の念や権力意思を投影

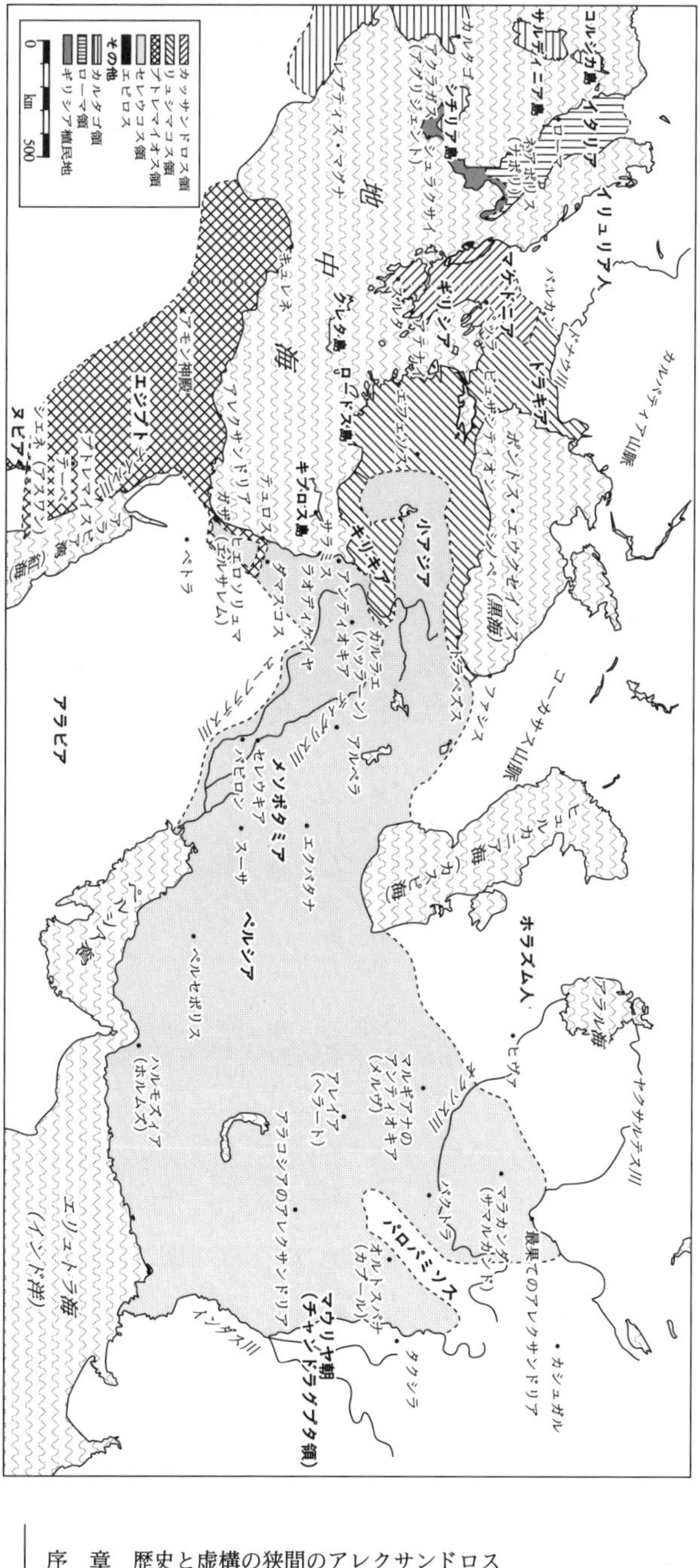

地図2　後継者(ディアドコイ)たちによる帝国の分裂

している。

ギリシア・ローマの歴史家たちが残したアレクサンドロスの遠征中の出来事の記録にもすでに、史実に近いと思われる部分と伝説とが混在する。アレクサンドロスの言動や性格については、王の生前からすでに流布していた様々な伝説的逸話があり、また大王の唐突な死に続く混乱期には諸々の派閥が私利を図り情報操作をした。現存する歴史資料には、最も信憑性が高いとされてきたアッリアノスの『アレクサンドロス遠征記』から、一般に「俗伝（ウルガタ）」（vulgate sources）と呼ばれてきた伝奇的要素がより強い史料――ディオドロス（紀元前一世紀）、ストラボン（紀元前六三頃―紀元後二三年頃）、クルティウス・ルフス（一世紀）、プルタルコス（四六頃―一二七年）、ユニアヌス・ユスティヌス（三世紀）のものなど――までがあり、[2] 現代の歴史家たちはこれらの史料から政治的なプロパガンダや伝説の層を取り除いた「史実」を抽出しようとしてきた。[3] だが本書はむしろ、人々がアレクサンドロスという人物に何を見出し、何を投影し、彼にまつわる言説をいかに操作してきたのかという点に注目する。

（1）時代と地域

分析の対象とするのは、イスラーム古典期のアラビア語・ペルシア語で書かれた様々な分野のテクストである。ここで「古典期」という時代区分と、本文中でたびたび使用する「イスラーム世界」という用語を定義しておく必要があるだろう。

「古典期」とは、西暦七世紀にアラビア半島にイスラームが興り、その信徒たちが軍事的・政治的な勢力を持ち西アジアを制覇してから、アッバース朝がついにモンゴル軍の侵攻により一二五八年に滅亡するまでの六世紀ほどの間とする。研究者によっては、イスラームの最初の三世紀ほどを「古典期」とし、アッバース朝中央政権の弱体化によってイスラーム共同体の統一性が崩れ、西アジア各地に地方王朝が興り始める一〇世紀頃からを「中世期」、オスマン朝とサファヴィー朝という大国が西アジアを二分する一六世紀以降を「近世」、一九世紀以降を「近代」と、より細かく四区分法を用いる場合もある。[4] また、「古典期」の範囲をオスマン朝が広く覇権を握る一六世紀まで拡大している研究者もいる。[5]

確かに、アラブ文芸を中心に考えた場合は、その黄金時代は一〇世紀のアッバース朝の分裂までなのであろう。しかし「イスラーム世界」を総体的に捉えるとすれば、学問の中心は分散したとしても、内陸アジアからの異民族の侵攻が西アジア全体に衝撃を与えるまでは、文化的な流れにある程度まとまりがあったと考えられるのではないだろうか。例えば第IV部で見るように、アラビア文字で表記されるようになったペルシア語でまとめられた『王書（シャー・ナーメ）』は突然変異による産物ではなく、同様の古代ペルシア列王伝がすでにアッバース朝時代からアラビア語に訳され、イスラーム世界の歴史学に多大な影響を与えてきていたのであった。

他方、「イスラーム世界」という用語については、この言葉を無批判に使うことの危うさを羽田正氏が『イスラーム世界の創造』において充分に論じている。[6] 本書ではこの言葉を、羽田氏が「歴史的イスラーム世界」と呼ぶ、「支配者がムスリムでイスラーム法による統治が行われている地域」という意味に限定して使っていることを断っておく。

（2）本書の構成と目的

さて、ギリシア・ローマ、エジプト、メソポタミアやペルシアにイスラーム以前から存在したアレクサンドロスに関する言説は語り継がれ、また翻訳されるなどして、その知識はイスラーム世界へと継承されたわけであるが、その知識の主要な源泉は、第I部で見るように、現代の歴史家たちがより史実に近いと見なすアレクサンドロス伝ではなく、伝説的なアレクサンドロス伝であった。

イスラーム世界が受け継いだアレクサンドロス像は、我々から見ればすでに「虚像」となっているのだが、伝承が語り継がれるに従って、その土地と民族の世界観の中でさらに変容してゆくアレクサンドロス像には、むしろ語りの担い手たちが求めた「真実」が見出されるといえよう。

イスラーム世界の人々はアレクサンドロスに何を見、何を求めたのか、そしてそれをどのように表現したのか。この問題を第II部、第III部、第IV部で、それぞれ宗教、政治、歴史の分野において考察する。まず第II部「預言者アレクサンドロス」では、宗教・神学関係の著作におけるアレクサンドロスに関する記述を出発点とし、さらに歴史書や叙事詩も取り上げ、『クルアーン』に登場する二本角(ズ・ル＝カルナイン)との関連において神聖視されたアレクサンドロスに焦点を当てる。

第III部「哲人王アレクサンドロス」では、ビザンツやササン朝の王権と統治に関する理想や君主道徳が、アリストテレスがアレクサンドロスに宛てたとされる忠言の手紙の形でイスラーム世界に受容された過程をまず明らかにする。そして、この賢者と賢王の組み合わせのトポスの、君主鑑以外の分野における展開も追う。さらに哲学者列伝、君主鑑、格言集といった教訓文学に理想の君主として登場するアレクサンドロス像を探る。

第IV部「歴史叙述の中のアレクサンドロス」では、それぞれの時代の歴史家たちがどの情報源を通してアレクサンドロスに関する知識を得たのか、彼らが古代史をどのように再構築し、そこにアレクサンドロスをどう位置づけたのか、という課題に迫る。イスラームの勃興から東方イスラーム世界にイラン系王朝が誕生するまでの歴史学の発展史を背景に、アレクサンドロスに関する歴史叙述を追うことによって、ムスリムの知識人たちがイスラーム以前の古代史をどのように認識していたのかということが解明される。

羽田正氏は前掲書において、次のように述べている。

前近代アラビア語の世界史書のこの部分（ムハンマド以前の時代）に何が記されているかを詳しく検証し、互いに比較すれば、ムスリム知識人がムハンマド以前の時代をどのように認識し、『クルアーン』の文言をどう解釈していたのか、彼らの歴史認識に時代的な変化はあるのか、また、同じ聖書の伝承を信じるユダヤ教徒やキリスト教徒の歴史認識とアラブ・ムスリム知識人のそれはどう違うのか、といった重要な問題が解明されるはずである。今後取り組むべききわめて意義のある作業だと思う(7)。

筆者が特に第II部と第IV部で行うのは、まさにこの作業である。古代史の中でも最も突出した人物であり、しかもその伝説がユダヤ・キリスト教説話を介して『クルアーン』の一部に組み込まれたアレクサンドロスは、羽田氏が述べるいくつかの重要な問題を明らかにするにあたって恰好の事例であるといえよう。

その上筆者は、羽田氏がここでは指摘していない点も考慮する。古典期のムスリム知識人の多くはアラビア語で著述していても、出自がアラビア半島の純粋な「アラブ」ではなかった。ディーナワリーやタバリーのように、その家系が「イラン系」といわれる、旧ササン朝領の知識体系にも通じていた著述家を「アラブ・ムスリム」と呼ぶことは不適切ではないかと思われる。第IV部で明らかにするように、ムスリムの歴史認識にはある時期から、聖書的な歴史観だけでなく古代ペルシアの列王伝の影響も色濃く現れるようになるのである。つまり、羽田氏が挙げるいくつかの問題点に、イスラーム以前のペルシアにおける歴史認識とムスリムによる歴史叙述との比較も加えなければならない。そして古代ペルシアの歴史観がイスラーム歴史学に同化されてゆく過程を探るにあたっても、アレクサンドロスは非常に重要な鍵を握る人物である。なぜなら、イスラーム以前のゾロアスター教的世界観においては、アレクサンドロスは邪悪な侵略者であったが、イランのイスラーム化とともにそのイメージは、完全には消えずとも、薄らいでゆくからである。この点は第IV部において検討する。

ムスリム知識人の信仰心、政治思想、そして歴史意識におけるアレクサンドロスに論点を絞ったのは、宗教と政治と歴史が権力と切っても切り離せない関係にあり、権力をめぐる言説においてこそ「アレクサンドロス」という記念碑的な存在の本質が最も顕著に現れ、そして効力を発することを論証できると考えたからである。すでにイスラーム以前の文明や宗教が、共同体意識の高揚や教義の擁護のための強力な「駒」としてかかえてきたアレクサンドロスを、西アジアの新しい支配者となったムスリム共同体が、自らの存在意義の確立のためにいかに利用したか。本書が狙う所はそこにある。

(3) 先行研究と本書の独自性

アレクサンドロスの「実像」を求める歴史的な研究は山のようにあり、いまだに生産され続けている。また、アレクサンドロス物語に関しても、個別の作品の研究から、それらを集めたような共同プロジェクトやシンポジウム報告書が出ている。[8] 中世イスラーム世界の著述家たちによるアレクサンドロスへの言及についていえば、一九世紀末から今世紀初めにかけてのヨーロッパの東洋学者たちもすでに関心を持っていた主題である。ネルデケやその弟子フリードレンダー、バッジらによる、いくつかの古典的な文献学的研究が残されている。[9] エドワード・サイードなどは、結局はギリシア至上主義、ヨーロッパ至上主義の彼らの「オリエンタリズム」を批判したが、それでもギリシア語、ラテン語、シリア語、パフラヴィー語、アラビア語、ペルシア語を使いこなせたネルデケらの学問的視野の広さは、専門分野が細分化された現代の研究者にはなかなか真似のできないことであり、彼らが築いた学問的基盤は見直すべきである。[10] しかし人類の精神史におけるアレクサンドロスの位置づけ、人々が彼にどのような象徴性あるいは寓意性を見出してきたかを、様々な分野の著作に広く探った研究はこれまでほとんどない。

中世ヨーロッパに関しては、ジョージ・キャリーによる古典的な研究『中世のアレクサンドロス』がある。[11] キャリーはその本を出版することなく若くして他界したが、死後D・J・A・ロスによってキャリーの原稿が編集され刊行された。キャリーは、モラリスト（哲学者）、神学者（聖書注釈者）・神秘主義者、教訓書の作者、非宗教的世俗的作者（物語作家、詩人その他、娯楽作品の作者）といったように著述家たちを分野によって分け、それぞれが描いたアレクサンドロス像を明らかにしている。ただしキャリーの研究は、キリスト教ヨーロッパの作品が中心である。ムスリムの作者たちにも気を配ろうとした努力の跡は見られるが、情報量が圧倒的に少なく、原典は翻訳に頼っている。

イスラーム世界のアレクサンドロス伝については、個別の作品や写本についての考察はあってもキャリーの著書に比しうるような総合的な研究はこれまでなかった。[12] 筆者が目指すのは『中世のアレクサンドロス——イスラーム世界編』である。本書はその「上巻」といったところである。

キャリーの本はややカタログ的であり、文章の詳細な分析があまり見られないが、それに対して本書では作品の内容やその歴史的文脈にできるだけ踏み込むようにした。また、章立ての構想においてもキャリーとは微妙に異なっており、キャリーは前述したように著述家の種類によって章を分けているが、筆者は作品に表れるアレクサンドロスの「顔」によって分類した。アレクサンドロスの「顔」とは、何か。

これは著名な神話学者ジョーゼフ・キャンベルの『千の顔を持つ英雄』という本の題にヒントを得ている。キャンベルは、世界各地の様々な神話や宗教的物語の主人公を比較し、そこに一つの英雄の原型（archetypal hero）を見出した。これに対して、アレクサンドロスにまつわる言説を追ってゆくと、それらが多岐の分野にまたがっており、そこに「聖人」、「世界支配者」、「破壊者」、「哲人王」、「探求者」、「科学者」といった様々な「顔」が現れてくることが分かる。キャンベルの英雄の原型は「多」から集約された「個」であるが、アレクサンドロスの場合には、「個」が内包する「多」が見えてくるのである。アレクサンドロスという人物が持つ寓意性、多面性を明らかにするための分類法を、「顔」という言葉で表しているゆえんである。そしてそれらの「顔」は時代とともに、また地域によって変化してきた。

神野志隆光氏は文字テクストとして成り立った『古事記』・『日本書紀』が、後代様々な文脈において書き換えられ、解釈される、そのありようを「テクストの変奏」と説明している。(13) 筆者はこの「変奏」から、仏教用語で、経説などを絵画化したものを指す「変相」を連想し、古代から中世へと様々な歴史的・文化的コンテクストにおいてその形相を変えてきたアレクサンドロスの多面性を表す語として使うことにした。

(4) 手法と視点

本書全体を通して注意した点は、諸々のテクストの中のアレクサンドロスが持つ意味を、そのテクスト自体の分析に加え、知識の伝承経路、テクストが成立した時代の歴史的情況、学問体系の在り方をも総合的に検証した上で、明らかにすることである。

ある文明の知識体系を一塊として捉えることには危険性もあるであろうが、それでも、アレクサンドロスを切り口とすることによって、古代地中海世界、古代西アジアからイスラーム世界への知識の流れがある程度見えてくるはずである。テレビもインターネットもなかった時代に、知識は人が運んでいたわけであり、その人の流れの実態――征服事業、商業、巡礼、学問的修行や調査など――については、できるだけ言及したが不明な部分も多く、これから解明するべき課題である。

流動する知識が、辿り着いた地でどのように変化したかを明らかにするのが比較の手法である。古代の諸言語（ギリシア語、ラテン語、シリア語、ヘブライ語、パフラヴィー語）で記されたアレクサンドロスにまつわる伝承が、アラビア語とペルシア語文献では、どのようなコンテクストに置き換えられたのか、それが時代ごとにどう変化したのかを比較検討する。さらに、キリスト教、ユダヤ教、イスラーム教という三大一神教が、それぞれどのようにアレクサンドロスを捉えたのか、ということも比較の焦点となっている。中世ヨーロッパのアレクサンドロス伝との比較は本書の目的ではないため、あまり深くは掘り下げていないが、イスラーム世界での展開の特徴を浮かび上がらせるために、必要に応じて言及する。

I

アレクサンドロスに関する知識の源

——古代世界からイスラーム世界へ——

イスラーム世界の著述家たちが描いたアレクサンドロスは、時に預言者であり、時に君主の模範であり、また重要な歴史上の人物であり、はたまた物語の英雄でもあった。これらの宗教家、モラリスト、歴史家、詩人たちはアレクサンドロスに関する情報をどこから得たのであろうか。まずこの第I部ではイスラーム世界におけるアレクサンドロスに関する知識の源泉を探ってみよう。

アレクサンドロスの死後に古代世界において蓄積された彼にまつわる様々な言説のうち、イスラーム世界へと伝わった情報の主要な系統は、次の三つに絞ることができる。それは「偽(プセウド)カッリステネスのアレクサンドロス物語」(口頭伝承も含む)、アリストテレスとアレクサンドロスの間に交わされた書簡、そしてゾロアスター教徒の伝承である。第一の系統はアレクサンドロスの生涯を題材とした、中世ヨーロッパにも広く流布した虚構の物語である。第二のアリストテレスとアレクサンドロスの間に交わされた手紙のギリシア語ないしラテン語原典というのは極めて断片的な形でしか現存しないが、イスラーム初期に書簡集の形でアラビア語に訳されたとされる。それは第III部で見るように、後にアラブ・ペルシアの格言集や哲学者伝において賢王とその助言者である哲学者のペアを連想させるトポス(定型化されたテーマ)の原点となった。第三のゾロアスター教伝承には、ササン朝時代のイランにおいて形成された否定的なアレクサンドロス像が描かれている。ゾロアスター教が衰退するとともに影は薄くなるが、イスラーム時代に入ってからもその形跡はペルシア文学、あるいはイラン系の歴史家の記述などに残った。以下にそれぞれの系譜の起源とイスラーム世界への伝播過程を詳しく考察する。

大変興味深いことに、ギリシア・ローマの歴史家たちのアレクサンドロス伝——アッリアノス、プルタルコス、クルティウス・ルフス、ディオドロス、ストラボンなどのもの――は、イスラーム世界においては知られていなかったようである。後述するアラブの歴史家たちのアレクサンドロスに関する記述においても、空想的なアレクサンドロス物語の筋を追うものが主流である。プルタルコスの著作の一部はクスター・ブン・ルーカー Qusṭā b. Lūqā（八二〇頃―九一二年）によってアラビア語に訳されたことが分かっているが、[1] アレクサンドロス伝を含めた英雄伝全体が訳されたかどうかは定かでない。ちなみにアッリアノスの『アレクサンドロス遠征記』については、アレクサンドロスをモデルとして仰いだオスマン朝のスルタン、メフメット二世（一四三二―一四八一）の蔵書に、[2] スルタンのために写されたギリシア語写本が含まれていたことが分かっている。[3] スルタンがアラビア語に訳させた可能性も大いにある。

比較のために、ヨーロッパに伝わったギリシア・ローマの歴史家のアレクサンドロス伝について言及しておこう。中世ヨーロッパにおいても、偽カッリステネス系の空想的なアレクサンドロス物語は各国の文学に大きな影響を与えたが、それ以外にもクルティウス・ルフス、オロシウスなどによる「歴史的な」アレクサンドロス伝も知られていた。[4] しかしこれらも、現代の歴史学者には俗伝（ウルガタ）と呼ばれ、アッリアノスなどに比べると信憑性が薄いとされる史料である。それにこれらの史伝は、アレクサンドロスを成功のために堕落した人物としており、その影響を受けた後の作品は、アレクサンドロスの傲慢や野望を批判的に捉えている。つまり、中世ヨーロッパにおいては、空想物語の英雄としてのアレクサンドロス像と、道徳的・宗教的見地から否定的に描かれたアレクサンドロス像の二つの潮流があったといえよう。

物語的な不可思議の要素や道徳的な教訓よりも歴史的な正確さを求める傾向は中世後期に始まり、[5] さらにルネッサンス期のヒューマニストたちによってアッリアノスの『遠征記』、プルタルコスの『英雄伝』などの、より史実に近いアレクサンドロス伝が再発見された。アッリアノスの『遠征記』はウェルジェリオ Pier Paolo Vergerio によってラテン語に訳され、アレクサンドロスの伝記の中で最も歴史的信憑性の高いものとしての正当な評価が与えられた。[6] 一二〇〇年頃のウィーン写本がウェルジェリオ訳の原型とされる。ウェルジェリオは神聖ローマ皇帝シギスムント Sigismund（一三六八―一四三七年）に宛てた手紙の中で、ローマ時代のアレクサンドロス伝の不正確さを指摘し、アッリアノスの価値を立証している。[7] これが、上記のメフメット二世がアッリアノスの『遠征記』を写させ、おそらく翻訳させたのとほぼ同時代か、それよりやや早い時期であったことは、単なる偶然ではないであろう。『遠征記』の印刷本の初版（*editio princeps*）は一五三五年にヴェネチアで出版された。一方プルタルコスの『英雄伝』は、一部がグアリノ・ダ・ヴェロナ Guarino da Verona によって一四三〇年頃初めてラテン語に翻訳され、ダリウス・ティベルティウス Darius Tibertius によって一五〇一年に梗概が作られ、ギリシア語原典の初版が一五一七年に出された。[8]

アレクサンドロスの治世年代に関する情報が、『アルマゲスト』の著者である天文学者プトレマイオスの王名表の受容を通してイスラーム世界に伝わるなど、知識の細流はあったものの、本書第IV部第2章で詳しく述べるように、ギリシア歴史学自体がイスラーム世界においては、ギリシア科学の他の分野の知識ほどの影響力を持たなかったようである。

第1章　偽カッリステネスのアレクサンドロス物語

「史実」という動かし難い核に近づこうとする近代歴史家の思考のヴェクトルとは逆方向に、人々の想像力は、三三歳の若さで死ぬまでにエジプトからインダス川領域までの広大な土地を征服したアレクサンドロス大王の事績に刺激され、その華やかで短い生涯を脚色し、空想的な物語に仕立てていった。この物語のギリシア語版を最も早い時期（一八四六年）に校訂したミュラーが使用したパリ写本において、アリストテレスの甥でアレクサンドロスの遠征に御用歴史家として同行したカッリステネスがたまたま作者とされていたことから、ヨーロッパ、北アフリカ、西アジア、インド、東南アジア各地で多様な形で流布したこの物語群は、総じて「偽カッリステネスのアレクサンドロス・ロマンス」（Pseudo-Callisthenes' Alexander Romance）と研究者の間では呼ばれるようになった。

1　物語の生成

アレクサンドロスが実際に征服した領域よりもさらに広範囲の地域の様々な民族の心を捉えたこの物語の源泉は、大王自身が建設に関わったエジプトのアレクサンドリアにあるとされ、その原型はギリシア語で書かれた散文物語である。アレクサンドロス・ロマンスの起源について詳しく記しているメルケルバッハは[1]、この物語は紀元後三世紀頃にアレクサンドリアのギリシア系エジプト人によってギリシア語で編纂されたとし、その主要原資料として、アレクサンドロスと同時代の歴史家クレイタルコスの大王伝に基づく通俗史話、大王の生涯を手紙の形で記した書簡体物語（紀元前一世紀頃）[2]、アレクサンドロスが師アリストテレスおよび母オリュンピアスに宛てたインドの驚異を描写した手紙、アレクサンドロスの最期に関する話（大王の死の直後に書かれた政治的文書）[3]、アレクサンドロスとインドの哲人との対話を挙げており、さらに最後のファラオ、ネクタネボスに関するエジプトの地元の伝説の影響にも言及している。

ギリシア語アレクサンドロス・ロマンスのL写本の英訳をしたストーンマンは、物語のおおまかな筋はおそらく紀元前三世紀にはすでに出来上がっていたのではないかと述べている。彼の見解によると、アレクサンドロスの死後に生まれた様々な伝承や虚構の書簡などが物語の骨組みのまわりに累積した結果が最終的に文字に記録され、後の訳本・異本の原本となる「正典」と呼べるようなテクストに固定されたのが紀元後三世紀であり、その背景には当時の聖者伝、賢者伝の流行があったという[4]。

現存する写本から再現できるこの物語の「原型」においても、エピソードの繰り返しがあったり、年代が矛盾したりで、一人の作者が首尾一貫した作品にまとめたものであるとは思われない。α本を校訂したクロールがこれを「駄作」（Machwerk）と呼んだように[5]、決して格調高い文学作品と呼べるものではない。史話、伝説、書簡、政治的宣伝文などが繋ぎ合わさった、継ぎはぎの怪物キマイラのような存在であり、虚構と歴史の混合でもあったといえよう。しかし、あれだけ多くの異なる文化圏へと伝播し受容されたのはアレクサンドロス自身の名声のみに拠るのではなく、この物語がこのように初めから凝結したテクストでなかったために、順応性があったからであろう。言い換えれば、現存する写本などは氷山の一角で、その根底には市井で語り継がれていた伝承があり、そこから湧き出る民衆の想像力を活力に、物語は着々と拡がっていったのである。西方へは四世紀のラテン語訳を介して、英語、スコットランド英語、フランス語、ドイツ語、スウェーデン語、イタリア語、ブルガリア語、セルビア語、ルーマニア語、チェコ語、ポーランド語、ロシア語、マジャール語、ヘブライ語などの中世ヨーロッパ諸言語に訳され伝わった。[6]

前述したように、この物語群は総じて「偽カッリステネスのアレクサンドロス・ロマンス」と呼ばれているが、[7]特定の固有名詞と結びつけるには言語、地域、時代によって内容や形があまりに変化に富んでいるので、むしろアレクサンドロス物語群（Alexandrian cycle）とでも呼んだ方がよいのかもしれない。本書では、初期のギリシア語原典やそれに近いものは「偽カッリステネスのアレクサンドロス物語」という名称を使う場合もあるが、そこから派生した異本や特定の作者によって改編されたものなどについては、単に「アレクサンドロス物語」と称することにする。

偽カッリステネスのアレクサンドロス物語の写本、翻訳本はα、β、γ、δ^*の四系統に大きく分類される。[8]これらの各系列が源泉からどのように派生していったか、また各系統の特徴や写本に関しては、本書巻末の付録「『偽カッリステネスのアレクサンドロス物語』諸系統」にまとめた。

2　東方への伝播

アレクサンドロス物語の中東への主要な伝播経路とされているのは、α本にβ系統の一部が付加されたδ^*である。[9]ギリシア語写本は現存しない（アステリスクを付けて表示するのは復元形であるため）。

この失われたδ*系ギリシア語版からまずパフラヴィー語訳が作られ、そこからシリア語に訳されたという説を提示した古典的研究が、一世紀以上も前に書かれたネルデケの論文である。[10] ネルデケはアレクサンドロス物語のシリア語版に登場する固有名詞のイラン的形態に注目し、現在では散逸したパフラヴィー語（中世ペルシア語）訳の存在を主張した。このパフラヴィー語版はおそらく六世紀以前にアルメニア人の手によってギリシア語から訳されたもので、このパフラヴィー語訳から六世紀初めにシリア語訳が、そしてアラビア語、ペルシア語、エチオピア語訳が作られ、アレクサンドロス物語は中東世界各地に浸透していった、というのが広く受け入れられているネルデケ説である。いまだにそれを大きく覆す議論は出ていないが、[11] 異論もある。

例えばフライは、パフラヴィー語訳本の介在を疑問視し、現存するシリア語訳は固有名詞の形態はイラン的でも物語の内容自体はギリシア語「原典」に比較的近いと述べ、現存するシリア語版は、おそらくギリシア語版に基づいた、より古いシリア語版をもとにして書かれたものだろうとしている。そして固有名詞の一部がイラン的であるのは、当時（六世紀、ササン朝時代）の聴衆が聞き慣れたペルシア風のものが採用されたからであろうと推察している。その際にシリア語版の作者がパフラヴィー語の文献を参照した可能性は否定しないが、lとrの混同の仕方に一貫性がないことから、書かれたテクストのみに依拠したのでなく、耳で聞いた伝承をも参考にしたのであろうとフライは考えている。また、アレクサンドロス物語のパフラヴィー語版がササン朝時代に仮に存在したとしたら、他のヴァージョンよりも内容的に「ナショナリスティック」だったはずであるとも述べている。[12] 後述するのでここでは深く立ち入らないが、ササン朝時代のアレクサンドロスに関する伝承は、アレクサンドロスを侵略者、悪神アフリマンの使いとする極めて否定的なものが主流であったし、イスラーム期に入ってからも、イランにおけるアレクサンドロス伝においては、彼はペルシア王の血を引いているとされている。パフラヴィー語版から訳されたというシリア語「アレクサンドロス物語」には、そのようなイラン的色合いは見られないのである。

結局、ネルデケが想定しているパフラヴィー語訳がシリア語版の種本として存在したかどうかは、確定的な証拠となるような写本が発見されない限り、仮定の域を出ない。そもそも、ネルデケのような古典的な文献学的研究によって、現存する写本を比較し、出典を明らかにし、点と点を線で結んで伝播経路図を作れば把握できるというほど、この物語の流れは単純なものではなかったであろう。現存する文献的証拠が少なく、また口頭で語り伝えられた部分もあったと考えられるだけに、より解明が難しい問題である。

六世紀頃のササン朝イランにおいて、「アレクサンドロス物語」がギリシア語からパフラヴィー語に翻訳され得る環境がなかったわけではない。ササン朝君主の中でもホスロウ一世（在位五三一―五七九年）は特に、ギリシア・ローマあるいはインドの思想や哲学を受け入れることに関して開放的であった。[13]

ホスロウと同時代に、ササン朝の首都クテシフォンの公文書館にある歴代王の年代記を直接参照する許可を得て、イランの歴史について貴重な記録を残したアガティアス Agathias（五八二年没）は、偏見を顕わにしながらも、ホスロウがアリストテレスやプラトンなどの哲学書を愛好し、パフラヴィー語に訳させたことを報告している。[14]また、ホスロウはシリア人医師・哲学者ウラニオス Uranios の進講を受け、マギ（ゾロアスター教師僧）らを集めて、世の創造や宇宙の原理などに関して議論を交わしたという。[15]一方、その頃のビザンツ帝国では、逆に宗教や思想の自由が制限されていた。アテネの学園が遂に五二九年にユスティニアヌス大帝によって閉鎖された後に、迫害を逃れてクテシフォンにやって来た七名のギリシア人哲学者を、ホスロウは宮廷において歓待した。[16]

このような交流のうちに、「アレクサンドロス物語」が宮廷にもたらされ、翻訳された可能性は考えられなくもない。しかし、ペルシア帝国を滅亡に導いたアレクサンドロスを英雄として描いた物語が、はたしてササン朝の宮廷に受け入れられたであろうか。

むしろ、フラエンケルが提案したように、イラン在住のキリスト教徒によって訳されたという説の方が現実性が

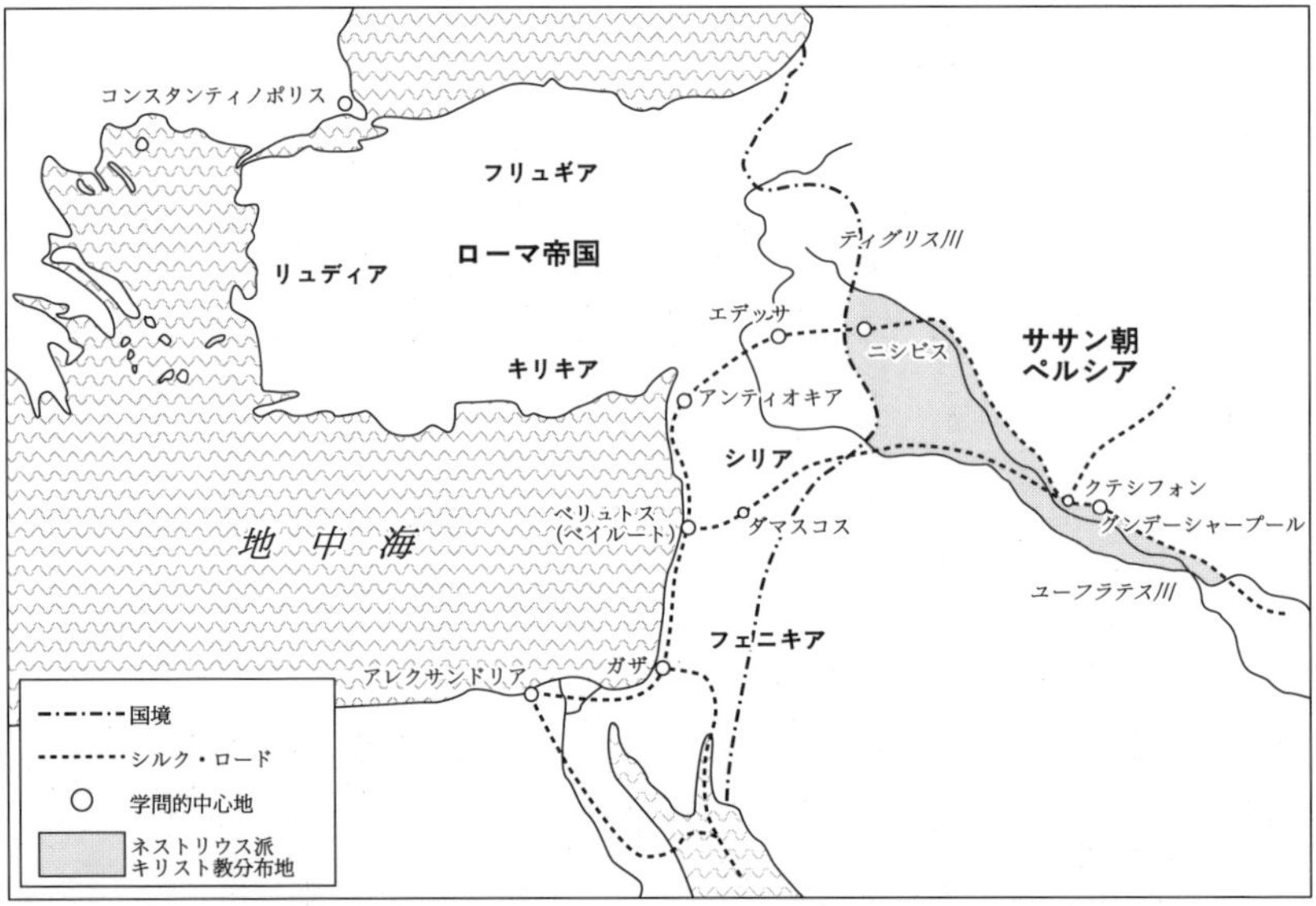

地図1　文明の接点。ローマ帝国とササン朝ペルシアの国境地帯

高い。ローマとの国境に近いメソポタミア地域のニシビスやグンデーシャープールなどには、ギリシア語もパフラヴィー語も共に解するネストリウス派キリスト教徒の学問的中心地があった[17]。彼らによってこの物語が訳されていたとしたら、単なる娯楽のためであったのか、あるいは過去の敗北の物語を差し出し、高慢なイラン人の鼻を折るためであったのか[18]、これも推測の域に留めるしかない。

　この物語がアレクサンドリアからイランに辿り着くまでの実際の経路を考えるにあたって、ササン朝ペルシア領を横断し地中海世界と東アジアを結んだ交通路、いわゆるシルク・ロードの役割は見逃せない（地図1）。この通商路を往来する人間の移動とともに、交易品だけでなく知識や情報も運ばれた。おそらくアレクサンドロス物語も、アレクサンドリアからガザ、ベイルート、アンティオキアなどの、商業都市であるとともにヘレニズム文化を培い継承してきた学問都市に伝播してゆき、そこから二つの文明の中間地帯に位置するメソポタミアのネストリウス派キリスト教徒のもとに写本あるいは口頭で伝わり、その過程でパフラヴィー語やシリア語に訳されたのであろう。

また、従来の研究ではほとんど注目されなかった紅海を経由した南アラビアへのルートも今後は視野に入れてゆく必要があるであろう。アレクサンドリアに発した物語がナイル川を上り、エジプト南部からエチオピアに伝わり、アクスム王国の勢力の拡大と香料の交易とともに、アラビア半島のユダヤ教徒やキリスト教徒に伝播した可能性も考えられる[19]のではないだろうか。

3　物語の概要

ここで、偽カッリステネスのアレクサンドロス物語の内容自体をごく簡単に紹介しておこう。原テクストに近いとされるギリシア語のα本[20]と、中東に伝播したδ*系のシリア語版の並行した逸話表を次に挙げることにする。[21]

偽カッリステネス（α本ギリシア語版）	**偽カッリステネス（δ*系シリア語版）**
〈第一書〉	〈誕生から即位〉
マケドニアのペッラでエジプト王ネクタネボスとオリュンピアスの間に生まれる。	マケドニアのペッラでエジプト王ネクタネボスとオリュンピアスの間に生まれる。
一二歳でネクタネボスを殺す。	
ピサのチャリオット競技に参加。	ピサのチャリオット競技に参加。
フィリッポスの死後一八歳で即位。スキタイ、ギリ	フィリッポスの死、即位。

シアを平定。

ヘレスポントスを渡り、グラニコス川でダレイオスのサトラペス（太守）と交戦。小アジアを征服。

海路シチリア、イタリアへ：ローマの将軍から貢物。

アフリカ：カルタゴの将軍たちに会う。リビアのアモン神。アレクサンドリア建設。

エジプト：メンフィス。

シリア：テュロス占領。ダレイオスの挑戦状。手紙のやりとり。

キリキア：イッソスでダレイオスとの第一回目の戦い。ダレイオス逃げる。

［逆戻り部分：タウルス山脈越え、小アジア、黒海沿岸、ギリシア］

〈第二書〉

キリキア、メディア、アルメニア征服。

ユーフラテス川とティグリス川の間辺りでダレイオス軍と戦う。

〈遠　征〉
海路シチリア、イタリアへ：ローマの将軍から貢物。
アフリカ：カルタゴ。リビアのアモン神。アレクサンドリア建設。
エジプト：メンフィス。
シリア：テュロス占領。ダレイオスの挑戦状。手紙のやりとり。
母の病気のため再びマケドニアへ：途中ダレイオスの将軍と交戦し勝つ。小アジア経由。母の回復を確認。黒海沿岸、ギリシアを征服。
ティグリス河畔に野営。

ペルシア：使者に化けてダレイオスの宮殿へ。正体がばれて逃げる。ストランガ川（架空）の戦い。ダレイオス敗戦、逃亡。クセルクセスの宮殿を焼くよう命ずるがやめる。ペルシア王の墓に参る。ベッソスとアリオバルザネス、ダレイオスをカスピア門で暗殺。ダレイオス、アレクサンドロスの腕の中で死ぬ。埋葬。ダレイオスの娘ロクサネと結婚。	ペルシア：使者に化けてバビロンにいるダレイオスに会う。ばれて逃げる。ストランガ川の戦い。ダレイオス敗戦、逃亡。クセルクセスの宮殿を焼くよう命ずるが、後悔し消火させる。ペルシア王の墓参り。ダレイオスを追ってパルティアへ。バーギーズとアナーブデー、ダレイオスを暗殺。ダレイオス、アレクサンドロスの腕の中で死ぬ。埋葬。ロクサネと結婚。
母オリュンピアスへの手紙（α本ギリシア語最古の写本にも、ユリウス・ウァレリウスにも入っていない。アルメニア語版にはあり。クロールの復元版にない）：出会った不思議な民族、動植物について。大洋、暗闇、幸福の島を求める。人面鳥二羽——「幸福の島に入ることはできない」、「東へ行きインド王ポロスを倒せ」。	
〈第三書〉	
インド：ポロスとの戦い。バラモンとの問答。	インド：ポロスとの戦い。バラモンとの問答。
アリストテレスへの手紙：インドでの不思議な出来	アリストテレスへの手紙：インドでの不思議な出来

事。東の果て。アレクサンドロスの死を予言する男女の木。

エチオピアの女王カンダケ訪問。

アマゾンの国。

バビロン：母オリュンピアスへの手紙――クセルクセスやキュロスの宮殿の金銀財宝。

バビロンにて毒殺。ロードス島住民への手紙。遺言。アレクサンドリアに埋葬。

事。オバルキアのギリシア語を話す鳥。山上のディオニュソス神殿。プラシアケーの二本の木、アレクサンドロスの死を予言。

さらに東へ。龍の住む高い山。バルサーティースという川と高山。

中国、ソグドへ。マルヴを建設。

マルギアナからセミラミスの国へ。女王カンダケ。

アマゾンの国。

バビロン：母オリュンピアスへの手紙――アジアでの出来事。美女たちが住む闇の国。海辺の高い山。暗黒の大洋。太陽の町。アジアとヨーロッパを分けるサクハン川。ホスロウとパコールの宮殿の金銀財宝。

バビロンにて毒殺。アレクサンドリアに埋葬。

偽カッリステネスのアレクサンドロス物語の初期ギリシア語テクストに関する研究は巻末の付録に挙げた通りいくつかあるので、物語の筋の詳細な解説は省略し、特徴的な点や本書後半のイスラーム世界におけるアレクサンドロス伝承と関わってくる事柄などについてのみいくつか言及する。

このようにして並べてみると、後述するペルシア語のアレクサンドロス物語に比べると、シリア語版はギリシア語原典に比較的近いことが分かる。特にアレクサンドロスの出生譚は注目に値する。エジプトのアレクサンドリア起源であるといわれるギリシア語原典においては、[22] アレクサンドロスの誕生にエジプト最後のファラオ、ネクタネボスの伝説が絡んでいる。偽カッリステネスによると、ペルシアの侵攻を受けたエジプトを逃れてマケドニアの宮廷に占星術師として現れたネクタネボスが、[23] フィリッポスの留守中に魔術を使ってアモン神に化け、オリュンピアスと同衾してアレクサンドロスが生まれる。[24] エジプト人たちがネクタネボスの消息について神託を請うたところ、「逃亡した王は若者としてエジプトに戻り、汝らの敵ペルシア人を倒すであろう」という預言が下される。つまり、初期の偽カッリステネスの物語は、エジプトの王の血を受け継いだアレクサンドロスがペルシア帝国に対する復讐を果たした英雄譚としても読まれていた（あるいは語られていた）ということである。シリア語版はこのネクタネボスの話を踏襲しているが、イスラーム世界に伝わるものとしては偽カッリステネスに最も近いフィルダウスィーの『王書（シャーナーメ）』に含まれるペルシア語版アレクサンドロス物語では、アレクサンドロスがペルシア王ダレイオスとフィリッポスの娘の子であるという設定に変えられている。このアレクサンドロスの「ペルシア化」については後に詳しく考察するが、あたかも遺伝子操作を施すかのように彼の出自を書き換え、この偉大な歴史上の人物を民族的（あるいは少なくとも半民族的）英雄にしてしまうという現象は、すでにこのエジプト版アレクサンドロス物語に見られるのである。

物語の中ではアレクサンドロスの出生だけでなく、彼の行動も歴史に全く拘束されていない。例えば、遠征の初めにシチリア、イタリア、カルタゴなどにアレクサンドロスが寄り、兵を集めたというのは、史実から全く逸脱している。ローマとカルタゴの戦争（第一次ポエニ戦争は紀元前二六四―二四一年）が始まっているというような明らかな時代錯誤も多い。遠征中の出来事の順序や地理も混乱している。後のイスラーム世界の文学においては中国、アラビア半島、アンダルシア、西の果てなどへと、アレクサンドロスの行動範囲はますます拡がってゆく。

このように物語の舞台は史実よりもかなり広範囲に拡がっているが、α本はアレクサンドリアという都市のローカルな描写において詳しいのが特徴である。特にアレクサンドロスによるアレクサンドリアの建設に関する記述が非常に細かく[25]、編纂者がアレクサンドリアの住人であることを物語っている。虚構でありながら、プトレマイオス朝時代のアレクサンドリアの地形や創建祭などの慣習を再現するための歴史的資料として貴重な部分でもある[26]。

自らの臣下に刺された瀕死のダレイオスのもとにアレクサンドロスが駆けつけ、敵の遺言を聞き届け、その遺言通りダレイオスの娘ロクサネ Rawshanak と結婚したというのも、悲劇的な効果をねらった虚構である[27]。ペルシア語版ではアレクサンドロスがダレイオスの異母兄弟とされているだけに、悲劇的要素がさらに強調されている。

このように、ペルシア征服までを描いた第一書、第二書は、歴史を極めて自由に解釈しているとはいえ、史実に取材しているという意味で歴史物語（historical romance）と呼べるが、第三書はインドの王ポロスとの戦い以外の部分はより空想的な内容になっている。アレクサンドロスが東の国々で見聞した不可思議についてアレクサンドロス自身が母オリュンピアスや師アリストテレスに手紙で報告するという形式で挿入されている。アリストテレスへのインドの驚異についての書簡は、偽カッリステネスの物語から独立した形でもギリシア・ローマ世界に流布しており、そのラテン語版から中世ヨーロッパ諸言語に訳されていった[28]。ペルシア語のアレクサンドロス物語では、アレクサンドロスの不可思議な体験はこのような手紙の形式ではなく、直接的な叙述で語られている。また、ギリシア語原典、シリア語版にはないが、アレクサンドロスが不死を得るために闇の国に生命の泉を求める話が重要なエピソードの一つとなっている。

バラモン（ギリシア語では *gymnosophistai*: 裸行者）との問答も物語とは独立してパピルスで伝わっている[29]。イスラーム世界においても、この問答は形を変えて断片的なエピソードとしても流布していたようで、『千一夜物語』

などにも含まれている。[30]

バビロンでの毒殺の経緯、そしてロードス島住民の処遇や帝国の分割に関するアレクサンドロスの遺言の部分は、大王の死（紀元前三二三年）の直後の後継者争いの最中に出回ったアレクサンドロスの最期に関する政治的文書が起源であるとされている。[31]

このように概略を見ただけでも、偽カッリステネスのアレクサンドロス物語は様々な要素が組み合わさって構成されており、限られたジャンルに当てはまらないことが分かるであろう。α本最古の写本に付された「マケドニアのアレクサンドロスの生涯」という題が示唆しているように、大王の一生についての史話として読まれることをおそらく意図したものでありながら、エジプトの地元の伝説や異境の怪異談などの空想的なエピソードのスパイスが効いていて、娯楽的な作品になっている。それに叙述の形態も、アレクサンドロスの一生の出来事がその誕生から死まで淡々と語られているのではなく、間に哲学的な問答、書簡のやりとり、遺言などが挿入されていて多様である。

前述したようにこの物語は、頭はライオン、胴は山羊、尾は蛇の怪物キマイラのような奇怪な継ぎはぎの生き物にたとえられよう。まさにギリシア文化と地元の文化が共存・融合した、アレクサンドロス以降のヘレニズム世界の産物である。アリストテレスによって確立されたギリシアの詩学や修辞学理論においては、散文の使用は政治、教育、自然科学などの分野に限られ、想像的な主題、虚構は韻文で表現されるべきであるとされた。[32]しかしこのようなギリシア本土の洗練された文学様式に囚れない自由さを持つからこそ、この物語は広く他の文化圏にも受け入れられたのではなかろうか。

第II部以降で後に見るように、イスラーム世界においてこの物語の系譜を汲んだ、あるいはそれを自由に発展させた、完結した作品を残しているのはペルシアの詩人たちや散文物語作家たちである。アラブの歴史書、宗教書、地理書などには、物語の梗概または断片が取り入れられている。特にイスラーム初期のアラビア語アレクサンドロス伝承には、ユダヤ・キリスト教のフィルターを介し、宗教説話と化したアレクサンドロス物語の影響が強く見られる。

第2章　ギリシア・ローマ古典史料における アリストテレスとアレクサンドロス

アリストテレスとアレクサンドロス。この哲学者と征服王の組み合わせは、第III部で見るようにイスラーム世界の教訓文学においては切っても切り離せない仲である[1]。このトポスの源泉はギリシア・ローマ世界にある。ギリシア・ローマの著述家たちは、アリストテレスとアレクサンドロスの師弟関係を脚色して伝え、両者の間に交わされたとされる書簡の内容は、偽書であるにもかかわらず、広く流布していた。本章では、古典史料に見られるアリストテレスとアレクサンドロスの関係についての記述を明らかにし、アリストテレスの書簡のイスラーム世界への受容の過程を探る[2]。

周知の通り、アリストテレスは少年期のアレクサンドロスの教師としてフィリッポスによってマケドニアに招へいされた。王子アレクサンドロスは首都ペッラに近いミエザの学園で、後に彼の近臣として共に遠征に赴くことになる同年代の貴族の子息たちとともに、アリストテレスのもとで国王になるための教育を受けた。

後にそれぞれの偉業を成し遂げた二人の天才の師弟関係の実像は、すでに古代末期において虚構のヴェールに覆われている。まずは、アリストテレスとアレクサンドロスの実際の関わりについて、ギリシア・ローマの史料と現代の歴史学者の解釈を通して、幾重もの伝説の層に包まれた歴史的核心に迫ってみることにしよう。

1　天才と天才の出会い

ギリシア・ローマの著述家たちは、アレクサンドロスとアリストテレスの出会いに関して、アリストテレスが王子の教師として選ばれた理由、アリストテレスの授業の内容や感化の度合い、あるいはアレクサンドロスの師に対する敬愛の情などについて記している。以下に検証するように、これらの記述は必ずしも史実に基づいたものではなく、ある程度潤色された逸話なのである。

『アッティカ夜話』の中でローマの著述家アウルス・ゲッリウス（一三〇頃―一七〇年以降）は、アレクサンドロスの父でマケドニアの王であるフィリッポスが、アリストテレスに息子の誕生を知らせ、後継ぎとなる王子の教育を依頼するという内容の書簡を引用している（注に断りのない限り引用者訳。以下同様）。

フィリッポスからアリストテレスへ。謹啓

息子が誕生したことをお知らせする。このことで神々に真に感謝しているが、それは単に彼が生まれたからというより、幸運にもあなたの生きている間に生まれたからである。なぜならあなたの教練と訓育によって、我と我が王国に相応しい者に育つことを願っているからである。[3]

フィリッポスがアレクサンドロスの誕生の際にすでに、アリストテレスを生まれたばかりの息子の教師として選んでいたことは大いに疑わしい。実際には、幼いアレクサンドロスの教育は、アレクサンドロスの母オリュンピアスと縁故関係にあったレオニダスに任されたからである。アリストテレスがフィリッポスによって王子の教師としてマケドニアに招待されたのは、紀元前三四三年、アレクサンドロスが一三歳の時である。フィリッポスがアリストテレスを選んだことに関してプルタルコスは次のように記述している。

フィリッポスはアレクサンドロスの性格が動かされにくく、強制には反抗するが理には容易に服して為すべきところに向かうのを見たので、命令するより説得することを試み、音楽教師や一般教育の教師にはアレクサンドロスの監督指導を全部まかせなかった。（中略）というわけで、哲学者の中でも最も名声の高い、最も博識のアリストテレスを招き、彼にふさわしい立派な報酬を支払った。(4)

しかし、このころ四〇歳を過ぎたばかりのアリストテレスは、プルタルコスが述べるようなギリシアで最も名の通った知識人ではなく、同時代の他の学者を抜きんでるほどの存在ではまだなかった。現代の歴史家たちの説によるとフィリッポスがアリストテレスを抜擢した理由は、彼の学者としての名声でなく、フィリッポスが政治的関係を深めようとしていたアタルネウスの王子ヘルミアスとアリストテレスが親しい間柄にあったからであるという。(5)

さて、マケドニアの王はミエザのニンフの聖域を息子の学習の場とした。若い王子の教育はこのミエザで三年ほど行われ、一六歳になったアレクサンドロスが、ビュザンティオンに遠征に出かけた父の代理で統治するために首都ペッラに戻るまで続いた。

ミエザでのアリストテレスの授業内容とそれがアレクサンドロスに与えた影響については実際には明確なことは分かっていない。アッリアノスの『アレクサンドロス遠征記』は大王の成人期に関しては最も信憑性が高い史料とされるが、この伝記は彼がマケドニアの王位に即くところから始まるので、少年期の教育については残念ながら何も情報を得ることはできない。従ってこの点に関しては、プルタルコスが伝えるようなヘレニズム時代に作られた伝説的逸話が残されているのみである。後世の伝説は、アレクサンドロスの行動や関心をアリストテレスの感化によるものと説明したり、アリストテレスの後の研究をミエザ時代の著作や講義に関連づけたりする傾向にあった。

プルタルコスはミエザでの教育について次のように語っている。

アレクサンドロスは単に倫理学、政治学の教授を受けたばかりでなく、哲学者たちが、特に口伝（アクロアマティカイ）とか秘伝（エポプティカイ）とか呼んで多くの人たちには公開しない秘密の深奥な教えをも受けたらしい。(6)

プルタルコスはこの一節に続いて、アリストテレスが限られた者にのみ伝授されるべき秘密の教えを一般に公開したことを非難するアレクサンドロスの手紙と、(7)それに対するアリストテレスの返事を引用している。(8)その中でアリストテレスは、それらは奥義に通じた者以外は理解できないので「公刊されているが公刊されていないのだ」と弁解している。プルタルコスはこれがアリストテレスの形而上学の書のことであると解釈している。(9)

アリストテレスがアレクサンドロスに与えた影響については、プルタルコスは、「アレクサンドロスを医学好きにさせたのは誰よりもアリストテレスであったように私には思われる」と語っている。(10)また、同作者によると、アレクサンドロスは遠征する際にアリストテレスが校訂したホメロスの叙事詩『イリアス』を携行し、「常に短剣と一緒に枕の下にいれておいた」。(11)

さらにプルタルコスが伝えるには、アレクサンドロスは「実の父よりも師を愛する」ほどアリストテレスに対して深い敬愛の念を抱いていた。「なぜなら前者によってこの世に生をうけたが、後者からは良き生（*kali zoi*）を得たから」とアレクサンドロス自身がよく言っていたという。(12)後にアレクサンドロスのこの言葉はアラブの諺集によく引用される格言となる。

このように、すでにギリシア・ラテンの史料において、偉大な哲学者が将来の世界征服王を励まし導くという、この二人の出会いの劇的な描写が見られる。しかし実際には、エーレンベルクが述べるように、「天才と天才との出会いは、（中略）深い意義も成果も生まれないまま終わった。二人がそれぞれに成し遂げた偉業は、いうに足るほどの相互間の影響なしに、各々の心の中に独自に育まれ、達成されたものであった」と考えられる。[13]

紀元前三三五年にアレクサンドロスが東方遠征に出発し、アリストテレスがアテネに戻りリュケイオンで教え始めた後の二人の接触についても、例えばアレクサンドロスが東方の国々で採取した動植物の標本を師の研究のためにギリシアに送ったといったような伝説が多く生まれた。[14]

歴史的には、アレクサンドロスがギリシアとアジアの融合政策に着手したのを期に、確固たるギリシア優越主義者であったアリストテレスとの関係は冷め始めたと推察されている。さらに、アレクサンドロスの御用歴史家として随行したアリストテレスの甥のカッリステネスが陰謀を企てた疑いで逮捕され、死に至ったことによって二人の接触は決定的に絶たれたとされる。[15]

それにもかかわらず、アレクサンドロスとアリストテレスの間でやりとりされた書簡や、遠征中の元教え子に送られた哲学者の忠言などがギリシア・ローマ世界には流布していた。これらの手紙の原典についてはごく断片的な引用や情報しか残っておらず、[16] 前述のようにそのほとんどが偽書であると思われている。[17]

これらの書簡は、内容から大まかに二種類に分けることができる。一つはアレクサンドロスが師に宛てて送った「インドの不可思議」についての手紙で、もう一つはアリストテレスが大王に送った統治に関する進言である。

2　アリストテレスに宛てたインドの不可思議についての書簡

まず前者のタイプには、アレクサンドロスがインドで自ら見聞きした自然界の驚異をアリストテレスに報告するという、後期ローマ帝国時代のラテン語のテクスト「アリストテレスに宛てたアレクサンドロスの書簡」"Epistola Alexandri ad Aristotelem" がある。[18] すでに述べたように、偽カッリステネスのアレクサンドロス物語のα本ギリシア語原典にこの書簡の抜粋が含まれているが、より完全なラテン語テクストは物語から独立した形でも広く流布し、中世ヨーロッパ諸言語に訳された。[19] この手紙は、かつての師の研究に協力すべくアレクサンドロスが遠征先から材料や情報を送ったという伝説を背景とした完全な虚構である。その序文では東方での新たな驚くべき発見を記述することによってアリストテレスの生物学大系を完全なものにするという科学的な意図が述べられているが、内容は異境の不可思議な民族、動植物、自然現象などを描写する奇異談（teratological literature）または驚異譚（*mirabilia*）に属するもので、この手紙が偽カッリステネスのアレクサンドロス物語にも含まれていたことは意外ではない。

イスラーム世界に伝わったアレクサンドロス物語にも異境の地を舞台とした冒険譚や驚異譚が含まれるが、手紙の形式ではなく、また物語から独立した書簡としても流布していなかったようである。ただし、アリストテレスがアレクサンドロスのために書いたとされる紀元後一世紀の偽書『宇宙について』*De Mundo* のアラビア語訳——すなわち第III部第1章で取り上げるウマイヤ朝時代の書簡集第一四篇「黄金の館の手紙」あるいは「黄金の手紙」——は、アレクサンドロスがインドで見た黄金の館についての手紙に対するアリストテレスの返事としてアラブの著述家たちには知られていた。

3　アレクサンドロスへの忠言の手紙

アリストテレスがアレクサンドロスに宛てた忠言の手紙（対話篇に分類されることもある）に関する情報は、ギリシア・ラテン語の史料にはごくわずかしかなく、実際の内容は概括的にしか再現できない。[20]ディオゲネス・ラエルティオス（紀元後三世紀）のアリストテレス伝に含まれる著作目録には、他の書簡と並んで「アレクサンドロス宛が四通」と記載されている。[21]しかしこれらの手紙の内容自体は不明である。同じくディオゲネスとさらにへシュキオスによるアリストテレス伝の著作目録には、統治に関する進言であったと推測できる注目すべき書名が二つ見られる。それらは「アレクサンドロス、または植民地化について」"Alexandros e hyper apoikon"と、「王権について」"Peri basileias"である。[22]これらが偽書であった可能性も大いにあるわけだが、少なくともそれが流布し存在していた時代にはアリストテレス自筆のものであると信じられていたようである。アリストテレス注釈者のフィロポヌス（六世紀アレクサンドリアのキリスト教徒）は、「これらは私的な著述であり、特定の人物に宛てて書かれたものである。その一例がアリストテレスがマケドニアのアレクサンドロスの要請に応じて書いた王権に関する、そして植民地の正しい設立の仕方に関する書簡である」と述べており、これらの著作を手紙と同一視している。[23]

その内容はというと、まず「アレクサンドロス、または植民地化について」と題された著作の方は、アレクサンドロスの新帝国における特定の政治的問題——特にギリシア人と非ギリシア人（バルバロイ）の扱い——に関連したアリストテレスの勧告であったと考えられている。プルタルコスの次の一節はこの失われた書簡の内容を反映していると推定できる。

しかしこの観念（共和政体のこと）を実践したのはアレクサンドロスである。なぜならアレクサンドロスはアリストテレスが彼に与えた、ギリシア人に対しては指導者として、非ギリシア人にはその主人としてふるまえ、またギリシア人は友か親族のように重んじ、非ギリシア人は草木か獣であるかのごとくに扱え、という忠告に従わなかったからである。[24]

アリストテレスが実際にこのような内容の忠告を、対話篇あるいは公開状のような形で、アレクサンドリア建設（紀元前三三二年）に対する批判として発表した可能性はある。[25] あるいはそれは、スーサにおいて集団の婚礼儀式が行われ（紀元前三二四年春）、アレクサンドロスがダレイオスの娘を第二の妻としたのと同時にギリシア・マケドニア人のほとんどの将官たちと一万の兵がペルシア人の女を娶ったという知らせに触発されて書かれたものであるかもしれない。未開人は生まれながらの奴隷であるという頑なギリシア優越主義に固執したアリストテレスが、[26] このような東西融合政策を是認したはずがないからである。さらには、アレクサンドロスの政策を非難するこのような公開状は、大王の死後（紀元前三二三年六月）に発表されたという説もある。その説によると、アレクサンドロスの死後、反マケドニア的気運が高まってきたアテネにおいてアリストテレスは、かつての教え子との関わりを公然と絶つことによって自らの立場を守らなければならない状況にあったという。[27]

これとの関連においてあらかじめここで言及しておきたいのは、いくつかのアラビア語・ペルシア語史料に、ペルシア人の王族の処遇についてのアレクサンドロスとアリストテレスの往復書簡が見られるということである。このやりとりにおいては、アレクサンドロスがペルシアの王族を処刑する意向を述べるのだが、アリストテレスはそれを制し、ペルシア人の徳目を挙げ、高貴な者の座を代わりに卑しい者たちが占めた場合の危険を指摘し、むしろ彼らの間で権力を分割させることを勧める。[28] この書簡が後代に捏造されたものであることは明らかである。いったい誰が何のためにこのような手紙をアリストテレスとアレクサンドロスの名において書いたのかは興味深い問題であるが、ここでは立ち入らない。

さて、もう一つの「王権について」の方はおそらく統治者としての正しい品行についての訓戒であったと思われる。プトレマイオス（四世紀アレクサンドリアの新プラトン主義者）のアリストテレス伝によると、[29]「王権について」はアレクサンドロスに統治の方法を説いた書物であったという。この伝記のギリシア語版の一つである「マルチャーナ本」(*Vita Marciana.* ヴェネチアの国立マルチャーナ図書館蔵) によると、この書物はアレクサンドロスにかなりの影響を与えたらしく、何も恩恵を与えることなく一日を過ごした日は「今日私は王ではなかった。誰のためにも良き行いをしなかった」と言ったほどであったという。[30]この挿話はいかにも潤色された話という感があるが、この書の道徳的な内容を反映したものではある。テミスティウス（四世紀）が伝える次のアリストテレスの教訓もあるいは「王権について」に含まれていたかもしれない。

（アリストテレスは）こう言った。君主にとって哲学者たることは不必要なばかりでなく不利益にさえなる。むしろ王は真の哲学者の忠言に耳を傾けるべきである。そのことによって王はその御代を、優れた言葉によってではなく、優れた行いによって満たすことになるからである。[31]

ヘレニズム・ローマ時代にアリストテレスの「王権について」として知られていた作品――それが哲学者自身が書いたものか否かは別として――については、以上のような不十分な情報の断片しか残っていないが、当時はそれほどの稀書であったわけではなく、むしろ修辞学の教科用図書の一つとして比較的広く知られていたのではないかと推察される。デメトリオスの『文体論』***De Elocutione*** に、アリストテレスのアレクサンドロスへの手紙が都市や王に送る書状の模範として次のように挙げられていることにもそれは読み取れる。[32]

アリストテレスはしばしば手紙に相応しい論証の形式を使う。例えば、大都市も小さな町も平等に扱われる権利があるということを説明するのにこのように言った。「神々が偉大であることはそのいずれにおいても変わらない。カリスたち（美の女神）は神々であるゆえ、貴下によっていずれか一方に少なく宿らされるということはないのである」。彼が論証しようとしている点も証明自体も書簡形式に適合している。

時折我々は国家や王族に書状をしたためることがあるが、このような手紙は少しばかり高尚な論調で書かれなければならない。手紙の受取人に対して敬意を表することは望ましいことである。しかしながら、アリストテレスからアレクサンドロスへの書簡やプラトンからディオンの友人たちへの書状のように、あまり調子を高めすぎて手紙の代わりに論述になってもいけない[33]。

さらには、キケロも紀元前四五年には、カエサルへの忠告の手紙の手本としてアリストテレスのアレクサンドロス宛の書簡を実際に手元に持っていたことが次に引用する一節から分かる。しかしそれはキケロの作意に合わず参考にならなかったのか、アッティクスへの手紙の中で彼はこのようにぼやいている。

（カエサルへの）忠言の手紙を書こうとしばしば試みている。しかし何も言うことが見つからないのだ。実は、アリストテレスとテオポンプスの「アレクサンドロスへの書簡」のいずれもが手元にあるのだが、参照する点がない。彼らが書いたのは、彼ら自身が尊敬を得ると同時にアレクサンドロスの気に入られるようなことであった。似たようなことを貴君は何か思いつくであろうか。小生には何の考えも浮かばない[34]。

また別の手紙にはこう書かれている。

能弁で学識のある者たちがアレクサンドロスに宛てた忠告をとってそこに何が書かれているか見てみよ。真の栄誉を求めて情熱に燃え、不朽の名声をもたらす忠言を欲する若者に向けて道義心を説いているのである。[35]

デメトリオスやキケロの証言から察することができるように、アリストテレスの「王権について」の手紙は、ギリシア・ローマの著述家たち、特に政界や王室と関わりのある識者にとって、統治者に道徳的な訓戒を与えるいわゆる「君主の鑑」の模範となっていたようである。しかし、この模範自体が実際にアリストテレスが記したものであるかどうかは大いに疑わしい。だが、肝心な点はそれが偽書であったとしても、このような君主道徳について書く際の修辞的技巧の一つとして、アリストテレスとアレクサンドロスが持ち出されたというところにある。

つまりその作者は自らを偉大な哲学者に、そして訓戒の書を献ずる相手を世界征服王になぞらえることによって、自身の学識を相手に印象づけると同時に、相手の偉大さを称賛することができ、それだけ期待できる報酬なり愛顧なりが大きくなるわけである。それにアリストテレスの権威を利用すれば、君主の誇りを傷つけ感情を害することなく相手の非を諫めることができるのであった。

本章の最後に言及しておかなければいけないのは、ギリシア・ローマの格言集に含まれたアレクサンドロスの金言である。上に論じたようなアリストテレスとの師弟関係においてのみならず、アレクサンドロス独自の知恵と徳性を捉えた作品に、プルタルコスがトラヤヌス帝に献じたという『諸王および指揮者たちの格言』*Regum et imperatorum apophthegmata*[36]という格言集がある。プルタルコスは、より一般的な教訓を示す金言というより、大王がその生涯の特定の場面において語ったという三四選の名言を、それにまつわるエピソードとともに記している。中には同著者の『英雄伝』のアレクサンドロス伝にある逸話と重なるものもある。

また、「偽カッリステネスのアレクサンドロス物語」のβ、λ、ε系ギリシア語写本の中には、末尾にアレクサンドロスが残したという金句を含むものがある。λ系偽カッリステネスの校訂をしたティールは、これらは原型となったビザンツの格言集から引かれて物語に付け加えられたものであろうとしている。[37]

第3章　イスラーム以前のイランにおけるアレクサンドロス

以上、アレクサンドロス物語と、アリストテレスとの書簡について見てきたが、イスラーム世界が受け継いだアレクサンドロスに関する伝承は、大王を物語の英雄あるいは理想の王とする肯定的なものばかりではなかった。特に、ササン朝時代のゾロアスター教文学においては、アレクサンドロスは悪神アフリマンの使いとしてイランに災いをもたらした憎むべき存在として描かれていた。

アレクサンドロスに対するこのような敵意の根源は、アレクサンドロスの侵略行為とそれにともなうアケメネス朝ペルシア帝国の崩壊にまで辿ることができる。それは、偉大な帝国の栄光を踏みにじられ、古来の宗教をほぼ断滅されるまで追いやられたイラン民族の積年の恨みの表れであるともいえよう。しかし、果たして「イラン」というナショナリスティックな概念、あるいは「イラン民族」という集合的意識がアレクサンドロス前後の各時代を通して連続したものであったかどうかは極めて複雑な問題であって、もう少し慎重に扱うべきである。すなわち、より厳密にいうと、ニョッリの研究によって示されたように、イランという概念も、その民族の「記憶」も、実はササン朝時代初めに政治的・宗教的イデオロギー構築の一環として、ある程度意図的に捏造されたものであり[1]、そして皮肉にも悪玉アレクサンドロスは、そのプロパガンダにおける立て役者の一人としてササン朝統治の正統性を裏付け、国家統一を固めるのに大いに貢献したのである。

この章では、こうした事情を考慮して前二章とはいささかアプローチの仕方を変え、まずは、侵略者・破壊者としてのアレクサンドロス像の史的核心であるともいえるペルセポリス焼尽という歴史的事件に、ギリシア・ラテンの歴史家の記述や考古学的証拠をもとに迫り[2]、次いでアケメネス朝崩壊からササン朝が興るまでの五世紀の間、つまりセレウコス朝、アルサケス朝時代に、その「記憶」がどのような形で保存され、利用されたかを探ってみる。そしてその上でササン朝のゾロアスター教文献におけるアレクサンドロス像の輪郭を明らかにしていきたい。

1 ペルセポリス焼尽

紀元前三三一年の晩春、アレクサンドリアの建設工事が軌道に乗り始めたことを確かめてから、アレクサンドロスはいったんメンフィスに戻り、それからエジプトを進発した。七月半ばまで復興中のテュロスに滞在し決戦の準備をした後に、アレクサンドロス軍は北東に進み、ユーフラテス、ティグリス川を渡って、一〇月の初め、ガウガメラの戦いでペルシア軍に対して決定的な勝利を収めた。その際ペルシア軍の結束を見事に崩すが、ダレイオス三世には逃げられてしまう。しかしガウガメラの戦いに次いで、いずれもアケメネス朝ペルシアの政治的中心地であったバビロン、さらに首都スーサがアレクサンドロス軍に占領されることにより、ダレイオスは王としての権威をほぼ完全に失ってしまう結果となった。アレクサンドロスの次なる目標は、アケメネス朝発祥の地であるペルシス地方の心臓部にさらに侵入し、聖なる都市ペルセポリスを占領することであった。真冬のザグロス山脈に挑み、ペルシス地方に入る関門「ペルシア門」を越えようとしたアレクサンドロスは、先祖伝来の地をあくまでも守り抜こうとする地元住民の激しい抵抗に遭い、かなりの打撃を受けながらもこの難関をようやく突破し、紀元前三三〇年の一月中旬にペルセポリスに進軍した。背後に山脈を控え、前面に平原が拡がる巨大な矩形の大基壇の上に建てられたこの都城は、廃墟となった今ですら訪れる者を圧倒する威厳を備えている。全ての石柱が天高くそびえ立ち、色鮮やかな装飾が施されていた当時は、平野の彼方から接近した侵略者アレクサンドロスも、荘厳かつ優美なその姿に思わず目を奪われたであろう。

図1　ペルセポリス，アパダーナ階段。属州の朝貢者たち

（1）財宝の略奪と破壊活動

行政上の首都スーサとは別に、国家祭式の場としてダレイオス一世（紀元前五二二―四八六年）によって紀元前五二〇年に造営されたペルセポリスには、属国からの代表者たちが帝王に献納する朝貢品を携えて、王朝に忠誠を誓うために到来した。[3] 謁見の間であったと推定される「アパダーナ」に上る階段の壁面には、二三カ国の属州の朝貢者たちの浅浮彫り（図1）が施されている。

そこに描かれた各国の様々な特産品、動物、工芸品などの献納品を携えて厳粛な行進を続ける属臣の行列を見てアレクサンドロスは、あらためてペルシア帝国の勢力範囲の広さを実感したに違いない。

また、ペルセポリスは、これらの朝貢品や他国との戦争の際に略奪した財宝を保管する宝庫も備えていた。クルティウスによるとこの宝庫は、守備軍の撤退のどさくさに紛れて収蔵品が失われてしまう前に、宝庫の管理人であったティリダテスというペルシア人によってアレクサンドロス軍に明け渡されたという[4]。アレクサンドロスはここでの部下たちの無秩序な略奪行為は許さず、一二万タランタという、ギリシア人にとってみれば気が遠くなるような巨額の財宝を、これらの宝庫から組織的に接収した[5]。プルタルコスによると、これらの財宝を「一万頭の騾馬と五千頭の駱駝」につけてペルセポリスから運び出したというほどである[6]。接収された財宝のうち、大部分はスーサに運ばれてそこに保管され、一部は遠征に必要な経費としてアレクサンドロス自身がとっておいた[7]。オデュッセウスの妻ペネロペの像と推定されている大理石製のギリシア彫刻、ラピス・ラズリ製の壺、アラバスター製の容器など、辛うじてアレクサンドロスの略奪を免れた品々がシカゴ大学東洋学研究所によって宝庫跡から発掘されている。

宝庫の収蔵品の接収がアレクサンドロスの監督のもとに行われている頃、ペルセポリスの大基壇の下に拡がっていた「ロイヤル・シティ」、いわば城下町は、侵略軍の兵士たちの貪婪な略奪、暴行、無意味な破壊、残虐な殺戮によって混乱状態に陥っていた。アレクサンドロスは、王宮の財宝に手をつけてはならないと部下たちに命じるかわりに、町での彼らの行動には何の制御も加えなかったという[8]。むしろ、王はペルセポリスに攻め入る直前に兵士たちを集め、彼らの復讐心を掻き立てるような演説をしたらしい。アレクサンドロスは彼らにペルシア戦争におけるギリシア人のかつての屈辱を思い起こさせ、この都市こそがヨーロッパに向けて巨大な軍隊を送り出した敵の総本山であることを訴え、それを破壊することによって先祖の魂に犠牲を捧げるべきであると述べて兵士たちを奮い立たせたとまで伝えられている[9]。

ペルセポリスの「ロイヤル・シティ」には、キュロスやダレイオスの宮殿や庭園とともに、王族や高官、あるいは各国からの使節のための豪奢な邸宅が建てられていたようである[10]。大基壇の上のほとんどの建物が祭儀的な目的に使われたのに対して、この城下町は人々が生活する住宅地であったのであろう。ディオドロスやクルティウスの記述によると、この町はそれまでにアレクサンドロスが占領してきたどの都市よりも富んでおり、家々は贅を尽くした調度品で飾られていたという。貪欲な兵士たちはこれらの家々から、多量の金、銀製品、そして豪華な衣装を戦利品として手に入れたが、そのうち、略奪品をめぐる味方同士の争いが始まった。それぞれが高価な品物の一部を分捕るために兵士たちは、金の刺繍が施された衣や貝紫に染められた布を引きちぎり、美しい壺を無残に割り、彫像の手足をばらばらにしてしまい、完全な形で持ち去られた物は一つもなかったという。また、奪い合いの対象になっている品物を摑んでいる仲間の腕を切り落としたり、あげくの果ては、より高価な品を手に入れた仲間を殺してしまう者さえ出た。後で賠償金を請求するために生かしておくべきペルシア人の捕虜も、多額の財宝をすでに自分のものにした兵士たちにとっては価値のないもので、手当たり次第に殺され、さらに、女たちはまとっている美しい衣服をはぎ取られて奴隷にされた。ペルシア人の中には敵の手にかかって死ぬ前に、妻子共々飛び降り自殺をする者や、自分の家に火をつけて家族と共にそこで焼け死ぬ者もいたそうである。略奪の許可を与えた当のアレクサンドロスも、ついにこの惨状を見兼ねて、捕虜の命と女性の衣服だけは容赦するようにという命令を下さなければならないほどであった[11]。

侵略軍の破壊活動は住宅街の中だけにはとどまらなかった。大基壇の上の建築物も彼らの野蛮な行為を免れることはできなかった。

例えば、アレクサンドロス軍がペルセポリスに攻め入った際の出来事としてプルタルコスの『英雄伝』は次のようなエピソードを伝えている。

王宮に乱入した多数のものによって誤って倒されたクセルクセスの巨像を見て（アレクサンドロスは）立ちどまり、あたかも生きている人に言うように「あなたはギリシア人に向かって遠征したのだから倒れたままに

図2　ペルセポリス，帝王謁見図

して行こうか、それとも他の大志や勇気に免じて起こそうか」と言ったが、結局長い間黙って考えた末通り過ぎた。[12]

このプルタルコスの逸話の真偽は明らかではないが、実は、アレクサンドロス軍が故意に建造物などを破損した確かな形跡が、ペルセポリスのいたるところで考古学者たちによって発見されている。

例えば、宝庫の中庭から出土した二枚の帝王謁見図の浮彫りパネル（図2）の帝王の顔の部分に見られる傷跡は、他の人物像は無傷であることから、おそらくアレクサンドロスの兵士たちによって故意に加えられたものであるとシュミットは推測している。[13] 中央の玉座に座しているのは、ペルシア戦争の際にアテネをはじめとするギリシアの都市を破壊したクセルクセス一世であるが、その目の部分はえぐり取られ、鼻と口も傷つけられ、王が手にしている笏のような杖の先端の球状になった部分も欠けている。傷痕が数カ所に集中しているので、投げ槍などではなく、短刀か剣のたぐいが使われたものと思われる。パネルの中の人物のうち、王のみを攻撃の対象としているということは、やはりその王がギリシアに遠征したクセルクセスであると知った上での報復行為であったのかもしれない。

さらに、同じく宝庫跡から、六〇〇個以上の食器類、儀式用の容器、その他の奉納品が全て粉砕した状態で発掘された。それらの破片がかなり広範囲に散在している様子から、これらの容器は偶然に落ちて割れたというのではなく、明らかに意図的に、一時に多数壊されたものであるとシュミットは推察し、それが宝庫の略奪者であったアレクサンドロス軍の仕業であることは疑いないとしている。[14]ただ、シュミットは、彼らが単に子供じみた破壊欲を満たすためだけにこのような行動にでたという説明では納得がゆかないとし、次のような説を立てている。宝庫からばらばらになって見つかったのは、王が主催する宴会の際に使われた食器類や、宗教的儀式に用いられた容器、および奉納用の円筒印章などであるが、それらはかつて、その一部ないし全体が金で覆われていたと考えられる。従って、持ち運びやすく、しかもすぐにでも財貨に替えられる戦利品を手に入れようとする者は、貴金属製の殻、基部、縁取り、裏打ちなどを取り外すために、容器を割らなければならなかったのであった。[15]

こうした金目当ての破壊行為は、宝庫の中だけではなくペルセポリスの随所で行われた。各建物の扉などを覆っていた金の飾り板は当然剝がされ、ダレイオスの宮殿の側柱などの人物像の浮彫りに嵌め込まれていた宝石類も、アレクサンドロス軍によって残らず持ち去られた。ペルセポリスは野蛮な侵入者たちにその豪華な衣装をはぎ取られてしまったかのようであった。

（2）失火それとも放火？

さて、アレクサンドロスの一行がペルセポリスの宝庫をすっかり空にし、王宮の中の金目の物を手当たり次第に略奪し尽くした頃、逃走したダレイオスがエクバタナ（ペルセポリスの西北約七二〇キロにあるアケメネス朝の夏の都、現在のハマダーン）にいるとの情報が入った。アレクサンドロスがペルセポリスを占領してからすでに四カ月以上経った、紀元前三三〇年の五月末、ダレイオス追跡のため、軍はいよいよペルセポリスを発つ準備を始めた。

アレクサンドロスは、占領下のペルセポリスにおいて、エジプトのメンフィスやテーベ、およびバビロンで行ったような、その土地の神を敬う儀式は行わなかったようである。[16]アレクサンドロスがペルシア帝国の新しい支配者としてダレイオスに代わって祭儀を催したというような記録はどの史料にも見られない。第一、宗教的儀式の進行に欠かせない諸々の道具は、すでに宝庫略奪の際に戦利品として接収されていなければ、全て粉砕されてしまっていた。それに、儀式を取り仕切っていたペルセポリスの多くの神官やその他の高官たちは、守備軍撤退と共にここを脱出したか、あるいは侵略軍兵士による大虐殺の犠牲になってしまっていたはずである。そして何よりも、ペルセポリスの祭典の中心人物となるべきダレイオス王が不在であった。ダレイオスの存命中に、王位を不当に簒奪したアレクサンドロスが、この重要な役割を果たすことはできなかったのであった。そして、ペルセポリスが行政あるいは宗教の祭儀都市として機能することは二度となかった。なぜならば、アレクサンドロスが放った火によってペルセポリスの壮麗な都城は、一夜のうちに灰燼に帰してしまったからである。

アッリアノス、ディオドロス、プルタルコス、クルティウスなどの歴史家たちはこの事件をそれぞれ記録している。アレクサンドロスによるペルセポリス焼尽に関するこれらの歴史家の証言は、発掘調査の結果、考古学的証拠によって事実として裏付けられた。一八七八年にファールス州知事のモータメド・ッ＝ドウレ・ファルハード・ミールザーが遺跡の一部の発掘調査を行ったとき、三〇センチから一メートルにもおよぶ木灰の層が「百柱の間」の床全体を覆っていたそうである。顕微鏡検査の結果、その灰は天井を支えていたレバノン杉の梁が燃え落ちたものであることが判明した。[17] この広間を焼き尽くした炎の勢いはかなり激しかったらしく、立ち並んでいた大理石の円柱はあまりの高熱にことごとく砕け散ってしまい、今は柱礎しか残っていない。また、アパダーナの壁面を覆っていた緑がかった灰色のしっくいの下の暗褐色の煉瓦は、明るい赤色に変色するまで熱で焼かれ、同じく、もとは緑がかった灰色であった床は、表面から五ミリから一センチの深さまで黒く焦げていた。[18] 同様に、宝庫跡においても大火災の形跡が見られた。これらの建物の壁や床の表面があまりむらのない奇妙な焦げ方をしていることから、布（例えば絨毯や壁掛けなど）を含む多量の可燃性物質が火の廻りをいっそう確実にしたのではないかとシュミットは推測している。[19] おそらくペルセポリスの主要な建造物は、一気に燃え拡がった巨大な火の海に呑み込まれて、全てが一度に焼尽したか、あるいは短かい期間内に何回かにわたって放たれた火によって燃え落ちたのであろうという結論にシュミットは達している。[20]

アレクサンドロスがペルセポリスに火をつけたことは疑う余地がない。では、一体なぜアレクサンドロスはペルセポリスを焼き払ったのであろうか。これは、古代から現代に至るまで、多くの歴史家たちの頭を悩ませてきた問題である。

アレクサンドロスの伝記を書いた古代の歴史家の中でも比較的冷静な目を持ち、より信頼性があるとされているアッリアノスは、アレクサンドロスの放火は政策的な行為であったと記している。アッリアノスが伝えるところによると、将軍パルメニオンはその放火を思いとどまらせようと、「すでに己の所有物となったものを破壊することは道理にかなっていないし、もしもアレクサンドロスがアジアに君臨する意志を見せずに、ただ征服者としてそこを通り過ぎるだけならば、アジアの人々は王に帰服しないであろう」とアレクサンドロスを説得しようとした。しかしアレクサンドロスはこれに対して、ペルセポリスを焼き払うことによって、ペルシア人がギリシア侵略の際に行ったアテネの破壊、神殿の焼却など、ギリシア人に対する彼らの残忍な行為に今こそ復讐するのだ、と述べた。アッリアノス自身は、アレクサンドロスの行動は政策的なものであったとは思えないし、その行為がペルシア人が昔行ったことに対する報復となったとも考えられない、と批判的な態度を示している。[21]

このようにアレクサンドロスによるペルセポリスの放火が復讐を目的とした計画的な行為であったと述べているのはアッリアノスのみである。これに対して、一般に「俗伝（ウルガタ）」と呼ばれているアレクサンドロスの伝記（ディオドロス、プルタルコス、クルティウスなど）はそれがアレクサンドロスの酔余の衝動の結果であったという意見において、ほぼ一致している。これらの文献はペルセポリスの王宮放火に至るまでの経緯を次のように詳しく説明している。[22]

アレクサンドロス軍がペルセポリスを発つ準備を整え始めたある晩に、王とヘタイロイ（王の近臣団）が夜通し痛飲するマケドニア式の豪勢な酒宴が催された。その夜は女たちも恋人たちのところに来て、共に飲み、騒いでいた。その内の一人、後にエジプトの王となったプトレマイオスの愛人で、アテネ生まれのタイスという美妓がアレクサンドロスにはべっていた。かなり酔いがまわってきた頃、このタイスは、アテネを焼いたクセルクセスの宮殿に火をかけて燃やしてしまおう、と演説を始めた。彼女は、「アレクサンドロスと一緒にいた女が陸海軍の指揮官たちよりももっと立派にギリシア人のために復讐したと後世語り伝えられるように、私が王の目の前で火をつけましょう」、とアレクサンドロスおよびヘタイロイの名誉心を刺激し、放火をそそのかしたのである。すでに乱酔状態にあった一同はタイスの煽動に乗って、松明を手に取り、歌って、踊って、浮かれ騒ぎながら、王とタイスを先頭にコーモスの行進を始めた。[23]王に次いでタイスが宮殿の中に松明を投げ、他の者もそれに続いてあらゆる建物に次々と火をかけ、王宮の周囲一帯はたちまち火の海と化してしまう。失火であると思い、慌てて水を持って救援に駆けつけた兵士たちがそこに見出したのは、事の重大さに気づき、酔いも醒めてしまったアレクサンドロスが、凄まじい音をたてて燃え盛る炎の中で崩れ落ちてゆく巨大な建造物の前に、茫然と立ち尽くしている姿であった。アレクサンドロスはすぐに後悔して火を消すように命じたらしいが、火の勢いはすでに手のつけようがないほど激しくなっていた。[24]

ペルセポリスの放火は正気の沙汰であったとするアッリアノスと、乱酔不覚のアレクサンドロスが女にそそのかされて衝動的に犯した過ちであったとするディオドロス、プルタルコス、クルティウスらの、二つの相反する意見の間に挟まれた現代の歴史家たちは、この問題に関して様々な解釈を試みている。個々の説の詳細な紹介は省くが、[25]この事件が偶発的なものではなく、やはりアレクサンドロスの政治的意図を反映した計画的な行為であったと見なしている点においてはほぼ一致している。しかしペルシア人のギリシア侵略の報復という大義名分の裏に隠れたアレクサンドロスの真の動機については意見が分かれている。

例えばベディアンは、ギリシア本土におけるスパルタ王アギス三世の反マケドニア蜂起との深い関わりあいを指摘している。反乱鎮圧の知らせを待ちながら不安な冬をペルセポリスで過ごしたアレクサンドロスは、ダレイオスの追跡に発つ前に、彼が東方かぶれの専制君主に成りおおせようとしているのではなく、今なおギリシア同盟軍の総指揮官であることをギリシア人に再認識させ、自分がギリシアを決して忘れていないことを宣言しておくために、かつての「報復」論を再び唱え、ペルセポリスの放火を派手に演出したというのである。つまり、ペルセポリスの破壊は、ギリシア本土に向けてアレクサンドロスが発したメッセージであったというわけである。[26]

これに対する反論としてボルザは次のような説を立てている。[27] アレクサンドロスがペルセポリスで冬を越したのはギリシアからの反乱鎮圧の連絡を待つためではなく、その都市が、ダレイオスがどのような動きに出ても柔軟に対応することができる地理的位置にあったからで、ダレイオスの居所がいったん明らかになってしまえば、巨額の財宝を供給し、冬の間の休養場所を提供したペルセポリスに用はなくなる。アレクサンドロスは、このような辺鄙な土地におのれの帝国の本拠地を置くつもりは全くなかったのだ。だが、ペルシア帝国支配下のアジアにおける「アンシャンレジーム」（旧体制）の象徴であるこの都市をそのまま残して進発するわけにはいかなかった。アケメネス王朝の支配が終わったことをアジア全土に告げるには、この都を滅ぼすしかなかった。また、いまだ健在で反撃の機会を狙っていたダレイオスの士気をくじくため、さらには、将来アレクサンドロスに対する抵抗運動が起こった場合に、ペルセポリスが軍の再結集地として利用されることがないように、やはりこの都市は完全に破壊しておかなければならなかった。要するに、ペルセポリスの焼尽は、ダレイオスおよびアジアの民族に旧体制が滅び去ったことを通告する強烈なメッセージであったというのである。

一方バルサーは、この事件の対外的なメッセージ性よりもアレクサンドロス自身の心情の問題に注目している。[28] 巨大なペルシア帝国を支配するアケメネス朝の神授の王権を、その臣民、宮殿、財宝ごとそっくり手に入れることがアレクサンドロスの野望であり、エジプトのメンフィスおよびテーベ、そしてバビロンでは、その夢の一部がかなった。これらの、いずれもアケメネス朝の設立以前から確立されていた重要な宗教的中心地においてアレクサンドロスは、ペルシア帝国の圧政を取り除く解放者として歓迎され、伝統的な儀式を通じて王位を授けられた。[29] しかし前述したようにアレクサンドロスの東征軍は、ザグロス山中のペルシア門で地元ペルシス州のサトラペス（太守）アリオバルザネスが率いる防衛軍の激しい抵抗に遭う。やっとのことでこの難関を切り抜けるが、それまで連戦連勝で勢いにのっていた王は、この戦いにおいて初めて敗北の屈辱を味わった。ここはエジプト、バビロニアの場合とは違い、ペルシア帝国軍にその神殿を破壊された恨みを持つ属領などではなく、まさにその帝国の心臓部、アケメネス王朝発祥の地であった。ここではアレクサンドロスはペルセポリスという神聖な都市を犯す「侵略者」にすぎず、解放者ではなく、ましてやアケメネス朝の王位継承者として認められる資格はなかった。正統な王権の持ち主であるダレイオスは、度重なる敗北の末その権威を失いかけていたとはいえ、いまだ健在であった。その上、帝国の東の方の部族は依然としてアレクサンドロスに抵抗していた。ペルセポリスは、放って置けば敵の拠点として利用されてしまう恐れがあった。それゆえにアレクサンドロスは、彼が求めてきたアジアの支配権を自分の物にするためには、ペルセポリスを破壊しなければならないと判断した。

以上のようなバルサーの説に筆者自身の解釈を加えるとすると、ペルセポリスにおいて王位を認められなかったことに、アレクサンドロスは相当の挫折感を覚えたのではないかと思われる。ペルセポリスと深く結びついた古い慣習や儀式の基盤の上に成り立っていた「宇宙支配者の王権」を手に入れることができなかったアレクサンドロスは、この王権をその基盤ごと焼き払ってしまった。このことによって彼は、古めかしい宗教理念などに基づいたアケメネス王朝の独占的な支配権を完全に否定し、己の力そのものが正当な権力なのだということを証明してみせたのであった。このようにペルセポリスの破壊には、アレクサンドロスの強烈なエゴと征服欲の表出を見てとることができるのである。

2　大王の記憶

アレクサンドロスによるペルセポリス破壊という衝撃的な事件によってそれまでの世界秩序を覆された者にとってその記憶はおそらく大きな傷となり、それはまた大王の後継者にとっては時に厄介な荷物ともなった。

アレクサンドロス軍がペルセポリスを進発した直後に、ダレイオス三世は側近のベッソスらによって殺害され、アケメネス王朝は実質上滅びる。暗殺者ベッソスを捕らえるためにバクトリアに進み、さらにソグディアナに入り、インダス川の最後の支流ヒュダスペス河畔に到達したところでアレクサンドロスは、兵士たちの要請により帰途につき、バビロンまで戻ってきたところで、原因不明の熱病にかかり、紀元前三二三年六月一〇日（一一日、一三日説もあり）に死んでしまう。大王の部将たちの間での後継者争いの末、アレクサンドロスが征服した帝国のうちメソポタミアとイランのほぼ大部分、つまりユーフラテス川からインダス川流域の国々を除くインド洋までの領地は、紀元前三一二年にバビロニアを制したセレウコス一世（紀元前三一二—二八一年）の手中に落ちた。そしてセレウコス朝によるイラン支配は紀元前一二九年まで続く。

(1) アレクサンドロスの後継者たち

ところで、「ヘレニズム期」と呼ばれるアレクサンドロス以降のこの時代の東方のギリシア化神話は、近代の植民地主義の中から現れてきたものである。特にイランにおけるギリシア文化の影響は、ギリシア支配を受けた他の地域――エジプト、小アジア、シリア――に比べると限られたものであったとされる。[30] アレクサンドロスやセレウコス朝の王たちが建設した植民都市においては、ギリシア・マケドニア市民がギリシア式の都市生活を営んでいた。そして政治的野心を持ったイラン人のエリートたちはそこへ惹きつけられ、ギリシア語を学び、ギリシアの文化に親しんだ。しかし、これらの都市はイランという大海に浮かぶ島々のようなものであった。セレウコス朝時代には「ギリシア的イランとイラン的イラン」の二つの世界が共存していたのである。[31] 都市部以外でギリシア語が広く共通語になることはなく、イラン系の言語やエラム語、アラム文字が使われ続けた。地方の豪族たちは依然として村々を統治し、セレウコス朝は都市間を結ぶ道路が確保され租税が納められてさえいれば、地方の事柄に干渉することはなかった。

セレウコス朝はマケドニアあるいはギリシア本国の直轄植民地というわけでもなく、アケメネス朝のように神授の王権に基づいた支配の基盤もなかった。セレウコス朝の統治は「支配者と被支配者の間の相互の親善」に支えられていた。[32] アレクサンドロスの侵略の傷が完全に癒えていない土地において、むやみにアレクサンドロスを美化したり、その栄光を称えたりすると、被支配民の反感を買い、親善関係は崩れてしまう。このような政治的配慮から、セレウコス朝の王たち、ことにセレウコス一世の息子アンティオコス一世ソテルは、むしろアレクサンドロスの記憶を抹消しようとしたのではないかというウォルスキーの次のような説もある。

アンティオコス一世の母親は、かつてアレクサンドロスの軍と抗戦したソグディアナのサトラペスであったスピタメネスの娘アパマであったが、イラン系の血統を持つこの息子を後継者として選んだこと自体に、セレウコス一世の被支配民に対する「気遣い」が見てとれるかもしれない。このアンティオコス一世は、スキタイの部族の攻撃によって破壊されたイラン東北部のいくつかの都市を再建する際に、アレクサンドロスが建設したアレクサンドリア、ヘラクレイアなどを、アンティオキア、ソテイラなどと自らに関わりのある名前に改名している。[33] ウォルスキーによるとこれは、アケメネス朝ペルシアを滅ぼした征服者の巨大な影に脅かされることなく統治するために、アレクサンドロスの存在をイランから消し去ろうとする試みであったのではないかという。[34] またアンティオコスは、アレクサンドロスの帝国の後継者としてよりも、かつてアレクサンドロス軍に果敢に抵抗したスピタメネスの孫として、祖父に縁のある地方の諸都市の再建にあたり、その土地の住民の恭順を得ようとしたのであろう。

(2) アルサケス朝パルティア

セレウコス朝にかわってイランの支配者となるアルサケス朝は、アレクサンドロスの記憶をどのように扱ったのであろうか。[35] カスピ海南東部、つまりイランの東北から攻め入り、紀元前二世紀中頃までにはセレウコス朝からイラン・メソポタミアの支配権を奪ったアルサケス朝パルティアは、その親ギリシア主義が一般に強調される。[36] ミトラダテス一世はじめ、アルサケス朝初期の王は確かに貨幣に「親ギリシア」(*Philhellenos*. *ΦΙΛΕΛΛΗΝΟΣ*)の称号を入れ、ギリシア都市民との協調路線を取ったが、それは拡大した王国を治めるためにギリシア都市民の行政・統治に関する知識を必要としていたからであるとされる。[37] アルサケス朝の支配の基盤が確実になりギリシア都市に依存しなくなる紀元前二世紀の終わり頃、つまりミトラダテス二世(在位紀元前一二三―八八/七年)以降は、コインのギリシア銘も判読が困難なほど文字の輪郭が曖昧になり、ヴォロガセス一世(在位五一/二―七九/八〇)の頃にはパルティア語銘が刻まれるようになる。[38] それと同時にアケメネス朝の伝統を取り入れ、アレクサンドロス以前のペルシア大帝国の再統一者であることを顕示しようとする動きが明らかになってくる。

例えば、アケメネス朝の王の称号「諸王の王」をギリシア語で記した *basileus basileon* の銘を初めて使い始めたのもミトラダテス二世であると考えられている。[39] また、アルタバヌス三世（在位一二—三八年頃）のように、ローマ帝国との抗争において、自らをアケメネス朝の創始者キュロスやアレクサンドロスになぞらえてその力を誇示しようとした王もいた。ローマの歴史家タキトゥス（五五頃—一二〇年）の年代記には、パルティア人使節がローマ皇帝ティベリウスに伝えたこととして、アルタバヌス三世が「かつてのペルシアおよびマケドニアの帝国の領域について、さらに、初めにキュロス、後にアレクサンドロスが支配した土地を征服する意図について驕慢に威嚇するように言及した」ことが記されている。[40] アレクサンドロス征服前のペルシア帝国の後継者であることを謳ったプロパガンダは、ササン朝以前のパルティア時代にすでにその原型があったといえるが、アレクサンドロスに関する否定的な言及はここにはまだ見られない。むしろ上記の記述を読む限り、このアルタバヌス三世は敵国ローマに対してはキュロスとアレクサンドロスの両方の帝国を継ぐことを豪語していたようである。

このように、アケメネス朝が滅び、アレクサンドロスが死んだ後にペルシア帝国の大部分の支配者となったセレウコス朝およびアルサケス朝は、アレクサンドロスの記憶を政治的状況によって、時には賛美あるいは利用し、また時には抹消しようとしたようである。

（3）被支配者の記憶

さて、ある程度の自主性を保ちながらも被支配者となった「イラン人」自身は、果たしてアレクサンドロスの侵略に関してどのような記憶を留め、ギリシア・マケドニア支配についてどのような感情を抱いていたのであろうか。この問いに対する完全な答えを見つけることは不可能かもしれない。セレウコス朝およびアルサケス朝時代のイランに関する史料は極めて乏しく、また、「イラン人」と一言でいっても、それまでの生活とほぼ変わりない暮らしを続けたであろう地方民からギリシア語を学び官僚となった者までを一括して扱うわけにはいかず、地方によっても違いがあったであろう。それに、前にも述べたように、「イラン」という概念自体がササン朝時代までは確立されていなかったようである。だが、少なくとも、アケメネス朝の王族の名残であるペルシス地方の豪族や前王朝の王権と深く関わっていたゾロアスター教の聖職者たちの記憶の中には、アレクサンドロスは憎むべき破壊者として留まったのではなかろうか。

アケメネス朝の発祥地であり、後にササン朝の揺籃の地ともなったペルシス地方は、地理的にもメソポタミアやイラン北部から接近しにくく、幹線道路からも外れており、セレウコス朝の支配が及びにくかった地域の一つである。廃墟となったペルセポリスは完全に地中に埋まることなく、何世紀も後までアレクサンドロスの破壊行為の記念碑のごとくその無惨な姿を晒し続けた。アケメネス王朝の滅亡とその精神的首都の焼失を嘆き惜しむ者たちが、破壊者アレクサンドロスを呪詛するような伝承をその遺跡にちなんで語り継いでいったことは大いに考えられる。メアリー・ボイスが述べるように、アケメネス朝崩壊によって最大のパトロンを失った吟遊詩人たちが、ギリシア・マケドニア支配への抵抗と反アレクサンドロス的感情を煽るような詩歌を作り、豪族や聖職者たちなどのために歌っていた可能性は高い(41)。

セレウコス朝支配の時代も、ペルシス地方が他の地方に比べて独立性と前王朝の伝統を強く保ったことを示す証拠として、地元の豪族フラタラカー **Frataraka** が、セレウコス朝の貨幣とは別に、独自に鋳造していたコインがある(42)。これらはおそらく、ペルセポリスの破壊の後にその廃墟に近接して建てられたスタフル **Stakhr**（近世ペルシア語で **Iṣṭakhr**）の町で、紀元前三世紀後半頃から造られたとされるが、その図像はアケメネス朝の伝統を明らかに意識したものである(43)。例えば、**Bagadat**（bgdt）という名の王のコインの表にはサトラペスの頭巾（*bashlyk*）をかぶった肖像が、裏には玉座に左向きに座り、笏と花を持つ王が施されている（図3・1）。また、裏面に拝火殿が描かれているコインもある（図3・2―図3・10）。これらの貨幣の意匠はペルセポリスの浮彫りに見られるものとほぼ同一であり、さらに銘刻はギリシア語ではなくアラム文字である。中にはアレクサンドロスのテトラドラクマ銀貨の上に、新たに打ち出されたものもある（図3・4）。

これをアレクサンドロスへの、あるいはその後継者であるセレウコス朝への抵抗と反発を示す証拠と解釈することもできよう。フラタラカーはおそらくアケメネス王家の傍系血族で、[44]彼らがある程度の自主性を保ちながらペルシス地方を治めることをセレウコス朝も許容していたのであろう。ペルシス独自のコインの造幣は一時期中断されたり形態が変わることはあっても、アルサケス朝パルティア時代に入ってからも行われ、ササン朝の台頭の頃まで続いた。

この小国の実態はほとんど分かっていないが、ペルシスという地理的条件に守られた地方の外に領土を拡張することなしに、アケメネス朝の伝統を――あるいは血統をも――細々と守り続け、[45]来るべきササン朝の土台を作ったのであろう。後述するように、ササン朝がその帝国を築く際に、あるいはローマとの抗争において、自らをアレクサンドロスが滅ぼした古代ペルシア帝国の再統一者または後継者をもって任じたのも、ペルシスという地に根を持っていたからであろう。

一方、アケメネス朝時代からの宗教的伝統を受け継いだゾロアスター教の司祭階級のマギたちは、宗教的プロパガンダによってギリシア・マケドニア支配に抵抗しようとしたようである。[46]アケメネス王朝の神聖な王権のシンボルであったペルセポリスが破壊されたとはいえ、ゾロアスター教自体はアレクサンドロスの征服以降も各地で存続した。[47]ゾロアスター教徒、特に旧王朝と深い関わりのあった聖職者たちの中には、アレクサンドロスを宇宙の秩序を乱した悪神アフリマンの使いとし、ギリシア・マケドニア支配を受難の時代と見なした者がいたに違いない。ペルシア帝国の復活を願えども、政治的にも軍事的にもそれが不可能となった苦境に立たされた彼らの間には、救世

図 3　セレウコス朝時代のペルシス地方の貨幣

主（*Saošyant*）が現れて異民族の邪悪な支配を取り除きアフラマズダ神の御国を復興する日が間近であることを告げる預言が生まれた。

このような啓示文学の断片的な例が「シビュッラの神託集」"Oracula Sibyllina"の中に残っている。シビュッラとは神のお告げをギリシア語の六歩格の詩で伝えた巫女で、おそらくデルフォイのアポロン神殿の神託に対抗して小アジアで始まったのではないかとされる。その預言は神の言葉として尊ばれ、人々は窮境においてその託宣を請うた。そしてシビュッラの名声が高まるにつれて政治的にも影響力を持つようになると、プロパガンダの手段の一つとして利用された。後にはユダヤ教の終末論に取り入れられ、旧約聖書外典の一部として現在まで伝わっている。(48)

ギリシア語使用圏の各地に有名なシビュッラがいたようであるが、中にはペルシア人のシビュッラもいた。アフリカのキリスト教徒の弁証家ラクタンティウス **Lactantius**（二五〇年頃）が伝えるところによると、ローマの学者ウァッロ **Varro**（紀元前一一六―二七年）が挙げる一〇人のシビュッラのうち、「一番目はペルシア人であり、彼女についてはアレクサンドロスの行伝を書いたニカノルが言及している」(49)という。ニカノルはアリストテレスの養子でアレクサンドロスの遠征に随行しているので、マケドニアの征服の時代にペルシア人のシビュッラがすでに存在したと見られる。(50)ボイスが推測するには、おそらくアケメネス朝時代末期、ペルシア帝国の西方の太守とギリシアとの間で様々な取引や企みが渦巻いていた頃に、ペルシアの太守がペルシア側にとって都合の良い筋書きの「預言」を広めるための政治的宣伝手段として、ゾロアスター教神殿と関わりのあったシビュッラを利用したのではないかという。(51)

上記のニカノルのアレクサンドロス遠征記自体は残っていないが、おそらくその中に、侵略者アレクサンドロスの到来を預言したペルシアのシビュッラについての言及があったのであろう。ただし、この場合「預言」といっても、実際に事が起こった後から作られたもので、反アレクサンドロス的な内容であったことが推察できる。現存するシビュッラの神託集の第三書に含まれる以下の節は、このペルシアのシビュッラに遡るといわれている。[52] この預言はおそらく小アジア西部のエフェソス辺りからアレクサンドリアに伝わり、ユダヤ教徒のシビュッラの神託集に入り、旧約聖書外典の一部として現在まで伝わった。[53]

されど、マケドニアはアジアに重大な禍をもたらすであろう。
そしてヨーロッパには絶望的な災難が、
クロノスの息子の氏族で庶子や奴隷の家系より現れる。
かの者は要塞に守られたバビロニアの都をも征服するであろう。
そして日が照る全ての国々の支配者と呼ばれた後に、
哀れな最期を迎え滅びるであろう。
後に彼方を彷徨う子孫の間にその名前のみを残して。[54]

シビュッラの神託特有の謎めいた口調で記されているが、マケドニアから現れたクロノスの息子の氏族といえば、アレクサンドロスに当てはまる。クロノスの息子とはゼウスのことで、ゼウス・アモン神の神託所を訪れて以来、[55] アレクサンドロスは自らをその神の子であると称したからである。また、アレクサンドロスはバビロニアを紀元前三三一年に攻略している。そしてインダス川流域までの広大な領地を征服した後、バビロニアに戻ってきたところで原因不明の熱病で「哀れな最期」を迎えている。最後の一句は、アレクサンドロスの死後の名声を広めた、アジア各地の占領地に散らばったギリシア・マケドニア人たちを指していると思われる。この預言からはアレクサンドロスに対する呪詛の念が明らかに感じ取られる。

続く一節も、ある侵略者のアジアへの到来を告げる敵意に満ちた預言である。

ある日富裕なアジアの地に突然現れるであろう、
紫の外套を肩にかけた男が。
野蛮で、正義からほど遠く、猛火のごとし。稲妻を前に、
自らを高める。そしてアジア全土が邪悪な圧政に縛られ、
血に浸された大地は流血を飲むだろう。
それでもハデスはかの者が完全に破滅するまで見届けるであろう。
かの者が破壊せんとする家の血統の者たちによって、
かの者自身の血統が滅ぼされるであろう。[56]

この預言が、アレクサンドロスを呪うペルシア人によるものなのか、それともユダヤ人がセレウコス朝のアンティオコス四世のことを言っているのかは論議の的となってきた。[57]エディーは、アジアに圧政と流血をもたらす「紫の外套を肩にかけた男」がアレクサンドロスを指していることを確信しており、この預言が紀元前三二五年（アレクサンドロスが死ぬ二年前）に告げられたという年代設定までしている。[58]この年代が正確であるかどうかは疑問であるが、アレクサンドロスの時代に遡るこの預言を、後のユダヤのシビュッラがアンティオコス四世に当てはまるように数句足して改編したという説が妥当であろう。[59]

ハデスはギリシア神話における死者の国の支配者であるが、ゾロアスター教の悪神アフリマンは「ペルシアのハデス」として知られていた。[60]このハデスの行の解釈は訳者によっても異なるが、[61]悪神がアレクサンドロスが為す全てのことを背後で見守り、あるいは操っており、彼を最後には破滅まで導いたというような意味にとれる。後述す

るゾロアスター教パフラヴィー語文献にも、アレクサンドロスがアフリマンによってイランに送り込まれて破壊をもたらしたという伝承が見られ、この預言と内容的に対応する。[62] 従って、このシビュッラがやはりゾロアスター教的背景を持つ者であるという可能性が強くなる。

「ヒュスタスペスの神託」も、アケメネス朝崩壊後のギリシア支配に対して敵意を表すゾロアスター教啓示文学の一つであるといえる。[63] これもシビュッラの神託と同様、もとはおそらくギリシア語の韻文で、小アジアのマギがギリシア語を使用する同教信者や他のアジア人のために書いたものとされる。[64]

預言集としては現存しないが、前述のラクタンティウスによるラテン語の引用からその内容を窺うことができる。[65] ラクタンティウスの引用によると、「メディアの古の王」ヒュスタスペス（ギリシア語で Hystaspes. パフラヴィー語で Vištaspa）が見た夢を少年が解くという枠においてこの世の終わりの出来事が予言されている。[66] その中で、「世界を支配するローマの名はこの世から消え去り、帝権はアジアに戻るであろう」と、ローマ帝国の滅亡とアジアの再興、東の支配と西の隷属が予言されていることから、[67] ローマ帝国当局はこれを禁書としていた。[68] 成立年代は紀元前一世紀から紀元後一世紀の間頃と設定されているが、[69] エディーはその起源がより古く、セレウコス朝時代――具体的には紀元前二三〇年から紀元前一九〇年――に遡るという説を提示している。[70] つまり、現存する予言にはアレクサンドロスの侵略を直接指しているような部分は残っていないものの、ラクタンティウスが伝える「ヒュスタスペスの神託」は紀元後五〇年頃に当時の政情に応じて書き換えられたものであり、もともとは破滅が告げられていた西の勢力というのはローマではなく、マケドニアを指していたというのである。

この「ヒュスタスペスの神託」との類似が指摘され、[71] おそらく共通の起源を持つのではないかとされるのが、パフラヴィー語で記された『バフマン・ヤシュトのザンド』*Zand ī Vahman Yašt* である。[72]『バフマン・ヤシュト』はゾロアスター教の聖典『アヴェスター』のうちの一書でバフマンに捧げられた賛歌（ヤシュト）であるが、[73] アヴェスター語の原典は現存せず[74]、そのザンド、つまりパフラヴィー語による注釈が残っている。その内容は、ゾロアスターが夢の中で見たことを善神アフラマズダが解き明かし、世界の出来事を予言するというものである。多くのパフラヴィー語の書がそうであるように、イスラーム時代初期、おそらく九世紀頃までに最終的に編纂されるまで幾度も改編されており、様々な伝承の層が混在しているために時代を特定することは極めて難しいが[75]、その起源がヘレニズム時代まで遡るのではないかと推測される部分もある。アレクサンドロスの破滅を予言している次の一節は、上に見たシビュッラやヒュスタスペスの預言のような、アレクサンドロスの侵略によってもたらされたギリシア支配に対するゾロアスター教徒の抵抗を表した啓示文学の系譜につながる。

そして銅の時代は、この世に存在した異教を一掃したアシュカーニー朝（アルサケス朝）の王の治世。邪悪なギリシア人のアレクサンドロスはこの宗教によって打ちのめされ、この世から消え去る[76]。

これは、ゾロアスターが夢の中で見た金、銀、黄銅、銅、錫、鋼、そして土の混ざった鉄でできた七本の枝の木について、それが来る七つの時代を意味することをアフラマズダが説明し、それぞれの時代に起こる出来事を預言するというくだりの一部である。

アレクサンドロスの添え名の *kilisyāgīg*（または *kilīsāyīg*）は、次の『アヴェスター』の一節にあるアヴェスター語 *karasāni* からきているとされる。

ホーム（ハオマ。ゾロアスター教における神聖な植物）は、かの *karasāni* を王座から転覆させた。（かの *karasāni* は）権力への野望をいだいてのし上がり、このように言っていた。「これからは司祭は、もう勝手に国中に法を教えて回るようなことはあるまい」。かの者は繁栄を完全に破壊しようとしていた。かの者は繁栄を完全に打ちのめそうとしていた。[77]

同じ『バフマン・ヤシュトのザンド』の別の箇所では、*kilisyāgīg* はサルムの国（イランの神話において、世界が三兄弟の間で三等分された際にサルムには西方の国が与えられた）からきたとされており、[78] また *hrōmāyīg*（ギリシア・ローマ・ビザンツの人を指す）と呼ばれているので、[79] *kilisyāgīg* はここでは「ギリシア人の」という意味にとれる。[80]「異教を一掃したアシュカーニー朝の王」とは、アルサケス朝のヴォロガセス一世のことを指すと思われる。次の『デーンカルド』の一節が伝えるところによると、ヴォロガセスは「アレクサンドロスによる破壊と危害やローマ人の略奪のために」散逸しかけていた聖典『アヴェスター』を書き留めさせたという。

アシュカーニー朝のヴァラフシュ（ヴォロガセス）は、アレクサンドロスによる破壊と危害やローマ人の略奪のために、完全な状態から散り散りになっていたアヴェスターとザンド（注釈）を書き留めさせた。神官（*dastūr*）が口頭で伝えて残っていたことも保存され、他の都市のために写しが作られた。[81]

「書かれた」正典としての『アヴェスター』が編纂されるのはササン朝時代に入ってからであるが、ヴォロガセスは少なくとも、パルティア王国の各地のゾロアスター教集団に口頭で伝わっていた『アヴェスター』の断片を記録・保存させた可能性はある。また、ラテン史料によると、ヴォロガセスの弟で、紀元後六〇年頃にアルメニアの王になったティリダテス一世は、ゾロアスター教司祭職についていたとされている。[82] それにヴォロガセスが発行した貨幣は、ギリシア語銘はほとんど読み取れないほど形式的なものになっているかわりにパルティア語銘が刻まれており、公式な言語としてギリシア語がこの頃から使われなくなった証拠とされる。[83] ヴォロガセスは、アルサケス朝初期の王たちがとった「親ギリシア」路線を辿らず、ゾロアスター教を擁護し、その復興を促したと考えられる。ゾロアスター教徒には、アレクサンドロスによってもたらされた苦難の時代に終局をもたらす救済者として見えたのかもしれない。

上の『バフマン・ヤシュトのザンド』の一節は、アルサケス朝の王が救済者として登場している点においてパルティア時代以降のものであろうが、やはりギリシア支配の時代まで遡るゾロアスター教の反ヘレニズム的啓示文学の流れを汲んでいる。

以上のようなわずかな、しかも正確な年代決定が極めて難しい史料からだけでは、アレクサンドロスへの遺恨の念が、セレウコス朝、そしてアルサケス朝時代を通してイラン人の意識の底を連綿と流れ続けたものであったと言い切ることはできない。しかし少なくとも一部のゾロアスター教の祭官たちの間では、アレクサンドロスによってもたらされた惨害の記憶は朧気ながら保存され、受け継がれていったと考えられよう。

3 ササン朝ゾロアスター教文献におけるアレクサンドロス

二世紀末から三世紀初め、ローマ皇帝セプティミウス・セウェルスがメソポタミアに進軍し、ヴォロガセス四世治下のパルティア支配が脅かされている頃、パーバグという王がペルシス地方一帯を統一し、パルティア王国から独立を図ろうとした。二一六年頃にパーバグの後を継いだその子アルダシール一世（在位二二四―二四一年）は、さらに東のケルマーンや西のエリマイスまで領地を拡げてゆき、二二四年にホルミズダガーンの戦いにおいてパルティアの王アルタバヌス四世を倒す。その後アルサケス朝の諸侯やその属国のほとんどがアルダシールの支配下に入り、アルダシールはその一族を各占領地に統治者として配置した。こうしてササン朝ペルシア帝国（二二四―六五一年）が誕生した。

（1）復古主義と政教一体

アルダシールは自らの征服事業をもって、大ペルシア帝国を再興しようという意図を強く持っていたのではないかと考えられている。アケメネス王朝についての具体的な記憶はこの頃までにはほとんど失われていたとする説もあるが[84]、ササン朝発祥の地ペルシスにはペルセポリスの廃墟をはじめ、古えの栄華を偲ばせる遺跡がなおも姿を留めており、それらにまつわる何らかの伝承はアルダシールの耳にも届いていたであろう。建国の父アルダシールは、その過去の王朝の栄光との繋がりを強調することによってササン朝支配の正統化を図ろうとした。

図4　ナクシェ・ロスタムのアケメネス朝王墓

一番右にダレイオス1世の墓が岩壁に掘られている。左二つの墓の主は特定されていない。ダレイオス1世墓と中央の墓の間の地面に近いところに彫られているのが，ササン朝シャープール1世の浮彫り。図5はそれを近くから撮ったもの。

例えば、アケメネス朝の王たちがナクシェ・ロスタム（ロスタムの絵）と後世呼ばれるようになった場所の岩壁に残した墓群（図4）の傍らに、アルダシールやその息子シャープール一世が記念碑的な浅浮彫り（図5、図6）を刻んだのも、自分たちこそが過去の偉大な君主たちの後継者であることを示そうとしたからではないだろうか。一部のローマの歴史家もアルダシールのこのような主張——キュロス大王（紀元前六〇〇頃—五二九年）による帝国創設からダレイオスがアレクサンドロスに倒されるまでペルシア人のものであった、エーゲ海沿岸にまでいたる領土を継承する正統な権利が自らにあること——を記している。(85)

アルダシールはまた、王権を神聖化することによっても、自らの王位の正統性を宣示しようとした。アルダシー

図 5　ナクシェ・ロスタムのササン朝浅浮彫り
シャープール 1 世の前に跪くローマ皇帝ウァレリアヌスとフィリッポス。

図 6　ナクシェ・ロスタムのササン朝浅浮彫り
王権を授けられるアルダシール。

図7　ベヒストゥン，ダレイオスの記念碑

図8　ペルセポリス，三門宮入り口柱上部

ルの父パーバグは、ペルセポリスの廃墟に近接して建てられた都市スタフルのゾロアスター教女神アナーヒターの神殿の司祭であったとされる。[86] アルダシール自身もその地位を受け継ぎ、「諸王の王」となってからもその司祭職から退くことはなかったという。[87] ササン朝の建国の精神は宗教と不即不離の関係にあったのである。

　実際には武力によってアルサケス朝から簒奪した支配権が、アフラマズダ神から授けられた神授の王権であるとアルダシールが誇示しようとしていたことは、上述のナクシェ・ロスタムの浅浮彫り（図6）に如実に表れている。そこに描かれているのは、騎乗のアルダシールが蝿払いを持った近習の者を従え「イランの諸王の王」として、同じく馬に乗ったアフラマズダから光輪を授かっている場面である。神と王が同じレベルで対等に向かい合い、それぞれ右腕を真っ直ぐに中央に差し延べ、飾緒のついた輪状の光輪を握りしめている。馬の蹄の下で地にひれ伏しているのは、敗北した敵アルタバヌスと悪神アフリマンである。畏くも神の御手ずから何か賜っているというよりむしろ、共に戦った戦士が勝利の記念品を掲げているかのように見える。その輪は「光輝」または「光輪」（*xvarrah.* 近世ペルシア語 *farr*）を表しており、神授の王権を象徴しているとされる。[88] この図像はアケメネス朝美術から得られたものである。ベヒストゥンのダレイオス一世の記念碑（図7）、ナクシェ・ロスタムのダレイオスの墓のファサード、そしてペルセポリスの三門宮（*Tripylon*）の三方の入り口のわき柱（図8）の浮彫りには、王の頭上に翼のついた円盤の中に立つアフラマズダ神が描かれており、その左手に王権を象徴する輪を持っている。[89] ここにもササン朝の復古主義が窺われる。

（2）アレクサンドロスの悪魔化

こうしてササン朝のもとにおいて王権と宗教が密接に結びつき、「復興的・復古的な政治・宗教的構想」が推し進められる中で、[90] ゾロアスター教聖職者たちはアレクサンドロスの侵略の記憶の糸を手繰り寄せ、自らの宗教・文化政策の中に織り込み、アレクサンドロスを悪魔に仕立てていったのである。

善悪の闘争の末の最終的な善の勝利を期するゾロアスター教的世界観に基づいたササン朝の建国のイデオロギーは、王朝の創始者アルダシールを、アレクサンドロスによって一旦崩された宇宙の秩序を再び復活させた英雄として称えた。アルダシールとアレクサンドロスを対照させることは、ササン朝の自己正当化の手段の一つであったといえよう。つまりアレクサンドロスは悪役とされ、帝国統一を固める立て役者として利用されたというわけである。

具体的にそれを示すパフラヴィー語ゾロアスター教文献を通してこの現象を以下に考察するが、その前にこれらの文献に関する問題について、一言述べておかなければならない。現存するパフラヴィー語ゾロアスター教文献は、ほとんどが九世紀から一〇世紀、つまりムスリムによるイラン征服後に衰退しつつある教えを記録する必然性が生じた際に編まれたものである。その内容自体は、口承または書き記された形でササン朝時代より伝わったものであるが、作品や伝承の正確な成立年代を確定することが難しいものが多い[91]。他方、アラビア語・ペルシア語文献に含まれる情報でササン朝期までその起源を辿ることができるものもある。

さて、まずはササン朝の建国伝説ともいうべき『パーバグの子アルダシールの行伝』*Kārnāmag ī Ardašīr Pābagān* を見てみよう。ササン朝創始者アルダシールとその息子シャープールおよび孫のオフルマズドが、三代にわたって全イランを平定統一するまでの数々の偉業を記した物語であるが、ササン朝末期（七世紀）にパールス地方に伝わる物語に基づいて編集されたものである[92]。その冒頭にはこう書かれている。

> パーバグの子アルダシールの行伝にはこのように書かれている。ローマ人のアレクサンドロスの死後、イランには二四〇の領主がいた。（中略）サーサーンはパーバグの羊飼いで、常に家畜と共にいた。彼はダーラーの子ダーラーの血筋を引いていた。アレクサンドロスの邪悪な治世の間は逃亡し密かに隠れて、クルドの羊飼いたちと共に過ごしていた[93]。

物語の初めには、アルダシールが登場する時代背景が記されている。アレクサンドロス以来、イランは「二四〇の領主（*kadag-xvadāy*）」に統治される小国に分割されていたというのである。アレクサンドロスの侵略以来、全イランを統一する帝王は現れず、「群雄割拠」の時代が続いたというこのような歴史認識は、後に詳述するように他のパフラヴィー語文献にも見られる。それはここでは「アレクサンドロスの邪悪な治世」の時代ともされている。

サーサーンとはササン朝の名の由来にもなったアルダシールの父のことで、ダーラーつまりアケメネス朝（物語の中ではカイ王朝）の最後の王ダレイオスの血筋を引いていることになっている。スパーハーン（イスファハーン）、パールス（ペルシス）および隣接の諸地方の君主アルダワーン（アルサケス朝アルタバヌス五世）の支配下でパールス地方の総督をしていたパーバグは、夢でサーサーンの出自を知り、彼を自分の娘の婿にし、その息子アルダシールを養子にする。やがてアルダシールのもとに神授の王権の象徴である光輪が届き、彼はアルダワーンを倒し、その娘と結婚して即位する。

こうして「アレクサンドロスの邪悪な治世」の間、羊飼いとして身を隠していたダーラーの子孫はカイ王朝の光輪を再び手に入れ、国家統一のためイラン各地に征戦するのである。

その途中、アルダシールは龍王との戦いにおいて苦戦を強いられる。一人落ち延びたアルダシールが、二人の兄弟の家に匿われる場面に次の一節がある。

アルダシールは悲嘆に暮れ、悩んでいた。パンを捧げてから彼らはアルダシールに懇願した。「どうぞ食前の祈りを捧げて食事をお取り下さい。悲しみや不安に暮れますな。アフラマズダとアマフラスパンド（アフラマズダをとりまく六柱の陪神）はこのことの解決法をきっと見つけて、かの敵を容赦はしないでしょう。なぜなら、ダハーグやフラースィヤーグやローマのアレクサンドロスの暴威をもってしても、神々はかの者たちに満足せず、その威光と輝きによってかの者たちを滅ぼし、消し去ったではないですか。それは世に知られている通りです[94]」。

苦悩するアルダシールを兄弟が、悪は必ず神々によって滅ぼされると励ます際に、暴威を振るった三悪王として挙げているのが、恐怖の千年紀をもたらした魔王ダハーグ（近世ペルシア語ではザッハーク）、イランの仇敵トゥーラーンの王フラースィヤーグ（アフラースィヤーブ）、そしてアレクサンドロスである。

これに類似した一節が、『英知の精霊の審判』***Dādestān ī Mēnōg ī Xrad***という序文と六二の問答からなる教訓物語にも記されている。ホスロウ一世の時代（在位五三一―五七九年）に書かれたとされるので、上の『アルダシールの行伝』よりも古いと思われる。

アフラマズダがジャムとフレードーンとカイ・ウースに不死を与えたことは明らかである。が、アフリマンは、すでに知られているようにそれを覆した（彼らを滅ぼした）。そしてアフリマンはベーヴァラスブとフラースィヤーグとアレクサンドロスが不死であることが相応しいと見なした。しかしアフラマズダはより大きな利益のために、それらを覆したことは周知の通りである。[95]

善神アフラマズダの加護を受けた三大善王ジャム（近世ペルシア語ではジャムシード）、フレードーン（ファリードゥーン）、カイ・ウース（カイ・カーヴース）と対抗するような形で、悪神アフリマンの使いである三大悪王ベーヴァラスブ（ダハーグのこと）、フラースィヤーグ、そしてアレクサンドロスが挙げられている。「周知の通りである」と書かれているように、これらの王の功績または悪政は神話や伝承を通してよく知られていたはずである。イランの神話においてジャム王は最も誉れ高い王とされ、その千年紀は「黄金の時代」と呼ばれたが、尊大になり神授の王権を失い、ダハーグに唆された弟に殺された。三口三頭六眼千術を備えアフリマンが人類を滅ぼすために送り込んだという魔王ダハーグは暴虐の限りを尽くしたが、フレードーンによって退治された。ダハーグの「恐怖の千年紀」に終止符を打ったフレードーン王は地上に再び善政を敷き、世界帝国を三人の息子たちに分かち与えた。長兄サルムにフローム（ギリシア・ローマ世界）と西方を、[96]次男トゥールにトゥーラーン（トルキスタン、中国）を、末弟のイーラジュには世界の中心であるイランとアラブの地を与えた。イーラジュに嫉妬した兄二人が弟を殺したことを発端に、イランとトゥーラーンおよびフロームの復讐戦争ともいうべき長い闘争が始まる。トゥーラーンの王フラースィヤーグはイーラジュの後裔を倒しイランの王位を一時簒奪し、イランの王や英雄たちは彼との戦いに長い年月を費やした。そしてカイ・ウースは、超人的な力をもって悪鬼たちを征伐し、アルボルズ山頂に七つの御殿を建てるなどしたが、天に昇ろうという尊大な試みによって神授の王権を失ったという、カイ王朝の王の中でもカイ・ホスロウと並んで傑出した存在である。[97]

アレクサンドロスは、この六人の王の中で唯一歴史的に実在したことが確実な人物ではあるが、ゾロアスター教伝承においては、上のいくつかの引用でも見たように、宿敵フローム出身とされており、弟殺しのサルムの代より引き継がれてきた憎悪の念を宿していることになる。

九世紀に編纂されたゾロアスター教の知識の書『デーンカルド』***Dēnkard***（宗教的な行為や勤め）の第四書にも、「アレクサンドロスやアグレーラート（フラースィヤーグの兄弟）や破壊者マルグース（悪魔の名）やダハーグのごとき災難をもたらす者（揺さぶる者）」という記述がある。[98]

さらに例を挙げると、前掲の『バフマン・ヤシュトのザンド』という預言の書にも次の一節がある。

そして広大な牧場のミトラ神はこう叫ぶ、「九千年間という同意された期間についてであるが、これまでで邪神のダハーグ、トゥールのフラースィヤーブ（フラースィヤーグに同じ）、フロームのアレクサンドロス、そしてあの髪を振り乱した革帯の悪魔たちは約定より千年間長く支配を続けている」。[99]

このように、ゾロアスター教的な歴史観においてアレクサンドロスは、アフリマンが善を滅ぼすために送り込んだ三大悪王の一人とされているのである。では、アレクサンドロスはイランに、あるいはゾロアスター教にいかなる災難をもたらしたとされているのか。それは以下のいくつかの文献を見ると分かる。

『敬虔なヴィーラーズの書』***Ardā Vīrāz-nāmag*** の冒頭の部分には、アレクサンドロスが犯した重大な罪の数々が次のように列挙されている。この書の現存する版は一〇／一一世紀のものであるが、ヴィーラーズという敬虔なゾロアスター教徒の天国、地獄、中間界への旅の描写という主題は古い。

このようにいわれている。公正なるゾロアスターが彼が受けた教えをこの世に一度広めると、三〇〇年の間その教えは汚されず、人々は疑いを持つことはなかった。しかし憎き邪な悪の精霊アフリマンは人々がこの教えを信じないようにするために、エジプトに住む憎きフローム人アレクサンドロスを誑かし、イランの国へ抑圧と争いと病とを共に送り込んだ。かの者はイランの統治者を殺し、宮廷と王権を滅ぼし破壊した。かの教え、つまり加工された牛皮の上に金液で記された『アヴェスター』の書と注釈は、スタフル・パーバガーン（イスタフル＝ペルセポリス）の「書物の砦」に収められていた。かの敵、不運もたらす異端者、邪悪で有害なエジプトのフローム人アレクサンドロスは、それらを持ち去り焼いた。そしてイランの多くの司祭、士師、ヘールベドやモウベド（ゾロアスター教の司祭）、敬虔な信者、識者や賢者を殺し、イランの貴人や領主の間に互いへの憎しみと敵対心を植え付けた。そして（アレクサンドロス）自らは滅ぼされ、地獄に堕ちた。[100]

ゾロアスター教の過去が回顧される序文の部分において、アレクサンドロスがそれまで純粋であった教えをいかに汚したかが語られている。前掲の『アルダシールの行伝』においても同様であったが、それが物語の出発点になっているということは、アレクサンドロスの侵略がゾロアスター教徒にとって歴史の大きな転換点であったと同時に、記憶の断絶点でもあったことを示しているといえよう。

この一節によると「エジプトに住むフローム人」（*hrōmāyīg ī muzrāyīg mānišn*）のアレクサンドロスは、[101]イランに攻め入り、王権を討ち滅ぼし、聖典とその注釈書を破壊し、聖職者や信者を殺し、さらにイランの貴族や領主同士の間に内紛を巻き起こして国を分裂させてしまった。

類似した伝承が『ブンダヒシュン』***Bundahišn***（原初の創造、または創造の開始）にも見出される。九世紀の成立とされるが、ササン朝時代のパフラヴィー語訳『アヴェスター』を典拠として書かれたものである。万物の創造と本質について記されており、神話・伝説の宝庫である。終わりの方の「イラン国（***Ērānšahr***）をみまった災難」の部分に次の一節がある。

そしてダーラーイの子ダーラーイの治世の時、カエサル・アレクサンドロスがフロームよりイランへ攻めてきた。彼はダーラーイを殺し、イランの領主や司祭や貴族も全て滅ぼした。（聖なる）火を多く消し、マズダ教の教えのうちザンド（注釈）はフロームへ持ち帰り、『アヴェスター』は焼き去り、イランの国を九〇の領主（*kadag-xvadāy*）の間で分割してしまった。(102)

ここでもアレクサンドロスはイランを侵略した際、王ダーラーイ（ダレイオス）をはじめ、領主やマギ（司祭）や貴族を殺し、聖なる火を消し、聖典の注釈書をフロームに持ち去り、『アヴェスター』を焼却し、イランを九〇の小国に分割してしまったとされている。

このように、パフラヴィー語文献に見られるのは、アレクサンドロスに対するゾロアスター教徒の敵対心のためにかなり歪曲されたイメージである。アレクサンドロスに着せられている罪の一つ一つを、ここで歴史的に検証してみる必要がある。

例えば、王ダレイオスをアレクサンドロスが殺したというのは明らかに史実に反する。ダレイオス三世は、アレクサンドロスがペルセポリスを進発した頃、自らの側近ベッソスらによって暗殺されたのである。イラン中の貴族の大虐殺があったかどうかについても、歴史的証拠はない。もちろんギリシア・マケドニア軍との会戦において命を落とす者もいたであろうが、むしろアレクサンドロスはサトラペスなどのペルシア貴族やその子息を自らの行政官や近衛兵として採用しているのだ。[103] ダレイオスの弟オクシュアトレス Oxyathres もアレクサンドロスの宮廷において高い地位を得た者の一人である。[104]

マギの殺害については、『スィースターンの驚異と意義』 *Abdīh ud Sahīgīh ī Sēstān* という年代不明のスィースターン地方とその宗教的な重要性に関する小篇にも、「憎きフロームのアレクサンドロスがイランの地にやって来たとき、マギの道を歩んでいる者を捕らえて殺した。(そのうち逃れた) 何人かの男や青年がスィースターンに来た」という記述がある。[105] アレクサンドロスによる計画的なマギの皆殺しがあったというのも、かなり誇張された、後のゾロアスター教徒がつくった伝説ではないかと思われる。[106] なぜならアレクサンドロスの廷臣や兵の中には少なからずペルシア人が取り入れられるようになり、彼らが必要とする聖職者もアレクサンドロスの「動く宮廷」つまり陣営に存在したに違いないからである。[107] しかし、前述したようにペルセポリスの「城下町」でアレクサンドロス軍の兵士たちによる略奪品目当ての殺戮があったとするディオドロス、クルティウス、プルタルコスなどの史料もあり、その際に、ペルセポリスの重要な祭儀に携わっていたような神官たちやその家族が無惨に殺された可能性はある。さらに、それまでの地位や財産を保証されアレクサンドロスの行政官となった貴族や、有能な指導者と生活の糧を必要とした職業兵士とは違い、イランのマギたちには新たな君主に忠誠を誓う理由がほとんどなかった。エジプトやバビロニアの神官たちの場合はアレクサンドロスをペルシア帝国の支配を取り除く解放者として歓迎したし、アレクサンドロス自身も宗教儀式に参加したり捧げ物を納めるなどしてその土地の神々に敬意を払った。しかしイランには「報復」を果たすために進軍してきたアレクサンドロスは、アケメネス朝の王権を滅ぼし、財宝を略奪し、重要な祭儀都市であったペルセポリスを破壊した。マギたちにとってみればこれらは悪魔の仕業に他ならなかった。このような邪悪な侵略者に抵抗しようとするマギが弾圧されることも確かにあったかもしれない。[108]

聖典の破壊については、上記以外の様々なゾロアスター教伝承がある。例えば、『イランの諸都市』 *Šahrestānīhā ī Ērān* というササン朝イランの諸都市にまつわる出来事を記した、九世紀に編纂された地理書にはこのように書かれている。

そしてゾロアスターが教えをもたらした。ヴィシュタースプ王（ゾロアスターの教えにより改信した王）の命により、一万二千の章を彼は経典の文字で金の銘板に彫って記し、かの火の宝庫に置いた。それを後に憎むべきアレクサンドロスは焼いて湖に捨てた。[109]

また、先述の『デーンカルド』第三書にもやや詳しい記述がある。

不運の悪党アレクサンドロスがイランの国にやって来た時には、神聖なる教えは害された。書物の砦にあった書は焼かれた。王家の宝庫にあった書はフローム人の手に渡った。（アレクサンドロスは）それらをギリシア語（*yōnānāyīg*）に翻訳させた。

続いて諸王の王、パーバグの子アルダシールが現れ、イランの復興に取りかかった際に散らばっていた書物を一カ所に集めた。導師で公正な師僧の長タンサルは指揮をとり、それらをアヴェスターについて明らかにされていることと照らし合わせ、書物を完成させた。タンサルはそのようにし、それは原始の光の創造物のようであった。王はそれを王家の宝庫に保管し、写しを民の間に遍くゆきわたらせるよう命じた。[110]

『イランの諸都市』で聖なる教えの保管場所であったとされていた「かの火の宝庫」（*ganǰ⟨ī⟩ ān ātaxš*）がどこを指しているのか明らかではないが、上の一節にある「書物の砦」（*diz ī nibišt*）は、『敬虔なヴィーラーズの書』ではStaxr Pābagān、つまりイスタフル、すなわちペルセポリスにあったとされていた。『ヴィーラーズの書』では「持ち去り焼いた」とあったが、ここで「『書物の砦』にあった書は焼かれた」と記されているのは、ペルセポリスの焼尽においてそこに保管されていた聖典も焼失してしまったことを暗示しているのかもしれない[111]。

さらに、王家の宝庫にあったとされるその他の書物は、フローム人の手に渡り──『ブンダヒシュン』では「聖典の注釈書はフロームへ持ち帰り、『アヴェスター』は焼き去り」とあった──、ギリシア語に訳されたという。これを史実とする見解もある。アレクサンドロスは実際に『アヴェスター』を翻訳のために持ち去り、それがアレクサンドロスの死後はアレクサンドリアの大図書館に保管されていたというのである[112]。その根拠とされているのは、プリニウスの『博物誌』にあるヘルミッポス **Hermippos** に関する記述である。ヘルミッポスは紀元前二〇〇年頃にアレクサンドリアの図書館で研究活動をしていた人物で、アリストテレスの著作目録を発見し、この哲学者の伝記を書いたことでも知られている。プリニウスによると、ヘルミッポスは『マギについて』***Peri magon*** というゾロアスター教に関する著作を記し、「ゾロアスターによる二〇〇万の句を解説し、各巻の索引も付けた」[113]。この説によると、ヘルミッポスが利用したのは他ならぬアレクサンドロスによって持ち去られ、アレクサンドリアの図書館に所蔵されていたゾロアスター教の聖典だというのである[114]。

ゾロアスター教研究者の間では、書き記された『アヴェスター』がアレクサンドロスによって破壊、あるいは略奪されたという説は、後のゾロアスター教徒の作り話であるという議論の方が有力である[115]。ゾロアスターの言教は古くから神官たちによって暗誦され、口頭で伝えられてきたもので[116]、「加工された牛皮の上に金液で記された」(『ヴィーラーズの書』)または「経典の文字で金の銘板に彫って記」された(『イランの諸都市』)ような、正典というべきテクストはもともと存在しなかったのである。ヘルミッポスが使ったというゾロアスターの書は、おそらく紀元前三世紀頃の偽書だと考えられる。プトレマイオス二世(在位紀元前二八五─二四六年)によって創設されたアレクサンドリアの図書館やヘレニズム世界のその他の王立図書館における古代の名著の収蔵競争に便乗して偽の写本の市場が発展した頃に、自らの著作に権威を持たせるために、あるいは単に利を得るために、ゾロアスターの名を借りた偽書が現れた[117]。それでは、なぜ聖典がアレクサンドロスによって破壊されたというような伝承が発生したのであろうか。

それは、ユダヤ教、キリスト教、マニ教といった、それぞれ啓典を持った宗教集団が西アジアにおいて有力になるにつれて、ゾロアスター教徒は自らの宗教に書かれた経典が存在しないことを弁解する必要性を感じるようになったからであろう。アレクサンドロスはいわばスケープゴートにされたのである。

それに実際、アレクサンドロスの侵略によってゾロアスター教が強烈な打撃を受けたことは否みがたい事実である。「生きた経典」であったゾロアスター教司祭の殺害または逃亡は、『アヴェスター』の知識の喪失または分散をもたらしたのであった。『デーンカルド』第八書の、「不運と怒りに満ちた悪党アレクサンドロスの到来がもたらした破壊の後には、神官が（記憶に）保存し得ることは、そのうち（ゾロアスターの教えのうち）に何も見出せなかった」という一節は[118]、アレクサンドロス以降のゾロアスター教徒が実際に直面した難局をよく言い表しているのではないだろうか。

しかしもちろん、完全に信仰が荒廃してしまったというわけではなく、各地のゾロアスター教集団の中では、セレウコス朝、そしてアルサケス朝時代の間も『アヴェスター』の内容は断片的に継承されていったようである。例えば、すでに言及した『スィースターンの驚異と意義』には、アレクサンドロスによる虐殺から逃れスィースターンに来たマギたちが、ナスク（『アヴェスター』の章または「書」）を語り伝えてゆき、スィースターン地方にのみ聖なる教えが復活したことが書かれている[119]。スィースターンのみが聖なる教えを受け継いだというのはお国自慢で、ゾロアスター教集団が存続した他の地方においても、その信仰を支える経典は口頭で伝えられていたに違いない。

それらの散在した伝承の断片が集められ、校合され、『アヴェスター』の正典が編纂、文字化されていった過程については[120]、正確には解明されていない。最終的に書き留められたのはササン朝時代後期（六世紀中頃）だとされるが、[121]ゾロアスター教パフラヴィー語文献によると、ササン朝創始者のアルダシールがその過程において大きな役割を果たしたとされている。上に挙げた『デーンカルド』第三書の一節の最後の部分には、アルダシールが散在した断片を集め、タンサルという司祭に正典を編纂させ、その写しを広めさせたことが書かれていた。[122]同じく『デーンカルド』第四書の別の一節により詳しい記述がある。

ダーラーイの息子ダーラーイは、アフラマズダからゾロアスターが授かったままの形の全『アヴェスター』とその注釈書を二部ずつ保存させるよう命じた。一部は王家の宝庫に、一部は書物の砦に保管された。アルサケス朝のヴァラフシュ（ヴォロガセス一世）は、純正なままで伝わった『アヴェスター』と注釈書、またそれに関わる教えを――それらはアレクサンドロスがもたらした惨害と混乱、およびフローム人の略奪や強盗によってイラン国中に散在していた――、書物として残っていたものも、司祭によって口頭で伝えられていたものも保存させるよう、各州に覚書を送るよう命じた。

後に諸王の王、パーバグの子アルダシールは、タンサルの正しい判断に基づいて、断片的な教えを全て宮廷に集めるよう命じた。タンサルは指揮をとり、信憑性のあるものだけを選び、その他は正典から除外した。そして教令を下した、「（これからは）マズダ教に基づいた顕示のみが真教である。なぜなら今や、それに関する情報や知識において欠けたところはないからである」。[123]

この部分は、ホスロウ一世（在位五三一―五七九年）の時代の文書と推定されており、[124]従ってササン朝時代のゾロアスター教徒の公的な見解をある程度反映している記録と考えられる。[125]これによると、アルサケス朝のヴォロガセス一世が各地方に伝わっていた『アヴェスター』やその注釈『ザンド』を保存するよう命じ、後にアルダシールの命によって各地に散らばっていた断片が宮廷に集められ、司祭タンサルがそれらを校合し正典を編纂したという。

聖なる書物を焼尽または侵奪し、神聖な教えを害したアレクサンドロスとの対比において、散在した聖典の断片を集め、宗教の再建に貢献したアルダシールを正統化するこれらの記述の背景には、本節の初めに述べた通り、ササン朝の政治・宗教的イデオロギーがあると考えられる。

さて、ゾロアスター教文献に見られるアレクサンドロスの大罪のうち、マギの殺害および聖典の破壊について考察してきたが、最後に挙げられるのがアレクサンドロスによるイラン国の分割である。

前述の『敬虔なヴィーラーズの書』では、アレクサンドロスは「イランの貴人や領主の間に互いへの憎しみと敵対心を植え付けた」とされており、また『ブンダヒシュン』の一節では「イランの国を九〇の領主の間で分割してしまった」とあった。さらに『アルダシールの行伝』において、アレクサンドロス以降、アルダシールが帝国を再統一するまでイランは「二四〇の領主」に統治される小国に分裂していたと記されているのは上に見た通りである。これら以外にも、ササン朝末期、ヤズダギルド三世の治世の初めに書かれたといわれる『アルダシールの遺言』*'Ahd Ardashīr*（ミスカワイフの『国々の経験と大志の継承』にアラビア語訳が引用されている）に次のような記述がある。

（代々の王が先祖の伝統を継承してゆく状態は）ダーラーの子ダーラーまで続いた。だが、アレクサンドロスは彼（ダーラー）から我らの王土を簒奪した。我らの国力を衰弱させ、民を分割し、我が国の繁栄を絶やすことの方が、我らの血を流すことより彼にとっては重要であったのである。[126]

権力を分散して国力を衰えさせるためにアレクサンドロス自身が意図して帝国を分割したというのは後代のゾロアスター教徒の解釈であるが、アレクサンドロスが支配下に治めた帝国が、大王の死後、彼の臣下の部将たちの間で起こった後継者争い（ディアドコイ）（紀元前三二三―二八〇年）の結果、分裂してしまったことは史実である。紀元前三〇一年までには、カッサンドロス、リュシマコス、プトレマイオス、セレウコスがそれぞれマケドニア、トラキアと小アジア、エジプト、シリアからイラン高原の覇権を握った。そしてアレクサンドロスの死後四〇年もの間続いた抗争の末に、最終的に旧アケメネス朝ペルシア帝国の領地は、エジプトがプトレマイオス朝、小アジアからインダス川流域までがセレウコス朝の支配下に治まることになった。この後継者戦争の記憶が、アレクサンドロス以降の時代をせめぎ合う小国の領主の時代と見なす歴史意識として残ったのかもしれない。『ブンダヒシュン』によると九〇、『アルダシールの行伝』では二四〇とされている領主の数の根拠は明らかでないが、おそらくアレクサンドロスの衝撃の度合いを強調するための数字であろう。

イスラーム時代の歴史書においても、アレクサンドロスの死からアシュガーニーヤ Ashghānīya（アルサケス朝）の台頭までのイランは、「小国の君主たち」（*mulūk al-ṭawā'if.* パフラヴィー語 ***kadag xwadāy*** のアラビア語訳）が拮抗する群雄割拠の時代とされている。興味深いことに、イスラーム時代の文献においては、アレクサンドロスがイランを分割したのはアリストテレスの助言に従っての処置であったとされている。(127)

以上、パフラヴィー語文献——およびササン朝時代の原典に直接依拠していると思われるアラビア語・ペルシア語文献——に表れるアレクサンドロスに関する言説は、これでほとんど網羅したと思うが、そこから浮かび上がるササン朝時代のアレクサンドロス像とはどのようなものであったか。

ササン朝起源のゾロアスター教書に表れるアレクサンドロスに関する伝承は、かなり否定的なものばかりである。アレクサンドロスが相当敵視されていることは、まず彼の名に付される形容語句を見ただけで明らかである。「エジプトに住む憎きフローム人アレクサンドロス」、「かの敵、不運をもたらす異端者、邪悪で有害なエジプトのフローム人アレクサンドロス」（『敬虔なヴィーラーズの書』）、「憎きフロームのアレクサンドロス」（『スィースターンの驚異と意義』）、「憎きアレクサンドロス」（『イランの諸都市』）、「不運の悪党」、「不運と怒りに満ちた悪党」（『デーンカルド』)、「邪悪なギリシア人のアレクサンドロス」(『バフマン・ヤシュトのザンド』)といったように[128]、彼の名は憎しみが込められた形容辞無しには語られない。

また、ダハーグ、フラースィヤーグなどと並んで、暴威を振るった三大悪王の一人とされていたことも、『アルダシールの行伝』、『英知の精霊の審判』、『デーンカルド』、『バフマン・ヤシュトのザンド』などに記されていた通りである。

さらにアレクサンドロスは、ゾロアスター教に対して、あるいはイラン国に対して三つの大罪——聖職者や王族の惨殺、聖典の焼尽・略奪、イランの王権の分割——を犯したとされていた。アレクサンドロスがもたらしたというこれらの惨禍は、歴史的に全く根拠がないわけではない。上に考察したように、ペルセポリスの破壊や後継者戦争などの記憶がおそらくその淵源にあると思われる。しかしササン朝時代までには、これらの実際の出来事に関する情報、あるいはアレクサンドロスの到来以前のイランの民族や宗教についての正確な知識はおそらく失われており、残ったのは古の帝国の栄華を偲ばせる廃墟と伝説だけであった。つまり、ササン朝起源のパフラヴィー語文献に記されているアレクサンドロスの侵略行為は、歪曲された過去のイメージなのである。

(3) 過去の捏造

しかし、なぜ五〇〇年以上も前に到来した征服者をこれほどまでに敵対視する必要があったのか。なぜササン朝の直接の敵であったパルティアの王でなく、アレクサンドロスが非難の的にされるのであろうか。アレクサンドロスの侵略は天地を揺るがせた彗星の落下のごとく人々に記憶されていて、彼以前と以降では世の秩序が全く変わってしまったという意識があったことは確かであろう。しかしその衝撃も数百年も経てば、大分薄れていたはずである。

結論から述べると、アレクサンドロスが悪の根源アフリマンの使いでイランに災いをもたらした憎むべき存在として描出されているのは、ササン朝の意図的な政策の一環であったのである。それは、ササン朝初期（三世紀前半）に政治的・宗教的・民族的概念としてのイランが誕生したことと深く関わりがある。[129] ニョッリが述べているように、ササン王朝の勃興とそれに伴う民族主義的ともいえる思潮の台頭と共に、往古に淵源を持つアーリア民族のゾロアスター教徒の帝国、エーラーンシャフル（*Ērānšahr*）の観念が現れた。ササン朝は自らの王権を正統化するために、アケメネス朝ペルシア帝国との連続性を――その実態に関しては漠然とした、断片的な記憶しか残っていなかったにもかかわらず――捏造したのであった。[130] そして、

憎きアレクサンドロスの悪魔的な行為をもってしても完全に断絶することができなかった過去との繋がりを捏造することによって、新しい体制を支えるために構築されたイデオロギーの枠組みの正統性が保証された。アレクサンドロスの悪魔化（the demonization of Alexander）は（中略）この構想の、重要ではあるが、ほんの小さな一部に過ぎなかった。[131]

つまり、ササン朝は自らが、アレクサンドロスによって一度は乱された秩序の復興者であることを喧伝することによって、古代ペルシア帝国の後継者としての正統性を主張した。アレクサンドロスは遠い過去との連続性を想起させるためのいわば道具として利用されたのである。また、このイデオロギーの枠組みにおいて、破壊者アレクサンドロスは帝国の再統一者としてのアルダシールの役割を際立たせる対照的な存在でもあった。言い換えれば、アレクサンドロスは悪玉として、建国の英雄アルダシールの引き立て役を担わされたのだった。そしてこの構想は、悪の絶滅と善の勝利を待ち望むゾロアスター教的な歴史観に支えられたものなのである。

さらに、このアレクサンドロスの悪魔化が、ササン朝のローマ帝国との抗争のコンテクストにおけるプロパガン

ダの重要な一部であったことも忘れてはならない。パフラヴィー語文献に登場するアレクサンドロスが「ローマ人」と呼ばれていることから分かるように、ササン朝は西の大敵ローマをアレクサンドロスの子孫と見なしていたようである。ローマとの戦いが、古代ペルシア帝国を滅ぼしたアレクサンドロスへの復讐戦争であると考えられていたことは、ホスロウ一世の時代に書かれたとされる『タンサルの書簡』（ペルシア語訳のみが現存）の次の一節によく現れている。

その後、（アルダシールは）ローマとの戦いに専念した。アレクサンドロスの後継者たちに対してダレイオスの復讐を遂げ、宝蔵や官庫を満たし、彼ら（アレクサンドロスの後継者？）の子孫のためにアレクサンドロスが破壊したイランの都市を復興させるまでは安息を得ることはなかった。[132]

アルダシールと同時代のローマ皇帝アレクサンデル・セウェルス（二〇八頃―二三五年）が、アレクサンドロスの名を冠していたことは、このことと全く無関係ではあるまい。むしろ重要な関連性があるといえよう。アレクサンデル・セウェルスは、元の名をバッシアヌス **Bassianus** といったが、従兄弟のアントニヌス帝（在位二一八―二二二年）に養子にされる際にアレクサンデルと改名した。その名の由来については諸説あるようだが、いずれの場合もマケドニアのアレクサンドロス大王と結びつけられている。[133]

このアレクサンデル・セウェルス率いるローマ軍とアルダシールの軍は、メソポタミア、シリア、アルメニアの領土をめぐって二三一―二三二年頃実際に交戦している。[134] かつてマケドニアの王が不当に奪った先祖のペルシア王の土地を、アレクサンドロスの子孫とされたローマ人から取り返すための戦いの相手の名が奇しくもアレクサンデルであったことは、アルダシールに自らの復讐者としての役割をより強く意識させたに違いない。

ちなみに、アレクサンドロスはローマの軍人や政治家たちによって世界征服者の模範として意識されていた。アレクサンドロスをモデルと仰いだ（あるいはその名を自らの引き立て役として利用した）ローマの政治家・皇帝にはアレクサンデル・セウェルス以外に、ポンペイウス（紀元前一〇六―四八年）、カエサル（紀元前一〇〇―四四年）、アウグストゥス（紀元前六三―紀元後一四年）、マルクス・アウレリウス（一二〇―一八〇年）、カラカラ（一八八―二一七年）、コンスタンティヌス（二八〇頃―三三七年）などがいた。「アレクサンドロス模倣」（*imitatio Alexandri*）と西洋古典史家に呼ばれるこの現象が、ササン朝下イランにおけるアレクサンドロスの「悪魔化」に少し先立って始まり、ほぼ平行して起こっていたことは極めて興味深いことである。[135] ローマの権力者たちが模範として仰いだ大王は、イランにおける否定的なアレクサンドロス像の鏡像であるともいえよう。多少脇道にそれるが、比較のために「アレクサンドロス模倣」の例をいくつか挙げておこう。[136]

例えば、ポンペイウスは若い頃から取巻連によってその容姿、物腰、能力などがアレクサンドロスに比すると追従され、大王を意識するようになったという。「アレクサンドロス大王」Alexander Magnus という称号はローマ時代に使われ始めたとされるが、ポンペイウスはアフリカ遠征から戻った頃からアレクサンドロスと同じ Magnus という称号を使用するようになり、かつてのアレクサンドロスとダレイオスの戦いの舞台であった小アジアにおいてポントスの王ミトリダテス六世を破ったことによって Pompeius Magnus という名は広く受け入れられるようになった。Megalopolis, Magnopolis, Pompeiopolis などのポンペイウスによる都市の建設もアレクサンドリアをはじめとする大王の都市建設の前例に従ったものである。さらに、アレクサンドロスの御用彫刻家リュシッポスによる大王の彫像の独特のスタイル――前髪が額の中央で持ち上がり左右に流れるアナストレ（*anastole*）の髪型、わずかにしかめた眉、宙を見上げる澄んだ眼差し（図9）――を真似た肖像を作らせるというところまでポンペイウスのアレクサンドロス模倣は徹底していた。ただ、中年になったポンペイウスの小太りの顔にはこの見立ては多少滑稽でさえあるといえよう（図10）。

図 10　ポンペイウス肖像（紀元前50年頃）
© Ny Carlsberg Glyptotek, Copenhagen.

図 9　アレクサンドロス肖像（ペッラ，紀元前 4 世紀末－3 世紀初め）

図 11　アレクサンドロスの肖像が刻まれた皇帝アウグストゥスの認印（紀元前 29–23 年頃）

最後のヘレニズム王朝プトレマイオス家の女王クレオパトラの死によって紀元前三〇年にエジプトがついにローマの属州となると、メソポタミアおよびイラン高原を除いて、アレクサンドロスの帝国のほぼ全域がローマの支配下に収まることとなる。初代ローマ皇帝アウグストゥスがアレクサンドロスの肖像が刻まれた指輪（図11）を紀元前二九年から二三年頃まで認印としていたことからも、ローマの支配者が自らを大王の後継者と自認し、アレクサンドロスを帝国統治の象徴としていたことが分かる。

カラカラのアレクサンドロス模倣は相当熱狂的であったようである。彼は大王の持ち物であったと伝えられる武器や盃を使い、大王の肖像を野営地やローマのあちこちに飾り、大王を真似て多くの象を伴って移動したという。また、マケドニア人だけからなる歩兵隊を組み、アレクサンドロスの時代に使用されていた通りの武器や防具で装備し、「アレクサンドロスの方陣（ファランクス）」と名付けた。それだけに留まらず、カラカラは自らの英雄を「東のアウグストゥス（カラカラの名）」と呼び、あまりに短命であったアレクサンドロスが再びこの世で生き続けるためにアウグストゥス（カラカラ）として生まれ変わったことを記した書状を元老院に差し出している。さらには、アリストテレスがアレクサンドロスの毒殺に関わっていたという伝説があったことから、アリストテレス学派を憎み、弾圧を加えさえした[137]。

三三〇年にローマ帝国の都をコンスタンティノポリスに移した皇帝、コンスタンティヌスもアレクサンドロスの威信で身を飾ろうとした一人である。コンスタンティヌスは自らをアレクサンドロスになぞらえて大王の称号を使い **Constantinus Magnus** と名乗り、彼のプロパガンダの中にはアウグストゥス、トラヤヌスといった過去の偉大なローマ皇帝とともにアレクサンドロスに関する言及が見られる。

これらの権力者たちは単に伝説的英雄アレクサンドロスに憧れ、大王の名を語ることによって自らの偉大さを強調しようとしただけでなく、広大なローマ帝国の運営に関わる具体的な政策を考案する際にも、様々な民族を支配下に治めたアレクサンドロスの世界帝国を理想としたのではないかと思われる。アレクサンドロスがギリシア至上主義の側臣（史料によってはアリストテレス）の忠言に反して、ギリシア人とバルバロイ（非ギリシア人）を対等に扱ったという記録や[138]、「都市を創建し、人々をアジアからヨーロッパへ、そしてヨーロッパからアジアへ移住させ、民族間の結婚や同盟によって調和と友好と親族関係をもたらし、二つの偉大な大陸を結ぶ[139]」というアレクサンドロスの東西「和合」（*homonoia*）の夢は、理想化された後世の伝説である可能性が大きいが、ローマの統治理念に影響を与えたことは確かである。例えば、アウグストゥスが当時のコインに *concordia Augusta* と記したのも、全世界の統治者、仲裁人として *homonoia* をもたらそうとしたとされるアレクサンドロスを当然意識していたからであろう（*concordia* はギリシア語の *homonoia* に相当するラテン語）。また、カラカラが二一二年に帝国中のあらゆる民族の自由民にローマ市民権を認めたのも、アレクサンドロスがギリシア人もバルバロイも一つの共同体の構成員として差別をしなかったという伝承に倣ってのことであったといえる。

このように、皇帝たちのアレクサンドロス模倣は、ローマ帝国の拡大の過程において、政治にも少なからぬ影響を与えたのであった。英雄として称えるか、あるいは悪魔として罵るかの違いはあっても、アレクサンドロスを政治的プロパガンダの駒として利用したという点においては、ローマもササン朝イランも共通しているといえよう。

アレクサンドロスという過去の人物にこれほどの歴史的・政治的意義を見出したのは古代世界の人々に限られない。イスラーム世界の文学においてもアレクサンドロスは、しばしば君主の模範として描かれている（第III部を参照）。また、歴史上でアレクサンドロスに憧れ、模倣しようとした支配者は、時代をさらに下ってもオスマン朝のメフメット二世、カージャール朝イランのファトフ・アリー・シャー、アルバニアの民族的英雄スカンデルベグ、ナポレオンなど、挙げ始めたら切りがない。さらに、一九世紀ヨーロッパの植民地主義政策においては、アレクサンドロスは植民地建設者のモデル、保護領統治者の理想とされた[140]。その逆の立場、つまり西洋の衝撃の波を受けたアジアの側からも、近代における東洋の西洋化はアレクサンドロスがもたらしたギリシア化の延長線上にあると捉える場合が、特にイランで見られる。それは、例えばイスラーム革命直後のイランイスラーム共和国の大統領バニー・サドルがイラン文化の西洋化について、「これは今に始まったことではない。すでにアレクサンドロスの時代にセレウコス朝はイランの文化をギリシア化しようと企てた。今日、西洋化は組織的な方法で進められている[141]」と語ったことからも分かるであろう。

図 12　プトレマイオス 1 世のテトラドラクマ銀貨（紀元前 318–315/4 年）

図 13　リュシマコスのテトラドラクマ銀貨（紀元前 300–298 年）

以上第Ⅰ部では、古代世界からイスラーム世界へと伝わっていったアレクサンドロスに関する知識を三つの系統——すなわち、偽カッリステネスのアレクサンドロス物語、アリストテレスとアレクサンドロスの書簡集、ササン朝ゾロアスター教伝承——に分けて考察した。

著作物（あるいは口頭伝承）以外にも、アレクサンドロスを象ったギリシア・ローマの彫刻、モザイク、貨幣などを、視覚的なイメージの情報源として挙げることができよう。しかし、アレクサンドロスの肖像であると認識されていた古代の美術品がイスラーム世界に存在したという証拠にいまだ出会ったことはない。

唯一、イスラーム世界においても知られていた可能性が大いにあるのは、アレクサンドロスの肖像（あるいはアレクサンドロスを模倣した後継者の肖像）が打刻されたドラクマ貨幣（図12、図13）である。

これはアレクサンドロスの帝国、そしてセレウコス朝時代の西アジアおよびプトレマイオス朝エジプトに流通していたもので、イスラーム世界各地でこのような貨幣が発見され、人々の目に触れていたことが考えられる。そこに彫られたアモン神の雄羊の角の付いた頭環（ディアデム）や象のかぶりものを冠したアレクサンドロスの図像と、アラ

図 14　ダレイオスの死を嘆くアレクサンドロス
フィルダウスィー『王書』挿絵，1580-1600 年。
© The British Library Board. All Rights Reserved 3/31/2008.

図 15　双角のアレクサンドロス
『世界の驚異』挿絵，17-18 世紀。© Bibliothèque nationale de France.

ビア語でのアレクサンドロスの形容辞、「二本角」(*Dhū 'l-qarnayn*) が関連している可能性はすでに指摘されている[142]。

しかし、具体的にこの図像の影響を直接受けたと思われるイスラーム世界の作品は筆者の知る限りはない。ペルシアの細密画などに描かれるアレクサンドロスは、他のペルシア風の君主像と変わりない姿をしている(図14)。ただし、角を生やしたアレクサンドロスの絵が全く描かれなかったわけではない。フランス国立図書館に所蔵されているムガール朝インドの写本、『世界の驚異』*'Ajā'ib al-dunyā* の挿絵には、鬼のような角を持ったアレクサンドロスが見られる(図15)。しかしこれは、ヘレニズム時代のコインを模したというよりは、「二本角」という呼称を絵画化したものであると考えられる。

それでは、アレクサンドロスに関するこれらの知的遺産は、イスラーム世界の著述家たちにどのように受け継がれ、アラブ・ペルシア文学においてどのように展開していったのであろうか。「偽カッリステネスのアレクサンドロス物語」は部分的に宗教書、歴史書、地理書の中に取り入れられ、また物語作者や詩人たちにインスピレーションを与えた。ギリシア語からアラビア語に訳されたアリストテレスとアレクサンドロスの間に交わされた書簡集は、君主の鑑文学に影響を与え、教訓書や格言集の中に断片的に挿入された。

これらの文献を概括していえることは、アレクサンドロスは外来の侵略者、あるいは何か異質なものと見なされているのではなく、過去の偉大な賢王の一人としてイスラーム世界の知的コンテクストの中に取り込まれ、イスラーム化されているということである。ササン朝時代の否定的なアレクサンドロス像はゾロアスター教コミュニティーの間では根強く残るが、イランのイスラーム化とともに次第に影をひそめてゆく。第Ⅳ部では、このイランにおけるアレクサンドロス像の変容の過程にも特に注意を払う。

II

預言者アレクサンドロス

イスラーム世界におけるアレクサンドロスの「顔」の一つは、信仰と深く関わりがある。アラブ・ペルシアの宗教関係の著作においてだけでなく、歴史書や文学作品の中でもアレクサンドロスは、敬虔な信徒、神から特別な権威を与えられた者、真の教えの布教者、聖戦の闘士、果ては預言者として描かれている。

本部では、まず『クルアーン』の第一八章「洞窟」に登場する二本角（ズ・ル＝カルナイン）とアレクサンドロス物語との関連を明らかにした上で、タバリーの『タフスィール』（『クルアーン』注釈書）、サァラビーおよびナイサーブーリーの預言者伝集、ディーナワリーの『長史』、そしてニザーミーの『アレクサンドロスの書』を例として取り上げ、イスラーム世界におけるアレクサンドロスの神聖化に焦点を絞る。

聖なる人物としてのアレクサンドロスの描写は、ユダヤ・キリスト教の文学にすでに前例がある。イスラームの宗教説話はユダヤ・キリスト教徒の伝承・伝説の影響を多大に受けており、宗教的なコンテクストにおいて語られたアレクサンドロスに関するアラブの伝承の起源も、おそらくイスラームに先行する一神教の説話文学にある。これらを随時比較対照しながら、イスラーム世界独自の展開を明らかにしてゆきたい。

第1章 「二本角のアレクサンドロス」

イスラーム世界の様々な分野の著作物においてアレクサンドロス大王は、アル＝イスカンダル・ズ・ル＝カルナイン al-Iskandar dhū 'l-qarnayn、つまり「二本角のアレクサンドロス」として表れることが多い。この「二本の角を有する者」を意味するアラビア語の形容辞は次に挙げる『クルアーン』の一節に登場するズ・ル＝カルナインに由来するものである。本章においてはイスラーム教徒の聖典の二本角とアレクサンドロスが結びついた経緯についてまず検討する。

ただしその前に断っておかなければならないが、『クルアーン』のような聖典の読み方は様々である。その成立を歴史学の立場から説明する方法もあれば、フォークロア研究の立場からアプローチすることもできる。(1) しかしイスラーム教の信者にとってそれが単なる研究対象以上のものであり、ムスリムの意識の中で現在も生きている聖なるテクストであることはもちろん忘れてはならない。そのムスリムの識者の間にはこの二本角に関する啓示をアレクサンドロス伝承とは全く切り離して解釈する者もおり、筆者はそれにここで異議を唱えるわけではない。しかしながら本書の意図はイスラーム世界におけるアレクサンドロスに関する言説の諸相を明らかにすることにあるので、筆者としては先行研究に基づきながら、文献学的な観点から『クルアーン』のテクストとアレクサンドロス伝承の関連を解いてゆくことにする。

『クルアーン』の第一八章に登場する二本角の正体については、アレクサンドロス、ペルシアの王、古代南アラビアの王、あるいは、王ではなく神の忠実な僕、さらには預言者であったなどと、すでにイスラーム初期の頃から諸説紛々であった。しかし以下に検討するように、啓典の該当の一節がアレクサンドロス物語の枠組みの中から発生したものであることはほぼ疑いない。また逆に、『クルアーン』の二本角と同一視されたことが、イスラーム世界におけるアレクサンドロスのイメージ自体の神聖化につながったのである。

1 『クルアーン』第一八章「洞窟」八二―九七節

問題の一節は『クルアーン』の第一八章「洞窟」の章（*sūra al-kahf*）[2]に含まれている。この章に含まれる啓示は、預言者ムハンマドの生涯の中期、いわゆるメッカ期後半の頃に下されたものであるとされ、イスラーム教徒に対立するユダヤ教徒とメッカの多神教者に対する神の返答を示す内容が記されている。[3]ユダヤ・キリスト教説話に題をとった啓示が多い部分でもある。文体は、初期メッカ時代の天啓の「巫女的発想法」に基づいた「息切れしたような、切れぎれの語句の断絶」に比べると弛緩した説話的叙述であり、他方、その物語的な展開は後のメディナ期後半の啓示の政治的・立法的な現実主義とも異なっている。[4]以下に引用する二本角の話は「洞窟」の章の第三の説話にあたり、洞窟の七人の眠り人の話、およびムーサー（モーセ）が旅の途中で出会った不思議な男（この人物は聖者ヒドル Khiḍr、またはハディィル Khaḍir［「緑の男」］であると解釈されている）に自制心を試される話に続いている。

八二　またみなが汝（ムハンマド）に「二本角」のことで質問して来るであろう。言ってやるがよい、「では お前らに彼の話を一つ語ってきかせよう」と。

八三　そもそも我ら（アッラー）は彼の権能を地上にうちたて、かつこれにいかなることでも意のままになし得る手段を授けたが、八四　彼はある一つの道をとり、ついに陽の没する処に辿りついた。見ると、陽の沈むのは泥の泉で、そこに一群の人が住んでいるのに出遭った。

八五　我らが「これ二本角よ、お前、（この者どもを）懲らしめるか、それとも優しくしてやるか」と言えば、八六　彼が言うことに、「不義なす者は、（まず）我らが懲しめを加えておいて、次に主の御手元に連れて行かれ、（あらためて）いやというほど懲しめられるということになりましょう。

八七　しかし信仰ぶかく、善行にいそしむ者は、この上もない見事な御褒美を戴いた上、我らとしてもごく安易な仕事を命じてやることになりましょう」と。

八八　それから、また彼は一つの道をとり、八九　ついに陽の昇る処に辿りついた。みると、陽の昇る（国の）住民は日覆いというものを全然持たぬ人々であった。

九〇　と、まあ、こういう具合であった。彼にどのくらい（勢力）があったかということは、我ら（アッラー）だけが完全に知っていた。

九一　それから、また彼は一つの道をとり（今度は北の果てに向かう）、九二　ついに聳え立つ二峰の間に辿りついた。見ればその手前にある民族が住んでいて、これは言葉を殆んど解さない。

九三　この者どもが言うことに、「おお、二本角さま、ヤージュージュとマージュージュが我が国を荒らして困ります。貴方さまに貢物を差し上げますゆえ、なんとか彼らと私どもとの間に防壁を作っては戴けませぬか」と。

九四「主より賜った我が勢力の方が（お前がたの貢物などより）どんなに有難いことか。が、まあ、とにかくお前たち精出してわしを手伝ってくれ、お前がたと彼らとの間に防壁を作ってやるから。九五　さ、どんどん鉄の塊りを運んで来るがよい」と彼は言い、やがて両方の絶壁が平らになった頃をみはからい、「それ吹け」と声をかければ、忽ちそれは火と燃える。そこで今度は、「さ、どろどろに溶けた銅を持ってくるがよい、あそこへぶちまけるから」と言う。
九六　もうこうなっては、さすがの彼らも乗り越すことはできぬ。穴をあけることもできぬ。
九七「これは、みな神様のお情であるぞ。九八　だが、いよいよ神様のお約束が果たされる時（天地終末の時）が来れば、この（防壁）も叩きつぶされてしまうであろう。神様のお約束は必ず実現するから」と彼は言った。[5]

引用の冒頭で二本角についてムハンマドに尋ねに来る「みな」とは、タバリー Ṭabarī（九二三年没）の『タフスィール』（*tafsīr.*『クルアーン』注釈書）の第一八章八二節解説部分に記されている以下の伝承によると、啓典の民であるとされている。この伝承は、これらの人々が預言者に二本角について尋ねに来た際に、その場に居合わせたウクバ・ブン・アーミル ʿUqba b. ʿĀmir なる人物の目撃証言に遡るものである。[6]

ある日私がムハンマドに仕えていた時のこと、あのお方の家から出たところで何人かの啓典の民（*ahl al-kitāb*）に出会った。その者たちが言うには、「我らは預言者に尋ねたいことがある。家に上げてもらえるかどうか聞いて下さらぬか」。私は家に入り、このことを知らせた。「私と彼らに何の関係があるというのだ。私にはアッラーが教え給うた知識以外に何もない。水を汲んで清めをしておくれ」と言って、あのお方は礼拝をされた。それが済むや否やお顔に喜びの表情が浮かぶのを私は見た。そして「彼らを中へ通しなさい。それから我が教友と見なした者は誰でも（入れてやりなさい）」と言われた。かの者たちは中へ入り、あのお方の前に立った。あのお方は言われた。「お前方はお前方の書物に書かれていることについて私に尋ね、私が答えることを望んでおられる。もしそうお望みならば答えて進ぜよう」。彼らは「まさにその通り。お答え下され」と言った。あのお方は言われた。「二本角について、お前方の書物に何が書かれているか尋ねに来たのであろう[7]」。

『クルアーン』ではユダヤ教徒、キリスト教徒、サービア教徒が真の神の啓示した聖書に基づく教えの信者、つまり啓典の民とされている。ここではおそらくムハンマドの宗教活動に対立していたユダヤ教徒のことを指していると考えられるが、伝承自体はそれを特定していない。ムハンマドの預言に疑いを持つ彼らは、彼らの「書物」に記された二本角の真相について答えられるかどうかムハンマドを試しに来たのである[8]。この証言が伝えるように、礼拝を済ませるや否やムハンマドの顔に喜びの表情が浮かんだというのは、その瞬間に訪問者たちの問いに対する神の啓示が下ったことを示唆している。つまり、この伝承によるとムハンマドは啓典の民が二本角について問いかける以前に、彼らの質問もそれに対する答えもすでに神によって知らされていたことになる。

タバリーの同書にある別の箇所、第一八章解説の冒頭部分では、上に引いた解説とは異なる伝承によって、この章に含まれる啓示が下された経緯が詳しく説明されている。『クルアーン』解釈学において多大な権威を持つアブド・アッラー・ブン・アッバース ʻAbd Allāh b. ʻAbbās（六一九―六八七／八年）に遡るその伝承によると[9]、ムハンマドの預言者としての活動を訝しく思い、彼が次第に信者を増やして有力になっていくことに対して危惧を抱くメッカの多神教徒のクライシュ族の人々は、啓典や預言者について自分たちよりも知識を持つユダヤ教徒に、ムハンマドについての意見を請うために、代表者としてナドル・ブン・アル＝ハーリス Naḍr b. al-Ḥārith とウクバ・

ブン・アビー・ムアイト 'Uqba b. Abī Mu'ayṭ をメディナに送った。[10]

彼ら（クライシュ族の代表者二人）は、預言者（ムハンマド）についてユダヤ教識者に尋ね、彼の行動や言説の一部について説明した。彼らは言った。「あなた方こそが啓典の民（*ahl al-tawrāt*）です。我々はあなた方に我々の同胞（ムハンマド）について知らせに来たのです」。彼らがこう言うと、ユダヤの博士たちはこのように言った。「その者にこれから教える三つの質問をしなされ。もし答えることができたなら、その者は神に遣わされた預言者じゃが、答えられなければそやつは嘘つきじゃ。自らご覧じよ。まずは太古に姿を消した若者たちについて尋ねられよ。彼らのことについて、また彼らにまつわる不可思議な物語とは何であったのか。それから地の東の果てと西の果てまで達した彷徨う男について何を知っているか尋ねよ。最後に、我らの霊（*al-rūḥ*）について問うてみられよ。もし答えることができたなら、その者はまさに預言者であるゆえ彼の教えを奉じよ。もし答えられなければ嘘つきであるゆえ、そやつについてはお前方が望むように何とでもしたらよい[11]」。

二人はメッカに戻り、ムハンマドを試すためにユダヤ教徒に教えられた通りに三つの問いを投げかける。[12] ムハンマドは明日に答えを出すと約束するが、「もしアッラーの御心ならば」と付け加えることを忘れたため（*lam yastathni*）、約束の日が過ぎてもこのことに関してなかなか神の啓示が下らない。[13] 多神教徒たちは「ムハンマドは明日と約束した。今日で一五日目になるが、我らが問うたことに対して何一つ答えておらぬではないか」と噂を立て始める。ムハンマド自身も不安になるが、ようやく天使ガブリエル（ジブリール）が訪れ、第一八章にある内容の啓示を下す。つまり「太古に姿を消した若者たちについて」の答えが洞窟の七人の眠り人の話で、「地の東の果てと西の果てまで達した彷徨う男」とは二本角のことである。霊についての質問に対する啓示は第一八章ではなく、第一七章「夜の旅」に含まれている。[14]

タバリーが挙げているこの二つの伝承は、双方とも二本角に関する ***asbāb al-nuzūl*** つまり天啓が示された経緯の説明でありながら、[15]明らかに食い違いがある。先述の伝承ではメッカの多神教徒ではなく、「啓典の民」が自分たちの書物に記されていることについて直接尋ねに来たことになっている。そしてムハンマドは一五日間も待たせることなく、その場で即答したように伝えられている。このように様々な、時に矛盾する情報を挙げるのはタバリーの著述の特徴であり、タバリー自身はどちらの説が正しいかという判断は下さない。[16]最初に挙げた伝承は、ムハンマドに接していた教友（サハーバ）の証言であるという点で、イスラーム伝承学においては特に尊重されるが、全ての教友の言が事実を語っているとは限らない。もう一方はイブン・アッバースという権威ある初期の伝承学者の説である。どちらにより信憑性があるかという議論は伝承学の専門家に任せることにして、ここでは問題にしないことにする。[17]いずれにせよ、二本角に関する『クルアーン』の一節の背景には、預言者としてのムハンマドの威信を失墜させようという多神教徒あるいはユダヤ教徒の試みがあったということである。

さて、二本角に関して問いかけられた際には、このように答えるがよいという神の啓示によると、二本角とは神によってその「権能を地上にうちたて」られ（*makkannā la-hū fī 'l-arḍi*）――つまり地上を支配する力を与えられ――、「いかなることでも意のままになし得る手段（てだて）」を授けられた（*wa ātaynā-hu min kulli shay'in sababan*）人物とされている。『クルアーン』のテクスト自体は、彼がどこかの国の王であったというような特定はしておらず、また二本角という不思議な名称の由来も明かしていない。

この二本角は三つの「道」（*sabab*）をとり、[18]まず「陽の没する処」（*maghrib al-shams*）、つまり西の果てに行き、次に「陽の昇る処」（*maṭliʿ al-shams*）、すなわち東の果てへ達する。これらの地で彼は神に与えられた力をもって、「不義なす者」に「懲らしめを加え」、「信仰ぶかく、善行にいそしむ者」には「ごく安易（らく）な仕事を命じてやる」。二

図1　ヤージュージュとマージュージュの防壁の建設

フィルダウスィー『王書』大モンゴル版挿絵，1330年頃。

図2　ヤージュージュとマージュージュの防壁の建設

フィルダウスィー『王書』シャー・イスマール2世版挿絵，1577年頃。

本角が世界の果ての様々な民族に聖戦を挑む様子は、タバリーの『タフスィール』に詳しく描かれている。これについては次章で述べる。

　そして最後に辿り着くのが「聳え立つ二峰の間」（*thumma atbaʿa sababan ḥattā idhā balagha bayn al-saddayni*）である。この「聳え立つ二峰」（原語では *saddayn*「二つの壁」とある）が北方にあるというのは解釈学者たちの間で有力な説であるが、『クルアーン』自体には二本角が極東へ向かった後にどの方角への「道」をとったかは特に記されていない。そこで出会った「言葉をほとんど解さない」民に嘆願され二本角は、彼らを脅かすヤージュージュとマージュージュという名の野蛮な民族を封じ込めるために、山の間に巨大な壁を建設する（図1、図2）。

　このヤージュージュ Yājūj とマージュージュ Mājūj とは、『聖書』にも登場するゴグ

Gog とマゴグ Magog のことである。[19] ゴグとマゴグは文明世界を脅かす北方の伝説的な蛮人で、トルコ民族、タタール人、モンゴル人などと同一視されてきた。ゴグとマゴグ伝説の形成自体についてはここでは詳しくは述べないが、[20] その伝播の過程でアレクサンドロス物語の中に取り入れられ、一部の偽カッリステネスのヴァージョン――ことにユダヤ色の強い γ 系――においては、アレクサンドロスがゴグとマゴグの侵略から文明世界を守るために山峡に関を建設する話は重要なエピソードの一つとなっている。例えば、偽カッリステネスの α 系A写本、ユリウス・ウァレリウスのラテン語訳、δ^* 系シリア語版、ナポリの大司祭レオのラテン語訳にはゴグとマゴグのエピソードは含まれないが、α 系でもアルメニア語版には見られ、β 系のB写本やビザンツ・ギリシア語詩、γ 系のC写本、および δ^* 系の『アレクサンドロス戦記』*Historia de Preliis* やエチオピア語版などには含まれている。[21] アンダーソンによると、おそらく三九五年のフン族の欧州侵略以降に、アレクサンドロスがスキタイ人を封じ込めるためにコーカサスに関門を建設したという伝説と、[22]『聖書』のゴグとマゴグ伝説が結びついたのではないかという。[23]

このように、すでにイスラーム以前からゴグとマゴグ伝説とアレクサンドロス物語が融合していたことから考えても、ヤージュージュとマージュージュを封じ込める二本角の説話にアレクサンドロス伝承が関連していることは明白であるように見える。しかしすでに述べたように『クルアーン』のこの一節自体には、アレクサンドロスという名は登場しない。

2 「二本角」の正体

この『クルアーン』第一八章に登場する二本角が誰を指しているのかは、すでにイスラーム初期の時代から識者たちの間で論争の的になってきた。[24] 二本角に関するイスラーム識者たちの諸説はフリードレンダーの研究によってかなり整理されたが、[25] 彼が利用した原典資料は、校訂本が刊行されていなかったものなどもあり、網羅的ではない。例えば重要なタバリーの『タフスィール』が見落とされている。[26] まずはそのタバリーが集めた二本角の素性に関する異なるいくつかの伝承を以下に見てみよう。

　先に挙げたムハンマドの教友ウクバ・ブン・アーミルの証言の続きによると、ムハンマドは二本角について尋ねに来た啓典の民に対して「彼はルームの若者（*shābban*）で、エジプトに来てアレクサンドリアの町を建てた」と答えたとされている。[27] アレクサンドロスの名前自体は言及されていないが、ルーム（ギリシア・ローマを指す）の若者で、アレクサンドリアを建設したといえばアレクサンドロス以外には考えられない。

　また、ユダヤ・キリスト教系の伝説を多く伝えたイエメン出身の伝承継承者ワフブ・ブン・ムナッビフ **Wahb b. Munabbih**（六五四―七三二年頃）に遡る伝承には「二本角は王であった。なぜ二本角と呼ばれるかについては、啓典の民の間では様々な意見がある。一部の者は彼がルームとペルシア（**Fārs**）の王であったからと言う」とある。[28]

　さらに、別の伝承継承者イブン・イスハーク **Muḥammad b. Isḥāq**（七〇四頃―七六七年）の伝承では、「アジャム（非アラブ人）の伝承を語るイスラームに改宗した啓典の民で、二本角に関する知識を受け継ぐ者の中には、二本角がノアの子のヤペテの子のユーナーンの子孫のマルズバーン・ブン・マルダバ・アル＝ユーナーニー **Marzubān b. Mardaba** (مردبة) **al-Yūnānī min walad Yūnān b. Yāfath b. Nūḥ** というエジプト人であると言う者もいた」とされている。[29] ノアの血を引くユーナーンはギリシア人の祖先とされており、エジプトのギリシア人といえばアレクサンドロスとの結びつきも考えられなくはない。[30]

　タバリーの『タフスィール』の中で、二本角を最も明確にアレクサンドロスと同一視しているのは、ワフブ・ブン・ムナッビフに遡る次の伝承である。

> 古人の物語（*al-aḥādīth al-uwal*）についての知識を持っていたイエメン人のワフブ・ブン・ムナッビフによると二本角はルーム人で、ある老婆の一人息子であった（*ibn ʿajūzi min ʿajāʾizi-him laysa la-hā waladun ghayra-hu*）。その者の名はアル＝イスカンダルといったが、二本角と呼ばれた由縁は頭の両側が銅でできていたからである（*ṣafḥatay raʾsi-hi kānatā min nuḥāsin*）[31]。

アル＝イスカンダル（アレクサンドロス）の名が直接言及されているのは、タバリーが『タフスィール』の中で挙げる多くの伝承の中でもこの一節だけである。ここでは二本角は王ではなく、「ある（ルーム人の）老婆の一人息子」とされている。このことから、偽カッリステネス系とは少し異なる民間のアレクサンドロス物語がこの伝承の背景にあった可能性が考えられる[32]。二本角と呼ばれた由縁は頭の両側が銅でできていたからという奇妙な説明は、タバリーの他の箇所にも挙げられている[33]。上記の一節の後には同じ伝承の一部として、二本角の神との対話や地の果ての諸民族との聖戦、ヤージュージュとマージュージュの防壁建設の話が続き――これらについては後述する――、タバリーが挙げる二本角伝承の中でも最も長く、物語的なものとなっている。

さて、同じタバリーでも、彼の歴史書『諸預言者と諸王の歴史』（以下『歴史』）*Taʾrīkh al-rusul wa ʾl-mulūk* には、さらに違う説が挙げられている。

> ペルシアの系図学者（*nassāb al-furs*）の一部は、ノアは、ザッハーク al-Azdahāq を打ち負かし王位から退かせたファリードゥーンと同一人物であると主張する。彼らのうちの別の一部はファリードゥーンがアブラハムの教友（*ṣāḥib*）の二本角であるという説を唱える[34]。

ザッハーク、ファリードゥーンはペルシア列王伝に登場する太古の王で[35]、ここではノアやアブラハムなどの『旧約聖書』の人物、ひいては『クルアーン』における往古の預言者と結びつけられている。ファリードゥーンをノアや二本角と同一視することによって、イラン的な古代史観をイスラーム化しようという「ペルシアの系図学者」の試みが窺われる。彼らによると二本角はファリードゥーンと同一人物であり、「アブラハムの教友」であるという。

このように、タバリーが挙げている伝承だけを見ても、二本角の正体について様々な説が流布していたことが分かる。二本角がアレクサンドロスと同一人物であるという意見は、他の多くのイスラーム学者にも有力な説として挙げられているが[36]、異口同音に認められるというわけにはいかなかった。その理由はいくつかある。

まず、イスラーム学者たちはアレクサンドロスが一神教の信者ではなく異教徒であったはずだという見地から、『クルアーン』の二本角をアレクサンドロスと見なす解釈を疑問視した。

例えばアシュアリー派の著名な神学者ラーズィー Fakhr al-dīn Rāzī（一一四九—一二〇九年）は彼の『クルアーン』注釈書『未知への鍵』*Mafātīḥ al-ghayb* の中で、「歴史の書物においてその王国がこれほどの範囲（『クルアーン』の二本角が制覇した西、東、北の果て）まで達していたことで有名な王はアレクサンドロス以外にない[37]」ことから、二本角がアレクサンドロスであるというのが諸説の中でも最も有力としながらも、次のような疑いを抱いている。

アレクサンドロスはアリストテレスの教え子で彼の学派（*madhhab*）の徒であった。（『クルアーン』に記されているように）神が彼に強大な力を与えたということは、必然的にアリストテレスの理論（*madhhab*）が真実であり正しいことになる。だがそれはあり得ない。神のみぞ知る[38]。

ラーズィーは、アリストテレスの哲学は唯一神を信仰するイスラームとは相容れないものであるとする神学的な立場から、アリストテレスの教え子であったはずのアレクサンドロスが、神の加護のもとに地の果ての民を制した二本角であることの矛盾を指摘しているのである。

イスラーム学者たちの多くはまた、二本角を『旧約聖書』に登場する太古の預言者と同時代の人物——タバリーの上の一節で「アブラハムの教友」とされているように——として認識していたため、アレクサンドロスの時代との何世紀もの隔たりに疑問を持った。二本角がアブラハムと同時代人でかつアレクサンドロスでありうるには、彼は超自然的に長寿であったという説さえ現れ(39)、中には五〇〇年(40)、一〇〇〇年(41)、一六〇〇年(42)も生きたとする解釈もあった。

さらには、「古二本角」と「新二本角」の二人の二本角——前者はアブラハムと同時代の人物で、ヤージュージュとマージュージュの侵略に対して防壁を建てた『クルアーン』の二本角で、後者はアレクサンドロス——がいたと説明されるようになった(43)。例えば神学者シャフラスターニー Shahrastānī（一〇七六—一一五三年）は、『諸分派と諸宗派の書』*Kitāb al-milal wa ʼl-niḥal* の中で、「哲学者でローマ人のアレクサンドロスは二本角王（*Dhū ʼl-qarnayn al-malik*）ではあるが、『クルアーン』にいわれている二本角ではない。むしろ彼はフィリッポスの息子であり、ダーラー（ダレイオス）の治世の一三年目に生まれた」と述べている(44)。

タバリーは挙げていないが、古代イエメンの王が二本角だという説も早くから有力であった。イブン・ヒシャーム Ibn Hishām（八三三年没）による南アラビアの古代史を扱った『ヒムヤルの諸王に関する王冠の書』（以下『王冠の書』）*Kitāb al-tījān fī mulūk Ḥimyar* には、二本角が古代南アラビアのヒムヤル人の王サァブであることが次のように説明されている。第四代正統カリフ、アリー（在位六五六—六六一年）まで遡る伝承によると、『クルアーン』にあるヤージュージュとマージュージュに対する防壁を建てた二本角はサァブ Ṣaʻb Dhū ʼl-qarnayn b. al-Ḥārith al-Rāʼish のことで、彼は同時代のアブラハムが広めた「真の宗教」（*dīn al-ḥanafī* = *dīn al-ḥanīf*）の信者となり、「神の友の一人」を供に地上を制覇した(45)。一方、「ルームのアレクサンドロス」al-Iskandar al-Rūmī は、灯台をエジプトのアレクサンドリアとルーム国に二本建てたために二本角と呼ばれるが、聖典に言及されている二本角ではなく、さらにアレクサンドロスはイーサー（イエス）の子孫であるルーム人であるから、サァブのようにアブラハムと同時代ではあり得ない、とイブン・ヒシャームはアレクサンドロス説を否定している。[46] さらに、ペルシア人科学者、哲学者のビールーニー Bīrūnī（九七三―一〇五〇年以降）も古代諸国の歴史を扱った『過ぎし時代の痕跡』*Kitāb al-āthār al-bāqiya* の中で、*Dhū*（「……を持つ」）がつく複合名はイエメン特有であることを理由に、イエメン人説を強調している。[47]

二本角がギリシア人（ルーム人）とイエメン人の混血であるという折衷案を提示しているのはマスウーディー Masʿūdī（九五六年頃没）である。彼の百科全書的作品『黄金の牧場と宝石の鉱山』*Murūj al-dhahab wa maʿādin al-jawāhir* によると、ある古代イエメンの王（*tubbaʿ*）がルームの都市を征服し、イエメンの植民地にした。二本角つまりアレクサンドロスはその子孫であるという。[48] 同じような混血説で、実際にビザンツ帝国と交渉のあった南アラビアの王国ガッサーン朝（五二九―五八一年）と二本角を結びつける伝承もあった。[49]

さて、二本角が誰であったかという論争に加えて、なぜ二本角と呼ばれたのか、二本の角が象徴するものは何だったかという点も論議の的になった。

この問題については、ラーズィーが彼以前の識者の諸説を簡潔に整理しているので、彼の『クルアーン』注釈書『未知への鍵』に挙げられている二本角の命名の由来を紹介する[50]（数字は引用者がふったもの）。

(1) 太陽の二つの「角」、つまり陽の昇る所と沈む処まで達したから。バフマンの息子アルダシールが、望む全ての領域にその権力が及んだために「長腕」と呼ばれたのと同様である。

(2) ペルシア人たち（*al-Furs*）が言うところによると、大ダレイオス Dārā al-akbar はフィリッポス Fīlbūs

の娘を娶ったが、彼女の悪臭に気づき国へ帰した。すでにダレイオスの子を身ごもっていた彼女は父親のもとでアレクサンドロスを産み、その子はフィリッポスの息子として育てられた。後に、ダレイオスのもう一人の息子のダレイオス Dārā b. Dārā の死に際に駆けつけたアレクサンドロスは、その頭を膝の上にのせ「兄弟よ」と呼びかけたという。アレクサンドロスの父がダレイオスで、母がフィリッポスの娘であったということは、彼は二つの異なる、つまりペルシアとギリシア（ルーム）の血統を引いて生まれたことになるとペルシア人たちは主張する。

(3) アリーの言によると二本角は天使でもなく[51]、預言者でもなく、神の敬虔な僕（*'abd ṣāliḥ*）であった。神に仕え、右の角を打たれて一度死んだが神によって復活させられ、今度は左の角を打たれて死にまた復活させられたために二本角と呼ばれる。

(4) 彼の生涯の間で人類の二つの「角」が滅びたから。

(5) 頭の両側が銅であったから（*kāna ṣafḥatā rāsi-hi min nuḥāsin*）。

(6) 角のようなものが彼の頭にあったから。

(7) 彼の王冠に角がついていたから。

(8) 預言者によると、世界の二つの「角」、つまり東と西を旅したから。

(9) 二つの「角」、つまり二房の髪（*ḍafīratāni*）を持っていたから。

(10) 神は光と闇を彼に従えさせ、夜行の際には光が先に立って彼を導き、闇が後ろから加勢したから。

(11) その勇気が敵に角を突く雄羊のようだったから。

(12) 昇天し、太陽の二つの「角」からぶら下がった夢を見たから。

(13) 光と闇の中を通り抜けたから。

(1)は諸説の中でもおそらく最も広く受け入れられた説である。[52] アラビア語で「角」(*qarn*)は、太陽の光明、特に明け方に最初に現れる光線をも意味する。二本角が「陽の没する処」と「陽の昇る処」まで辿り着いたとする『クルアーン』の八四および八九節と、*qarn* の二重の意味を利用した説明である。

(2)は、明らかにビールーニーからの引用である。[53] 二本角とアレクサンドロスが同一であるという前提に基づいたこの説によると、アレクサンドロスが二本角と呼ばれるのは、ペルシア人とギリシア(ルーム)人の二つの血統を引いているからだという。アレクサンドロスを大ダレイオスとルーム王の娘の息子とする話は、ディーナワリーやタバリーの歴史書にもペルシア人たちの説として挙げられており、またフィルダウスィーの『王書(シャーナーメ)』にも取り入れられている。[54] ラーズィー自身は、ペルシア人たちがこのように言うのは、アレクサンドロスをペルシア(*al-'ajam*)の王家の系統に取り入れたかったからで、実際には虚構であると異議を唱えている。タバリーの『タフスィール』に載っていた前掲の一節――「なぜ二本角と呼ばれるかについては、啓典の民の間では様々な意見がある。一部の者は彼がルームとペルシア(*Fāris*)の王であったからと言う」――は、これに類似した伝承であるといえよう。[55] この他、二本角の両親に関しては、ジャーヒズ Jāḥiẓ(七七六頃―八六八/九年)の『動物の書』*Kitāb al-ḥayawān* に、母が人間で、父が天使であるという記述が見られる。[56]

(3)については、タバリーの『タフスィール』にほぼ同様の伝承が三つ挙げられている。内容に小異はあるがいずれもアブ・ル=トゥファイル Abū 'l-Ṭufayl なる人物が耳にした第四代正統カリフ、アリーの言葉に基づいている。[57] そこには、二本角は神の敬虔な僕で、人々に神を信じるように呼びかけたところ彼らに角を打たれて死んだが、神によって復活させられたと記されている。

(4)は、彼が生きている間に「二世代」分の人間が死んだから、つまり二本角は他の人間の二世代分も長生きしたからという意味にとれる。「世代」は *qarn* の語意の一つである。

(5)もタバリーの『タフスィール』にあり、ワフブ・ブン・ムナッビフに遡る伝承としてすでに言及した。[58] 頭の両側が銅であった、あるいは銅でできていたというのは、意味があまり明白ではないが、『情報の原典』*Mutūn al-akhbār* にあるように、「兜の両側に角のように黄銅、銅、鉄、または金の板金がついていたから」という解釈が妥当であろう。[59] 後述のキリスト教伝説において、神はアレクサンドロスの頭に鉄の角を授けている。

(6)は、二本角の名の、まさに字義通りの説明である。[60]

(7)は、リュシマコスやプトレマイオスなど、アレクサンドロスの後継者たちが鋳造した貨幣に彫られている雄羊の角のついた頭環（ディアデム）を冠したアレクサンドロスの肖像（第I部、図13）を思わせる。アレクサンドロスのこの肖像が、遺物として残っていたコインを通してイスラーム世界にも知られていた可能性もあり、この図像が「二本角」の名称のもとになっているという説もあるが、[61] 確固たる文献的・物質的証拠はない。むしろビールーニーなどは次のような説明をしている。「二本角はAṭarkas?（طركس）という名の男で、バビロンの王の一人サーミールスを攻め、捕虜として捕らえ、殺した。そしてその頭皮を髪と二房の巻毛とともに剝ぎ、なめし、王冠として使った」。[62]

(8)は(1)と同様に『クルアーン』の該当節に基づいている。日本語でも角が「つの」とも「かど」とも読めるように、アラビア語で *qarn* は隅、末端の意味も持つ。この説も(1)と同じくよく引かれる。[63]

(9)にある「髪の房、巻き毛」も *qarn* の語意の一つである。[64]

(10)のもとになった伝承はタバリーの『タフスィール』に含まれている。それによると、神は二本角を世界中の人々のもとに使徒として送る際に様々な能力を与えた上に、さらに「光と闇を汝に従えさせ、汝の軍隊の兵としよう。光は前方で汝を導き、闇は背後から汝を守るであろう」と言ったという。[65]

(11)も雄羊の角をつけたアレクサンドロスの肖像との関連が考えられる。雄羊の角は、アレクサンドロスが自らその子であると称し崇めたゼウス・アモン神の象徴物であった。アレクサンドロスの同時代のオリュントスのエフィプスによると、アレクサンドロスは晩餐の際に紫色の衣と薄い靴を纏い、雄羊の角をつけてアモン神を装うことがあったという。[66] また、アレクサンドリアのクレメンスも『ギリシア人への勧告』*Protrepticus* の中で、アレクサンドロスは自らがアンモン神の息子であることを主張するために、彫刻家たちに角をつけた肖像を彫らせたと記している。[67] しかし、前述したようにアレクサンドロスとゼウス・アモン神の角との関わりに直接言及したり、アレクサンドロスの貨幣を見たと記録しているイスラーム世界の著者はいない。従ってこのイコノグラフィーが古代世界からイスラーム世界へと受け継がれ「二本角」の名称のもとになったという仮説は証明できない。

　雄羊の角といえば、『旧約聖書』「ダニエル書」第八章にある預言と『クルアーン』の二本角の関連性が指摘されている。[68] 二本角の雄羊が一角の山羊によって打ち倒されるという幻（三―八節）を見た預言者ダニエルに対して天使ガブリエルは、この二本角の雄羊はメディアとペルシアの王であり、荒々しい山羊はギリシアの王であると説いている（二〇―二一節）。[69] そもそも、ムハンマドを試すためにユダヤ教徒たちが自分たちの書物の中からいくつかの質問を用意したことが、二本角に関する啓示がムハンマドに下されたきっかけであったらしいことは、前掲のタバリーの『タフスィール』の一節に見た通りである。これが事実であったとすると、ユダヤ教徒たちが参照したのは、『旧約聖書』のこの部分であったのではないかと推察できる。この点において、「ダニエル書」のヘブライ語のテクストで使われている両数形 *lōq*^{e} *rānāyim*「二本の角を持っている」が、アラビア語の *dhū 'l-qarnayn* と類似していることは意義深い。[70]

　しかし『クルアーン』の二本角と『旧約聖書』の二本角の雄羊は、ぴったりと適合するわけではない。イスラーム教徒の識者の多くは『クルアーン』の二本角がアレクサンドロスであるとしているが、ダニエルの預言の解釈においてユダヤ教徒たちは、二本角の雄羊ではなく一角の山羊の方をアレクサンドロスと見なしている。例えばユダヤ人の歴史家ヨセフス（三七年頃生）の『ユダヤ古代誌』（XI・三二九―三三九）によると、エルサレムを訪れたアレクサンドロスはユダヤの大司祭に「ダニエル書」の上記の預言を見せられ、二本角の雄羊によって象徴されるペルシア帝国を倒す荒々しい山羊のギリシア王が自分のことであると喜んだという。[71] それに「ダニエル書」の二本角はゴグとマゴグ伝説とは全く結びつきがない。いずれにせよ、ラーズィーまたはラーズィーが典拠とした伝承が、二本角の名が雄羊の勇気に拠るものであると述べた際に、「ダニエル書」の二本角の雄羊を意識していたかどうかは分からない。

⑿は⑴と同じく、*qarn* のもう一つの意味である「太陽の光明」を「角」に掛けている。[72] ペルシアの詩人ニザーミーの『アレクサンドロスの書』の第二巻『幸運の書』*Iqbālnāma* にも、アレクサンドロスが二本角と呼ばれる理由の一つに「眠れる間に天の二端を太陽より摑んだため」とある。[73] また上に挙げた、二本角を「エジプトにアレクサンドリアの町を建てた」「ルームの若者」とするタバリーの『タフスィール』の伝承の続きには、二本角が天使に連れられ昇天し、自分が建設した都市を見下ろすという一節がある。[74]

⒀は⑽の伝承の転化したものか、あるいはアレクサンドロスが生命の泉を求めて暗闇の国に入ったという伝承に基づいていると思われる。[75]

以上が神学者ラーズィーが挙げている二本角の名の由来で、他の『クルアーン』注釈書などもほぼ同じ理由を挙げている。この他に試みられた説明の中で変わっているのは、ニザーミーが『幸運の書』に、いくつかの広く知られた説に加えて記している次の二話である。

ニザーミーが言うに、天文学者アブー・マァシャル Abū Maʻshar（七八七—八八六年）の『千年周期の書』*Kitāb al-ulūf* に拠ると、[76] アレクサンドロスの死期が近いのを知ったギリシア人たちは、王の肖像を描かせた。画家は肖像の頭の左右に角を加え、それが二人の美しき天使たち（*du farrukh firishta*）であると説明した。なぜなら「神が色添える絵は左と右に天使が宿る」（*ki dar paykarī k-īzid ārāstish, firishta buwad bar chap u rāstish*）から。この肖像がギリシアから他の国にも伝わり、二本角の名が知れ渡ったという。[77]

もう一つは、アレクサンドロスは耳が異常に大きく、それを髪型で隠していたという話である。唯一この秘密を知っていた王の理髪師が死んだ際に雇われた新しい理髪師は秘密厳守を誓わされるが、どうしても我慢ができなくなり、砂漠の井戸の中に向かって秘密を叫んでしまう。その井戸から生えた葦で羊飼いが葦笛を作った。すると、「かくして秘密は葦笛の音となって鳴り響いた、アレクサンドロスの耳は長いと」(*chunān būd dar nāla-yī nay ba rāz, ki dārad sikandar du gūsh-ī dirāz*)。これを耳にしたアレクサンドロスは、いかなる秘密もいつかは顕わになってしまうことを悟る。[78] オウィディウス「メタモルフォセス」のミダス王伝説、いわゆる「王様の耳はロバの耳」の話との類似は明らかである。[79]

二本角の名とは直接関係づけられていないが、一七世紀のインドのパールスィー(ゾロアスター教徒)の間にはこの話のパロディー版が伝わっていた。ガブリエル・ド・シノン神父が現地のパールスィーから聞いた話によると、ダレイオスのもとに嫁ぐ途中の(ルームの?)王女を悪魔が黒い旋風となって襲い、王女を真っ黒にして孕ませた。ダレイオスに拒絶され父親のもとに送り返された王女はロバの耳をした醜い怪物を産み、その子はアレクサンドロスと名付けられた。[80] この話は、ダレイオスをアレクサンドロスの実の父親とし、悪臭のためにダレイオスに送り返されたルームの王女を母親とするペルシア起源の伝承を改編したもので、それにニザーミーがアレクサンドロスの二本角の形容辞の説明として挙げている「王様の耳はロバの耳」の類話が重なっている。アレクサンドロスを悪魔の子である醜い怪物とするこの逸話は、ゾロアスター教徒たちがインドに渡った後も、第I部で述べたようなアレクサンドロスに対する敵意を語り継いでいた証拠である。

このように、『クルアーン』注釈書においてだけでなく、歴史書、百科全書的作品、叙事詩などにおいても取り上げられている二本角の正体の謎は、様々な説明が試みられるに従ってより複雑になる一方であった。イスラーム識者たちは結局、決定的な回答を得ることはできなかった。

一九世紀以来の西洋の東洋学者たちもこの論議を引き継ぎ、二本角の正体について様々な意見を交わしてきた。[81] ハマー＝プルクシュタルは古代イエメン王説を唱え、グラフはアモン神の息子として雄羊の角を冠したアレクサンドロスであるとし、レッドスロプは「ダニエル書」の一節に基づいてキュロス大王という結論に達し、ベアはユダヤ教の書物における角の象徴性を明らかにした上で、二本角はアレクサンドロスでもキュロスでもなくムハンマドの時代にユダヤ教徒が待ち望んでいたメシアを表していると主張した。

この論戦に終止符を打ったのは、一八九〇年に発表されたネルデケのアレクサンドロス物語の歴史に関する論考である。[82] ネルデケはこの重要な論文において、『クルアーン』の二本角の一節はシリア語のアレクサンドロスに関するキリスト教伝説に拠っていると推断した。ネルデケの研究によって、『クルアーン』の二本角伝とシリア語のキリスト教伝説の関係が明らかになったのであるが、後にオランダのレイニンクという学者が、双方の成立の年代に異論を唱えた。[83] その説には、蔀勇造氏も賛同しており詳しく紹介している。[84] レイニンクが推定したシリア語キリスト教伝説の年代はネルデケのそれよりも一世紀以上後の、ムハンマドとほぼ同時代の頃である。ここで、このシリア語伝説について触れておこう。

3　アレクサンドロスにまつわるシリア語キリスト教伝説

『クルアーン』「洞窟」の章は、ユダヤ・キリスト教説話に題をとった啓示が多いことはすでに上に述べたが、ネルデケはそこに含まれる二本角の一節も、キリスト教徒が翻訳したアレクサンドロスにまつわる伝説に基づいていることを証明した。[85] ネルデケが二本角の話の典拠としているのは、バッジが英訳した「アレクサンドロスにまつわるシリア語のキリスト教伝説」である。[86]

この伝説は、同じくバッジが校訂・英訳した偽カッリステネスのアレクサンドロス物語のシリア語版 “The History of Alexander”（δ*系）よりは大分短い、別のテクストであることに注意しておかなければならない。バッジが “Christian Legend concerning Alexander” と呼んでいるのは、彼が “The History of Alexander” を訳すにあたって利用した全ての写本に同様に含まれていたテクストで、γ系偽カッリステネスC写本の第二書三七―三九章とほぼ同内容である。[87] ただし、キリスト教徒と思われる編纂者によって付け足された部分が多く、また、潜水のエピソードなど削除されている箇所もある。[88] シリア人司教、サルーグのヤコブ Jacobus Sarugensis（五二一年没）の筆による韻文の『聖訓』*Homilie* は、[89] このキリスト教伝説に直接基づいているか、[90] あるいは共通の典拠に基づいているとされる。[91] ネルデケは、この伝説がヤコブが没した五二一年より少し早い五一四年か五一五年に記されたものであると推定している。[92] その後フンニウスは六二七年と推定し、[93] さらにレイニンクが六二八年から六三七年の間に書かれたという説を唱えた。レイニンクは、伝説に登場するアレクサンドロスが黄銅の門に刻む予言の年六二九年は、実際に起こったハザールのアルメニア侵攻という出来事を指しているとし、伝説がこの年代以降の成立であるとした。そして、当時のビザンツ皇帝ヘラクレイオス一世の対ペルシア・プロパガンダと結びつけたのである。[94] ビザンツの歴史家シモカッテス家のテオフュラクトゥス Theophylactus Simocatta（五八〇頃―六二八年以降）は『歴史』*Historiae* の中で、ホスロウ二世がビザンツ皇帝マウリキウスの使者プロブスに「神の母」（マリア）が現れ「マケドニアのアレクサンドロスの勝利が彼（ホスロウ）に授けられるだろう」と預言したことを伝えたと記している。[95] レイニンクはこれが、ホスロウ二世による六二〇年のエジプト征服直後に、ササン朝がアレクサンドロスと同じ領土を征服したことをキリスト教徒たちに宣伝したプロパガンダであり、シリア語のアレクサンドロス伝説はこれに対抗した「裏返しのシナリオ」を宣伝する意図で作られたものである可能性を示している。[96] 伝説の中のアレクサンドロスのペルシア王に対する勝利が、皇帝ヘラクレイオスが六二八年にペルシア軍に決定的な打撃を与えシリア・エジプトを奪回した勝利を暗示しているというのである。

以下はこのキリスト教伝説の概要である。アレクサンドロスは、その治世の二年目、または七年目に、世界を探求し、天空の果てを見に行くことを思いつく。[97] 高官たちに一一の明るい海と、その先の陸地と、世界を取り巻く悪臭放つ大洋、オケアノスについて教えられる。アレクサンドリアを三二万人の兵とともに出発し、シナイ山へ着き、そこから船でエジプトへ向かう。黄銅と鉄を扱う七千人の工匠をエジプトの王サルナーコースから得て出航する。[98] 四カ月と一二日間の航海の末、一一の明るい海の先の陸地に着く。悪臭放つ海の岸辺に舟をつなぐ杭を打たせるために、死刑宣告を受けている三七人の家来を送るが、海辺に着いた途端に彼らは死んでしまう。この海を渡り天空の果てを見ることが不可能だと分かったため、悪臭放つ海と明るい海の間の陸地を進み、太陽が天の窓に入るところ（西の果て）へ辿り着く。太陽の動きの説明。海から陽の昇るところに住む人々は、日の出の際に火傷をしないように海へ逃げる。陽が中天にかかるとき、その下の山に住む人や獣は洞窟に逃げ込む。太陽は天の窓に入ると、ただちに創造者である神の前にひれ伏す。そして夜の間は天界を旅し、再び日の出の場所に辿り着く。

アレクサンドロスは西方でムーサース **Mūsās** という高い山（山脈？）を見る。山沿いに下りクラウディアー **Klaudiā** 山に着く。ユーフラテス川の水源からティグリス川の源へ出て、カッラス **Kallath** 川へ。ラーマス **Rāmath** という山を登り、天の四方を仰ぐ。そこから北へ向かい、アルメニア、アゼルバイジャンに入る。[99] 山峡に陣取る。その国の三〇〇人の老人たちと問答し情報を得る。その国を支配しているペルシアの王トゥーバールラークについて。山脈とその向こうに住むフン族について。ゴグとマゴグなどフン族の王たち、彼らの野蛮な生態、慣習について。フン族のさらに奥に住む民族（犬人間など）と、その先の無人の荒地について。その奥にある、天と地の間に位置する楽園と、そこから流れ出る四つの川について。アレクサンドロスは老人たちの話に感心し、その山峡に黄銅の関門を設けることにする。関門建設の詳細な描写。終末の時にフン族がその関を破り出てきた際に人類に降りかかる災難についての予言を碑文に刻む。

トゥーバールラーク王は属国の王と軍を召集し戦闘の用意をする。神はアレクサンドロスの前に現れ勝利を約束する。合戦。アレクサンドロス軍は神の加護を得て勝利する。トゥーバールラーク捕虜になる。アレクサンドロス、ペルシア全土を征服。六千人のギリシア人兵と六千人のペルシア人兵を鉄と黄銅の関門の衛兵として置く。トゥーバールラークの易者たちの占いによって、ローマ（ギリシア）がペルシアを滅ぼし、終末の時にこの世の王権をメシアに明け渡すことを予言する。[100]

アレクサンドロスはペルシアを離れ、エルサレムで参拝。アレクサンドリアへ出航。アレクサンドリアで死ぬ。銀の王座をエルサレムへ送る。

以上に見られるように、このキリスト教伝説は『クルアーン』の二本角の説話と次のような類似点を持っている。世の果てへの遠征。「太陽が天の窓に入るところ」つまり西から北へ向かう。陽の昇るところに住む人々の描写（『クルアーン』、「日覆というものを全然持たぬ人々であった」[101]）。ゴグとマゴグなどを含むフン族を封じ込める鉄と銅の関の建設。終末の時にはその関が破られるであろうという予言。

しかし、『クルアーン』の二本角がアレクサンドロスにまつわるキリスト教伝説と深く関係していることの決定的な証拠となったのは、アレクサンドロスの二本の角に関する次の二節である。

シリア語の伝説の中でアレクサンドロスは、アレクサンドリアを進発する際に神に祈りを捧げ、このように言う。

神よ、諸王と諸士師の主よ。我は知る、御身が我を他の全ての王の頂点に立たせ、我が頭に二本の角を生やし賜うたことを。それをもって万国に突きかかり、抑えこむように。どうか天空よりお力をお授け下さい、世界中の国々に勝る力を得て、それらを圧することができるよう。我は御身の名を永遠に賛美し、御身の記憶は不朽のものとなるでしょう。我が国の憲章に神の名を記せば、御身にとって永久の記録となるでしょう。(102)

そしてもう一カ所、トゥーバールラーク王との合戦を前に、神が寝ているアレクサンドロスの前に現れ、このように言う場面がある。(103)

見よ、我は汝にあらゆる国々に勝る力を与え、鉄の角を二本汝の頭に生やした。汝がこの世の国々に突きかかり、抑えられるように。(中略)だが見よ、多勢の王とその軍が汝を討つためにやって来る。我が名を呼ぶがよい。汝の助けに参ろうぞ。(104)

上の二節にあるように、このキリスト教伝説では「この世の国々に突きかかり、抑えられるように」アレクサンドロスが神から授かった力が二本の角に象徴されている。(105)それが『クルアーン』では、アッラーがその「権能を地上にうちたて、かつこれにいかなることでも意のままになし得る手段(てだて)を授けた」者の名前、「二本角」となっているのである。

ネルデケは、この伝説が『クルアーン』に含まれるに至った経路について次のように推察している。他の話と同じように、ムハンマドはもちろんこの話も口頭で語られているのを耳にしたのであろう。彼の情報源であった者はアレクサンドロスの名をすでに知らなかったのか、あるいは預言者がその名を留めなかっただけかもしれない。伝説の中で二度言及されている「二本角」という特徴的な表現だけで十分だったのである。(106)

もちろんムハンマドが聞いた話が、シリア語写本に残っているキリスト教伝説と全く同じ内容であったとは限らない。ムハンマドが典拠としたものには、キリスト教伝説には入っていない暗闇の国に生命の泉を探しに行く話も含まれていた可能性がある。ヤコブの『聖訓』の方には含まれている生命の泉譚では、塩漬けの魚が水に落ちて泳ぎ出したために それが命の泉だと分かるが、それと類似したムーサー（モーセ）に関する逸話が『クルアーン』「洞窟」の章五九―六三節（二本角説話の前）にある。

それに、キリスト教伝説の成立がレイニンクの言うように六二八―六三七年頃だとして、『クルアーン』の二本角伝がその伝説に依拠したものだとすると、啓示が下った時代が問題となってくる。先にも述べたように、『クルアーン』の説話的な内容の啓示はムハンマドの「メッカ期後半」、つまり六一〇年代末頃に下ったとされるが、そうだとすると『クルアーン』の二本角伝がキリスト教伝説の成立より早いことになる。

4　一神教とアレクサンドロス

『クルアーン』の二本角説話の内容は上のキリスト教伝説に相似したアレクサンドロス伝承から取られたものであったことは疑いないとしても、ムハンマドの情報源がキリスト教徒であったのか、あるいは口頭伝承のみであったかどうかという点においては疑問が残る。上に挙げたタバリーの『タフスィール』に記されていた伝承が事実だとすると、そもそもムハンマドに二本角についての問いを用意したのはユダヤ教徒たちであった。それに、「二本角について、お前方の書物に何が書かれているか尋ねに来たのであろう」と啓典の民にムハンマドが言ったという証言が伝わっていることもすでに見た。それに、文献学的には『クルアーン』の二本角説話がシリア語キリスト教伝説と同系統であるというネルデケの説は成り立つかもしれないが、ムハンマドが二本角の話を神の啓示として語った政治的背景は十分に説明されていない。何故ユダヤ教徒たちは二本角についてムハンマドに尋ねたのか、あるいはムハンマドはこの人物について語ることによってユダヤ教徒たちに何を訴えようとしたのであろうか。

カンパースが提示したベアとネルデケ説の折衷案を取れば、この問題もある程度説明がつく。[107] ベアはミドラシュ（聖書注解書）などのユダヤ教史料をもとに、ムハンマドの時代のユダヤ教徒の伝承において「二本角」の名称は当時彼らが待望したメシア――ビザンツ帝国を滅ぼし、キリスト教徒を懲らしめ、ユダヤの民に栄誉をもたらす――を指していたことを証明し、ムハンマドはこの救世主について語ることによって自分が真の預言者であることをユダヤ教徒に対して証明しなければならなかったと述べた。[108] ベア自身はそれがアレクサンドロスであることは否定したが、[109] カンパースは『クルアーン』の二本角説話がアレクサンドロスにまつわるキリスト教伝説に基づいているというネルデケの見解を受け入れた上で、ベアによって指摘されたユダヤ教徒のメシア「二本角」もアレクサンドロス以外の何者でもないと結論を下した。

ユダヤ教はキリスト教よりかなり早くから、アレクサンドロスを彼らの宗教を擁護する英雄として受け入れていたのである。それは例えばヨセフスの『ユダヤ古代誌』（XI・三一七―四五）や初期の『タルムード』[110]、γ系偽カッリステネスのアレクサンドロス物語などに含まれるアレクサンドロスのエルサレム訪問エピソードに表れている。アレクサンドロスが遠征の途中でエルサレムを訪れ、大司祭に敬意を表し、神殿において犠牲を捧げ、ユダヤの民に多くの特権を与えたという話はギリシア・ローマ史料にはなく、ユダヤ教徒が自己正当化のために作り上げた伝説だとされる。すでに上に言及したが、このエルサレム訪問の伝説においてアレクサンドロスは、「ダニエル書」第八章の預言にあるペルシア帝国の支配を取り除く救済者として描かれている。また、『バビロニア・タルムード』に含まれるアレクサンドロスと南の賢人との一〇の問答（*Tamid*, fols. 31b–32a）は、偽カッリステネスのアレクサンドロス物語の一部であるインドの哲人との対話を改編したもので、ヘレニズム時代のユダヤ教の護教論に遡るとされる。[111] さらにヨセフスの『ユダヤ戦記』（VII・二四五）には、スキタイ人が北方から文明世界に侵入し得る場所にアレクサンドロスによって設けられた鉄の門についての言及がある。この記述ではアレクサンドロスの門はゴグとマゴグとはまだ直接結びつけられていないが、同著者の『ユダヤ古代誌』（I・一二三）ではギリシア人がスキタイ人と呼ぶのはマゴグのことであると記されている。プフィスターによると、ユダヤ教徒によるこのようなアレクサンドロス伝説の根はパレスティナにあるのではなく、紀元前二世紀頃のアレクサンドリアのユダヤ人地区が発祥の地であるという。[112]

「二本角」という名称自体はユダヤ教の救世主的文学に古くからあり、またユダヤ化されたアレクサンドロス伝説がすでにヘレニズム時代からあったことは確かであろうが、「二本角」とアレクサンドロス伝説とを具体的に結びつけているのは、やはり上記のシリア語キリスト教伝説の方が早い例のようである。このキリスト教伝説がより古いユダヤの伝承の影響を受けている可能性も考えられるが、どちらかが一方的に影響を与えたというのではなく、むしろ七世紀中頃というビザンツ帝国、ササン朝ペルシア、アラブ・ムスリムが三つ巴になって戦っていた動乱の時期に、キリスト教徒もユダヤ教徒も同じような伝承を共有し、それぞれの都合の良い筋書きの中に織り込んでいったと考える方がよいのかもしれない。シリア語キリスト教伝説と『クルアーン』の二本角伝は「親子関係」ではなく「兄弟関係」であるとしている蔀氏の意見に筆者も同意する。[113]

そもそも、なぜアレクサンドロスが一神教においてこれほどの神聖な地位を得たのかという点について少し触れておこう。アレクサンドロスの神格化の芽はすでに彼の生前からあったが、[114] ヘレニズム時代にはそれが、アレクサンドリアに建てられた彼の墓廟を中心としたアレクサンドロス崇拝にまで発展した。[115] 偽カッリステネスのアレクサンドロス物語（α本ギリシア語原典 Pseudo-Callisthenes, I：33）には、アレクサンドリアにおける大王崇拝を反映した一節がある。セラピス神がアレクサンドロスの夢の中に現れて彼の運命と、アレクサンドリアの将来について語る予言の中で、王は野蛮な国々の民族を征服した後に「死にながら死なずに」アレクサンドリアに戻り、そこで神として崇められるようになると告げられている。その他、古代ギリシアの預言文学においてアレクサンドロスは、ペルシア帝国を滅ぼし、ギリシア文明の勝利をもたらす英雄として描かれている[116]。

ヘレニズム時代に発展したアレクサンドロスの神格化は、ローマの皇帝崇拝の原型にもなった。一神教がアレクサンドロスを神聖視したのは、その延長線上にあったと考えられる。ユダヤ・キリスト教がこの人物を取り込んだのは、ローマの皇帝崇拝に対する一神教の反動であったとするシモンの次に挙げる説は説得力がある（傍点引用者）。

> 彼（アレクサンドロス）は神格化された王の中でも、最初で最も偉大な王である。ユダヤ教徒あるいはキリスト教徒たちがこの人物を占有しようとしたのは、皇帝信仰の一神教的な解釈であるといえよう。世俗的な権威を受け入れたユダヤ教徒にしても、逆にそれに反抗したキリスト教徒にしても、皇帝に捧げる祈りを、皇帝のために捧げる祈りに置き換えたのであった。同様に、アレクサンドロス自身を神と拝めることを拒否する代わりに、アレクサンドロスを彼らの神の敬虔な信奉者にしてしまったのである[117]。

アレクサンドロス自身に神の格式を与えることを拒んだ一神教徒たちは、大王を彼らの神の敬虔な信徒にし、彼らの宗教の擁護者としたというのである。

シモンはまた、キリスト教徒によるアレクサンドロス伝説の形成は、おそらくコンスタンティヌスによるキリスト教公認およびビザンツ帝国の建国と大きく関わっているのではないかとも推察している。

彼（ビザンツ皇帝）は、ローマや東方ヘレニズム世界の先人たちが行っていたように、アレクサンドロスを自らの先駆者として引き合いに出すことが政治的に可能であった。大王に確固たるキリスト教の刻印がいったん押されていれば、それはなおさら正当な行為であった。祖先を求めるキリスト教帝国は、明らかな新参者であるにもかかわらず、自らを世界征服王の起源そのものと直結させることによって、真の背教者である多神教徒の君主たちよりもさらに正統な帝国の伝統の継承者を自任することができた。その伝統とは、唯一の君主を文明世界の主とし、唯一神の僕であり選ばれし者とし、そして宇宙の創造者とするものであった。[118]

このようなビザンツ皇帝とアレクサンドロスとの予表論的な結びつきは、キリスト教帝国の危機において再び強調された。上に挙げた「アレクサンドロスにまつわるシリア語キリスト教伝説」が、皇帝ヘラクレイオスとササン朝ペルシアとの長年の抗争を背景に成り立った作品で、皇帝が六二八年にペルシア軍を打ち負かしたことをアレクサンドロスの勝利に重ねて描いていることはすでに述べた。しかし衰弱した軍を立て直す間もなく、ヘラクレイオスは今度はアラブ・ムスリム軍の脅威と対峙することになる。ムハンマドの死（六三二年）の後も決河の勢いで突き進むムスリム軍にヤルムークの戦い（六三六年）で撃破され、ビザンツ帝国はシリア、メソポタミア、エジプト、北アフリカの領土を次々と奪われていった。

この「蛮人の侵略」に対する反応として書かれたのが偽（プセウド）メトディオスの『黙示録』である。[119] レイニンクの推定によるとウマイヤ朝カリフ、アブド・アル＝マリクがエルサレムに岩のドームを建設した六九一／二年の頃に、キリスト教単性論派の中心地であったシンジャール山（現代のモスルの北西一〇〇キロほど）の辺りで、シリア語で記されたものであるという。[120] メトディオスという名の司教の作とされるが、実際の作者は不明である。後にギリシア語訳を介してヨーロッパ言語にも訳され、中世ビザンツ黙示録文学に多大な影響を与えた。前半において人類の起こりからローマ時代までが完了形の歴史として記され、イシュマイールの子孫（アラブ人）の侵攻から始まる後半は未完了形の預言として書かれている。作者はアラブの蛮行と横暴を、「事後予言」（*vaticinium ex eventu.* すでに起こった出来事をあたかも未来のことのように予言する）の技法を用いて綴っている。

預言にはアラブの抑圧に終止符を打ち、この世の終わりに地上の王国の権力を神に差し出すギリシアの王が現れる。この「最後の皇帝」はギリシア帝国の創始者アレクサンドロスと、アレクサンドロスの母とされるエチオピアの王女クーシュヤト **Kūshyat** の子孫を通して系統的に繋げられており、アレクサンドロスの再来のように描かれている。歴史の部分と預言の部分の繋ぎには、ビュザンティオンを建設したビザス王とローマの建設者ロムルスが、手の込んだ架空の系図によってこのエチオピア王女と縁続きであることが説明されている。アレクサンドロス、ビザンツ帝国、ローマ帝国が全て同一の祖先に遡ると主張し、さらに「クシュは神に向かって手（権力）を伸べる」という「詩篇」六八：三一の預言が、クシュ（エチオピア）の子孫が地上の王権を終末の時に神に委ねることを示していると説明することによって、この『黙示録』の作者は次のことをキリスト教徒たちに訴えようとしている。『旧約聖書』「ダニエル書」の預言にある世界を支配する四つの世界王国（バビロニア、メディア、ペルシア、ギリシア）のうち、アレクサンドロスが確立した第四のギリシア王国がこの世の最後の世界王国であり、長期にわたるアラブの世界支配はあり得ない。アラブの蛮行は真の信者と背教者を振り分けるための、神の一時的な懲罰であり、ギリシア王国の創始者アレクサンドロスの再来である最後のビザンツ皇帝はアラブを倒し、キリスト教の支配を打ち立て、キリストの再臨の際に地上の王権を神に差し出すであろう。[121] この世の終わりが近いという切迫感に駆られた七世紀のキリスト教徒たちは、アレクサンドロスの再来である「最後の皇帝」がもたらすキリスト教王国の勝利をこの預言に期待したのである。

このように、アレクサンドロスが「二本角（ズ・ル＝カルナイン）」となるための下地は、すでに一神教によって敷かれていたわけである。イスラーム教は、ユダヤ・キリスト教の英雄――神の加護のもとに、真の教えを広めるために西から東の果てまで旅し、この世の終わりに破壊をもたらす野蛮な民が、神意に反して終末の時より早く暴れ出さないように封じ込める役割を担った勇者――として象られた二本角・アレクサンドロスをその宗教説話の中に取り入れたのであった。そしてその過程でアレクサンドロスの名が省かれたことによって、彼にまつわる歴史的コンテクストは脱ぎ捨てられ、二本角という、より抽象的で寓意的な宗教説話の主人公に生まれ変わったのである。[122]しかしその背景には純粋に教義的な目的のみならず、相手の駒を逆手に利用し自らの宗教の優越性を宣伝するという、ユダヤ教・キリスト教徒に対抗する政治的な意図がおそらくあったであろうことは容易に想像できる。

第2章　イスラーム世界におけるアレクサンドロスの神聖化

さて、『クルアーン』の二本角説話の直接の典拠、またムハンマドがその人物について語った動機が何であったにせよ、筆者が注目したいのは、アレクサンドロスに関する伝説が『クルアーン』の中に取り入れられたことによって、アレクサンドロス伝承が「イスラーム化」されたことである。『クルアーン』ではアレクサンドロスの名は二本角に置き換えられているが、上に挙げた『タフスィール』などに見たように、この二本角とアレクサンドロスの関連性が完全に忘れられることはなかった。言い換えれば、二本角の正体を突き止めようとする聖典解釈学者たちにとって、その歴史性（時間軸上の存在）を証明するという衝動は抑えがたいものであったようである。そのために結局、二本角とアレクサンドロスは切っても切れない関係になった。

そして『クルアーン』の二本角との結びつきは、イスラーム世界におけるアレクサンドロス像に神聖な側面を加えたのである。それは宗教書に限らず、歴史書や文学作品などにも見られる。本章では、この聖王アレクサンドロスのイメージがイスラーム世界の文学においてどのように展開したかを、タバリーの『タフスィール』、サアラビーとナイサーブーリーの預言者伝集、ディーナワリーの『長史』、およびニザーミーの叙事詩を例に挙げて検討する。『タフスィール』と預言者伝集はいうまでもなく宗教的な著作物の部類に入り、そこには『クルアーン』の二本角伝と並行して存在した二本角・アレクサンドロスにまつわる話が含まれている。しかし宗教説話のジャンルを超えたとき、歴史書や叙事詩の作者たちは、そのアレクサンドロス描写において二本角の象徴性をどのように扱ったのであろうか。

1　タバリーの『タフスィール』

『クルアーン』の注釈書は九世紀頃から数多く記され、聖典の意味の説明だけでなく、その内容に関わる様々な付加的情報がその中に集められた。中でもタバリーの『タフスィール』はヒジュラ歴の最初の三世紀の間に流布した伝承を豊富に集めている。上にも見た通り、このタバリーの注釈書には、同著者が記した歴史の方には含まれていない、二本角・アレクサンドロスに関するかなり詳しくて興味深い記述があるが、しかしこれまでの研究ではほとんど注目されていない。タバリーが記している二本角に関する伝承の中でも、アレクサンドロスとの結びつきが明白な二節を以下に取り上げる。

まず挙げるのは、ムハンマドの教友ウクバ・ブン・アーミルの証言に基づく伝承である。その前半は、すでに前章で引用したが、啓典の民がムハンマドに二本角について尋ねに来た経緯を伝えており、その続きによるとムハンマドの返答は次のようなものであった。

彼（二本角）はルームの若者で、エジプトに来てアレクサンドリアの町を建てた。建設が完成すると天使が彼のもとに現れ、彼を連れて天に昇った。天使が「何が見えるか」と言うと、彼は答えた。「我が町とその他の町々が見えます」。天使はより高く昇り、尋ねた。「何が見えるか」。「我が町が見えます」。さらに上昇し尋ねた。「何が見えるか」。「地界が見えます」。天使は言った。「それぞこの世を取り巻く大洋。アッラーが我を汝のもとへ遣わされたのは、汝が無知なる者を教化し、知徳ある者を強固にするため」。それから天使は、あらゆるものが（終末の時に）そこから抜け出てくる滑らかな二つの山（*jabalān layyinān*）の壁に彼を連れていった。そこから進み、ヤージュージュとマージュージュを通り過ぎた。さらに進み犬の顔をした民族を通り過ぎた。それらはヤージュージュとマージュージュと戦っていた。さらに先へ行くと犬顔の民と戦っている別の民族に行く手を塞がれた。それらを去って、その名をすでに挙げた（？）また別の民族のところに向かった。[1]

すでに指摘した通り、この一節自体にはアレクサンドロスの名前は記されていないが、「ルームの若者で、エジプトに来てアレクサンドリアの町を建てた」二本角とは明らかにアレクサンドロスのことを指している。この伝承によると、アレクサンドロスはアレクサンドリアを建設した後に、天使に導かれてその町の上空に上昇してゆく。そして三段階の高さから地上を見下ろし、そのたびに天使に「何が見えるか」と尋ねられる。全世界とそれを取り巻く大洋が視野に入るほどの高さに達したところで、天使に布教の使命を告げられ、その後、彼がそこに防壁を造るべき二つの山の所に連れて行かれる。さらにその山の向こうに住む、彼が封じ込めるべきヤージュージュとマージュージュ（ゴグとマゴグ）などの野蛮な民族を見せられるところでこの伝承は途切れている。

アレクサンドロスが天に昇る話は、後述するように中世ヨーロッパのアレクサンドロス物語の中でも最も有名な逸話の一つであったが、イスラーム世界においては、このタバリーの『タフスィール』以外に、タバリーとほぼ同時代のイブン・アブド・アル＝ハカム（八七一年没）の『エジプト征服記』、ウマーラ・ブン・ズィヤード（八世紀後半から九世紀前半頃）の『二本角アレクサンドロス物語』、そして、アルハミーア（*aljamía*. アラビア文字で記されたロマンス・スペイン語）で書かれたアレクサンドロス物語に含まれていることが知られているのみである[2]。

『エジプト征服記』*Futūḥ Miṣr* に見られるアレクサンドロスの昇天譚は、アレクサンドリアに関する部分に含まれている。タバリーの『タフスィール』のものとほぼ同一で、伝承の過程を示すイスナード（作者の直接の情報源から、その伝承の第一の話者まで遡る伝承継承者の名の鎖）も大体重なっているが[3]、イブン・アブド・アル＝ハカムの記述の方が詳細であり、元の伝承をより正確に伝えているのではないかと思われる。比較のために、以下にその訳を挙げる（啓典の民がムハンマドに二本角について尋ねに来た経緯に関する部分は省略する）。

彼（二本角）は初めはルームの若者（*ghulām*）で、後に王権を授かった。それからエジプトの沿岸地に行き、そこにアレクサンドリアという都市を建てた。建設が終わると天使が彼のもとに現れ、彼とともにに上昇し、彼を運んで天高く上がった。そこで天使は彼に言った。「汝の眼下に何があるか見よ」。彼は答えた。「我が町と、その他の町々が見えます」。さらに上昇し天使は言った。「見よ」。「我が町は、他の町々に混ざってしまい、見分けがつきません」。さらに上に行き言った。「見よ」。「我が町のみが見え、他には何も見えません」（*arā madīnatī wahda-hā wa lā arā ghayra-hā*）。そこで天使は彼に言った。「これぞまさに全世界で、それを取り巻いているのが大洋である。汝の神は我が汝にこの世界を顕わにすることを望まれた。神は汝にこの世を支配する力をお与えになったのである。汝が無知なる者を教化し、知徳ある者を強固にするために」。

それから彼（二本角）は出で立ち、陽の沈む処に達し、また進んで陽の昇る処に至った。そして彼は二つの壁、つまりあらゆるものが（終末の時に）そこから抜け出てくる滑らかな二つの山に到達し、そこに壁を造った。さらにヤージュージュとマージュージュに出くわし、彼らと戦っている犬顔の民族にも出会った。これらを通り過ぎると、こびとの国に入り、そのこびとらは犬顔の民と戦っていた。その次に、こびとたちと戦っている美しい若者たち（*gharāniq*）に出会った。そこを過ぎると、今度は蛇の国に至り、その中の一匹は巨大な岩を呑み込んでいた。そしてやがてこの世を取り巻く大洋に辿り着いた。(4)

ネルデケが『クルアーン』の二本角説話の典拠と推断した、前述のアレクサンドロスにまつわるシリア語キリスト教伝説にも、ゴグとマゴグのさらに奥に住む犬人間、人喰い蛇が住む荒野、その先の楽園、そしてこの世を取り巻く大洋の描写が見られる。(5) 上の一節も類似した伝説がもとになっているのではないかと思われる。

中世ヨーロッパに流布したアレクサンドロス昇天譚は上記の話とは内容が少し異なる。このエピソードは偽カッリステネスのアレクサンドロス物語 ε（七—八世紀）および γ（九世紀頃）、ナポリのレオ大司教のラテン語訳（九五二年頃）、そしてそれに基づく『アレクサンドロス戦記』などに含まれている。そこからヨーロッパ諸言語に拡がってゆき、教会建築などの装飾のモチーフ（図3、図4）としてもヨーロッパ各地で使われた。(6) これらによると、アレクサンドロスは二羽または四羽の鷲またはグリフォンに結びつけた駕籠に乗り、棒の先に付けた肉を餌としてそれらの鳥の頭上に掲げて飛ばせた。世界が蛇（大洋）に取り巻かれた円のように見える高さまで昇ったところで、天からの声、あるいは天使に追い返される。(7)

大洋に取り囲まれた地界のヴィジョン、天使が登場するという共通点はあるものの、アラビア語の伝承では、アレクサンドロスは自らの意志によって鷲またはグリフォンを原動力とした珍妙な飛行装置を考案し天に昇るのではなく、神の使いに導かれてゆくのである。中世キリスト教世界、特にドイツにおいては、このエピソードを天界をも征服しようというアレクサンドロスの傲慢と野望の表れであると批判的に解釈する傾向が強い。(8)

しかし、タバリー、イブン・アブド・アル＝ハカムなどが記している伝承においてアレクサンドロスは神の命に対して完全に受動的であり、彼自身の野心や好奇心は全く表れていない。彼は神に選ばれた人間として、神の力を

図3 アレクサンドロスの昇天（イタリア，オトラント大聖堂床モザイク細部，1166年）

図4 アレクサンドロスの昇天（中央）が描かれたクロワゾンネ七宝ブロンズ皿（グルジア，12世紀頃，直径25cm）

この皿にはアラビア文字らしき銘刻が見られるため「イスラーム美術」と見なされてきたが，実はグルジアで作られ，アルトゥク王朝の君主に贈られたものであるらしい。

もって奇跡的に浮上し、全世界を見せられ、「無知なる者を教化し、知徳ある者を強固にする」という布教の使命を明かされるのである。それはむしろ預言者ムハンマドの昇天（ミィラージュ）に通じる、[9] 啓示的な空中飛行である。このイスラーム世界独自の伝説の展開に関しては、ポリニヤックの興味深い論文があるので紹介しておこう。[10]

ポリニヤックによると、タバリーなどに含まれているアレクサンドロスの昇天の逸話が、ミィラージュのような啓示的昇天伝説の伝統に基づいていることは確かであるが、それだけではなく、偽カッリステネスの影響も受けているという。同著者は、この話がアレクサンドリアの建設と常に密接に結びついていることに注目し、その起源が、α系偽カッリステネスのアレクサンドロス物語にあるアレクサンドリア建設に続くセラピス神の預言エピソード（Ps.-Call., I：32-3）にあるのではないかと述べている。[11]

偽カッリステネスではアレクサンドロスは、都市の建設作業を開始した後、シウァのアモンの神託が彼に新しい都市の守護神となるべき神であると教えた「アイオン・プルトニウス」の神殿を、「五つの峰の山々」に探しに行く。一羽の鷲に導かれた王は、二本のオベリスクがその前に立つある神殿の前に達し、エジプトの王セソンコシス Sesonchosis がそこに刻んだ碑文によって、その神殿が「セラピス」と呼ばれる神のものであることを知る。そしてこのセラピス神はアレクサンドロスの夢の中に現れ、彼の手を取り高い山の上に導き、自分がこの都市を災害から守る守護神であることを明かす。そして、セラピスはアレクサンドロスが、野蛮な国々の民族を征服した後に「死にながら死なずに」アレクサンドリアに戻り、そこで神として崇められるようになると告げ、またこの都市が永遠に栄えるであろうと預言する。

都市の建設と高所への上昇（天空／高い山）という二つの段階を踏まえた上で、世界征服のヴィジョンを天使を介して、あるいは神から直接啓示されるという点において、アラビア語伝承と偽カッリステネスは共通しているというのである。[12]

またポリニヤックは、アレクサンドリアの建設と昇天、啓示を組み合わせた伝説が、中世ヨーロッパにおいて全く知られていなかったわけではないことを、九世紀頃のラテン語の「いろは歌」（*poème abécédaire*）を挙げて証明し、[13]ラテン語圏にも同系の伝承が存在し、アラビア語の伝承がそこから影響を受けた可能性があると示唆している。タバリーのテクストにおいて、アレクサンドロスが「我が町とその他の町々が見えます」と言った後に、さらに高く昇り視野が拡がっているはずであるにもかかわらず、「我が町が見えます」(『エジプト征服記』では「我が町のみが見え、他には何も見えません」)と理屈に合わない返答をしているのは、ラテン語の*urbs*(町)と*orbs*(地球)を筆耕あるいは翻訳者が混同したためではないかという興味深い仮説が提示されている。

一方、傲慢な王が鳥を使った飛行装置で天に昇ろうとし、至らずに降りてくるというモチーフは、西アジアからヨーロッパのアレクサンドロス伝説に入ったのであろうとしている。[14] ユダヤの伝説においてはニムルドあるいはネブカドネザルがこのような企てを立てたとされており、[15] タバリーの『歴史』にも、ニムルドがアブラハムの神を見つけるために四羽の鷲に箱を繋げ、肉を餌に掲げて天に昇るが、真っ暗で上も下も何も見えなくなった所で恐ろしくなり餌を投げ出して降下した、というエピソードが記されている。[16] また、ペルシア語の『王書(シャーナーメ)』におけるカイ・カーヴースもまた、鷲と駕籠を使って天界に侵入しようとして墜落し、その傲慢さのために光輝(*farr*)を失った王である。[17]

イスラーム世界において、西方から伝わった偽カッリステネスのアレクサンドリア建設のエピソードと啓示的昇天伝説が組み合わさり、逆にビザンツ・ラテン世界のアレクサンドロス伝説に東洋起源の飛行装置の逸話が導入されるという、東西のモチーフの“chassé-croisé”(入れ違い)が起こったのは、ポリニヤックによるとちょうど九世紀頃であるという。[18] そして最後に、アレクサンドロスは、昇天して天界に受け入れられる預言者と、天から墜落する傲慢な王の中間——まさに天と地の間——に位置していると結んでいる。

非常に興味深い議論であるが批判すべき点もいくつかある。まず第一にポリニヤックは、タバリーの伝承の後半を全く取り上げずに、アレクサンドロスは「世界征服の権能は与えられるが、預言的な啓示は受けていない」としている。[19] しかし、彼が無視している部分、つまり、アレクサンドロスが終末の時にこの世を破壊する野蛮な民族と、彼らをその時まで封じ込めておくための防壁を設置すべき場所を見せられるという一節を読めば、この逸話においてアレクサンドロスが単に地界を見下ろすだけではなく、ある意味で未来（終末の時）のヴィジョンをも明かされているということが分かる。

第二に、そもそもこの伝承が語られたコンテクストに関する記述を見落とし、イスラーム歴の最初の数世紀間この伝承がどのような形で流布していたかは分からないとし、サーリム・アブ・ル＝アラーが翻訳させた「アレクサンドロスに宛てたアリストテレスの書簡集」の一部として流布していたのではないかと全く何の根拠もなく推察している。[20] 前にも指摘したように、タバリーが記録しているのはウクバ・ブン・アーミルの証言に遡る伝承であり、彼はムハンマドの教友の一人で、ムスリム軍のエジプト遠征に参加し、後にその地の総督に任命されたという人物である。ウクバが伝えるように、実際にムハンマドがこのような内容を啓典の民に対して語ったかどうかは疑わしいとしても、ウクバ自身がアレクサンドリアにおいてこのようなアレクサンドロス伝承を耳にしたということは大いに考えられる。もしそうだとすると、ポリニヤックがこの伝説がこの形で成立したとしている九世紀よりも、かなり早い時期（七世紀後半）にすでに流布していたことになる。そして、ウクバの情報源がユダヤ教徒であったという可能性は十分にある。

ユダヤ教徒の間でも、アレクサンドロスの昇天伝説は古くから伝わっていたようで、『エルサレム・タルムード』（*'Avōdāh Zārāh*, III : 1. 42c）には、ラビ・ヨナ（四世紀）の言として次のように記されている。

マケドニアのアレクサンドロスは天に昇ろうと望んだ際に、どんどんと高く上がり、遂にこの世が玉のように見え、海が大皿のように見えるところまで達した。これ故に、彼の肖像は球を手にしているのである。何故皿を持っていないかというと、彼でさえ海までは征服できなかったからである。聖なる者――彼に幸あれ――は海をも陸をも支配しておられる。[21]

『エルサレム・タルムード』に含まれているこの一節は、もちろんウクバが語った伝承の直接の典拠ではないかもしれない。アレクサンドロスが天高く昇り、眼下を見下ろすと世界とそれを取り巻く海が見えるという点では、タバリーなどの記述と共通しているが、このユダヤの伝承においてアレクサンドロスは、天使の助けを借りたのではなく、自ら望んで天に昇ったとされており、また、どのような方法を用いたかは記されていない。一部のキリスト教的解釈ほどアレクサンドロスの傲慢を否定的に捉えているわけではないが、『タルムード』のこの逸話の趣意は明らかに、アレクサンドロスほどの征服王にも力の限界があり、神の全能には及ばないことを示すことである。

このように、キリスト教・ユダヤ教のアレクサンドロス昇天伝説と比べてみると、イスラーム世界のアレクサンドロスのみが、自らの野望、傲慢、または好奇心によるのではなく、神に選ばれた人間として天使に導かれて天に昇っている。[22] そして眼下に見える全世界の「無知なる者を教化し、知徳ある者を強固にする」という布教の任務を啓示されている。アレクサンドロスを神に対抗しようという無謀な王ではなく、真の教えを遍く広める使命を担った神の従僕とするこの伝説の展開は、アレクサンドロスが『クルアーン』の二本角と同一視され、神聖化されていたイスラーム世界独自のものであったといってよいであろう。

さて次に、タバリーの『タフスィール』からもう一節、二本角とアレクサンドロスが最も明確に結びつけられている伝承を取り上げたい。引用としてはかなり長いが、引用者が訳出したその一節を次に挙げる。[23]

古人の物語（*al-aḥādīth al-uwal*）についての知識を持っていたイエメン人のワフブ・ブン・ムナッビフによると二本角はルーム人で、ある老婆の一人息子であった。その者の名はアル＝イスカンダルといったが、二本角と呼ばれた由縁は頭の両側が銅でできていたからである。

彼が成年に達し、神の敬虔な僕となった時、全能の神は彼にこのように申された。「おお、二本角よ。我は汝を異なる言語を話す人々のもとへ遣わす。つまりこの世の全ての民のことである。地上の縦幅全長ほど互いに離れている民族もいれば、横幅全長ほど互いに離れている民族もいる（東西南北の果てに住む民族のこと）。世界の中心にいるのはジン（精霊）と、人間と、ヤージュージュとマージュージュである。陽の沈む処に住んでいるのがナースィク Nāsik と呼ばれる民で、陽が昇る処に住んでいるのはマンサク Mansak という。地上の右方の領域に住んでいる人々はハーウィール Hāwīl と言い、左方の領域に住むのがターウィール Tāwīl と呼ばれる」(24)。

神がこのように言われると二本角は答えた。「神よ、御身以外にその重大さを推し量ることができないほどの使命を御身は私にお与え下さり、また私をそのもとに遣わされる民について知識をお与え下さいました。しかし、いかなる力をもって彼らに勝ることができましょう。いかほどの人員をもって彼らの数に勝り、いかなる策略をもって彼らの裏をかき、いかほどの忍耐をもって彼らに耐えることができましょう。そしていかなる言葉で彼らに話しかけ、いかに彼らの言葉を理解する能力を身につけ、いかなる聴力をもって彼らの話を聞き分け、いかなる洞察力をもって彼らを見抜くことができましょう。また、いかなる主張をもって彼らと議論し、いかなる知性をもって彼らを理解し、いかなる知恵をもって彼らを指導し、いかなる正義をもって彼らを分け隔てなく扱い、いかなる辛抱強さをもって彼らを忍び、いかなる巧妙さをもって彼らを分割し、いかなる知識をもって彼らを支配しましょう。さらに、いかなる力をもって彼らを攻め、いかなる足で彼らを踏みつけ、いかなる才能をもって彼らを議論において打ち負かし、いかなる軍隊をもって彼らと戦い、いかなる好意をもって彼らの友情を得ましょう。なぜなら、神よ、彼らと対抗し、彼らを征服し、彼らを支配するための資質が私には全くありません。御身は慈悲深き神であられます。人間にその能力以上のものを求めたり、その力の及ばない責務を負わせたり、悩ませたり、虐げたりなさらず、憐れみを示し、情けをかけて下さるはずです」。

すると全能の神はこう言われた。「汝に負わせた重荷に耐えられるようにしてやろう。まず汝の胸（*sadr*）を開き[25]、全てを受け入れられるようにしてやろう。また、汝の知性を開き、全てを解することができるようにしてやろう。全ての言語が話せるよう言葉を与え、全てが耳に入るよう聴覚を鋭くし、全てを見通すことができるよう視力を伸ばしてやろう。汝が全てを支配できるよう力を与えよう。何ものも汝から逃れないよう数を数えてやろう。汝が何事も見落とさないよう注意を払ってやろう。何ものも汝を襲撃しないよう汝の（軍の）背後の防備を固め、何ものも汝を打ち負かさないよう隅を強化し、そして何ものも汝を動揺させないよう中央を警固してやろう。光と闇を汝に従わせ、汝の軍隊の兵としよう。光は前方で汝を導き、闇は背後から汝を守るであろう。汝の判断力を高め、汝が何ものをも恐れることがないようにしてやろう。汝の前方の道を平し、汝が全てを乗り越えられるようにしてやろう。汝の力を強靭にし、全てを打ち砕くことができるようにしてやろう。畏敬の念を起こさせる容姿で汝の身を包み、何ものも汝を求めることがないようにしてやろう」。

このように言われると、二本角はある日、陽の沈む処に住む人々のもとへ向かった。そこに辿り着くと、途轍もない群衆に出会った。その人数は神以外に数えることができないほどで、その力と強さは神以外に制することができないほどで、言葉は異なり、宗派も多様で、彼らの心は一つでなかった。それを見てとると二本角は、暗闇で彼らを覆った（彼らの数に勝った）。（暗闇の）三つの部隊が彼らの周りを攻撃し、四方から包囲し、一カ所へ駆り集めた。そして今度は光を浴びせかけ、神の御許に寄り、神を信じるよう呼びかけた。一部の者は彼を信じ、その他の者は背を向けた。二本角は背を向けた者たちに近づき、暗闇を彼らの体内に送り込んだ。暗闇は彼らの口や鼻や耳や腹に入っていった。そして彼らの家や建物に進入し、上下、四方からも彼らに覆い被さり、波のように押し寄せ、彼らを動揺させた。暗闇の中で死ぬことを恐れ、彼らは声を合わせて叫んだ。二本角がそれを取り払い、彼らを力尽くで押さえると、彼らは二本角の布教の旅に加わった。二本角は西方の人々の間から勇士を募り、軍隊を編成し、彼らを率いて進発した。暗闇は背後から彼らを駆り立て、周りから彼らを見守った。光は先頭で彼らを率い、導いた。

そして二本角は世界の右手の領域に入り、地上の右方に住むハーウィールと呼ばれる人々を探し求めた。神は二本角の手と心と判断力と理性と見識と思慮分別を操り、彼が決断を下す際に過ちを犯さず、仕事を為す際に完璧に遂行するようにした。二本角は彼を追随する者たちを率いて進んだ。海や川に行き着くと、小板で靴のような形をした船を何艘も造り、ただちに準備し、そこへ供の者たちと兵を乗せた[26]。川や海を渡り終わると、彼はそれを解体し、小板を全員に渡し、重荷で苦労しないようにした。このようにして止まることなく進み、ハーウィールのところへ辿り着いた。二本角はナースィクに対して行ったのと同じことをした。それを成し遂げると、世界の右手の領域をさらに進み、やがて陽の昇る処に住むマンサクのもとへ至った。彼らもこれまでの二つの民族と同じように扱い、そこから兵を募った。

次に二本角は向きを変え、世界の左方の領域にターウィールを探しに行った。ターウィールはハーウィールの反対側に住む人々で、これら二つの民族は地上の横幅全長ほど互いに離れている。そこに着くと、彼らをもそれまでと同じように扱い、その中から兵を集めた。それが終わると、ターウィールのもとを去り、世界の中心へ向かった。そこには精霊(ジン)と人間とヤージュージュとマージュージュが住んでいる。道の途中、東方のトルコ人の土地の近くで、ある敬虔な民族が二本角に言った。「おお、二本角さま、この山間には神の創造物である者たちがおります。その多くは人間に似ておりますが、中には獣のようで、草を食べたり、猛獣のごとく家畜や野獣を殺す者もおります。それらは、地に這う生き物や、種々の蛇、蠍、そして神が地上に造られた様々な動物を食します。神の創造物の中で、彼らほど一年の間に多く繁殖し、増大し、成長するものは他にありません。私どもが彼らの増殖と成長を見てきた限り、ある程度の時間さえあれば、間違いなく、彼らは地上を占領し、その住人たちを一掃し、全世界を征服し、悪を蔓延らせるでしょう。私どもがこの者たちと隣り合わせになってから一年と経っておりませんが、誠に彼らが恐ろしくて仕方ありません。この二つの山の間からその第一軍が今にでも襲いかかってくるのではないかとおののいております。もし私どもと彼らの間に壁を設けて下さるならば、それなりのお礼を差し上げましょう」。二本角は答えた。「主より賜った権威は（お前方の礼などに）はるかに勝る。それよりも、お前方の力を貸してくれ。お前方と彼の者たちの間に関を作って進ぜよう。まずは岩石と鉄と銅を用意しておいてくれ。その間に彼らの土地を探索し、彼らがどれほどの知識を持っているか探り、二つの山の間の距離を測ってこよう」。

幾日も旅を続けた末に、ようやく彼らに近づき、彼らの土地の中央に出た。二本角はその者たちが一塊りになっているところに出くわした。その雄と雌の身の丈は普通の人間の半分ほどで、指の爪の代わりにかぎ爪が生えており、臼歯と犬歯は猛獣のようで、口蓋は駱駝のそれのように強く、彼らがものを食べるときには駱駝の反芻か、老いた雄馬あるいは丈夫な雌馬が嚙むときのような騒々しい音が聞こえる。体は毛に覆われており、彼らの身を隠し、暑さや寒さから彼らを守っていた。一人残らず巨大な耳をしており、片方は表裏とも剛毛が生えており（*wabira*）、もう片方は表裏けば立っていた（*zaghiba*）。その（耳の）大きさは、片耳を体の上に被せ、もう一方を下に拡げると、全身を包むほどであった。彼らは片方の耳を纏って夏を過ごし、もう片方の中で冬を越した。彼らの雄雌のうち、自らの命が尽きる時をすでに知らない者は一人もない。すなわち、雄はその生殖器（*ṣulb*）から千人の子種を放つまでは死なず、雌はその胎内（*raḥim*）から千人の子を産み落とすまでは死なないのであった。それを達成した者は死を覚悟した。春になると彼らはティンニーン（*tinnīn*. 空想上の魚または龍）の恵みに授かった[27]。彼らは時がくると、我々が雨乞いをするのと同じように念じた。毎年一匹得て、一年間、次の年にまたあらたに一匹得るまで、彼ら全員がそれを糧とした。それは彼らの増殖と拡張の度合いに応じて十分な量であった。雨（ティンニーン？）に恵まれた時彼らは、その繁殖力は増大し、生気に満ち、丸々と太った。このような互いの姿を見て、雌は身ごもりやすくなり、雄は色欲盛んになった。しかし、（雨？　ティンニーン？に）恵まれなかった場合は、彼らはやせ細り、生殖力がなくなった。雄は不能になり、雌は不妊になり、彼らからただちに離れた。さらに、彼らは鳩の鳴き声で互いに呼び合い、犬のように吠え、牛畜のように所構わず出会ったその場で交接した[28]。

二本角は彼らのこのような様子を観察し終わると、今度は二つの山の谷間に向かい、その間の距離を測った。それから陽の昇る場所に近いトルコ人の領域に行った。その距離は一〇〇パラサングほどあった。（壁の）建設に取りかかるにあたって、二本角はまずその基部を水が出るまで掘った。幅を五〇パラサングとし、石で埋め、溶けた銅を流し込んだ。すると、まるで地の底の山脈のように見え始めた。それから二本角は、鉄塊と溶解した銅をもって壁を高くしていった。さらに隙間があいたところに黄銅の鋼索（*ʻurūq min nuḥās aṣfar*）を入れてゆくとそれは、銅の黄色と赤みと、鉄の黒で彩られた衣のようになった[29]。

作業が終わり、壁を強化すると、二本角は人間と精霊（ジン）たちの住むところへ急いで直行した。その旅の途中、真理をもって人々を導き、彼（二本角）と対等である敬虔な民のもとへ押し進んだ。そして彼が出会ったのは、公正で穏健な人々であった。彼らは平等に物を分かち合い、正義をもって裁き、互いに助け合い、互いを敬愛した。彼らの境遇は一つで、全員が一致団結していた。彼らの人柄は穏やかで、信仰は真正、心は調和しており、行いは善良であった。彼らの墓は家の門口にあり、家々には扉がなかった。彼らを支配する者は誰もおらず、彼らの間には裁判官も、富豪も、王も、貴族もいなかった。彼らは意見を異にすることなく、競い合わず、仲違いせず、口論せず、罵り合わず、争わず、殴り合わず、互いに腹を立てなかった。（普通の）人間に降りかかる災難が彼らを襲うことはなく、寿命は人間よりも長かった。身分の卑しい者、貧しい者、低俗で粗野な者は一人もいなかった。

　二本角はその人々のこのような様子を見ると、驚いて言った。「おお、民よ。どうかお前方自身について語ってくれ。我は全世界の果てまで、陸も海も、東も西も、光も闇も見尽くしたが、これまでお前方のような民族に出会ったことはない。お前方はいったい何者なのだ、教えてくれ」。彼らは言った。「何が知りたいのか、お尋ね下され」。

「故人の墓は何故家々の門口にあるのだ」。

「我らがそのようにするのは、死者のことを忘れず、その記憶を心の中から消し去らないためです」。

「では、何故家々に扉がないのだ」。

「我らの中には怪しげな人物は一人もおらず、お互いを信頼しきっているからであります」。

「何故支配者がおらぬのだ」。

「我らは互いを虐げるようなことはしないからです」。

「何故裁判官がおらぬのだ」。

「我らは争い事を起こさないからです」。

「富める者がおらぬのは何故だ」。

「他人より多くを占有しようと競い合わないからです」。

「何故王がおらぬのだ」。

「他の者を凌ごうとはしないからです」。

「だが、いかにして競い合わず、仲違いせずに済むのだ」。

「我らの心の内にある親愛の情と友情が深いためです」。

「いかにして互いに罵り合わず、争わずにいられるのか」。

「我らは決意をもって己を捨て、忍耐をもって利己心を抑えたからです」。

「全員が一致団結し、信仰が真っ直ぐで正しいのはいかにしてか」。

「互いに嘘をつかず、騙し合わず、中傷しないからであります」。

「それでは、お前方の心が通い合い、行いが慎み深いわけを教えてくれ」。

「我らの意志は強く、嫌悪と嫉妬心を心の内から取り除いたからであります」。

「身分が卑しい者、貧しい者がおらぬのは何故なのだ」。

「平等に物を分かち合うからです」。

「低俗で粗野な者がおらぬのは何故だ」。

「皆謙虚で、慎み深いためです」。

「寿命が人よりも長いのにはわけがあるのか」。

「我らは真実を追求し、正義を規範としているからであります」。

「殴ることがないのは何故か」。

「我らは赦しを乞うことを決して忘れません」。

「怒り立つこともないのは何故であるか」。

「我らは存在する限り、苦悩に耐えてきました。それを好み、努力しているうちに、そこから解放されました」。

「人間に降りかかる災難がお前方を襲うことがないのは何故なのだ」。

「それは我らが神以外のものを信ぜず、星まわりや星位に基づいて行動しないからであります」。

「お前方はお前方の父祖たちの行いを見習ってこのようにしているのか」。

「そうでございます。我らの父祖は、卑しい者を哀れみ、貧しい者に慈悲深く、不正を働くものを許し、不親切な者にも親切を尽くし、愚かな者たちにも優しく、彼らを罵る人のために赦しを乞い、親族の結束を堅くし、彼らに託されたものは必ず引き渡し、礼拝の時間を守り、責任を全うし、約束を果たし、同輩を嫌うことなく、近親を軽蔑することのない人々でした。このため神は、彼らが生きている限り彼らを護るようにことを運びました。我らが彼らの伝統を継いでいるのも神のお蔭です[30]」。

『クルアーン』注釈の伝承としてはかなり長く、物語的であるといえるこの一節は、次の六つの部分から成っている。(1) 二本角がアレクサンドロスであることと、その名前の由来を説明した導入部、(2) 二本角と神との対話、(3) 彼が世界の隅々で繰り広げる聖戦の様子、(4) ヤージュージュとマージュージュの奇態、(5) 彼らを封じるための防壁の建設の詳細な描写、(6) 敬虔で公正な民と二本角との問答。

この伝承の一部は偽カッリステネスのアレクサンドロス物語に関連している。例えば、ゴグとマゴグに対する防壁建設は、前章で述べたように、γ系偽カッリステネスのアレクサンドロス物語に含まれるエピソードで、前述のアレクサンドロスにまつわるシリア語キリスト教伝説（あるいはそれに類似した伝説）を介して『クルアーン』にも取り入れられている。また、敬虔で公正な人々との問答は、その起源を辿れば偽カッリステネスα本にあるインドの裸の哲人（*gymnosophistai*）との対話のエピソードである[31]。ユダヤのアレクサンドロス伝承にも、アレクサンドロスと「南の賢人」との問答（『バビロニア・タルムード』 *Tāmīd*, fols. 31b–32a）が存在する[32]。

神がアレクサンドロスに直接その使命を明かし、彼に様々な力を与え、光と闇の部隊を彼の聖戦に加わらせているという部分も、アレクサンドロスにまつわるシリア語キリスト教伝説との結びつきが大いに考えられる。シリア語キリスト教伝説には、神がペルシア王との対戦を前にしたアレクサンドロスの夢の中に現れ、神の助力を求めるよう直接語りかけ[33]、そして戦いの場面において彼の軍を援助するという一節がある[34]。ただし相違している点は、シリア語キリスト教伝説では、神は敵に囲まれたアレクサンドロスの救援に現れるのであって、タバリーにある伝承のように神自身がアレクサンドロスを聖戦の闘士として全世界に遣わすのではない。

　このように、偽カッリステネスのアレクサンドロス物語やシリア語キリスト教伝説との関わりが考えられないことはないが、この伝承の殊に特徴的な点といえば、アル＝イスカンダルという名と彼が「ルーム人であった」ということが言及されている以外は、歴史的・地理的具体性が全くないことである。ナーゲルも指摘しているように、ここに表れているのは、非常に図式化・簡略化された世界像で[35]、実際の地名は（ルーム以外）一つもない。縦と横に分割された世界を二本角は、まず陽の沈む処から地上の右方へ、そこから陽の昇る処へ向かい、さらに地上の左方へと、風見の針のようにぐるりと一周し、そしてこの世の中心へと進んで行く。「東方のトルコ人の土地」が唯一、実在の地域を指しているようではあるが、しかしこれも漠然としており、特定の地名とは結びつけられない。登場するのは、ペルシアの王でもインドの哲人でもなく、ナースィクとマンサク、ハーウィールとターウィール、ヤージュージュとマージュージュという、対になった名前が同語根であるか韻を踏んでいる三組の空想的民族や、名前を持たない敬虔な民である。

　この伝承の話者ワフブ・ブン・ムナッビフ（六五四／五—七二八年、または七三二年）はユダヤ・キリスト教徒の伝説イスラーイーリーヤート（*Isrāʾīlīyāt*）を多く伝えたことで知られている[36]。ユダヤ・キリスト教徒にも馴染みのあったであろうこのようなアレクサンドロス伝承は、あるいはイスラームへの改宗を促す説話として語られていたのであろうか[37]。象徴性・寓意性が前面に押し出されているのは、宗教説話ならではの特徴であるともいえよう。暗闇がアッラーの教えを拒否した者たちの目鼻口から体内に侵入し膨れ上がり、また家々の中にも入り彼らを押し潰しにかかるというくだりなどは、信仰を受け入れない者たちに恐怖の念を喚起させる効果があったと考えられる。

以上、タバリーの『クルアーン』注釈書の中からアレクサンドロスに関する伝承を二つ取り上げた。いずれにもユダヤ・キリスト教徒のアレクサンドロス伝説の影響が見え隠れする。しかし、イスラーム教的なコンテクストにおいて語られたこれらのアレクサンドロス伝承は、比較の対象として挙げた『タルムード』やキリスト教伝説の中の類似の逸話に比べると、全世界に教えを広める神の使徒としてのアレクサンドロスの役割がより強調されている。例えばシリア語キリスト教伝説においては、アレクサンドロスは世界を探求し、天空の果てを見に行くことを自ら思い立っているが、タバリーが挙げる伝承において二本角・アレクサンドロスは、まず神からの啓示を受けてから、神の命に従って布教の旅に出るのであって、世界征服者としての野心や好奇心は全く表れていない。二本角と同一視されたアレクサンドロスは真の意味でのムスリム、つまり「神に絶対的に服従する者」として描かれているといえよう。

ムハンマドと同時代のウクバ・ブン・アーミル、および七世紀後半の伝承継承者であるワフブ・ブン・ムナッビフによって、上のような話がアレクサンドロスについて本当に語られていたとすると、イスラーム時代ごく初期の——あるいはムハンマドも耳にしたかもしれない——アレクサンドロス伝承を伝える貴重な史料である。

2 預言者伝集

さて、この二本角が預言者の一人であったかどうかという神学的な問題については、イスラーム世界の識者たちの間で多くの議論が交わされた。イスラーム教において預言者（*nabī* 複数形 *anbiyāʾ*）は、世の人々に正しい信仰を伝えさせるために神が啓示を下した者で、使徒（*rasūl*）とほぼ同義語とされる。ただし、後者は啓示とともに特殊な使命を与えられた者として、預言者とは区別される場合もある。アダム、モーセ、イエス、そして「最後の預言者」とされるムハンマドなど、『クルアーン』自体に挙げられている二八人の預言者の中には二本角は含まれていない。

二本角が預言者であったという説は、神が彼に直接語りかけている『クルアーン』第一八章八五節の「我ら（アッラー）が『これ二本角よ（中略）』と言えば」（*qulnā yā dhā ʾl-qarnayn*）という文が根拠とされる。[38]また、上に見たタバリーの『タフスィール』に含まれているような、神が二本角に直接啓示を下した時の様子を詳しく伝える伝承は、預言者のイメージをより強く裏付けるものでもある。一方、二本角が預言者であったことを否定する説の中には、「アリーは『二本角は天使であったか、預言者であったか』と尋ねられ、『天使でもなく預言者でもなく、神の敬虔な僕であった』と答えた」というような伝承がある。[39]

二本角の預言者としての資格のあいまいさが、図像に表れている興味深い史料がある。後で取り上げるナイサーブーリーの『預言者伝集』の挿絵入り写本では、この作品に登場する他の預言者たちの頭の後ろには聖性を表す光の輪が描き込まれているのに対して、二本角だけが唯一、後光がない預言者として描写されている（図5、図6）。作品自体には預言者の一人として含まれているにもかかわらず、二本角が真の預言者であることに疑いを持った者が、写本の製作過程で挿絵の二本角像の後光を省くことにしてしまったと考えられる。絵描きがそれを描くことを拒否したのか、それとも写本の作成を監修した者の注文なのかは知る由もない。[40]

このナイサーブーリーの作品は、イスラーム教の諸預言者の生涯と言行の記録集成であり、中世ヨーロッパの聖人伝に相当するともいえる、預言者伝集（*Qiṣaṣ al-anbiyāʾ*）のジャンルに含まれるものである。預言者伝集といえ

図5　ゴグとマゴグの障壁を建てる二本角（後光なし）
ナイサーブーリー『預言者伝集』挿絵，16世紀。

図6　箱舟に乗るノア（後光あり）
ナイサーブーリー『預言者伝集』挿絵，16世紀。

ば、キサーイー Kisāʾī著として伝わるものがまず挙げられるが、この書には（少なくともアイゼンベルクによる校訂本には）二本角は含まれていない[41]。また、前述のワフブ・ブン・ムナッビフも『預言者伝集』を記したとされるが、他の文献に引かれている断片以外には、書物としては現存しない[42]。

このジャンルの頂点に立つ作品とされるのが、サァラビー Thaʿlabī（一〇三五年没）の『預言者伝選集』*Qiṣaṣ al-anbiyāʾ al-musammā ʿarāʾis al-majālis* であり[43]、そこには二本角についてかなり詳しい記述が見られる[44]。この『預言者伝選集』では、形式的には『タフスィール』と同じく、『クルアーン』の二本角に関する一節一節に対応する解説のような形で、伝記的な情報が記されている[45]。

我々にとって興味深いのは、その初めの部分で、「ほとんどの伝記作者たち（*ahl al-siyar*）はこう言う、彼（二本角）はアレクサンドロス、フィリッポスの息子」[46]と、まず二本角とアレクサンドロスとが同一人物であることが明らかに認められていることである。彼の系統はヤペテの子ユーナーン（ギリシア人の祖）まで遡り、その祖先はアブラハムの子のイサクの子のイエスとされている。これと同系統の家系を挙げているのは、マスウーディーやビールーニーなどによる歴史系の資料である。[47] 続いて、「一部の古人の説」（*za'ama ba'ḍ al-qudamā'...*）として記されているのは、アレクサンドロスが実はダレイオスの息子ダレイオス Dārā b. Dārā の兄弟であるという話である。その説によると、ダレイオスのもとに嫁いだルーム王（*malik al-Rūm*）の娘ヘレナ Hilāna は体臭がひどかったが、その治療を王に命じられた学者たちが、サンダルース（*Sandarūs*）という名の木の樹液で彼女の体を洗ったところ、悪臭はほとんど消えた。しかし完全に拭い去ることはできなかったので、彼女は親もとへ送り返される。すでに身ごもっていた王女が、故郷に戻って生んだ子は、治療に使われた木の名にちなんでアル＝イスカンダルと名付けられた。[48] アレクサンドロスをペルシア人とルーム人の混血とするこの話は、ディーナワリーの『長史』、タバリーの『歴史』や、フィルダウスィーの『王書（シャーナーメ）』にも含まれており、ディーナワリーの場合はこの話をペルシア人（*ahl al-Fāris*）の説としている。[49] 続いてサアラビーは、このアレクサンドロスの別名が二本角であると述べ、その名前の由来をいくつか挙げている。[50]

その次に、『クルアーン』第一八章八三節「そもそも我ら（アッラー）は彼の権能を地上にうちたて、かつこれにいかなることでも意のままになし得る手段（てだて）を授けた」を解説する形で、アレクサンドロスが王位についてペルシアを征した経緯が記されている。[51] そこでは、「アレクサンドロスの父でギリシア人のフィリッポス（*Fīlbush al-Yūnānī*）は、ギリシアの王（*malik al-Yūnāniyīn*）であった。彼が死ぬと、その後をアレクサンドロスが継いだ」という説と、「アレクサンドロスは小ダレイオス（Dārā al-asghar）の兄弟で、ヘレナの父、つまりアレクサンドロスの祖父はルームの諸王のうちの一人（*malik min mulūk al-Rūm*）であった。彼が死ぬと王権は娘の息子アレクサンドロスが継いだ」。という二つの説があることが述べられている。歴史的により正確なのは前者の説で、アレクサンドロスがルームでなくギリシア（*Yūnān*）の王とされていることは注目に値する。後者はアレクサンドロスをダレイオス（息子の方）の異母兄弟とする前掲の話の続きである。

さらにサァラビーは、以下のように記している。

その当時、ルームの諸王はペルシアの諸王に進貢の義務を負わされていた。アレクサンドロスの父が捧げていたのは、金の卵であった。しかしアレクサンドロスが王座につくと、意志が固く、力強く、威厳のある人物であった彼はルームの王たちに戦いを挑み、彼らを征圧し、ルームを統一した。それからアラブの諸王の一部と戦い、彼らを服従させ、同盟させた。そしてアレクサンドロスはペルシア王の小ダレイオスに対して反逆し、彼の父の代に捧げていた貢ぎ物や献上物を、彼自身からもルーム国全体からも奉じることを止めた。ダレイオスの息子ダレイオスが、貢ぎ物と献上物について問いただす手紙を彼に書いてきたので、アレクサンドロスはこのように返事した。「かの卵を生む雌鳥は、屠ってその肉を食ってしまった」。その手紙を受け取り怒ったダレイオスは、貢ぎ物を献上することを止めた無礼を咎める書状と、ポロ球技の小槌（*sawlajān*）と玉、そして二カフィーズ[52]の胡麻を送りつけた。書状にはこのように記した。「斯様な子供じみた行動を起こす者は、身の程をわきまえ、せいぜい送った小槌と玉で戯れているがよい。王位を乗っ取ろうなどもってのほか。統治には干渉をせず、謀反の気を起こすでない。さもなくば、其方を捕らえるための追手をかけるぞ。たとえ其方の兵の数が、送った胡麻の粒ほどあろうとも」。これに対してアレクサンドロスがこのような返事を送った。「貴殿が書かれたことはよく分かった。小槌と玉を送られた意図も読めた。だが、我は玉を小槌に付け合わせ、玉を貴殿の領地に見立てた。すなわち、我は貴殿の国土の所有者になり、我が国に従属させ、貴殿の町々を我が町々に付け足すのだ。胡麻についても同じように見た」。アレクサンドロスは、一握りの芥子の種も同時に送り、「これぞ我が軍なり」とそれに書き添えた。
アレクサンドロスの返答を受け取ったダレイオスは、兵を集め、アレクサンドロスとの戦いに備えた。アレクサンドロスも彼と対決する用意をし、軍に進発を宣言した。

その続きを要約すると、両軍はホラーサーンの地で衝突し、激しく戦う。その時、ダレイオスの側近の一人が王を裏切って刺し、アレクサンドロスに取り入ろうとする。アレクサンドロスは臨終のダレイオスのもとに駆けつけ、彼を殺すのではなく捕らえるつもりであったことと、刺客がペルシア王自身の側近であったことを伝える。ダレイオスはアレクサンドロスに、暗殺者に復讐し、娘のロクサネ **Rawshanak** と結婚することを最後に頼んで息をひきとる。アレクサンドロスはこの二つの遺言を実行する。[53]

そしてこの部分の最後には、「ダレイオスの治世は一四年であった。彼が死んでルームの統治権は統一されたが、アレクサンドロス以前は分散していた。一方アレクサンドロス以前は統一されていたペルシア（Fārs）の統治権は分散してしまった」とある。

アレクサンドロスがペルシアを支配下に治めるまでに至る経緯を述べているこの部分に類似した内容の記述が、タバリーの『歴史』に含まれている。タバリーの方が古く、もとになった情報を詳しく、正確に伝えているようである。例えば、アレクサンドロスが芥子の種を送り返したのは、芥子は胡麻に比べると量は少なくとも辛くて効き目があり、彼の軍がまさにその通りであるからという説明が施されている。[54] サァラビーのこの部分が、タバリーの万国史をもとにして書かれていることは、おそらく間違いないであろう。[55] ある王の治世に起こった出来事の記述の最後にその統治が何年続いたかを記すという、年代記の形態をもそのまま踏襲しているところが興味深い。

この次に続くのは、ダレイオスの死後に二本角に起こった出来事と、彼の地の果てへの旅の様子を描いた長い一節である。

まず、アレクサンドロスはダレイオスを殺した（前の記述と矛盾する）後、ペルシアを支配下に治め、ペルシアの拝火殿とインドの偶像寺院を破壊し、ヘールベド（ゾロアスター教聖教者）を殺し、その聖典を燃やし、人々に唯一神を信仰するよう呼びかけた、とある。

そしてムルタダーに拠る記述として、[56]聖典の文字は、一万二千枚の牛皮紙に金の釘で刻まれたものであり、金を得るためにアレクサンドロスはそれを焼いたのであったという説明が施されている。[57]それから、アレクサンドロスはホラーサーンのヘラート、マルヴ、サマルカンド、イスファハーンの庭園を模した都市、ギリシアのヒーラークース（Hilāqūs）、ダレイオスの娘ロクサネのためにバビロニアに建てた一都、そしてアレクサンドリアなどの二の都市を建設した後、太陽の二つの角を摑み、東西の地の果てに到達する夢を見た、とある。この部分も、ムルタダーを引用している箇所以外、タバリーの『歴史』からの抜粋かと思われる。[58]

続いて、二本角が啓示を受けた後に起こった出来事が記されており、文章は歴史的叙述から宗教的説話の形態に変わっている。使われている名前も「アレクサンドロス」から「二本角」に変わっている。タバリーの『タフスィール』にある伝承と共通する内容が多いことが注目される。[59]

ここでまず議論されているのは、二本角が本当に預言者であったかどうかという点である。[60]預言者ムハンマド自身は「二本角が預言者であったか否か分からない」と述べたと伝えられているが、この伝承が本当だとしたらこれは議論には及ばぬ問題である、とサァラビーは指摘している。そして「ある人々は彼は預言者ではなく、神の敬虔な僕で、公正かつ賢明な王であったと言い、また他の人々は彼が特定の使命を持たない預言者（*kāna nabīyan ghayr mursal*）であったとする」という諸説が挙げられている。サァラビー自身は、この後者の説を取っており、続いてワフブ（ブン・ムナッビフ）に遡る伝承を挙げている。この伝承は、二本角がアレクサンドロスという名前のルーム人の老婆の一人息子で、彼のもとに神が現れ、世界中に布教する使命を明かすというもので、神との対話の部分は、前掲のタバリーの『タフスィール』にも収録されていた一節とほぼ同内容である。タバリー自身は二本角が預言者であるという明確な解釈は施していなかったが、サァラビーは二本角が預言者であることを裏付ける伝承としてこの神との問答を引用しており、興味深い。

この神との対話の後、二本角は出発を決意し、反対する臣下に神の命を逃れることはできないと告げる。そしてモスクを建設するよう命令する。彼は建物の長さと幅、壁の厚さと高さを指定し、屋根に騎馬像を設置するよう命じ、建設の方法まで細かに指示する。その方法とは次のようなものである。壁をまず建てて、その内側を土で埋め、裕福な者たちに寄付させた金を細かく削って土に混ぜる。それから銅の柱と釘と板を溶接して屋根（?）を造る。こうすれば、平らな（埋め立てた）地面で望むように作業ができる。最後に貧民に金の混ざった土を運び出させると、屋根は土台の上に固定され、金を得た貧者は裕福になる。[61] このモスク建設挿話はタバリーの『タフスィール』には含まれておらず、もととなった文献は不明である。また、実際に使われた建設方法なのかどうかも、筆者には分からない。だがこの挿話を、二本角が一二の都市を建てたという上の記述や、後述のヤージュージュとマージュージュの侵略に対する防壁の建造の詳細な描写と併せて考えると、建設者としての才能を持っていることが二本角という預言者の特徴の一つであることをサァラビーが強調しようとしていることが分かる。

次に二本角は観兵式を行い、一四〇万の兵士と四万の平民から成る軍を率いて、「陽の没する処」に辿り着く。[62] そこで『クルアーン』の一節、「ついに陽の没する処に辿り着いた。見ると陽の沈むのは泥の泉で」が挙げられており、イブン・アッバースまで遡る伝承によって、「泥の泉」（*hami'a*）の読み方と意味が説明されている。[63]

西の果ての人々（ナースィク）を神から授かった暗闇の軍で覆って征圧し、神を信じるよう呼びかけ、さらに世界の右方の領域に住むハーウィール、東の果てのマンサク、世界の左方に住むターウィールも同様の扱いをするという部分は、タバリーの『タフスィール』とほぼ同じ内容である。[64] その後に挿入されている、陽の昇る処にいる人々の様子と日の出の時に起こる現象に関する一節はタバリーにはなく、カルビーなどが情報源とされている。[65]
続いて二本角は、精霊（ジン）と人間とヤージュージュとマージュージュが住む、世界の中心に向かう。トルコ人の土地の近くで、ある敬虔な民族が、ヤージュージュとマージュージュの脅威を二本角に訴えるという部分は、タバリーの『タフスィール』の記述と大体重なるが、[66] 二本角がこの野蛮な民族に対する防壁を造るくだりは、タバリーよりもかなり詳しい。巨大な壁の建設工事の様子が描かれている一節を以下に訳出する。

「主より賜った我が勢力の方が（お前がたの貢物などより）どんなに有難いことか。が、まあ、とにかくお前たち精出してわしを手伝ってくれ、お前がたと彼らとの間に防壁を作ってやるから」（『クルアーン』第一八章九四節）と二本角が言うと、彼らは、「どのようにお力になることができましょう」と尋ねた。二本角は、「労働力と、建築と細工に通じた工匠、それと材料（を提供せよ）」と言った。彼らは、「どのような材料をお持ちすればよろしいのでしょう」と聞いた。彼は「どんどん鉄の塊（*zubar*）を運んでくるがよい」（『クルアーン』第一八章九五節）と言った。（*zubar* は）小片の意味で、単数は *zubra* である。そして「銅も持ってこい」と言った。「それを建造するのに十分な鉄と銅は何処にあるのでしょう」と彼らが聞くので、「鉱山の場所を教えてやろう」と答えた。今度は「どのようにしてその鉄と銅を採掘すればよろしいのでしょう」と言うので、二本角は彼らのためにサーフーン（*al-sāhūn*）と呼ばれる別の鉱石を採り出してやった。[67] これは神が地上に造り賜うたいかなるものよりも堅く、ソロモンはこれを用いてエルサレムの柱や岩や宝石を掘り出したとされる。二本角は二つの山の間の距離を測り、集めた鉄と銅を熱し、巨大な岩のような鉄塊を拵えた。それから溶かした銅を粘土とモルタルのように鉄の岩塊の間に置いて、これらを積み上げていった。

伝記作者（*ahl al-siyar*）はこの様子を次のように記している。二本角が二つの山の間の距離を測ると、一〇〇パラサングほどあった。建設に取りかかるにあたって、二本角はまずその基部を水が出るまで掘り、（壁の）幅を五〇パラサングとした。そして山の谷間に薪を置き、その隙間を縫うように鉄を置き、また鉄の間を縫うように薪を置いた。「やがて両方の絶壁が平らに」（『クルアーン』第一八章九五節）、つまり二つの山の間が埋まるまで、薪と鉄を絡めるように置いていった。彼は火をつけるよう命じ、それは燃え始めた。「それ吹け」と声をかけているうちに、溶けた銅が垂れ落ち始めた。火は薪と銅を燃やし尽くし、鉄と銅を融合した。銅の黄色と赤、鉄の黒と褐色が折り重なり、まるで縞模様の肩布（かたぎぬ）（*ḥibara*）のようになった。終いにそれは、とてつもなく長く、大きな防御壁となったのである。神はこうおっしゃった。「もうこうなっては、さすがの彼らも乗り越すことはできぬ。穴をあけることもできぬ」（『クルアーン』第一八章九六節）。[68]

溶かした銅を接合剤として、巨大な鉄塊を積み上げてゆく方法を記した前半部分に類似した一節が、イブン・アル＝ファキーフ Ibn al-Faqīh の『諸国誌』*Kitāb al-buldān*（九〇三年頃）にもある。[69] この地誌では、積み上げたものが岩のような鉄塊ではなく、巨大な煉瓦の形にした鉄になっているという点が違うが、もとの情報の知識系統は共通していると考えられる。

一方、後半部分で描写されている建設の仕方は、上に挙げたタバリーの『タフスィール』に含まれているワフブ・ブン・ムナッビフの伝承の記述と似ている。前掲のワフブの伝承では、地下水が出てくるほどの深さまで掘った壁の基部を石で埋め、そこに銅を流し込み、その上に鉄塊と溶けた銅を積み上げ壁を建て、隙間に黄銅の鋼索を絡めると、最後に壁全体が黄色と赤と黒の縞模様の衣のようになった、とあった。これとほぼ同じ内容が、やはりワフブの言として、前掲のイブン・アル＝ファキーフの『諸国誌』にも見られる。ただし、薪が使われているという点において、上記のサァラビーの一節はタバリーやイブン・アル＝ファキーフとは相違する。ワフブの伝承を汲んでいるには違いないであろうが、別の系統の情報と見られる。

サァラビーが典拠としている「伝記作者」が誰であるか、現段階では確定できないが、マスウーディーのことである可能性はある。マスウーディーは、『諸種の知識と過ぎし時代の出来事の書』*Kitāb funūn al-ma'ārif wa-mā jarā fī 'l-duhūr al-sawālif*（九四三年以降）において、[70]「アレクサンドロスの伝記、つまり彼の生涯、彼の東西への遠征、彼が訪れた諸国、彼が会った諸王、彼が築いた諸都市、彼が目にした不可思議な現象、および彼がヤージュージュとマージュージュに対して築いた巨大な壁の描写」について記したと、晩年になって自らの著作の内容を簡潔にまとめた『提言と再考の書』*Kitāb al-tanbīh wa 'l-ishrāf*（九五五―九五六年）の中で言及している。[71]しかし、前者の『諸種の知識』という著作が現存しないので、これはあくまでも推測の域を出ない。

『クルアーン』の啓示は、二本角が壁を完成させ、終末の時にその壁が突き破られてしまうことを預言するところで終わっているが、サァラビーの『預言者伝選集』の二本角伝ではこの後、ヤージュージュとマージュージュの壁を実際に見たという者の報告が続く。[72]

まず、カタ一ダが伝えるある目撃者の言として、[73]ヤージュージュとマージュージュの壁は黒と赤の縞模様の布のようで、ハザール族 *al-Khazār* の地から七二日間の旅をしたところにあるという記述が挙げられている。続いて、ヤージュージュとマージュージュの壁が壊される夢を見たカリフ・ワーシク（在位八四二―八四七年）によって、壁の状態を確かめるために送られた探検隊の見聞記が挿入されている。[74]実際にアッバース朝第九代カリフ・ワーシクは、八四二年にヤージュージュとマージュージュの障壁の様子を探るために、サッラーム Sallām という名の優秀な通訳を探索隊と共にアジアの北東地方に送り込んでいる。この通訳サッラームによる報告は、地誌家イブン・フルダーズビ Ibn Khurdādhbih（八二〇頃―九一一年）の『街道と国々の書』*Kitāb al-masālik wa 'l-mamālik* に詳しく引用されており、[75] サァラビーが参照したのはおそらくこの本か、あるいはサッラームの詳報をもとにして書かれた別の記述かと思われる。[76] サァラビーは、サッラームが見たという壁の様子——谷の両側に建つ柱、尖塔、門の扉、掛け金、錠と鍵など各部分の大きさ、形、材質——を記しているが、二本角の伝記とは直接関係のない内容なので、ここでは取り上げないことにする。

さて、ヤージュージュとマージュージュの防壁に関する一節に続くのは、二本角が北極近くの暗闇の国に入り、生命の泉（*'ayn al-ḥayāt*）を捜し求める話である。[77] ここではこの話は、第四代正統カリフ、そしてシーア派の初代イマームであるアリー **'Alī b. Abī Ṭālib** に拠る伝承として伝えられている。[78] それによると、東と西の間の地を支配した二本角のもとへある日、彼の「親しい友」（*khalīl*）である天使のラファーイール **Rafā'īl** が訪ねてくる。[79] 二本角はラファーイールに、天国での天使たちの礼拝の様子について尋ね、天国で神に仕えるには、暗闇の国にあるという生命の泉の水を飲んで、不死の身を得なければならないということを教わる。永遠の命を得て、神に最も相応しい僕になりたいと望んだ二本角は、この生命の泉を求める旅に出る。その道中、暗闇の国の手前で突然ヒドル **Khiḍr** という男が現れ一行に加わるが、[80] 闇の中でヒドルのみが生命の泉に辿り着き、沐浴をし、水を飲む。ヒドルは二本角にもその泉の在り処を知らせようとするが、二本角はついにそれを見つけることはできない。一行はその後、日の光でも月の光でもない明かりに照らされた場所に出る。そしてそこに聳える城に二本角は単独で入り、言葉を話す黒い鳥と問答を交わす。鳥に指し示された階段を登りつめ、城の上に出ると、白髪白装束の人物が天を仰いで横たわっている。（最後の審判の時を知らせる）ラッパを吹くために神の合図を待っているというその男は、[81] 二本角に不思議な石を渡す。仲間の所に戻った二本角は、「それが満たされれば汝は満たされ、それが満たされなければ汝も満たされない」という石の意味について学者たちに尋ねる。その謎を解明するために学者たちが千個の石を天秤にかけて不思議な石の重さを量ろうとしても秤は傾かないが、ヒドルが一握りの塵を天秤にかけると、その石とちょうど釣り合う。そこでヒドルは、この驚嘆すべき現象が、ラッパの主から二本角に与えられた訓戒であることを説明する。この世を支配する権能を神に授かり、他の者が及んだことのない地の果てまで到達しただけでは飽き足らず、人間や精霊（ジン）が侵入してはならない神の領域にまで至ろうとした二本角の貪欲は、死んで塵を被るまでは満たされまい、というのがこの石が示す教訓であるという。二本角は自らの愚かさを悟り、それ以上探求することを断念する。そして再び暗闇の国を通ってイラクへ戻ると、領地を小国の君主たち（*mulūk al-ṭawāʾif*）に分け与え、最後にドゥーマ・アル＝ジャンダル **Dūma al-jandal**（北アラビアのオアシス）という地に滞在し、そこで命尽きる。

生命の泉の探求の話は、イスラーム以前のγ系偽カッリステネスのアレクサンドロス物語に起源を辿ることができるが、その複雑な伝播過程についてはここでは触れない。いずれにせよ、サァラビーのテクスト自体ではアリーの伝承とされている。それに、二本角が生命の泉を求めたのは、永遠の命を得て天国で神に仕えたいと、単なる好奇心や権力欲からではなく、信仰心ゆえに望んだからであるとされている点などを考慮すると、この逸話は、宗教的な、より厳密にいえば、シーア派的なコンテクストにおいて継承されてきたものであると推察できる。

アリーの伝承とされているのはここまでで、サァラビーの二本角伝の最後には、遺体がアレクサンドリアにいる母のもとへ運ばれ、そこに墓が建てられたこと、享年三六歳、治世は一七年続いたこと、ダレイオスとの戦いが在位三年目の初めにあったこと、息子のイスカンダルース **Iskandarūs** が信心の道を選び、王位を拒否したので、プトレマイオスがギリシアの王となったことなどが、再び年代記風に記されている。

このサァラビーの二本角伝の特徴として挙げられるのは、アレクサンドロスと二本角がほぼ完全に同一視されており、それぞれに関する異なる種類の情報源が併用されていることである。サァラビーは、一部の学者たちが疑問視していることを承知しながらも、この二つの名前が同一の人物を指しているという前提に立つことによって、アレクサンドロスに関する歴史書の記述と、二本角に関する宗教説話を組み合わせることを可能にしている。[82]従って、上に要約したように、出生からペルシアを支配するまでは、アレクサンドロスに関する「歴史的」記述がもとにされており、預言者としての布教の旅の叙述は、タバリーのクルアーン注釈書『タフィスール』に含まれていた宗教説話的な伝承とほぼ重なる。また、ヤージュージュとマージュージュの障壁の所在と外観についてはおそらく、実際に見たという者の報告に基づいた地誌が参照された可能性がある。生命の泉譚は、上に述べたように、偽カッリステネスのアレクサンドロス物語に起源を持つものであるが、サァラビーが引用しているのは、シーア派的背景を持った二本角説話であると見られる。

しかし全体を通して見ると、決して脈略のない情報の羅列なのではなく、サァラビーはこの預言者の生涯を、その誕生から死まで、一貫して扱おうとしている。その構成は、誕生から王になるまでが「起」、預言者としての旅が「承」、生命の泉を探求し失敗する段が「転」、暗闇の国からの帰還と死が「結」という具合に、非常によくまとまっているといえよう。[83]

前述したように、サァラビーはタバリーの著作に頼っている部分が多いが、独自の構想に基づいて情報を編集し直している。タバリーの『タフスィール』の二本角伝は、より象徴的・寓意的、また断片的であったが、サァラビーは二本角に関する伝承に、歴史的・地理的な情報を加えることによって、この預言者伝にある程度の具体性と一貫性を与えている。[84]そしてこの一貫性をより強調するためにサァラビーは、同じ事柄に関するいくつもの異なる説を羅列するというタバリーの文章の煩雑さを極力避け、話の筋をすっきりと統一させようとしている。さらに、タバリーには含まれていなかった、生命の泉と不思議な石の伝承を挿入することによって、作者はこの伝記に極めて教訓的な——神に与えられた以上のものを求める欲望は（たとえそれが敬虔な動機に基づいたものであろうとも）、死によってのみ満たされるという——意味を持たせている。

このようにサァラビーは、預言者伝の枠組みの中で、二本角とアレクサンドロスを巧みに一体化させたのである。タバリーに見られた、神の命に完全に身を委ねる従僕としての二本角に対して、サァラビーは、いうなれば、「アレクサンドロスの野望を備えた二本角」を描いている。この二本角・アレクサンドロスは、布教者および信仰の擁護者であるだけでなく、欲心と傲慢に対する訓戒としての役割も果たしているといえよう。(85)

さて、二本角を含んだ預言者伝集のもう一つの例として、一一世紀末頃にペルシア語で書かれたナイサーブーリー Naysābūrī（ペルシア語発音ではニーシャープーリー Nīshāpūrī）の『預言者伝集』を取り上げる。(86) ここではその概要と特徴だけを簡単に述べることにしよう。

ナイサーブーリーは初めに、二本角という名前の由来についての様々な説を挙げており、その最後に「神が彼に二つの金の角を授けたために二本角と呼ばれ、彼はアレクサンドロスとも呼ばれた」と書いている。続いて、二本角についての啓示がムハンマドに下された経緯を語る伝承に、かなりの紙面が割かれている。メッカの多神教徒がユダヤ教徒にムハンマドを試す三つの質問を用意させるこの話は、タバリーの『タフスィール』に含まれていたものとほぼ内容が重なる。次に『クルアーン』の二本角に関する一節の意味がペルシア語で解釈されており、それに基づいて、二本角が預言者であることが認められている。

残りの部分は、この世の西と東の地での二本角の体験、ヤージュージュとマージュージュの防壁建設、生命の泉探求、彼の死と母への遺言の四つの話から成る。

まず西の果てには、門の全くない城壁に囲まれた都市があり、二本角は中が楽園（*bihisht*）であることを期待するが、城壁を乗り越えた部下たちが一人も戻ってこないので、あきらめて東へ向かう。(87) 途中で、屍を食する賢者たちのいる島に着く。賢者たちは二本角を宴に招き、宝石を盛った金と銀の器を見せ、このように言う。「汝が求めているのはこれであろう。このために汝はここに参り、この世を彷徨っている。だがこんなものは飢えには何の役にも立たないのだ。しかも我ら自身の食糧は汝には適さない。我らから一体何を得ようというのか」。二本角はその地を去り、インドに行く。

インド王の使者が現れ、とんち問答のようなやりとりがある。二本角は使者に「牛油」の入った鉢を送る。[88] 使者はそれに無数の針を刺して返す。今度は二本角がその針を黒い焼鍋に入れて送ったところ、使者はその鍋を磨いて返す。このやりとりの意味を問われた二本角はこう説明する。牛油の入った鉢は自分が知恵ある人物であることの印で、相手はそれに針を刺し、自らの方が知に富んでいることを示してきた。その針を黒い鍋に入れて、それが黒く鈍った知であるとやり返したが、相手はそれを鏡のように磨き上げて、自らの頭脳が明晰であることを主張した。[89] このインドの使者はまた、便所で恐ろしい幻影を見た二本角を薬で治療し、幻影を追い払う。二本角はこの使者に褒美を与え、インド王のもとへ返す。

そしてさらに東に向かい、陽の昇る処に住む覆いのない人々に出会った後、東の地の境界にある二つの山の間に、ヤージュージュとマージュージュを防ぐ壁を建てる。防壁の建設自体は細かく描かれていないが、最後の審判の日に、いかにしてヤージュージュとマージュージュがその壁を破って出てくるかについての詳細な記述がある。

もうしばらく東へ進んだ所で二本角は学者たちを集めて、生命の泉について読んだことがあるかどうか尋ねた。学者たちは、「アダムの遺書」(*waṣīyat nāma-yi Ādam*) に、生命の泉がカーフ山の彼方の暗闇の中にあると書かれていると言う。[90] 二本角の代わりにヒドルが生命の泉を発見し、二本角は天使イスラーフィールに不思議な石を渡され、その教訓をヒドルに明かされるという残りの部分はサァラビーとほぼ重なる。ドゥーマ・アル＝ジャンダルで没したという点もサァラビーと共通する。

アレクサンドリアにいる母へ宛てた遺言についての一節に続いて、[91] 最後にこの二本角伝の「落ち」とでもいうような次の話が付け加えられている。

預言者（ムハンマド）が二本角と洞窟の教友たちとビルキース（Bilqīs. シバの女王）の話を語り終わり、霊について正しく答えると、ユダヤ教徒たちは「まさに、トーラーの通りじゃ」と言った。すると多神教徒たちは言った。「おまえにしても、モーセにしてもとんだ妖術使いだ。互いに仲良くやっていやがれ。わしらはもうどちらの教えにもうんざりしたわい」。

上に見たタバリーの『タフスィール』などにある伝承では、メッカの多神教徒たちがムハンマドを試すためにユダヤ教徒に用意させた質問が、二本角に関する啓示が下されたきっかけであったことは語られていたが、その結末は記されていなかった。ナイサーブーリーは、彼が二本角伝の初めに事細かに記していた「二本角クイズ」の経緯の話をここでもう一度取り上げ、正しく答えたムハンマドにも、それに感心したユダヤ教徒にも愛想を尽かした多神教徒が啖呵を切って去ってゆくという決着をつけている。ムハンマドと多神教徒の対決を、いわば枠物語のように、二本角伝の前後に仕立てているのである。(92)

ナイサーブーリーの二本角伝の全体を通して見ていくつか特徴を挙げると、まずアレクサンドロスと二本角が同一であることが積極的に認められているわけではないことがいえる。インドの使者とのやりとり、母への遺言など、偽カッリステネスのアレクサンドロス物語の要素は明らかに取り入れられてはいるが、アレクサンドロスに関わる歴史的な出来事、例えばダレイオスとの戦いなどについては一切触れられていない。この点が、歴史的なアレクサンドロスと二本角説話を意識的に組み合わせていたサァラビーとは大きく異なる。

また、サァラビーにおいて、生命の泉、不思議な石のエピソードが欲心や傲慢に対する教訓であることはすでに述べた。ナイサーブーリーの二本角伝には、これらに加えてさらに、閉ざされた都市（楽園）、屍を食べる賢人たち、インドの使者の話が入り、飽くなき好奇心、物欲、自惚れに対する戒めが表されている。しかし、決して窮屈なお説教にはなっておらず、とんちが効いていて、ユーモラスな部分もある。この二本角は、聖戦の闘士というよりは、便所で幻影を見て、恐ろしさのあまり黄色い顔をして出てくるといったように、どこか滑稽味すらある預言者なのである。

3　ディーナワリーの『長史』

タバリーの『タフスィール』に含まれている二本角アレクサンドロス伝承は、断片的な宗教説話であり、サアラビーの『預言者伝選集』は、歴史叙述的な要素を取り入れながらも、やはり預言者伝という宗教的な脈絡の中でアレクサンドロスを語っている。次に取り上げる歴史家ディーナワリー Dīnawarī（八九五年頃没）は、その『長史』*Kitāb al-akhbār al-ṭiwāl* の中で、世界史の一環としてのアレクサンドロスの生涯を物語的に記している。[93]

しかし、ここでそれを取り上げるのは、この歴史書においてもアレクサンドロスと『クルアーン』の二本角との関連は明らかに意識されており、アレクサンドロスは唯一神の敬虔な信徒、宗教の擁護者として描かれているからである。この側面が特によく表れている節を二つ、以下に挙げる。まずは、アレクサンドロスが一神教徒に改宗し、この世にその信仰を広めるに至った経緯について説明されている部分を見てみよう。

アレクサンドロスもまた（ダレイオスのように）自惚れた暴君であった。その治世の初めの頃は、極めて残忍で、傲慢であった。しかし、その時代にルームの国には、（アブラハムの教えの）忠実な信者たちの生き残りの一人である男がいた。その名をアリストテレスという、賢明な哲学者であった。彼は神が一つであることを唱え、その唯一なる神を信奉しており、偶像崇拝者などではなかった。アリストテレスはアレクサンドロスの傲慢と野蛮さとその邪悪な行いについて知ると、ルームの僻地からアレクサンドロスの都へ向かった。宮殿に入ると、御前には貴族や臣民の代表者たちが集まっていたが、アリストテレスは王の前で直立したまま、恐れることなく言った。「傲慢なる暴君よ、お前を造り賜い、お前を正し、お前に恩恵を施す神を畏れないのか。そして神が過去の暴君たちを、彼らに感謝の心がほとんどなくなり、その蛮行がひどくなったために、破滅させたことを戒めとしないのか」と、このように長い訓戒を与えた。

これを聞いたアレクサンドロスは激しく怒り、アリストテレスを処刑しようと考え、臣民へのみせしめのために投獄を命じた。しかしアレクサンドロスを善に導くことが神の意思であったので、その後アレクサンドロスは考え直し、彼の言葉について熟慮した末、心を入れ替えた。王はアリストテレスのもとへ人を遣わせ、彼を自由にし、彼の言うことを熱心に聞き、その訓戒や教訓や忠告に耳を傾けた。そして彼が言うことが真実で、神以外の偶像は邪神であることを悟り、悔い改め、真実に従い、信仰を正した。それゆえ、王はこの神の僕（アリストテレス）に言った。「どうかお願いです。あなたの知識に学び、あなたの知徳の光明によって啓発されるよう、私の側についていていただきたい」。アリストテレスはこう答えた。「もしそのように望むなら、お前の臣下を弾圧と暴政とその他の禁じられた行いから解き放たれよ」。アレクサンドロスはこれに従い、実行することを約束した。彼は臣民と軍の大将たちを召集し、彼らに向かって言った。「今日まで我々は、御利益もなければ災いもしない邪神たちを崇拝してきたことを知るがよい。今から命令を下すが、反論は一切無用である。我が汝らに望むのは、我自身が心に受け入れた神の信仰である。神は唯一であり、神に対等のものはない。これまでの神以外の偶像崇拝を廃止するのである」。これに対して彼ら全員が答えた。「我らは陛下のお言葉を受け入れ、陛下がおっしゃったことが真実であることを認めます。そして陛下の神を我らの神として信じます」。彼の重臣たちの意向が確かなものになり、彼らが正しい道に導かれたことが分かり、彼らが真実に向かって彼に従うようになると、アレクサンドロスは民衆に次のように布告することを命じた。「我らは、汝らがこれまで崇めてきた偶像を破壊することを命ずる。もしもそれらが本当に御利益があるか災いをもたらすと思っているなら、それらの邪神には降りかかる悲運から自ら身を守らせておけばよいであろう。我の命に背く者、また我ら全てをお造りになった神以外を信仰する者は、誰一人として容赦しないことを承知しておくがよい」。そして、このことを地上の東から西の果てまで文書で公布することを命じ、それに従うか、拒むかの度合いによってその民の扱いを決めた。かくして地上の諸王のもとに、この手紙とともに使者が送られた。[94]

タバリーの伝承にあったアレクサンドロスは神に選ばれ、様々な力を与えられて、布教のための世界征服に出立した無心な若者とされていたが、上の一節のアレクサンドロスは、より現実的あるいは世俗的であるといえよう。『クルアーン』の二本角は意識されているが[95]、アレクサンドロスの真の教えとの出会いが、神自身の、あるいは天使を介した啓示ではなく、哲学者アリストテレスの開示にあるというところに、宗教説話として扱われたアレクサンドロス伝と歴史叙述の中のアレクサンドロスの違いが表れており、興味深い。アレクサンドロスが改心し、アリストテレスの言葉に耳を向ける気になったのは、「アレクサンドロスを善に導くことが神の意思であった」（*lammā arāda Allāh bi-hi min al-khayri*）からであるとはされているが、彼の改宗に神は直接介入しているわけではない。

もちろん、アリストテレスの訓戒に従って、暴君であったアレクサンドロスが心を入れ替え、一神教の信徒に改宗したというのは史実ではないが、歴史家ディーナワリーの見地からすれば、あり得た話である。アリストテレスとアレクサンドロスの師弟関係に関する伝説は、第Ⅲ部で述べるように、アリストテレスがアレクサンドロスに宛てた忠言の八世紀半ば頃のアラビア語訳を通して、イスラーム世界へと受け継がれている。また、ディーナワリーは、バグダードの「知恵の館」（*Bayt al-ḥikma.* 八三〇年頃設立）において、アリストテレスをはじめとするギリシア学術書の一大翻訳事業に携わったフナイン・ブン・イスハーク Ḥunayn b. Isḥāq（八〇八―八七三年）とちょうど同時代人である。上の逸話には実際のアリストテレス哲学の深い知識が反映されているとはいえず、むしろ、「アリストテレスは偉大な哲学者であり、アレクサンドロスの教師であった、アレクサンドロスが『クルアーン』の二本角で世界中に神の教えを広めたとすると、彼を正しい道へと導いたのはアリストテレスに違いない」という素朴な理屈に基づいているようである。アラブのアリストテレス学の開花期に、このようなアリストテレスの描写もあったという点において注目に値する。

ディーナワリーの『長史』から挙げるもう一節は、遠征中のアレクサンドロスがメッカの聖域を訪れる場面である。

（イエメンに滞在した後）それからアレクサンドロスはティハーマ Tihāma（アラビア半島南西沿岸の平原）に着いた。当時メッカに住んでいたのは、その町をかつて征服したフザーア一族 Khuzāʿa であった。彼を迎えたナドル・ブン・キナーナ Naḍr b. Kināna に、[96] アレクサンドロスは言った。「これなる聖域に居を構えるとは、このフザーアという部族はいったい何を考えておるのだ」。そしてフザーアをメッカから立ち退かせ、その町をナドルとその兄弟たちに任せることにした。そしてアレクサンドロスは神聖なる神の館に参詣し、聖域の住人であるアドナーンの子マアドの子孫たちに贈り物と報酬を分け与えた。[97]

実際のアレクサンドロスはアラビア半島には足を踏み入れていないが、アレクサンドロスがメッカのカァバを参詣したというエピソードはこのディーナワリー以外に、ほとんどのペルシア語のアレクサンドロス物語――フィルダウスィーの『王書』、タルスースィーの『ダーラーブの書』、ニザーミーの『アレクサンドロスの書』の第一巻

『栄誉の書』、一四世紀の作者不詳『アレクサンドロスの書』——に挿入されている。[98] タバリー、マスウーディー、ビールーニーなどの歴史書のアレクサンドロスに関する記述には含まれていないが、イブン・ヒシャームの古代アラビア史『ヒムヤルの諸王に関する王冠の書』にある二本角伝説には、二本角がメッカ（*al-balad al-ḥarām*.「聖都」）に行き、聖域を裸足で歩いたとある。[99] メッカ巡礼はいうまでもなくムスリムが実行すべき五柱（五行）の一つである。ユダヤ教徒にとって大王がエルサレムの神殿を訪問したという話が重要であったように、ムスリムの著者・読者にとってメッカは、二本角として神聖視されたアレクサンドロスの旅程のうちの不可欠な訪問地であったのだろう。

ディーナワリーは、アレクサンドロスが敬虔な信徒、信仰の布教者、宗教の擁護者であったことを示す上の二節のようなエピソードを——タバリーのように断片的な伝承を並べているのではなく、また、後述するマスウーディーのように歴史叙述の途中でアレクサンドロスが二本角であったかどうかという神学的な問題自体に触れることもなく[100]——歴史的叙述の中にうまく組み込んでいる。物語のように綴られた伝記の中で、歴史的人物としてのアレクサンドロスと二本角としてのアレクサンドロスが、不自然に対立することなく共存しているのである。

アレクサンドロス伝説の一部が『クルアーン』の中に取り入れられた過程で、アレクサンドロスという名が省かれ二本角に置き換えられたことによって、彼にまつわる歴史的コンテクストが脱ぎ捨てられたということは前述した。ディーナワリーのアレクサンドロス伝は、二本角と化したアレクサンドロスを、再び歴史的コンテクストの中に戻しているといえよう。

4　ニザーミーのアレクサンドロス物語

さて、本章最後の例として取り上げるペルシア詩人ニザーミー Niẓāmī（一一四一—一二〇九年）が記したアレクサンドロス物語においては、その主人公は神の敬虔な信徒および布教者であるのみならず、預言者の境地にまで到達している。

ニザーミーの「五部作（ハムザ）」の最終作として一一九六年以降に書かれた『アレクサンドロスの書』*Iskandarnāma* は二巻に分かれている。第一巻『栄誉の書』*Sharafnāma* においてアレクサンドロスは、エジプト、イラン、アラビア半島、インド、中国、ロシアなどに遠征し、北方にある暗闇の国まで至った後に、一旦祖国ルームに戻る。第二巻『幸運の書（または知識の書）』*Iqbālnāma*（*yā Khiradnāma*）では、ルームの宮廷に七人の哲学者たちを集めて問答を繰り広げる哲人王としてまず登場し、さらに天使を介して神の啓示を受け、預言者として再び布教の旅に出る。ニザーミーのアレクサンドロスは征服者から哲学者へ、そして預言者へ、という三段階の成長を遂げているのである。詩人自身がその作品の構成の意図を述べている序章の一部を以下に挙げる。

種々の（詞の）音色を並べてみた、その詞で新たな書が編めるのではと。
誰の助けもない驚異に満ちた場所で、名高い勇士たちの名の上に賽を投げた。
その思いであらゆる鏡を磨くと、奥にアレクサンドロスの幻像を見出した。[101]
かの王を軽んじてはならない。剣士でもあり、王冠をもいただいたかの王を。
ある者は彼を玉座の主と呼び、諸国の征服者、地平線の掌握者とまで呼んだ。

またある者は、彼の模範的な統治から、[102] 彼に賢人の称号を与えた。
さらにある者は、彼の清浄心と信仰の擁護から、彼を預言者として認めた。
賢者が蒔いた三つ全ての種から、我は一本の青々と繁る木を育てよう。
まずは初めに王権の戸をたたき、征服の事績について語ろう。
そして言葉を知恵で飾り立て、古い彩りを鮮明にしよう。
さらには預言の扉をたたこう。神も彼を預言者と呼んだのだから。[103]

この三部構成は、アラブの著名な哲学者ファーラービー al-Fārābī（八七〇頃―九五〇年）の『理想都市論』*Madīna al-fāḍila* からの影響ではないかといわれている。[104] ファーラービーによると、理想的君主は、優れた哲学者、預言者、雄弁家、教育者、立法者、軍の指揮者としての六つの特質を備えるべきであるという。ファーラービーはこのような君主を「イマーム」と呼んでおり、「理想都市の第一の支配者（*al-ra’īs al-awwal li ’l-madīnat al-fāḍila*）であり、理想国家の支配者（*al-ra’īs al-ummat al-fāḍila*）であり、そして全世界の支配者（*ra’īs al-ma‘mūra kulli-hā*）である」としている。[105] ニザーミーはファーラービーが抽象的な概念として論じている君主像を、アレクサンドロスにおいて具体化しようとしているのである。ニザーミーのアレクサンドロス物語全体の展開については別稿に譲るとして、ここでは宗教の擁護者としてのアレクサンドロスのイメージに関わる部分についてのみ考察する。

まず、上記の三部構成のうちの第一段階における征服者としてのアレクサンドロスは、単に自らの野望に駆られて諸国を攻略するのではなく、信仰心に動かされた布教者として描かれている。特に、ペルシア王ダレイオスとの戦いは、臣民をダレイオスの暴政から解放するためだけでなく、ゾロアスターの邪教をイランから取り除き、「アブラハムの教え」(*dīn-i hanīfī*)[106] あるいは「正しい教え」(*dīn-i durust*)[107] を確立させるための聖戦とされている。

アレクサンドロスがペルシア王ダレイオスに宛てた挑戦状には次のように書かれている。

> 神を知るアブラハムの聖典——その教えを神に感謝する——にかけて誓う。
> もしもイランの民を征圧できたなら、ゾロアスター教を滅ぼし尽くすと。
> 聖火も拝火殿も容赦しまい。聖火は我が手で火に焼べてしまおう。
> これぞ汚れなき慣わし、正しい道。我らの本道、我らが祖先の慣わし。[108]

アラビア語でアブラハムは「真の宗教の信徒」(*hanīf*) と呼ばれ、ムハンマドが説いたイスラーム教は、キリスト教やユダヤ教よりさらに古いアブラハムの教えを復活させた純粋な一神教であるとされている。ニザーミーの作品の中でアレクサンドロスはこの「アブラハムの教え」の敬虔な信徒であり、従って唯一絶対神アッラーに帰依するムスリムである。

ダレイオスが自らの重臣に殺された後、イランの王座を手に入れたアレクサンドロスは、ダレイオスへの挑戦状に書いた通りに、神の信徒としてイラン中の拝火殿を破壊してゆく。その部分は次のように描かれている。

> 古の物語の語り部は、祖国の過去をこのように伝えた。
> 野卑な者どもの教えが滅んだとき、火は絶え、拝火教徒は身を焼かれた。
> アレクサンドロスはイラン人たちに命じた。拝火教から身を解き、
> かの古の教えを新たにし、ホスロウの教えに身を委ね、[109]
> マギの服を火に焼べ、拝火殿に厳しい処置をとるようにと。

かの時代の慣わしでは、教えを説く者は拝火殿の中にいた。
財宝の数々をその奥に封じ込め、かの宝が誰の手にも渡らないように。
世継ぎのいない金持ちが、財産を拝火殿に残していった。
世に災いもたらすこの慣わしのため、どの拝火殿も宝庫であった。
アレクサンドロスがかの殿舎を破壊すると、宝が海の水のごとく流れ出た。
通りかかった拝火殿は、一つ残さず基礎から根こぎにし、宝を持ち去った。[110]

「古（いにしえ）の物語の語り部は、祖国の過去をこのように伝えた」とあるように、アレクサンドロスの拝火殿破壊に関するこの一節は、おそらくイスラーム以前の伝承に基づいたものであると推察できる。ササン朝時代起源のゾロアスター教書において、アレクサンドロスが宗教の破壊者とされ敵視されていることは、第Ⅰ部で見た通りである。しかしニザーミーのアレクサンドロスは、不信心な異教信奉をイランの地から取り除き、アブラハムの教えを広める聖戦の徒であり、彼による拝火殿の破壊は全く正当な行為であるどころか、彼の偉業の一つであるとされている。

この一節に続いてアレクサンドロスは、拝火教徒のしきたりであったノウルーズ（新年祭）を廃止し[111]、年に一度のこの祭りの際に、着飾った乙女たちが拝火教徒たちと淫らに戯れることを禁じる。

良識のある王はこう命じた。誰一人拝火教徒の祭礼を執り行わないようにと。
愛らしい花嫁たちは面を覆い、母か夫以外には顔を見せないよう。
偽りの絵図を全て破り捨て、拝火教徒たちを酒場から追放した。
この世から汚れた宗教を洗い流し、正しい信仰のみを民に残した。
かの王の力によってイランの地では、ゾロアスターの火は残らず消された。[112]

次にモスール、バビロンへ進んだアレクサンドロスは、「妖術の書ザンドを水に流すか、書物の牢へ封じ込めるよう」に命じる（*fusūn nāma-yī zand rā tar kunand / va-gar-nah ba zindān-i daftar kunand*）[113]。この一節も、ゾロアスター教系の伝承に基づいていると思われる。第I部に挙げたように、パフラヴィー語のゾロアスター教書『ブンダヒシュン』には、アレクサンドロスは「(聖なる)火を多く消し、マズダ教の教えのうち、ザンド（注釈）はローマへ持ち帰り、『アヴェスター』は焼き去り」とあった。ニザーミーの言う「書物の牢」とは、アレクサンドロスが送り返した書物を保管させた図書館のことを指しているのであろう。

それからアレクサンドロスはアーザルアーバード Āzar-ābād（タブリーズ）に至り、その地の拝火殿に古くから伝わる聖火を消すように命じる（*bi-farmūd k-ān ātish-ī dīr sāl / bi-kushtand va kardand yaksar zi-kāl*）[114]。さらにイスファハーンにおいては、拝火殿を守る龍の姿をした魔女アーザル・フマーユーン Āzar Humāyūn を、賢者バリーナース（アポロニウス）の力を借りて退治する。

このようにニザーミーは、ゾロアスター教を邪教、拝火教徒をまるで妖術使いのように描いており、この作品中のアレクサンドロスはゾロアスター教を根絶すべく、イラン各地の拝火殿を倒壊し尽くし、聖火を絶やし、経典も破壊するかまたは持ち去っている。

これは、フィルダウスィーの『王書』に含まれるアレクサンドロス伝と比較すると実に対照的である。『王書』のアレクサンドロスは、ダレイオスの遺言を尊重し、ゾロアスター教を保護することを約束するのである。側近に刺されたダレイオス（ペルシア語では Dārā）は、駆けつけたアレクサンドロス（二人は実は異母兄弟であるという設定）に、自分の娘ロクサネ（ペルシア語では Rawshanak）を妻とするよう頼む。そしてアレクサンドロスの腕の中で、今わの際に次のように言う。

娘に秀でた子ができたなら、その子がイスファンディヤールの名を復活させ、ゾロアスターの火を燃やし、ザンドとアヴェスターを握りしめ、サデの祭りの占いや、光輝あるノウルーズの伝統と拝火殿を保存し、月のアフラマズダと日のミトラ神を尊び、魂と顔を知恵の水で清め、ロフラースプの慣わしを新たにし、グシュタースプの宗教の土台を固め、高貴な者は重んじ、卑しい者は軽んじ、それによって宗教が輝きを増し、この世がよくなるよう（私は望む）。[115]

アレクサンドロスはペルシア王の遺志を果たすことを誓い、ダレイオスは安心して息絶える。[116] その後『王書』では、アレクサンドロスはイスタフルにおいてカイ王朝の王冠をかぶり、ロクサネを妻として迎える。太守やモウベド（ゾロアスター教高僧）たちには公正な王として歓迎され、イランの地ではそれ以上戦闘も破壊活動も行うことなく、インドへと進発する。

ニザーミーは、作品の中で自ら繰り返し言及しているように、『王書』のアレクサンドロス伝を種本としているが、他の作品も多く参照しながらそれを書き換え、独自の物語を作り上げている。[117] フィルダウスィーの作品におけるアレクサンドロスの拝火教に対する寛大な扱いは、上に見た通り、特に意識的に修正しているようである。その際、おそらくゾロアスター教系の伝承をもとにしながらも、それらが否定的に描いているアレクサンドロスの破壊活動を、イスラーム的観点から捉え直し、布教のための正当な行為としている。

このようなゾロアスター教に対する厳しい処置の叙述以外にニザーミーは、以下に挙げるカァバ巡礼のエピソードにおいても、アレクサンドロスの信仰心の篤さを強調している（図7）。

顔明るくカァバに向かった。巡礼の儀式を会得して。
世界の臍（カァバ）に足を踏み入れ、世界の臍から麝香を溢れさせた。
天球のコンパスのごとくかの中心点の周りを、信仰の足で辿った。[118]
誰も免れられないこの回転を、成し遂げ、神の館の（扉の）輪を手にした。
まずはカァバの扉に接吻し、自らの守護者（神）に思いを馳せ、
その沓摺に頭を打ちつけ、貧僧に財宝を惜しみなく与えた。
彼が施す銀貨はまるで宝の川、[119] 駱駝は隊商ごと授けた。
いよいよ真実の館の内に入り、神への崇敬を表した。
館全てを財宝と貴石で埋め尽くし、扉と屋根に麝香と龍涎香を施した。[120]

前述したように、アレクサンドロスがメッカを訪れ、その土地を支配していたフザーア族を追い出し、ナドルにその聖地を委ねたという話は、ディーナワリーやフィルダウスィーなどにも含まれている。これらの伝承では、アレクサンドロスはメッカの内政に介入する外部の権力者という形で登場するが、ニザーミーはそのことには全く触れずに、むしろ巡礼の行為そのものに焦点を当てている。ニザーミーのアレクサンドロスは、敬虔な一信者として *hisāb-i manāsik*、つまりアブラハムまで遡るという巡礼の儀式にならって、カァバの周囲を巡り、神殿の扉に接吻し、財宝や駱駝を喜捨しているのである。

さて、さらにニザーミーの作品においてアレクサンドロスは、このように信心が篤いムスリムであるだけでなく、前述した三部構成の最後の部分では、ついには預言者の境地にまで達する。物語の第一巻『栄誉の書』は、極北の暗闇の国で生命の水を得ることができなかったアレクサンドロスが、一旦祖国ルームに引き返すところで終わ

る。そして第二巻『幸運の書』で、宮廷に戻って賢者たちと哲学的議論を交わす日々を過ごすアレクサンドロスのもとへ天使が現れ、啓示を下し、そこから彼の預言者としての新たな布教の旅が始まるのである。

このように、アレクサンドロスが遠征から一度祖国に戻り、その生涯の最後に預言者として再出発するという展開は、それ以前のアレクサンドロス物語にはない、もちろん歴史的真実性など全く無視した、ニザーミー独自の斬新な構想であるといえよう。しかしこの詩人は決して、何の根拠もなくその主人公を預言者に仕立てているのではない。

ニザーミーはアレクサンドロスが『クルアーン』の二本角と同一であるという説、さらに二本角を預言者と見なす一部の伝承を踏まえた上で、このようなアレクサンドロス像を作り上げているのである。アレクサンドロスが二本角であるかどうか、さらに二本角は預言者なのかという二つの問題が、すでに上に論じたように、神学的な論争の的とされてきたことを、博学のニザーミーはもちろん承知していたであろう。しかしニザーミーはこれらのもつれた議論にはあえて踏み込まず、物語の流れの中に既存の伝承を巧みに織り込んでいる。

例えば、『幸運の書』の初めの方には、「なぜアレクサンドロスが二本角

図7　カァバ巡礼をするアレクサンドロス
ニザーミー『栄誉の書』挿絵，1560年頃。© Bibliothèque nationale de France.

と呼ばれるのか」という章が設けられており[121]、東と西を征服したから、剣を両手にジャムシードの玉座（イランの王権）に斬りかかったから、二房の巻き毛を垂らしていたから、夢の中で太陽の二つの角を摑んだから、二世代分長生きしたから、画家が彼の肖像の頭に二本の角を描き、それを二人の天使たちと呼んだから、異常に大きな耳を髪で隠していたからといった、神学書などに挙げられる説が並べられている。アレクサンドロスと二本角の結びつきを示すこの一節は、物語後半でアレクサンドロスを預言者として登場させるための前置きのようなものであるといえよう。アレクサンドロスが預言者でありうるには、神に布教の使命を啓示された二本角と同一人物であることが欠かせない条件だからである。

その啓示が下される場面そのものは――これは今までに指摘されていないことであるが――タバリーの『タフスィール』に収録されているワフブ・ブン・ムナッビフに遡るという伝承に依拠していると思われる。おそらくニザーミーが典拠としたのは、タバリーの『タフスィール』の中でも二本角とアレクサンドロスが最も明確に結びつけられている前掲の伝承の、神と二本角の対話の部分である。もちろんニザーミーは、彼の物語の枠組みにうまくあてはまるように、この伝承の内容を書き換えてはいるが、類似は明らかである。以下にニザーミーの一節をいくつかの部分に分けて挙げ[122]、タバリーの伝承と比較する。

神の使いの天使が現れ、恍惚とした彼に使命を明かした。
太陽のごとく輝く天使は、人を欺く悪魔のささやきからはほど遠い。
燦然たる宝石のような光に身を隠し、清き神の啓示をもたらした。
「山河より偉大なる、世の創造主の辞を汝に伝える。
神は汝にこの世の統治を任せたのみならず、汝を預言者として選ばれた。

王である汝は神の命を担うに相応しい。全能の神の勅令はこの通りである。
安息の場所より安らぎを取り除き、この闘いの道から顔を背けるな。
さあ立ち上がり天体のごとくこの世を巡れ。砂漠に慈愛をもたらすのである。
人々を邪悪の道より誘い出せ。汝自らの至福と信仰の共有者となるように。
古き円蓋を新たに建て直し、この世から怠惰を滅ぼし去るのだ。
世を悪魔から救い、主の意図を万物に知らしめるのだ。
眠れる者たちの目を覚まし、知恵の面輪からヴェールを上げよ。
汝は清き神の慈悲の宝。地上の不幸な者たちに遣わされた。
時のコンパスの円（世界）を入念に巡れ。人間たちが汝から美徳を得るまで。
この世の国々は汝の手中に収まったゆえ、あの世の国々をも手に入れるのだ。
この闘いの道を前にして、神の意に沿うよう努め、己の名誉を求めるな。
命あるものをいたわり、命なきものには何の利益も与えるな。
もしも汝を痛みつける人間があれば、即座に殺すか捕らえてしまえ[123]」。

世界中の人々に神の教えを広めよというメッセージは、タバリーもニザーミーも基本的に同じである。しかし上の一節は、神の言葉を天使（*surūsh*）が伝えているという点において、神自身がアレクサンドロスに、「おお、二本角よ。我は汝を異なる言語を話す人々のもとへ遣わす」と直接語りかけているタバリーの伝承とは相違している。また、タバリーのアレクサンドロスは「ある老婆の一人息子」のルーム人で、「成年に達し、神の敬虔な僕となった」ばかりの若者であったが、ニザーミーの物語のアレクサンドロスは、征服者、そして哲学者の過程を経た上で、この啓示を受け、預言者の境地に達している。すでにこの世の国々を手中に収めた王であるが故に、神の命を担う預言者として選ばれたとされているのである。

続いて、アレクサンドロスは天使に、次のように答える。


アレクサンドロスは顔を覆った天使にこう答えた。「才知ある守護天使よ、
全能なる神がかような命を下されたからには、時鼓を砦の外で打ち鳴らそう（出立しよう）。

陽の昇る処から沈む処まで夜襲をかけ、人々の頭から覆いを取り除こう。

だが、あらゆる国々の領主になっても、その国の言葉を知らずに何と言おう。

また、彼らの言をいかにして解そう。さらに難儀なことがある。

一つは、我が守備軍に降りかかる、敵の城主の脅威を我は恐れる。

さらには、これほど多くの民族に挑む際、荒れ野や山をいかに行軍しよう。

砂塵や水滴の数ほど多い民を、一人一人いかにして懲らしめよう。

かの盲人どもが我に従わず、聾者が我の言葉を聞こうとしない時、
善悪の区別もつかぬかような異郷で、殊に盲人聾者どもをいかに矯正しよう。

預言者として名乗った際、いかなる証で人々を納得させよう。

いかなる奇跡が我の言葉を裏付け、用心深い者たちに我を信用させよう。

まずは我にその方法と道を示し、それから旅路に送り出して下され。

海が真珠で満ちているように、頭も脳も自惚れでいっぱいな者どもの、
足下をいかに揺るがし、彼らの脳中から傲慢を取り除こう[124]」。

この一節に相当する部分を、タバリーの『タフスィール』の中からもう一度次に挙げる。

「神よ、御身以外にその重大さを推し量ることができないほどの使命を御身は私にお与え下さり、また私をそのもとに遣わされる民について知識をお与え下さいました。しかし、いかなる力をもって彼らに勝ることができましょう。いかほどの人員をもって彼らの数に勝り、いかなる策略をもって彼らの裏をかき、いかほどの忍耐をもって彼らに耐えることができましょう。そしていかなる言葉で彼らに話しかけ、いかに彼らの言葉を理解する能力を身につけ、いかなる聴力をもって彼らの話を聞き分け、いかなる洞察力をもって彼らを見抜くことができましょう。また、いかなる主張をもって彼らと議論し、いかなる知性をもって彼らを理解し、いかなる知恵をもって彼らを指導し、いかなる正義をもって彼らを分け隔てなく扱い、いかなる辛抱強さをもって彼らを忍び、いかなる巧妙をもって彼らを分割し、いかなる知識をもって彼らを支配しましょう。さらに、いかなる力をもって彼らを攻め、いかなる足で彼らを踏みつけ、いかなる才能をもって彼らを議論において打ち負かし、いかなる軍隊をもって彼らと戦い、いかなる好意をもって彼らの友情を得ましょう。なぜなら、神よ、彼らと対抗し、彼らを征服し、彼らを支配するための資質が私には全くありません」。

タバリーの一節では、突然重大な使命を明かされた若者の狼狽えぶりが、「いかなる……をもって」、「いかほどの……をもって」(*bi-ayyi*)の畳み掛けによってよく表されている。ニザーミーのアレクサンドロスも、布教をする際の言葉や武力の問題、人々を説得する方法などについての不安を天使に訴えているが、ただの人間の無力さと神の全能の対照が、アラビア語の伝承ほどには強調されていない。

アレクサンドロスの問いに対する天使の答えは、以下の通りである。

才知ある美声の天使は、アレクサンドロスにこのように答えた。

「汝の威光は世の隅々まで、有形無形に行き渡る。

西の果てには砂漠を彷徨う民がいる。巡礼を捨てたがナースィクと呼ばれる。

東の果てには天使の気質の民がいる。彼らこそマンサクという名が相応しい。

ある民は海のごとく南を占領している。祖先はハービールであったという。

またある民は北の気候帯を住みかとする。その礼儀正しさのためカービールと呼ばれる。[125]

汝が強馬を走らせ、白人や黒人の国を通り過ぎ、
ナースィクからマンサクまで軍を率い、さらにハービールからカービールまでの道を見出せば、
万人が汝の権威の前にひれ伏し、背く者は汝に打ち負かされるであろう。

逆徒が汝に立ち向かうことはできず、汝の地位を奪える者はこの世にいない。

汝は幸運の星の下の柘榴石。[126] 月や木星のごとく夜を照らす。

天頂にある汝の光がゆき届く処では、全ての宝庫の錠や閂が開かれる。

何かを成し遂げる時は、自らの主（神）を隠処とせよ。

軍をどこへ率いるにせよ、君主の中の君主（神）を隠処とせよ。

さすれば汝に災難が降りかかることも、汝や汝の兵に害が及ぶこともない。

見知らぬ道を行く際に、前衛と後衛が必要であらば、
汝が望む処へどこへでも、光と闇が従おう。

光は前方、闇は後方、汝には（敵が）見えるが、汝は誰にも見えない。

汝の信仰から遠ざからない者には、かの光を分け与えよ。

だが汝にもかかわらず酩酊している者がおれば、彼らに覆い被さるよう暗闇に命じよ。
かの暗闇の中の影のように、苦痛と暗黒に呑み込まれるよう。
手綱を取りさらに進み、諸国征服に向かって行軍する際、
汝が出会うどの民も、異国語を話すであろう。
だが汝を導く助力者の神感で、あらゆる国語を口に出すことができるだろう。
どの国においてもその言語が分かり、どの宮廷の言葉も覆い隠されまい。
汝がルーム語で話しかけても、聞き手は通訳無しで解するだろう。
かくなる神の奇跡は汝の善の証拠。だが敵にとっては難儀なこと[127]」。

地上の東西南北の果てに住む諸民族、マンサクとナースィク、ハーウィールとターウィール（上の一節ではハービールとカービールになっている）への言及は、タバリーでは神とアレクサンドロスの対話の初めの部分にあった。また、神がアレクサンドロスの前衛に光を、後衛に闇を従わせ、各国の言葉を解する能力を与えるという記述は、前にも挙げたタバリーの次の一節に基づいている。

「汝に負わせた重荷に耐えられるようにしてやろう。まず汝の胸を開き、全てを受け入れられるようにしてやろう。また、汝の知性を開き、全てを解することができるようにしてやろう。全ての言語が話せるよう言葉を与え、全てが耳に入るよう聴覚を鋭くし、全てを見通すことができるよう視力を伸ばしてやろう。汝が全てを支配できるよう力を与えよう。何ものも汝から逃れないよう数を数えてやろう。汝が何事も見落とさないよう注意を払ってやろう。何ものも汝を襲撃しないよう汝の（軍の）背後の防備を固め、何ものも汝を打ち負かさないよう隅を強化し、そして何ものも汝を動揺させないよう中央を警固してやろう。光と闇を汝に従わせ、

汝の軍隊の兵としよう。光は前方で汝を導き、闇は背後から汝を守るであろう。汝の判断力を高め、汝が何ものをも恐れることがないようにしてやろう。汝の前方の道を平し、汝が全てを乗り越えられるようにしてやろう。汝の力を強靭にし、全てを打ち砕くことができるようにしてやろう。畏敬の念を起こさせる容姿で汝の身を包み、何ものも汝を求めることがないようにしてやろう」。

暗闇が不信心な者どもを呑み込み、懲らしめるという段は、すでに上に引用した通り、この一節のさらに続き、つまり二本角が実際に世界中の人々を改宗させる旅に出た後の部分にあるが、ニザーミーではそれが神の啓示の一部とされている。

タバリーが挙げる伝承では、預言者としての使命の「重荷に耐えられるように」と神が二本角に与える様々な能力が、冗長なまでに列挙されており、無力で未熟な青年の心、知性、聴覚、視力、容姿などを神が自らの手で陶冶してゆく様子が描かれている。一方、ニザーミーは前者の中から、光と闇の部隊を従わせることと、いかなる異国語を話す人々とも通訳無しで意思の疎通ができるようにすること、つまり預言者の証として最も顕著な部分だけを取り上げている。

このように、アレクサンドロスが神から受けた啓示の部分についてニザーミーとタバリーを対比させると、前者が後者の『タフスィール』の中の神と二本角の対話の部分（あるいはそれと同系の伝承）を参照していたことは、おそらく間違いないことが分かる。ニザーミーはこの啓示のエピソードを、アレクサンドロスが預言者として再び布教の旅に出るきっかけとして、物語の中に組み込んでいる。言い換えれば、この部分は、征服者、そして哲学者の段階を経た上で預言者となるという主人公の成長の最終過程への導入部となっている。

しかし、神の力の偉大さに接した無力な若者の狼狽ぶりが強調されているタバリーの伝承に比べると、啓示自体のインパクトが、物語の中に取り入れられたことによって薄らいでしまっていることは確かである。上にも述べたように、ニザーミーのアレクサンドロスは、物語の第一部ですでに「アブラハムの教え」の布教者として描かれている。天啓が下る以前から、自らの信仰心に駆られて、拝火教を排し、人々を正しい宗教へと導いてきているのである。

ただしニザーミーの作品におけるアレクサンドロスの、征服者としての遠征（第一巻『栄誉の書』）と預言者としての旅（第二巻『幸運の書』後半）の大きな違いは、後者の部分には戦闘や破壊の場面がほとんどないことである。[128] 啓示を受けて旅に出た直後に、聖地エルサレムで信徒を抑圧する敵を倒すという場面はあるが、その後はヨーロッパ（*Afranja*）とアンダルシアの人々に教えを広め、各地に礼拝所を建てながら西へ進む。[129] 西の荒野の洞穴に住む野蛮な狩猟民族に正しい信仰と行為規範を伝える際も武力は用いず、彼らの話を聞いた上で、「自らの慣習と規範を彼らに教え、自らの信仰を以て彼らの知の光を灯した」。[130] また、南の土地の頭蓋骨崇拝の村では、胡麻油に投げ入れた人間の頭を切って脳や神経を抜き、脂を落とし乾燥させたものを叩いて占いをするという蛮習を止めさせ、「神と預言者の宗規」（*hisāb-i khudā'ī va payghambarī*）を教示した。[131] インドのカンダハルの偶像崇拝寺院では、鳥が運んできた宝石を目に嵌めこんだ金の偶像の不思議な由来に感動し、それを破壊せずに東に向かう。[132] その先の中国では、話し合うことによって皇帝を改宗させ、[133] さらに北へ向かう。水銀の川が流れる銀の砂漠を通り、辿り着いた山の上には敬虔な民が住んでおり、彼らはアレクサンドロスを預言者として迎える。この民にヤージュージュの脅威について訴えられ、アレクサンドロスはその攻撃を防ぐ壁を建てる。[134] 最後に、門も鍵もなく、見張りもいない天国のような町に着き、そこに住む正直で敬虔な人々との問答の末、アレクサンドロスは旅を続けることを止め、天からの「帰れ」という声に従って祖国に戻ることにするが、帰途病に倒れ、命果てる。[135]

世界を西、南、東、北と回り、ヤージュージュを封じ込める壁を建てた後に、門も鍵も必要のない正直者の人々と問答をするという旅の順序は、前述のタバリーにある伝承の二本角がとった道と同じである。しかし、信仰に背を向ける者たちに対して神に与えられた暗闇の軍隊を容赦なく嗾ける聖戦の闘士二本角と比べると、『幸運の書』のアレクサンドロスの布教活動は極めて平和的で、新たな民族に出会う度に、彼らの生活や環境や信仰について話を聞いた上で、真の教えに対して彼らの心を開かせている。またアレクサンドロス自身も、未知の世界で神の様々な神秘に触れることによって、自らの心を拡げてゆく。鳥が運んできた宝石を天の賜物として崇め、金の神像の両眼に嵌めこんだという、その強い信仰心に敬意を払い、インドの偶像崇拝者をさえも許容するまでの雅量を持った人物に成長しているのである。ニザーミーがここで描こうとしているアレクサンドロスとは、力による威圧でなく、親交によって人々を神の道へと導く、寛容で情け深い預言者である。

天国のような町での敬虔な人々との問答のエピソードは、アレクサンドロスが預言者としての使命を続行することを断念するきっかけとなったという意味において、非常に重要である。この町には城門もなく、家々や店には鍵も錠もかけられておらず、果樹園や牧地には番人がいない。これほど安穏に暮らすことができる理由をアレクサンドロスが問うと、町の住民は彼らの生活の規範について答えた。この町の人々は嘘をつかず、神の為すことに逆らわず、不自由な者を助け、他人の不幸を喜ばず、盗みはせず、豊かに実る畑を神に感謝し、他人の悪口は言わず、人を悪に導くようなことはせず、争いや流血を好まず、悲しみも喜びも互いに分かち合い、金銀に惑わされず、他人を利用せず、野山の恵みをみだりに採らず、若死にせず、他人の行いを詮索せず、運命を恐れたり神が為すことを疑ったりしないという。

この理想郷に人間の共同体のあるべき姿を見たアレクサンドロスは、この信仰深い人々に神の教えを伝える必要がないことを認める。

これぞ人の道なら我らは一体何にならってきたのか。人間とは斯くあるべきなら我らは一体何者なのだ。

（神が）我らを海や野に向かわせたのは、この地へ辿り着かせるため。

獣のような者どもの習俗に嫌気がさし、この美徳ある人々の慣わしに習うように。

これなる民に先に出会っていたなら、再び世を放浪することもなかったであろう。

山頂の片隅に座し、身を引き締め神を拝んでいたであろう。

この地の風習より我の規範が優れているということはなかったのだ。我の信仰はこの信仰以外のなにものでもなかったのだ。

斯様な信仰と敬虔を目にしたので、預言の使命はすっかり頭から離れた。

自らの公正な目を以て彼らが公正であることを認めたので、測り知れない賞賛と銀貨を与えた。

そして彼の国を快く離れ、河のごとく軍を野に放った。(136)


地球の隅から隅まで旅をし、それまでに遭遇してきた民族は、武力の点においても、信仰心においてもアレクサンドロスを抜きんでるものはなく、皆彼に服してきた。しかし、この町の人々の廉直な生き方と敬神の念に触れてアレクサンドロスは、初めて自らの劣性を認め、恐れ入る。彼を預言者として選び世に送り出した神の真の意図が、正しい教えを地上に広めさせるためだけでなく、実はアレクサンドロス自身の限界を悟らせるためであったことに気づくのである。

すでに上に見た通り、タバリーの『タフスィール』においても、二本角アレクサンドロスは「公正で穏健な人々」に出会い、その人々の様子を見て驚嘆し、彼らに様々な質問を投げかける。ニザーミーはこの逸話に関しても、二本角への啓示の部分と同様に、タバリーの『タフスィール』を参考にした可能性は考えられる。しかし、タバリーにおいては、二本角とこの敬虔な人々との問答が終わったところで伝承が途切れている。二本角がその体験をどのように受け取ったのか、その後も布教の旅を続けたのか、それとも引き返したのか、などということは何も言及されていない。

この点においてもニザーミーは、この話を物語全体の流れの中に巧みに組み込んでいるといえよう。征服者としても預言者としても、地上の隅々までを制したはずのアレクサンドロスが、この理想郷に来て初めて自分と対等、さもなくば自分より優れた人々に出会い、神の崇高な意志と自らの限界を悟るという展開にすることによって、作者はこの挿話の教訓的な意味合いをより強調しているのである。

さらにこの敬虔な人々との出会いは、アレクサンドロスの預言の旅の終わり、そして死が近づいていることの前触れでもある。すぐ後に続く節で、天からの声が次のようにアレクサンドロスにギリシアへ戻るように告げる。

> 天の声が彼の耳にこのように届いた。「これより先に進むなかれ。
> 汝はこの世の果てまで駆け巡った。出発点へと引き返すのだ。
> スィカンダルと書き手が記せば、五文字に過ぎぬと心に留めよ。[137]
> 汝は山々や深海に至るまでもう十分に、この五文字の名において五度(ごたび)の時鼓を轟かせた。[138]
> 憂き世の勤めから五指を引き、五月(いつつき)の間に家路を急げ。
> この地から生きてギリシアに帰るなら」。酔い痴れた聞き手は正気になった。[139]

この天のお告げによってアレクサンドロスは、たとえ神に特別な力を与えられた預言者であろうとも、命に限りある人間以上の存在ではないことを知らされる。

ここで、「五文字」（*panj harf*）、「五度の時鼓」（*panj nawbat*）、「五指」（*panja*）、「五月」（*panj mah*）と、五が

つく言葉が五回重ねられているのは、この数字がイスラームの数秘学において重要な意味を持つためだけではなかろう[140]。おそらくニザーミーは五という数字で、自分自身が生涯に手がけた五つの長篇叙事詩を暗示しているのである。この『アレクサンドロスの書』は、彼の「五部作（ハムザ）」（またの名を「五宝（パンジ・ガンジ）」）を締めくくる最後の作品で、六三歳の頃に書かれたものである。その物語もいよいよ終盤にさしかかっているこの箇所でアレクサンドロスに下される、「汝は山々や深海に至るまでもう十分に、この五文字の名において五度（ごたび）の時鼓を轟かせた。／憂き世の勤めから五指を引き、五月（いつつき）の間に家路を急げ。／この地から生きてギリシアに帰るなら」という警告は、年老いた詩人自らに対する戒めとも読み取れる。ニザーミーはここで自分自身に、「五篇もの大作を編み、もう充分に詩人としての名声を博したではないか。これ以上大望は抱かず、死すべき運命を受け入れる準備をせよ」とでも言い聞かせているように思われる。

　このように、本節では、ニザーミーの詩の中のアレクサンドロスについて、特に彼の宗教的側面が現れている部分を取り上げた。まず第一巻『栄誉の書』においてアレクサンドロスは、この世に「アブラハムの教え」を広めようとする信仰心に駆られて、布教のために諸国を攻略する征服者として登場した。さらに第二巻『幸運の書』で、天使に導かれ預言の旅に出た彼は、今度は力でなく、寛容と情けによって出会った諸民族を神の道へと導いてゆき、最後に、天からの声によって人間としての限界を諭され、その使命を終えている。

　上の考察を通してニザーミーが、ゾロアスター教伝承、フィルダウスィーの『王書』、タバリーの『タフスィール』などの中の様々なアレクサンドロス伝を材料としながらも、それらを単に継ぎはぎにするのではなく、物語の構成要素として解釈し直し、修整を加え、イスラーム的英雄としてのアレクサンドロス像を形成している様子が明らかになったと思う。

　ユダヤ教徒はアレクサンドロスに神の国を地上にもたらすメシアを見た。キリスト教徒はアレクサンドロスをイエス・キリストの先駆者と見なした。このようにユダヤ・キリスト教徒たちによってすでに神聖視されたアレクサンドロスを、イスラーム教は自らの宗教の擁護者、布教者、預言者二本角として受け入れたのであった。

ただし、先行する一神教とイスラーム教が大きく異なる点は、イスラーム教徒たちは実際に、アレクサンドロスが征服した地域と大部分が重なる、巨大な帝国の支配者となったということである。二本角アレクサンドロスは、救世主的な、いつかくる理想時代の神の国の君主ではなく、ムハンマドやその教友たちの現実のモデルとなり得た世界征服者の原型である。初期のムスリムたちは、まさに東奔西走し神の教えを広める二本角の天命を、自らの聖戦に重ねてみることができた。例えば、タバリーが記録している伝承にある、光と闇の部隊を動員した二本角の遠征の描写は、特に八世紀末から九世紀初め頃に書かれた「征服物語」(*Kitāb al-maghazī*. ムハンマドとその軍の事跡を記録した軍記物)のジャンルを想起させ[141]、アラビア半島から北へ、東へ、西へと版図を拡大していったイスラーム軍の勢いをまさに象徴的に表しているといえよう。逆にいえば、アレクサンドロスという歴史的人物が内包する戦闘的な側面が、イスラーム勃興期の聖戦のコンテクストにうまく当てはまったのであろう。

しかし二本角アレクサンドロスは、攻撃的なだけではない。ヤージュージュとマージュージュの侵攻を防ぐ壁を建造する話が、二本角にまつわるエピソードとして、『クルアーン』をはじめとする様々なテクストに含まれていることからも分かるように、信者共同体を外敵から護る守護者としての役割も重要であった。

こうしてイスラーム教を広め、そして護るための権能を神に与えられた二本角アレクサンドロスであるが、彼の飽くなき野心は、教訓の対象とされずにはいられなかった。イスラーム世界の著述家は、アレクサンドロスが生命の泉を発見することに失敗し、早死にしたことを、人間が免れ得ない死を拒むおこがましさに対する警告と見た。もちろん、アレクサンドロスを野望の象徴と見なすのはイスラーム教独自の解釈ではないが、この点に関しては、中世ヨーロッパのキリスト教神学者たちほどアレクサンドロスに対して批判的ではないように思われる。キリスト教神学者の否定的なアレクサンドロス観が、主に彼の無謀な天空飛行エピソードに基づいているのに対して、上に見たように、二本角の昇天は神に導かれた啓示とされていた。

さらにもう一つ明らかになった重要な点を指摘したい。上述したように、『クルアーン』の二本角においては、アレクサンドロスにまつわる歴史的な文脈は、抜け殻のように完全に脱ぎ捨てられているかのように見える。しかし、サァラビーの預言者二本角伝は、アレクサンドロスに関する年代記的情報を積極的に取り入れており、歴史家ディーナワリーのアレクサンドロスは、偶像崇拝から回心し、地上の東から西の果てまで唯一神信仰を広めた王として描かれていた。そして、ニザーミーのアレクサンドロス物語は、両方の要素をその叙事詩の中で充分に展開させていた。つまり、『クルアーン』以降の宗教文学においても、歴史叙述においても、あるいは文学作品においても、聖別された二本角と歴史的人物であるアレクサンドロスは、常に切っても切れない密接な関係にあったのである。

最後に、中国、日本に受容された二本角伝承について少し触れておこう。[142]

ズ・ル＝カルナインは、宋代の趙汝适撰の地理書『諸蕃誌』（一二二五年）に、「徂渇尼」（*dzo-k'at-ni*. Dhū'l-qarnayn の音訳）として、また明の王圻の撰である図説百科事典『三才図会』（一六〇七年）にも「狙葛尼」として表れる。

『諸蕃誌』における「徂葛尼」に関する記述は、「遏根陀国」（アレクサンドリア）の項目に含まれている。そこには、「異人徂葛尼」が建てた「大塔」、即ち、世界の七不思議の一つとされたファロス島の大灯台のことが詳しく記されている。[143]『三才図会』の王圻は、その抜粋を、「勿斯里国」（misr. エジプト）の項に挙げている。[144]『三才図会』には、もう一カ所「狙葛尼」が登場する条があるが、ここでは、そちらに注目したい。それは、「沙弼茶国」という日没の地に関する記述である。大阪の医師、寺島良安が編んだ『和漢三才図会』（一七一二年）の「沙弼茶」の項は、『三才図会』をほとんどそのまま引用しているので、それを次に挙げる。

三才図会云わく、其の国前後に人の到ること無し。唯古来聖人有り。狙葛尼曾て到りて遂に文字を立つ。其の国太陽の西没するの地に係り、晩に至りて日の没する聲、雷霆のごとし。国王、毎に城上に於いて千人を聚め、角を吹き、鑼を鳴らし、鼓を撃ち、日聲と混雑せしむ。然らずんば、則ち小児、驚き死す。[145][146]

『三才図会』および『和漢三才図会』（図8、図9）によると、「狙葛尼」は昔の「聖人」であり、後にも先にも訪れる者がなかった日没の地「沙弼茶国」に文字をもたらした。その地では、日が沈むときの大音響が雷のようで、小さな子供はその音に驚いて死んでしまうので、その音を紛らわすため王は楼上に千人もの人を集め、角笛、銅鑼、太鼓を鳴らさせたという。

日没の頃の大音響についての部分は、『諸蕃誌』の「茶弼沙国」に関する一節にその源泉があるようだが、以下に挙げるその日本語訳に見るように、そこには、狙葛尼が文字をもたらしたという記述はない。

茶弼沙国は都城が一千余里四方あり、国王は軍服に身をかため金帯をしめ、金冠をかぶり、黒い鞋をはいている。（中略）茶弼沙国は光り輝く国で、太陽が沈むその地にあたっている。夕方、日が沈む頃ともなれば雷霆よりもすさまじい響きをたてるので、いつも千人ほど城門に集め、一斉に角笛を吹き銅鑼を鳴らし太鼓をたたかせ、太陽の沈む音響を弱めている。そうでもしなければ、妊婦や小さい子供たちは、太陽の音響に驚いてショック死してしまう。[147]

アラブ地理書などにおいて、西の果てにはジャーバルサーJabalsāという国があるとされ、「茶弼沙国」（あるいは「沙弼茶国」）は、このジャーバルサーに比定される。[148]

このジャーバルサーとアレクサンドロスに関わる地理書の系譜の情報については、別の機会に取り上げることにして、ここで気になるのは、狙葛尼の「神聖化」についてである。『諸蕃誌』で徂葛尼は、並外れた優れた人、あるいは外国の人という意味の「異人」とされていた。元の周到中撰『異域志』巻上にも、「沙㢸茶国すなわち太陽西没の地。異人有り。名は狙葛尼。此れ到りて遂に文字を立つ」とある。[149] しかし、『三才図会』および『和漢三才図会』では、狙葛尼は「聖人」となっているのである。「聖人」という語には、未開の地に文明の象徴である文字

図 8　沙㢸茶国『三才図会』人物十二巻

図 9　沙㢸茶『和漢三才図会』外夷人物巻十四，二十二

をもたらしただけでなく、宗教的な啓発・教化も行ったという意味合いが含まれている。まさに、日没の地に神の教えをもたらした『クルアーン』の二本角を意識せざるを得なくなる。二本角アレクサンドロスの「預言者」としての側面が、中国や日本の文献にも伝わっていたということである。[150]

III

哲人王アレクサンドロス

一世紀もたたない間にアレクサンドロスが支配した領域とほぼ重なる巨大な帝国の支配者となったアラブ・ムスリムの指導者たちは、元来は商人や遊牧民の社会に根を持つ人々であり、「帝王学」の伝統とはあまり縁がなかった。イベリア半島・北アフリカからトランスオクシアナまでの領地に住む様々な民族を治める原理の根幹にはイスラームという宗教があったわけであるが、彼らは先行する文明が蓄積した統治のための実用的な知識をも取り入れていった。その過程において、ビザンツやササン朝の王権と統治に関する理想や君主道徳が、アリストテレスがアレクサンドロスに宛てたとされる忠言の手紙の形でイスラーム世界に受容された。

図1　アリストテレスとアレクサンドロス
イブン・ブフティシュウ『動物誌』挿絵，13世紀。

アリストテレスとアレクサンドロス。この哲学者と征服王の組み合わせは、第I部で見たようにすでに古代において一つのトポスとなり、その後中東の教訓文学においても切っても切り離せない仲となった（図1）。特に「君主の鑑」——本章で見るようにそれはアラブのアダブ（*adab*）、またはペルシアのアンダルズ（*andarz*）にあたる——のジャンルにおいてはアレクサンドロスとアリストテレスは、王子とその師、あるいは賢王とその大臣のいわば典型として描かれている。これらの作品の中では王権と統治に関する理想や君主道徳が、アリストテレスがアレクサンドロスに宛てた手紙や忠言などの形で説かれる。さらに、アレクサンドロスとアリストテレスは、賢者の伝記や金言・格言を集めた知恵（ヒクマ *hikma*）の書の類にも対として現れることが多く、知恵文学の広まりとともにこの模範的師弟あるいは君臣のイメージもより広く普及した。そして、これらのアラブの教訓文学はペルシア語で書かれたアレクサンドロス物語におけるアリストテレスとアレクサンドロスの描写にも影響を与えた。

この第Ⅲ部では、アリストテレスがアレクサンドロスに宛てたとされる忠言の手紙の受容の過程を明らかにするとともに、哲学者列伝、「君主の鑑」、格言集といった教訓文学に理想の君主、哲人王として登場するアレクサンドロス像を探る。

第1章 「君主の鑑」文学におけるアレクサンドロス

1 「君主の鑑」とは

理想的君主として国家を公正かつ賢明に治め、社会に安定と秩序をもたらすために統治者が心得るべき事柄を説いた書物――それをドイツ語で Fürstenspiegel、英語では mirror for princes と呼ぶ。「君主の鑑」はその訳語としてあてられた言葉と思われる。

君主の教育を目的としたこのような書物は、王制を持った様々な文明圏において様々な形で書かれてきた。イスラーム世界においても支配者の統治の手引きとなるような作品がアラビア語、ペルシア語、トルコ語などで記された。これらを論じる際、欧米の研究者は（英語の場合）Islamic mirror for princes という呼称をよく用いる。

しかし、果たして我々はこの mirror for princes という用語自体が抱えるヨーロッパ的な背景を考慮せずに、アラブ・ペルシア文化圏の知的産物をこのジャンルの枠の中に閉じ込めてしまってよいのだろうか。イスラーム世界の言語ではこの類の作品を指す場合どのような表現を使うのか。「君主の鑑」という日本語をあてる場合、「鑑」の語が歴史的に持ってきた意味は何かということも意識しなくてはいけないのではないか。また、「鏡」というモノとその機能に、異なる文化圏の人々が見出してきた象徴性の共通点および相違点はどこにあるのか。「君主の鑑」という用語を用いる限り、このような問題を無視するわけにはいかないであろう。そこで東西の文学の中で書物の標題として象徴的に用いられた「鏡／鑑」について、まず言及しておこう。[1]

「鏡」という言葉は、中世文学において書物の標題の一部として好んで使われた。ヨーロッパにおいては一二世紀末頃から題に *Speculum*（ラテン語で鏡）を冠した作品が現れ始める。その代表的な例としてはフランスの著作家ヴァンサン・ド・ボーヴェ Vincent de Beauvais（一一九〇頃―一二六四年）の『大鏡』*Speculum majus*（一二四七―五九年）やイギリスの詩人ガワー Gower（一三三〇頃―一四〇八年）の『人間の鏡』*Speculum meditantis*（一三七六―七八年頃）などが挙げられる。

前者の『大鏡』は「理論の鏡」「自然の鏡」「歴史の鏡」の三部からなり、それぞれの主題に関連した様々な文献からの引用がまとめられた膨大な百科全書的な体裁をとっている。この題の「鏡」とは、人間界・自然界の事象の真像をあらゆる側面から映し出したもの、真に迫った叙述というような意味を表している。ガワーの作品の方は、堕落した人間の美徳と悪徳を韻文で語った寓意物語で、この場合の「鏡」には、手本または模範を示すものといった教訓的・倫理的な意味合いがこもっている。

一二世紀末に記されたニゲルス・ウィレカー Nigellus Wireker（一一三〇頃―一二〇〇年頃）の『愚者の鏡』*Speculum stultorum* の題にも教訓としての「鏡」が使われている。その序文はこの題についてこう説明している。「これ（書物）がこのような標題をもつ所以は、愚か者たちが他人の愚を見て、いわばそれを鏡とし、その鏡をのぞいてみずからの愚を改めるようにというところにある……」。

上に挙げたような「鏡物」は、一五世紀中葉に活版術が発明されヨーロッパ各地に印刷所が設立され始めた時代に、早くから出版物として世に出た。また同じ頃からこれらは教養語であったラテン語からフランス語、英語などの自国語（ラテン語に対する俗語）に訳されてゆき、やがて各国の言葉でも執筆された。

こうした中世ヨーロッパの教訓的な「鏡物」の中から、君主のために書かれた、いわゆるMirror for Princesが現れる。「君主」と「鑑」の両方を組み合わせた標題が使われている最も早い例は、ヴィテルボのゴットフリートGottfried von Viterbo（一一二五—一一九一／九二年）の『王の鏡』*Speculum regum*（一一八三年）であるといわれている。[2] これは若きハインリヒ六世（ドイツ王一一六九—一一九七年、神聖ローマ皇帝一一九一—一一九七年）のために書かれた世界史であった。[3] 統治のための指南書というより歴史書であるが、「鏡」に映し出した過去を、現在の王の模範あるいは訓戒とするという概念は、後述する中国の「鑑」に通じるものがある。

過去の君主たちの没落を描いた『統治者の鏡』*Mirror for Magistrates*などは、王侯貴族の娯楽と教訓を兼ねた作品の一例である。この作品はイギリスのヘンリー八世の治世の一五五九年に初版が出て、一六世紀を通して幾度も加筆、再版され、シェイクスピアなど多くの作家がこれに題材を得たという。

また、キリスト教的モラルに基づいた君主論を説いたローマのアエギディウスÆgidius Romanus（一二四七頃—一三一六年）の『君主の統治』*De regimine principum*（一二九〇年）のフランス語訳『模範の鏡』*Miroir exemplaire*（または『君主の統治』*Gouvernement des princes*）は一五九九年に現れている。

なお、二〇世紀初めのドイツにおいて「君主の鑑」に関する研究が博士論文も含めていくつか現れているが、特に一九三〇年代に集中していることに、当時のドイツの政治思想的な背景が絡んでいるようで興味深い。

一方、東アジアの漢字文化圏では「鑑」という字は、もともと水をはった皿を覗き込んだ目の象形から派生したものである。水鏡で自らを省みるという行為から、唐の太宗が「古を以て鑑と為す」と言ったように、歴史と照らし合わせて現在を顧み、過去を現在の鑑戒の材料とするという観念が生まれ、ひいては、司馬光の『資治通鑑』（一〇六五—一〇八四年）や范祖禹『唐鑑』（一〇八六年）のように、歴史書そのものを鑑の字をつけて呼ぶようになる。司馬光はもともと「通志」と題するつもりであったところを、皇帝神宗から「通鑑」の名を賜わったという。そこには、史実を正確に記述して、それに儒教的な道徳判断を加え皇帝の施政の鑑にしようという編集の意図が読み取られる。

日本のいわゆる「鏡物」と呼ばれる歴史物語の『大鏡』『水鏡』『増鏡』『今鏡』といった命名も、こうした歴史を鑑と見る観念の影響を受けたものであろうが、移り変わる人の世を映し出す、という意味も含まれているかもしれない。

中国の鑑風史書が現れ、日本の鏡物がその影響を受けながらも独自の発展を遂げた一一世紀末から一四世紀頃までが、西洋中世ラテン世界において *speculum* 文学が花開く時代と重なることは大変興味深い。

このような、時代を鳥瞰的に眺める視点からイギリスで Mirror for Magistrates が普及した一六世紀後半の中国を見てみると、明の張居正が、鑑とすべき中国古代の帝王の善行・悪行を図とともに説明した『帝鑑図説』（一五七二年）を記している。日本ではこの『帝鑑図説』は豊臣秀頼によって慶長一一年（一六〇六年）に刊行され、以来徳川幕府の為政者の必読書として広く読まれた。また、この書をもとにした帝鑑図が山楽や探幽をはじめとする狩野派の筆によって屛風絵や城郭の障壁画としてしばしば描かれた（図2）。

図2　狩野山楽，帝鑑図屛風のうち「拒関賜布」

鏡の持つ象徴性が中世の文学において歴史と王権に密接に結びついたものであったということが、おぼろげながら見えてきたのではなかろうか。「鏡／鑑」という言葉が手本・模範といった道徳的な意味合いを持ち、過去・歴史を認識する概念の一つとして働いていたことは、中世のヨーロッパ・キリスト教世界と東アジアの儒教世界において共通しているようである。過去は書物に記されて、「鏡／鑑」と称され、君主はそこに映し出された古の王たちの所業を統治の手本としたのであった。

2 アダブ文学と先行文明の影響

さて、東洋と西洋の「鏡物」について巨視的考察を行ってみたが、それではその間に位置するイスラーム世界においては、「君主の鑑」に相当するジャンルはどのように発展したのであろうか。

中世イスラーム世界においては、君主や支配者の心得を説いた書物がアラビア語、ペルシア語、トルコ語で、行政を司る書記階級であるクッターブ（*kuttāb*. 単数形カーティブ *kātib*）や宗教諸学の学者ウラマー（*ʿulamāʾ*. 単数形アーリム *ʿālim*）などによって書かれた。それらは各時代・地域の政治・社会的問題に応じた「統治マニュアル」でもあり、より普遍的な君主のための倫理書でもあった。ただし、この類の作品を欧米の研究者に倣って「君主の鑑」というカテゴリーのもとに分類するには注意が必要であろう。前述した通り、この名称がイスラーム世界に生来のものではないからである。

アラビア語ではこれらは「アダブ」（*adab*）の領域に入る。アダブとは現在は主に文学・文芸を指すが、この言葉の意味範囲は時代によって変化を遂げてきた。アラブ文学史においてジャンルの枠組みとしてよく使われるにもかかわらず、実際には定義づけが非常に難しい概念であり、この言葉の意味をめぐって様々な議論が交わされてきた。[4] ここではこの問題自体には深く立ち入らず、アダブを「上層階級の者が身につけるべき礼儀作法、教養」という意味において捉えることにする。

アラブ散文文学の始まりとも深く関わるイスラーム初期のアダブの書は、統治者や有力な文官などの知性と精神の形成のために記されたもので、まさに西欧の「君主の鑑」に近いといえる。

イスラーム勃興以来アラビア半島の外へと急速に版図を広げ、北アフリカ・イベリア半島から西北インドまでの広大な領域の主となったアラブ・ムスリム支配者は、イスラーム教の理念に基づいた規律と統制によって巨大な帝国を治めた。しかし、『クルアーン』やハディース（伝承）に拠ったイスラーム法体系の確立が進むと同時に、統治者の養成、特に君主の徳育と知育においては、ムスリムが征服した地域にそれまで君臨していたササン朝ペルシアやビザンツの帝王学・倫理学の伝統が、アラビア語への翻訳を通して取り入れられていったのであった。ことにササン朝の宮廷文学がアラブのアダブに与えた影響は多大なものであった。

イスラーム以前のイランは帝王学の長い伝統を持っており、知恵者が君主に、あるいは王が王子に処世哲学、君主道徳を説くパンドまたはアンダルズ文学（*pand, andarz.* 教訓、助言の意）や、君主に相応しい品行の規範や宮廷作法・儀礼を示したアーイーンの書（*āyīn-nāmag*）といったジャンルが存在した。[5]

そしてこれらのササン朝ペルシアの知恵の書がイスラーム世界へ継承されるのに大きな役割を果たしたのがイブン・アル＝ムカッファアであった。

（1）イブン・アル＝ムカッファア

イブン・アル＝ムカッファア Ibn al-Muqaffaʻ（七二〇頃―七五六年頃）はアラブのアダブ文学の開花に最も貢献

した文人の一人としてよく挙げられる。彼はアッバース朝第二代カリフ、マンスール（在位七五四―七七五年）に仕えたイラン系のカーティブ（書記）で、彼の父はペルシア貴族の家系のファールス地方の地租徴税官であった。三六歳の若さで処刑されるまでにイブン・アル＝ムカッファアが手がけたパフラヴィー語作品のアラビア語への翻訳や、道徳・政治に関する彼自身の著作は、アッバース朝のアラブ散文文学の発展に大きく影響を与えた。(6)

イブン・アル＝ムカッファアが残した翻訳作品の中で最もよく知られているのは、インドの動物寓話集『パンチャタントラ』のパフラヴィー語版を流麗なアラビア語に訳した『カリーラとディムナ』*Kalīla wa Dimna* であろう。この作品はアラブの「君主の鑑」の祖と一般に見なされているもので、本章のテーマに深く関わるので少し詳しく紹介しよう。(7)

まず同書の由来であるが、その序章では、キスラー・アヌーシルワーン（ササン朝のホスロウ一世、在位五三一―五七九年、ペルシア語でホスロウ・アヌーシールヴァーン）の命によって、この書がインドよりペルシアにもたらされた経緯が王の宰相ボゾルジミフル（ペルシア語でボゾルグメフル）によって語られている。それによると、「ペルシア歴代諸王中、学識と知性と判断力において最も傑出し、科学と文学の神秘を探るために、最大の努力をした王の一人」であるアヌーシルワーン王は、「鳥・野獣・猛獣・爬虫類、その他地上に這うあらゆる動物の口を通して、確信をもって真理が語られている」、「しかも王が民衆の要望を叶え、自ら正義をもって統治にあたるためには、不可欠の書物」の存在を知ることになる。「インドの諸王は、重大な事態に臨んではそれを繙いて教訓を得ている」というこの作品がインドの王室にあることを聞き知り、王は是非それを自国の支配の規範にしたいと考え、この書を手に入れるために侍医のバルザワイヒをインドに派遣する。そしてバルザワイヒは異国での長年の苦労の末にやっと目当ての書物を探し出し、それを翻訳転写し、本国の王のもとへ持ち帰ったという。

形式としては『カリーラとディムナ』は、『千一夜物語』などと共通する「枠物語」の体裁を持つ。つまり、インド王ダブシャリームの問いに哲学者バイダバー（「ヴェーダ・パティ［ヴェーダを説く師］」の転訛）が答えるという大枠の中でいくつかの物語が展開する。各章の内容は章の初めに王が提示する質問――中傷によって引き裂かれた友情について知りたい、降服した敵を信頼してよいか、国王に望ましい態度とは何か、など――を寓話の中心テーマとして据えたもので、語り終わったところで哲学者が物語の教訓を示す。さらに各物語中の登場人物の会話の諸処には、小寓話や譬え話、諺、金言・格言が織り込まれている。これらの寓話中に挿入される寓話は、話主が言わんとする点を例証するもので、もとの話の流れから読者を逸脱させるほど長くはない。幾重にも重なる物語の渦の中で主体となる寓意が見失われてしまうということはない。

例えば、題名のカリーラとディムナとは、哲学者が王に話す最初の物語「ライオンと牛」に登場するライオン王に仕える二匹のジャッカルの名である。ライオンの庇護と友情を得た牛に嫉妬したディムナが、策略をもって双方に相手に対する敵意を掻き立て、遂にライオンに牛を殺させてしまうという第一話では、友情と信頼関係を破壊するような中傷や陰謀を正しい判断と堅固な意志によって警戒するようにという忠告が説かれている。

原話の『パンチャタントラ』ではディムナの野望が満たされ、ライオン王によって大臣に採用されるところで物語は終わるが、アラビア語訳では続く第二章に、ディムナが裁判にかけられ、その罪が明らかにされ、死刑に処せられるという「ディムナ事件の取調べ」の話が挿入されている。この部分は、原典の正しからざる結末に納得しない訳者イブン・アル＝ムカッファアが創作・加筆したものとする説が一般的である。野心に駆られ、欺瞞によって他人を陥れて利益を得た者は、必ずその悪辣な行為の報いを受けるという第二話の訓戒を通してイブン・アル＝ムカッファアが呈示しているのは、宮廷内政治における単なる処世術ではなく、正義・公正を根本的な道徳理念とした「アダブ」である。

このように、インドに起源を持つこの「知恵と娯楽の二つの要素から」なる教訓の書は、ササン朝ペルシアのパンド・アンダルズ文学を経由して、アラブ世界のアダブへ継承された。そしてさらにそこからヨーロッパへも伝わっていったのであった。この物語集がラ・フォンテーヌ（一六二一—一六九五年）の『寓話』に影響を与えていることは、よく知られている。(8)

『カリーラとディムナ』の訳者はその他にもパフラヴィー語の作品をアラビア語に翻訳したとされている。フィルダウスィーの『王書（シャーナーメ）』の拠り所となったとされるペルシアの歴代の王の伝記『王書』（*Khvadāy-nāmag*）のアラビア語訳『ペルシア列王伝』*Siyar mulūk al-ʻajam* や、ササン朝の宮廷の制度・慣習について書かれた『規範（アーイーン）の書』*Kitāb al-āyīn*、ペルシア王の勅語・訓令・勅令などを含んでいたとされる『王冠の書』*Kitāb al-tāj*、そしてササン朝の宗教改革者マズダク（五—六世紀）の生涯について書かれた『マズダクの書』*Kitāb Mazdak* などがそうである。ただしこれらはイブン・アン＝ナディーム Ibn al-Nadīm の『目録の書』*Kitāb al-fihrist*（九八八年）に記述が見られ、また部分的にイブン・クタイバ Ibn Qutayba（八二八—八八九年）の『情報の泉』*ʻUyūn al-akhbār* などに引用されているのみで、残念ながら翻訳自体は散逸している。

これらの翻訳以外にイブン・アル＝ムカッファア自身の倫理・政治論の著作もある。まず『大アダブの書』*Kitāb al-adab al-kabīr* は、君主および高官たちにそれぞれの身分に応じた作法や道徳観念を訓示したものであり、カリフの子息に統治の場において従うべき規範や君主に相応しくない性行に対する諫めを説いた「君主の鑑」の部分、また主君に直接仕える廷臣・大臣に主従関係における心得および適切な言動を示す節、さらに官僚同士の付き合い方に関する垂範などを含む。同書においてはイブン・アル＝ムカッファアは純粋な正義感ないし宗教心に基づいた倫理・道徳を一貫して通しているというより、むしろ宮廷政治における実際的な処世哲学を展開しており、そこに見られるのは、『カリーラとディムナ』の動物を主人公とした架空の物語で描いている理想よりも、現実世界に近い実践的な「アダブ」であるといってよいであろう。

イブン・アル＝ムカッファアは、カリフに宛てた『傍輩に関する書簡』*Risāla fī 'l-ṣaḥāba*（七五四―七五七年頃）も残している。こちらは一般的な徳育を意図したものではなく、カリフ・マンスールが直面していた具体的な政治問題――軍隊、イラク、法の改革、シリア、カリフの側近、徴税、アラビア、臣民の教育――に関する忠告を賛辞のオブラートに包んだ一種の意見書である。しかし、イスラーム帝国内の特殊な政情を主題としながらも、ここでも作者の見解にはイスラーム以前のイラン的な政治思想が要所要所に反映されている。

このように、ササン朝ペルシアの君主制のもとで長年培われてきたアンダルズ、アーイーンの伝統に精通していたであろうイブン・アル＝ムカッファアは、それを美しいアラビア語に置き換え、アダブ文学へと移植したのであった。そして彼の作品は以降のアダブの担い手となったイブン・クタイバなどの文人に影響を与え、またイラン系マワーリー（改宗者。単数形マウラー）が有力な地位を占めた書記階級に広く読まれた。

シュウービーヤ（イラン人など非アラブ民の民族自覚）の運動に対抗して独自のアダブの書を多く著述し、アラブ人文主義の勝利に貢献したとされるジャーヒズ al-Jāḥiẓ（七七六頃―八六八／九年）は、ササン朝の伝統を色濃く受け継いだ当時のアダブについて、『書記の道徳の非難』*Risāla fī dhamm akhlāq al-kuttāb* の中で次のように皮肉を込めて語っている。

> 書記どもは、ボゾルグメフルの格言、アルダシールの教訓、アブド・アル＝ハミードの書簡、イブン・アル＝ムカッファアのアダブをかじり、『マズダクの書』を知識の源とし『カリーラとディムナ』を知恵の宝庫とするや否や、自分が行政界のファールーク（真実と偽りを見分ける者、第二代正統カリフ・ウマルの形容辞）であると思い込むのである。(9)

ササン朝のアンダルズ文学そしてイブン・アル＝ムカッファアの作品が、行政官の教養書としていかに権威があったかが、逆に窺われる一節でもある。

さて、イブン・アル＝ムカッファア以降も様々なアダブの書、あるいは「君主の鑑」の類がもちろん登場するわけであるが、ここではアラブ文学におけるこの分野のその後の発展を追うのではなく、その土台となったウマイヤ朝におけるアダブ文学の起源を探ってみよう。まずは、統治者や書記官に道徳的・職業的規範を説いた散文作品を残したカーティブとしてイブン・アル＝ムカッファアの先駆者とされるアブド・アル＝ハミードについて少し触れよう。

（2）アブド・アル＝ハミードと書簡体文学

前述のジャーヒズの引用にも挙げられているアブド・アル＝ハミード ʿAbd al-Ḥamīd（七世紀末—七五〇年頃）はイラクから移住したイラン系のマウラーであったと推測されているが、その出生について確かなことは分かっていない[10]。ウマイヤ朝最後のカリフ、マルワーン二世（在位七四四—七五〇年）の主任書記官として仕え、同カリフがアッバース家に倒されて間もなく捕らえられ、殺されたと思われる。書簡体で記したラサーイル（*rasāʾil*. 単数形 *risāla*）をいくつか残しており、アラブ文学におけるリサーラ（書簡体文学）のジャンルを切り開いたパイオニアと見なされている。中でも君主の重臣として行政を司る書記の心得を訓示した『書記官に宛てた書簡』***Risāla ilā ʾl-kuttāb*** は最も有名である[11]。

また、カリフの息子で後継者とされていたアブド・アッラー王子宛てにカリフの名において書かれた書簡（七四五年）はアラブの「君主の鑑」の早い例として興味深い[12]。このリサーラは、勢力を増したハワーリジュ派の攻撃の脅威からカリフ位を守るための戦いにやむなく息子を送り出す際に、マルワーン二世が後継者のために書記アブド・アル＝ハミードに執筆させたもので、父カリフが出陣する王子に品行、政治、軍事について忠告を与えるという内容のものである。つまりこの書簡は、統治の場、および戦場における実際的知識を、経験の浅い王子に細部にわたって訓示する一種の指南書なのである。

第一部は為政者として心得るべき倫理的規範、外交儀礼、作法にあてられており、一般的な君主の心構え——用心深さ、思慮、つつしみ、寛容など——に続いて、側近の選び方、中傷に対する警戒、請願受理の方法、使節の取り扱い、威厳と平静を常に保つことの重要性、謁見の際の振る舞い方などについて具体的な指示が与えられている。例えば、公的会見においては話者から注意を逸らして他人をちらちら見てはならず、己の重臣たちをよく知り、欠席者がいれば理由を尋ね、一人の側近に頼ることは避け、やたらと質問をしたり話を中断してはならず、退屈や怒りを表に出してはならぬといった調子で、さらには、「唾を吐いたり、欠伸をしたり、げっぷをしたり、伸びをしたり、足を揺すったり、指をぼきぼき鳴らしたり、顔や髭や笏や剣の飾り紐をいじくってはならない……」等々、帝国の危機に際して施政と戦闘の場へ急に駆り出されるとはいえ、あまりの細かな諫言にうんざりする若い後継者の顔が目に浮かぶようでもある。書簡の第二部は軍事面に関する忠告で、無駄な血を流さず平和的に勝利を得る方法、諜報活動、軍隊の編成、戦略・武器・指揮官、その他について同じように詳細に説明されている。

アブド・アル＝ハミードのこの「君主の鑑」にもやはりササン朝ペルシアの宮廷儀礼や道徳的規範が取り入れられていることは間違いない。しかし文体はアラビア語独自の修辞的技巧を凝らした高度なもので、また、一部ギリシア修辞学やビザンツの戦術や軍隊編成の影響が見出されることもエジプトの作家ターハー・フサインやイギリスの東洋学者サー・ハミルトン・ギブらによって指摘されている。(13)

しかし、アラブの「君主の鑑」の起源は、実はこれよりさらに古いウマイヤ朝の第一〇代カリフ、ヒシャーム（在位七二四—七四三年）の時代に遡ることができるのである。アラビア語で書かれた最古の「君主の鑑」としてここで紹介したいのは、カリフ・ヒシャームの頃に書記のサーリム・アブ・ル＝アラーによってアラビア語に翻訳された、アリストテレスがアレクサンドロス大王に宛てて書いたとされる忠言・教訓をまとめた書簡集である。

3　サーリム・アブ・ル＝アラーの「アレクサンドロスに宛てたアリストテレスの書簡集」

アリストテレスのアレクサンドロスへの書簡というのは、実は偽書であるとされているが、第I部で見たようにギリシア・ローマ世界ではアリストテレスの著作として広く流布していた。イスラーム世界の「君主の鑑」や知恵文学などにおいて展開したアリストテレスとアレクサンドロスのトポスの源泉はそこにある。

アリストテレスのアレクサンドロスへの書簡のアラブ世界への移入の時期は、アッバース朝カリフ、マァムーン治下のバグダードにおいて最盛期を迎えるアリストテレス哲学の翻訳事業よりもかなり早かったと推察できる。アリストテレスとアレクサンドロスの間で交わされたとされる書簡が、実はウマイヤ朝カリフ、ヒシャーム（在位七二四―七四三年）の書記であったサーリム・アブ・ル＝アラー Sālim Abū 'l-'Alā によってアラビア語に訳され翻案されたことが、イブン・アン＝ナディームの『目録の書』（九八八年）にあるサーリムの項目に記されている。

サーリム、異名をアブ・ル＝アラーという。ヒシャーム・イブン・アブド・アル＝マリクの書記であった。アブド・アル＝ハミードと血縁関係にあり、文語の達人（*fuṣaḥā'*）で雄弁家（*bulaghā'*）の一人である。「アレクサンドロスに宛てたアリストテレスの書簡集」"Rasā'il 'Arisṭāṭalīs 'ilā 'l-Iskandar" は彼が翻訳したか、または翻訳させたものを彼が手直しした。彼の書簡集は百葉ほどある。(14)

イブン・アン=ナディームに記載のあるこの書簡集を、アリストテレス、フィリッポス、そしてアレクサンドロスの手紙を含んだ写本――特にイスタンブールにある Aya Sofya 4260（一三一四年）および Fatih 5323（一三一六年）――と結びつけたのは、イタリアのグリニャスキーの研究である。(15) この写本の冒頭には、「この部分は二本角のアレクサンドロスとその師アリストテレスとの間で交わされた手紙や対話の中でも最も優れていると思われるものと、アレクサンドロスへの弔詞のうちから精選したものを含んでいる」と記されており、このコレクションは以下の一六篇から成る。

(1)「哲学の勧め」（アリストテレスからフィリッポスへの手紙）
(2)「アレクサンドロスの教育者としてアリストテレスを召喚する」（フィリッポスの返事）
(3)「この要求に対する返答」（アリストテレスは先人たちの学園のあるアテネを去ることを拒否する）
(4)「道徳についての手紙」
(5)「アリストテレスのアレクサンドロスへの忠言」（フィリッポスがこの世を去る自分の慰めとなるよう王位を継ぐアレクサンドロスに訓戒を与えることをアリストテレスに依頼する）
(6)「スキタイ征圧に際しての祝辞」
(7)「アンフィーサーン征服に際しての祝辞」
(8)「平民に対する政策の詳説」（Siyāsa al-ʻāmmīya）
(9)「アレクサンドロス、帝国の行政に関する一般的な忠告を求める」
(10)「その返事とペルシア征服に際しての祝辞」（都市に対する政策 Siyāsa al-mudun）
(11)「ペルシアの王族を処刑することに関しての諮問」

(12)「そのような処置は回避するようにとの答申」（権力を分割せよという忠告）
(13)「ホラーサーン地方征服に際しての祝辞」
(14)「アレクサンドロスがインドで嘆賞した黄金の館よりもさらに完全なこの世の本質に関する金字の手紙」
(15)「斡旋の手紙」（Arhsādis なる人物のためのとりなし）
(16)「弔辞からの精粋」

グリニャスキーのこの書簡集に関する一連の論考は時に煩雑で難解であるが、彼の説を整理すると、「アレクサンドロスに宛てたアリストテレスの書簡集」は次のような過程を経てイスラーム世界に移入されたことになる。まず、おそらくサーリムに雇われたハッラーンのヘルメス主義者が[16]、ギリシア語原典から幾篇かの手紙を選び出し、アラビア語に訳してゆく過程でヘルメス主義的ロゴスを適用し、ササン朝の君主道徳を組み込んだ。こうして翻案された書簡集はさらにサーリム自身によって、ヒシャームの帝国の東端における政治的現状を反映するように——つまりアリストテレスの東方地域の扱いに関するアレクサンドロスへの忠告がカリフ自身に適応するように——修整された[17]。

グリニャスキーの論に対しては「詳細だが決して確定的ではない」といった批判もある[18]。しかし彼の説を認めた場合、アラブ散文文学の発生期に関する従来の論説が大きく書き換えられなければならなくなることは確かである[19]。つまりサーリムは、これまでアラブの非宗教的散文文学、特に書簡体文学の創始者とされてきたアブド・アル＝ハミードやイブン・アル＝ムカッファアの先駆者となるわけである。イスタンブール写本のアリストテレスの書簡の年代が、バグダードにおけるアリストテレス著作の翻訳事業に先立つことは、哲学的用語法の研究を行ったアフナーンによってもすでに一九六四年に指摘されていた[20]。また、書簡集の第一〇篇「都市に対する政策」の校訂テクストの解説を書いたプレジアも、アラビア語への翻訳はマァムーンの時代ではなく八世紀であったと推定している。[21]

筆者自身の見解としては、現存する書簡全一六篇がサーリムが翻訳させ手直ししたものであるとは断定できない。例えば、ペルシア人の王族の処遇に関する往復書簡（第一一篇と第一二篇）はサーリム自身が創作したものであろうというグリニャスキーの説は根拠に乏しい。[22] この手紙のやりとりがすでにサーリム以前にイランの人々の間で、『ペルシア列王伝』の一部として流布していた可能性も排除できない。[23]

さて、この書簡集の中でも中心的な位置を占めている第八篇「平民に対する政策」の内容を見てみよう。[24] これはアリストテレスがアレクサンドロスのために記した「君主の鑑」のようなもので、政治、行政、内政、外交、軍事の分野における勧告や王に相応しい品行について書かれている。その内容は、君主に求められる資質（寛大さ、勇気、節制、公正さなど）、宰相に意見を求める際の注意事項、公的な書状の書き方、臣下に語りかける際の言葉遣い、大使や裁判官の選出、公的会見、ペルシア人、インド人、ザンジー（エチオピア人）に対する戦術・戦略など多岐にわたる。さらにはダレイオス、アラブ人、インド王ポロスに宛てられた手紙や、ペルシアやインドに派遣する使者の挨拶の辞の実例なども含まれている。

これらの忠言の道徳的な部分はアリストテレスの『ニコマコス倫理学』に拠るところが多く、戦略に関する箇所はビザンツの軍事手引書（*Taktika*, *Stratēgikon* など）に依拠している。また『アルダシールの遺言』のような、[25] ササン朝時代の「規範の書」（*āyīn-nāmag*）、または「教訓の書」（*andarz-nāmag*）に類似した要素も見られる。例えば裁判官は敬虔で名利に囚れていない者を選ぶように、あるいは政務を七人の宰相に分配し、軍隊の序列を七階級に分けるようにといった忠告にイスラーム以前のイランの政治的慣行や制度の影響が現れている。さらに、王は先人たちの伝統に通じていなければならず、階層の混乱を許してはいけない、盛装して公衆の前に現れるのは年に一度の新年祭の時のみであるというように、アリストテレスがアレクサンドロスに説く模範的君主像はササン朝の王権の理想を反映しているのである。[26] 従ってこの書簡は、それまで主としてビザンツの制度に感化されていたアラブ・ムスリム帝国の支配者たちが、八世紀前半にはササン朝の政治思想にも目を向け始めた証拠といえよう。

このような書簡集がハッラーンの「ヘルメス主義者」の手元に渡るまでどのような経緯を辿ったのであろうか。第I部で述べたアレクサンドリアのフィロポヌス（六世紀）の「王権について」への言及からサーリムのアラビア語訳までの間隙を埋めることは難しい。アレクサンドリアに残存していたアリストテレス学派がアラブ軍によるアレクサンドリア陥落とともにアンティオキア、そしてハッラーンに移ったのが八世紀前半頃である。この動きとも関連があるかもしれない。その他、ギリシア語原典はどのような形のものだったのか（キケロなどが参照した書やディオゲネスの目録に載っている作品と内容は同一なのか）、カリフの書記がそれについてどうして知るようになったのか、現存する一六篇はサーリムの翻案版を実際どれほど忠実に伝えるものなのかなど、残る疑問は多い。[27] しかしこのような実用的ないわば「統治マニュアル」（しかも偽書）が、アリストテレスの著作としてより重要と思われる哲学書や自然科学の書に先立って訳されたということはいたって興味深い。サーリムがこれをカリフに献じた理由は、アリストテレスの言葉を借り、しかも相手を偉大な征服王に見立て敬意を払いつつ、カリフの帝国の拡大と維持に関わる重大な問題について意見を具申し、また、洗練されたペルシア的な王権の在り方をアラブの君主に紹介するためであったと推察できる。哲学や科学よりもまず統治に関する知識の方が優先事項だったというわけである。

以上、アリストテレスがアレクサンドロスに宛てたとされる王権についての忠告の書状が、ウマイヤ朝カリフのための「君主の鑑」としてアラビア語に訳された過程を見たが、ギリシア・ローマ世界において形づくられた主題が、ペルシアやビザンツのフィルターを通していかに変容してアラブ世界へ到達したかがよく分かる。この翻案された書簡は、イスラーム初期のアラブの支配者をめぐる知的環境の「文化の坩堝」的状況を如実に反映しているともいえよう。

4 『秘中の秘』

サーリムが監訳したとされる書簡集の第八篇「平民に対する政策」は改編、増補された末、有名な百科全書的訓戒の書『秘中の秘』*Sirr al-asrār* となり、この作品は中世ヨーロッパ文学にもラテン語訳（*Secretum Secretorum*）、ヘブライ語訳（*Sēfer Sōd ha-Sōdōd*）を介して多大な影響を与えた。ラテン語からは、イタリア語、フランス語、英語訳が、ヘブライ語からはスラブ語、スペイン語、カスティリャ語、ペルシア語訳が作られた。「秘伝」と銘打っているようなこの題名とは裏腹に（あるいはそのタイトルに人々が好奇心をそそられたからか）、偽アリストテレス作品としては中世において最も広く流布し、アリストテレス自身の著作を凌ぐほどの人気を博したとされ、現存する写本の数も多い。(28)

ちなみに、アラビア語からラテン語へは、翻訳者セビリアのヨハネスによって一一三〇年頃に部分的に訳され、そのほぼ一〇〇年後の一二四三年頃にトリポリのフィリッポスによって完訳されている。「驚嘆博士」Doctor Mirabilis と呼ばれたロジャー・ベーコン Roger Bacon（一二一四頃—一二九四年）は、パリ大学でアリストテレス哲学を教えていた頃、出て間もない『秘中の秘』の完訳と出会ったようである。それが転機となり、彼は文献型から実験型の学問へと方向転換したといわれている。(29) 後にイギリスに戻ったベーコンは、自ら『秘中の秘』を一二八〇年頃に校訂している。(30)

『秘中の秘』の数多くのアラビア語写本は七―八篇の論説からなる短篇と一〇篇からなる長篇に分類され、マンザラウィによってその成立史が研究されている。[31]長篇の内容は次の通りである。[32]

序論

第一篇　王の種類について

第二篇　王の質について

一節　天文学について

二節　治療学について

三節　健康管理について

四節　体の部位について

五節　健康維持について

六節　自然の熱について

七節　食物について

八節　強壮と衰弱について

九節　入浴について

一〇節　薬について

一一節　天文学による薬の投与について

一二節　音楽について

一三節　相貌について

第三篇　正義のあり方について

第四篇　宰相とその数、彼らの統制について

第五篇　書記について

第六篇　使節について

第七篇　臣民の監督と税について

第八篇　指揮官と軍隊について

第九篇　戦術について

第一〇篇　タリスマンと占星術について

前述のグリニャスキーは、サーリム監訳の書簡集第八篇「平民に対する政策」が『秘中の秘』へと発展した過程を考察している。彼は一六世紀のトルコ語版が初期の『秘中の秘』の形を残すと見なしており、それをもとに中間段階のテクストを再現しようと試みた。[33] 彼は『秘中の秘』が『純潔兄弟団の百科全書』*Rasā'il ikhwān al-safā'* から影響を受けていることから、[34]『秘中の秘』の成立時期を後者が登場した直後の、九五〇年から九六〇年の間に設定している。

一方マンザラウィは、「平民に対する政策」がウマイヤ朝期にサーリムによってギリシア語の書簡からアラビア語訳されたものであるというグリニャスキー説に疑問を持ちながらも、『秘中の秘』の初期段階の形の可能性として受け入れた上で、形成過程を次のように説明している。アッバース朝時代の著作家がヤフヤー・ブン・ビトリーク Yaḥyā b. al-Biṭrīq 作とされる短いヴァージョン（マンザラウィはこれを short form と呼ぶ）を編纂し、最初の改訂

者が第二篇に続く一三の節（*bāb*）を追加し、もとの「君主の鑑」をより一般的な百科全書にした。第二の改訂者が序論を補足し、第三の改訂者が八篇からなる書にし、第四の改訂者が人相学の節を書き換え（九四一年以前）、『純潔兄弟団の百科全書』の内容に通じた最後の改訂者が、おそらく一一世紀以降に最終的に一〇篇からなる長いヴァージョン（long form）に仕上げた。マンザラウィが言うには、『秘中の秘』と『純潔兄弟団の百科全書』に共通する点は、特に新プラトニズム的な段階を経た「流出」の観念に見られる。人間の諸器官と宇宙の相関関係は君主と自然界の関係との比較において、あるいは人間の体と都市の関係との比較において説明される（理性が君主で、五感が五人の宰相など）。その他、悪徳の連鎖、ルビー（*yāqūt*）について、助言者の素質、人間と獣の比較、星の三重構成、四季の描写、プロティヌス的な流出論、五感についての議論も両者に共通している。マンザラウィは、『秘中』と『純潔兄弟団』はともに「同じような東方ヘレニズム的な思想の伝統から生じた」と述べている。[35]

さて、上に挙げた章立てを見ても分かるように、同書でアリストテレスがアレクサンドロスに与えるのは、政治、君主道徳、軍事に関する訓戒だけでなく、健康、食事、衛生、人相見、薬、タリスマン（護符、お守り）、占星術など、王の自己管理および国家の維持に有用とされる疑似科学的な知識も伝授されている。例えば、王の健康に関する助言の中には、風呂の入り方、朝の日課、食べ合わせの良し悪しなどがこと細かく指示されている。また、国家の運営のために知っておくべき知識の中には、信頼できる人材を選ぶための人相学——皺のない広い額の持ち主は気性が荒くて不注意だが、額の高さと幅が適度で皺がある人物は忠実で頭が良い、など——も含まれている。

その序には、遠征先から師の不在を嘆き、その教えを請うアレクサンドロスの手紙とそれに対してアリストテレスが書いた返事が含まれている。そこでは、年をとったために王に随行できない自分の身代わりとして、必要な知識をその書に託す意図が次のように記されている。

高貴な継承者であり、公正かつ偉大なる王よ、神が汝を正しい教えの道に導き、欲望への逸脱から救い、来世と現世において汝に相応しい報いを与えますように。（中略）

お尋ねの件であるが、生者の胸のうちに収まりきらないほどの事柄が、ましてや死した紙の上に収まろうか。貴方のお望みにお応えし、お力添えをする責務を私は負うておるが、同時に、本書に託す内容以上の秘密を公開することをあえて強いないようにお願いせねばならない。その奥義を究めれば貴方と本書を分かつ不透明な幕はなくなるであろうと信じている。何故なら神が貴方に英知をそなえ、類稀な知識を与え賜うたから。その謎について、これまでの導きと私の訓育に従って熟考すれば、道は容易に見つかり、望みはかなえられるであろう。神のみぞ知る。

私は禁じられた秘密について暗号をもって記し、奥義に深く入り込んだ。我らの書が堕落した暴君や非道なファラオの手に渡り、このような輩が理解するに相応しいと神がお考えにならなかったことを知ることになろうものなら、私は自身に課された誓いを破り、神に啓示された秘密を暴くことになってしまう。私はその秘密の厳守を貴方に課す。それが私に課されていたように。その秘密を公開し、その覆いを破る者は、たちまち迫る悲惨な結末から逃れられないであろう。神がそのご慈悲で汝と我を守られますように。

さて、何よりもまず先に、貴方の日常の糧であるべきだと私が考えることについて申し上げる。全ての王は、王に尽くす二つの「力」を持たざるを得ない。その一つは「知力」。王の精神は知力によって強くなるが、知力との協和なしにはそれも果たされない。その協和によって支配者は従属者の上に立つことができるが、不和によって従属者が支配者の上に立つような場合もある。その協和が支配者に必要な原因（*ʿilla*）を説明しよう。それには二つの原因がある。一方は顕然（*ẓāhira*）としており、もう一方は隠然（*bāṭina*）としている。これ顕然たる原因は、すでにお教え申し上げた通り、従属者たちを制すると同時に自由を与えることである。

は財政と関連し、政治とも結び合わさる事柄なので、後に適宜述べることにする。もう一つの「力」は、「財力」による援助である。これは物事を実行に移す場合に人々を助ける。優先順位はこちらの方が高いといえる。それにも二つの原因がある。一方は顕然としており、もう一方は隠然としている。顕然たる原因は、公平さと優しさを行き渡らせることによって臣民が集積するものである。隠然たる原因は、全能の神に認められた卓越した聖者たちが、神より託された秘密にある。神は自らの知識を彼らにお与えになったのである。私はまさにその秘密を、この書の各部において貴方に託す。表向きには知恵と訓戒の書であるが、その内には人々の切望の的が隠されている。ここに書かれた事々を追究し、その謎を解明しようとすれば、望むところの目標に達することができ、貴方の期待が十分に満たされるだろう。どうかこれでご満足下され。そして神が貴方をこの知の理解と民の超越に適した人物にしますように。[36]

まずアリストテレスは、「墜落した暴君や非道なファラオ」などの手に渡ると悪用される危険があるため、英知を備えた者のみが読み解ける暗号的な文章で記したことを告げている。アレクサンドロスは、この特別な知識を享受するに値する知性をすでに持ち合わせた王として描かれている。

さらに、王が必要とする「知力」と「財力」には、それぞれに「顕然たる原因」と「隠然たる原因」があるとする[37]（しかし知力の「隠然とした原因」は校訂版のテクストでは抜けている）。ここで「原因」と訳した *ʻilla* は、二つの事柄の間の因果性を示す用語である。知力の因となるのは、民を統御しつつかつ自主性を尊重することであるとする。公正に人々を治めるために必要な知は、同書の第一篇から第九篇までの「君主の鑑」的な部分が提供している。

そして、財力の公的な因（あるいは素）となるものは、「公平さと優しさを行き渡らせることによって臣民が集積するもの」とあるが、これはつまりは税のことであると思われる。税に関する助言は第七篇にまとめられている。さらに財力の素には「隠然とした原因」もあり、それは「神より託された秘密」であるという。この秘密とは、主に第一〇篇で伝授されている占星術や様々なタリスマンの作り方を指しているのではなかろうか[38]。つまり、それを使えばこの世の望むものは何でも手に入る、効験あらたかな護符を作る秘術は、王にとっては財力を得るために必要な知識の一部だ、というわけである。

まさに「秘中の秘」という題名の所以となっているのが、同書のこの秘術的な部分なのであろうが、歴史、科学史、思想史の観点からのこれまでの研究では、あまり注意が払われてこなかったといえよう。しかしアリストテレスとアレクサンドロスの師弟関係の文学的な展開の一つとして捉えると、他の空想物語文学との興味深い関連が見えてくる。

マンザラウィによると、第一〇篇の「ちんぷんかんぷんなまじない」は写本によってかなり内容が違うようであるが[39]、バダウィの校訂本のテクストに沿って、その一部を見てみよう。

まずは、タリスマンの章の出だしの部分である。

アレクサンドロスよ。すでに幾度も書いたことなので知っているだろうが、全世界の本質は、下から上まで、隅から隅まで何処も同じである。本質的には違いはなく、変化するのは偶発的な現象であり、固定されているのはものの姿形である。それゆえ、ものはその本質においては変わらず、本質以外が変化する。物質世界に見られる第一の変形は四種類に分かれる、つまりは四元素である。そしてそこから生じた鉱物、植物、動物が見られる。我らを取り巻く世界のこれらのものの原因であるが、全ての物体に対して霊的な天体が対向してあり、後者は前者の存在の原因であり、支配者である。

従って、地上の全てのものの形象は天上の霊的な世界の形象がそのもととなっていることは明らかである。このような世の習いがタリスマンの術の起源である。これらの天上の形象は天界の層に固定されている。七つの支配的な天体は、その光に形を与えられている。ちょうど幻想や心象にものの姿が現れるように、天体の形や組み合わせを予見させる光が地上に運ばれてくる。鉱物、植物、動物の全てのものは、それぞれが持つ力をそこから得る。それぞれの天体がそれらの形象に及ぼしている影響は、その光のもとにどれほど晒され、ゆえにその痕跡が地上にどれほど残ったかによる。(40)

ここでアリストテレスはアレクサンドロスにタリスマンの基本原理を説明している。地上の全ての物体や現象は天体に支配されており、天上から光で運ばれてくるパワーを、その光のもとにものを晒すことによって地上に蓄え、それを操作する術がタリスマンの奥義であると説明している。

この前書きに続いて、狩猟のため、財宝を守るため、蛇・蠍・猛禽から身を守るためなど、様々なタリスマンの存在が言及されているが、作り方と使用法が最も詳細に記されているのは、世界征服を可能にする指輪「王のタリスマン」である。

このタリスマンは、王に威厳と、完全なる降伏と服従を与え、敵に恐怖と畏怖を与えて撃退し、恨みを持つ者を病に苦しめ、愛と憎悪を生み出すものである。その他にもここでは説明しきれないほど、不思議で驚異的で奇跡的な様々なことを為し得る。それは危害を回避し、霊力を持った生き物を阻止する際に効力を発揮する。偉大な賢者たちが私に託した知と、偉人の中の偉人たちが遺したものを貴方に伝授しよう。私はこの知を地中の穴に埋め、秘密の隠し場所に保管し、そこから外部に漏れないようにその知を完全に留めておいた。だが、貴方はこの秘密を知るに相応しい人物であると見た。ゆえに、これを用いて幸運と成功を手に入れられよ。神の思し召しがあれば。
まず、土星、木星、火星、金星、水星と月の「交点」（*jawzahar*）を集め、[41]その内の最も高い点にあるもの、つまりは土星の量を全ての重量を合わせた分だけ多くする。それに金を、太陽と上昇する獅子座の間の距離に相当する量を足す。太陽は東に明るく昇る牡羊座から二九度のところに、土星は水瓶座に入っていなければならない。（中略：天体の位置でタリスマン作成の時機を見計らう方法について）
これらの条件が全て揃ったら相当する全てのエキス（*jawāhir*）を木曜の朝の木星の時に混合し、それをもって指輪を作り、四角いルビーの石を嵌め込む。その石には、双翼の紋の旗を手にし、冠をかぶった髭のない男が獅子に跨り、その前で六人の髭のない男たちが跪拝する様子を描いた図柄を施すように。[42]

図3　「マジック・ボウル」（イラン，16世紀）

天文学・占星術の知識がない者には確かに「ちんぷんかんぷん」であるが、トールキンの『指輪物語』を思わせる指輪の製作過程が、大いに想像力を刺激する。具体的に天体のエキスをどのようにして集めるかは説明されていないが、いわゆる「マジック・ボウル」と呼ばれる金属製の器（図3）は、呪術や民間療法において星の力を受け止めるのにイスラーム世界で広く使われたようである。[43]

『秘中の秘』に表れるこのようなオカルト的な要素は、アリストテレスが錬金術師、魔術師、あるいは天文学者として登場し、アレクサンドロスに秘術を伝授するという設定の別個のテクストとして独立してゆく。この種の作品として挙げられるのは、『イスティマーフスの書』***Kitāb al-Istimākhus***（九世紀末、一〇世紀初め）や、『アレクサンドロスの財宝』*Dhakhīra al-Iskandar* などである。前者はアリストテレスがアレクサンドロスの東方遠征に役立てるために編纂したという占星術、魔術の書で[44]、後者はアポロニウス Balīnūs からアリストテレスへ、さらにアレクサンドロスへと受け継がれたという錬金術の書である[45]。

このように、君主道徳だけでなく、天文学、生物学、医学、さらには占星術、錬金術、魔術などのオカルト的な科学の書にまでアリストテレスとアレクサンドロスが関連づけられたことは何を意味するのか。一つには、実験的で秘儀的な内容に、すでにイスラーム世界において自然科学の権威としての地位を獲得していたアリストテレスの名を冠して箔をつけ、信憑性を高めようという意図が作者・編者にあったのかもしれない。また『秘中の秘』の序にあったように、王たる者は人と国を動かすための顕然とした知と、天体の力を操作する隠然とした知を、両方併せて心得るべきであるという思考もその背景にあるようである。

他方、アレクサンドロス自身は主体的には登場しないものの、アリストテレスの書簡から浮かび上がるのは、広く様々な学問に通じた、まさに「哲人王」アレクサンドロスである。第II部で見た宗教的なテクストでは、アレクサンドロスは神から直接に授かった能力で、この世の端から端まで神の教えを布教する。ただ受動的に神の使命を帯びていた二本角（ズー・ル＝カルナイン）に比べると、ここではアレクサンドロス自身の「知力」が求められている。アレクサンドロスが人間業とは思えない世界征服を成し遂げたのは不可思議な力が働いていたに違いないと考える思考は両者に共通している。だが、「哲人王」のアレクサンドロスは神に直接操られているのではなく、アリストテレスを介して伝授された特権的な知識によって自らが天の力を操る技を手に入れているのである。

実際に誰がこれらの書を読み、その内容をどれほど実践に移していたのか。あるいはそもそもそこに書かれていることを信じたのか、それとも虚構として受け止めていたのか、という問題については、さらに深く同時代史料――記録だけでなく、前述の「マジック・ボウル」のような道具も含め――を追究していかなければならない。また、呪術、民間療法などに関する民族学的な調査と照合すると、さらに興味深いつながりが見えてくるかもしれない。

『秘中の秘』におけるアレクサンドロスとアリストテレスの関係が、完全なフィクションである物語の世界における大王とその師のイメージに影響を与えたのは確かではないかと考えられる。タルスースィー Ṭarsūsī という作者によるペルシア語散文のアレクサンドロス物語『ダーラーブの書』*Dārābnāma*（一一世紀頃）においてアリストテレスは、魔術を駆使して敵を欺いたり、アレクサンドロスの危機を常に救う、アーサー王伝説の魔術師マーリンのような存在として描かれている。[46] この作品では、愚行を重ねるアレクサンドロスから、アリストテレスが自らが教えた魔術の知識をいったん取り上げたりするような場面もある。ある意味で、「君主の鑑」文学において形成されたアレクサンドロスとアリストテレスのトポスのパロディーである。

第2章　アダブからヒクマへ

このように、アラブの「君主の鑑」文学の中でアレクサンドロスとアリストテレスのトポスは、すでにその形成期において重要な位置を占めるようになっていた。これらの知の蓄積は君主やその周りの高官のみの所有物にとどまらず、金言・格言（ヒクマ）として一般化されていった。九世紀以降、著名な哲学者あるいは王など、過去の知恵者（プラトン、アリストテレス、ソロモン、ルクマーン、アルダシール、ムハンマドなど）の金言を集めた格言集が多く編纂されたが、それらは大概、人物ごとに章が分かれており、短い伝記に続いてその人物にまつわる三行から五行ほどの短い格言的エピソードがいくつか収録されている。哲学的あるいは倫理的な問題を深く追究したものというより、何かのときに役立つであろう「小さな知恵」「機知に富んだ名言」の集成であるといっていいだろう。アッバース朝の宮廷が抱えていた多くの文官たちの知恵の源であったと思われる。

サーリムが翻訳の監修にあたったアリストテレスの書簡集の一部の忠言も、このような諺集に断片的に取り入れられていった。そして、イスラーム世界の教訓文学においてアレクサンドロスとアリストテレスはお馴染みのテーマの一つとなった。(1) さらにこれらの格言集には、アレクサンドロス自身も独自の章を与えられ、王が語ったとされる名言が、他の哲学者や賢王の格言とともに収められた。

1　アリストテレスの忠言

サーリムの書簡集が断片的に、あるいは言い換えられて取り入れられているアラビア語の格言集・哲人伝としては次の作品が挙げられる。フナイン・ブン・イスハーク Ḥunayn b. Isḥāq（八〇八―八七三年）の『哲人賢人逸史』*Nawādir al-falāsifa wa 'l-ḥukamā'*、[2]イブン・クタイバ（八二八―八八九年）の『情報の泉』[3]、アーミリー 'Āmirī（九三二年頃没）の『幸福の追求と実現』*Al-sa'āda wa 'l-is'ād*、[4]イブン・ジュルジュル Ibn Juljul の『医者と賢者伝集成』*Ṭabaqāt al-aṭibbā' wa 'l-ḥukamā'*（九八七年）[5]、バイハキー Ibrāhīm b. Muḥammad al-Bayhaqī の『良きことと悪しきことの書』*Kitāb al-maḥāsin wa 'l-masāwī*、[6]ムバッシル・ブン・ファーティク Mubashshir b. Fātik の『精選された格言と珠玉の金言』*Mukhtār al-ḥikam wa maḥāsin al-kalim*（一〇四八―四九年）[7]、イブン・アビー・ウサイビア Ibn Abī Uṣaybi'a の『医師の学派に関する情報源の書』*Kitāb 'uyūn al-anbā' fī ṭabaqāt al-aṭibbā'*[8]などである。

例えばムバッシル・ブン・ファーティクの『精選された格言と珠玉の金言』にはアリストテレスの他の格言に混じって、サーリムの書簡集の第一〇の書簡「都市に対する政策」(Siyāsat al-mudun) から、「アリストテレスはアレクサンドロスに宛ててこのように書いた……」という形で、君主にふさわしい行動の仕方、公正、あるいは統治についての助言が引用されている。[9]

これらに含まれている格言を一つ一つ比較し、細かな異文・脱落を指摘することは本章の趣旨には合わず、あまりに冗長になってしまうので、ここでは特に独自の展開が見られるイランの教訓文学におけるアリストテレスとアレクサンドロスのモチーフに触れておくことにしよう。

イランにはイスラーム以前から「忠言の書」(*pand-nāmag, andarz-nāmag*)の伝統があり、アラブの教訓文学がイブン・アル＝ムカッファアなどの宮廷の書記官による翻訳を通してその影響を受けていることは上に述べた通りである。近世ペルシア語による教訓文学ももちろんこのササン朝ペルシアの伝統を受け継いでいるが、ササン朝の文学においては破壊者として否定的に描かれていたアレクサンドロスは、アルダシール、ファリードゥーン、バフラーム・グール、アヌーシールヴァーンといった古代ペルシアの賢王に並ぶ存在となる。そして、宰相ボゾルグメフルがアヌーシールヴァーン王の助言者として現れるように、アリストテレスはアレクサンドロスの側近として登場する。

例えば作者不詳の『知恵の書』***Khiradnāma***(おそらく一一世紀)は、[10] イラン、ギリシア、インドなどの賢人の金言を集めた、一七部からなる作品であるが、その第七部に、「アレクサンドロスから賢人アリストテレスへの質問」"Su'āl-hā-yi Iskandar az Arisṭāṭālis-i ḥakīm"[11] がある。アレクサンドロスが質問を呈し、アリストテレスが答えるという問答の形で、道徳、自然現象、人間の体の性質や状態などについての一〇六項目の定義が記されている。

似たような問答形式は別の作品、「アレクサンドロスからアリストテレスへの一一〇の問いとその答え」"Purshish-hā-yi sad u dahgāna-yi Iskandar az Arasṭāṭālis va pāsukh-i ū" にも見られる。[12] 写本には題名にある「一一〇」のうち、七九の定義のみが含まれている。このテクストはカーシャーニー Kāshānī(一二五六年または一二六五年没)が、その『作品集』*Muṣannafāt* の中の「アレクサンドロスが師アリストテレスに聞いた一一五の問いから抜粋した人間に関する諸説」"Su'ālāt dar bāra-yi ādamī az ṣad u pānzdah masa'la ki Iskandar az ustād-i khīsh Arasṭāṭālīs pursīda" を記す際に利用されたと見られる。[13] 現存するカーシャーニーの作品に含まれているのは八の問いと答えだけであり、それらは君主に対する実用的な忠言ではなく、人間の存在に関する根本的な問題——例えば、「我々はどこから来たのか」——を扱ったものである。このような問答形式による哲学的な思索はイラン独特の伝統であるといえるであろう。
一〇世紀頃のものと考えられる「アリストテレスのアレクサンドロスへの忠言の書」“Pandnāma-yi Arasṭāṭālis ba Iskandar”[14]は、アレクサンドロスの要請に応えてアリストテレスが書いた手紙である。枠組みは前述のサーリムの書簡集の第九、第一〇の書簡と同じで、内容の調子も似ている。しかし手紙の初めに助言の数が告げられている——アリストテレスは、一日の二四時間の間に行われるべき二四の格言を挙げると述べている——という意味において、上記の「一一〇の問い」の型にはまるといえよう。現存するテクストは七の助言しか含んでいない。ちなみに、『秘中の秘』においても、数字が象徴的な意味を持っていたことを指摘することができる。
一一世紀および一二世紀イランのトルコ系の王朝のもとで流行った「君主の鑑」の中でも、ガザーリーGhazālī（一〇五八／九—一一一一年）作とされる『諸王の忠言』*Naṣīḥat al-mulūk* には、次のような問答が含まれている。

アレクサンドロスはアリストテレスに尋ねた。「勇気と正義のどちらがより重要か」。アリストテレスはこのように答えた。「王が公正に統治をしていれば、勇気は必要ありません」[15]。

しかしアリストテレスがアレクサンドロスに宛てた書簡は含まれておらず、その他のアリストテレス、アレクサンドロスをめぐる格言においては、二人は別々に登場する。ただ、アリストテレスの名前は記されていないものの、アレクサンドロスが遠征に出発する際に賢者たちに尋ねた質問とそれに対する答えはサーリムの書簡集の第一〇の書簡を思わせる。

アレクサンドロスは旅に出る際に側近の賢人たちに問うた。「国事に安定をもたらす方法を我らに教えたまえ」。賢人たちの長はこのように答えた。「王よ、何事に関しても愛着あるいは憎悪に心が操られることのなきように。心はアラビア語で *qalb* と呼ばれるその文字通り、鼓動するものである。心臓の鼓動は収縮と拡張の連続から生じるものである。従って、思考に頼ること。思考を貴殿の宰相とし、知性を同胞となされ。夜には目を覚まし、何事も助言なしに行動することなかれ。賠償や褒美を与える際には、偏見を避けるように。このように振る舞われれば、全てのことにおいてお望みの通りになるでしょう(16)」。

もう一つ、アレクサンドロスのアリストテレスに対する尊敬の念についての次の一節は、特に我々の関心を引く。その起源を、プルタルコスが言及していたエピソードにまで遡ることができるからである。

アレクサンドロスは、「なぜ父よりも師を尊ばれるのですか」と問われ、このように答えた。「父からはこの世に生をうけたが、師より永遠の生を得た(17)」。

第I部でも触れたように、プルタルコスの『英雄伝』には、アレクサンドロスが「実の父よりも師を愛する」ほどアリストテレスに対して深い敬愛の念を抱いていたのは、「なぜなら前者によってこの世に生をうけたが、後者からは良き生を得たから」だ、という一節があった(18)。

この格言はガザーリーの他にも、アラブ・ペルシアの教訓文学に広く引用されることになる(19)。ペルシア詩人サァディーSa'adi の『薔薇園』*Gulistān*（一二五八年）第七章第四話に含まれる次の二行詩も、アリストテレスとアレクサンドロスの名前こそ登場しないが、同じテーマの異型であると思われる。

ある王が息子を学び舎に出した。　銀の台を彼の横に置いた。
台の上にはこう刻まれていた。　「師の厳格さは父の愛に勝る(20)」。

このようにアリストテレスがアレクサンドロスに与えたという個別の格言は、アラブ・ペルシアの教訓文学の中に散在するが、フィルダウスィーの『王書（シャーナーメ）』の中のアレクサンドロスの章、ニザーミーの『アレクサンドロスの書』などの、一貫したアレクサンドロスの生涯を描いた作品においても、アリストテレスは助言者として重要な役割をあてられている。後者のニザーミーの作品の第二巻『幸運の書』においては、アレクサンドロスは、アリストテレスを含めた七人の賢者たちに囲まれている。また前述したようにタルスースィーの『ダーラーブの書』という散文ペルシア語の物語においてはその「パロディー」とも読み取れる描写――アリストテレスの助言を無視したアレクサンドロスに怒って、アリストテレスが王に伝授した魔法の力を一時的に奪ってしまう、など――さえ見受けられる。

このように、アリストテレスがアレクサンドロスに与えたとされる一連の忠言は、主に君主道徳の分野において発展し、そこから一般的な教訓文学に広がっていったもので、イブン・スィーナー（アヴィセンナ）やイブン・ルシュド（アヴェロエス）などによるアリストテレス哲学そのものの注解学とは全く違う場で展開したテーマであるといえる。

2　アレクサンドロスの金言

さて、第I部で述べたように、帝政期ローマにプルタルコスがトラヤヌス帝に献じたという『諸王および指揮者たちの格言』という格言集が存在した。アレクサンドロス自身の三四の名言が、それにまつわるエピソードとともに収められている。[21] λ・γ・β系のアレクサンドロス物語の写本にもアレクサンドロスの格言が、伝記部分の最後に挿入されている。[22] λ本を校訂したファン・ティールは、他のビザンツの格言集にアレクサンドロス物語に含まれた格言に類似したものを見つけている。[23] このように、ギリシア語のアレクサンドロスの格言が一部アラビア語に訳され、アリストテレスの金言などとともに知恵の書や賢人伝に引かれた可能性がある。

ネストリウス派の医師、翻訳者フナイン・ブン・イスハーク（八〇八—八七三年）の『哲人賢人逸史』に、アレクサンドロスの言が二〇ほど、彼の母への手紙と哲学者たちの弔辞とともに含まれていることから、おそらくはアッバース朝におけるギリシア学術書の翻訳事業の一環として、フナイン一族の誰かが訳したのではないかと推測できる。正確にいつ頃、誰によって、何をもとに訳されたかはより詳細な検討が必要である。少なくとも、プルタルコスの『諸王および指揮者たちの格言』に含まれるアレクサンドロスの名言と重なるものは、現存するフナインのテクストには見られない。プルタルコスが引用するアレクサンドロスの言葉は、彼の生涯の具体的なエピソードに直接からむものが多いが、[24] もう一方、アラビア語のアレクサンドロスの格言は、より普遍的な内容である。

前述のムバッシル・ブン・ファーティクの『精選された格言と珠玉の金言』にも、アレクサンドロスの四七の格言と母への手紙が含まれている。ムバッシルの書には、「アレクサンドロスに関する情報」（*akhbār al-Iskandar*）として、校訂版では二一頁におよぶ、かなり長い伝記的記述が挿入されている。この伝記の部分はフィリッポスの死からアレクサンドロスの遠征までをかなり詳細に伝えており、アレクサンドロス物語として完結している。中東に普及したδ*系のアレクサンドロス物語とはまた別系統の伝記をベースにしているらしく、アレクサンドロスにまつわる歴史叙述としては珍しいので、第IV部でもう少し詳しく言及することにする。

さて、アレクサンドロスの格言であるが、ムバッシルが挙げる格言のうち一八篇はフナインと類似している。[25] ムバッシルから抜粋したアレクサンドロスの格言の例をいくつか次に挙げる。フナインにも同じ格言が含まれている場合は註でそれを示した。フナインとムバッシルでは、格言の順番は前後していて重ならない。前述のガザーリーの『諸王の忠言』(ペルシア語版 ***Naṣīḥat al-mulūk*** とアラビア語版『鋳造された金塊』***Tibr al-masbūk***)にもいくつか重なる格言がある。ムバッシルのようにアレクサンドロスに関する独立した章があるのではなく、ガザーリーの場合は他の賢者の格言の中にアレクサンドロスやアリストテレスのものが混在している。

アレクサンドロスは言った。「自らの家で、家の者や子ども前で家名を汚すようなことをするのは恥ずべきことである。家の外においてもしかり。出会ったり挨拶をしたりする人々の前や、誰にも聞かれたり、会ったりしないことが確かな場所においてもである。たとえ何も恐れる必要がないと思っても、神の御前では恥ずべきことである[26]」。

アレクサンドロスは言った。「知識がなければこの世は存在せず、国々は興らなかった。万物は知と言葉のもとにある。何故なら知と言葉は万物の統治者であり、万物の記録係である。ペンは、知と言葉と同様に、形を作りだし、姿を伝える[27]」。

ダレイオスの軍に三〇万人もの兵士がいることを聞かされたアレクサンドロスはこう言った。「有能な屠殺人は羊の多さに怖じけたりはしない[28]」。

アレクサンドロスの御前に盗人が連れて来られたので、はりつけにするよう命じた。すると盗人は言った。「王様よ。私は罪を犯しましたが、望んでしたわけではありません」。アレクサンドロスはこう答えた。「従ってお前は、望んでいるわけではないが、はりつけにされるのだ[29]」。

賢者ファラーティス(**Falāṭis.** プラトンの転訛**?**)はアレクサンドロスに聞いた。「王に相応しく、王に必要なことは何でございましょう」。王は答えた。「夜には人々のためになることが何かを考え、昼にはそれを実行に移すことである[30]」。

アレクサンドロスは聞かれた。「王が最も幸いに思うところの権限は何でございましょう」。王は答えた。「私に利益をもたらしてくれる者に、その利益以上の褒美を与える権限である[31]」。

ダレイオスの娘たちが捕虜として捕らえられた際に、人々は娘らの美しさをアレクサンドロスに吹聴した。しかし王は娘たちに会おうとはしなかった。それどころか王はこう言った、「武人を服従させた我々が、囚れの身の婦人に服従させられては、あまりにみっともないではないか[32]」。

アレクサンドロスは言った。「敵から得る利益の方が、友から得る利益よりも大きい。何故なら、敵は失策を非難し、過ちを公にして、忘れさせない。これは間違いを犯した者には教訓的で有益である。一方、友は間違いを隠したり、好都合な解釈をしてくれる。しかしそれでは、同じ間違いを繰り返すだけである[33]」。

アレクサンドロスは言った。「人々が希望を持つことは、見せしめの処罰よりも良い[34]」。

長時間にわたってアレクサンドロスの前に立ったままで、その無礼に気がつかなかった宰相にアレクサンドロスは言った。「お前にはもう暇をやる」。「王よ、何故でございますか」と言うので、アレクサンドロスは言った。「私も人間だ。人間ならときに間違いも起こす。しかしお前が、間違い故にではなくあれだけの時間私のそばに立っていたのなら、お前は無知だということになる。また、間違いで立っていたのに、その間違いを隠そうとしたのなら、お前は嘘つきであるということになる[35]」。

アレクサンドロスはある者を重要な仕事から退け、より劣った仕事につけた。しばらくして前の仕事を再び与えた。そしてその者に聞いた。「お前の仕事をどう思うか」。その者は答えた。「重要な仕事が人を高貴にするのではなく、劣悪な仕事が高貴な人に充実した人生を与え、善良な市民にするのだと分かりました[36]」。

このように、現代の経営者や政治家など、人の上に立つ者に読ませたいような、普遍的な道義心を説いた内容の格言がほとんどである。一つ一つの格言が比較的短く覚えやすいということもあって、口伝てでも広く普及したのではないだろうか。これらは、「君主の鑑」に見られるような「大きな理想」ではなく、世間を渡るのに役立つ「小さな知恵」といったところである。

こうしてイスラーム世界の教訓文学においてアレクサンドロスは、アリストテレスとの師弟関係においてのみならず、自らも知を発信する哲人王としての地位を獲得する。

3 「インドの裸行者」との問答

アリストテレスとアレクサンドロスの統治をめぐるやりとりに加えて、古代のアレクサンドロスにまつわる伝承から、イスラーム世界の教訓文学に受け継がれたもう一つのテーマに、インドの裸行者との問答のエピソードがある。

まずはアレクサンドロスのインド遠征の歴史を振り返っておこう。アレクサンドロスがヒンドゥークッシュ山脈を越えたのは紀元前三二七年の春であった。バジャウルやスワット（現在のアフガニスタンとパキスタン国境周辺地域）の山岳部族を平定するのにてこずった後に、インダス高原に前三二六年の春に進軍し、タクシラに三カ月ほど滞在した。タクシラは当時のインドの学問的中心地で、アレクサンドロスの一行はギリシア人たちが「裸の哲人」（*gymnosophistae*）と呼んだ苦行者たちに出会う機会を得る。アレクサンドロスが彼らに直接会いに行ったというのはどうも後世の伝説らしく、実際に通訳を通して面談をしたのはアレクサンドロスの従者で、犬儒学者ディオゲネスに学んだオネシクリトスという人物であったと歴史家ストラボンは記している。

アレクサンドロスの御用歴史家アリストボロスによる記述をストラボンは次のように要約している。オネシクリトスは、町の前で裸で立ったり、座ったり、横臥したりといった不動の姿勢でいる行者たちのもとに行き、会話を試みた。行者の一人のカラヌスという人物はオネシクリトスに、彼らの教えについて知りたいのであれば服を脱いで石の上に座るように伝えた。しかし彼らの中で最も年長で最も思慮深かったマンダニスはカラヌスのうぬぼれを諫め、「巨大な帝国の統治で多忙であるにもかかわらず、知識を探求する王（アレクサンドロス）は立派である」と称えた。マンダニスはさらに、「最も優れた教えは、快楽と苦痛を精神から取り除くものである」と説いた。それに対してオネシクリトスが、そのような教えはギリシアでもピタゴラス、ソクラテス、ディオゲネスらによって説かれていると言うと、マンダニスはギリシア人は健全な考えを持っているが、一つだけ間違っているのは、自然より慣習を重んじることであると述べる。自然に従っていれば、裸でいることに何らためらいを感じないはずである、というのである。オネシクリトスは続いて彼らが自然現象について研究すること、果物や香油や食物の供物を与えられていること、病に冒された際には自ら身を焼いて命を絶つことなどについて観察している。

一部の学者の中にはこのエピソード自体が犬儒学派の作り話であると疑っている者もいるが、オネシクリトスとインドの賢者たちの出会いが実際にあったと認める学者も多い[37]。ただ、オネシクリトスの報告を後の犬儒学者たちが、アレクサンドロス自身とインドの賢者たちとの出会いの逸話に書き換えたことは確かなようである。アレクサンドロスの尽きることのない野望と賢者たちの苦行の対比を強調するこの話は古代世界に様々な形で広く流布した。パピルス史料が示すように、独立した形の伝説としては紀元前一〇〇年頃までには成立していたようである[38]。最も史実に近いアレクサンドロス伝として信憑性の高いアッリアノスの『遠征記』ですら、この伝説的な話を含んでいる[39]。

プルタルコスの『英雄伝』では、アレクサンドロスは一〇人の裸行者を捕らえ、そのうちの九人に質問をし、一〇人目にその答えを審査するように命じ、答えが間違っている場合は死刑に処すると断言する。[40] これはヘレノポリスの主教であるパラディオス（三六三頃―四三〇年頃）による問答形式の話に類似しており、それは後に偽カッリステネスのアレクサンドロス物語に導入された。その形成についてはここでは詳しくは述べない。[41]

偽カッリステネスのアレクサンドロス物語では、アレクサンドロスと裸行者たちの間に、生と死、昼と夜、右と左などについて禅問答を思わせるようなやりとりの後、[42] アレクサンドロスは彼らに望むものを授けると言う。行者たちは「不死」を求めるが、アレクサンドロスがそれが不可能であることを伝えると、行者たちは「死ぬべき運命にあるのに、なぜ戦い続けるのですか。全てを手に入れた後に何処に持ってゆくというのですか。他の者に残してゆくしかないのではないですか」と王に聞く。これに対してアレクサンドロスは次のように答える。

天の摂理によると、我らは全て神意の奴隷であり従僕である。風が吹かねば海は不動であり、木々はざわめくこともない。人間もまた神意のおもむくようにしか動かない。私としては戦いをやめようにも、我が心の主がそれを許さぬのだ。もし万人の考えが一致してしまったら、この世には何事も起こらなくなってしまうであろう。海は満たされず、土地は耕されず、夫婦の契りは結ばれず、子も生まれまい。戦闘のせいで財産を失った者は数知れまい。しかし他の者の財産から利益を得る者もおるのだ。人間は皆、互いに奪い合うもので、他人から奪ったものをまた誰かに残してゆくのだ。いかなる財産も永遠のものではあり得ない。[43]

この話の犬儒学的な解釈では、アレクサンドロスの傲慢は批判の対象であったのだが、この物語の中では、アレクサンドロスは行者たちの警告に怯むことなく、むしろ反論している。この世が石の上に裸で座っている人間ばかりになってしまったら、全く活気のないつまらない世の中になってしまうであろう、というのである。

現存するアレクサンドロス物語のシリア語訳も、このギリシア語版とほぼ同じ話が含まれている。近世ペルシア語版の一貫したアレクサンドロス物語としては一番早い例であるフィルダウスィーの『王書（シャーナーメ）』の中のアレクサンドロスの章においても、韻文ではあるが、ギリシア語版に比較的忠実な逸話が見られる。「なにゆえにこの世を闘争によって勝ち取ろうとするのか。（中略）なにゆえ生き永らえようとするのか」という問いに、アレクサンドロスは「賢者も戦士も神意を逃れることはかなわぬ。いかに足掻（あが）けども」と答える。[44]

このテーマは、ユダヤ教徒の文学の中にも取り入れられている。『バビロニア・タルムード』（五世紀）には、アレクサンドロスと「南の長老たち」の出会いが記されている。アレクサンドロスは長老たちに「天と地、東と西」「光と闇」「知恵のある者」「力のある者」「富を持てる者」などに関する一〇の質問をし、最後に褒美を授ける。[45] 偽カッリステネスのアレクサンドロス物語におけるインドの裸行者たちとアレクサンドロスの出会いのユダヤ教的解釈であるとされる。ヘレニズム時代のユダヤ教徒による護教文学に遡るといわれている。[46] 問答形式は確かに似ているが、内容は『タルムード』の方が聖書的であり道徳的である。インドの裸行者たちは、地理的にはもう少し曖昧な「南の長老たち」と化しており、またアレクサンドロスが自らの行動を「神意のおもむくまま」と自己正当化する議論も欠けている。[47]

イスラーム初期にこの話が二本角アレクサンドロスにまつわる宗教的な説話として流布していたことは、第II部で取り上げたタバリーの『タフスィール』に含まれていたワフブ・ブン・ムナッビフに遡る伝承に見た通りである。タバリーの記述に登場するのは、名前も明確な地理的位置づけも持たぬ「公正で穏健な人々」であった。[48]

ヤァクービー、マスウーディーなどによる歴史書にもこの話が含まれていることは第IV部で後述するが、ここでは教訓文学に取り入れられた例を見てみることにしよう。前述のガザーリーによる『諸王の忠言』の第一部（ガザーリー自身の筆によるとされる部分。第二部は後世に付け足されたとされる）に、死の不可避であることを示す五つの逸話の一つとしてこの話は含まれている。

このように伝えられている。二本角は財産を持たない人々の国に辿り着いた。家々の扉のもとに墓が掘られ、人々は日々墓参りをしていた。彼らの食物は薬草のみであった。二本角は使節を送り彼らの王を呼び出したが、「二本角などに用はなく、何も要るものはない」と来ることを拒んだ。そこで二本角は彼らのもとに赴き、尋ねた。「あなた方の身に何事が起こったのか」。「なぜそのようなことを聞かれます」。「財産をいっさい持っておらぬではないか。何故金銀を蓄え、利益を得ようとしないのか」。「そのような利益には誰も満足をしないからだ。それに来世における損失を招くのみだ」。「これらの墓をなんのために掘ったのか」。「来世への道のりのどの段階まで辿り着いたかを一時も見失わないためである。死の存在を忘れず、この世への執着に囚れず、信仰を怠らぬようにだ」。「何故薬草を食す」。「我らが胃袋を墓場と化すことは好まない。食の快楽は喉もとまでだ」。そこで王は頭蓋骨を持ち出し二本角の前に差し出した。「二本角よ、これが何者であったかご存知か。暴虐の限りをつくし、この世の富を集めることに時を費やし、臣民を抑圧し彼らから略奪した王であったかもしれぬのだ。真の神はその圧政を見抜き、魂を奪い、地獄に送ったのだ。それがこの頭だ」と言って、その頭蓋骨を置いた。さらにもう一つの頭蓋骨を取り上げ、二本角の前に置いて聞いた。「二本角よ、これが何者であったかお分かりか」。「教えてくれ」。「これは、公正で正しく、臣民に対して情け深く、慈悲深い王の一人であった。神が彼の魂を奪った際には天国に送ったのだ」。このように言うと王は二本角の頭に手を置き、「二本角よ、あなたのこの頭が目の前にあるが、これは間もなくこの二つのうちのどちらかになるであろう」。これを聞いて二本角は彼に言った。「宰相として我々についていっては下さらぬか。我が帝国の半分を差し上げよう」。「断る」。「何故だ」。「全人類が支配と富のせいであなたに敵意を抱いている。しかし満ち足り、貧しい私には常に友情のみを抱くであろう」。(49)

『諸王の忠言』のアラビア語訳『鋳造された金塊』にもほぼ同じ形で記されており、[50] おそらくはそこから『千一夜物語』の四六四夜（カルカッタ第二版）に取り入れられるに至った。[51]

このように、史実をもとにギリシアの犬儒学派たちが作り上げたアレクサンドロスとインドの裸行者たちの出会いの話は、形を変えながらイスラーム世界に受け継がれたが、禁欲主義者たちがアレクサンドロスの征服欲を諫め、死の不可避について説く、という基本的なメッセージは生き続けた。

4　アレクサンドロスの最期

最後に言及しておくべきは、アレクサンドロスの死をめぐって伝えられた一連のエピソードについてである。全てを手に入れようとした征服王アレクサンドロスの死というテーマもまた、教訓的な逸話の題材として好まれた。哲学者伝や一部のアレクサンドロス伝には、母への遺言とアレクサンドロスの遺体を囲んだ哲学者たちの弔辞が大概セットで含まれている。

偽カッリステネスのアレクサンドロス物語のλ本では、死を覚悟したアレクサンドロスが母親に遺言を送り、自分が死んだら「盛大な宴を用意し、愛しい者の死を悼んだことのない者のみ招くように」と指示する。母は言われた通りに宴を用意するが、そこには誰も来ない。それは近しい者を失う不幸に見舞われたことのない者はいないことを示し、息子を失った悲しみを慰めるための遺言であったことを母は悟る。[52]

母への遺言に続くのは、ついに死を迎えたアレクサンドロスの遺体を囲んで、哲学者たちが一人ずつ追悼の辞を述べる場面である。以下にヤァクービーによるヴァージョンを引用する。

アレクサンドロスはその手紙を書いた地で息をひきとった。同朋たちが集い、亡骸を包み、防腐の処置をし、金の棺に納めた。そして哲学者たちの中から卓越した者がその上に佇み述べた。「王にとり重大な一日が明けた。遠ざけていた禍に追いつかれ、恵まれていた幸がついに去った。王を嘆く者は今まさに嘆くがよい。大事に驚愕する者は今まさに驚くがよい」。

その場にいた別の哲学者が近づき、「賢者たち一同よ。教養ある者の慰めになること、大衆の訓戒になること、言うべきことは全て述べよ」と言ったのに応えて、アリストテレスの弟子たちは皆立ち上がり、棺を手で打ちこう言った。「おお、蓋われし者よ、何が汝を無言にしたのか。おお偉人よ、何が汝を貶めたのか。おお、狩人よ、いかにして汝自ら罠に落ちたのか、汝を狩るは何者か」。

別の者が立ち上がり曰く、「是なる猛者、今日の朝には無力なり。是なる傑士、今日の朝は劣弱なり」。

もう一人が立ち上がり曰く、「かつて汝が剣は乾くことなく、汝が猛威は静まることなく、汝が城都は動ずることなく、汝が贈賜は途絶えることなく、汝が光明は消えることがなかった。一夜明け、その光は消え、威光は失せ、贈賜はもはや望まれず、剣は鞘から抜かれず、都の護衛も去った」。

もう一人が立ち上がり曰く、「是なるは、かつて諸王を従えし者。今日の朝には民に屈する身になった」。

もう一人が立ち、この者曰く、「かつて汝が声に人は恐れおののき、その力に伏した。一夜明け、その声は絶たれ、権力は砕かれた」。

別の者が立ち、曰く、「汝、敵王に破られることなき者が死を免れ得ず。（あらゆる王の）任命者たるに何故（死を）圧しなかったか」。

さらに一人が立ち、曰く、「アレクサンドロスは静寂をもって我らを奮い起こし、沈黙をもって我らを語らせた」。

このような言葉が語られた。棺は閉じられ、アレクサンドリアへと運ばれた。かの地ではアレクサンドロスの母が諸侯とともにそれを迎え入れた。

棺を見るや母曰く、「哀れ、天にも届く才智、世の隅々を制す権力、諸王を従える威光を備えた息子よ。何故今日そなたは眠ったまま、目覚めぬ、何故無言のまま語らぬ。誰がそなたに伝えてくれる。我がそなたの警告に諭され、慰めに心和いだことを。そなたに平安あれ、生においても死におよんでも。実に何たる生き様であったか。いまや何たる死に様か」。

そして埋葬を命じた。アレクサンドロスは世界を制覇し、一二年の間君臨した。

母への手紙も哲学者たちの弔辞も、前述のウマイヤ朝のカリフ、ヒシャームの書記サーリムが監訳した書簡集に含まれているので、かなり早い時期にアラビア語で存在していたと考えられる。[53] 書簡集第一六篇の短い序にアレクサンドロスが母へ慰めの手紙を書いたことが簡単に記されており、それに続く一四人の哲学者の言が「弔辞からの精粋」と題されている。しかし、挙げられている一四の言のうち、ヤァクービーと重なるものは二つしかなく、サーリムがヤァクービーの直接の典拠であるとは思えない。サーリムのテクストはより長い弔辞のコレクションからの抜粋であるし、サーリムとヤァクービーに共通する別の典拠があったとも考えられる。

この母への慰めの手紙と哲学者たちの弔辞は、哲学者伝の一部として、あるいはアレクサンドロスの伝記の一部として、他のアラビア語やペルシア語の文献の中にも類似のテクストがいくつか存在する。[54] 例えば、『王書（シャーナーメ）』大モンゴル版写本には、この場面を描いた挿絵があり、涅槃図を思わせる（図4）。ヤァクービーよりも古いテクストとしては、フナイン・ブン・イスハーク（八〇八―八七三年）の格言集『哲人賢人逸史』がある。[55]

ギリシア語の偽カッリステネスにこれらのエピソードが入っているかというと、母を慰める手紙は、β系のライデン写本（Vulcanii n. 93, fol. 274r）に含まれているのみである。[56] 哲学者たちの弔辞に関しては、ギリシア語の偽カッリステネスにはない。シリア語の偽カッリステネスには、アレクサンドロスの遺体がメンフィスに運ばれ、そこに一二日間安置されている間、哀歌、悼辞が毎日捧げられたとあるが、それらの文言自体の引用はない。[57]

格言的な演説の引用に重点が置かれているために、要人の葬儀のスピーチの例文として読まれた可能性も考えられなくはない。実際にそのような使われ方がされたかもしれないことを示す例がある。ブワイフ朝の君主アドゥド・アッ＝ダウラが死去したことを知った際に、アブー・スライマーン・アッ＝シジスターニー **Abū Sulaymān al-Sijistānī**（九三二頃―一〇〇〇年）とその哲学者仲間たちは、一〇人の著名な哲学者たちがアレクサンドロスの死の知らせを聞いた際に述べたような弔辞を捧げようと決めたというのである。[58]

図4　アレクサンドロスの最期
フィルダウスィー『王書』大モンゴル版挿絵，1330年頃。

このようにして、アリストテレスとの師弟関係、あるいはインドの賢者たちとの出会いを通して高尚な知識を伝授され、また自ら知を探求し、発信した哲人王というアレクサンドロスのイメージがアラブ・ペルシアの教訓文学の中で作り上げられた。他方、アレクサンドロスですら死を免れられないという事実もまた、教訓の主題の一つとなったのであった。

図5　アレクサンドロスと七賢人
ニザーミー『幸運の書』挿絵，1590 年頃。

アレクサンドロスの哲人王としての顔は、教訓文学だけでなく、他の分野の作品の中にも浸透してゆく。例えば、第IV部で見るように、マスウーディーの歴史叙述においては、アレクサンドロスのアリストテレスとの関係、哲学者たちの追悼演説、インドの賢者とのやりとりなどが、アレクサンドロスの軍事的・政治的手腕の話より重要視されている。同じく第IV部で取り上げるミスカワイフの『国々の経験と大志の継承』にも同様のものが登場するが、この作品は、過去の君主たちの「経験」を現在・未来の君主の鑑とするという実践的な「君主の鑑」として書かれた歴史であるといってよい。

さらに、第II部の最後で触れたニザーミーの『アレクサンドロスの書』の第二巻『幸運の書』では、アレクサンドロスは自らの宮廷にギリシア中から七人の哲学者たちを集めて問答を繰り広げる知のパトロンとして登場する(59)(図5)。ニザーミーの作品においてアレクサンドロスを囲むのは、アリストテレス Arisṭū（紀元前三八四―三二二年）、タレス Valīs（ミレトス学派の始祖、紀元前六二四―五四六年）、アポロニウス Balīnās（ティアナのアポロニウス、紀元後一世紀）、ソクラテス Suqrāṭ（紀元前四六九―三九九年）、ポルフュリウス Furfūriyūs（新プラトン派、二三三年頃―三〇九年頃）、ヘルメス Hirmis（伝説的な賢者ヘルメス・トリスメギストス）、プラトン Aflāṭūn（紀元前四二七―三四七年）である。(60) アリストテレス以外は、実際にはアレクサンドロスと同時代ではありえない哲学者も総動員した、ギリシアの知の結集である。アレクサンドロスは、神の啓示に従い布教をするために二度目の旅に出発する前に彼らを集め、各人にこの世の創造について語らせ、それぞれから知恵の書（*khiradnāma*）を贈られている[61]。このアレクサンドロス物語の第二巻目のまたの名が『知恵の書』***Khiradnāma*** とされるゆえんであろう。ニザーミーは、それまでの「君主の鑑」や教訓書におけるアレクサンドロスの智者としてのイメージを最大限に膨らませ、「ギリシアの知の競演」に君臨する哲人王としての彼を描いているのである。

IV

歴史叙述の中のアレクサンドロス

ユダヤ・キリスト教伝承におけるアレクサンドロスが、その歴史的脈略から切り離され、『クルアーン』の「二本角」となり、後のアラブ・ペルシアの著作物において、この二本角の寓意性・象徴性と、アレクサンドロスの歴史性が様々な形で結びついていたことは、第II部で述べた。またイスラーム世界が帝国の統治に必要な知識をビザンツやペルシアの君主道徳や宮廷儀礼から移入する際に、アリストテレスがアレクサンドロスに宛てたという虚構の書簡が大きな役割を果たしたことは第III部で見た。

この第IV部では、歴史叙述の中のアレクサンドロスに焦点を移し、イスラーム世界の歴史家たちがどのような情報源を通してアレクサンドロスに関する知識を得たのか、彼らの過去の認識の中で、アレクサンドロスがどのような位置を占めていたのか、などの問題について具体的なテクストの分析を通して考察したい。

それでは、ここでいう「歴史叙述の中のアレクサンドロス」とはどういう意味か。第I部で指摘したように、アレクサンドロスに関する古代ギリシア・ローマの史伝（アッリアノス、プルタルコス、クルティウス・ルフス、ディオドロス、ストラボンなど）は古典期のイスラーム世界の文献にはほとんど影響を与えず、歴史家たちのアレクサンドロスに関する記述の主要な素材となったのは、パフラヴィー語・シリア語を介して伝播したとされる偽カッリステネス系のアレクサンドロス物語、アレクサンドロス物語に源泉を持ちながらイスラームに先行する一神教のフィルターを通して宗教説話と化していた二本角伝承、ギリシアの格言集などに含まれた断片的な情報、そしてササン朝ペルシア創成期の政治的・宗教的プロパガンダを反映した否定的なアレクサンドロス伝承などであった。従ってイスラーム古典期の歴史家たちが知り得たアレクサンドロスは、現代の歴史学や考古学が明らかにしてきた、より

「史実に近い」アレクサンドロス像からはほど遠いものであった。このような「伝説的な歴史的人物」とでもいうべきアレクサンドロスがアラブ・ペルシアの歴史書においてどのように描かれたのか。それを摑むにはそのコンテクスト、つまりイスラーム世界の歴史学の在り方そのものについて、まず考察しなければならない。

『クルアーン』には、アダム以降、ムハンマド以前の預言者や聖書的人物が数多く登場するが、『クルアーン』自体はそれらを時間軸に沿って位置づけようとはしていない[1]。歴史的なコンテクストが完全に省かれ、寓意的なエッセンスのみが抽出されている「二本角」の例においても、この傾向は顕著に表れているといえよう。初期のイスラーム教徒たちが、『クルアーン』が示すこのような「非歴史的」あるいは「超歴史的」な世界観を共有していたであろうことはよく指摘されている[2]。さらに、イスラーム勃興以前のアラブ人たちは、過去の出来事の記録を残すという伝統を持っておらず、それでもイスラーム世界において、過去を歴史化するという思考が、外からの影響ではなく内在的に起こったことは、謎であるとすらいわれている[3]。

イスラーム世界において歴史学がどのように形成され、発展したかという「謎」は、ここで正面切って取り上げるにはあまりに大きい。それは歴史家たちの議論の的になってきただけあって、優れた先行研究もいくつか存在する[4]。ここではそのうち、アラブ歴史学の発展の枠組み全体を把握するにあたって参考になる二書を紹介しておこう。

まず、ロビンソンの『イスラーム歴史学』は、過去を語り継ぐ、または記すという行為が、イスラーム教が拡がり、アラビア語が共通語となった地域で、誰によってどのように営まれ、どのような社会的な意味を持っていたのかということを、イスラーム学を専攻としない者にも分かりやすく説いた概説書である。歴史家という存在そのものや、歴史の継承のされかたが、古代ギリシア、中国、あるいはヨーロッパの場合とどのように異なっているのか比較をしながら解明しており、イスラーム世界における「歴史」の概念そのものとアレクサンドロスに関する歴史的叙述の関係を探る手がかりになる。さらに、歴史のパトロンたち——つまり歴史資料の収集・管理・編集の経済的（同時に政治的・思想的）基盤を提供した権力者たち——が、アレクサンドロスに何を求めたのかを検討するにあたっても、大変示唆に富む一冊である。

ロビンソンによると、イスラーム（アラブ）歴史学の発展史は、おおまかに形成期（イスラーム勃興からウマイヤ朝末期）と古典期（アッバース朝からマムルーク朝）に分けられ、さらにそれが第一段階（六一〇頃—七三〇年頃）、第二段階（七三〇頃—八三〇年頃）、第三段階（八三〇頃—九二五年頃）、第四段階（九五〇頃—一五〇〇年頃）に細分できるという[5]。第一段階は、行政の領域以外では過去を記録するという文化が発達しておらず、イスラーム共同体樹立の歴史——特にムハンマドの言行、部族史、征服史など——が口頭で語り継がれた段階であった。第二段階の八世紀末頃になると、集積された口頭伝承が書き留められ、何らかの叙述の枠組みに組み込まれてゆく。ジャンルとして、伝記（biography = *sīra*）、伝記集（prosopography = *ṭabaqāt*）、年代記（chronography = *ta'rīkh*）が発生し、情報系統を権威づける伝承学（traditionism = *ḥadīth*）が、それを支えるイスナード（伝承の過程）の手法とともに定着してゆく。第三段階はアッバース朝バグダードが最も栄え、この学問の都で知識が集大成された時代である。現存する「古典」の多くはこの時代に編纂された総括的な歴史書で、それ以前の単独的な作品は吸収され、本としては廃れ散逸していく。第四段階では、アッバース朝中央集権体制の瓦解、地方王朝の興隆とともに地方史の発達が見られる。

もう一書、ハリーディーの『古典期におけるアラブ歴史思想』が提示している歴史観の変遷の枠組みでは、アラブの歴史認識の発展を四段階に分けている。それぞれの時代の歴史叙述の傾向を統括する概念として、ハディース *ḥadīth*（七—一〇世紀）、アダブ *adab*（九—一一世紀）、ヒクマ *ḥikma*（一〇—一一世紀）、スィヤーサ *siyāsa*（一二—一五世紀）が挙げられている。第一のハディース（伝承）期とは共同体の歴史を伝える伝承系統が情報自体の信憑性あるいは蓋然性よりも重要視された時期で、第二のアダブ（教養）期は諸文明の興亡の歴史が政治的・倫理的規範として見なされた時期、第三のヒクマ（知恵）期は自然・社会科学の理性的な思考が史学に強く影響を与えた時期、第四のスィヤーサ（行政・政治）期は主に行政的な目的で国家の正史が編まれた時期であるとされる[6]。

ロビンソンは歴史叙述・編纂の方法や学問を育んだ社会的背景を、ハリーディーは歴史家によって過去がどのように解釈されたかという点をそれぞれ重視しており、同じ材料を扱いながら、当然両者の説の間には差異が見られる。それに双方とも、あくまでも歴史思潮の方向性あるいは特徴を示す時代区分および概念を示しているのであって、それらは明確な境界線で区切りをつけられる分類ではない。また、ロビンソン、ハリーディーの研究ではアラブ以外の文化、特にイランおよびペルシア語圏の歴史観が十分考慮されていないという問題点がある[7]。本書では、これらの研究書が提示する枠組みを指標としながらも、それに厳密に囚れることなく、アラブ・ペルシアの歴史書に含まれるアレクサンドロスに関する記述を、歴史学的なコンテクストの中に位置づけてゆく。

イスラーム世界の歴史観においてもアレクサンドロスは、キリストと並ぶほど歴史の標柱となった人物であり、世界史に関する著作であれば、彼が登場しないものはほとんどないといっていいかもしれない。また、イスラーム教が広まった地域はアレクサンドロスが征服した領域とかなり重なるため、地方史においても、都市の由来などにアレクサンドロスにまつわる逸話が挿入されていることがある。

ここでは、一〇世紀半ばにアッバース朝が崩壊し地方王朝が興隆し始めるまで、つまり「イスラーム世界」がある程度政治的・文化的なまとまりを有していた時代を考察の主要な対象とし、イスラーム歴史学の形成期に遡る伝承、そして古典的な万国史を中心に取り上げる。それ以後の時代については、特にイスラーム世界の東方の領域で興ったイラン系の王朝に焦点を絞り、ペルシア語の台頭と歴史叙述、王権の在り方と古代史観の相互関係についても考察する。アラビア語・ペルシア語で記された歴史書を全て網羅的に繙くことができたわけではないが、アラブ・ペルシアの万国史の古典的作品はほぼ調べ、いわゆる古典以外の世界史や地方史に関しては、特徴的なものや、アレクサンドロスに関して興味深い記述のあるもののみをできる限り取り上げる。分析において注目する点は、史書全体の構成の中での位置づけ、万国史と地方史（王朝史）での情報の扱いの違い、情報の源泉、などである。

イスラーム世界の古典的な歴史書の多くは、天地創造あるいは原初の人アダムに始まり、ムハンマドにまで至る諸預言者伝の部、古代諸文明についての部（預言者列伝と古代文明史が合体している場合もある）、イスラーム勃興から作者の同時代までの部、といった構成になっている。アレクサンドロスに関する記述は当然、古代史の部分に含まれているわけであるが、これらの歴史書におけるアレクサンドロスに関する断片的な記述の詳細な比較検証は今まで行われていない。イスラーム以前の世界史がどのように記述されているかは、実は現代の歴史学者があまり注目しない部分であり、創世からイスラーム勃興までの古代史に関する部分は大概、イスラーム世界の成立を再構築するためにはあまり役に立たない情報として読み飛ばされてしまうのである。[8] アラブ・ペルシアの歴史書におけるアレクサンドロスの記述を比較することによって、これまでほとんど研究の対象とされてこなかった、イスラーム世界の古代史観も明らかになるであろう。

第1章　初期のアラブ歴史学

――ハディースの時代――

現存するアラブ歴史学の古典とされる書は、ほとんどが九世紀半ばから一〇世紀半ば（つまりヒジュラ暦二世紀から三世紀）に編纂されたものであり、それ以前の歴史的な記述のほとんどは、それらの古典の中に断片的な引用として残っているのみである。それは、初期のアラブ・ムスリムが歴史に興味を持たなかったということではなく、九世紀半ば以前に歴史を全く書き記さなかったわけでもない。後の歴史家たちの著作に情報が選択され、引用され、それらが古典として確立してゆくにしたがって、時代遅れとなった原典の方は需要がなくなっていったのである。紙という媒体は、パピルスや羊皮紙などに比べ安価で、旺盛な知的生産に適していたものの、朽ちやすかった。従って写本され、保存されなくなった写本は次第に散逸してゆく運命にあった。[1]

このように断片的な引用のみが残っている原典を再構築することは難しい上に、ごく初期のアラブ歴史学を扱うにあたっては、さらに注意すべき点がある。先に挙げたロビンソンやハリーディーのみならず、多くの歴史学者が指摘しているように、イスラーム勃興から一世紀ほどは、書物が学問的情報伝達手段としては蔑まれる傾向にあり、文字に記されたものよりも口頭伝承に価値が置かれていた。ハディース（伝承）学が確立される時代である。[2]これらの語られた知識が集積され、書き留められ始めるのは八世紀半ば頃で、[3]しかもそれらの多くは九世紀以降の「古典」に呑み込まれ、原型を留めていない。つまり、後世にまとめられた書の幾重もの情報の層の中からもとの伝承を見分けなければいけないということである。

さらに、イスラーム初期の歴史叙述の対象となったのは、もっぱらイスラーム共同体の誕生と拡大に関連した事柄で、イスラーム以前の古代文明に関する系統だった知識が歴史学に取り入れられるには、後の万国史が登場する時代を待たなければならない。

さてそれでは、アラブ歴史学黎明期におけるアレクサンドロスに関する知識は、どこにどのように残っているのであろうか。

1 歴史としてのイスラーイーリーヤート――ワフブ・ブン・ムナッビフ

ハリーディーによるとイスラーム初期の歴史への関心の根幹は、大きく三つに分けることができるという。一つ目は部族史（系統学 *nasab*）、二つ目は宗教史（預言者ムハンマド伝［スィーラ *sīra*］、征服史 *maghāzī, futūḥ*）、三つ目が世界史（創世の書 *mubtada'*、預言者伝集 *qiṣaṣ al-anbiyā'*）である。[4] 一世紀ほどの間にみるみる版図を拡げたムスリム共同体は、民族的・宗教的アイデンティティを強化するために、そのルーツ、拡大の歴史、そして既存の一神教との関係を明らかにしていく必要があった。ムスリム名士の血統を辿る部族史、ムハンマドとその教友たちの事績は我々のテーマには直接関係ないが、注目しなければならないのは、特に三つ目の「世界史」の部類である。ハリーディーが世界史への関心と言っているのは、イスラーム教の一神教的過去へのまなざしであり、その過去を構築する素材となったのは、「イスラーイーリーヤート」*Isrā'īlīyāt* と総称される、イスラーム的なコンテクストに置き換えられたユダヤ・キリスト教起源の説話である。[5]

その初期の権威の一人は、六三八年頃にユダヤ教から改宗したイエメン出身の学者、カァブ・アル＝アフバール **Kaʻb al-Aḥbār**（六五二―六五三年没）である。イスラーイーリーヤート的な伝承の継承者として後代の文献によく名が挙げられ、特にヨセフ伝の情報源とされる。[6] メディナのユダヤ人であったアブド・アッラー・ブン・サラーム **ʻAbd Allāh b. Salām**（六六三―六六四年没）も初期にイスラームに改宗した学者で、タバリーの『歴史』に引用されている聖書的な説話の多くは彼に遡る。

しかし、イスラーイーリーヤートを初めて歴史的な枠組みの中に組み入れた可能性がある人物は、ワフブ・ブン・ムナッビフ（六五四／五―七二八年、または七三二年）である。彼は、おそらく父の代にイランのヘラートからイエメンに、ササン朝のホスロウ一世の兵として送られてきたアブナー（*abnāʼ*）と呼ばれる移住民の一人であった。ワフブの父はムハンマドの時代にユダヤ教から改宗したという。『旧約聖書』の物語やユダヤ民話、そしてイエメンの古代史の権威とされたワフブは、改宗した上記の元ユダヤ教徒の学者たち、カァブ・アル＝アフバールやアブド・アッラー・ブン・サラームなどの知識を受け継いでいることが伝承の記録から分かる。そしてワフブが集めたとされる伝承は、口頭であるいは書物として、その子孫に継承されていった。[7]

タバリーが『クルアーン』の二本角（ズ・ル＝カルナイン）の釈義として『タフィスール』で引用していた伝承のいくつかは第II部で見た通り、このワフブに遡る。そのうちの最も長い伝承の出だしの部分をもう一度、今度はイスナードも含めて見てみよう。

イブン・フマイドがサラマから聞いたムハンマド・ブン・イスハークの言によると、私が疑いを持たない者（*man lā attahimu*）が、古人の物語についての知識（*ʻilm bi ʼl-aḥādīth al-uwal*）を持っていたワフブ・ブン・ムナッビフから聞いた。「二本角はルーム人で、ある老婆の一人息子であった。その者の名はアル＝イスカンダルといったが、二本角と呼ばれた由縁は頭の両側が銅でできていたからである（後略）」。

ハディースの一単位の構成の基本は、AはBが伝えたと言い、BはCが伝えたと言い、CはDがこのように伝えたと言う、というような伝承の過程イスナード（*isnād*）の部分と、それに続く伝承の本文マトゥン（*matn*）である。イスナードは、その情報を継承してきた学者たちの鎖を示すもので、この場合、タバリーの直接の情報源は、彼の師の一人であるイブン・フマイド ʿAbd Allāh b. Ḥumayd al-Rāzī（八六二年没）である。イブン・フマイドはサラマ Salama b. al-Faḍl（八〇五／六年以降没）からイブン・イスハーク Ibn Isḥāq（七〇四頃―七六七年没）のムハンマド伝を継承したことで知られているが、ここでもそれと同じ経路が辿られていることは重要な点である。イブン・イスハークのムハンマド伝については後述する。イブン・イスハークが信頼のおける情報源としているのは、ワフブの知的遺産を引き継いだ縁者あるいは弟子のことを指しているのであろう。イブン・イスハークはこのように明確な伝達経路を示さず、典拠とした情報源をひとまとめにしてしまう傾向があり、それが後世の伝承学者たちの非難の的となった。しかし彼の時代には伝承学の体系がまだ確立しておらず、珍しくないことであった[8]。

さて、伝承の本文であるが、上の訳文でかぎ括弧にいれたその導入部である(1)二本角がアレクサンドロスであることと、その名前の由来の説明に続き、(2)二本角と神との対話、(3)彼が世界の隅々で繰り広げる聖戦の様子、(4)ヤージュージュとマージュージュ（ゴグとマゴグ）の奇態、(5)彼らを封じるための防壁の建設の詳細な描写、(6)公正で穏健な人々と二本角との問答という部分からなる。ハディースとしては、かなり長いものである（全文は本書第II部第2章、一四二―五〇頁を参照）。すでに第II部で指摘した通り、二本角にまつわるこの伝承は非常に寓意的であり、唯一歴史的・地理的具体性をほのめかしているのが、彼が「ルーム人」（*rajul min al-Rūm*）で、「アル＝イスカンダル」という名であったという点である。

タバリーの『クルアーン』注釈書『タフィスール』に含まれているワフブ・ブン・ムナッビフが語ったとされるこの二本角伝は、タバリーにおいては啓示の内容を解説する伝承の一単位として引用されているが、このような宗教説話はただ無作為に流布していたのではなく、天地創造からムハンマドに至るまでの諸預言者の行伝の一環として位置づけられていたと考えられる。ワフブの書とされるものの中には、『創造と諸預言者の書』*Kitāb al-mubtadā' wa 'l-qiṣaṣ al-anbiyā'* と呼ばれる作品があったとされ[9]、二本角の伝承もおそらくこの書の一部だったのではないかと思われる。言い換えれば、二本角の伝承は、最後の預言者ムハンマドの到来を、ユダヤ教・キリスト教の聖書的歴史観との微妙な関係において正当化する過去としての歴史の一部であったとも見なすことができるのである。

ただしここで問題になるのは、ワフブ自身が時間軸にある程度沿って伝えていたのか、『クルアーン』に沿った釈義的な語り方をしたのかは、明らかではないことである。そもそも『創造と諸預言者の書』は、果たしてワフブがまとめたものなのか、ワフブの言をその孫アブド・アル＝ムンイム 'Abd al-Mun'im（八四三年没）が編纂したのかそれすらも分からない[10]。完全な書物として現存しないため、結局どういう構成であったかは不明である。タバリーに断片的に引用されている形では、個別の説話同士の繋がりが分からないのである[11]。ワフブが『旧約聖書』の「創世記」や「詩篇」、『新約聖書』の「福音書」などを使い、またユダヤ・キリスト教の説話に広く通じていたことは指摘されるが[12]、ばらばらに伝えられる様々な伝承から、ワフブの知識がどのような構成で伝えられたかという全体像を摑むのは難しい。

『クルアーン』解説を意図した逸話的・単発的伝承（ハディース。またはハバル *khabar*. 情報）が、世界史的な枠組みの中で時間軸に沿った歴史叙述に並べ替えられるという転換がいつ起こったのかということに関して、歴史家の意見は異なる。アボットは、現存する文献に見られる歴史叙述の最も早い例は、後述するイブン・イスハーク

（七〇四頃―七六七年）や征服史で知られるワーキディー Wāqidī（七四七／八―八二二年）であると指摘している。[13] しかしフーリーはワフブの『創造と諸預言者の書』に天地創造からムハンマドに至るまでの構成があったと推測しており、[14] ドゥーリーも同じ考えに基づいて後代の書に引用された断片からこの書の構成の復元を試みている。[15] 現段階では、ワフブ自身がどの程度歴史的展望を持っていたのかは断定できない。

2　スィーラの歴史観――イブン・イスハーク

時間軸に沿った叙述の枠組みにおいてハディースやハバルを編み、ムハンマドとイスラーム教の登場を、この世の始まり以来の預言者の歴史の中に決定的に位置づけたのは、イブン・イスハーク Muḥammad Ibn Isḥāq（七〇四頃―七六七年）であるといわれている。[16] このような、より視野の広い、あるいは時間的連続性のある歴史的展望が明らかになってくる転換期は、ウマイヤ朝からアッバース朝への移行の政治的な動乱の時代と重なる。「アッバース朝革命」と呼ばれる革命運動の末、東方イスラーム世界の非アラブ人の軍事力を頼りにウマイヤ朝を倒したアッバース家は、その政権の正統性を思想的にも示す必要があった。歴史の編纂はその手段の一つであった。

アッバース朝は、ウマイヤ朝が行っていた非アラブの改宗者（マワーリー、単数形マウラー）に対する差別的な制度を廃し、彼らを官僚として帝国の運営に取り入れた。しかしユダヤ教、キリスト教、イスラーム教の融和を図ると同時に、イスラーム帝国の統一の理念において、預言者としてのムハンマドの優越性を明確にする必要があったのである。ムハンマドが神によって人類に遣わされた最後で最高の預言者であるという位置づけを確実にするためのムハンマド伝をまとめたのがイブン・イスハークである。

戦争捕虜としてメディナに連れて来られユダヤ教から改宗した父イスハークや叔父たちはハディースやハバルの著名な伝承者であり、イブン・イスハークもその道に進んだ。メディナ以外にアレクサンドリアで伝承を集め学者としての名声を高めたが、ライバルとの抗争や、モスク後部で礼拝する女性たちに伝承や物語を求めるといった当時の常識を逸脱した情報収集の仕方が反感を買い、メディナを追われた。その後クーファ、ジャズィーラ、ライを巡り、最後にアッバース朝の新都バグダードで、カリフ、マンスールの宮廷に迎え入れられた。

ウマイヤ朝の庇護を受けていた歴史家・法学者ウルワ・ブン・アッ＝ズバイル 'Urwa b. al-Zubayr（七一二年没）やその弟子アッ＝ズフリー al-Zuhrī（七四二年没）などは、イスラーム共同体の起こりにまつわる共同体内の伝承を集め、歴史叙述の枠組みの中に整理し、教訓、法の規範となる先例としてのムハンマド史を作り上げることに従事したが、彼らの関心の中心がムハンマドに直接関わる出来事であったのに対して、イブン・イスハークは先人たちの知識の蓄積を利用しながらも、より広い視野をもって、人類史上に連なる預言者・聖者の規範に照らし合わせたムハンマド像を描いた。そしてムハンマド伝の後続篇として、ムスリム、ユダヤ教徒、キリスト教徒が融和したイスラーム帝国を実現したアッバース朝のマンスールに至るカリフの歴史が付け足された。イブン・イスハークのこの野心的な歴史編纂プロジェクトは、アッバース朝の王子アル＝マフディーの教育のためであったといわれるが、王子には結局ダイジェスト版が与えられ、完全版はカリフの図書館に納められたという[17]。

イブン・イスハークのムハンマド伝は、もともとは三部からなっていたと考えられている。各部の題に関しては様々な説があるが、この世の創造からイスラーム勃興以前の歴史が記された第一部は『創世の書』*Kitāb al-mubtadā'* または『創造物のはじまり』*Bad' al-khalq* と呼ばれ、預言者の到来にいたるアラビア史である第二部が『到来の書』*Kitāb al-mab'ath*、そして第三部は預言者・布教者としてのムハンマドの行伝『征服の書』*Kitāb al-maghāzī* である[18]。併せて通称『行伝』（スィーラ *Sīra*）と呼ぶ。

我々が関心のあるイスラーム以前の歴史に関わってくるのは当然、第一部の『創世の書』である。しかし現存する写本は、イブン・イスハークの当初の構想であったはずのこの三部構成の形では残っておらず、第一部が含まれていない。それは、イブン・イスハークより半世紀ほど後のエジプトの学者イブン・ヒシャーム（八三四年没）がこの『行伝（スィーラ）』の梗概を編集した際に、第一部のほとんどを削除してしまい、その抄本の方が後世に流布したためであるとされる。

だが、完全に内容が失われてしまったわけではなく、かなりの部分が断片的にではあるがタバリーなどの後の歴史家・解釈学者に忠実に引用されている。散在する引用を集めて再構成し、イブン・イスハークの『創世の書』を英訳で復元したものが、ゴードン・ニュービーが一九八九年に刊行した *The Making of the Last Prophet : A Reconstruction of the Earliest Biography of Muhammad* である。[19]

天地創造からアダムの誕生に始まり、ムハンマド以前の預言者や聖者——『クルアーン』に登場しない人物も含まれる——に関する伝承が列伝的に記されるというその構成は、後の万国史においても踏襲される。素材となっているのは、イスラーイーリーヤートの部類に入るユダヤ教のハッガダー（聖典の訓話的解説）およびキリスト教の殉教者伝、そしてアラブの伝説である。

二本角アレクサンドロスに関する章も含まれている。ニュービーの再現によると、ネブカドネザルにバビロン捕囚とされたユダヤの民に関する章と、洗礼者ヨハネの父ザカリヤの章の間に挿入されている。このイブン・イスハークの二本角伝は、タバリーの『タフスィール』に含まれているいくつかの伝承をつなぎ合わせた再現である。[20]タバリーにはイブン・フマイドがサラマを通してイブン・イスハークから継承した——イブン・イスハークの『行伝（スィーラ）』のいわば「公式」伝承経路を辿っている——四つの伝承が挙げられている。[21]

一つ目の伝承は、第II部第1章でも触れたが、下記の通りである。

イブン・フマイドが伝えるには、サラマによるとムハンマド・ブン・イスハークはこう言った。「アジャム（非アラブ人）の伝承を語るイスラームに改宗した啓典の民で、二本角に関する知識を受け継ぐ者の中には、二本角がノアの子のヤペテの子のユーナーンの子孫のマルズバーン・ブン・マルダバ・アル＝ユーナーニーというエジプト人であると言う者もいた」。

マルズバーンという名がペルシア語源であること、[22] さらにアジャム（非アラブ人）、つまりペルシア人の伝承であると述べられていることから、ペルシア起源の伝承であることは確かであるが、イブン・イスハークはこの情報を改宗した啓典の民から聞いている。ペルシア通の元ユダヤ教徒あるいはキリスト教徒とはどのような背景の人々であったのか。[23] また、第II部でも指摘したように、ギリシア人の子孫であるエジプト人という記述に、アレクサンドロスとの繋がりが暗示されているが、いったい何故正体不明のペルシア系の名前が付けられているのか。強引な推測かもしれないが、ペルシア人の間に主人公の名がマルズバーンに変えられたアレクサンドロス物語が流布していた可能性も考えられなくない。第I部で述べたように、ネルデケ説によると六世紀以前にアレクサンドロス物語のパフラヴィー語訳が作られていた。しかしアレクサンドロスを悪魔視したササン朝の思潮からすると、アレクサンドロスを英雄とした物語が広く受け入れられるはずがなかった。[24] そこで、後述するようにイエメンに伝わったアレクサンドロス物語の主人公がサァブという古代南アラビアの王とされたように、粗筋はアレクサンドロス物語からとって、主人公の名前が変えられ語られていたということも起こり得たかもしれない。パフラヴィー語で *marz*（国境）を *pān*（守る者）という意味の名前自体が示唆に富むが、根拠のない深読みは避けることにする。

イブン・イスハークの二つ目の二本角伝承は、第二代正統カリフのウマル・ブン・アル＝ハッターブ（在位六三四—六四四年）が二本角を預言者の一人であると認めていたことを示す短いものである。[25] 第II部で見たように、二本角が預言者か否かについて議論があっただけに、正統カリフの言の裏付けを挿入したのであろう。

次に、イブン・イスハークの二本角伝の中で最も長く、根幹となっている三つ目の伝承は、ワフブ・ブン・ムナッビフに遡る次のイスナードで始まる。

イブン・フマイドがサラマから聞いたムハンマド・ブン・イスハークの言によると、私が疑いを持たない者が、古人の物語についての知識を持っていたワフブ・ブン・ムナッビフから聞いた。

伝承の本文は、アレクサンドロスと同一視された二本角が神の啓示を受け、世界の隅々で聖戦を繰り広げ、ヤージュージュとマージュージュを封じるための防壁を建設し、最後に公正で穏健な人々と対話をするという内容であり、第II部で詳細に紹介した。すでに指摘した通り、二本角が「ルーム人」でアレクサンドロスという名であったという記述以外は、歴史的・地理的具体性に欠ける説話である。しかし、イブン・イスハークが他に知り得た二本角に関する伝承――例えば後述するイブン・ヒシャームの『王冠の書』に引用されている、二本角をアブラハムと同時代のイエメンの王とする説――ではなく、アレクサンドロスと同定する伝承を中心に据えていることは特筆に値する。

四つ目の伝承は、この世の終わりにヤージュージュとマージュージュが壁を破って出てくる際に起こることを預言したムハンマドに遡るハディースである。イスナードを除いた本文のみを以下に挙げる。

ヤージュージュとマージュージュは、偉大な神が申された通りに、(壁を)破り、人間のもとへ現れるであろう。そしてあちこちから溢れ出て、この世を埋め尽くす。ムスリムたちは都や砦に家畜とともに逃れよう。だがその間に(ヤージュージュとマージュージュは)地上の水を飲み干してゆく。彼らは川を渡る際にその水を飲み干し、一滴も後に残さない。後からその川を通る者は、かつてそこには水があったのに、と言うであろう。そのうち、砦や都に立てこもった者以外は、人間は一人もいなくなる。[26]

この終末論的伝承は『創世の書』の枠組みから外れると判断したのか、ニュービーは訳していない。しかし、イブン・イスハークのイスラーム史観におけるムハンマドの位置づけにとっては、過去に起こったであろう出来事だけでなく、この世の終わりに起こると預言された出来事も重要であったのではなかろうか。それがムハンマド自身に遡る伝承であった場合は、なおさらである。

このようにイブン・イスハークは、ユダヤ・キリスト教説話を『クルアーン』の教義の背景を理解するために頼るべき情報としてではなく、イスラーム独自の世界史観を築く礎石として使った。イスラームがユダヤ・キリスト教の正統な後継者であることを、歴史的な叙述によって示したのである。

しかし、イブン・イスハークによるイスラーイーリーヤートの利用は、一世代後にはイスラーム法学者たちの非難の的になった。

イスラーム法の規範とされるべきムハンマド伝に、ユダヤ・キリスト教の伝承が含まれることの是非が問われ、また「アジャムの伝承を語るイスラームに改宗した啓典の民……」といったような曖昧なイスナードの挙げ方は、シャリーア法的効力を持つ正しいイスナードではないと見なされた。[27] イブン・ヒシャームが、イブン・イスハークの『行伝（スィーラ）』を編纂し直した際に、イスラーイーリーヤートを多く含む第一部のほとんどを意図的に排除したのは、このような思潮の影響であるとされる。[28]

上に見たワフブに遡る言は、イブン・イスハークに引用され、その部分が作品から削除された後も、最終的にはタバリーの『タフスィール』に引用されることによって残ったものである。この伝承経路を辿ることによって、おそらく啓典の釈義として語られていたであろうイスラーイーリーヤートが、歴史の一部として時間軸上に並べられ、その史書が分解されても、断片が再び釈義的な情報として利用されるという、知識の枠組みの変遷、あるいは重層構造を窺うことができる。

3 イブン・ヒシャームの『王冠の書』

ここでイブン・ヒシャーム Ibn Hishām（八三三年没）の『ヒムヤルの諸王に関する王冠の書』*Kitāb al-tījān fī mulūk Ḥimyar* を取り上げておこう。[29] アレクサンドロス自身の事績を伝えることを意図した書ではないが、アレクサンドロス物語が南アラビアの歴史叙述に影響を与えたことを示す作品である。

ワフブ・ブン・ムナッビフの言を典拠としたとされるイブン・ヒシャームの『王冠の書』は、南アラビアのヒムヤル王国の歴代の王の治績を記した書である。この中に二本角（ズ・ル＝カルナイン）という綽名で呼ばれているヒムヤルの王サァブ al-Ṣa'b が登場する。[30]『王冠の書』の二本角伝の粗筋は蔀勇造氏の諸論文に言及されているので、ここでは省略する。[31]

泥の泉に沈む太陽、暗闇の国、流砂の川、ルビーの谷、生命の泉、陽の昇る場所の覆いのない人々、天地終末の時を知らせるラッパを構える天使、その天使に授けられる不思議な石、ヤージュージュとマージュージュを防ぐ壁の建設、バラモンとの問答など、明らかに偽カッリステネス系のアレクサンドロス物語の要素を含んでいるアラビア語作品としては、早い例であるといえる。しかし、シリア、アラビア、イラク、ペルシア、アルメニア、インド、サマルカンド、ヘラート、中国、スィンドとヒンドなどの地名は登場するものの、ペルシア王ダレイオスやインド王ポロスなどといったアレクサンドロスの遠征と結びつく具体的な固有名詞は省かれていることに注目したい。それにアレクサンドロス物語の翻案というには、粗筋があまりに違う。物語の初めに二本角が四夜続けて見る夢[32]、轟く大波を鎮めるために灯台の上に銅像を立てる話、アラビア語の起源の話などアレクサンドロス物語の諸系統には通常含まれない逸話も混在する。さらに、二本角であるサァブがアブラハムと同時代の王で、ギリシア人のアレクサンドロスは『クルアーン』にいわれる二本角ではないことを、テクスト自体が強調している[33]。

『王冠の書』にユダヤ・キリスト教系の布教者としてのアレクサンドロス伝承が入っていることは確かである。ただ、それがイブン・ヒシャームが言うように本当にワフブ・ブン・ムナッビフの言に基づくものであるかどうかは疑わしい。タバリーの『タフスィール』に含まれているワフブの二本角伝と大まかな筋は共通していても、多くの相違点がある。例えば、タバリーの『タフスィール』のワフブ伝には第II部で分析したように固有の地名がほとんどないが、『王冠の書』の記述は実際の地名に溢れている。特にエジプトがその中心になっている。

イブン・ヒシャームが使ったとされる伝ワフブ作『王冠をいただいた君主の書』*Kitāb al-mulūk al-mutawwaja* は、ワフブ作ではなく、エジプト在住の南アラビア系の者がウマイヤ朝末期に、アレクサンドリアのユダヤ系アレクサンドロス物語とムスリムの遠征にまつわる伝説や逸話を融合したものではないか、というのがナーゲルの説である。エジプトにはムスリム軍の北アフリカ征服にたずさわった南アラビア出身者が多く住んでいたが、この南アラビア軍の貢献に対して、政権を握った北アラビア系のクライシュ族から充分な報いがなかったことに、彼らは不満を抱いていた。ウマイヤ朝初代カリフ、ムアーウィヤ一世(在位六六一—六八〇年)を継いだヤズィードの治世(六八〇—六八三年)には、エジプト在住の南アラビア出身部族の待遇が特に悪化し、南北出身者同士の抗争が激化した。栄誉ある過去の王族の歴史を綴った南アラビア賛美の書は、このような政治的背景の中から生まれたというのである[34]。原典がワフブに帰されたのは、伝承の権威づけのためであろう[35]。

『クルアーン』の二本角も、タバリーが引用しているワフブの伝承の二本角も、布教戦士の観念を象徴するような寓意的な存在であり、アレクサンドロスあるいはアラブ・ムスリム軍の実際の遠征の行程を反映したものではない。しかし『王冠の書』の二本角のエジプトを根拠地とした行軍は、エチオピア、ベルベル民族の地、アンダルシア、シリア、メソポタミア、イラン、中央アジア、アルメニア、中国へと展開しており、アラブ・ムスリム軍のフトゥーフ（征服）の行程と重なる部分もある。[36]

蔀氏は、中央アジア、中国への遠征に関する記事がイラン系のアレクサンドロス物語に基づいている可能性を指摘しているが、この意見には筆者は同意しかねる。[37] 何故ならパフラヴィー語訳を介したδ系のアレクサンドロス物語の影響があるとしたら含まれていてもいいはずの特徴的なエピソードが少ないからである。例えば、フィルダウスィーの『王書（シャーナーメ）』やエチオピア語版アレクサンドロス物語にある不思議な鳥とアレクサンドロスの問答が、最後の審判の時を知らせるラッパを構える天使の登場の前提として挿入されていてもいいはずである。東方の地名が多く表れるのは、むしろナーゲルが指摘しているように、ムスリム軍の中央アジア遠征の影響と見る方が妥当なのではなかろうか。[38]

『王冠の書』の二本角の西方への遠征については、ウマイヤ朝第六代カリフ、ワリード一世の治世にイフリーキーヤ（北アフリカ）総督に命じられ、マグレブ地方を平定した後にイベリア半島北部まで遠征したムーサー・ブン・ヌサイル（六四〇―七一八年）にまつわる伝承との繋がりが指摘できる。例えば、アンダルス（イベリア半島）を征服した二本角は、世界を取り巻く大洋（*baḥr al-muḥīṭ*）を航海することにし、夢のお告げに従って燈台を建て、その上に荒波を静める魔法の銅像を置く。[39] 海上を進むに従って同じことを繰り返す。ギリシア神話でヘラクレスが立てたとされるジブラルタル海峡の柱は、[40] アラブの伝承では二本角が建設したものとされる。[41] ムーサー・ブン・ヌサイルのイベリア半島征服（七一二―七一三年）を記した歴史においても、大洋の孤島に立つ像の伝説が挿入されている。[42]

また、流砂の川（*wādī al-raml*）のエピソードにおいてもムーサー伝説と二本角伝の交錯が見られる。[43]『王冠の書』の二本角は太陽の沈む場所の次に流砂の川に辿り着く。それは山のように聳え、岸に沿って流れる砂丘で、軍はそれを越えられない。安息日にやっと砂の流れが止まったので、向こう岸を偵察させるため三回部隊を出すが、どれも帰還しない。日曜には砂が再び動き出したので二本角は断念し、砂の川に沿って暗闇の国に向かう。[44]この流砂の川の話は、「黄銅の城」伝説との関連が指摘されている。「黄銅の城」は、ムーサー・ブン・ヌサイルにまつわる宝探しの冒険譚で、イブン・アル＝ファキーフの地理書『諸国誌』（九〇三年頃）や、マスウーディー（九五六年没）の博物誌『黄金の牧場と宝石の鉱山』などに含まれているが、『千一夜物語』の一話として最もよく知られている。[45]この話でも荒野に忽然と聳える入り口のない黄銅の城壁をムーサーの偵察隊が乗り越えるが戻って来ず、一行はあきらめて先に進む（『千一夜』では中に入る方法を見つけて宝を手に入れる）。話の展開の類似だけでなく、『諸国誌』では黄銅の城はアレクサンドロスがマグレブに建設したもので、流砂の川と黄銅の城はマグレブの同じ砂漠の中にあるとされている。[46]二本角アレクサンドロスと黄銅の城を直接結びつけているのは、このイブン・アル＝ファキーフの記述が最も早いが、この二つの伝説がいつ結びついたのかは、今後より詳細に検討する必要がある。偽カッリステネスのアレクサンドロス物語における流砂の川が、ユーフラテス川のことではないかとの指摘があるが、[47]それがアラブの伝承においてイスラーム世界の西の果て、マグレブ地方の砂漠の中とされるようになったのは、やはりムーサーの西方遠征にまつわる伝説のイメージに二本角の征西が重なったからではなかろうか。[48]

このように『王冠の書』では、二本角伝承となったアレクサンドロス物語が、南アラビアの優越性を唱える歴史の一部として語られ、そこに南アラビアの部族が活躍したアラブ・ムスリム軍の遠征譚の記憶が暗示されている。部族の遠い過去を伝説や逸話から捏造することによって、近い過去の行為の正当性を裏付け、現在の不遇に対する鬱憤をはらすという、歴史叙述を使った民族の正統化の一例がここに見られるのである。ウマイヤ朝廷側がイスラーム以前まで遡る民族の歴史編纂ということにあまり関心を示していなかったと思われる時代に、国家の主権を取り損なった対抗派がこのような主張をしているということは大変興味深い。歴史に対する認識がイスラーム以前から南アラビアと北アラビアでは違っていたことを示しているのかもしれないし、また政権側はイスラーム法の確立のために、預言者ムハンマドとその教友たちの言行という近い過去の記憶の保存に労力のほとんどを割いていたからなのかもしれない。

4　征服史とアレクサンドロス——イブン・アブド・アル＝ハカム

これまで見てきたように、『クルアーン』の二本角伝、それにまつわるイスラーイーリーヤート、ムハンマドの『行伝（スィーラ）』、さらに南アラビアの古代史のいずれにおいても、伝説化されたアレクサンドロスの征服伝は、アラブ・ムスリム軍の聖戦と象徴的な形で結びついている。

この関係は、いわゆる遠征譚（*maghāzī*）または征服記（*futūḥ*）のジャンルの著作そのものにも表れる。アラブ・ムスリム軍による北アフリカ、イベリア半島の征服の記録である『エジプト征服記』*Futūḥ Miṣr* を見てみよう。作者イブン・アブド・アル＝ハカム Ibn ʻAbd al-Ḥakam（七九八／九頃―八七〇年没）は、イブン・ヒシャームより一世代ほど後のエジプトの法学者・歴史家である。『征服記』は七部からなり、第一部はエジプトの風土や特性について、およびムスリム軍到来以前の歴史、第二部から第五部はエジプトおよび北アフリカ、イベリア半島の征服記、第六部はエジプトのカーディー（法官）の歴史、第七部はエジプトに到来した教友たちの伝承集という構成になっている。

この書には西方イスラーム世界の拡大とエジプトの行政史に関する貴重な伝承が集められているが、我々の関心は『征服記』におけるイスラーム以前のエジプト史の部分にある。紀元前何千年にもおよんだファラオたちの治世については、『クルアーン』にも預言者として登場するアブラハム、ヨセフ、モーセらとの関わりにおいてのみ言及されている。つまり『征服記』の古代エジプト史は、イスラエルの民の脱エジプトまでは、『旧約聖書』の歴史観の影響のもとに書かれているといえよう。

エジプトが『旧約聖書』の舞台ではなくなった後の時代の部分は、ダルーカという伝説的な女王の話が挿入されている。[49] 伝承学者ウスマーン・ブン・サーリフ **ʿUthmān b. Ṣāliḥ**（七六一—八三四年）を情報源とするその記述によると、モーセとイスラエルの民を追ってファラオや高官たちが紅海に呑み込まれた後のエジプトには、女と奴隷しか残らず、女たちの間からダルーカ **Dalūka** という女王が選ばれた。学のあるこの老婆（*al-ʿajūz*）は、エジプトを外敵から守るために長大な防壁をめぐらせた。[50] また年老いた魔女（*ʿajūz sāḥira*）とも呼ばれており、メンフィス（*Manf*）に神殿（*barābī*）を建て、そこで彫像を使った妖術で敵の侵攻を防いだという。女たちは子孫を残すために奴隷を解放して結婚したが、男たちは女の許可なく行動することは許されず、女が男を支配したという。

ダルーカに続いた王の名がコプト教徒の情報として列挙されている一節の後には、[51] ネブカドネザル（在位紀元前六〇五—五六二年）のエジプト攻略から、ペルシアとギリシアの王朝によるエジプト占領に関する一節が続く。[52] アケメネス朝ペルシア、アレクサンドロスの後継者であったプトレマイオス朝、そしてローマ帝国によるエジプト支配の時代については、実際の歴史の非常におおざっぱな輪郭のみが描かれており、七世紀前半のビザンツ帝国とササン朝ペルシアのエジプトをめぐる抗争、特にビザンツ皇帝ヘラクレイオス（在位六一〇—六四一年）とササン朝のシャフルバラーズ（六三〇年没）との取引については、やや具体的に記されている。[53]

モーセとイスラエルの民の集団移動とともに聖書の歴史がいったんエジプトを離れてから、ネブカドネザルという実在の人物が登場するまでの間隙が、妖婆ダルーカの俗伝によって埋められていることは、大変興味深い。伝承学者のウスマーンがこの伝説を誰から聞いたかは記されておらず、古代エジプトの神殿・彫像・女神信仰などをめぐる地元の伝説がもとになっているのかもしれない。[54] 実際に残っているが、誰がいつ建てたものか分からなくなっている古代遺跡の説明として生まれた民間伝承が歴史として認識されるという現象は、イランの「ジャムシードの玉座」Takht-i Jamshīd、つまりペルセポリスの例にも見られる。また、古代エジプト人の科学が「妖術使い」のイメージに集約されていることや、神に見捨てられた民が女尊男卑であったということもアラブ・ムスリムの非一神教的古代エジプト観の一側面として興味深い。

『征服記』のイスラーム以前のエジプト史を締めくくるのは、アレクサンドリアの建設に関する一節である。皇帝ヘラクレイオスがエジプトの総督として任命したムカウキス al-Muqawqis というエジプト人の「シャイフ」[55]（長老）が、アレクサンドリアに居を構えていたという記述から時代を遡って、この都市の創建についての考察が始まる。まずイスナードのない情報として、次のことが書かれている。

アレクサンドリアを創建し、建造物を建てたのはルームの二本角（ズ・ル＝カルナイン）で、名をアレクサンドロスといった。アレクサンドリアは彼の名にちなんで付けられた。（この都市の？）装飾を始めたのは彼である。その父は初代カエサルであった。[56]

これに続いて第II部でも取り上げた二本角の正体に関する短い伝承がいくつかあり、[57] さらに、ムハンマドの教友でムスリム軍の遠征で活躍し後にウマイヤ朝のカリフ、ムアーウィヤにエジプト総督（六六五―六六七年）に任命されたウクバ・ブン・アーミル（六七八年没）に遡る伝承が入る。[58] 二本角の啓示が下った経緯を伝えるウクバの回想談は第II部ですでに取り上げたが、その語りのきっかけは次のように書かれている。

アレクサンドリアにいた時、我々（伝承の情報源であるトゥジーブ族の二人のシャイフ）は一日があまりに長かったので（*istaṭalnā yawmanā*）、ウクバ・ブン・アーミルのところに話をしに行こうではないかと言った。家に行くと、彼は中で座っていた。「一日が長いのです」と彼に言うと、彼は「私もちょうどそうだったが、一日が長い時は外に出たものだ」と言った。そして我々に近づきこう語った。

この一節を読むと、モスクの集会で『クルアーン』の釈義を求められた学者が二本角に関する説話を述べるというような場面でないことは明らかである。男たちとウクバの何気ない対話から読みとることができるのは、こんな状況である。一日が長くて、退屈で仕方がない男たちが、かつてムハンマドのそばで活躍した教友の話を聞きに行くと、そこには軍事・政治の第一線から退き、退屈でも外に出る気力もなくなり、家で静かに座っているウクバがいる。ムハンマドの活動の初期から、ウマイヤ朝支配体制の確立、勢力の拡大という動乱の渦の中心で活躍してきた教友が[59]、家の中で座ったまま外にあまり出歩かなくなり、来客に求められるままに思い出話を語っているのであるから、六六七年にエジプト総督を解任されロードス島遠征に参加した後の、ウクバの晩年の話ではないかと推察できる。

ウクバが来客に語るのは、ある日彼がムハンマドに仕えていた際に目撃した場面で[60]、ムハンマドを試しに「写本または本を何冊か」（*maṣāḥif aw kutub*）[61]持参して来た啓典の民に、預言者が「二本角について、お前方の書物に何が書かれているか尋ねに来たのであろう」と言って語った話である[62]。内容は第II部第1章に訳出したのでここでは挙げないが、ムハンマドが語ったことに対して啓典の民が、彼らの書物にある通りであることを認めるところでウクバの伝承は終わる。天啓が示された経緯（*asbāb al-nuzūl*）としてウクバが語るこの二本角の昇天伝承はタバリーの『タフスィール』にもほぼ同じ形で引かれており、アレクサンドロスにまつわるシリア語キリスト教伝説、ユダヤ教のアレクサンドロス昇天伝承などと関連していることはすでに指摘した。ここでは、二人のシャイフが実際にウクバからこのような話を聞いたことを前提として認めた上で、その重層的な歴史的意義について考えたい。

第II部で明らかにした通り、啓典の民が二本角についてムハンマドを試しに来た際にムハンマドが答えた内容は、『クルアーン』「洞窟の章」八二―九七節にある啓示とされ、ウクバが伝えるムハンマドの話とは大分内容が違う。ウクバの話には、アレクサンドリアの建設、昇天、天使との対話、犬顔の民族、こびとの国、蛇の国などが含まれ、『クルアーン』の啓示をさらにふくらませた展開となっている。ムハンマドが実際にこのように語ったのか否かということは問題ではない。このように、天啓の経緯を示す叙述が『クルアーン』の該当節よりかなり拡張された物語として伝えられることは、ハディースにおいてしばしば起こる。イスラーム学者たちはこの現象を『クルアーン』を俗人に分からせるための解説的な語りとして説明したが、ルービンは『クルアーン』のテクストを絶対的な核として捉えるそのような解釈を批判している。これらの話は『クルアーン』をもとに発展したのではなく、『クルアーン』とは関係のないところで成立した伝承が、ムハンマドの生涯を語るスィーラに取り入れられたもので、『クルアーン』との結びつきは、その伝承に正当性を与えるために二次的な段階で付加されたというのである。(63)

さらに、ギュンターによるハディースの物語的叙述法に関する論考によれば、ハディースの中には淡々とした事実の記録ではなく、語り手が「創造的な主権」をもって物語化しているものもあり、それらを史実にそぐわない絵空事として排除してしまうのではなく、その分析を通して浮かび上がる模範的な本質を見出さなければならないという。(64)

二本角の昇天の話の場合もこのような観点から読み解かなければならない。『クルアーン』の節とは違った二本角伝が語られているからといって、このエピソードを単に老人の妄想と追想の混ざった作り話として片付けることはできないのである。

なぜウクバがこの話をしたのか、その根拠はテクストでは述べられていない。「一日が長い」と退屈しのぎに話をしに来た客に色々と四方山話もしたのだろうが、彼らに最も感銘を与え、後に語り継がれたのは、ご当地アレクサンドリアにちなんだムハンマドの生涯の一場面であった。

ウクバの情報源は伝承ではムハンマドとされ、ムハンマドは啓典の民の書物に書いてある通りのことを述べたとされる。ユダヤ教徒がムハンマドが本当に神の使徒であるかどうか試しにやってくるという状況は、ムスリムの聞き手にとっては馴染みのあるプロットである。そしてムハンマドが彼らの書物を事前に読んでいないはずなのに正しく内容を語ったということが、ユダヤ教徒らの迫害からムハンマドを守り、彼の預言者としての正統性を証明した神のなせる業であることを聞き手に印象づける。

ムハンマドが語った話の内容自体を見てみよう。まず二本角がルームの若者であり、後に王となりアレクサンドリアを建設した人物であるという素性が明らかにされる。この若者の名前については、ムハンマドは何も述べないが、伝承を編纂している著者イブン・アブド・アル＝ハカムが前述の冒頭の記述で、「アレクサンドリアを創建し、建造物を建てたのはルームの二本角で、名をアレクサンドロスといった」と指摘していることから、読者はアレクサンドロスとの繋がりをここで意識する。

アレクサンドリアを建てた二本角は天使に導かれて天に昇り、全世界を俯瞰しながら、神の教えを地上の隅々まで広めるという使命を与えられる。この部分の描写は、聞き手の想像力に訴え視覚イメージを喚起させる力がある。

そこからの二本角の行動——東西を巡り未知の世界の奇妙な民族や生き物に出くわし、最後に世界を取り巻く大洋（*al-bahr al-muḏīr*）に辿り着く——は、非常に概略的にまとめられているといえよう。ウクバが実際に二人のシャイフに語った物語が、伝承の過程のどこかで簡略化されてしまった可能性もある。

この二本角の昇天伝承とα系偽カッリステネスのアレクサンドロス物語、アレクサンドロスにまつわるシリア語キリスト教伝説、ユダヤ教の『タルムード』などとの関連については、すでに第II部で詳しく検討したので繰り返さない。おそらくウクバは、創建者伝説としてアレクサンドリアのユダヤ教徒かキリスト教徒らによって語られていたアレクサンドロス伝説を聞き、『クルアーン』の二本角伝——ムハンマドがメッカのユダヤ教徒かキリスト教徒から聞き知ったアレクサンドロス伝——との結びつきを意識せざるを得なかったのであろう。そしてこの二つを巧みに融合し、ムハンマド自身が語ったこととして伝えたのは、この話の教訓をより強めるための手段であったと見なすことができる。では、ウクバがこの物語を通して伝えようとしたメッセージは何か。

この語りの主人公二本角が二つの異なった次元を、通常の人間の能力を超えた方法で移動していることに注目したい。前半は垂直に全世界を臨むほどの高さまで天空を上昇する移動、そして後半は地上を東西の果てまで水平に走破する移動である。

前者は夢の中で体験するような、自然法則を超越した浮上であり、二本角は自らの意思にかかわらず、天使に導かれて舞い上がってゆく[65]。この昇天は、二本角そして聞き手・読者に神の真理を確信させる徴である。ここで登場する天使との対話は、この神秘体験を言語化し、二本角のヴィジョンの心象を喚起させる語りの手段であるといえよう。天使は、上昇するに従って段階的に拡がる世界像の意味を解き、二本角がこの世に神の真理を広める使命を負った者であるという神意を、人の言葉で伝える役割を果たしている。

語りの後半の二本角の移動は一個体が線上を移行する動きであるが、それに伴って神の教えが地の表を遍く覆ってゆくような拡張も見えてくる。陽の沈む処から陽の昇る処、つまり世界の端から端まで駆け抜け、さらに相闘う野蛮な異民族に次々と遭遇し、最後にこの世を取り巻く大洋に辿り着くという叙述は、前述したように、より長い物語の二本角の道程のみを追った梗概であると思われる。他のハディースにあるような、軍勢を従え神の教えに従わない者を懲らしめたというような戦闘的な要素が見られないが、それが意図的であるかどうかは不明である。いずれにしても聞き手が想像する二本角像は、言葉も通じない、危険を伴う道のりを突き進む布教の徒である。

このようにウクバの伝承では、一つの町から世界が徐々に拡がってゆくという体験が、垂直と水平の二つの次元において描かれている。二本角のこの体験はウクバにとっては、まさにアラビア半島の一隊商都市メッカから版図を拡大し、ついに世界を取り巻く大洋(=大西洋)の沿岸まで支配するに至ったムスリム共同体の体験――ひいては早くからその共同体の一員として聖なる戦いに参加してきた自らの体験――そのものとして共感できたに違いない。さらには、二本角に与えられた布教の使命は、ムハンマドの使命と共鳴するものであった。教友としてその使命を直接預言者から受け継いだ自負心と天職意識が、ウクバにこの伝承を語らせたのではなかろうか。別の見方をすれば、経験と使命感を背負った教友であるからこそ、このような虚構を語る創造的主導権が許されたのかもしれない。

過去を追想しつつ、未来の理想を追求する老人は、布教戦士の原型ともいえる二本角の話を通して、次の世代にムハンマドの精神を鼓吹しようとしている。さらに付け加えると、アレクサンドリアという都市の記憶に根づいている伝説にムスリム共同体の記憶を重ねることによって、一千年ほど前にアレクサンドロスが築いた文明都市を新参者として支配することの正統性をも訴えているといえよう。

このようにウクバの伝承には、都市の記憶、ムスリム共同体の記憶、そして彼自身の記憶が重層的に重なっている。ここで、もう一つ上の層に戻り、なぜイブン・アブド・アル=ハカムがこの伝承を引用したのかということも考えなければならない。『エジプト征服記』のイスラーム以前のエジプト史を綴った第一部の最後に、アレクサンドリアに関する一節が挿入されている。この都市の建設にまつわる情報として教友の伝承は権威があるからという理由だけではないだろう。これから展開するムスリム征服記のプレリュードとして、世界を制した二本角の話が、征服の精神の真髄を伝えるにふさわしい逸話であると見なされたのかもしれない。また、同じ伝承単位でも、第II部で見たタバリーの『タフスィール』における引用とイブン・アブド・アル＝ハカムの引用では、『クルアーン』解釈と歴史叙述という文脈の違いにおいて、伝承の持つ意味に相違が生じていることは特筆に値する。『タフスィール』においては、ウクバの話は二本角の正体に関する諸説のうちの一つの伝承にすぎなかったが、『エジプト征服記』において歴史的な文脈に置かれた時、自らの経験と信念を持った語り手ウクバの存在がより重要性を増しているように思われる。

ただしイブン・アブド・アル＝ハカムはウクバの伝承を特に重視しているわけではなく、矛盾する別系統の情報も並列して挙げている。二本角が天使であったのか、王であったのか、預言者かという諸説を引いた後に[66]、「エジプト人の何人かのシャイフ」が伝えるアムル・ブン・アル＝アース（エジプトの征服者）の息子アブド・アッラー 'Abd Allah b. 'Amr b. al-'Āṣ に遡る伝承を挙げており、それによると、アレクサンドリアを最初に建てたのはファラオだという（ここでファラオは単数の固有名詞のように使われている）。その後継者たちも彼に倣って都市の建設を続け、前述の女王ダルーカがアレクサンドリアとブーキール（アブーキール）の燈台を建てたとされる。その後ソロモン王がアレクサンドリアに座した際には、数々の礼拝所を建てた。二本角が王になると、ソロモンの建築物以外の全てを取り壊し、古いものは修復し、新しい建物には統一感を与えて互いによく似た外見に建て直したとある。ルームの王たちも建造物を加えていき、燈台を建てたのはクレオパトラだという説も挙げられている[67]。続いて現存するアレクサンドリアの主な建造物、特にモスクの由来に入る[68]。

ファラオが最初にアレクサンドリアを建てたというのは、地元に伝わっていた伝説らしいが、エジプト征服の世代以前に遡るイスナードは見られないので、情報源としてコプト教徒や、ユダヤ教徒がいたかどうかは分からない。「エジプト人の何人かのシャイフ」(*mashā'ikh ahl miṣr*)は、新たに移住してきたアラブ人ではなく、もともとこの土地にいる長老たちというような意味にとれるが、どのような人々を具体的に指しているのか不明である。ウクバやアムルの息子といった教友の言であることだけでハディースとして権威づけられるので、彼らがどこからその情報を得たかを書く必要はなかったと考えられる。コプト人の知識がより積極的に取り入れられるようになるには、後代の歴史家マスウーディーまで待たなければならない(69)。

上に見てきたように、九世紀半ば頃までのアレクサンドロスに関する歴史叙述は、『クルアーン』の二本角と深く関わりのある寓意的な伝承がほとんどである。遠征した地域については、陽の沈む処と陽の昇る処といったような抽象的な捉え方がなされ、ペルシア王ダレイオスやインド王ポロスといったアレクサンドロスと関わりのあった具体的な歴史上の人物も登場しない。史実に忠実な情報といえばアレクサンドリアを建設したということぐらいであろう。東西の覇者という象徴的な二本角アレクサンドロスこそが、イスラーム初期の勢力拡大の時代における歴史思潮に適合していたのであるといえよう。

古代史自体の情報が充実してくるのは、イスラーム以前の諸文明の知識が体系的に取り入れられ、万国史のジャンルが発達してくるこの後の時代になる。しかしそれを考察する前に、次章ではペルシアやビザンツの知識がアラブの歴史学に与えた影響について検証しておこう。

第2章　非アラブの貢献
――ペルシア、ビザンツの遺産――

ウマイヤ朝末期からアッバース朝初期にかけて、イスラーム以前の文明の歴史が翻訳を通してより明確になってくる。ササン朝ペルシアの列王伝はパフラヴィー語からアラビア語に訳され、アラブ歴史学に多大な影響を与える。ペルシアの列王伝ほどではないが、キリスト教年代記やギリシア哲学の影響も無視できなくなる。『聖書』の内容に関しても、イスラーイーリーヤートのような偽聖書的伝承でなく、原典そのものに依拠した翻訳が現れる。こうした展開の中で、歴史叙述の形式は、イスナードを伴った厳密なハディースの形体から解放されてゆく。主に口承で語り継がれ、その伝承経路が信憑性を表していたハディースから、翻訳を通して明らかになった書かれた歴史が吟味されるようになるのである。

歴史学のみならず、様々な学問分野においてこの時代に見られた知的視野の拡がりの背景には、非アラブの地位の向上と学問のパトロンとしてのアッバース朝の啓蒙主義がある。アッバース朝革命を成功させ、ウマイヤ朝からカリフ位を奪ったサッファーフ（在位七五〇―七五四年）を継いだ第二代カリフ、マンスール（在位七五四―七七五年）は首都バグダードを建設し、中央集権的なアッバース朝体制を確立する。改革の根幹は、それまで特権階級であったアラブと被統治者として不利な立場にあった非アラブ改宗者との平等の実現であった。アッバース朝は租税や俸給制度におけるアラブの特権を廃すると同時に、国家の中枢的な官職に非アラブを登用した。政治的・経済的影響力を持った改宗イラン人貴族や、ネストリウス派キリスト教徒・サービア教徒などのズィンミー（生命・財産の安全を保障された非ムスリムの啓典の民）は、「アラビア・ルネサンス」とも呼ばれる学問の開花に寄与した。ペルシアの帝王学・宮廷儀礼、ヘレニズム文明が培った科学・哲学は彼らを介してイスラーム世界の知識体系に取り入れられ、帝国の統治および科学技術の発展に役立った。[1] 帝国の首都がシリアのダマスクスからイラクのバグダードに移ることによって、イラン人のマワーリーの影響力は特に増した。

アッバース朝初期の支配者たちは、学術振興のための書籍、施設、そして人材に資本を投入することを惜しまなかった。もちろん、その動機は純粋な学問的関心のみにあったわけではなく、政策的、あるいは経済的な利益を計算しての投資であった。第二代カリフ、マンスールとその息子マフディー（在位七七五―七八五年）は、イスラーム以前のイランの帝政イデオロギーを統治の基盤とするために、パフラヴィー語書のアラビア語翻訳事業を創始した。[2] また、第五代カリフ、ハールーン・アッ＝ラシード（在位七八六―八〇九年）はバグダードに「知恵の宝庫」（*Khizāna al-ḥikma*）と呼ばれた図書館を建てたとされ、第七代カリフ、マァムーン（在位八一三―八三三年）はその後身研究機関である「知恵の館」（*Bayt al-ḥikma*）を設立したという。[3]

もちろんすでにウマイヤ朝の支配者たちも、ビザンツやペルシアの行政制度や政治思想に関心を持ち、制度化はしなかったものの、それを取り入れていた。マワーリーはウマイヤ朝時代初期から書記官として仕え、シリア語、パフラヴィー語、コプト語などを行政文書において使っていた。それに、ギリシア語やパフラヴィー語からアラビア語への翻訳は、アッバース朝に急に始まったことではない。ウマイヤ朝カリフ、ヒシャーム（在位七二四―七四三年）の書記サーリム・アブ・ル＝アラーが、ハッラーンのヘルメス主義者（サービア教徒）にギリシア語から翻訳させ、自ら監修した「アレクサンドロスに宛てたアリストテレスの書簡集」についてはすでに第III部で紹介した。また、イラン人マウラー、イブン・アル＝ムカッファアが、『王書』をパフラヴィー語からアラビア語に訳したのは、ウマイヤ朝からアッバース朝へちょうど転換した頃である。この翻訳は後のアラブの万国史に多大な影響を与えたものであるので、少し丁寧に見ておこう。

1 『列王伝』の翻訳——イブン・アル＝ムカッファア

イブン・アル＝ムカッファア Ibn al-Muqaffaʿ（七二〇頃—七五六年頃）は、[4] ファールス地方フィールーザーバードのイラン貴族の血を引く税吏の息子であった。成人してからイスラームに改宗したマウラーで、初めはケルマーンにおいてウマイヤ朝総督の書記をしていたが、アッバース朝の台頭にともない主人をのりかえ、マンスール（後に第二代カリフ）の叔父イーサー・ブン・アリーの書記となり、バグダード建設以前のイラクの軍営都市バスラやクーファでその短い生涯を過ごした。支配者の言葉であるアラビア語に熟達した名文家とされたが、その筆が命取りとなってしまうのである。イブン・アル＝ムカッファアはイーサーの命で、マンスールとカリフの座を争い逮捕されたイーサーの兄弟アブド・アッラー・ブン・アリーの恩赦状を推敲した。カリフが恩赦を無条件に受け入れるよう精細で見事な文章で記したその書状がマンスールの怒りを買い、バヌー・アリー（アリーの子孫一族）の政治的野心の背後にいるこの優秀な書記の処分をカリフは命じる。結局イブン・アル＝ムカッファアは、カリフの庇護にあった長年のライバルの手によって、拷問の末三〇代半ばにして殺されてしまう。

この不遇の天才は、パフラヴィー語からの翻訳作品や独自のアダブの書によってアラブ散文文学を開拓した者の一人とされ、[5] 第III部で述べたようにサンスクリットの動物寓話集『パンチャタントラ』のパフラヴィー語訳をアラビア語に訳した『カリーラとディムナ』が有名である。しかし、後代の歴史家への影響という点においては、イスラーム以前のペルシア歴代王の年代記である『王書』*Khvadāy-nāmag* の翻訳が最も重要である。だがサササン朝時代末期に編纂された『王書』のパフラヴィー語原典も、イブン・アル＝ムカッファアによるアラビア語訳自体も散逸してしまっている。そのかわりにイブン・クタイバ、タバリー、アレクサンドリアのメルキト派総主教エウテュキウスなど、後の歴史家たちに『列王伝』*Siyar al-mulūk*、または『ペルシア王列伝』*Siyar mulūk al-ʿajam* からの情報として部分的に引用されている形跡がある(6)（以下パフラヴィー語『王書』のアラビア語訳は『列王伝』）。

このように断片的な引用からは全体を再構築することは難しいが、その概要は後にペルシア詩人フィルダウスィーが叙事詩化した『王書（シャーナーメ）』*Shāhnāma* と同様、この世の始まりから神話的・伝説的・歴史的な王や英雄の物語を時間軸に沿って綴ったものであったと推察される(7)。イブン・アル＝ムカッファアの訳は、おそらくパフラヴィー語原典全体の直訳ではなく、イスラーム的なコンテクストでは受け入れられ難い部分を省略したり(8)、逆に新しい素材を織り込んだりしたものであったとされる。翻訳された『列王伝』は、イブン・アル＝ムカッファア自身が記した『大アダブの書』*Kitāb Ādāb al-kabīr* などの統治者のための教訓書とともに(9)、イラン古来の神聖な王権の概念や実用的な統治術をアラブ・ムスリムの施政者たちに紹介するのに大きな役割を果たした。歴史学の分野についていえば、イブン・アル＝ムカッファアが提供したイラン古代史に関する情報は、聖書的な歴史観が主流であったイスラーム以前の文明史の叙述に視野の拡がりと年代学的な見通しを与えたといえよう。

それでは、イブン・アル＝ムカッファアが訳した『列王伝』にアレクサンドロスについてどのような情報が含まれていたのか。この疑問は、イランにおけるアレクサンドロス像の「悪玉から英雄へ」という転換がいつ頃起こったのかという問題にも関連している(10)。失われたアラビア語訳の原典が見つからない限り具体的に知ることはできないが、後述するイブン・クタイバのペルシアの王に関する引用から推測する限り、アラビア語訳『列王伝』におけるアレクサンドロスは、ササン王朝の民族意識を反映したもの、つまりイランの宗教と国を破壊した「悪玉」であったようである。[11] 後のディーナワリー、タバリー、フィルダウスィーが唱えている半ペルシア人説（父親が実はダレイオスであるという）は、少なくともイブン・クタイバが典拠とした『列王伝』の版には含まれてはいなかったようである。[12] この点に関しては後に詳細に検討する。

また、アリストテレスとアレクサンドロスの書簡集のアラビア語訳について研究したグリニャスキーの説によると、サーリム・アブ・ル＝アラーがアリストテレスの書簡集の翻訳を監修した際に付け加えたと思われる、イランを小国に分割することを忠言した手紙をイブン・アル＝ムカッファアは知っており、アラビア語訳『列王伝』に挿入したという[13]（イブン・クタイバの簡略化された記述ではアリストテレスの忠言のことは触れられていないが、フィルダウスィーの『王書』やいくつかのアラブ・ペルシア語資料にはアリストテレスのこの手紙が入っている）。[14] イブン・アル＝ムカッファアは、ウマイヤ朝カリフ、ヒシャームの書記でアリストテレスの書簡集翻訳の監修者であったサーリム・アブ・ル＝アラーより少し若いが時代は重なっているので、その著作を知り得た可能性は大いにある。そうだとするとイブン・アル＝ムカッファアは、ササン朝ペルシアの正史である『王書』の訳に、ギリシア語からアラビア語に翻訳されたばかりの君主への忠言集を導入したことになる。イランの伝統とヘレニズムの遺産を融合させたという点に、単なるイラン文化優越主義者ではないイブン・アル＝ムカッファアの柔軟性と進歩的な考え方が窺えるともいえよう。しかし、『タンサルの書簡』の翻訳にイブン＝アル・ムカッファアが寄せた序を信じるとすれば、[15] サーリムより古いゾロアスター教の文献にすでにこのやりとりが含まれていたという見方が強くなる。イブン・アル＝ムカッファアは『タンサルの書簡』の序として、アレクサンドロスからアルダシールまでのイランの歴史を要約しており、そこにアレクサンドロスとアリストテレスのイランの王族の処置をめぐる往復書簡を挙げている。その出だしには次のような情報の伝承経路イスナードが見られる。

バフラームがその父ホルザードから受け継ぎ、（ホルザードが）ホラーサーン地方のモーベドであった父マヌーチェフルやペルシアの学者たちから受け継いだことを、イブン・アル＝ムカッファアはこのように伝える。[16]

直接の情報源であるバフラームの時代を特定するのは難しいが、イブン・アル＝ムカッファアと同時代であったとしても、さらにその祖父の代から受け継いでいるということは、七世紀に遡る情報だということになる。イスラーム初期、あるいはササン朝末期のゾロアスター教の司祭モーベドやペルシアの学者たちが持っていたパフラヴィー語の伝承（あるいは写本）の中にアリストテレスが登場してもおかしくはない。第I部で述べた通り、ササン朝のホスロウ一世がアリストテレスやプラトンなどの哲学書を愛好し、パフラヴィー語に訳させたということはアガティアス（五八二年没）が報告している。

2 ビザンツ、キリスト教史学の影響

このようにギリシアのアレクサンドロス史のごく一部は、アリストテレスとの書簡集の訳を通してイスラーム世界の歴史叙述に影響を与えているが、ビザンツの歴史そのものの分野はイスラーム世界に受け入れられたのであろうか。

ビザンツ歴史学の影響の重要性を主張する最近の研究もあるが、[17]一般的に、ギリシア・ローマの史学の伝統を引き継いだビザンツの歴史よりも、イランの古代史を記した『列王伝』のほうがイスラーム世界においては注目され

たといわれている。ギリシア・ローマ史に関する情報を含むギリシア語・シリア語・コプト語などの歴史書は、中東のキリスト教徒の間でイスラーム期以降も流布していたにもかかわらず、古代イラン史に対するほどの注意は払われなかった。その理由としてドナーはいくつかの要素を挙げている。まず、ウマイヤ朝やアッバース朝の支配者たちは、ことにササン朝イランの行政制度や、宮廷儀礼を取り入れようとし、また、カリフの位をイラン古来の神聖な王権と関連づけようとした。さらには、シュウービーヤ運動（アラブ・非アラブの平等を主張する運動）においてイラン人が中心的な役割を果たし、官僚や書記などの知識階級、つまり文化のパトロン層におけるイラン人が占める割合がアッバース朝時代になると高くなった。[18]

ビザンツの歴史学自体が、イスラームの勃興から一五〇年ほどの間、途絶えていたという状況もある。ビザンツ帝国がムスリム勢力に敗北した屈辱をギリシア語で記録に残す歴史家はこの間現れなかったのである。[19] しかし、シリア語、コプト語、アルメニア語などの歴史は書き続けられた。

そもそもギリシア古典後期の歴史学の系譜は、三つの部類に分けられる。[20] 一つ目はヘロドトス、トゥキュディデスの伝統を引き継ぐ世俗的古典的歴史学で、これは七世紀後半までに衰えてしまう。[21] 二つ目はカエサリアのエウセビオス Eusebius Caesariensis（二六〇頃—三四〇年）によって確立されたキリスト教的万国史、三つ目は同じくエウセビオスによる教会史である。

アレクサンドロスに最も関係している万国史のジャンルに注目したい。エウセビオスは『年代記』*Chronici Canones*（第一版二八〇年代、改訂版三二六年頃）において、それまで個別に発展してきたユダヤ・キリスト教的世界史とギリシアの世俗的世界史を統合し、主要な出来事の対応年表を作成した。この書は西方ではヒエロニムスによるラテン語訳が普及し、東方ではアルメニア語、シリア語などに翻訳され、後のキリスト教歴史学に多大な影響を与えた。[22] 後代の著者たちはエウセビオスの『年代記』の翻訳・梗概・抜粋に著者の同時代までの歴史を増補したり、地元の情報を付け足し、キリスト教的な万国史のジャンルは多様化していった。

イスラーム勃興前後にエウセビオス的万国史の後継者は、東方のキリスト教徒の間に存在した。[23] ササン朝のホスロウ二世（五九〇―六二八年）の時代のバルカのシメオン Simeon of Barqa、エデッサのヤコブ Jacobus Edessenus（六四〇頃―七〇八年頃）[24]、その弟子リタルブの柱頭行者ヨハネス Johannes Scylitza（七三七／八年没）、ニシビスのエリアス Elias Nisibenus（九七五―一〇四九年）[25]などはエウセビオスの『年代記』のスタイルに沿ったシリア語の年代記を記した。大英博物館所蔵の写本（Cod. Add 14643）もエウセビオスのシリア語抄訳であるとされる。[26] 八世紀頃から、この流れを汲んだ新しい叙述的な文体の年代記が発展してゆき、『ズクニーン修道院年代記』*Chronicle of Zuqnin*（七七五年）[27]や、アンティオキアのヤコブ派総主教テル・マフレのディオニュシウス Dionysius Tellmaharensis（在職八一八―八四五年）の作とされる年代記が登場する。[28]

一方、アンティオキアのヨハネス・マララス Johannes Malalas（四九〇頃―五七〇年頃）が口語体ギリシア語で書いた『年代記』*Chronographia* は、エウセビオスの系統からは離れた新しいタイプの歴史であった。[29] 伝説的・逸話的要素を多く含んでおり、大衆読み物として人気を博し、後世の歴史家たちに使われた。例えば上エジプト、ニキウのコプト教司教ヨハネス Johannes Nikius の『年代記』*Chronicon Palatinum*（六九〇年頃）はマララスを主な情報源としている。ニキウのヨハネスは、ギリシア語と一部コプト語でその『年代記』を記したが、原典は現存せず、アラビア語訳を介したエチオピア語訳（一六〇二年）が残っている。[30] アラビア語に訳されたのがいつかは不明である。内容はアダムからムスリムによるエジプト征服までの世界史であり、文明の始まりの説明として「……を最初に行った者」「……を最初に作った者」――例えば、最初に船を作り航海した者、武器を最初に作った者――といった記述が多く見受けられる。[31] また、エジプト、エチオピアに関してはマララスにはない情報を含んでいる。アレクサンドロスに関する記述は、かなり省略化されているものの、偽カッリステネスのアレクサンドロス物語に基づいているかと思われる。エジプト最後のファラオ、ネクタネボスはペルシア軍から逃れるために頭を剃って変装しマケドニアに逃れ、そこに滞在する（オリュンピアスがネクタネボスに誑かされ、その結果アレクサンドロスが生まれたという部分はない。アレクサンドロスはフィリッポスの息子とされている）。アレクサンドロスはペルシアを滅ぼし、ダレイオスの娘ロクサネを娶る。エチオピアの女王カンダケのもとにスパイとしてもぐりこむが見破られる話がやや詳しく記されている。[32]

これらのギリシア語、シリア語、コプト語の歴史については、幅広く情報を求めるムスリムの学者が個人的にキリスト教徒のインフォーマントを通して知識を得る場合はあっても、[33]体系的あるいは政策的に取り入れられることはなく、イスラーム世界の歴史意識に与えた影響は――少なくともアラブ歴史学形成期においては――イラン史ほどではないといえよう。

余談になるが、シリアのキリスト教徒を介したビザンツとイスラーム世界の相互関係は、ギリシア→シリア→アラブの一方通行ではなかったことを付け加えておこう。イスラーム初期のアラブ史がギリシア語の歴史書に取り入れられている可能性がある例として、テオファネス Theophanes の『年代記』*Chronographia*（八世紀末、九世紀初め）を挙げることができる。[34]テオファネスは二八四／五年から八一二／三年のビザンツ史を編年史形式で年ごとに記録しているが、アラブ部族史、ムハンマドの伝記を導入している。皇帝ディオクレティアヌスの即位以前の歴史は入っておらず、アレクサンドロスに関する歴史は含まれていない。

シリアではその後も優れたキリスト教徒の歴史家が輩出しており、それらのアレクサンドロスに関する記述を追ってみると、ギリシア系の情報源をもとにしていることが窺われる。例えばアンティオキアのヤコブ派総主教、シリアのミカエル Michael Syrus（一一六六―一一九九年）による『年代記』において、[35]作者はアレクサンドロス物語の粗筋は知っていたようであるが（「ネクタネボスはアレクサンドロスの父であったと言う者もいる」という記述がある）、物語に沿った叙述ではない。アレクサンドロスの体格、イッソスでのダレイオスとの戦い、征服した範囲、ダレイオスの娘ロクサネを娶り、その妹も同行させたこと、一二の都市の創建、フン族の攻撃に対する防壁の建設、ユダヤ教徒を従属させたことなどが比較的淡々と、物語的な要素を排除した形で記されている。[36]

本書で対象としている時代の枠組みより少し後になるが、ヤコブ派の東方管区の教長であった偉大な学者、アブ・ル＝ファラジュ Ibn al-ʿIbrī Gerīghōr Abu ʾl-Faraj、またの名をバル・ヘブラエウス Bar Hebraeus（一二二六—一二八六年）も、シリア語で万国史的な『年代記』*Makhbhanuth Zabhne*（*Chronicon*）を記している。前半「シリア年代記」"Chronicon Syriacum" と後半「教会史」"Chronicon Ecclesiasticum" に分かれており、その前半は、ムスリムの要請で作者自らの手によって『諸王朝の歴史抄本』*Mukhtaṣar taʾrīkh al-duwal* としてアラビア語に抄訳された。[37] シリア語原典には、ペルシア軍にエジプトを追われエチオピアに逃れたネクタネボス王がアレクサンドロスの不義の父であるといわれているという記述があり、その数行後にマケドニアのフィリッポスの息子アレクサンドロスがアリストテレスの弟子であったことが書かれている。[38] エチオピアに逃れたはずのネクタネボスがどのようにしてマケドニア王の息子の実の父になり得たかという説明は欠けているが、偽カッリステネスのアレクサンドロス物語の系統の情報であることは確かである。アラビア語抄訳では、ギリシア人の国に逃れ、そこでオリュンピアスを占星術で誑かしアレクサンドロスを孕ませたと、より分かりやすくなっている。[39] アレクサンドロスとその後継者の治世に関しては、地上の四つの王国にまつわるダニエルの預言に当てはまるような歴史的解説——バビロニア、ペルシア、メディアを制し第四の王国を築いたアレクサンドロスが死んだあと、四つの角（四人の後継者(ディアドコイ)）が生えてきた——となっており、四人の名前と領土に関する記述がある。[40] 古代イラン史の影響が強いアラビア語万国史では、アレクサンドロスの死後からササン朝の興りまでは「群雄割拠」（*mulūk al-ṭawāʾif*. 直訳すると「小国の君主たち」）の時代とされ、アレクサンドロスの後継者の具体的な名前は（エジプトを支配したプトレマイオス以外は）登場しないことが多い。その点バル・ヘブラエウスは、キリスト教史を通してギリシア史に関するより正確な情報を保存しているといえよう。

さて、ギリシア・ローマ・ビザンツの歴史学がイスラーム世界の歴史家に与えた影響は少ないと述べたが、『クルアーン』などに見られる二本角アレクサンドロス像の形成と、七世紀キリスト教の終末論的な歴史観が深く関わっていることは指摘しておかなければならない。二本角という名称自体が「アレクサンドロスにまつわるシリア語のキリスト教伝説」と深く関係しているのではないかという説は第II部で少し詳しく触れた。さらには、偽メトディウスの『黙示録』のキリスト教的な歴史観においてアレクサンドロスが『旧約聖書』の「ダニエル書」に預言されている四つの世界王国――バビロニア、メディア、ペルシア、ギリシア――の最後のギリシア王国の創始者とされ、この世の終わりにキリスト教王国の王権を神に委ねる「最後の皇帝」の先駆者とされていることも第II部で見た通りである。アラブの書の一部において、アレクサンドロスがギリシアを初めて統一した王とされたり[42]、「最初のルーム」(*Rūm al-awwal*) の王とされているのは[43]、この概念を反映している可能性もある。

また、アレクサンドロスが防壁を建設して封じ込めた蛮族（ヤージュージュとマージュージュ）が、終末の時に壁を破って惨禍をもたらすことは『クルアーン』にも、ムスリムの歴史の一部にも含まれる。ゴグとマゴグ伝説の起源はユダヤ教伝説やアレクサンドロス物語にあるものの[44]、直接の影響はビザンツ・キリスト教の終末論から受けているのではないかと考えられる。

第II部で取り上げた「二本角」の起源の問題を、歴史学的な観点から捉えなおしてまとめると次のようなことがいえる。つまり、七世紀ビザンツの黙示録文学は、台頭するイスラームの勢力に対抗する言説として生まれたようなものであるから、ムスリムに不利な未来像を描いたその歴史観がそのままアラビア語に訳されムスリムの知識体系に取り込まれるということはなかった。キリスト教徒が描くアレクサンドロスの世界征服とその再来である「最後の皇帝」の勝利のシナリオは、当然そのままでは受け入れられず、それをムスリム共同体の拡張主義に当てはめた結果が、歴史的なコンテクストをほとんど骨抜きにした「二本角」の伝承であるといえよう。

これらの「二本角」伝承は聖書外典的なイスラーイーリーヤートを通して伝えられたものであったが、アッバース朝初期には『聖書』そのもののアラビア語訳が現れる。(45) そこには、上に述べたアッバース朝の政策によってイスラームへの改宗が非ムスリムにとって魅力的な選択肢となる一方で、その動きに対抗するための護教論をキリスト教徒たちがアラビア語で展開するようになったという背景がある。それまでは『クルアーン』に言及されている聖書的な内容を、イスラーム的な視点から裏付ける伝承が流布していたわけであるが、イスラームのフィルターを通さない『聖書』の世界観が翻訳を通して伝えられるようになる。

当時のムスリム支配下のキリスト教徒にとってはアラビア語はすでに日常的な言語になっていたが、単性論派のヤコブ派、ネストリウス派、カルケドン・マロン派はシリア語で、コプト教徒はコプト語での宗教活動を続けていた。これに対して、コンスタンティノポリスのビザンツ帝国教会総主教座との繋りが、アッバース朝下において希薄になっていたメルキト派は、彼らの教会の言語であるギリシア語から次第に切り離されてゆき、アラビア語で活動するようになっていった。キリスト教徒によるアラビア語での執筆活動は、主にこのメルキト派が担い手になっていた。(46) 一〇世紀にアラビア語で万国史を記したアガピウス、エウテュキウスも共にメルキト派のキリスト教徒であった。

最後に、ギリシア天文学の受容とともに、ギリシア・ローマの年代学的な情報が伝わってきていることを付け加えておこう。これについては、次章のヤァクービーの節で述べる。

第3章　万国史の登場

――ハディースからの解放――

九世紀半ば頃から、イスラーム世界の歴史学的関心は、より広い人類史へと移行してゆく。「寓意的」あるいは「説話的」といえる二本角伝承を主流としていた叙述から、より「歴史的」なアレクサンドロスに関する情報が充実してくるのも、いわゆる万国史（universal history）のジャンルが発達してくるこの時代である。[1]

1　事典的歴史――イブン・ハビーブとイブン・クタイバ

アラビア語最初の万国史を記したといわれるのはイブン・アル＝カルビー Hishām b. al-Kalbī（七三七―八一九年または八二一年）であるが、[2] 著作は残っておらず、部分的な引用しか伝わっていない。そのイブン・アル＝カルビーを引いているのがイブン・ハビーブ・アル＝バグダーディー Muḥammad Ibn Ḥabīb al-Baghdādī（八六〇年没）の、『麗筆の書』*Kitāb al-muḥabbar* である。[3] 解説はなく、名前・年代・出来事をリストのように並べた事典的な作品とされる。アラブの歴史が主だが、現存する著作としてはペルシア王朝史と聖書的な世界史を取り入れた最も早い例であるとされる。[4]

この書にはアレクサンドロスの名前は登場せず、ヘレニズム王朝、ローマ帝国に関しては記述がほとんどない。ただ、二本角（ズ・ル＝カルナイン）は三カ所――ラクミド王との関連、ヒムヤル王のサァブの綽名、地上を支配した四人の王の一人――において言及されている。[5] 最後の、地上の王のリストはイブン・アル＝カルビーに拠っており、ゾロアスター教と一神教的な創世を折衷しているようで興味深い。精霊（ジン）（*Jānn*）[6] の子孫の王としてガヨーマルト Jayūmart、タフムーラス Tahmūrat、ホウシャング Awshīnk が挙げられており、アダムはこのホウシャングの息子という説もあると記している。さらにアダムの子孫の王にジャムシード Jamshādh、ニムルド Nimrūdh、ザッハーク al-Buyūrāsb、ソロモン Sulaymān、そして二本角 Dhū 'l-Qarnayn がいたとされ、二本角はすなわちノアに遡るギリシア人のヘルメスであるとされている（*hāwa Hurmis* (*sic*) *b. Miṭūn b. Rūmī b. Lanṭī b. Kaslūhīn b. Yūnān b. Yāfath b. Nūḥ*）[7]。イブン・ハビーブはイブン・アル＝カルビーをもとに、地上を支配した王は四人で、「罪なき者と傲慢な者」（*birān wa fājirān*）に分けられ、前者はソロモンと二本角、後者はニムルドとネブカドネザルである、とも記している。ゾロアスター教徒、ユダヤ教徒、ネストリウス派キリスト教徒はすでにササン朝時代のバビロニアにおいて共存関係にあったので、このようなイラン的歴史観と聖書的な歴史観の相互浸透はイスラーム以前に遡るのかもしれない[8]。

このイブン・ハビーブをもとにしているのが、イブン・クタイバ（八二八―八八九年）の『知識の書』*Kitāb al-ma'ārif* である[9]。イブン・クタイバは父か祖父の代にイラクにホラーサーン辺りから移住してきたイラン人の家系の出身で、八六二―八六六年頃ディーナワルのカーディー（法官）に任命中にこの書の執筆に取りかかり、バグダードで死ぬ直前まで何度も書き直したとされる。

『知識の書』はクッターブ（クルアーン学校）の講義用の読本であったとされ、高官が身につけるべき教養としての世界史が記されており、次の章から構成されている――創世、アダムからムハンマドまでの預言者・聖人伝、年代考証（*ta'rīkh*）、諸宗教史、アラブ民族史、ムハンマドとその教友の行伝、ムゥタミドまでの歴代カリフ伝、ハディース学者・法学者などの著名人伝記集、イスラーム以前のアラブの宗教、諸王朝史（*kitāb al-mulūk*. イエメン、ヒーラ、ペルシア *al-'ajam* の諸王）。全体を見ると、ギリシア・ローマの歴史が抜けていることが指摘できる。[11] 典拠として使われているのは、ペルシア王の歴史（イブン・アル＝ムカッファアの翻訳を使ったかどうかは明記されていない）、『旧約聖書』の「創世記」や『新約聖書』の「マタイの書」（キリストについて）のアラビア語訳、[12] ワフブ・ブン・ムナッビフのイスラーイーリーヤートなどである。イブン・クタイバは聖書の情報とワフブの伝承を明らかに区別し、聖書の原典の文体をなるべく忠実に伝えるように気をつかっている。聖書の翻訳を使ったアラブの著作としてはおそらく最初で、その知的影響力は相当なものであったとされる。[13] また、ハディースの伝承経路を示す細かいイスナードが省略されていることも同書の特徴である。

アレクサンドロスまたは二本角に関しての記述は四カ所に見られる。まず初めにアブラハムに関する章に地上を制覇した四人の王の一人として登場する。

ワフブ・ブン・ムナッビフはこう言う。地上の王となった者には敬虔な王が二人と不信心な王が二人いた。敬虔な王はダヴィデの息子のソロモンと二本角で、不信心な王はニムルドとネブカドネザルであった。このウンマに属する五人目が地上を支配するであろう。[14]

すでに前述のイブン・ハビーブがイブン・アル＝カルビーの言として引いていた記述に、表現は違うが類似している。イブン・クタイバではワフブの言葉とされ、途中の伝承経路は省略されている。実は、この地上を支配した四人の王に関する記述は、この後の時代の歴史書にも比較的頻繁に現れる。しかしこのイブン・クタイバの一節が特に興味深いのは、四人の王の名が挙げられた後に、「このウンマに属する五人目が地上を支配するであろう」という予言が加わっていることである。ウンマとは国あるいは民族を指すが、『旧約聖書』の「ダニエルの書」に預言されている四つの世界帝国に続いてムスリムのウンマが世界を支配するであろうと訴えているのであろうか。キリスト教王国が四つ目の、地上の最後の王国であることを主張していたビザンツ帝国へのカウンター・プロパガンダなのであろうか。四つの世界王国のモチーフはダニエルの預言に倣っているのかもしれないが、ウマイヤ朝末期の政治的混乱の時代に拡がり、アッバース朝がその革命を成功させるのに利用したメシア思想の一環であると考えるほうが妥当であろう。

次に二本角は、聖人についての章に「洞窟の人々」（*aṣḥāb al-kahf*. 七人の眠り人のこと）とジルジース Jirjīs（聖ゲオルギウス）の間に登場する。(15)

> 二本角について。ワフブは伝える。彼はアレクサンドリアの男でアレクサンドロス al-Iskandarūs という名であった。太陽に近づき、その東と西の角を摑む夢を見た。その話を聞いた人々は彼を二本角と呼んだ。彼はイエスより後の時代の人であった。

ここではアレクサンドロスがキリストより後の時代であるという混乱が見られるが、その次の年代考証の章ではそれを修正している。(16)

> ペルシアの列伝の諸書（*kutub siyar al-ʿajam*）にはこのように書かれている。アレクサンドロス al-Iskandar とアルダシールの間には「小国の君主たち」（*mulūk al-ṭawāʾif*）の時代があり、四六五年続いた。そしてアルダシール王からカリフ、ウマル・ブン・ハッターブ（第二代正統カリフ）の治世に殺されたヤズダギルド（三世）までの歴代の王の治世は四三〇年ほどであった。(17) 従ってアレクサンドロスと我らが預言者の間は、約九〇

〇年ということになる。アレクサンドロスはワフブ・ブン・ムナッビフによるとイエスの後だというが、これについては意見が分かれる。イエスとムハンマドの間には六二〇年あり、アレクサンドロスがイエス以前だとする者もいるのである。

「ペルシアの列伝」がイブン・アル＝ムカッファアが訳した『列王伝』であるかどうかはイブン・クタイバは明記していない。「諸書」と記しているということは、その類の翻訳書が複数存在した可能性もある。このササン朝の記録に拠る情報をもとにイブン・クタイバは、アレクサンドロス、イエス、ササン朝創始者アルダシール、同朝最後の王ヤズダギルド、ムハンマドの年代考証をし、それらを時間軸上の正しい位置に整理しようと試みている。古代史に関する情報源としてのワフブの権威は完全には否定していないものの、「アレクサンドロスはイエス以前[18]」という歴史的に根拠のないワフブの伝承に疑問をなげかけている。

最後に、イブン・クタイバの『知識の書』では、ペルシア王（*mulūk al-ʿajam*）に関する章にアレクサンドロスが登場する。

ダレイオスの息子のダレイオスはバビロニアにいた。そこにルームのアレクサンドロスが現れ、彼を倒し、服従させ、殺した。そしてペルシアの地（*arḍ fāris*）を征服した。多くの人々を殺し、捕らえ、破壊を繰り返した。聖典を焼き、拝火殿をすべて取り壊すように命じた。そして捕らえたペルシア貴族を諸地方の統治者として残していった。どの支配者も自らを守り、自らの財を守った。これらが「小国の君主たち」である。それから四六五年間、この状態が続いた。そこにサーサーンの息子のバーバクの息子のアルダシールが現れた。彼はイスタフルの地の君主で小国の君主の時代以前の古い王族の血を引いていた。彼は自らが彼らの王の後継者であると考え、近隣のペルシア王や遠方の小国の君主たちに書状を送り、彼のもとに集まるように知らせた。[19]

ここの部分も「ペルシア列伝の諸書」（*kutub siyar al-'ajam*）に基づいている記述であるが、明らかにササン朝の否定的なアレクサンドロス像を反映したものである。[20] アレクサンドロスはダレイオスを殺し、ペルシアの地において殺戮、掠虜、破壊などの凶行の限りを尽くし、さらに拝火教を滅ぼしたうえで、残った貴族たちを諸地方の統治者にして権力を分割したが、その群雄割拠の時代に終止符を打ちペルシアの地を再び統一したのがアルダシールである、という記述は、まさにササン朝の創立イデオロギーに基づく歴史認識であるといえよう。しかし、次に取り上げる歴史家ディーナワリーがほぼ同時代に、イラン経由のアレクサンドロスに関する情報にも、ササン朝「公式見解」と、ペルシア風アレクサンドロス物語の二説が存在していたことがわかる。イブン・クタイバは後者の系統の知識は持っていなかったか、無視したとみえる。[21]

2　物語的歴史――ディーナワリー

一般的教養としての歴史的知識を事典的にまとめたイブン・クタイバの『知識の書』に対して、第II部でも見たディーナワリー Dīnawarī（八九五年頃没）の『長史』*Akhbār ṭiwāl* は、かなりイラン的視点に偏った歴史である。[22] ディーナワリーはイラン人の家系の学者で天文学・数学などの精密科学の分野において活躍し、『植物の書』*Kitāb al-nabāt* の著者としても知られているが、完全に残っている著作は『長史』のみである。

同書の題名 *al-Akhbār al-ṭiwāl* を直訳すると「長話集」とでもなるが、その題が示しているように、短い断片的な情報 *khabar*（*akhbār* の単数形）の繋ぎ合わせでなく、著述の文体および構成は物語的である。アダムに始まり、イスラエルの族長たち、諸預言者、イエメンとペルシアの諸王、アラブ・ムスリム軍とペルシア軍の戦い、ウマイヤ朝、アッバース朝のムハンマド・ムゥタシムの治世までといった構成になっている。諸時代・諸地域の情報がバランスよく事典的に記されているというよりは、むしろ著者自身の関心のある主題が敷衍されていることが多い。例えばムハンマドの生涯についてはほんの数行言及されているのみであるのに対して、アレクサンドロスに関わる部分は、校訂本では実に一〇ページにもわたっている。講義用テクストであったとされるイブン・クタイバの書に比べると、ディーナワリーの歴史は読み物としてのおもしろさを意識したものであったかと考えることができる。

古代史に関してはアラブの歴史よりもイランの方に重点が置かれており、アレクサンドロスはペルシア史の一部として扱われている。次にその粗筋を意訳する（一部、特に会話部分は逐語訳[23]）。

ペルシア王ダレイオス **Dārā b. Bahman** はルームを攻め落とし、その王フィリッポス **Fīlfūs** から毎年一〇万個の金の卵の貢物を受け取る協定を結び、フィリッポスの娘を后として迎えるためにペルシアに連れて帰る。一二年の治世の後に息子ダレイオス **Dārā b. Dārā** に王位を譲る。ダレイオスは即位すると傲慢な暴君として振る舞い、彼に従わない王はこの世にいなかった。

その間アレクサンドロスが成長した。彼の生まれに関して学者たちの意見は異なっている。ペルシア人たち（*ahl al-Fāris*）は彼がフィリッポスの息子ではなく、その娘の息子であり、父親はダレイオスであると主張する。フィリッポスの娘と結婚し、母国に連れて帰ったダレイオスは、彼女と同衾しようとした際に彼女が発する悪臭に気づく。ダレイオスは女官長にその悪臭をなんとかするように命じる。女官長はアッ＝サンダルという薬草を用いて治療し、一部の臭いは消える。ダレイオスは彼女を呼び戻し、「アール、サンダル！　サンダルの香りのなんと強いことよ」と言った。「アール」はペルシアの言葉で「強い」という意味であるという。

そして彼女と寝て、彼女は子を宿した。しかし、ダレイオスは以前の臭いのために嫌悪の情を抱いており、彼女を父親フィリッポスのもとへ送り返した。そこで彼女はアレクサンドロスを産み、ダレイオスが言った薬草の名前にちなんで息子に名を付けた。祖父フィリッポスはその死に際に、王権をアレクサンドロスに託す。

王となったアレクサンドロスは実の父ダレイオスの王権を自分のものとする野望を持ち、兄弟であるダレイオスに戦争をしかけた。しかしギリシアの学者たち（*ulamā' al-rūm*）はこの説を否認し、アレクサンドロスがフィリッポスの実の息子であるという。父の死後アレクサンドロスはダレイオスに貢物を贈ることを拒否し、「かの卵を産む雌鳥は死んだ」と手紙を送った。ダレイオスは激怒し、ルームを征服することを誓った。これに対し、アレクサンドロスは全く動じなかった。アレクサンドロスも初めは荒々しく、傲慢な王であった。

しかしルームにはアリストテレスという哲人がおり、彼は神が唯一であることを唱え、他の神を認めていなかった。アレクサンドロスの暴虐ぶりについて知るとルームの辺境からアレクサンドロスのもとへ参じ、高官たちのいる前で彼を諌めた。アレクサンドロスは怒り処刑するつもりでアリストテレスを投獄する。しかし神のご加護のおかげで考え直し、アリストテレスを解放し、話に耳を傾ける。そして改心し、臣民にも唯一神を信仰し、偶像を捨てるように命ずる。さらには地上の東と西の果てまで神を受け入れるように命じた文書を公布させる。

それを受け取ったダレイオスは激怒し、威嚇する返事を送る。アレクサンドロスは兵を集めイラクの地に向かう。

ダレイオスはハマダーンの城砦に財宝と女子どもを避難させてから戦いに臨み、双方は激しく戦闘するが、どちらにも軍配はあがらない。そこでアレクサンドロスはダレイオスの親衛の二人を密かに唆かし、裏切らせた。二人はダレイオスが合戦中に後ろから近づき襲った。アレクサンドロスは倒れるダレイオスに駆け寄り、膝の上にまだ息のあるダレイオスの頭をのせ、言うには、「兄弟よ、傷が治りし暁には貴殿の王権は侵さぬことを誓う。望むことを言うがよい。我が叶えて進ぜよう」。

ダレイオスはこのように答える。「我が運命の昨今を戒めとせよ。かつて諸王は我を恐れ、我に従い、貢納によって身の安全を得んとした。だが、討ち倒され、独り逝く我を見よ。彼程の大軍と権勢を誇った我の今の姿を」。

アレクサンドロスが、「兄弟よ。運命はいかなる王をもその富ゆえに恐るることはなく、またいかなる細民をもその貧困ゆえに蔑むことはない。この世は影。一瞬にして消え、降りきたるもまた疾し」というと、ダレイオス曰く、「万事神の裁きと宿命を免れ得ず、神のほかは万事無常なり。遺す王族の者、子等は貴殿に委ねる。願わくば娘ロクサネ **Rawshanak** を妻として迎え賜れ。娘は我が眼の喜び、我が掌中の玉」。

「承知いたした。貴殿に斯くなる仕打ちをしたのは何者か。その罪業を我が報いよう」とアレクサンドロスが答えるが、ダレイオスは舌がからみ答えることができずに息を引き取る。

アレクサンドロスは二人の暗殺者をダレイオスの墓の上で磔刑に処すように命じる。そこで彼らは「我らを軍の上に立てるという約束やいかに」と申し立てるが、アレクサンドロスは「まさに然様に致す次第」と答え、彼らを石で打ち殺させた。

アレクサンドロスはダレイオスの母と妻に弔書を送り、アレクサンドリアにいる自分の母にはロクサネの婚儀の支度を依頼する書状を出す。その後、インドに行きポロス王 Fūr と一騎打ちをする。体格のよいポロスが小さく痩せたアレクサンドロスよりはるかに優位に見えるが、戦塵がおさまってみるとポロスが死んでいる。インド軍は降服する。次に黒人の国を通る。彼らはカラスのように黒く、裸身で裸足で密林を歩き果実を食うが、旱魃になると互いを食べるという。それから海岸に辿り着き、海を渡りイエメンのアデンに着く。イエメン王トゥッバも降服する。サナアに滞在した後、ティハーマまで行き、メッカからフザーア族を追い払い、ナドル・ブン・キナーナ一家に聖地を委ねる。巡礼の儀式を執り行った後にジュッダからマグレブまで海を渡る。

イブン・アッバースによると、ノアは地上を三等分し、三人の息子に分け与えた。セムにはユーフラテス、ティグリス、シドヌス、ピュラモス、そしてファイスーンつまりバルフ川の五本の川が流れる世界の中心を、ハムには西風が吹くナイルの向こう側を、ヤペテには東風が吹くファイスーンの向こう側を授けた。世界は二四〇〇〇パラサングの広さがあり、そのうちトルコ人の地が三〇〇〇、ハザル人が三〇〇〇、中国が二〇〇〇、インド、スィンド、アビシニアおよびその他の黒人の地が六〇〇〇、ルームが三〇〇〇、スラブ人の地が三〇〇〇、カナンの地すなわちエジプトとアフリカ、タンジール、フランク人の地、アンダルシアが三〇〇〇、アラビア半島とその近辺が一〇〇〇パラサングといわれている。

アレクサンドロスはマグレブの女王カンダケ Qandāqa の豊穣な土地や偉大な権力、四パラサングもの広さのある都、彼女の機知と思慮について知り、書を送った。

「一天下の諸王、皆従えしフィリッポスの息子アレクサンドロスより、サムラの女王カンダケへ。神が我に幾多の国々を討ち取らしめ、大勢と加護を授け給うたは、世に聞こえたこと。我の命を聞き入れ、従い、神に帰依し、偶像を崇めることを廃し、貢税を納めれば汝を容赦しよう。汝を攻めることなく、国には足を踏み入れまい。されど逆らわば、汝に立ち向かいたること覚悟せよ。神のみぞ知る」。

それに対してカンダケは返書にこうしたためた。「斯様な物言いは、己の虚栄と傲慢を表すのみ。攻めたければ、攻めるがよい。これまでになきほどの思いをさせようぞ。謹んで以上」。

それを受け取ったアレクサンドロスは、従者であるエジプトの王を彼女のもとへ遣わし、降服を促させ、不服従の悪果について警告させた。それでも従わないことがアレクサンドロスに知らされると、自ら軍を率いてカイラワーンの都に向かった。そして破城槌で陥落させカンダケのもとに行った。双方の間で様々な話が交わされたとされるが、ついにはアレクサンドロスは保護と和平を約束し、彼女の王権や領地を簒奪しないことにした。

その後アレクサンドロスは、北方にある暗闇の国の中を、神が許したもうたところまで往き、そこからルームまで戻ってくる。そこにカッパドキア Qafūnīya とシリア Sūrīya という町を建てた。

東へ向かおうとするアレクサンドロスに大臣たち曰く、「ここから太陽の昇る地までいかにして参りましょうぞ。手前にあるは緑の海。その水は悪臭耐えがたき膿のごとく、舟船の航行ままなりませぬ」。しかしアレクサンドロスは、「何としても成さねばならぬ旅ゆえに、たとえ我一人でも往くぞ」と言い張った。

すると大臣らも「我ら何処へなりとも王の供にあります」と従った。

そして、スラブ人 Ṣaqāliba、ハザル人、トルコ人の地を制して中国に近づく。そこでアレクサンドロスはファイナーウスという名の高官を呼びつけ、アレクサンドロスを名乗り陣営に残るように命じ、自らはファイナーウスを名乗って中国皇帝に謁見する。

皇帝曰く「某は何者」。

アレクサンドロス曰く「一天下の諸王、皆従えしアレクサンドロスの遣いの者」。

「主（あるじ）は何処に」。

「国境に御座す」。

「何故に汝を遣わした」。

「貴殿を主（あるじ）のもとへ御連れ申すため。応ずれば貴殿と国の安寧を侵すことはあらず、貴（あて）なる財物を賜わされよう。されど逆らわば、御命を奪われ、国を滅ぼされることは免れ得まい。会せぬと申されれば、ダレイオスの子ダレイオスに聞かれよ。この世に勝るものなき軍を従え、威武猛々しい覇者であったが、アレクサンドロスには敵わず命もろとも城地奪われたことを。インド王ポロスに聞かれよ、其の運の尽きを」。

「ファイナーウスよ。彼の者の威名は伝わり聞いておる。正に特使を遣わし、和睦を請い、不戦の誓を立てよう。我聞き従い、年毎に貢物を奉ることを知らせよ。然らば、我が国に立ち入る要無し」。

こうして皇帝は己の冠と、刀剣、白鼬、生糸（*khazz*）、絹衣（*ḥarīr*）、インドの剣、中国の鞍、麝香、琥珀、金銀を盛った皿、鎧、腕甲、兜など、かの国の稀物を贈った。アレクサンドロスはそれを受け取り、中国を攻めずに先へ進む。

ヤージュージュとマージュージュを封じ込める壁を建設した後に、紅夷の地に至る。その女たちと男たちは分かれて暮らしており、毎年三日間のみ遭遇する。その三日の間に目合（まぐわ）い、男児が生まれると乳離れの後にこの三日の間に父親方に渡され、女児であれば母親の許に残る。

フェルガーナ、サマルカンド、ブハーラー、ホラーサーンのアームルを通り、砂漠を横切った後に、水が溢れ沼地と化した土地に出る。アレクサンドロスは水を堰き止めてできた乾地に都市を建設して住民を入植させる。市場、村々、城塞も建てその地をマルハーヌース Markhānūs と名付けた。すなわちマルヴのことであり、ミーラーヌースとも呼ばれる。ニーシャープール、トゥース、ライ、ハルワーンの山々、イラク、シリアを経て、最後にエルサレムに落ち着く。そこで師のアリストテレスに助言を求める。

アレクサンドロスが言うに、「我はこの世の不当人。数多の王を殺め、国を占め、財を奪ったが故、その恨み晴らすべく奴らが結束し、我亡き後に臣民を殲滅するのではと気がかりである。故に貴人、高人、諸侯の一族、王の子息らを地上の隅々からことごとく召し集え、皆殺しにしようと思う」。

師はこう答える。「斯くの如きは徳高く、信仰深きお方の所見に非ず。王の子息、貴人、諸侯一族殺せども、その民はますます汝を恨み、汝亡き後に臣民を仇(あた)むでしょう。しかし、王の子息、貴人らを集め、汝の御前にて冠を授け、各人に国郡をば封ずれば、汝の臣民ならびに国土より矛先を転じるでしょう。さては、互いの領土をめぐりて競り合い、他人の財を見て欲を張り、抗争に力を費え、相制しあうことでしょう」。

アレクサンドロスはこれを受け入れ、実行する。かくして「小国の君主たち」の時代が到来する。

アレクサンドロスは三〇年君臨した後にエルサレムで死ぬ。二四年間地上を旅し続けたが、その前後には、アレクサンドリアに初めに三年、最後にシリアに戻り三年いた。亡骸は金の棺に入れられ、アレクサンドリアに運ばれた。建てた都市の数は一二。エジプトのアレクサンドリア、アラビア半島のナジュラーン、ホラーサーンのマルヴ、イスファハーンのジャイ、海辺の都市サイドゥーダ、インドのジャルウィーン、中国のファラニーヤ、その他はルームにある。

アレクサンドロスが死ぬと、彼に占領された国々の人々は、賢明で人道的な手段以外を用いて他国を倒すことはなく、争いごとがあっても、常に対話を絶やさなかった。害を為した者に対して被害者が報復したり、片方がもう一方の領土の一部を奪うようなことがあれば、皆の非難の対象とされ、それでも続ける場合は周辺国が武力によって制圧した。「小国の君主たち」と呼ばれる由縁である。

それ以前のイブン・クタイバまでの叙述に比べると、アレクサンドロスに関する歴史的情報の量がここで断然と増えていることは明らかであろう。イブン・イスハークやイブン・アブド・アル＝ハカムなどの初期の歴史では、二本角に関する断片的で歴史的具体性に欠けた寓意的な伝承が中心であった。「ルーム」のアレクサンドロス、あるいはアレクサンドリアの建設者アレクサンドロスと同一視されていながらも、ダレイオス、ポロスなど実在の王とのやりとりは含まれていなかった。また、イブン・クタイバは、「ペルシア列伝の諸書」の類から引用しているが、そこには古代ペルシア帝国の分裂と拝火教の衰退の要因としてのアレクサンドロスしか登場していない。それに対してディーナワリーには、拝火殿、聖典の焼尽に関しての記述が全くない。イブン・クタイバが使ったと思われる、ササン王朝のゾロアスター教的「公式見解」を反映した列王伝とは明らかに違う、別のペルシア系の原典に拠っているようである。

ディーナワリーはここでは、具体的に何を情報源としたかを示すイスナードも典拠の書名も記していない。厳密なハディースの形体に全くこだわりがないことが分かる。しかし、ネルデケ、ブラウン、グリニャスキーらの研究によって、ケンブリッジ、ロンドン、およびゴータにある四つの写本とディーナワリーの『長史』との関連性が指摘されている。(24) それらの写本は、『列王伝、ペルシア・アラブ史に関する究竟の書』*Kitāb siyar al-mulūk al-musammā bi nihāya al-arab fī akhbār al-Furs wa 'l-'Arab* と題する作品である。序には、アッバース朝カリフ、ハールーン・アッ＝ラシードの命に従って文献学者アスマイー Asmāʿī（八二八年没）が、宮廷図書館にあった『創世の書』*Kitāb al-mubtadaʾ* と『列王伝』*Siyar al-mulūk* を合わせて編集した古代史であることが書かれている。このうち後者はイブン・アル＝ムカッファアをはじめとする三人の著者にウマイヤ朝カリフ、アブド・アル＝マリク（在位六八五―七〇五年）が編纂させたもの、とある。しかし七二〇年頃に生まれたとされるイブン・アル＝ムカッファアがアブド・アル＝マリクの在位中に書の編纂に関わることができたはずがないので、アスマイーによるこの序の内容は虚構だとされている。[25] また、アスマイーがこれらの写本の編纂者であること自体も疑われているので、[26] 先行研究に従ってこの書を偽アスマイーの『究竟の書』と呼ぶことにする。現存する写本のヴァージョンはアスマイーの死後、九世紀中にまとめられたものであると推測されている。[27] ネルデケは、偽アスマイーの方が、ディーナワリーを拡張させたと唱えたが、ブラウン、グリニャスキーらによる両テクストの詳細な比較によって、ディーナワリーがより長い作品を要約、凝縮させた可能性が高いことが分かった。現存する『究竟の書』の写本は、ディーナワリーとの間にエピソードの順番などの相違点もあることから、ディーナワリーが使ったテクストより後の時点（一〇世紀前半頃？）に、改編されたものだと推測されている。[28] そしてディーナワリーが典拠としたであろうオリジナルの『究竟の書』の原典は、ヒジュラ暦三世紀前半、つまり九世紀初め頃に成立したテクストで、[29] 著者は、イブン・アル＝ムカッファア訳とされる『列王伝』のイラン的世界史とユダヤ・キリスト教的イスラーイーリーヤート、そしてムスリムの伝承を物語風に組み合わせている。ただし、偽アスマイーが使った『列王伝』はムカッファア自身の訳より後の、八世紀終わりか九世紀のごく初期の改編版ではないかとされている。[30]

偽アスマイーの『究竟の書』は、散逸したイブン・アル＝ムカッファア訳の『列王伝』や、ペルシア語の『王書』の成立とも深く関わっている重要なテクストなので、より詳細な研究が必要である。ここでは、アレクサンドロスに関する部分のみに関してブラウンの要約に基づいて、[31] ディーナワリーと比較して異なる大きな点のみ挙げる。まず一つは、ディーナワリーにおいては、対話の部分などが非常に簡略化されていることである。例えば、アレクサンドロスがアリストテレスによって改宗させられるエピソードを見ると、ディーナワリーでは、アリストテレスに諫められたアレクサンドロスは怒って彼を投獄するが、神の加護により考え直し、解放してやる。偽アスマイーでは、アリストテレスとの会話はもっと長く、さらに投獄されたアリストテレスは天使によって救出され、再び捕らえようとする兵士たちは天からの炎によって焼かれてしまう。ダレイオスとの戦いに先立つやりとりについても、偽アスマイーにある贈り物のエピソードがディーナワリーでは省略されている。偽アスマイーでは、ダレイオスは金の箱、真珠、ポロ球技の小槌と球、胡麻を謎かけのように贈り、アレクサンドロスは、金の箱は敵の財宝、真珠はその領土と解釈し、すべて自分の手中に納まるであろうと宣言する。さらにポロの棒が球を打つように自分はダレイオスを追い立て、胡麻を噛み砕くようにペルシア軍を壊滅させるであろうと言い、お返しに辛くて噛むことができない芥子の種を贈る。

また、空想的・非現実的なエピソードが省かれていることもディーナワリーの特徴である。アレクサンドロスが北方の暗闇の国に入って出てきたとはあるが、生命の泉を探求する話、巨大な鳥や天使イスラーフィールによるアレクサンドロスの死の予告は含まれていない。海獣、言葉を話す木、馬頭の民族など、東方で出会ったという不可思議な生き物の話も全て省略されている。ディーナワリーは精密科学の人でもあったので、明らかに空想的な逸話は歴史には相応しくないと判断したのであろうか。

ディーナワリーがもとにしたと思われる偽アスマイーのアレクサンドロス伝は、「アレクサンドロス物語」の部分的な要素だけではなく、物語全体の枠組みを踏襲している。アラビア語のアレクサンドロス伝として、現存するテクストの中では早い例であるといえよう。また、簡略化され、空想的なエピソードが省略されているものの、ディーナワリーのアレクサンドロス伝も、一貫した物語を初めから最後まで大筋において追っていることは確かである。

ここで、全体から細部に目を移したい。特に注目すべきはアレクサンドロスの出生譚である。ディーナワリーはアレクサンドロスの出生に関して、フィリッポスの息子であるとするルームの学者たち（*ulamā' al-Rūm*）とダレイオスの息子であるとするペルシア人（*ahl al-Fāris*）の意見が異なっていることを述べている。ディーナワリーより以前のアラブの歴史家が使った伝承がアレクサンドロスを漠然と「ルーム」の人、あるいは「ある老婆の一人息子」などとしていることは述べてきた通りである。しかし「フィリッポスの息子」という歴史的により正確な情報は、すでにウマイヤ朝の時代には知られていたはずである。八世紀前半にサーリムによってアラビア語に監訳された「アレクサンドロスに宛てたアリストテレスの書簡集」には、フィリッポスが息子アレクサンドロスの教育をアリストテレスに依頼する手紙が含まれている。

一方、アレクサンドロスがダレイオスの息子であるという後者の説は、ペルシアの人々の間で伝えられているとディーナワリーは記している。この説によると、ダレイオスはフィリッポスの娘を娶るが、その悪臭に嫌悪を感じ、国へ返す。すでにダレイオスの子を身ごもっていた彼女が生んだのがアレクサンドロスであるという。アレクサンドロスにペルシア王の血筋を与えてしまうという展開は、六世紀頃にパフラヴィー語から翻訳されたとされるシリア語のアレクサンドロス物語には見られない。シリア語の偽カッリステネスにおいては、ギリシア語原典と同じく、アレクサンドロスはマケドニアに逃亡してきたエジプト王ネクタネボスとオリュンピアスとの間に生まれたという設定になっている。おそらくこれがヒントとなって、ダレイオスの息子説が現れたことは確かであろうが、「アレクサンドロス物語」の伝播過程のどの時点で、このような転換が起こったのであろうか。これはまた、ペルシア列王伝の継承とも深く関わっている問題である。

前述した通り、イブン・クタイバが参照した「ペルシア列伝の諸書」のアレクサンドロスは王権の簒奪者、宗教の破壊者であり、それはササン朝ゾロアスター教的な「公式見解」を反映したものであった。ディーナワリーが典拠とする偽アスマイーが利用したペルシア歴代王の歴史には、偽カッリステネスのδ*系統に属すアレクサンドロスの生涯の物語が列伝の一部として組み込まれている。九世紀にはおそらく両方のヴァージョンが存在していたのであろうが、ササン朝的歴史観においては「悪玉」であったアレクサンドロスがペルシア列王伝へ組み込まれるに至った背景には、イランのイスラーム化が一つの要因としてあったことが考えられる。

ササン朝の滅亡、ゾロアスター教の衰退とともにアレクサンドロスを破壊者と見なす政治的あるいは宗教的必要性は薄れるとともに、民間に流布していたアレクサンドロス物語が表面化したと思われる。正史に対する稗史とでもいうべき小説的な歴史物語が巷で語られていたのであろうか。どのような形で伝えられていたかは、想像の域を出ない。少なくとも指摘することができるのは、イランにおいては、アレクサンドロス物語がアラブ世界における断片的な宗教説話よりも、物語として一貫した形で継承されたということである。

また、アラブ・ムスリムの支配者たちにとって布教の戦士、野蛮な民族の襲撃を堰き止め信徒を守るイスラーム的英雄である二本角アレクサンドロスを、ペルシア王の系図の中に取り入れることは、イスラーム的価値観を受け入れつつ、イラン民族の優越性を主張する恰好の手段であったといえよう。

だが、異なる伝統が折衷されているという点で、ディーナワリーのアレクサンドロス像には曖昧さが残る。ディーナワリーにおいて二本角の名が言及されているのは、ヤージュージュとマージュージュを封じる壁の建設についての一節のみである。「おお、二本角さま、ヤージュージュとマージュージュが我が国を荒らして困ります」（『クルアーン』第一八章九三節）と訴える人々のために、「神がその書（『クルアーン』のこと）に申されている通りに、壁の建設が行われた」と比較的あっさりと記されている。壁の詳細な描写にも、終末のときにそれをヤージュージュとマージュージュが破って出てくるという預言にも触れていない。

全体においても、本部第1章に見たような初期のイスラーイーリーヤートに比べると、宗教的熱意というものは希薄に感じられる。むしろ布教は遠征の単なる「言い訳」として使われている。さらに、面と向かった戦いの場面はなく、武勇の描写が実はない。インド王ポロスとの一騎打ちも「戦塵がおさまってみると、ポロスが死んでいた」というものであるし、ダレイオスを倒すためには、従者を裏切らせて暗殺させるという卑怯な手を使う。自分が暗殺者たちを買収したにもかかわらず、ダレイオスの死に際に駆けつけ、「兄弟よ」といかにも同情を示し、果てには高位を約束しておいた暗殺者たちを処刑させるという狡猾な立ち回りをするアレクサンドロスに、神の命に従って突き進む勇ましい闘士二本角の姿はない(32)。

そもそも、悪臭のためにペルシア王に嫌われた王女が産み落とした子であるという筋書き自体が、アレクサンドロスをどこか嘲っている。アレクサンドロスにかつて征服された民族の歴史観と、イスラームという新たな大義のもとに英雄化された二本角の融和が、この時点ではぎごちないものであることを、このイメージの曖昧さが示している。

しかもその隙間を埋めているのがアリストテレスであることは一段と興味深い。ディーナワリー（および偽アスマイー）の叙述において、アリストテレスの役割は大きい。アリストテレスは唯一神の信奉者として登場し、アレクサンドロスの暴虐ぶりを諫め、改心させ、唯一神の教えを広めさせる。ここではアレクサンドロスは、二本角のように神に直接選ばれた使徒ではなく、アリストテレスの感化のもとに動いている。ディーナワリーのもとになった偽アスマイーのテクストが成立したとされる九世紀初めといえば、カリフ、マァムーン（在位七八六―八三三年）によって推進されたギリシア哲学翻訳事業の最盛期である。イスラーム哲学におけるアリストテレス受容の過程についてここで触れる余裕はないが、通俗レベルの史話において、このような「イスラーム化」されたアリストテレスのイメージが窺えることは興味深い。

また、征服した領地の権力の分割がアリストテレスの政治的助言に拠るものであるとされていることも注目すべき点である。すでに第I部で述べた通り、『ブンダヒシュン』や『アルダシールの行伝』などのササン朝起源のパフラヴィー語ゾロアスター教文献において、イランを小国に分割したことはアレクサンドロスが犯した大罪の一つとされていたが、現存するパフラヴィー語文献では、アリストテレスはこの件に関わっていない。群雄割拠の時代の到来をアリストテレスの助言に帰す説の最も早い例は、八世紀前半にサーリムによって監訳された「アレクサンドロスに宛てたアリストテレスの書簡集」の中にある。その第一一篇と第一二篇の手紙「ペルシアの王族を処刑することに関しての諮問」および「そのような処置は回避するようにとの答申」（権力を分割せよという忠告）に、自らの死後、被征服民が蜂起するのを恐れたアレクサンドロスが他国の王族を処刑する意向を師に伝え、アリストテレスがそれを諫め、王族たちが互いに競い合うように仕向けよと忠告するやりとりの原型がある。[33] しかしこの往復書簡はサーリム自身が創案したもので、それをイブン・アル＝ムカッファアがアラビア語訳『列王伝』に挿入したというグリニャスキー説には異論を唱える余地があり、その逆の可能性もあることは、すでに述べた。

このように、ディーナワリーの『長史』は、ハディースからの解放とともに、イブン・アル＝ムカッファアの『列王伝』の改編版に基づいたイランの稗史が、アラブの歴史叙述の素材とされるようになったことを示している。そこに登場するアレクサンドロスは、二本角とのつながりは示されていないながらもその寓意性は完全に背景に押しやられ、東西を制覇した偉大な王にしては、どことなく蔑まれている感がある。イスラーム化されていても、彼を英雄として素直に受け入れられない過去の記憶を背負ったイランにおけるアレクサンドロス伝の特徴ともいえるこの曖昧さは、後述するフィルダウスィーの『王書（シャーナーメ）』にも見ることができる。

3　博識と原典批評——ヤァクービー

イランの物語的な列王伝を典拠としているディーナワリーに対して、ほぼ同時代のヤァクービー Ya'qūbī（八九七年没）の歴史叙述には、論理的で、批判的な態度が見られる。ヤァクービーはアルメニア、ホラーサーンに住み、イラン系地方王朝ターヒル朝（八二一—八七三年）に仕えた書記で、ターヒル朝が滅びるとともにエジプトに移り、そこで地理書『諸国誌』*Kitāb al-buldān*（八九一年）を記した。

しかし彼の主著は『歴史』*Ta'rīkh* である。天地創造から八七二年までの出来事を記したもので、知り得る限りの諸文明史を網羅しようとしているという意味で、真の万国史の登場といえる。例えばインド、中国の王の歴史までも含んでおり、[34] 彼以前、以降の歴史家と比較しても、ヤァクービーの『歴史』に匹敵する情報の幅を持つのはマスウーディーの著作ぐらいであろう。[35]

その中で、原典から情報を取捨選択する理性的な態度がよく表れているのは、ダレイオス以前のイランの歴史の部分である。伝説的な古代のペルシア王に関しては、肩から人間の脳を食べる蛇が生えている（ザッハークのこと）など、身体的に超人的であったり、異常に長寿であったりするので史実としては認められないことを、次のように述べている。

このような、理性が認めない、一連の戯れや馬鹿げたことが起こる、真実ではない話は信憑性がないとし、言い伝えや教養を身につけた王侯貴族の末裔の高貴な家柄の名士も含むペルシアの知識人や学者たちは認めず、語らないのである。

そしてダレイオスまでの王の事績は省き、名前と治世年数のみを簡略に記述するにとどめた上で[36]、「二本角と呼ばれるアレクサンドロスがダーラーを殺し、ペルシアの王権を分裂させ、『小国の君主たち』と呼ばれるようになる統治者たちに支配させた」と記している[37]。ヤァクービーはホラーサーンのターヒル朝に仕えていた際に、イラン系の知識人との交流があったと見られる。当時のイランの知識人たちの歴史意識——古来の神話や物語に対する冷淡さ・不信感、アレクサンドロス以前の歴史的記憶の不確かさの認識——も示している記述で興味深いといえよう。ヤァクービーがディーナワリーの『長史』を読む機会があったかどうかは不明であるが、物語的なペルシア列王伝に依拠した歴史を記したライバルへの批判と読み取れないこともない。

このペルシア史の章以外でアレクサンドロスが登場するのは、ギリシア、およびインドの王の歴史の部分である。ヤァクービーは同書の「ギリシア人」"al-Yūnāniyūn"の章の中でギリシアの科学・哲学・宗教に関してかなり詳細な紹介をしているのに続いて[38]、歴代のギリシア王（*mulūk al-Yūnāniyīn*. フィリッポス、アレクサンドロス、プトレマイオス朝）の治世について記している。

最初に（ローマの前に）ギリシアの諸王がいた。彼らはノアの息子ヤペテの子ユーナーンの子孫である。プトレマイオス Baṭlamiyūs が『カノン』*al-Qānūn* において、最初の（ギリシア）王としているのはフィリッポス Filfūs である。荒々しい暴君であり、七年間君臨した。その後を継いだのは息子のアレクサンドロスである[39]。

ここでヤァクービーが参照している「プトレマイオスの『カノン』」とは、いわゆる「プトレマイオスの王名表」のことであると考えられる。アレクサンドリアの著名な天文学者プトレマイオス（九〇頃—一六八年頃）は、大星学書『アルマゲスト』中に分散する数学的な天文表を『簡易表』*Procheiroi Kanones* にまとめ直した。その際に、新バビロニア王国の祖ナボナッサルが即位した紀元前七四七年以降のバビロニア・アッシリア、ペルシア、ギリシア、ローマの歴代の君主の名と治世年数を挙げた表を追加した。[40] 天文学上の計算には、様々な紀年法に基づく年代の数え方に、統一した基準を与える必要があったからである。この表は、天文学のみならず、歴史学においても後代まで影響を及ぼし続けた。[41] イスラーム世界の学者たちには、アレクサンドリアのテオン Theon Alexandrinus（三九〇年頃）によって改訂された版が知られていたとされる。[42]

ヤァクービーはフィリッポス以降のギリシア王の序列と治世年に関する情報を、この王名表に拠っているようである。[43] ただ、ヤァクービーの記述とプトレマイオスの表の原典との間には興味深い齟齬が生じている。プトレマイオスによると「マケドニアのアレクサンドロス」はダレイオスの死後に最後のペルシア王として紀元前三三二年から三二四年に君臨したことになっており、続くギリシア王朝の最初の王は前三二四年から三一七年に王位にあった「建設者アレクサンドロスの後のフィリッポス」、その次の王が前三一七年から三〇五年が治世の「もう一人のアレクサンドロス」とされている。

つまりアレクサンドロスの父であるマケドニア王フィリッポス二世はプトレマイオスの表にはなく、その庶子フィリッポス三世アリダエオス（アレクサンドロスの異母兄弟で大王の死後に即位）が最初のギリシア王とされ、それを継いだ「もう一人のアレクサンドロス」とは、アレクサンドロスの死後に妻ロクサネが生んだアレクサンドロスの息子であるアレクサンドロス四世アイゴスのことである。フィリッポスからアレクサンドロスへという王位継承が二回重なったところで混乱が生じ、ヤァクービー（あるいはその典拠となった『簡易表』のアラビア語訳）はギリシアの最初の王をアレクサンドロスの父のフィリッポスと理解したようである。[44] いずれにしても、プトレマイオスの王名表への言及としては、アラブの歴史書の中では最も早いものではないかと思われる。

続く一節ではアリストテレスとの師弟関係、遠征の様子が比較的淡々と語られている。

プトレマイオスの王名表

王名	治世年数	合計年数	フィリッポス暦	アウグストゥス暦	太陽暦による治世年 から	太陽暦による治世年 まで	
	ιδ (14)	ιδ (14)			27. 2月 747	22. 2月 733 v.Cl	
	β (2)	ις (16)			23. 〃 733	21. 〃 731 〃	
Χινζῆρος χαὶ Πώρου	ε (5)	χα (21)			731	20. 〃 726 〃	
Ἰλουλαίου	ε (5)	χς (26)			726	19. 〃 721 〃	
Μαρδοχεμπάδου	ιβ (12)	λη (38)			20. 〃 721	16. 〃 709 〃	
Ἀρχεανοῦ	ε (5)	μγ (43)			17. 〃 709	14 704 〃	
(ἀβασίλευτα)	β (2)	με (45)			15. 〃 704	14 702 〃	
Βιλίβου	γ (3)	μη (48)			15. 〃 702	13 699 〃	
Ἀπαραναδίου	ς (6)	νδ (54)			14. 〃 699	12 693 〃	
Ῥηγεβήλου	α (1)	νε (55)			13. 〃 693	692 〃	
Μεσησιμορδάχου	δ (4)	νθ (59)			12. — 692	688 〃	
(ἀβασίλευτα)	η (8)	ξζ (67)			688	8. — 680 〃	
Ἀσαραδίνου	ιγ (13)	π (80)			9. 〃 680	5. 〃 667 〃	
Σαοσδουχίνου	χ (20)	ρ (100)			667	31. 1月 647 〃	
Κινηλαδάνου	χβ (22)	ρχβ (122)			647	26. 625 〃	
Ναβοπολασσάρου	χα (21)	ρμγ (143)			27. 1月 625	20. 604 〃	
Ναβοχολασσάρου	μγ (43)	ρπς (186)			604	10. 561 〃	
Ἰλλοαρουδάμου	β (2)	ρπη (188)			561	9. 559 〃	
Νηριγασολασσάρου	δ (4)	ρςβ (192)			559	8. 555 〃	
Ναβοναδίου	ιζ (17)	σθ (209)			555	4. 538 〃	
	θ (9)	σιη (218)			5. 〃 538	2. 〃 529 〃	
Καμβύσου	η (8)	σχς (226)			529	31. 12月 522 〃	
Δαρείου πρώτου	λς (36)	σξβ (262)			521	22. 〃 486 〃	
Ξέρξου	χα (21)	σπγ (283)			23. 12月 486	16. 〃 465	
Ἀρταξέρξου πρώτου	μα (41)	τχδ (324)			17. 〃 465	8. 〃 424	
Δαρείου δευτέρου	ιθ (19)	τμγ (343)			7. 〃 424	1. 〃 405	
Ἀρταξέρξου δευτέρου	μς (46)	τπθ (389)			2. 〃 405	20. 11月 359	
Ὤχου	χα (21)	υι (410)			21. 11月 359	15. 338	
Ἀρωγοῦ	β (2)	υιβ (412)			16. 〃 338	14. 336	
Δαρείου τρίτου	δ (4)	υις (416)			15. 〃 336	13 332	←ダレイオス3世
Ἀλεξάνδρου Μαχεδόνος	η (8)	υχδ (424)			14. 〃 332	11. 324	←マケドニアのアレクサンドロス
Ριλίππου τοῦ μετ' Ἀλέξ-ανδρον τὸν χτίστην	ζ (7)	υλα (431)	ζ (7)		12. 〃 324	9. 〃 317	←フィリッポス3世アリダエオス
Ἀλεξάνδρου ἑτέρου	ιβ (12)	υμγ (443)	ιθ (19)		10. 〃 317	6. 〃 305	←もう一人のアレクサンドロス
Πτολεμαίου Λάγου	χ (20)	υξγ (463)	λθ (39)		7. 〃 305	1. 〃 285	
Φιλαδέλφου	λη (38)	φα (501)	οζ (77)		2. 〃 285	23. 10月 247	
Εὐεργέτου	χε (25)	φχς (526)	ρβ (102)		24. 10月 247	17. 〃 222	
Φιλοπάτορος	ιζ (17)	φμγ (543)	ριθ (119)		18. 〃 222	12. 〃 205	
Ἐπιφάνους	χδ (24)	φξζ (567)	ρμγ (143)		205	6. 〃 180	
Φιλομήτορος	λε (35)	χβ (602)	ροη (178)		180	28. 9月 146	
Εὐεργέτου δευτέρου	χθ (29)	χλα (631)	σζ (207)		29. 9月 146	20. 〃 117	
Σωτῆρος	λς (36)	χξζ (667)	σμγ (243)		117	11. 〃 81	
Διονύσου νέου	χθ (29)	χςς (696)	σοβ (272)		81	4. 〃 52	
Κλεοπάτρας	χβ (22)	φιη (718)	σςδ (294)		52	30. 8月 30	
Αὐγούστου	μγ (43)		τλζ (337)	μγ (43)	31. 8月 30 v.	19. 8月 14 n. Chr	
Τιβερίου	χβ (22)		τνθ (359)	ξε (65)	20. 〃 14 n.	13. 〃 36	
Γαίου	δ (4)		τξγ (363)	ξθ (69)	14. 36 〃	12. 〃 40	
Κλαυδίου	ιδ (14)		τοζ (377)	πγ (83)	13. 40 〃	10. 〃 54	
Νέρωνος	ιδ (14)		τςα (391)	ςζ (97)	11. 54 〃	5. 〃 68	
Οὐεσπασιανοῦ	ι (10)		να (401)	ρζ (107)	6. 68 〃	3. 〃 78	
Τίτου	γ (3)		υδ (404)	ρι (110)	4. 78 〃	2. 〃 81	
Δομιτιανοῦ	ιε (15)		υιθ (419)	ρχε (125)	3. 81 〃	29. 7月 96	
Νέρουα	μ (1)		υχ (420)	ρχς (126)	30. 7月 96 〃	29. 〃 97	
Τραιανοῦ	ιθ (19)		υλθ (439)	ρμε (145)	30. 〃 97 〃	24. 〃 116	
Ἀδριανοῦ	χα (21)		υξ (460)	ρξς (166)	25. 〃 116 〃	19. 〃 137	
Αἰλίου Ἀντωνίνου	χγ (23)		υπγ (483)	ρπθ (189)	20. 〃 137 〃	13. 〃 160	

F. K. Ginzel, *Handbuch der mathematischen und technischen Chronologie* (1906), 1 : 139 より。

その後を継いだのは息子のアレクサンドロスである。二本角と呼ばれる者のことである。彼の母の名はアル・ムフィード al-Mufīd。[45] 哲学者のアリストテレスは彼の教師であった。彼はアレクサンドロスの価値を高め、王権を偉大にし、力を強固にした。そして知恵と理性と知識を身につけた。(アレクサンドロスは)勇気と力と高尚な野心に動かされ、様々な気候帯や地平圏の王に服従するよう書状を書いた。

それ以前のギリシアの王はバビロニアの地のペルシア人の王に貢物を納めていた。彼の王国の覇権と規模の大きさに比べ、周辺国は矮小であったからである。しかし彼(アレクサンドロス)はペルシア王に服従するように強硬に要求した。そしてバビロニアの地まで進軍し、当時のペルシア王であったダレイオスの息子ダレイオス Dārā b. Dār(ママ)に戦いを挑み、殺した。こうして王国の財宝を手に入れ、王の娘を妻とした。さらにペルシアの地に至り、太守や首領たちを亡き者にし、国を征服した。

そこからインドの地に進んだ。インド王ポロス Fūr を迎え撃ち、倒した。そして以前に王であったカイハン Kayhan をインドの王とした。それからアレクサンドロスはその地を離れ、東と西に赴き、この世を制覇するとバビロニアに戻った。イラク付近のジャズィーラ(メソポタミア北西)に近づいたところで、病に見舞われた。[46]

ヤァクービーの叙述には、ディーナワリーや偽アスマイーのような物語的描写——例えば、ダレイオスやポロスとの挑戦状や贈り物のやりとりなど——は見られない。アレクサンドロスの遠征自体には関心が薄いようにすら読み取れる。一方でアリストテレスの教師としての役割が強調されており、ウマイヤ朝時代にアラビア語に訳されたとされるアリストテレスとアレクサンドロスの書簡集をヤァクービーが読んでいた可能性が指摘できる。上の引用に続くアレクサンドロスの最期のエピソードに含まれる母への手紙、および葬儀における哲学者たちの弔辞は、その可能性を高める。この部分はすでに第Ⅲ部で取り上げたので、ここでは格言的な演説の引用に重点が置かれていることに、ヤァクービーの書記官としての教養が反映されているということのみ指摘しておこう。

さて、ヤァクービーからアレクサンドロスが登場する一節として最後に挙げるのは、インドの王の章である。

> ポロスFurは（インドの）王の一人であった。ペルシア王を倒し、イラクを制した後にアレクサンドロスが征服した王のことである。ダレイオスの王国での出来事の後に何が起こったかというと、彼（アレクサンドロス）は（ポロスに）服従するように命じる書状を記した。ポロスは軍とともに進撃すると返答した。アレクサンドロスは不意を討って国に攻め込んだが、ポロスは反撃した。ポロスは戦象を投入したのである。その大きさはアレクサンドロスをはるかに上回るものであり、対抗の仕様がないように見えた。しかしアレクサンドロスは銅像を作らせた。中はナフサと硫黄で満たし、火を入れ、速力を高め、外側には武器を施した。軍の先頭を走らせ、敵軍が近づくと、象に向かって嗾（けしか）けた。象は鼻で襲い掛かり、銅像に巻きつけた。ところが鼻は焼け焦げ、ついに象どもは逃げ出した。このため兵も敗走し、軍は壊滅した。アレクサンドロスはインド王ポロスに一騎打ちを挑んだ。現れたポロスと対等に戦い、討ち倒し、インド軍を支配下に治めた。[47]

この一節には象の部隊が登場するが、アレクサンドロスは実際にガウガメラの戦いで戦象と初めて出会っている。さらにポロスとのヒュダスペスの戦いでは二〇〇頭ほどの象がインド側にいたとされ、アレクサンドロスの苦戦ぶりはアッリアノスやクルティウスなどの歴史家が詳細に記している[48]。マケドニア軍は初めは圧倒されるが、激戦の末に御者を失い、傷を負った象は暴れだし、敵味方構わず蹴散らし始めたために戦列は乱れ、結局インド軍は退陣する。

偽カッリステネスのアレクサンドロス物語のギリシア語原典では、このエピソードが脚色されている。アレクサンドロスが知恵を働かせ、持ち合わせていた銅像を熱して象の前に投げ出し、それを鼻でつかんだ象が大火傷をして退散したという話になっている。[49] シリア語版アレクサンドロス物語では炉で熱した銅像を、鉄の戦車に乗せて戦列の先頭を走らせたとされている。[50]

上記のヤァクービーもこの「アレクサンドロス物語」の系統を汲んだ伝承が典拠とされているようである。ただ、アエリアノス（一七五頃─二三五年頃）の『動物の本性について』*De Natura Animalium* にも気になる記述がある。アレクサンドロスの後継者の一人アンティゴノスはメガラ人と戦った際に、戦象を動揺させるために、豚に液状のタールピッチを塗り、火をつけ放した。火達磨となってキーキーと鳴きながら走り回る豚に象が怯えたという。[51] 偽カッリステネスでは銅像を熱し、バリアにしただけになっているが、火のついたナフサや硫黄を詰めた銅像を放したというヤァクービーの記述とアンティゴノスの焼豚特攻隊は何らかの繋がりがあるかもしれない。

ポロスの後にはインド王カイハンに関する記述が続く。[52]「賢明で理性があり、かつ洗練された人物であった」カイハンは、アレクサンドロスによってインド全土の王とされたという。カイハンはアレクサンドロスの一行がインドで出会った裸行者のダンダミスのことではないかとネルデケは推測している。[53] アレクサンドロスの遠征に随行した哲学者オネシクリトス（犬儒学派ディオゲネスの弟子）が、タクシラにおいてダンダミスという裸行者と哲学的な対話を交わしたという話はストラボンなどの歴史書に伝わっており、そこから発展したインドの賢者たちとアレクサンドロスの問答の逸話は偽カッリステネスのアレクサンドロス物語にも入っている。さらにはアラブ・ペルシア文学にもたびたび現れる話である。[54] ヤァクービーにはこの問答はなく、カイハンが「自己暗示」(*al-tawahhum*) の効能を最初に発見した賢人であることなどが記されている。

ポロスとカイハンに関する記述が、インドの文献から直接得られた情報ではなく、ギリシア起源であり、アレクサンドロス物語とも関連があることはおそらく確かであろう。知り得る限りの情報を地域ごと、文明ごとに分類し、真の「万国史」を構成しようとした作者の意図がここにも見られるといえよう。

4 ハディースへのこだわり——タバリー

知識の幅が拡がり、情報の信憑性を裏付ける手段としての伝承学から歴史学が解放されつつあったこの時代に、ハディースの手法にこだわった学者がいた。『タフスィール』の著者として第II部ですでに紹介したタバリー（九三二年没）である。彼のハディース収集家としての力量は『クルアーン』解釈書にとどまらず、その歴史書『諸預言者と諸王の歴史』*Ta'rīkh al-rusūl wa 'l-mulūk*（以下『歴史』）においても発揮されている。タバリーは一つ一つの伝承単位を崩すことなく、イスナードの鎖も含めて、忠実に記録しているので、ヒジュラ暦最初の三世紀間に蓄積された情報の層がよく表れている。また、ある出来事に関して複数の説が伝わっている場合は、どれが正しく、どれが疑わしいかという判断は下さず、全ての伝承を列挙している。従って叙述が断片的で、不連続的であり、決して読み物としてのおもしろさを意識したものではない。

作者自身が編集方針を述べた序には、こう書かれている。

本書において言及し、記録した事柄が全て伝承（*akhbār*）や証言（*āthār*）に基づいていること、そして私が伝承継承者を挙げてこれらを伝えていることを読者は知るべきである。理性的な論証を通して解明されたことや、思考の過程を経て得られた結論に頼るのは、ごく例外的な場合に限られている。過去の人々の歴史にしても、最近の人物や出来事にしても、それを目撃していない者、その時代を生きていない者は、情報提供者や伝承者が伝える情報や伝承を介する外に、それに関する知識を得る手段はない。この知識は、理性によって明らかにできるものでも、思考によって得られるものでもない[55]。

そして、この書に正当な情報として認められないことが含まれていたとしても、それは伝承者の責任であって、自分の過ちではないとさらに主張している。ペルシアの古代神話を「理性が認めない」、「真実ではない」として排除したヤァクービーとは対照的であるといえよう。タバリーはペルシア人の祖とされる神話的王の話も、「ペルシアの学者たちが言うには」と曖昧なイスナード付きではあるが、取り上げている。

このようにタバリーは、「理性」や「思考」に極力頼らずに、伝えられてきた情報を忠実に記録するとは言っているものの、様々な系統の情報をどのように整理し、構成するかというところに、歴史家タバリーなりの論理が働いている。

同書は世の創造に始まり、九一五年までの歴史を扱っている。イスラーム以降の歴史は、年代記風に記されており、基本的に時間軸に沿って情報を構成するにあたって、それほど頭を悩ませずとも済んだはずである。問題は、様々な時間軸が混在する前イスラーム時代の部分である。タバリーの主要な情報源は大きく二つの系統に分けることができよう。一方はイブン・イスハークなどのアラブの伝承学者たちが伝えてきた聖書的な宗教史、もう一方はイブン・アル＝ムカッファアなどの翻訳を通して普及したペルシア列王伝である[56]。前者はアダムに始まるムハンマド以前の預言者や聖者の伝記を時代順に連ねたもので、後者は原人ガヨーマルトJayūmartに遡るペルシアの歴代の王の歴史である。創世観も異なるこれらの人類史をどのように統合するか、それがタバリーの歴史編集の大きな課題であった。

ムスリムの歴史家として彼は、この世の起こりから太古の歴史に関しては基本的に聖書的な枠組みに沿っている。しかし、要所要所にペルシア神話の王が登場する。例えば、アダムの子カインとアベルの話の後に、ペルシア神話の原人ガヨーマルトがアダムと同一であるという意見を「ほとんどのペルシアの学者たち」が唱えていることが述べられている。[57] ペルシア人以外の学者の反論がある中、何故あえてガヨーマルトに関してそこで言及するかというと、東方においてガヨーマルトの子孫の支配は、最後のササン朝王ヤズダギルドがアラブ・ムスリム軍によって倒されるまで、途切れることなく連々と続いてきたからであるとタバリーは説明する。さらにこう記している。

世界の過去の歴史は、歴代のペルシア王の列伝に沿って追ってゆくと、他のどの国の王朝史に基づくよりも、より平易に説くことができ、明解に見ることができるのである。なぜなら、支配者の系図がアダムまで遡り、王国が存続し、支配が永続した国は他にない。（中略）従って、ペルシアの列王伝に基づいた歴史が、最も確実で、最も優れ、最も明解な情報を含んでいるのである。

私はアダムとその子孫、預言者と諸王の歴史について伝わった情報を、アダムがガヨーマルトと同一であるというペルシア人の説に反対する者の視点と、ペルシア人の祖ガヨーマルトと同一であるとする者の視点の両方から記すことにする。神の思し召しがあれば。[58]

珍しくタバリーが自らの歴史的見解を述べている一節である。自国の王朝史を人類の祖まで辿ることができるというペルシア史の利点——それはササン朝によって作り上げられた言説であるのだが、そこはタバリーは疑問としていない——を認め、年代考証の基準としての有効性を考慮している。ペルシア人が人類の祖とするガヨーマルトとアダムとが同一か否かという点において合意は得られていないことは意識しながらも、その違いを示しながら、聖書的な歴史観とペルシアの古代史観を並列して記すという方針を採用しているわけである。かくして、例えば、ノアに関する章の前にジャムシードについての言及、ノアの子孫の前にザッハークとファリードゥーン、モーセの前にマヌーチェフルといった具合に、ペルシアの王に関する情報が時代ごとに断片的に挿入されている。タバリーは相容れない要素を無理に均して融和しようとはせず、年代順に整理したのみであるが、しかしそのことによって、当時の歴史学上の様々な論点が浮かび上がってきている。

それはアレクサンドロスに関する記述を見てもよく分かる。タバリーの『歴史』においてアレクサンドロスは、ペルシア史の一部としてダレイオスの章に登場する。[59] このタバリーの『歴史』には優れた英訳も存在するし、ここで関連箇所を全て訳すと冗長になるので、解説を加えながら要約するに留める。

まず初めに挙げられているのは、ヒシャーム・ブン・ムハンマド Hishām b. Muḥammad に拠る、次のような内容の伝承である。ダレイオスは暴君であったため、その重臣たちの多くはアレクサンドロスが国に攻めてきた際に寝返った。ジャズィーラで一年間戦った末に、数名の近臣がダレイオスを暗殺し、その首をアレクサンドロスのもとへ突き出した。アレクサンドロスは、「恐れ多くも君主の命を狙う者に相応しい報酬である」と言って、彼らの処刑を命じた。その後アレクサンドロスはダレイオスの娘ロクサネを妻とした。インド、東方の国々を征服してから、アレクサンドリアに帰るつもりで引き返したが、サワード（イラクのこと）で死んだ。亡骸は金の棺に入れられアレクサンドリアに運ばれた。その治世は一四年続いた。ギリシアの支配はアレクサンドロスまでは分散していたが集権化され、ペルシアの支配はアレクサンドロスまでは中央集権的であったが、分裂した。

ヒシャーム・ブン・ムハンマド Hishām b. Muḥammad b. Asl-Sā'ib al-Kalbī とは、通称イブン・アル＝カルビー（七三七—八一九年または八二一年）のことである。彼の史書は、このような断片的な引用のみが現存する。『タフスィール』ではあまり利用されていないが、[60]『歴史』においてはイラン史に関する主要な情報源とされている。[61] イブン・アル＝カルビーには、パフラヴィー語の文献を翻訳する書記がいたらしく、[62] ここではイブン・アル＝ムカッファアとは別のペルシア列王伝の独自の訳が使われている可能性もある。

タバリーがペルシア史の権威として名前を挙げているのはイブン・アル＝カルビー以外にほとんどない。あとは「ペルシアの学者たちが言うには」といったように、曖昧にしか情報源を示していない。アレクサンドロスに関する次の伝承は、「ヒシャーム以外の者が言うところによると」と始まっている。それによると、ダレイオスはジャズィーラにダーラナワーという堅固な都市を建てた。当時アレクサンドロスの父フィリッポスはギリシアのマケドニアを支配する王で、ダレイオスに貢物を納めていた。フィリッポスの死後、王位を受け継いだアレクサンドロスは貢物を贈らなかった。怒ったダレイオスはポロの槌と玉とひとかつぎの胡麻とともに非難の手紙を送った。「お前のような子どもは球技でもして遊んでいろ、反逆するようなら、この胡麻の粒ほどの数の大軍を仕向ける」という意味であった。しかしアレクサンドロスは、「贈り主を玉もろとも槌で転がし、ダレイオスの王国を玉を転がすように自分の版図の中に収める」、と別の解釈をした。数は多くても苦くも辛くもない胡麻のお返しに、自分の軍隊は小さくとも充分に強いというメッセージを込めてアレクサンドロスは芥子を一袋贈った。両軍は戦うこととなるが、ダレイオスは自らの近衛兵二人に裏切られ、後ろから刺され、馬から引きずりおろされた。瀕死のダレイオスのもとに駆けつけたアレクサンドロスは、暗殺者を罰し、娘ロクサネと結婚してほしいという彼の遺言を聞き届け、実行した。こうしてダレイオスの領土を征服した。

ポロの槌と玉、胡麻と芥子をめぐるアレクサンドロスとダレイオスの間のやりとりは、上記のディーナワリーの節で触れた偽アスマイーのアレクサンドロス伝の中にも、多少異なる形で表れていた。具体的な典拠は示されていないものの、ペルシア列王伝の類に基づく記述であることは間違いないであろう。[63]

さらに三つ目の伝承は「一部の古代史の権威」に拠るとされている。ダレイオスはギリシア王の娘ハラーイHalāyを娶るが、その体臭があまりにひどいので、ペルシア語でサンダルという木の樹液を蒸した風呂で治療をさせた。悪臭はほぼ消えたが、完全にはなくならなかったので、本国に帰した。すでに身ごもっていた彼女は男児を産み、自分の名と治療に使われた木の名にちなんでハラーイ＝サンダルース Halāy-Sandarūs と名付けた。これがアレクサンドロスの名前の由来である。ダレイオスが死ぬとその息子ダレイオスが王位を継ぎ、アレクサンドロスはフィリッポスの後を継いだ。息子ダレイオスが父の代の時と同様に貢物を差し出すように要求すると、アレクサンドロスは「雌鳥は屠り、肉は食べた。残っているのは端くれだ。平和を望むならば危害は加えまい。さもなくば、攻め入る覚悟である」と挑戦した。そして両軍は戦うこととなった。しかし戦闘中にダレイオスは裏切りを企んだ従者二人に刺された（ここからは、タバリーのアレクサンドロス伝承の中でも二人の出会いを最も劇的に描いた場面なので以下に翻訳する）。

アレクサンドロスは急いで彼のもとに駆けつけた。馬を降りて近寄ると瀕死の状態であった。ダレイオスの顔の埃を拭い、頭を膝の上にのせ、こう言った。「お命を狙ったのは、貴殿の従者二人。最も高貴で高潔な諸王の王よ、貴殿がこのような死に至ることを私は望んでいなかった。願いがおありなら何でもお申し付け下され」。ダレイオスは、娘ロクサネを娶り、彼女を引き取ること、そしてペルシアの貴族を存続させ、外部の統治者の支配下に入れないことを頼んだ。アレクサンドロスは遺言を聞き取り、実行した。

ダレイオスの暗殺者二人が現れたので、アレクサンドロスはこう言った。「その方たちの褒美は保証するが、命の保障はしない。よって死をもって罰する。王を暗殺したる者、不可侵の保証がない限り容赦はできぬ」。そして彼らを死刑に処した。

次に「彼ら（古代史の権威？）のうちの一部はこう伝える」と、上記の伝承と重なる内容だが、細部が異なる一説をタバリーは挙げている。戦闘中にダレイオスが近臣に刺され、「ロクサネと結婚し、暗殺者を罰するように」

という彼の遺言をアレクサンドロスが聞き取るというところは類似している。相違点は、アレクサンドロスの馬の名前がブークファーラスブ Būkfārasb だったこと、[64] ダレイオスと戦うことを恐れていたアレクサンドロスが、暗殺者たちと内通していたこと、最後にペルシアの科学・天文学・哲学の書をアラム語へ、そしてギリシア語に翻訳させた後に持ち去ったことなどである。

　そして、ダレイオスにアシュクとアルダシールという息子とロクサネという娘がいたこと、その治世が一四年間続いたこと、アレクサンドロスの父が納めていた貢物が金の卵で、アレクサンドロスが王位を継いだ際に「あの卵を産んでいた雌鳥は屠って、肉を食べた」と言って宣戦布告をしたことなどの補遺情報が付け足され、ダレイオスの治世が締めくくられている。

「一部の古代史の権威」が誰を指しているのか、これもまた曖昧な情報源の挙げ方である。ダレイオスが妻として迎えたギリシア王の娘の悪臭に嫌気がさして、国もとに帰し、そこで彼女が産んだのがアレクサンドロスである、という出生譚は、上にも見た通りディーナワリーに含まれていた。しかし、名前の由来についての細部が微妙に異なっているため、[65] ディーナワリーを直接典拠としているとは考えられない。古代ペルシアの列王伝の中のアレクサンドロス伝をもとにした伝承であることは確かであろうが、ディーナワリーが使ったものとはまた別の系統と考えられる。このようにタバリーは、アレクサンドロスの出生、ダレイオスとの駆け引き、ダレイオスの暗殺と遺言に関して、類似していながら異なる説を並べている。換言すれば、ペルシア史的視点に立ったアレクサンドロスに関する情報にもこれだけヴァリエーションがあったということである。

　タバリーはアレクサンドロスを基本的にペルシア史の中に位置づけているので、ダレイオスの死後にアレクサンドロスの治世が始まったと記している。アレクサンドロスの血統に関する諸説が述べられた後、[66] ダレイオスの死後、ペルシアの都市・城砦・拝火殿を破壊し、司祭を殺し、書物を燃やし、重臣にダレイオスの帝国の統治を任せて、インド、中国、チベットに遠征し、その後、生命の泉を求めて北極の闇から南の太陽の地を彷徨った後にイラクへ戻ったとされる。「小国の君主たち」を任命した後、シャフラズール Shahrazūr という場所で息絶えた。ダレイオスを倒すまでの経緯については、幾通りもの伝承を記録しているのに対して、ペルシア征服以降のアレクサンドロスの足跡については、それほど詳しく記していないことが上の一節を見ると分かるであろう。インド王ポロスや中国の皇帝とアレクサンドロスのやりとりなど、もう少し詳細に取り上げてもよさそうな出来事も、駆け足で追っているのみである。

最後に、アレクサンドロスの治世の長さに関する諸説（ペルシア人によると一四年、キリスト教徒によると一三年と数カ月）、彼によって一二の都市が建てられ、全てアレクサンドリアという名が付けられたこと、イスファハーン、ヘラート、マルヴ、サマルカンドももとはアレクサンドロスが建てたこと、などが記されている。

アレクサンドロスの死後については、後継者に関する記述がある。息子のアレクサンドロス al-Iskandarūs が王位を継がず、神に帰依したので、ギリシア人たちはプトレマイオスを王とし、その治世は三八年続いたとある。アレクサンドロスからローマの台頭まではギリシア支配の時代とされている。さらに、エルサレム周辺のイスラエルの民の宗教と政体は君主制ではなく、ローマとペルシアによって国が滅ぼされ、洗礼者ヨハネが処刑された後にその地から追放されたともある。

その後にシリア、エジプト、マグレブ地方を支配したプトレマイオス朝の歴代王の名と治世年数が羅列されているが、ここではアレクサンドロスのその他の有力な後継者、セレウコス朝を興したセレウコスについては触れていない。最後に、アレクサンドロスの蜂起（ペルシア帝国に対する）からキリストの誕生までは三〇三年（実際にはダレイオスが倒されたのは紀元前三三〇年）と計算されている。

次の章「アレクサンドロス以降のペルシアの王、小国の君主たちについて」の出だしには、アレクサンドロス以降のペルシアの統治について、いくつかの説が挙げられている。注目すべきは、イブン・アル＝カルビーの言として、アレクサンドロスの後のペルシア帝国がセレウコス Salqīs、次いでアンティオコス Anṭīhus によって支配されたと書かれていることである。タバリー以前の歴史家たち、イブン・クタイバ、ディーナワリー、ヤァクービーは、アレクサンドロスによってペルシア貴族の間で権力が分割された結果「小国の君主たち」の時代が到来したと記しており、ギリシア系の王朝にも、支配者の具体的な名前にも触れていない。それは、おそらくこれらの歴史家たちが、アレクサンドロスからササン朝までの時代を帝王不在の権力の空白期間と捉える、ペルシア列王伝の系統の情報を典拠としていたためであろう。一方、イブン・アル＝カルビーは、ヒーラのネストリウス派キリスト教徒とも交流があった人物であり、ビザンツ歴史学の流れを汲んだシリア語の年代記に通じた情報提供者から得た知識がここに反映されているのかもしれない。

以上、タバリーのアレクサンドロスに関する部分の内容を見てきたが、細部において異なるいくつかの説を挙げているものの、タバリーが頼っているのは、大体においてペルシア列王伝の系統に属する情報であるといえよう。彼が『タフスィール』において引いていた二本角に関するイスラーイーリーヤートには――アレクサンドロスの名が直接言及されていた伝承でさえ――ここでは全く触れていない(67)。敬虔な一神教徒である二本角のイメージを、ペルシア系のアレクサンドロス伝に重ねようとしたディーナワリーと比べると、タバリーが二本角の伝承とアレクサンドロスに関する歴史を完全に分離しようとしていることが明らかである(68)。

それに、アリストテレスについて一言も言及されていないことからも分かるように、ヤァクービーが使ったようなギリシアの哲学書・格言書（あるいは、それに通じた学者）はタバリーの情報源の中には含まれていなかったようである。タバリーがまとめようとしたのは宗教的・政治的指導者の歴史で、思想史には関心がなかったのかもしれない。

タバリーにおいてアレクサンドロスの事績は、あくまでもペルシアの王朝史の一部として扱われており、ダレイオスやペルシア帝国との関わり以外の部分については、最低限の情報しか与えていない。アレクサンドロス物語がペルシア列王伝の中に、一貫した物語として継承されていたことは、上のディーナワリーの節ですでに述べた。タバリーは、ペルシア列王伝のいくつかのヴァージョンを典拠としているにもかかわらず、そこに含まれていたであろうはずのアレクサンドロス物語の一部のみが引用されている。生命の泉を求めて北と南を彷徨ったことは簡潔に述べられているが、この物語特有のその他の不可思議なエピソードは省略されている。タバリーは「ペルシアの学者たち」から必要な知識のみを聞き出したのか、それとも、より長い叙述から部分的に情報を選択して残したのか。タバリー自身が付けたとされるもとの書名が、頭に「要約」といった意味の ***Mukhtaṣar*** がついて、『諸預言者と諸王の歴史要説』であったらしいということから推測すれば[69]、アレクサンドロスの伝記が冗長になるのを避けて短縮した、と考えることができる。

タバリーが典拠としたペルシア列王伝が、イブン・アル＝ムカッファアがアラビア語に翻訳したものなのか、どのような形で伝えられていたのか（直接ペルシア人の学者から伝えられたのか、翻訳を通じて知ったのか）といった問題は、イブン・アル＝カルビー以外の出所が明確に記されていないために、深く追求することは難しい。しかし、タバリーは伝承のイスナードの追跡をおろそかにしているわけではない。逆に、そこに彼のハディースの手法へのこだわりが表れているといえよう。ハディース学においては、定められた方法に従って伝承を継承する許可（*ijāza*）が与えられる。[70] タバリーは、伝授の許可を得た伝承・書物についてのみ情報源を特定しており、そうではない情報は引用の仕方で区別している。彼が師事した学者によっていったん消化された知識以外は、彼にとっては伝承の権威が一段下のものと見なされていたのかもしれない。タバリーの学問的姿勢が窺われると同時に、当時の知識体系における「ペルシア人」の微妙な位置づけが浮き彫りになるようで興味深い。

5　時代の知の集成——マスウーディー

タバリーが、ハディースの手法にあえてこだわった保守派であったのに対して、そのタバリーの教えも受けたマスウーディー（八九三頃—九五六年頃）は、研究と批判的な態度をもってハディース学の限界に真っ向から挑戦した歴史家であった。ギリシア科学・哲学の感化のもとに、マスウーディーは歴史的現象と諸文明の特徴を自然環境との関わりにおいて分析し、王朝の興亡、人類の進歩に見られるパターンを抽出しようとした[71]。

バグダードに生まれ、預言者ムハンマドの教友の一人にまで遡る由緒ある家系に属したマスウーディーは、優れた教育を受けた後に、アッバース朝領土内外を広く旅した。伝承による知識に頼るだけでなく、幅広い分野の書物、知識人やユダヤ教・キリスト教・ゾロアスター教の聖職者との議論、商人や船乗りなどからの情報、そして自らの観察と経験を通して、アフリカから中国までの歴史・地理について記した。

時代の知の集大成を試みた博物学者、真のアディーブ（*adīb*. 教養人）ともいえるマスウーディーであるが、後世の学者たちにあまり顧みられなかったのか、情報量があまりに膨大であったためか、その著書の写本は稀少である。自らの作品中に言及されている自著三六書のうち、現存するのは二作品——『黄金の牧場と宝石の鉱山』*Murūj al-dhahab wa ma'ādin al-jawhar*[72]、および『提言と再考の書』*Kitāb tanbīh wa 'l-ishrāf*——だけである[73]。主著であったとされる『時代の情報』*Kitāb akhbār al-zamān* は、三〇巻ほどにもおよぶ大著であったとされるが現存しない[74]。

まず前者『黄金の牧場』の大まかな構成を紹介する。本書はイスラーム以前、イスラーム以降の歴史に大きく分かれている。まず序には、以前にマスウーディーが記した書の概要、参考にした作者・伝承者のリスト、そして目次がある。前半の古代史の部分では、天地創造、アダム、大洪水、ノアによる世界の分割、アブラハム、アブラハムに続く預言者たちとイスラエルの王たち、イエス、イエスからムハンマドの間の「中間の時代」(*fatra*)までは、聖書的・クルアーン的な世界の歴史が、ほぼ時代に沿って辿られている。続いて、インドの宗教・王朝史・風習についての章が入り、さらに地球全体を七つの風土帯に分けた地理、および天体の構造に関する概要が挿入されている。次に中国、トルコ、インド洋とつながる海と島々、ペルシア湾、マグレブ、コーカサス、ブルガリア、ロシア、メソポタミア、ペルシア、ギリシア、ローマ、エジプト、アフリカ、ヨーロッパ、アラビア半島、といった順に、地域ごとに民族の歴史、物産、動植物、地理などが紹介され、最後に様々な暦、世界各地の突出した建造物についての情報がまとめられている。

ムハンマド以降の時代を扱った後半は、基本的にイスラーム王朝の歴史のみを九四六年まで追った年代記的な構成となっているが、それに比べて前半部分の全体の流れは、博覧強記な内容だけに直線的ではなく、決して明快ではない。論題からわき道にそれた、読み物としてのおもしろさを意識した逸話も頻繁に挿入される。

晩年に書かれた『提言と再考の書』も一見雑然としているが、『黄金の牧場』より簡潔で、科学的なアプローチがより鮮明に窺われる。章立ては次のようなものである。序(以前に書いた本に言及)、天体の起こり[75]、時間の区切り、四つの風(東西南北)、地球全体の形、七つの風土帯、世界の海、古代の七文明(七つの民族 ***umam al-sab'a***. ペルシア、カルデア[メソポタミア]、ギリシア、リビア[エジプト、マグレブを含むアフリカ]、トルコ、インド、中国)、ペルシア・ギリシア・ローマ・ビザンツのより詳しい王朝史、暦・年代計算[76]、イスラーム以前のアラブ、年・月・曜日の名前、ムハンマド以降マスウーディーと同時代(アッバース朝第二三代カリフ、ムティーウ)までの年代記。

マスウーディーの知の幅の広さは、単に情報量の多さにあるわけではない。彼は書物や旅を通して様々な文明に触れ、聖書的な人類史が決して普遍的なものではないことに気づいている。大洪水によってノア一家以外の人間が滅び、後の世はノアの三人の息子たちの子孫によって占められた、つまり世界中の民族はそれぞれ先祖を遡るとノアの息子たちのうちの一人に辿り着く、というのが、聖書的な人類史観である。前に見たタバリーも基本的には、聖書的な歴史を枠組みとし、そこに古代ペルシア史を織り込んでいる。しかしマスウーディーは、インド、中国、ペルシアなど、大洪水に関してなんらの記録も持たない文明があることを指摘し、「全人類はノアの子孫」と「大洪水は全世界に及ばなかった」という二つの矛盾する説が共存するほど、この世は広いということを意識している。[77]

また彼は単に物事の起源を辿るだけでなく、古代の七つの主要な民族の、[78]それぞれの文化的・社会的特徴——ペルシア人＝統治学、カルデア人（メソポタミア）＝農業、ギリシア人＝科学、エジプト人（アフリカ）＝魔術（自然の力を操る秘術）、トルコ人＝部族社会と戦闘、インド人＝哲学と科学の発祥の地、中国人＝統治学と工芸——を抽出している。[79]このように民族性・文化を相対化し、国家の興亡、文明の進歩のパターンを認識しようとする鋭い視点は、国際都市バグダードの最盛期に生まれ、その交易網を広く旅したコスモポリタン、マスウーディーならではのものであったといえよう。しかし宗教的な権威から、叙述の形式においても内容においても脱した彼の啓蒙主義的な歴史観は、当時はまだ一般には受け入れられ難かったのであろう。写本が稀少で、同時代文献に彼への言及が少ないのは、その歴史思想があまりに進歩的で、一般には消化されなかったからなのかもしれない。

それでは、マスウーディーがアレクサンドロスについて記している箇所を具体的に見てみよう。『黄金の牧場』におけるアレクサンドロスの生涯に関する記述はギリシア史の章に含まれており、アレクサンドリアの建設については別に、エジプトの歴史の部分に詳しい描写がある。この書のギリシア史は、天文学者プトレマイオスの『簡易表』の影響を受けたエジプトの歴史家キンディー（八九七—九六一年）や彼以前のアラブの歴史家たちがすでに伝えてきた情報に基づいているようであるが、後の『提言の書』においては、同時代のキリスト教歴史家の著述も参考にしている。[80]

アレクサンドロス以前のギリシア都市国家については具体的なことはほとんど分かっていなかったようで、アテネに壮大な建築物を築いたのはギリシア人の祖先とされるユーナーンであるとされている。ユーナーンの子孫が西方で力を持つようになったという記述の後、「（ギリシア人の）最初の王は、プトレマイオスの書物においてフィリッポス Filbus と呼ばれている者である。その意味は馬を愛する者である。[81] Filfus とも Filfūs ともいわれる。その治世は七年続いた」とある。[82]「プトレマイオスの書物」とは、前出のヤァクービーにも挙げられていた『カノン』、つまり王名表のことであることは間違いない。上にも指摘したが、プトレマイオスの王名表の原典では実際には、アレクサンドロス自身はペルシア王朝の最後に名を連ねており、ギリシア王朝の最初の王は「建設者アレクサンドロスの後の」フィリッポス（三世・アリダエオス。アレクサンドロスの異母兄弟）とされ、その後を継いだのは「もう一人のアレクサンドロス」（四世・アイゴス。アレクサンドロスとロクサネの子）となっている。マスウーディーが参照したプトレマイオスも、ヤァクービーの情報源と同様に、アレクサンドロスの父フィリッポスをギリシア最初の王と、簡略化して解釈した版のものであったようである。続く内容をバルビエ・ド・メイナール版のセクション番号ごとに要約する

六六九　ネブカドネザルの時代よりギリシアはペルシア王に決められた重さの金の卵の貢物を納めていた。ダレイオス Dāriyūs の催促に対して、[83] 野心に満ちたアレクサンドロスは、「金の卵を産む鶏を殺し食べた」と返答したため、双方は戦いあい、アレクサンドロスが結果的にシリアとペルシアを支配した。ダレイオスやインド王の死、アレクサンドロスが倒したその他の王に関する詳細は、『中庸の書』 *Kitāb al-awsat*（『黄金の牧場』の前に書かれた歴史書）に記したとして省略している。

六七〇　アレクサンドロスの血統に関して、ノアの子のヤペテの子のユーナーンに遡るという説と、アブラハムの子のイサクの子のエサウに遡るという説が紹介されている。

六七一―七二　二本角（ズ・ル＝カルナイン）と同一かどうか、諸説あって決定的な解答がないこと。この世の隅から隅まで旅してきたアレクサンドロスに対してカーフ山の番人である天使が付けた名前であるというイブン・アッバースに遡る説、別の天使に付けられた名前であるというウマル（第二代正統カリフ）に遡る説、金の髪を二房たらしていたからというアリー（第四代正統カリフ）の説に加えて、ルームを植民地にしたイエメン王（*tubba'*）の子孫が二本角アレクサンドロスであるという説が紹介されている。

六七三　アレクサンドロスの東方遠征の行程が非常に概略的に述べられている。ダレイオスの娘を娶り、インド王を決闘で倒す。中国、チベットを支配下に治め、ホラーサーンを通ってトルコ人の高原へ。遠征先の各地に都市を建設した。

六七四　『論理学』と『形而上学』の作者アリストテレスがアレクサンドロスの教師であった。アリストテレスはプラトンの弟子で、プラトンはソクラテスの弟子。「これらの哲人たちは自然科学、および哲学の原理を解明し、哲学と神聖なるものとの関係を説明した。確固たる証拠をもって真実に基づいて議論し、理解できない者にも分かりやすく説いた」という、アレクサンドロスとは直接関係のない注解にマスウーディーのギリシア哲学への傾倒が表れている。

六七五　東方からの帰路、シャフラズール――ニシビス、ラビーアまたはイラクという説もある――でアレクサンドロスは病に臥せり、軍の指揮をとっていたプトレマイオスを後継者に任命。アレクサンドロスが死ぬと彼に同行していたギリシア・ペルシア・インドの賢者たちが集まり、亡骸には防腐処理が施され、宝石が散りばめられた黄金の棺に納められた。

六七六　賢者たちとアレクサンドロスの妻ロクサネ、そして母の追悼言が三〇句列挙されている。アレクサンドロスの概略的な伝記の部分よりも長い[84]。

六七七　三六歳で死亡。即位後九年でダレイオスを倒し、その後六年で全ての王を支配した。二一歳で「マケドニア、すなわちエジプト」で即位した[85]。棺はプトレマイオスに託され、アレクサンドリアの母のもとへ運ばれた。アレクサンドロスから母への手紙が添えられており、盛大な宴を用意し、愛しい者の死を悼んだことのない者のみ招くように指示されていた。

六七八　母は宴を用意するが誰も来ない。近しい者を失う不幸に見舞われたことのない者はいないことを示し、母を慰めるための遺言であったことを母は悟る。

六七九　母は「後世の諸国の王どもは金の棺をほうっておくわけがない」とアレクサンドロスを大理石の棺に入れ直した。ここにマスウーディーがアレクサンドリアで実際に見たと思われる墓廟の描写が挿入されていて興味深いので訳出する。「大理石の棺は、白大理石（*rukhām*）と他の大理石（*marmar*）が積み重ねられた基礎の上に設置された。この白大理石と大理石の建造物はエジプトのアレクサンドリアに今日まで、すなわち三三二年（九四三年）、まだ残っており、「アレクサンドロスの墓」（*qabr al-Iskandar*）として知られている」。

ここで、いったんアレクサンドロスの生涯に関する記述は完結するが、インドでの出来事については何故か別の章（六八〇―九八）が立てられている。

六八〇　ポロスを倒し、諸王を支配下に治めたアレクサンドロスはインドの奥地で、「英知に満ち、政（まつりごと）に長け、敬虔で、公正な王がおり、その王は何百年も生き、いかなる哲学者にもインドの賢者にも優っている」

ことを知る。カンドという名のこの王は(86)、「自己を制し、欲望、怒りなどの情をうち殺し、寛大な気性と洗練された教養を身につけていた」。

六八一　アレクサンドロスはこの王に挑戦状を送るが、カンドは丁重に返事をし、他の誰も集めることができない四つのものを贈るという。それらは「天下一美しい奴隷娘」、「人の願望を無言のうちに察することができる哲学者」、「病や怪我を恐れる必要がなくなる医者」、「一度飲み物を注げば、軍の兵士全員がそこから飲んでも液体が減らず、一飲みするたびに自動的に満たされる杯」である。

六八二　アレクサンドロスは「ここは四つの宝物を手に入れ、かの賢者を我が猛威から解いてやる方が、宝を逃し彼奴を亡き者にするよりはよい」といい、賢者が真実を語っているかどうか試すためにギリシアの哲学者たちを護衛隊とともに使節として送る。

六八三　カンド王は哲学者たちだけを御前に招いた。彼らが側近の賢者たちと「第一の起源」（*mabdaʾi awwal*）について、様々な思想体系や学派の説を挙げ、意見を交わしている場に、カンド王は例の奴隷娘を連れてきた。娘が現れると哲学者たちは目を覆った。露わになった体の一部でも見てしまうと、目が離せなくなってしまうからであった。その美しさに正気を失いそうになった彼らは、自らを省み、欲情を抑制した。訓戒が伝わったことを見て取ると王は四つの宝とともにギリシア人たちを帰した。

六八四　アレクサンドロスは使節に連れられてきた医者と哲学者と奴隷娘を迎え入れ、前者二人の能力を試すことにする。そして「第一の起源」についての哲学談義の報告に基づいて、インドの賢人たちの論証に対抗する策を練った。

六八五　考え抜いた末にアレクサンドロスは、縁までバター（*samn*）で満たした杯を哲学者のもとに遣わす。哲学者はその意図を見抜き、千本の針をそのバターに刺して返す。アレクサンドロスは針を完全な球の形に鋳造し送り返す。哲学者はその球を平らにさせて磨きあげ、澄んだ鏡をつくり、また戻す。アレクサンドロスは鏡を水盤に沈めて送る。哲学者は鏡を今度はタルジャハーラ（*tarjahāra*）のような水のみに作り変え、水盤に浮かべて返す。アレクサンドロスはその器を縁まで土で満たして遣わす。

六八六　これを見た哲学者は悲嘆に暮れる。そして身体に囚れた自らの魂を嘆く長い独白の末に、土だけをアレクサンドロスの遣いに戻す。

六八七—九三　哲学者はアレクサンドロスのもとによばれ、それまでのやりとりの意味を説明する。まず縁までバターで満たした杯をアレクサンドロスが遣わしてきたのは、自らがこれ以上詰め込むことができないほど知に満ちた精神の持ち主であることを伝えていると解いた。そしてそれに針を刺し、さらに鋭い才知でその精神を貫くことができることを示したという。次に、針を球にして戻してきたのは、多くの血を流し、国々を治めている間に心が球のように硬く無感覚になってしまったという意味と解釈した。それを磨いて鏡にし、全てが明白に映る澄んだ心にすることができると返した。さらに、水に沈められた鏡に、人間の短い寿命の間に得られる知識は限られているという意味を読み取った賢者は、鏡を器にし水に浮かべ、限られた時間でも知を会得する方法があることを示す。最後にアレクサンドロスが壺を土で満たし、死を暗示したのに対して土だけを返したのは、体は分解され、内の魂は殻から解放されることを示すためであったと説く。

六九四　アレクサンドロスはインドの賢者の知恵に感服し、財宝、領地を約束するが、賢者は財に隷従することを拒否し、哲学のみが精神の糧であり、魂の浄化につながると述べる。そして力で人々を治めてきたアレクサンドロスを逆に諫め、慈愛と公正をもって彼らの心を従えさせるように諭す。

六九五　アレクサンドロスは哲学者を国に帰す。インド王カンドとの往復書簡の内容については『時代の情報』に詳しく記したとして省略している。

六九六　それからアレクサンドロスはインド王から贈られた宝物の一つ、大勢が飲んでも中身の液体が減らない杯の効力を実際に試した。その秘密については、インド特有の産物から、無形の物質、完璧な原理を用いて、「自己暗示」（*al-tawahhum*）など[87]、インドが誇る知識を駆使して作られたものであったという科学的な説明と、セイロン（Serendīb）にいたアダムが所持していた杯を[88]、インドの歴代の王が受け継いできたものなので神聖な力が宿っていたという宗教的な説明の両方が施されている。

六九七　インド王から贈られた医師については、アレクサンドロスと医学上の議論を交わし、共に科学の進歩に貢献したという様々な逸話があるが、「医学やその他の分野でインド人が誇る自己暗示の行についての説明は、要約を意図する本書では述べない」と省略している[89]。

六九八　最後にマスウーディーは、アレクサンドロスに関してこの書で語らなかったことについて要約している。作者のアレクサンドロス観が凝縮されており、また失われた作品に書かれていた内容を推測できるので訳出する。「アレクサンドロスとその遠征については、すでに言及した拙著に詳細に述べたことも、その他記述をしなかったことも、様々な情報が他にある。領地が離れており、祖国が遠く、言葉が異なり、様相が奇妙で、習慣や道徳観が違うにもかかわらず、国々に侵入し、様々な風土帯を横断し、諸民族を観察し、賢者たちと会ったこと、また彼の合戦、作戦、策略、軍事技術、建造した建物などである。全く触れないわけにもいかないので、ここではごく一部の情報に留めつつ、彼の遠征、最期について言及した」。

このように『黄金の牧場』におけるアレクサンドロスに関する伝記的な情報は、一部のエピソードを除き、概略的である。アレクサンドロスが敵の王とどう戦ったか、難関をどのようにして乗り越えたか、といった軍事的・政治的側面には同書ではほとんど触れていない。また、生命の泉を求める話など、不可思議な冒険譚も紹介されていない。むしろ重点的に取り上げられているのは、哲学的・教訓的な挿話――アリストテレスとの関係、哲学者たちの追悼演説、インドの賢者とのやりとりなど――である。そこからは、偉大な師アリストテレスに学び、哲学者たちを常に侍らせ、インドの哲学の思考様式を学び、賢者と知恵比べをする哲人王というイメージが浮かび上がる。自らも広く旅し、学者たちと論議をしながら知を深めたマスウーディーであったからこそ、多くの書物や知識人から集めたアレクサンドロスに関する情報の中から、特にこの側面に共鳴したのであろう。

インドの宗教・哲学についてアラブの学者たちがどのような知識を持っていたかは、ギリシア哲学のイスラーム世界への影響ほどには知られていない。その意味でマスウーディーが記すインドの賢者たちの様子は興味深いが、インドにおいて直接得た知識ではなく、ギリシア経由で入ってきた情報である可能性もある。

『黄金の牧場』の中でもう一ヵ所アレクサンドロスについて興味深い記述があるのは、エジプト史の部分である。すでに上に挙げた一節の中にも、マスウーディーがアレクサンドリアで実際に見たらしいアレクサンドロスの墓廟とされる建築物の描写があったが[90]、九四三年にマスウーディーは実際にエジプトに住み、遺跡を目にし、コプト教徒などから古代エジプトに関しての地元の伝承を集めていた[91]。アレクサンドリアも当然訪ねていたようで、この都市の創建伝説について詳しい[92]。そこにはアレクサンドリアで編纂されたといわれる偽カッリステネスのアレクサンドロス物語のギリシア語原典に近い要素がいくつか見られる。

アレクサンドリアの建設についてマスウーディーは三つのエピソードを挙げている。最初の逸話では、アレクサンドロスがアレクサンドリアとなる場所に着いたとき、そこには大理石の柱が並んだ巨大な建物があり、中央の石柱に碑文が記されていた。そこは、シャッダードが「円柱の都市イラム」(*Iram dhāt al-ʻimād*)に模して建てかけた宮殿の跡で[93]、シャッダードはその都を完成させる前に命が尽きたとあり、この世の無常を説いている。遠征隊が無人の地で遺跡を発見し、古の王が残した栄枯盛衰を主題とした訓戒の碑文に感銘するという類型は、アラブの宝探しや探検の物語に頻繁に登場する。最もよく知られているのは『千一夜物語』にも含まれる「黄銅の城」の伝説で、マスウーディー自身も『黄金の牧場』のマグレブに関する部分でこの城に言及している。「黄銅の城」では、一行が途中遭遇する黒石の城はシャッダードの息子クーシュが建てたものとされている。

偽カッリステネスのアレクサンドロス物語では、アレクサンドロスはアモン神の託宣に従って「プロテウス島の向かい」の平野を建設地に選んだことになっており、[94]シャッダードの遺跡の話は含まれていない。マスウーディーが記録しているのは、おそらくエジプト征服にともなって南アラビアから移住してきたムスリムが、地元の伝承にアラビア伝来のシャッダード伝説を加えて語り継いだものではないかと推察できる。[95]

第二の逸話は、アレクサンドロスが建設工事を始める時刻を占星術で判断しようとし、工事開始の合図を送るための鈴をつけた縄を現場に張り巡らしたところ、鳩が来て縄にとまり鈴が鳴ってしまったので、工事が早く始められてしまい、「神はこの都市が滅び、消えることを望んでおられる」とアレクサンドロスが嘆くという内容のものである。[96]

前嶋氏はこのエピソードが、「ファーティマ朝の名将ジャウハルが、イフシード朝軍を破ってフスタート（古カイロ）を占領し、その東北の平野に新しい都城（カイロ）を建設したときの話と酷似している」と指摘している。[97]カイロ建設はマスウーディーの死の一〇年後、九六九年であったので、マスウーディーがその時の出来事を知り得たはずはない。吉と占われた日時に一斉に工事を始めるために、このようにして開始の合図を送るという慣習は、マスウーディー以前にすでに実際に行われており、それがアレクサンドリアの創建伝説に反映されているのかもしれない。あるいは、ファーティマ朝の支配者がかつて繁栄したアレクサンドリアにあやかるために、その創建伝説を真似たのであろうか。

工事開始の際に鳥が作業を邪魔し、それが都市の行く末を予示すると解釈されるという点は、プルタルコスのアレクサンドロス伝や偽カッリステネスのアレクサンドロス物語のギリシア語原典と共通する。[98] これもアレクサンドリアにおいて語り継がれてゆく間に変化した創建伝説であろう。

第三の逸話は、夜に現れ建設現場を破壊する海獣(*dābba*)を退治するために、木の大箱にガラスの丸窓(*jām*)を配しピッチやヤニで防水加工をした潜水艦で、アレクサンドロスが二人の書記と共に海に潜る話である。アレクサンドロスは潜水艦のガラス窓から、人間の体に猛獣の頭をした海獣らが、つるはしやのこぎりを持って建設作業の真似をしている様子を観察し、同行の書記に写生させた。地上に戻ったアレクサンドロスは職工たちに絵を見せ、金属や石でそれらの像を作らせ、海岸沿いに備えた。夜に陸に上がってきた海獣たちはそれを見て沖に引き揚げ、現れなくなったという。[99]

これは偽カッリステネスのアレクサンドロス物語がアレクサンドリアの建設にまつわる逸話として伝えていた大蛇退治のエピソードが発展したものであろう。[100] この冒険談は中世ヨーロッパのアレクサンドロス物語の中にも取り入れられており、アレクサンドロス伝説の中でも最も親しまれていた逸話の一つであった。アレクサンドロス潜水の逸話は、ギリシア語偽カッリステネスのλ本(六世紀)に含まれているものが最も早い例であるとされる。[101] 世界の果てで見た不可思議についてアレクサンドロスが母オリュンピアスに報告する手紙の中に含まれている。[102] ナポリの大司祭レオによるアレクサンドロス物語のラテン語訳の普及とともに、一〇世紀半ばヨーロッパ各地に広まった。アレクサンドロスが潜水艦の中から海中の魔物の姿を観察している場面は、写本挿絵の題材として好まれた(図1—図5)。

λ本のアレクサンドロス物語では、潜水の冒険譚の舞台は世界の果て/紅海であり、さらに、高い山からグリフォンを使って飛行するという話と一続きに組み合わさっている。アレクサンドリアの建設とは関連づけられていない。また、現存するシリア語訳のアレクサンドロス物語には潜水譚は含まれておらず、[103] 同δ*系列上のフィルダウ

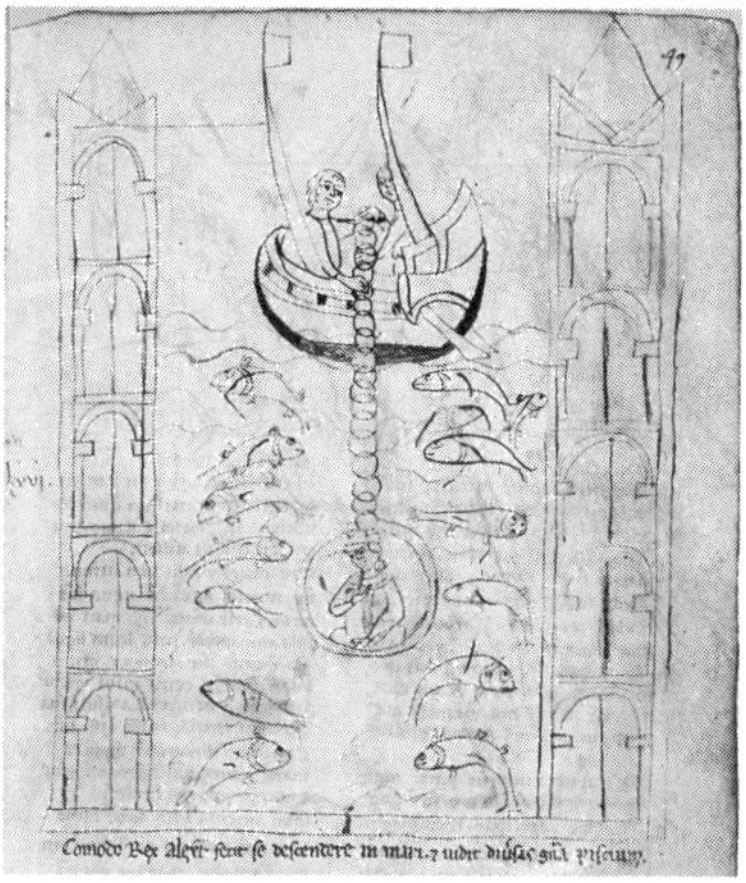

図1　潜水するアレクサンドロス
スポレートのクィルキヌス『アレクサンドロス大王の歌』挿絵，13世紀末。© Bibliothèque nationale de France.

図2　潜水するアレクサンドロス
『いかさま狐の物語』挿絵，1314年以降。© Bibliothèque nationale de France.

図3　潜水するアレクサンドロス
『シュルーズベリー・タルボット物語本』挿絵，1445年以前。© The British Library Board. All Rights Reserved 3/31/2008.

図4　潜水するアレクサンドロス
ジャン・ウォークラン『アレクサンドロス物語』挿絵，15世紀。© Bibliothèque nationale de France.

図5　潜水するアレクサンドロス

アミール・ホスロウ・ディフラヴィー「五部作」の中の『アレクサンドロスの鏡』挿絵（伝ムクンダ画，ラホール），1595年頃。ペルシア写本でこの場面が描かれることは珍しい。ムガール朝インドにおけるヨーロッパ細密画の影響か？　© The Metropolitan Museum of Art.

スィーの『王書』の中のアレクサンドロス伝にもない。つまり、マスウーディーが伝えているのは、ヨーロッパで広まったヴァージョンと異なり、また東方にパフラヴィー語訳を介して中東に伝播したとされるδ*系とも違う、α本に見られるアレクサンドリアを脅かす大蛇退治の話が発展した、アレクサンドリア古来の伝承に通じるものではないかと考えられる[104]。

初期イスラーム時代のエジプト総督、ウクバ・ブン・アーミルが語っていた二本角・アレクサンドロスの昇天伝承が、アレクサンドリア建設と深く結びついていたこと、おそらくエジプトの地元の伝承が関わっていることは、上のイブン・アブド・アル＝ハカムの節で述べた。マスウーディーは、昇天の話には全く触れていないが、地元で継承されてきた物語では、昇天と潜水のエピソードが一連の都市創建伝説として語られていた可能性を全く排除してしまうことはできない。

アレクサンドリアの建設エピソードの最後にマスウーディーは、アレクサンドロスが城門に刻んだという碑文の一部を引用している[105]。末永く栄える堅固な都市を建てようという大志を抱いたが、それは全てのものに破滅をもたらす神の意に反することと悟り、神の絶対性を賛美する、といった内容で、続けてアレクサンドリアの繁栄と衰退の予言もそこに記されていたとマスウーディーは言う。

偽カッリステネスでは、建設を終えたアレクサンドロスの夢の中にセラピス神が現れ、この都市の守護神であることを明かし、この都市が永遠に栄えるであろうと予言する。[106] 物語のなかでは未来の「予言」となっているものの、神の「預言」という形を利用して、実は当時の読者にとってのアレクサンドリアの「現在」の栄光を称賛する、いわゆる「事後予言」(*vaticinium ex eventu*)である。これに対してマスウーディーの時代のアレクサンドリアは、その栄華の絶頂をとうに過ぎていたわけで、マスウーディーが伝えているのは、上のシャッダードの碑文とも呼応する、神の前に永遠のものはないというイスラーム的な栄枯盛衰のメッセージである。

このように、マスウーディーによるアレクサンドリア建設に関する一節は非常に詳しい。偽カッリステネスのアレクサンドロス物語の流れを汲む、アレクサンドリアに伝わってきていた地元の伝承に、南アラビアからのムスリム移民の伝説が加わったものではないかと考えられる。

これらのエピソードに続いて、マスウーディーは当時のアレクサンドリアの街並み——槍を持った騎士が悠々通ることができるほど広いアーケードや地下回廊、夜でも松明が不要なほど明るく、昼間は緑の絹布を空中に張って光を和らげなければならないほどまぶしい白大理石、七重の城壁と堀など——を生き生きと描写している。[107] さらに、当時まだ残っていたオベリスク(複数形 *masāll*)は、「エジプトとアレクサンドリアの伝承家によると」、住民をさらう怪物に対してアレクサンドロスが魔除けとして建てたとされると記している。[108]

有名なファロス島の燈台についてもかなり詳しく説明を加えている。[109]「国の歴史の伝承に携わっているほとんどのエジプト人とアレクサンドリア市民によると」、燈台はアレクサンドロスが建てたことになっているが、他にも老妃ダルーカ、十代目のファラオ、ローマの創始者などといった説もあるとしている。燈台の構造については、海底に設置された蟹の形のガラスの台の上に建っており、[110] 頂上には銅像が何体か備えられていたと書いている。一体は太陽を常に指差しており、別の一体は海を指差し、敵が海から近づくと警報を発し、もう一体は毎時違った音で時を知らせるという。

マスウーディーは、燈台は半壊していると記している。その理由に次のような逸話を挙げている。ウマイヤ朝カリフ、ワリード一世（在位七〇五―七一五年）のもとに、秘蔵の宝の書を持つという一人のルーム人の奴隷が現れ、カリフに取り入った。シリアの各地で財宝を掘りあて、すっかりカリフの愛顧を得たこの者は、次のような話をしてカリフの財欲をさらに掻き立てた。

アレクサンドリアの燈台の下には世界中の財宝が眠っております。アードの子シャッダードやエジプト、シリアのアラブ王たちの宝や宝石を手に入れたアレクサンドロスは、地下回廊を掘り、アーチや丸天井をめぐらせ、貯蔵庫を築きましてござります。そしてそこに貨幣や手形、財宝を保管いたしました。さらにその上に、くだんの燈台を建てたのでござります。その高さは一〇〇〇キュービットほどもあり、最上部には鏡が置かれ、その周りに触れ役が座っておりました。それらは、海から近づく敵の姿が鏡に映るやいなや、近くの者たちに大声で知らせ、旗を揚げて遠くの者に知らせたのでござります。かくして市民は警告を受け、街は警戒態勢に入り、敵は彼らに近づくことができなかったと言います。

これを聞いたカリフは、この奴隷に兵や近臣をつけ、アレクサンドリアに送った。一行は燈台を半分取り壊し、鏡を割った。アレクサンドリア市民は蜂起し、陰謀だと騒ぎ立て、その怒りの矛先はカリフに向いた。そのことを確認すると奴隷は夜の闇に紛れて、事前に待機していた船で逃亡した。実はこの奴隷は民衆を煽動するためにビザンツ皇帝に送り込まれた忍びの者だったというのである(11)。

まるでスパイ映画の一エピソードのようであるが、この話はおそらく史実ではない。アレクサンドリアは強い地震や津波に幾度か襲われており、ムスリムのエジプト征服の頃には機能していたらしい燈台は、七九六年の地震で建物の上層部が崩れ、鏡が壊れたという[112]。それをビザンツ王の陰謀のせいにする伝承が語られていた背景には、ムスリムの「ルーム人」に対する警戒心のみならず、イスラーム以前に遡るコンスタンティノポリスとアレクサンドリアの総主教庁同士の対立があったと思われる。アレクサンドリアの燈台がビザンツ帝国の首都を監視するための塔であったという説は、初期のアラブ征服者たちの間に流布していたらしい[113]。ビザンツの工作員がカリフをそそのかして、ライバル都市の象徴である疎ましい建造物を破壊し、アラブの支配者たちにこの千里鏡が利用されることをも阻止した、という話がどうして史実として実しやかに語られるようになったのかという問題をこれ以上追求するのは、本書の趣旨から逸れるので、ひとまず置いておく[114]。

むしろ我々の興味を引くのは、アレクサンドロスがアレクサンドリアの燈台の地下に戦利品の宝を隠し、燈台はその金蔵を敵から守る巨大な探知機兼警報装置であったという秘宝伝説がアラブの人々の間で流布していたことである。ヘレニズム文明が築いた壮大で巧妙な建築物に対する畏敬の念に、好奇心と財欲が相俟って産み出された空想の中でアレクサンドロスは、シャッダードやソロモンを連想させる秘宝の主であり、まさに、古代史と冒険ロマンスの狭間に位置する人物だったのである。娯楽的要素を好むマスウーディーの歴史叙述の特徴がよく表れている一節であるといえよう。

さて次に、晩年の『提言と再考の書』におけるアレクサンドロスに関する記述を見てみよう。古代文明の歴史の一部としてギリシア王――クレオパトラまでのプトレマイオス王朝――の系列、在位期間が挙げられているが[115]、ギリシアの最初の王はフィリッポスで、二代目がアレクサンドロスであると記されている。アレクサンドロスの生涯についてまとまった叙述はなく、以前に記した著作『種々の知識と過ぎし時代の出来事』*Kitāb funūn al-maʿārif wa-mā jarā fī 'l-duhūr al-sawālif*（九四三年以降、散逸）にすでに書いたことを下記のようにまとめるに留めている。

（この書には）アレクサンドロスのその生涯、東西への遠征、通った国々、出会った王、建設した都市、日にした不可思議、さらにヤージュージュとマージュージュに対して建てた巨大な壁（*radm*）の描写も加えた。論理学の書を記した師アリストテレスとこの王の関係（アリストテレスの名前の語源についての傍注は略）について述べた。二本角（ズ・ル＝カルナイン）と同一かどうかの問題についての論争、および彼の死後に部下たち、例えばアラブ人にアンターキヤと呼ばれるアンティオキアの創健者アンティオコス、セレウキアの創健者セレウコスなどと、エジプトのアレクサンドリアを統治していた王たちとの間に繰り広げられた戦いの記録も記した。(116)

このアウトラインからだけでは詳しい内容は分からないが、アレクサンドロスの死後を漠然と「小国の君主たち」の時代とするイラン系の歴史よりは、後継者戦争（ディアドコイ）とギリシア王朝の成立により詳しい情報源（ビザンツの歴史学を受け継いだキリスト教徒によるギリシア史か）が使われたと推測できる。

この他は、付随的で断片的な情報が散在する。その多くは地理に関連したものである。例えば、ヤージュージュとマージュージュの壁を建てたのはアレクサンドロス、(117)アレクサンドリアの燈台はアレクサンドロスの死後にプトレマイオス朝の王によって建てられた、(118)ガンジス川はアレクサンドロスとポロスとが出会った場所、(119)テルメズでアムダリア川を五〇〇艘の船で渡った、(120)サロニカはアレクサンドロスによって建てられた、(121)といった記述である。

またマスウーディーは同書において、様々な宗教や文明によって暦や年代計算の違いがあることに特に注意を払っており、その議論の中ではアレクサンドロスが中心的な位置にある。諸国の年代学に関する章の出だしで、まず次のように説明している。

神の法に従う者にも異端者にも、古代においても現代においても、それを辿り、頼ることができる歴史を持たない民はない。（歴史とはその民族の）営為の大部分を昔から今日まで、故人から遣わされた者たちへ伝えるもので、重大な出来事、重要な事実、過ぎし時代、過去の世紀にあった全ての記憶を保存するものである。もしもこれらの事柄が記録されず、書き留められていなかったならば、情報は途絶え、過去の痕跡は失われ、ものごとの起源は知られざるままになっただろう。まさにこのために、アレクサンドロスは従者たちに彼の事績を記録させ、彼の生涯、遠征を書き留めさせたのである。世に知れわたった彼の偉業、賞賛された行為の記憶が消え去り、数多くの敵と戦い、王を抹殺し、国を滅ぼし、帝国を制したことが忘却の彼方に失われないようにと。何故なら彼は、いかに多くの人間が年代記を編むことや伝記や記録を記すことを怠るか、楽を好み、軽易に傾き、この仕事から逃れようとするかを知っていたからである。これに倣ってバーバクの息子アルダシールは、小国の君主たちを始末し、主権を手中に収め、その臣民を支配下に治めた際に、彼の生涯・遺言・治世・遠征について記録させた。ただし、彼以前の歴史については忘れられたことを装い抹消した。彼自身の治世と生涯で人々の記憶が途絶えるようにしたのである。このようにして（ササン朝）帝国の年代記は、最後の王、シャフリヤールの息子ヤズダギルドまで極めて正確に記録され続けた[122]。

アレクサンドロスは自らの栄誉を後世に残すために歴史を書かせ、それが後世の歴史編纂の模範となった、アルダシールはそれを逆手にとり、歴史という媒体を介して、不都合なギリシア支配の時代の記憶を抹消したとマスウーディーは述べている。彼の歴史家としての鋭い洞察力が表れている一節であるといえよう。単に伝承されてきたことをそのまま伝えるのではなく、歴史の編纂が政治的な動機で施政者たちによって操作されてきたことを認識し、これほど明確に指摘したアラブの歴史家は彼が初めてなのではなかろうか。アレクサンドロスが自らの行伝の記録に関わったことが古代の歴史学の形成に大きく影響を与えたという見解は我々にとっては興味深いが、実際にイスラーム世界にまで伝わったアレクサンドロス伝の大部分は、大王自身が記録させた伝記ではなく、後世のアレクサンドロス・ロマンスの流れを汲むエピソードによって構成されている。さすがのマスウーディーもそこまでは見抜いていない。むしろ、ロマンスの娯楽的要素を好んで叙述に取り入れる傾向があった。

上の一節に続いてマスウーディーは、古代の諸権力がそれぞれの民族にとって重要な出来事や人物の年代を、それぞれ異なった起算の方法で定めてきたという比較文明史的な解説に入ってゆく[123]。

マスウーディーによると、ノアの大洪水があったことを信じる人々は、それを人類史の年代計算の起点とするが、ペルシアのゾロアスター教徒たちは、大洪水が世界的規模で起こったことを否定しており、アダムと同定されるガヨーマルトを諸王の祖、歴史の起点とする。ペルシア人たちは後に、アレクサンドロスの勝利とダレイオスの死、さらにはアルダシールの即位、ササン朝最後の王ヤズダギルドの即位、と年代計算の起点を移していったという。一方、ギリシア・ローマ・シリア人は「アレクサンドロス暦」を使う。ただしその紀元が、アレクサンドロスの即位か、治世の七年目（遠征に出立した年）か、ダレイオスの死か、アレクサンドロス自身の死かは意見が分かれているという。そして、アダムからアレクサンドロスの治世までは五一八一年または五二五九年、大洪水からアレクサンドロスの即位までは二九二五年、アブラハムからは一八五三年、脱エジプトからは一三四六年といったように、『旧約聖書』の重要事件とアレクサンドロスの間の年数が記されている。さらに、ナボナッサル **Bukhtnassar** の即位からダレイオスの敗北までは四二九年と三五六日、別の意見によると二八九年、アレクサンドロスからキリストの磔刑まではキリスト教徒によると三四二年、アレクサンドロスから今日ヒジュラ暦三四五年までは一二六八年の隔たりがある、と他の暦との比較もしている。

ペルシア、ギリシア以外の歴史についても言及している。エジプトのコプト教徒はナボナッサルの即位を紀元とする暦を使い、イスラエル人はイスラエルつまりヤコブの死、脱エジプト、エルサレム破壊とバビロン捕囚を年代計算の起点とし、キリスト教徒はキリストの誕生、インドや中国などは古代の王の治世を年代計算の基準とした[124]。アレクサンドロスの即位または死、あるいはペルシア帝国の征服から年代を起算する暦は、マスウーディーだけでなく、他のアラブ歴史学者たちにも使われていた[125]。この年代計算はアレクサンドロスの生涯のいつの時点を起点とするかや「セレウコス紀年」との混同によって、多少数字がずれたようだが、アレクサンドロスからササン朝の興りまでの、いわゆる「小国の君主たち」の時代の長さに関しては、五二三年、四五六年、二六六年、といったように特に大きく異なる数字がマスウーディー以前のアラブ歴史書の中に登場する[126]。マスウーディーはアラブの歴史家では初めて、このずれがあるわけを説明している。その一節はペルシアの歴史の部分に含まれている[127]。

ペルシア人と他の民では、アレクサンドロスの年代設定に大きな食い違いがあることを説明しようと試みた者はほとんどいない。実は隠された理由があるのである。それはペルシア人にとって、宗教上・政治上の秘密で、モーベドやヘールベド（ゾロアスター教聖職者）、文官、学者のみが知っていることである。私はファールスやケルマーンの地、非アラブ人の住むその他の地で、実際にこのことを確認することができたが、ペルシア史のどの書にも、いかなる歴史書にも列伝にも記載されていないことである。（その秘密とは）すなわち、ゾロアスターが聖典『アヴェスター』の中で、ペルシア帝国は三〇〇年後に大きな打撃を受けるが宗教は存続するであろう、しかし千年期の終わりには帝国も宗教も共に滅びるであろう、と述べていることに由来する。ゾロアスターとアレクサンドロスの間にはおよそ三〇〇年の年月が流れた。ゾロアスターは上に述べたように、カイ・ビシュタスブ（ヴィシュタースパ）の治世に現れているからである。そしてアルダシールが帝国を再統一し、全ての小国を支配したのは、アレクサンドロスから五一〇年と少し後のことである。彼（アルダシール）は、千年期の終わりまで、二〇〇年ほどしか残っていないことに気づいた。開祖が言った滅亡の預言の通りに、二〇〇年ばかりで臣民が帝国を支え、守ることを放棄するのではないかと恐れ、その存在をあと二〇〇年は延ばそうとした。そこで、彼はアレクサンドロスと自分の間を隔てる五一〇年強の年数から、その半分を差し引くことにした。歴代の小国の君主たちも半分だけ残し、あとは歴史上から抹消した。従って、彼が台頭し、小国の君主たちを制し、最大の権力と最力の軍隊を誇っていたアルダワーンを殺したのが、アレクサンドロスから数えて二六〇年後のことであると、帝国の歴史に記させた。年代記の暦はその計算に基づいたものとなり、人々の間に広まった。小国の君主たちの時代に関するペルシア人とその他の民の間にある矛盾と年代設定の問題は、このように説明できる。

上の一節によると、マスウーディーはイランのファールス地方やケルマーン地方に旅をした際に、実際にゾロアスター教聖職者、または知識人と会談し、彼らの年代計算の根拠を問いただしたようである。歴史上の「秘密」を掘り起こす探求心、残された歴史の「裏」を読む分析力は、記憶者・記録者のタバリーには見られなかったものである。

このように、マスウーディーの現存する作品に見られるアレクサンドロスに関する情報は、作者本人も述べていた通り、一部の逸話のみが詳しく取り上げられたもので、一貫した、完結した伝記にはなっていない。彼のアレクサンドロスの生涯に関する知識の全体像は、『中庸の書』や『種々の知識と過ぎし時代の出来事』などといった失われた作品の写本が発見されない限り構築することは難しい。現存する著作において焦点が当てられているのは、『黄金の牧場』では、前述した通り、アレクサンドロスと哲学者たちの交流をめぐるエピソードおよびアレクサンドリアの建設にまつわる伝承である。また『提言の書』では、東西の諸文明の歴史にその痕跡を残したアレクサンドロスが、歴史学上、重要な位置を占めていることに注目し、アレクサンドロスを要とした比較年代学的考察を通して、ペルシア紀年とギリシア紀年の齟齬の原因を突き止めている。

アレクサンドロスに関する情報の典拠としては、これまでのアラブ歴史家が主に依拠してきたペルシアの列王伝、聖書的な世界史、二本角伝承は把握していたようである。しかし従来の著作や伝承のみに頼らず、自ら実地に見たことや、開拓した情報源を活用している。

その幅広い探求と鋭い分析によって得られた彼の歴史観とは、様々な宗教共同体や民族による過去の記録の営みを多元的に認めるものであり、「人類の祖アダム」、「ノアの大洪水」といった聖書的な人類史の普遍妥当性は、相対化されている。アレクサンドロスの遠征は、ギリシア、アフリカ、シリア、ペルシア、インドの五つの地域にまたがる、類稀な世界史的な出来事として捉えられているようである。

このような大きなヴィジョンを持つ一方でマスウーディーは、海獣の出現とアレクサンドロスの潜水など、史実としての信憑性が疑わしい非常にローカルな物語的伝承を疑問視することなく、むしろ好んで伝えている。この「おおらかさ」は、彼独自の視野の広さゆえの特徴なのであろうが、一四世紀後半の大歴史家イブン・ハルドゥーンに、事実と虚構の判別をするべき歴史家としての資質を欠いていると論難される点である。[128] しかし、他のどの史料にも見られないアラブのアレクサンドロス伝説の一形態を記録しているということには、アレクサンドロスをめぐる思想史を明らかにしようとする我々は感謝せねばならない。[129]

第４章　権力の地方分散と歴史

――東方イスラーム世界を中心に――

九四六年にバグダードはイラン系シーア派王朝のブワイフ朝（九三二―一〇六二年）に占領され、アッバース朝の中央集権は瓦解する。カリフは宗教的な権限のみを保持し、イスラーム帝国は軍事政権によって統治される地方王朝に分裂してゆく。競合し合う王朝の君主たちが歴史のパトロンとなるにともない、歴史編纂の意図と文体は変化する。清水宏祐氏も指摘しているように、一〇世紀以降は、「カリフを中心とする『イスラーム世界史』そのものが意味をなさなく」なり、権力と知識の地方分散により、イスラーム世界の通史・総合史の編纂が実際上難しくなった時代である。(1)

様々な地方の歴史学の展開をマグレブから中央アジアまで幅広く、比較検証することは、それぞれの地域の専門家と共に進める共同研究の今後の課題とすることにして、この章では東方イスラーム世界を支配した王朝のもとで記された歴史、特に近世ペルシア語の台頭とペルシア歴史学の形成に焦点を当てることにする。アッバース朝帝国の東方で独立した王朝の宮廷では、イラン的な文化・民族アイデンティティが、政策や文芸庇護の方向性を決定する大きな要素の一つとなってくるが、それに従って歴史の叙述においても、イスラーム以前のペルシア王朝との繋がりを示すことが、権力の正統化の手段とされるのである。(2)

1　ブワイフ朝下の歴史家

ブワイフ朝は、カスピ海南西岸の山岳地帯にイスラーム以前から住んできたダイラム人の族長の息子たちが興した王朝である。宮廷の公用語はアラビア語であったが、官僚の多くはイラン系で、「シャーハンシャー」(王の中の王)というササン朝時代の君主の称号を使用するなど、イスラーム以前のイランの伝統との結びつきを強調し、支配の正統性を示そうとした。

ブワイフ朝の庇護を受けた歴史家としては、『諸国の大王と諸預言者の歴史』*Taʾrīkh sinī mulūk al-arḍ wa 'l-anbiyāʾ*(九六一年)を著したハムザ・アル=イスファハーニー Ḥamza al-Iṣfahānī(九七〇年頃没)や、『国々の経験と大志の継承』*Tajārib al-umam wa taʿāqub al-himam*(九九〇—九九一年頃)の著者ミスカワイフ Miskawayh(一〇三〇年没)が挙げられる。ともにアラビア語で著述している。

(1) ハムザ・アル=イスファハーニー

前者ハムザ・アル=イスファハーニーはイスファハーンの名士であったとされ、そのペルシア民族主義がよく指摘されるが、(3) アレクサンドロスに関する記述においてもその特徴は表れている。

ダレイオスを殺し、ペルシアの地を征服すると、アレクサンドロスは行く先々で破壊を繰り返し、必要以上に血を流した。ペルシアの貴人・貴族七千人を捕虜として捕らえ、鎖につなぎ、毎日二一人ずつ呼び出し殺していった。(4)

また、「歴史的情報の語り部たち」（*quṣṣāṣ min al-akhbār*）によるとアレクサンドロスはイランの地に一二の都市を建てたというが、「これは根拠のある伝承ではない。なぜなら彼は破壊者であり建設者ではなかったから」とも記している。[5] 残忍な破壊者というササン朝時代から引き継がれた否定的なアレクサンドロス像を色濃く反映している。

「歴史的情報の語り部たち」という表現にも注意を払うべきである。クッサース（単数形カーッス）とは職業的な語り部で、イスラーム初期には宗教的な逸話の語りで民衆の教化に貢献したが、その後正統な教義から逸脱した教えを広めるとして法学者たちに疎ましがられる存在となってゆく。アレクサンドロス伝が、歴史上の出来事を題材に物語風に講じる語り部たちの演目の一つであり、しかもその中でアレクサンドロスは建設者として描かれており、そちらのイメージの方が大衆に親しまれていたのであろうということを逆に裏付ける一節である。

（2）ミスカワイフ

後者のミスカワイフはブワイフ朝の行政に直接関わっていた文官である。宰相ムハッラビー Muhallabī の廷臣としてバグダードにおり、宰相の死後はイランのライでアブ・ル＝ファズル Abu 'l-Faḍl の図書館の管理者（*khāzin*）として勤め、行政文書の保管や書記の仕事に携わったという。[6] 万国史『国々の経験と大志の継承』は、大洪水以降の古代史から九七九年までの歴史を記したものである。特に同時代の歴史については、宮廷内の行政に書記官として関わっていただけあり、事件の当事者の見解や目撃情報、文書、書簡などに直接基づいた非常に貴重な記録を残している。しかしアレクサンドロスに関する部分は、ヤァクービー、ディーナワリー、タバリーなどを参考にしたと思われる記述がほとんどで、それほど新しい情報は含まれていない。ただ重要な点は、ミスカワイフがどの話を選択しているかというところにある。

彼はアレクサンドロスがダレイオスの近臣に王を暗殺させ、褒美を与えずに処刑したこと、ペルシアを小国に分割したこと、銅の象を作ってポロスの象軍団と戦ったこと、商人を潜伏させて堅固な城砦都市を攻め落としたことなどを、アレクサンドロスの「策略」（*ḥīla*）として列記している。[7] ミスカワイフが君主、支配層のための実践的教訓となる歴史を意図して同書を編纂したことはハリーディーが指摘しているが、[8] まさにここでも、敵国との戦いに勝つための機知に富んだ作戦、役に立つ情報としてアレクサンドロスの「策略」の数々が語られているのである。[9]

また、アレクサンドロスとアリストテレスのペルシアの王族の処分をめぐる往復書簡、アレクサンドロスと中国の王との問答も引用されている。[10] これらも外交のための実践的な知識として取り上げられている。それと同時に、書記官として書簡の文体的な側面にも関心があったのかもしれない。[11]

第Ⅲ部で述べたように、過去の君主たちの「経験」を現在・未来の君主の鑑とするという概念は、ほぼ同時代の中国の歴史書『資治通鑑』や『唐鑑』などに見られるが、ミスカワイフの『国々の経験』は、実践的な「君主鑑」として書かれた歴史であるといっていいであろう。このような国家のサバイバル・マニュアルとも呼べるような歴史書が登場したのも、アッバース朝中央集権国家が崩壊し、地方王朝が割拠する時代的な背景があったからと考えられる。

2　サーマーン朝下における近世ペルシア語の台頭

さて、アッバース朝崩壊後の歴史学の転換期における最も顕著な出来事といえば、近世ペルシア語で書かれた歴史の登場であろう。ササン朝がアラブ・ムスリム軍に七世紀半ばに倒され、イランがアラブの支配下に入ってから二世紀ほどの間は、イランの知識人もアラビア語で文筆活動を行っていた。ゾロアスター教徒によるパフラヴィー語（中世ペルシア語）の宗教書で九世紀頃に書かれたとされるものはあるが、ペルシア語の著作というのはこの時代はまだない。しかし九世紀前半に東北イランにターヒル朝、ついで東南地域にサッファール朝といったイラン系地方王朝が樹立されて、その後ホラーサーン地方のブハーラーを都にサーマーン朝（八七四—九九九年）が興る。アッバース朝の中心バグダードから遠い、イスラーム帝国の東部に独立したサーマーン朝は「イラン民族王朝」とも呼ばれるが、ペルシア語を中心とする文化政策を取り、詩人の保護・奨励を行った。

サーマーン朝のもとに花開いたペルシア文学において使われたのが、近世ペルシア語である。近世ペルシア語とはアラビア文字を用い、アラビア語の語彙を多く借用しているが、文法的には中世ペルシア語、つまりパフラヴィー語に基づいている。セム語であるアラビア語とは全く違ったインド・ヨーロッパ語で、アラビア語と近世ペルシア語の関係は、中国語と日本語のそれと似ているといえないこともない。

（1）バルアミーの翻訳事業

サーマーン朝の君主たちは、このペルシア語を用いた歴史の編纂を意図的に行った。その政策の一つとしてまず挙げられるのが、九六三年にマンスール・ブン・ヌーフ（在位九六一—九七六年）が宰相バルアミー Bal'amī（九七四年没?）に命じた、タバリーの『諸預言者と諸王の歴史』と『タフスィール』のペルシア語への翻訳である。[12] この事業が行われたのは、西方のブワイフ朝との抗争が拡大し、サーマーン朝の権力が揺らいでいた時期にあたる。

バルアミーによる『歴史』の訳は、翻訳というよりもペルシア語改訂版という方が相応しい。バルアミーは、タバリーの断片的な情報の羅列を、一部追加したり削除したりして再構成した。また、イスナードは省き、全体を流れるような、より整合性のある分かりやすい文章にした。さらに、イスラーム以前の世界史の軸をより明確にペルシアの列王伝に合わせ、イスラーム以降の歴史は、特にホラーサーン地方の出来事を重点的に扱い、サーマーン朝の興りへと直接つながる世界史の流れを強調した。このようにバルアミーは、構成と文体においても、歴史的視点においてもタバリーの『歴史』をペルシア化し、サーマーン朝の東方地域における統治の正統性を裏付ける歴史観を提示した。[13]

アレクサンドロスに関する記述の内容をタバリーの原典と比較してみよう。[14] アレクサンドロスがペルシア王の歴史の枠組みの中の、ダレイオスの治世の章で登場するのはタバリーと同じであるが、章の構成においては、タバリーのように情報源の違う伝承単位を並べるのではなく、タバリーの伝承単位を分解して情報を選択し、順序を組み替えて連続性のある叙述にしている。以下に要約する。

ダレイオスはペルシア Fārs 王として即位すると、パールス Pārs の地にダーラブキャルド Dārabkard という都市を建てた。そこからアジャム ʻAjam の王たちがいたイラクとバビロンに赴き、アジャムの王は彼を正統な王としてバルフの地までの主権を認めた。[15] トルコやヒンドゥースターン（インド）、ルームを含む世界中の王もダレイオスに帰服し、貢物を納めるようになった。その頃ルームの地にはユーナーン（ギリシア）という王国があり、その王はフィリッポス Fīlfūs といった。フィリッポスはマケドニア Maqdūnīya に王座をかまえていた。その国にはアリストテレス Arisṭāṭālīs、ヒポクラテス Buqrāṭ、プラトン Aflāṭūn、ソクラテス Suqrāṭ、ユーヌーン（ゼノン?）Yūnūn、ヘルメス Hirmis、アポロニウス Balīnās、ガレノス Jālīnūs、アガトダエモン A'ād'imūn などの哲学者や医者がおり、その知は世界中に広まった。フィリッポスは、ダレイオスに貢物を納めるべきかどうかギリシアの哲学者たちに相談し、哲学者たちは戦争を避けるために進貢することを勧めた。

フィリッポスに息子が産まれ、アレクサンドロス Iskandar と名付けられた。二本角（ズ・ル＝カルナイン）のことである。成人するとダレイオスへの進貢をやめるように訴えたが父は受け入れなかった。一方ダレイオスは待望の息子が産まれると、自らと同じ名前を付けた。父は大ダレイオス Dārā al-akbar、息子は小ダレイオス Dārā al-aṣghar と呼ばれた。小ダレイオスは父と同じくバビロンとイラクに居した。

フィリッポスが死んでアレクサンドロスが王位を継ぐと、近隣のエチオピア Zangistān に戦いをしかけ征服した。息子の方のダレイオスは暴君で、軍や高官たちは王を嫌悪し、解放されることを望んでいた。アレクサンドロスはそこに、ダレイオスを倒す可能性を見出し、貢物の献上をやめた。ダレイオスは使者を遣り、フィリッポスの代に献上されていた駝鳥の卵ほどの大きさの金の卵を納めるように催促する。アレクサンドロスは、金の卵を産んだ鳥は死んだと伝える。挑発されたダレイオスは、王の風格を備えないお前には子どもの遊びが相応しいとポロの槌（*chawgān*）と球（*gūy*）を送る。それに一升の胡麻（*kunjud*）を添え、貢物を納めねば、胡麻の粒ほど数え切れない軍隊を寄こすと脅す。アレクサンドロスは球を地球に見立て、地上の覇権を譲られたと解釈し、槌は権力と領地を我が身に引き寄せる道具と見た。そして一升の芥子（*sipandān*）を送り返し、油っぽく甘い胡麻のようなお前の軍隊に比べ自分の軍は芥子のように辛く、苦いと脅す。

ダレイオスの八〇万の軍とアレクサンドロスの八〇万の軍は、イラクとシリアの間のモスールで一カ月対峙した。その間、ダレイオス軍の多くの兵がアレクサンドロス側に寝返り、ペルシア軍の士気が低下していることを告げる。アレクサンドロスはダレイオスに恨みを持つという二人の側近に密かに近づき、ダレイオスを暗殺するように策略する。側近たちは、合戦の日に馬上のダレイオスを討つと約束する。

合戦の日が来ると、両軍は激しく戦った。その日、ダレイオスの兵の一人がアレクサンドロスに討ちかかり、アレクサンドロスは怖じ気づいた。夜が来て両軍が陣に戻っても二人の側近がダレイオスを襲った気配がないので、アレクサンドロスは彼らが後悔したのだと思い、次の日には講和を結ぶことにする。アレクサンドロスの軍を恐れたダレイオスも和睦するべきかどうか近臣に相談するが、合戦の最中に王を暗殺するつもりであった側近たちは戦いを続けることを主張する。ダレイオスは戦うことを決意する。

アレクサンドロスは油断していたところを襲撃され、退却を始める。しかしダレイオス軍が攻撃態勢に入ったところで、側近たちは後ろからダレイオスの脇を槍で突き、馬から引きずりおろし、二人で襲いかかった。そしてアレクサンドロスの陣に向かい、ダレイオスを討ったことを知らせる。

アレクサンドロスは、泥と血にまみれ悶える瀕死のダレイオスのもとに駆けつけ、馬から降り地面に座り、ダレイオスの頭を抱き、埃を顔から拭い去った。そして「王よ、このようなお姿になるのを見ることを私は望んでいなかった。これは、私の所為ではなく、ご自身の家来の仕業。願いがおありなら申されよ。命を遺言に託されよ」と言った。ダレイオスは、暗殺者に復讐し恨みをはらすこと、王族や貴族を殺して卑しい身分の者どもに支配権を与えないこと、都市や建造物を破壊しないことの三つを言い遺し、アレクサンドロスは代わりにダレイオスの娘のロクサネ **Rawshanak** を妻に求める。息子が産まれたらペルシアの王位を継がせることをダレイオスはアレクサンドロスに約束させる。ロクサネは理性と思慮のある女性で、アシュク **Ashk** という兄弟がいた。

アレクサンドロスはダレイオスを埋葬した後、暗殺者二人を呼び出し、「報酬はやると言ったが、命を保障するとは言っていない」と処刑した。そして「主君を裏切ることのないように」と見せしめにした。それからアレクサンドロスはダレイオスの娘を娶り、兵や家臣を捕虜にはせず、住居を破壊することもなかった。また、アジャムの学者たちを呼び出し、彼らの知識が記された書物を集めギリシア語に翻訳させ、ギリシアのアリストテレスのもとに送った。

その後、バビロン、イラク、パールスの諸都市を可能な限り荒廃させ、貴族を殺した上に、ダレイオスの行政記録を全て焼却した。そして去る際には、各都市の長に主権を与え、王は置かなかった。小国が互いに戦いあい、自ら滅びるようにするためであった。アレクサンドロスの後一〇〇年間、このような「小国の君主たち」(*mulūk-i ṭawā'if*) の状態は、アルダシールが小国の君主たちからアジャムの王権を奪うまで続いた。

アレクサンドロスは「小国の君主たち」をアジャムに据えると、バルフに向かった。その途上、ペルシアの諸都市の全てにおいて殺戮と破壊を行い、それぞれの地方に君主を据え置いた。その後引き返し、ダレイオスの娘をギリシアに送った。

アレクサンドロスは一二の都市を建てたといわれている。イスファハーンは彼によって建てられ、蛇のように長いことから「ジャイ」と呼ばれた。[16] ホラーサーン地方にもヘラートやマルヴやサマルカンドなどの都市を建てた。それからインド Hindustān の王を殺し、王国を征服した。中国から日の昇る地に向かう間にも各都市を征服し、王を殺し、破壊をしては新しい都市を建て、君主を据えた。中国から日の沈む地に至り、暗闇の国に生命の泉を求めて四〇〇人の部下と共に入った。一八日進んでも何も見つからず、イラクに戻った。[17] ハルワーン Ḥalwān の向かいのズール Zūr という町に到着したところで息絶えた。遺体は棺に入れられアレクサンドリアの母のもとに送られた。享年三六歳で、その治世は一四年続いた。一部のキリスト教徒によると一三年であったという。

このように、ペルシア征服の後のインド、中国、暗闇の国への遠征の記述が比較的短いのはタバリーと共通している。しかし、そこに物足りなさを覚えたのか、バルアミーはこの後に二本角（ズ・ル＝カルナイン）について章を付け足している。まずアレクサンドロスが二本角（ズ・ル＝カルナイン）と同一であることに言及し、タバリーが『歴史』の中で二本角に関する情報を完全に省略してしまっていることを批判している。[18] そして「神が『クルアーン』で申されたことは、ムハンマド・ブン・ジャリール（タバリー）がこの書で述べていることよりよほど美しく、有益である」として、[19] 二本角に関する『クルアーン』の一節の解説を『タフスィール』から補って挿入しているのである。アレクサンドロスの治世に関する部分が校訂本で九頁であるのに対し、二本角については二〇頁も割かれている。

それでも『タフスィール』に含まれている伝承をそのまま引用、翻訳しているのではなく、やはり情報を選択している。メッカの多神教徒がユダヤ教徒の学者たちにムハンマドを試す三つの質問（聖霊、洞窟の民、二本角について）を用意させたという経緯、その答えである啓示の解説、なぜ二本角と呼ばれたか、預言者か否か、ヤージュージュとマージュージュの生態、防壁の建設、終末の日に彼らが壁を破って出てくるという預言などの部分は、簡略化されているもののタバリーの『タフスィール』とほぼ重なる。しかし、ウクバ・ブン・アーミルに遡る二本角の昇天の話や、ワフブ・ブン・ムナッビフに遡る長い伝承の中の神との対話、ヤージュージュとマージュージュ以外の民族のこと、敬虔な民との問答の部分など、『クルアーン』の文言とは直接つながらない説話的な伝承は省かれている。ムハンマドが啓示を語り終わると、多神教徒たちがモーセもムハンマドも「妖術使いだ」と悪態をついて去ってゆくという最後の「落ち」は、タバリーの『タフスィール』には（少なくとも刊本には）なかった[20]。

このようにアレクサンドロスと二本角が完全に同一視され、二本角にまつわる宗教説話が挿入されているという点以外に、タバリーの原典と比較して最も顕著な相違点は、アレクサンドロスの実の父がダレイオスであったという説がバルアミーでは省かれていることである。つまり、アレクサンドロスは半イラン人ではなく、純粋なギリシア人として登場している[21]。後述するように、ほぼ同時代のフィルダウスィーの『王書（シャーナーメ）』には半イラン人説が取り入れられているので、この説はイラン人の間では相当普及していたはずであるが、バルアミーは信憑性のない話として、あえて削除したのかもしれない。

逆に、タバリー以外の情報源から、情報を補足している部分も見られる。例えば、ギリシアの哲学者たちに関する記述である。タバリーは、実際にアレクサンドロスの教師であったアリストテレスにすら言及していなかったが、バルアミーはソクラテス、プラトンなど、アレクサンドロスに直接関係のなかった著名なギリシアの哲学者たちの名前まで挙げ、フィリッポスの助言者として登場させている[22]。

全体的に見てタバリーが提供する「部品」をバルアミーが再構成している過程が一番よく分かるのは、ダレイオスとの戦いの発端からペルシアを征服するまでの経緯についての叙述である。タバリーは内容が重複し、かつ細部が異なる断片的な伝承を、どの説が正しいという判断はあえて下さずに列挙していた。バルアミーはこれらの伝承を整理し、ダレイオスが暴君で自らの軍隊にも造反を企む不平分子が多くいた、これをアレクサンドロスが利用して近臣二人に暗殺させるよう策略し、結局は二人を弑逆の罪で処刑した、という一貫した叙述の流れを作り出している。その結果、暴君のダレイオス、策士のアレクサンドロスという両君の性格がより明確になっており、話としては辻褄の合う筋立てができている。

ただ、バルアミーにも矛盾が残っている部分がある。ダレイオスの死後、「兵や家臣を捕虜にはせず、住居を破壊することもなかった」という記述の後に[23]、「バビロン、イラク、パールスの諸都市を可能な限り荒廃させ、貴族を殺した上に、ダレイオスの行政記録を全て焼却した」と記されている[24]。さらに、「小国の君主たち」に統治を委ねてバルフに向かう途上も、ペルシアの諸都市で殺戮と破壊を繰り返したとある[25]。中国から東の果てに向かう道のりでも同様に都市を破壊してゆく。タバリーにはアレクサンドロスがダレイオスの遺言に「応じた」(*ajāba*)とだけ記されているが[26]、それをバルアミーは「兵や家臣を捕虜にはせず、住居を破壊することもなかった」と解釈したのであろうか。いずれにせよ強調されているのは、ペルシアの都市を破壊し、貴族を殺し、権力を細分化したというササン朝的なアレクサンドロス観である。

このようにバルアミーは、タバリーがあえて区別していた『クルアーン』の二本角とアレクサンドロスの同一性を積極的に認め、ペルシア的な歴史観の中に取り入れている。メイサミーは、次に論じるフィルダウスィーの『王書』がイラン固有の歴史叙述の最後の記念碑的作品であるのに対して、バルアミーのタバリー訳はイスラーム的世界史をペルシア語で扱った最初の作品である、と述べている[27]。確かにバルアミーは、二本角の伝承も取り入れることで、イスラーム的な要素をアレクサンドロスの歴史に反映させる一方で、アラブ的なハディースの構造は完全に捨て、ペルシア的な叙述の特徴であるといえる、より一貫した語りの流れを構築しているのである。

(2) フィルダウスィーの『王書』

さて、タバリーの歴史の翻訳が命じられる前の一〇世紀初め頃から、イスラーム期前から伝わるイラン固有の神話・伝説・歴史・物語を編纂しようとする動きはすでに高まっていた。イブン・アル＝ムカッファアによってアラビア語に訳されたイランの列王伝がディーナワリーやタバリーなどのアラビア語万国史に影響を与えたことは、すでに述べた。サーマーン朝時代には、アラビア語で断片的にしか伝わらないこの列王伝をゾロアスター教の僧侶らに語らせ、収集し、近世ペルシア語で編纂しなおすという作業が為政者の命によって行われたのである。サーマーン朝の豪族の命を受けたアブー・マンスール・アル＝マァマリー Abū Manṣūr al-Maʻmarī なる人物が編集したもの（九五七年）、およびダキーキー Daqīqī（九七八年没）という宮廷詩人がヌーフ二世（在位九七六―九九七年）の命によって着手した韻文の列王伝（千句作詩したところで、詩人は奴隷に殺害されたため未完）などの存在が知られているが、後世に古典として残ったのは、フィルダウスィー（九三四―一〇二五年）の長篇叙事詩『王書（シャーナーメ）』（一〇一〇年完成）である。

フィルダウスィーの『王書』は、彼がゼロから書き上げたのではなく、前述のアブー・マンスールやダキーキーらによる列王伝、そして彼自身が集めた伝承の集大成であった。厳密にいえば文学作品であり、現代の歴史家から見た史料としての価値は低いかもしれないが、イラン人の古代史観、民族意識を形作った作品としてここに挙げるに相応しいといえよう。[28] しかも、このような作品の中に、偽カッリステネスのシリア語版（δ*系）に比較的近い、完結したアレクサンドロス物語が挿入されているという点は、我々にとって非常に意義深い。

物語の内容全体の詳細な分析は別稿に譲るとして、ここでは、この叙事詩の中におけるアレクサンドロスの位置づけに注目してみよう。『王書』全体の構成は、文明の発達を促した初期の世界王たち（ピーシュダーディーヤーン）を描いた「神話時代」、ファリードゥーン王による世界の三等分をきっかけに始まるイランとトゥーラーンの戦いにおいてロスタムなどの勇士たちが活躍する「英雄時代」（カイ王朝の部分）、そしてアレクサンドロスの征服からササン朝の滅亡までの「歴史時代」（カイ王朝末期、アーシュカーニー［アルサケス］朝、ササン朝）とに分類することができる。まさにアレクサンドロスは、英雄時代と歴史時代のちょうど要のような位置にあるのである(29)。

アレクサンドロスの到来は実際にイランにとっては大きな歴史的転換点であったわけで、アケメネス朝ペルシア帝国の崩壊後、ギリシア支配の時代を経て、過去の記録はほぼ失われ、伝説と遺跡のみしか残らなかった。おそらくササン朝末期に、イランの「正史」ともいえる列王伝が編纂されようとした時点では、アレクサンドロス以前のメディア王国やアケメネス朝の歴史についてはほとんど「記憶喪失」の状態になっていた。そのかわり、ゾロアスター教的創世神話とイラン東部起源の英雄伝説が、その空白を埋めたのである。言い換えれば、『王書』において、ひいてはイランの民族の歴史観においてアレクサンドロスは、神話・伝説としての過去と、歴史としての過去の境界に立っている、あるいは連結器として機能しているのである。そしてそのアレクサンドロスは、イランの征服者としてではなく、ペルシア王の血を引いた、王権の正統な後継者として登場するのである。

もちろん、アレクサンドロスの「イラン化」はフィルダウスィーに初めて見られる現象ではない。ペルシア王ダーラーブに嫁いだルームの王女が悪臭のために国に戻され、そこでペルシア王の子アレクサンドロスを産むという『王書』におけるアレクサンドロスの出生譚は、前述のディーナワリーやタバリーが挙げている話とほぼ重なる。それは、フィルダウスィーがそれまでのペルシア列王伝の伝統を踏まえている証拠であるが、そもそもペルシア列王伝にこの話が挿入されるに至った時期や経緯については、前章のディーナワリーの節で考察した。

歴代王の一人、カイ王朝最後の王としてのアレクサンドロスの正統性は、アレクサンドロスの異母兄弟にあたるダーラーが死ぬ場面においても強調されている。ダーラーはダーラーブのもう一人の息子で、父の後を継いでペルシアの王となっているが、『王書』では暴君として描かれている。アレクサンドロスと何度か会戦するが、戦いの合間に自らの側近に刺されてしまう。その死に際にアレクサンドロスが駆けつけ、腕に抱いて、実は兄弟同士であることが分かったということをダーラーにうち明ける（『王書』において、戦っていた相手が死に際に身内だと分かるというのは、ロスタムとソフラーブ親子のエピソードでもおなじみの「お涙頂戴」の場面である）。そこでダーラーは、娘ロクサネと結婚してその息子が聖なるゾロアスターの火を再び燃やすように、ペルシア人の慣わしを保護するようにとアレクサンドロスに遺言をする。アレクサンドロスは承諾して、ダーラーを手厚く葬り、イスタフル（つまりペルセポリス）でカイ朝の王冠をかぶり、自分がダーラーの正統な後継者になったことを書簡でイラン中の貴族・高官に知らせる。そしてダーラーの娘と結婚し、それから遠征を続ける。王位についたアレクサンドロスは公正な王として描かれており、決して否定的なイメージはない。

しかし『王書』の長大な作品全体を通して見ると、アレクサンドロスを否定的に描いた箇所もある。第Ⅰ部で述べたところの、ササン朝時代に「悪魔化」されたアレクサンドロス像が見え隠れしているのである。三大悪王の一人とされ、イランに対して三つの大罪――聖職者や王族の惨殺、聖典の焼尽・略奪、イランの王権の分割――を犯し、ササン朝の西の大敵ローマ人の先祖であるという、ゾロアスター教パフラヴィー語文献に見られた憎きアレクサンドロスは、『王書』のそこかしこに健在である。

まず取り上げるべきは、アレクサンドロスの章の最後の部分にある一節である。そこには帝国が分割された経緯が語られている。カイ王朝の復讐を恐れたアレクサンドロスは、自分の死後のルームを護るためにイランの王族の子孫を皆殺しにするという計画を立て、師アリストテレスに助言を求める手紙を記す。アリストテレスはこれに対して、そのようなことをすれば「復活の日まで呪われるであろう」と、思いとどまるように説得する。そして王族たちを抹殺する代わりに、帝国の一部を各々に召し与え、権力を分割することを下記のように勧める。


諸侯、貴人を召し集わせ、惜しまず与えよ、富、宴、楽、食を。

各々の公に分相応に領を封じ、記帳せよ。

汝が無償で国を奪った諸侯、貴人の名を。

一人に他を治める権を与えず、いかなる者にも大君の称号は与うべからず。

カイ一族を以って貴国の盾とすべし。ルームに駆け来る軍をば留めんと欲すれば。(30)


イランの王族たちの権力を細分化し、領土をめぐって互いに小競り合いをさせておけば、ルームは安泰であろうというアリストテレスのこの助言に王は従う。そしてこれらの領主たちは「小国の君主たち」と呼ばれるようになる。

ここに登場するアレクサンドロスは、正統で公正なペルシア王というイメージとは矛盾する。ルームの存続のために、話の上では自らもその血を受け継いでいるはずのカイ一族の根を絶やすこともいとわないのである。類話はイブン・アル=ムカッファアによる『タンサルの書簡』序章、(31) 偽アスマイーの『究竟の書』(32)、ディーナワリーの『長史』(33)、イブン・アル=バルヒー Ibn al-Balkhī の『ファールスの書』*Fārsnāma*(34)、ミスカワイフの『国々の経験』(35) などに見られるが、このアレクサンドロスとアリストテレスのやりとりの最も早い例が、サーリム監訳の書簡集に含まれていた第一一篇と第一二篇の手紙であることは、すでに述べた通りである。さらにそれは、「(アレクサンドロスは) イランの貴人や領主 (*kadag-xvadāyān*) の間に互いへの憎しみと敵対心を植え付けた」(『敬虔なヴィーラーズの書』)、あるいは、「我らの国力を衰弱させ、民を分割し、我が国の繁栄を絶やすことの方が、我らの血を流すことより彼にとっては重要であったのである」(『アルダシールの遺言』)といったような、ササン朝時代の反アレクサンドロス的な言説に遡る。イランの王権を分裂させた悪玉としてアレクサンドロスを扱うこのような言説はおそらく、帝国の再統一者としてのアルダシールの正統性を強調するための政治的手段であったに違いない。

次に、アレクサンドロスを三大暴君の一人として数え上げている一節を挙げよう。

邪まなザッハークは、かの王座より終には何を得んや。
さらに腹悪しアフラースィヤーブ、諸王悩ませしは彼奴。
アレクサンドロスこの世に現れ、世の王悉く亡き者にせん。
されど皆失せ、残るは穢らわしき名のみ。楽園に幸見出したることもなし。
斯様にてハフトワードも留まるまい。彼の卑しき者も果てては失せよう。(36)

この一節は、龍王ハフトワードとの戦いにおいて苦戦を強いられたアルダシールを家に匿ったある兄弟が、アルダシールを励ます場面である。アレクサンドロスは、人間の脳を喰う蛇が両肩からはえた暴君ザッハークと、敵国トゥーラーンの王アフラースィヤーブと並ぶ、憎むべき悪王とされている。兄弟は、これらの邪悪が滅びたように、いずれはハフトワードも倒される日がくるとアルダシールを慰めているのである。

この話がササン朝起源であることは明らかである。第I部でも述べたように、ササン朝の建国伝説ともいうべき『パーバグの子アルダシールの行伝』(七世紀)の中に典拠がある。そこでもアレクサンドロスは、悪神アフリマンが善を滅ぼすために地上に送り込んだ三大悪王の一人とされており、いずれもが善神アフラマズダとアマフラスパンド(アフラマズダをとりまく六柱の陪神)によって滅ぼされたことが兄弟の励ましの言葉の中に出てくる。

『アルダシールの行伝』より古い、六世紀頃のものとされる『英知の精霊の審判』という教訓物語や、九世紀までに編纂されたという『バフマン・ヤシュトのザンド』や『デーンカルド』においても、アレクサンドロスは三大悪王の一人として扱われている。[37]

この三大暴君の悪行は、『王書』の別の箇所でも繰り返し言及されている。ササン朝の王ホスロウ・パルヴィーズの章では、ザッハーク、アフラースィヤーブに続く三人目の仇敵として登場する。

　　三人目はアレクサンドロス。ルームよりイランに至りて国滅ぼす。
　　剣を揮うダレイオス倒したとき、イランの民の寝食は侵された。[38]

また、アレクサンドロスの侵攻が、イランとルームの間の憎しみを呼び覚ましたと、ホスロウ・パルヴィーズがルームのカエサルに宛てた次の手紙の中には記されている。

　　シールーイの生い先を案ずる。ルームとイランの間にまた惨禍が起こるやもと。
　　荒々しサルムに起こり、憎悪に満ちた、野人アレクサンドロスが継いだ
　　この憎しみ。新しきも、古きも、はたや再びこの世に呼び覚まされん。[39]

ホスロウ・パルヴィーズは息子シールーイが成人する頃には、イランとルームの二つの王国の和解を妨げる「古い憎しみ」(*kīn-i kuhan*) と「新しい憎しみ」(*kīn-i naw-āyīn*) に再び火がつき、戦争に発展するのではないかと憂いている。そしてこの敵意は、サルムとともにアレクサンドロスがその責めを負うべきものであると書いている。

サルムとは神話時代の王ファリードゥーンの三人の息子の一人である。蛇王ザッハークを倒し、この世に再び光を取り戻したファリードゥーンは、世界を自分の息子たちに分け与える。[40] その際、サルムは巨万の富を欲し、トゥールは武勇を求め、末のイーラージュは法と宗教を望んだ。父は最も優れた答えをしたイーラージュにこの世

の中心であるイランとアラブの地を授け、気性が激しいトゥールにはトゥーラーンとチーン（中国）を与え、ずる賢いサルムにはハーヴァル（西方という意味）とルームを与えた。末の弟を妬んだ兄二人は結局イーラージュを殺してしまう。『王書』を通して見られるルームやトゥーラーンとの戦いは、この始原の兄弟殺しがそもそもの発端とされている。この時にルームとイランの間にできた亀裂が「古い憎しみ」で、それがアレクサンドロスのイラン征服によって「新しい憎しみ」として再生されたというわけである。

実際に、ローマ帝国とササン王朝の対立という政治的コンテクストがあり[41]、前者の指導者たちが「アレクサンドロス模倣」を行い、後者の政治的プロパガンダの中で「アレクサンドロスの悪魔化」があったということは、第I部で述べた通りである。ルームに対する憎悪の象徴としてのアレクサンドロスは、『王書』の中にしっかりとその痕跡が残っているのである。

最後に挙げるのは、イランの王権の象徴として代々受け継がれた玉座タークディース（*Takht-i tāqdīs*）、すなわち「天蓋の玉座」の破壊者としてのアレクサンドロスである。ホスロウ・パルヴィーズの章に、ファリードゥーンの御世から伝わるとされるイランの三つの宝物の一つであるこの「天蓋の玉座」に関する一節がある[42]。フィルダウスィーによると、グシュタースプ王の助言者であった賢者ジャーマースプがこの玉座に、「雄大な天空を玉座に描き、以って万象を推し測り、事々の起こりから終わりまでの時を計った。王命により、あらゆる天体をあまねく描いた。土星から月にいたるまで」という[43]。天文学的な機能が施されていたこの玉座を、アレクサンドロスは一撃のもとに破壊してしまう。

> アレクサンドロスに至るまで、かの玉座を御した王は皆、
> その面(おもて)に飾りを重ね、金、銀、象牙、黒檀を施した。

然るにアレクサンドロスは悉く打ち砕いた。無知なる故に一息に。[44]

そして、分散してしまった玉座の破片を後に集めたのがササン朝の創始者アルダシールで、ホスロウ・パルヴィーズはそれらを再び組み立て、荘厳な玉座に再建したという。[45] 玉座の破壊は、上に挙げた王権の分割を象徴的に表しているといえ、帝国の再統一を果たしたアルダシールとの対照は、ここでも明らかである。

上記の一節はまた、聖典『アヴェスター』が散逸してしまったのはアレクサンドロスのせいであるとするゾロアスター教徒の伝承を暗示していると解釈することもできよう。第Ⅰ部で見たように、『敬虔なヴィーラーズの書』、『ブンダヒシュン』などのパフラヴィー語ゾロアスター教文献によると、アレクサンドロスは『アヴェスター』を持ち去り、焼き払ったとされる。玉座破壊と再建のエピソードと同様に、「散らばっていた書物を一カ所に集めた」のは、『デーンカルド』第三書によるとアルダシールであったとされる。[46]

さらに歴史的な起源に遡れば、アケメネス王朝の王座があったペルセポリスの破壊の記憶にまで辿ることもできよう。ペルセポリスの「百柱の間」の出入り口側柱には、[47] いわゆる「玉座担ぎ」の場面が浅浮彫りに図案化されて描かれている（図6）。

浅浮彫りの上部の大パネルに描写されている光景は、メディア人が帝王の前で「跪拝の礼」を行っているところで、王は細い円柱に支えられた天蓋の下の背もたれ付きの玉座に座っている。王が座している玉座はさらに巨大な玉座の上にのっており、それを支える兵士たち、もしくは各属州の代表者たちが並んでいる情景が、下に何段か重なった小パネルに彫られている。そして、王の玉座の天蓋のさらに上方には、最高神アフラマズダのシンボルが宙に浮いている。ロランジュは、この玉座担ぎのモチーフは、王の玉座を担いで行進する実際の儀式に基づいていると述べている。玉座の下に数段のパネルに分けて描かれている人物の列は、三次元の空間の中で奥に向かって水平に並んでいたと想像すればよい。玉座の脚は地面から少し浮いているように描かれているのは、玉座の動きを表している。この儀式は王の宇宙支配的な王権を示すためのものであり、玉座の動きは天体の動きそのものを意味していたという[48]。

アテナイオスがクーマイのヘラクライデスを引用して言うには、ペルシアの帝王が謁見の際に座した玉座は金でできており、その周りには四本の短い、宝石の飾りが付いた金の棒が立ち、その上には刺繡が施された紫色の布が掛けられていたという[49]。ペルセポリスの玉座担ぎのレリーフの天蓋の部分には、アテナイオスが伝えるような、布に縫い取られていた模様を表していると思われる美しい意匠が見られる（図7）。

図6　玉座担ぎの浅浮彫り（ペルセポリス，百柱の間）

天蓋の模様は、中心にある有翼の光輪に向かって、五頭ずつ列になって進む牡牛およびライオンが描かれた二段の細長いパネルからなり、それらのパネルは一二弁のロゼット文様の帯に縁どられている。さらに房の付いた網状のへり飾りがそこからたれ下がる。宝庫跡からは、このような刺繡に使われたであろう金の糸の束が発見されている。

ペルシア皇帝の玉座がこのように豪華に飾られていたのも、玉座そのものが、「古代西アジア文化においては、宇宙支配者の玉座といわれ、この地球

図 7　玉座担ぎの浅浮彫り，天蓋部分（ペルセポリス，百柱の間）

を神の代理人として支配する神聖な帝王の王権の象徴となっていた」からであったのだろう。[50]『王書』に登場する「天蓋の玉座」には、天宮図が描かれており、それを以って天体の動きを測り、様々な現象を予知することができたという。まさに古代の宇宙支配者（*cosmocrator*）の座を表しているといえよう。

プルタルコスは『英雄伝』の中で、アレクサンドロスはペルセポリスを占拠した際に「黄金の天蓋の下の玉座」に座り、それを見た近臣の一人の「コリントス人デマラトスは老人らしく涙を流して、アレクサンドロスがダレイオスの玉座に座っているのを見ないで死んだギリシア人は大きな喜びを奪われたものだと言った」と記している。[51]叙述を劇的に誇張する傾向があるプルタルコスが伝えるこのエピソードの信憑性には疑いの余地があるものの、浅浮彫りに残っているような天蓋の玉座がペルセポリスに存在し、それがペルセポリスの焼尽とともに失われたことは恐らく間違いない。玉座の破壊は宇宙の秩序の侵害に等しく、ペルセポリスの巨大な廃墟は、その記憶を廃れさせなかったのであろう。『王書』における玉座破壊の話は、その名残を伝えるものであるといえる。

玉座の破壊についてフィルダウスィーは、アレクサンドロスの章自体では何も言及していなかったどころか、アレクサンドロスはダレイオスの死後、イスタフル（ペルセポリス）の玉座につき、王冠を被って、正統な王として迎えられたとしている。それが、ササン朝のホスロウ・パルヴィーズの章では、王権の象徴そのものである玉座を破壊したとされており、明らかに矛盾が生じている。

このような矛盾あるいは両義性は、異なる情報源のアレクサンドロス伝が作品の中に混在していることから来ると考えられる。フィルダウスィーの『王書』には、偽カッリステネスのアレクサンドロス物語の英雄とササン朝時代に遡る伝承の悪逆無道な暴君が共存しているのである。

これらの矛盾についてフィルダウスィーを責めるわけにはいかない。フィルダウスィーはイランの諸王について伝わってきた様々な物語の編纂者・伝承者であり、細かな整合性を考慮して従来の列王伝の内容を大幅に書き換えることはしていない。むしろこの矛盾は、アレクサンドロスに関して異なる系統の伝承が混ざり合うという状況を生んだ当時のイランの文化的土壌を反映しているといえよう。アレクサンドロスを悪魔的存在とする言説は、ササン朝統治者とゾロアスター教聖職者の自己正当化のためのプロパガンダの一部であったため、ササン朝の崩壊とイランのイスラーム化と同時に、アレクサンドロスを敵対視する必然性は消えていった。と同時に、初期ムスリムの統治者たちにとって世界征服王のモデルと見られたアレクサンドロスの物語や伝承が普及し、偉大な君主としてのアレクサンドロス像がイスラーム世界の東方地域でも受け入れられるようになっていた。

このような矛盾を含んでいるとはいえ、ディーナワリーやタバリーなどに含まれる、現存するアラビア語のペルシア列王伝に比べると、『王書』が決して断片的な情報の継ぎはぎではないことはあらためて指摘しておくべきだろう。フィルダウスィーは、蓄積されてきた伝承の断片を吸い上げ、ペルシア語の長篇叙事詩として謳いあげることによって、民族の歴史の連続性を一篇の作品として見事に表現した。矛盾する部分も含めたこの『王書』の全体を見ると、アレクサンドロスの侵略によって受けた打撃の傷が、年月をかけて癒された過程がよく分かるのである。列王伝の伝承者たちがアレクサンドロスを英雄とする物語を取り入れ、ペルシア王の血を受け継いだ正統な君主としたことは、古来の王権の存続を断ち切られた恥辱を拭うための苦肉の策であった。こうしてイラン人の歴史観の繊維の中にアレクサンドロスは取り込まれたわけであるが、それでも残った矛盾ないし両義性は、彼の侵略のいわば瘢痕であり、その傷跡そのものが民族の誇りを示しているようでさえある。

3 ガズナ朝スルタンたちの「アレクサンドロス模倣」

フィルダウスィーが三〇年以上もの歳月を費やして『王書』を編んでいる間にも、イラン東部、中央アジアの権力抗争の状況は刻々と変化していた。サーマーン朝は臣下であったトルコ系のマムルーク（奴隷軍人）の謀反によって力を失い、現在の東南アフガニスタンに興ったガズナ朝（九七七—一一八六年）によって滅亡に追いやられた。フィルダウスィーはついに完成した約六万対句の叙事詩をガズナ朝のスルタン、マフムード（九九八—一〇三〇年）に献上するが、期待した報酬を得られないまま、失意のうちに死んだという。[52] 大作が評価されなかった理由については、他の宮廷詩人の陰謀があった、あるいは、作品の所々に見られるゾロアスター教的な要素が保守的なスンナ派のマフムードに受け入れられなかった、トルコ系の支配層はイランの領主たち（*dihqān*）が古来継承してきた伝説には関心がなかった、など様々な説が唱えられている。[53] いずれにしても、完成当初のパトロンの反応は冷ややかであったようである。

しかし、スルタンが学芸を軽視していたわけではなく、むしろその反対である。ガズナ朝はトルコ族の出身で、軍人たちの日常用語はトルコ語であったが、ペルシア的な行政組織はサーマーン朝から受け継いでおり、公用語はサーマーン朝ほど徹底していなかったものの、基本的にペルシア語であった。イラン中央部からインドのガンジス川流域まで精力的に版図を拡げ、ガズナ朝の支配を揺るぎのないものにしたマフムードは、文芸・学問の担い手たちを――時に圧力をもって――ガズナに呼び寄せた。宮廷にはウンスリー、ファッロヒー、マヌーチフリーなどの優れたペルシア詩人が仕え、スルタンの栄華を称えた(54)。

（1）ファッロヒーの頌詩

このうちの一人、ファッロヒー・スィースターニー Farrukhī Sīstānī（一〇三七年没）の代表的なカスィーダ（*qaṣīda*. 頌詩）に、アレクサンドロスを凌駕する偉大な王としてマフムードを称揚しているものがある。ここで歴史書ではなく頌詩を取り上げることが、決して本章の意図と大きくずれることではないことを説明しておく必要がある。ワルドマンが指摘しているように、ガズナ朝は、今日知られている限りでは、御用歴史家を持たなかったが、その代わりに、宮廷に出入りしていた詩人たちが君主の偉業を歴史に刻む役割を果たしていたという(55)。王朝の「歴史作り」と詩人は密接な関係にあったわけである。そして時の支配者が詩人の口を通して歴史に残したイメージには、しばしばアレクサンドロスが重ね合わせられるのであるが、その好例としてファッロヒーの頌詩を見てみたい。

以下抜粋する頌詩は、一〇二六年に西インドに遠征し、ソームナート寺院の偶像を破壊したマフムードの凱旋を記念して（*Dar dhikr-i safar-i Sūmnāt va fatḥ-i ānjā va shikastan-i manāt va raj'at-i Sulṭān*）詠じられたものである。この時マフムードは聖なるリンガを破壊し、莫大な財宝を略奪したという(56)。

アレクサンドロスの物語は古びた伝説
　新たな言葉を持てよ、新しきには格別な甘味あり
古びた伝説、偽りに満ちた行伝

　斯様な虚偽を成すことに骨折るでない
アレクサンドロスが何処に行き、何をしたかなど
　人はとうに聞き飽き、そら覚え
聞き及ぶに「物語というものは二度目には
　蘆薈（ろかい）のごとく苦くなる、[57] たとえ砂糖のように甘くとも」
甘く心地よい話をするのなら、
　「世の王」の物語を取り上げ、そこから逸れるでない
「国家の右手（ヤミーネ・ドゥラ）」マフムード、全世界の王
　身も心も麗しき偉大な君主
かの王が昼夜望むはただ一つ
　偶像と寺院を偶像崇拝者の眼前で打ち砕くこと
ある時はアムダリア川からシルダリア川まで軍を率い
　ある時は東から西へ兵を引き連れた
王の行伝から二話も読めば
　アレクサンドロスの行いなどお笑い沙汰
確かにアレクサンドロスは世の果てから果てを巡った
　旅を好み、荒野、峰々、山脈を横切った[58]
しかしかの者が道中探し求めたのは命の泉
　我が王が求めるは神の喜び、預言者の喜び

王に（預言者の）徴があるといっても許されよう
　我は否むまい、咎むべきことであろうとも
アレクサンドロスがこの世を支配した頃には
　預言の扉に錠がかけられていなかっただけのこと
仮にも「征服王」の時代に預言者が現れ得るとしたなら
　王の内にはその徴が二百もある
アレクサンドロスの物語の全てが斯様にも名高くなったのは
　旅に耽り、旅を愛したから
だが、アレクサンドロスが我が王と共に旅したなら
　アラブ馬からたちまち降り立ち、驢馬に乗り換えただろう
王の旅はかの旅人の道のりより長い
　村から村、荒野から荒野へ、止まることなく[59]

詩人はマフムードを「世の王」（*shāh-i jahān*）、また「征服王」（*shāh-i jahāngīr*）と称し、すでに広く知られたアレクサンドロスの物語（*hadīth-i Iskandar*）とマフムードの遠征を重ね合わせている。聞き飽きて、古びて、伝説（*fasāna*）と化してしまったアレクサンドロスの物語よりも、マフムードの行伝の方がよほど新鮮で旨みがある、というのである[60]。ここでアレクサンドロスは、マフムードの偉業を誇張するための引き立て役として登場している。そしてスルタンがアレクサンドロスに優れている点が次々と挙げられている。

まず、自らの不死を求めて旅をしたアレクサンドロスに比べ、マフムードの旅の目的は異教徒の偶像を破壊し、

神を満足させることであった、とスルタンの献身を称えている。さらに二本角アレクサンドロスがムハンマド以前の預言者の一人といわれることを踏まえ、詩人はマフムードが「預言の扉に錠がかけられて」さえいなければ、アレクサンドロスを超える預言者的な資質の持ち主であることを示唆している。イスラーム教ではムハンマドが「最後の預言者」とされるので、教義上マフムードは預言者であり得ないのであるが、預言者の「徴」(*āyat*.『クルアーン』の一句という意味もある)を持つといっても神への不敬にあたらないほどの威厳(*shān*)を備えている、という宗教的には際どい称え方をしている。

また、旅する王として名高くなったアレクサンドロスも、もしマフムードと共に旅をしたならスルタンの威勢に恥じ入って、駿馬から驢馬に乗り換えただろう、とも述べている。これは、アレクサンドロスがかつてインダス川流域まで制覇したことをマフムード自身が意識し、対抗心を燃やしていたことを暗示している。かの旅人(アレクサンドロス)よりスルタンの道のりの方が長いというのは、マフムードがアレクサンドロスより深くインドに侵攻したことを指しているのかもしれない(実際にはアフガニスタンのガズナからグジャラートまでの距離が、マケドニアからインドまでの道のりに比べて長いわけがないのだが)。

スルタンのインド侵攻をアレクサンドロスの遠征に擬えるこの詩は、一種の「アレクサンドロス模倣」であるといえよう。ガズナ朝の詩人たちはこのように、当代の君主と歴史上の著名な王を比較し、現在の君主の偉大さを誇張するというレトリックを賛美の常套手段の一つとしていたが[61]、この傾向は歴史学においても見受けられる。世界征服王の典型と見なされるアレクサンドロスに匹敵する、あるいは大王をさらに超える、とスルタンを称える大げさな美辞は、次に見るように、ガズナ朝時代に書かれた歴史書にも表れるのである。

（2）サアーリビーの『ペルシア諸王史の華』

ガズナ朝時代の歴史家がアラビア語で記した万国史、あるいは古代史を含んだ年代記には、ビールーニー Abū Rayḥān Muḥammad b. Aḥmad Bīrūnī（九七三—一〇五〇年以後）の『過ぎし時代の痕跡』*Kitāb al-āthār al-bāqiya ʻan al-qurūn al-khāliya*（一〇〇〇年）、サアーリビー Abū Manṣūr al-Thaʻālibī（九六一—一〇三八年頃）の『ペルシア諸王史の華』*Ghurar akhbār al-mulūk al-Furs* がある。[62] また、ペルシア語で記されたものとしては、ガルディーズィー ʻAbd al-Ḥayy Gardīzī（一〇五二年頃没）の『歴史の精華』*Zayn al-akhbār* が挙げられる。[63]

ビールーニーはマフムードに仕えた著名な天文学者・科学者で、スルタンのインド遠征に同行し、『インド誌』を記している。『過ぎし時代の痕跡』は、異なる諸民族・諸宗教の暦を比較し重要な歴史的出来事の年代決定をしようという試みであり、編年史ではないが歴史的な情報も含まれている。[64] 歴史学上の矛盾について解明しようという科学者らしい姿勢が見られ、アレクサンドロスに関しては、従来二本角と呼ばれる人物がアレクサンドロスと同一でなく、彼がダレイオスの息子でもないことや、ヤージュージュとマージュージュの壁が実際に存在することが疑わしいことなどを理論立てて議論している。[65] ガルディーズィーの『歴史の精華』はスルタン、アブド・アッ＝ラシード・ブン・マフムード（一〇四九？—一〇五二年？）に捧げられたもので、第一部には古代のペルシア王から一〇四一年までの歴史、第二部には諸文化の特色について記されている。叙述が非常に簡素で乾いており、歴史の骨組みのみを示している。この二人の著作にはここではあまり詳しく触れない。

さて、サアーリビーが記した『ペルシア諸王史の華』は、ガズナ朝のホラーサーン総督のナスル Abū al-Muẓaffar Naṣr（一〇二一年没）に捧げられたアラビア語の万国史で、[66] ペルシア列王伝を典拠としたそれまでの歴史書——偽アスマイー、ディーナワリー、タバリーなど——を総括するような作品である。ペルシア語韻文ではないという違いを除けばフィルダウスィーの『王書』に内容は近く、共通する典拠もあったことが窺われるが、アレクサンドロスの部分に関していえば、『王書』にはあったメッカ巡礼、アンダルシアの女王カイダファ（カンダケ）とのやりとり、珍獣の話などがない。また、アレクサンドロスの死の予告のエピソードが『王書』よりもギリシア語版に近い。文体は物語的で、アラビア語のアレクサンドロス伝としては最も長い方であるといえる。また、従来のアレクサンドロスにまつわる歴史的な情報を集大成するだけでなく、格言や詩が散りばめられている。

その中に、ハマダーニー Abū 'l-Faḍl al-Hamadānī なる人物がサアーリビーに伝えたというアラビア語の頌詩がある。

偉大なる神よ、すばらしきかな　神は我が信仰を高めん
彼は王冠頂くファリードゥーンか　第二のアレクサンドロスか
はたや彼の帰還はもたらしたか　我らに再びソロモンを
マフムードの日輪は見下ろさん　サーマーンの星々を
バフラームの一族は成り果てん　ハーカーンの子孫の僕に(67)

この詩の作者とは、おそらく『マカーマート』*Maqāmāt* の作者であるハマザーニー Badī al-Zamān al-Hamadhānī（九六七―一〇〇七年）のことである。(68) 話術で人を騙すことによって金を儲けながら放浪する悪漢の物語の作者として知られるハマザーニーは、自身も「時代の驚異」（*Badī al-Zamān*）という呼び名がつくほど言葉を巧みに操る教養人で、このような頌詩を捧げて東方イスラーム世界のパトロンたちの愛顧を得ていた。(69)

ハマザーニーの詩は、マフムードを古代ペルシア王のファリードゥーン、アレクサンドロス、ソロモン王に擬え、サーマーン朝を降したスルタンの偉大さを称えている。「バフラームの一族」とは、ホスロウ二世の将軍バフラーム・チュービーンを先祖としたサーマーン朝のことで、「ハーカーン（皇帝）の子孫」とは、トルコ族出身の

ガズナ朝のことである。[70]

ガズナ朝の宮廷においてペルシア語だけでなく、アラビア語でも「アレクサンドロス模倣」の修辞を使った頌詩が作られていたことは興味深い。言葉は違っても、過去の王を引き合いに出したスルタン賛美の手段は共通していたということである。さらに、それをサアーリビーがアレクサンドロス伝の最後の部分で引用していることは特筆に値する。そのことによって、歴史として記されたアレクサンドロスの伝記が単に過去の出来事の記録ではなくなり、「現代的価値」を帯びてきているのである。

(3) バイハキーの王朝史

最後に、ガズナ朝の王朝史、バイハキー Abū al-Faḍl Muḥammad b. Ḥusayn Bayhaqī（九九五—一〇七七年）の『バイハキーの歴史』*Tārīkh-i Bayhaqī* に注目したい。[71] バイハキーはおそらく二〇代の頃にマフムードの宮廷に入り、六代のガズナ朝君主のもとで書記官として勤めた。『歴史』は彼が宮廷を去り、隠退した後に執筆されており、王朝の創始者サブクティギーン（在位九七七—九九七年）からファッルフザード（在位一〇五二—五九年）までのガズナ朝の歩みを追ったものであった。ただ、現存するのはマスウード一世 Mas'ūd b. Maḥmūd（在位一〇三〇—四一）に関わる部分のみで、このため『マスウード年代記』*Tārīkh-i Mas'ūdī* とも呼ばれる。

バイハキーはガズナの宮廷書記として書簡や機密文書などにも直接触れ、また自ら宮廷の出来事を目撃する機会があっただけに、内部事情に精通していた。直接見聞きしたことや、信頼する情報源に基づいたこと以外の伝説や、迷信的な逸話は排除している。[72] だがバイハキーは、単に事実の正確な記録を残そうとしたのではなく、歴史が示す教訓について各王の治世の序に記した。その序を、歴史的出来事の叙述（*tārīkh*）と区別してフトバ（*khuṭba*. 序論）と呼んでいる。[73] 現存するマスウードの治世の章の序には、バイハキーの歴史観におけるアレクサンドロスの位置づけを示す下記のような記述がある。

我曰く、過去の優れた諸王の内、偉大であったのは一握り。中でも特に名声を誇るのはギリシア人（*Yūnānī*）のアレクサンドロスとペルシア人（*Pārsī*）のアルダシールの二者である。されども我らが諸侯、諸王こそが、この二者を全てにおいて凌いだ故に、必然の結果、地上で最も偉大であったと心すべし。なぜならアレクサンドロスは勢いを得た権力の炎が、わずかな間燃え上がり、すぐに灰になったという男である。かの者が大国を征し、諸都市を巡った様は、まるで物見遊山のために各地を廻る者のようであった(74)。征服した王たちに、服従し、劣位を承服するよう求めた際には、まさに重き誓いを得て、それが偽りとならぬよう手はずを整えたはずである。然るに、さらに世を駆けめぐる意味があったであろうか。王たる者は国を統べ治めねばならぬ。王国と土地を奪い、それを支配できぬままにすぐさま次の国に手を出すことを繰り返し、国々を捨て置くような始末では、王が無力であることを世に喧伝する機会を万人に与えるも同然である。

アレクサンドロスについて書物に書かれていることのうち、主たる話は、ペルシア王ダレイオス、およびインド王ポロスを討ったこと。アレクサンドロスはこの二者との関わりにおいて深刻で重大な過ちを犯している。ダレイオスとにおいての過ちとは、ニーシャープールにて戦いの最中、自ら使者のふりをしてダレイオスの陣に乗り込んだこと。見破られ、捕らえられそうになりながら辛くも逃げおおせたという次第である。それにダレイオスは自らの側近に命を奪われたというのに、（アレクサンドロスに殺されたように）話が混乱してしまったのである。

ポロスと（の戦い）においていかなる間違いを犯したかというと、両者の戦いの勝負がつかず長引いた際に、ポロスはアレクサンドロスに一騎打ちを挑んだ。両者は一対一で戦ったが、王たる者が斯様な危険を冒すとは、もってのほか。だがアレクサンドロスは狡猾、かつ悪辣な人物であったため、ポロスに近づく前に殺すための策を練っておいた。すなわち、ポロスの陣営がざわめき立つように仕掛け、ポロスが気をとられ、後を見遣った隙に剣を振り下ろし討ち殺したのである。

最後に、アレクサンドロスは春夏の雲のごとく、縦横に拡がり、轟音と閃光と稲妻とともに地上の王の上を通り過ぎ、雨を降らせ、そして消え散った男である。(75)

「その身こそやがて消え敢う夏の雲」(76)

それから五〇〇年存続し、地上を覆ったギリシア人の王国は、アレクサンドロスの師アリストテレスの助言を忠実に守った。曰く「諸侯の間で領土を分割せよ。さすれば互いにもめ合い、ルームを攻めることはあるまい」。彼らのことを小国の君主たちと呼んだ。(77)

バイハキーもやはり、ガズナ朝の君主をアレクサンドロスやアルダシールと比較してその優越を主張し、結果的に歴史上最も卓越していると誇張している。現在の王朝の栄華を称えるためにアレクサンドロスを引き合いに出すという、宮廷頌詩の「流行節」を歴史叙述にも取り入れているわけである。

ただ、アレクサンドロスの名声をスルタンのイメージ作りのスパイスにするだけでなく、具体的にアレクサンドロスが世に謳われるほどの英主ではないことを理論立てて分析しているところが歴史家らしい。征服した領土の統治の体制を整えずに世界旅行でもするかのように次から次へと国々を渡り歩いたり、無謀にも敵陣に使者のふりをして自ら乗り込んだり、敵の王と一騎打ちをするという危険を冒したり、といった王らしからぬ行動（史実ではないが、当時史実として認識されていた）をバイハキーは挙げ、アレクサンドロスを非難すると同時に、ガズナ朝の君主たちへのさりげない戒めともしているようである。歴史を実践的な君主鑑と見なす傾向は、前述のミスカワイフの影響ではないかといわれている。[78]

また、この序の一文には、バイハキー独特の面白味のある文体の要素が詰まっている。ワルドマンは、人間臭さとユーモアがバイハキーの叙述を読み応えのあるものにしていると分析しているが、[79]アレクサンドロスの遠征を「まるで物見遊山」と揶揄したり、「世を駆けめぐる意味があったであろうか」と口語的に読者に問いかけるあたりに、その味が出ている。

比喩的な表現もバイハキーが得意とするところである。[80]「権力の炎が、わずかな間燃え上がり、すぐに灰になった」、あるいは「春夏の雲のごとく、縦横に拡がり、轟音と閃光と稲妻とともに地上の王の上を通り過ぎ、雨を降らせ、そして消え散った」といった視覚的な心象を喚起する詩情あふれる比喩には、それまでの歴史書のアレクサンドロス伝にはあまり見られないバイハキー独特の趣きがある。ガズナ朝六代の君主のもとで書記として務めたバイハキーは、宮廷詩人たちが君主たちに降りそそいでいった美辞麗句を吸収し、このように歴史叙述の文体にも活かしたのではなかろうか。

バイハキーは、特にアレクサンドロスに関して新しい情報を提供しているわけではないが、すでに広く知られた歴史的逸話から教訓を引き出し、独自の表現力豊かな言葉で説いている。そして上記の一節をマスウードの治世に実際に起こったことと照らし合わせると、賞賛が皮肉にすら読める。スルタン、マスウードは父マフムードの政策を受け継いでイラン側とインド側への軍事行動を続けるが、彼の判断力は父には及ばず、その恣意的な行動は軍や行政の内部からも反感を買うようになった。軍の勢力は衰え、トゥルクマーンと呼ばれる遊牧民族が興したセルジューク朝の侵攻を防ぐことができなくなり、一〇四〇年にはホラーサーンなど支配領域の西半をセルジュークに失った。ガズナも奪われることを予測し、マスウードはインドに撤退するが、一〇四一年にインダス越えの際に、まるでダレイオスと同じように、自らの兵に暗殺されている。続くほぼ一〇年間は、五代君主が代わるという動乱の時期であった。マスウードの息子たち、ファッルフザードとイブラヒーム（在位一〇五九―九九年）がかろうじて東アフガニスタンから北西インドの領域を守り、セルジューク朝と講和を結び、ようやく安定した時期にバイハキーはこの書を記している。マスウードの治世の章の序において、統治しきれないほどに領地を拡張してしまうことの危険性をアレクサンドロスの例をもって示しているのは単に一般的な教訓ではなく、実はガズナ朝自体の歴史を振り返った訓戒であると考えられる。

4　セルジューク朝期の歴史書

セルジューク朝（一〇三八―一一九四年）の支配下においてもペルシア語の歴史が記されたが、アレクサンドロスに関する歴史的情報はほとんど、それまでの歴史学が蓄積してきた知識の繰り返しであり、それほど新しい視点は見られない。関連する作品としては、イブン・アル＝バルヒーの『ファールスの書』（一二世紀初め）や[81]、作者不詳の『歴史大要』*Mujmal al-tawārīkh*（一一二六年）が挙げられる。[82]前者は古代ペルシア諸王史とファールス地方の地理と歴史を扱ったもので、タバリーやハムザ・アル＝イスファハーニーらに基づいている。アレクサンドロスに関してはハムザが記したような破壊者像は見られず、「才気あり、哲人で、知恵、判断力、武勇を持ち合わせ、（中略）世の人々に正義の道を開いた王であった」と[83]、肯定的に描かれている。

後者の『歴史大要』は、アサダーバード出身の名士によるとされ、文体が比較的単純なことや、驚異譚、伝説などの娯楽的要素も少なからず含んでいることからセルジューク朝の王子の歴史教育のために記されたものではないかとされる。[84]こちらもフィルダウスィーの『王書』や、タバリー、ハムザ・アル＝イスファハーニーらによる既存の歴史書をまとめた万国史で、アレクサンドロスの扱いにもさほど新鮮味はない。ただ、アレクサンドロスの血統について興味深い説が含まれているので、指摘しておきたい。アレクサンドロスの父親がフィリッポスである、あるいはダレイオスであるといった諸説に加えて、『アレクサンドロスの書』*Iskandarnāma* にある話として、エジプトの王バフティヤーヌースが父であるという記述がある。Bakhtiyānūs بختيانوس は、第一、第四、第六番目の文字の上下点をずらせば、Nakhtanābūs نختنابوس と読むことができるので、ネクタネボスであることはほぼ間違いない。[85] エジプトから逃れてきたネクタネボスがマケドニア女王に孕ませた子がアレクサンドロスであるとするこの「アレクサンドロス物語」は、「イラン化」されていない（アレクサンドロスがダレイオスの異母兄弟とされていない）偽カッリステネスのアレクサンドロス物語であったことが推察される。コプトあるいはシリア系のキリスト教徒による歴史にはこの話が含まれていることはすでに述べた。セルジューク朝はシリアまで版図を拡げていたので、『歴史大要』の著者は、東方においてイラン化されたアレクサンドロス伝とは違った系統の情報源に接する機会をもっていたと考えられる。

他のアラビア語、ペルシア語歴史資料には見られない、ギリシア系の史料の流れを汲む書としては、ムバッシル・ブン・ファーティク Mubashshir b. Fātik（一〇五三／四年没）の『精選された格言と珠玉の金言』*Mukhtār al-ḥikam wa maḥāsin al-kalim*（一〇四八―四九年）が挙げられる。[86] この書においてはアレクサンドロスの伝記の部分で、父フィリッポスが暗殺された経緯が、以下のように非常に詳しく記されている。

> アレクサンドロスは、アミュンタスの息子フィリッポス Filfūs という名の王の息子であった。フィリッポスの治世は七年であった。フィリッポスの暗殺の原因は、側近の一人であるパウサニアス Fāwus がフィリッポスの妻、つまりはアレクサンドロスの母に恋をしたことにあった。彼は手紙を送り口説こうとしたが、女王

はそれをはねつけた。そこでパウサニアスは彼女の夫のフィリッポスを殺し、王座と妻を奪おうと考えた。ちょうどその頃、フィーラートゥス王 Fīlātus（ピラトゥス?）が死んで、その息子サリートゥーン Sarīṭūn がフィリッポスに対して反逆したので、フィリッポスは貴族の一人が率いる軍を鎮圧のために送り出したところだった。パウサニアスはフィリッポスの兵が国を離れたことを知って、暗殺を決行することにし、共謀者を集めた。そしてフィリッポスに襲いかかり、剣で何度も刺した。人々が彼を止めに入ったが、フィリッポスはすでに致命的な傷を負って倒れていた。市民と兵士たちは動揺し、町全体が混乱した。このときアレクサンドロスが到着し、騒ぎを聞きつけ、何事が起こったのか人々に尋ねたので、人々は父について報告した。急いで駆けつけてみると、そこには瀕死の父とパウサニアスに捕らえられた母がいた。剣で一突きにしようと考えたが、ぴったりとついて離れられない母親を傷つけることを案じた。母が、「殺してください。私のために躊躇しないように」と呼びかけたので、パウサニアスを刺した。そして急いで、息も絶え絶えの父のもとに走った。アレクサンドロスはフィリッポスに言った。「立ってください、王よ。剣を取り、貴方の敵を殺すのです。自らの手で復讐するのです」。フィリッポスは立ち上がり、パウサニアスを殺し、自らも息をひきとった。アレクサンドロスは父を埋葬し、即位した。[87]

横恋慕については作り話であるにしても、フィリッポスは実際に紀元前三三六年にパウサニアスの手でアイガイの劇場で殺害されている。アラビア語・ペルシア語の歴史書で、フィリッポスの暗殺者の名を史実通りに記したものは、筆者が知る限りでは他にない。実はこの一節は、偽カッリステネスのアレクサンドロス物語の α 本にある内容にかなり近い。[88] δ*系アレクサンドロス物語のシリア語訳にも似たような話が含まれているものの、暗殺者の名前がパウサニアスではなくテオシードスとなっている。[89] 従って、ムバッシルの典拠は中東に流布したδ*系アレクサンドロス物語とはまた違う情報源であったようである。

5 歴史の指標としてのアレクサンドロス

以上、一二世紀までのアラビア語・ペルシア語の主な世界史におけるアレクサンドロス像を見てきた。イスラーム初期には、二本角に関する断片的で歴史的具体性に欠けた寓意的な伝承が中心であった。「ルーム」のアレクサンドロス、あるいはアレクサンドリアの建設者アレクサンドロスと同一視されていながらも、ペルシア王ダレイオス、インド王ポロスなど実在の王とのやりとりは含まれていない。『クルアーン』の二本角伝にまつわるイスラーイーリーヤート、イブン・イスハークによるムハンマドの『行伝（スィーラ）』、イブン・ヒシャームによる南アラビアの古代史のいずれにおいても、説話化されたアレクサンドロスの征服伝であり、アラブ・ムスリム軍の勢力拡大と象徴的な形で結びついていた。『クルアーン』などに見られる二本角伝承の形成には、七世紀キリスト教の終末論的な歴史観が深く関わっていた。キリスト教徒が描くアレクサンドロスの世界征服とその再来である「最後の皇帝」の勝利のシナリオを、ムスリム共同体の拡張の大儀に逆手に当てはめた結果が、歴史的な文脈からその寓意的な精髄だけを抽出した「二本角」の伝承であったのである。

九世紀前半頃の歴史学の転換期に、聖書的な古代史観とペルシア古代史が融合するとともに、宗教史から文明史へと歴史家たちの関心は拡がっていった。この頃から、より歴史的具体性を持ったアレクサンドロスに関する情報が、ペルシア列王伝に取り込まれた形で伝わるが、イブン・クタイバのように、アレクサンドロスを古代ペルシア帝国の分裂と拝火教の衰退の要因とするササン王朝の「公式見解」を反映したものもあれば、ディーナワリーのようにイラン化されたアレクサンドロス物語を取り入れたものもあった。

また、ヤァクービーやマスウーディーなどは、ペルシア経由のアレクサンドロス伝だけでなく、ギリシア哲学・天文学から得られた情報も吸収している。しかしギリシア・ローマの歴史家たちによるアレクサンドロスの行伝は、イスラーム世界にはほとんど受け継がれなかった。ギリシア語、シリア語、コプト語からキリスト教徒らによってアラビア語にされた歴史には、ビザンツ歴史学の名残が窺われる。それでも、アレクサンドロスに関しては、史実に近い伝記よりも偽カッリステネスのアレクサンドロス物語を根幹とした内容(例えば、ネクタネボスが父親とされているといったように)が主であった。

アッバース朝の衰退とともに地方王朝の力が増した一〇世紀後半、歴史学はまた新たな転機を迎え、西アジアにおける政治力学の変動の中から、アラビア文字で書かれたペルシア語による歴史が現れる。バルアミーがタバリーの『歴史』を翻訳し、フィルダウスィーが『王書』をまとめると、それまでアラブの歴史家たちに断片的に引用されていたペルシア列王伝の叙述の流れ、ないし全体像が見えるようになった。それらは、アレクサンドロスについて矛盾する系統の伝承——アレクサンドロスを否定的に描くイスラーム以前から伝わるものと、イスラーム以降により広く普及したであろうアレクサンドロス物語に端を発するもの——がイランにおいて共存していたことを反映していた。

ガズナ朝の時代の頌詩や歴史書の中のアレクサンドロスへの言及を見ると、アレクサンドロスをめぐる歴史物語が、広く語られ、あるいは読まれていたであろうことが窺われる。ガズナ朝のインド侵攻とアレクサンドロスのインド遠征が重ね合わさることから、支配者層に特に好まれた歴史的題材であったのかもしれない。そして相互に密接に連結していた君主賞賛と歴史叙述のレトリックにおいて、アレクサンドロスは世界史上最も偉大な征服者というイメージを喚起させると同時に、権力の儚さを体現する人物として、一つのトポスになっていた。

次に、アラビア語とペルシア語の歴史書を比較して、アレクサンドロスに関する叙述の形式や内容の違いはあるのか、という疑問を問うべきであろうか。しかし、書かれた言葉の違いでアレクサンドロスに関する歴史観の特徴を一般化することは、西アジアの歴史学の場合、あまり意味がない。アラビア語で記した歴史家でも、例えばディーナワリー、タバリー、ミスカワイフ、ビールーニー、イスファハーニーなどは家系が、イスラームの拡大とともにやってきたアラブの支配者層ではない「イラン系」であり、イスラーム以前のイランから伝わる知識の体系を引き継いでいた。当時の学問用語であったアラビア語で書かれた歴史には、イラン、ギリシア・ローマ・ビザンツの様々な知的財産が集約され、混じり合っていたのである。筆者が上の個々の章を通して行ってきたのは、「アラブ」と「ペルシア」の対比ではなく、むしろアレクサンドロス像について見られるいくつかの顔——建設者、破壊者、冒険者、布教者、賢人など——がその情報の源——アレクサンドロス物語、ササン朝ゾロアスター教伝承、ギリシア格言集、ユダヤ・キリスト教説話——によって系統立てることができるものではないか、ということであった。

ただ、歴史学における「アラブ的」、あるいは「ペルシア的」な傾向をあえて抽出するとすれば、叙述の文体や構成については次のようなことがいえるかもしれない。タバリーの『歴史』とバルアミーによるそのペルシア語改編版の比較をした際に、ハディースというイスラーム初期のアラブ世界の学者たちの独特な知識の伝達・保存方法に基づいた前者の断片的、非連続的な叙述に対し、後者には時間軸に沿った一貫性、物語性が見られた。この断片性が「アラブ的」、一貫性が「ペルシア的」な叙述の特徴であることは、伝説的な純愛物語「ライラとマジュヌーン」の比較研究において、ハイラッラーというレバノン出身の研究者が示唆している(90)。アラブの文学書におけるライラとマジュヌーンの物語は、様々な経路を伝わってきた逸話や詩が断片的に並べられた、一見統一性のない構成を持っており、矛盾や重複などが生じている。ハイラッラーは、いくつもの小さな場面がコラージュあるいはモザイクのように組み合わされているこのような構成を「無作為に繋げられた真珠」と表現している。これらの断片を作為的に繫ぎ直し、時間の経過に沿って一直線上に進行する恋愛譚に仕上げたのはペルシアの詩人ニザーミーである。

「ライラとマジュヌーン」は恋愛物語であるが、歴史編纂の分野においてもこの傾向はある程度あてはまるのではないかと考えられる。ただし歴史書の場合、「ペルシア的」な叙述には、ディーナワリーやサアーリビーなどの史書のように、アラビア語で書かれてはいるが、構成・内容・叙述の形式が古代ペルシアの列王伝の影響を強く受けているものも含まれるといえる。

最後に、アラブ・ペルシアの歴史学を総体的に捉えたとき、アレクサンドロスの遠征を境に、エジプトからインドまでの広大な領域で衝撃的な権力の移行があったと認識されていたこと、すなわち、アレクサンドロスが古代史の流れの大きな節目と見なされていたことは明らかであろう。

それは様々な歴史書における「アレクサンドロス暦」の使用にも現れている。キリスト誕生が西暦の紀元となっていたり、ムハンマドのメディナ移住がヒジュラ暦の始点となっているように、アレクサンドロスも歴史の指標とされていたのである。[91] アラブ・ペルシアの歴史書では、歴史上の主な出来事の年代考証がされる際に「アレクサンドロス暦」(*ta'rīkh al-Iskandar*)、または「アレクサンドロスから数えて……年」という年代の数え方が、ヒジュラ暦などと並行してしばしば登場する。現存するアラビア語史料では、上に取り上げたイブン・クタイバが最も早いと思われる。このアレクサンドロス暦について付言しておこう。

その起源、使用の範囲、およびその暦をめぐる年代設定の混乱などについて、明確な説明を提供しているのはイランの立憲革命の先導者の一人であり、著名なイラン学者でもあったタキーザーデである。以下、その説を紹介する。[92]

アラブの歴史家がアレクサンドロス暦としているのは、本来はアレクサンドロス大王自身とは関係なく、実はセレウコス紀年のことである。アレクサンドロス大王とロクサネの息子アレクサンドロス四世アイゴス（紀元前三二三年生）が、後継者（ディアドコイ）戦争の最中にカッサンドロスによって毒殺されたといわれる紀元前三一一年頃を紀元として、セレウコス一世はバビロニア天文学の暦に従って治世年を数え始め、その後継者たちが踏襲した。以来、セレウコス時代は、ユダヤ教徒たちには「ギリシア支配の時代」、シリア人たちには「マケドニア時代」「セレウコス時代」「ギリシア時代」などと呼ばれた。小アジア、アラビアからインドまで広く貨幣などに使われていたこの暦もセレウコス朝の衰退とともに消えてゆくが、シリアのキリスト教徒たちの間では二〇世紀初頭あたりまで使用されていたという。セレウコス時代を「アレクサンドロス時代」と呼び始めたのは、おそらくシリアのキリスト教徒たちで、イスラーム教徒の歴史家たちはその影響を受けたものと思われる[93]。

イスラーム以前のイランにおいて、この名称自体が使われた形跡はないというが、イスラーム以前のゾロアスター教徒の歴史において「ダレイオスの没年」（つまりアレクサンドロスによってアケメネス朝が滅ぼされた年）は、一つの指標とされていたようである。さらに事を複雑にしたのは、ササン朝の創始者アルダシールによるペルシア史の意図的な改竄である。マスウーディーやビールーニーが指摘しているように、アルダシールは、ゾロアスター以降の千年紀の末に王国も宗教も滅びると預言されていた、その終末の時がそう遠くない未来に控えていることを恐れ、歴史編纂の際に、アレクサンドロス以降の「小国の君主たち」の時代を約半分ほどの年数に減らしてしまったのである。

これらのことがイスラーム時代以降、特にゾロアスターの年代設定において混乱を生んだ。

ゾロアスター教の起こり（ゾロアスターの誕生年、あるいはヴィシュタースパ王が改宗した年）を、ダレイオスの死より二五八年前であるとするペルシアの暦と、セレウコス年をアレクサンドロス年と呼ぶシリアの暦とを混同し、アラブの歴史学者たちはゾロアスターの年代をセレウコスの年から二五八年逆算して、一八年ずれた年代計算をしてしまったのである。[94] 一一世紀の科学者・哲学者ビールーニーは、自らの『過ぎし時代の痕跡』で起こしたその間違いに気がつき、後に記した『マスウード典範』*Qānūn al-Mas'ūdī* では訂正している。また「アレクサンドロス暦について以前起こしたことの弁明」"Fī 'l-i'tidhār an mā sabaqa lī fī tārīkh al-Iskandar" という弁解の論文まで書いていたらしい。

以上がタキーザーデの論文の要約で、「アレクサンドロス暦」の起源とその名称をめぐる混乱についてよく分かるのであるが、疑問が残る点もある。暦学者たちは、このセレウコス暦と上記のヤァクービーなどが引用していたプトレマイオスの王名表の関係をどう理解していたのであろうか。前者の紀元は、アレクサンドロスの息子、アレクサンドロス四世アイゴスが毒殺され、セレウコスがシリアを中心とした領域の覇権を確実なものにしたとされる紀元前三一一年とされる。後者はエジプトのプトレマイオス朝の暦がもとにされており、ギリシア支配の時代の起点を、アレクサンドロスの死後にその異母兄弟フィリッポス三世アリダエオスが即位した紀元前三二四年としている。王名表によると、フィリッポス三世の後はアレクサンドロス四世が継ぎ、三一一年ではなく三〇五年まで統治し、その後にクレオパトラまで至るプトレマイオス朝の歴代王の名と年代が連なる。それぞれが、我こそはアレクサンドロスの後継者と名乗ったライバル王朝で、「ギリシア支配」の時代の紀年も微妙にずれていたわけである。筆者が扱った歴史資料や二次資料の中には、この二つの関係を説明する記述は見られなかった。今後、天文学書、暦学書をより詳細に調べて解明する必要があろう。

終章　超越と限界を体現する男

What want these outlaws conquerors should have
But History's purchased page to call them great?
——Lord Byron (1788–1824)
Childe Harold (canto III, st. 48)

結局、アレクサンドロスとは古典期のムスリムにとって何を象徴していたのか。最終的に突き詰めたところの結論からまずいうと、彼は「超越」（あるいは「勢力」）と「限界」を同時に体現した人物であったのではなかろうか。ここに取り上げた全てのテクストを通して透けて見えてくるのは、悪魔のような、聖人のようなアレクサンドロスの超人的な存在に対する憧れや畏敬の念と、人間の限界（すなわち「死」）の不可避への警告である。

おそらくこの象徴性は、イスラーム世界に特化したものではないであろう。卑近な例を示せば、オリバー・ストーン監督の映画『アレキサンダー』（二〇〇四年）にもアレクサンドロスの戦いにおける極端な強さと、それとは対照的な、酒に溺れ病に倒れる弱さの両極端が描かれている。この両極端が一人の人物の中に共存するというのが、アレクサンドロスの本質であるということに、偽カッリステネスからオリバー・ストーンに至るまでの、古今東西のアレクサンドロス伝の作者たちは気づいていたのではないかと思う。気づいているからこそ、その危うさに魅了され続けてきたのではなかろうか。また逆にいえば、アレクサンドロスの物語が普遍的に広まっており、誰もがそれを何らかの形で聞き知っていたからこそ、「超越」、「限界」といった抽象的な概念を想起させるモチーフ、あるいは寓意として成り立ち得たともいえよう。

そこにムスリム独自の展開があるとすれば、それは、第II部で取り上げた、アレクサンドロスに神や天使が啓示をもたらす伝承に見られたように、超人的な力の源には彼個人の意思とは全く関わりのない、絶対的な神意の働きかけがあるに違いないと思う心理であろう。世界史上最大の征服者を、完全に受動的なムスリム（服従者）にしてしまうという皮肉は、アレクサンドロスが神に対してある程度主体性を保っていたユダヤ・キリスト教伝承には見られないものである。

アレクサンドロスの伝説が、その歴史性が見事なまでに排除された二本角（ズ・ル＝カルナイン）という寓意的存在——世の果てまで突き進む布教者、野蛮な民族の侵攻を防ぐ守護者——と化したこともイスラーム世界におけるアレクサンドロス伝承の展開の大きな特徴である。この煮詰めに煮詰めたエッセンスが、初期ムスリムの征服時代には宗教的・政治的メッセージとして大いに効力を発揮したであろうことは前述した。二本角の世界征服は神の使命であり、我々も同じ使命を担っているのだという信念に、アレクサンドロスの歴史性が入り込む余地はなかったのである。イブン・アブド・アル＝ハカムなどが記録しているウクバの伝承にあったように、この時代の二本角の寓意性には、アレクサンドロス自身の歴史的存在ではなく、ムスリム共同体のイデオロギーと記憶が込められているといってよい。

ムスリム共同体が地理的にも民族的にも拡大し、情報の幅も拡がってくると、二本角の宗教性・象徴性とアレクサンドロスの歴史性はせめぎ合い始める。二本角はアレクサンドロスか否か、という疑問がムスリム知識人たちの頭を悩まし続けたのは、『クルアーン』における二本角の寓意性があまりに強かったからかもしれない。

この寓意性と歴史性を完全に分離したのはタバリーであった。タバリーは二本角の伝承は『クルアーン』の注釈書『タフスィール』に、アレクサンドロスに関する情報は『歴史』に振り分け、『歴史』のアレクサンドロスの項においては二本角についてほとんど触れていない。逆に、『預言者伝選集』の作者サァラビーはその二本角伝に、アレクサンドロスに関する年代記的情報を積極的に取り入れていた。一方、歴史家ディーナワリーなどはアレクサンドロスを二本角的な布教の徒として描いているが、興味深いことにアレクサンドロスに宗教心を目覚めさせたのはアリストテレスという設定にしている。寓意性と歴史性を調和させるための動因をアリストテレスに委ねたというユニークな発想は、第Ⅲ部で見たようなアリストテレスとアレクサンドロスとのやりとりを通して君主道徳を説いた書に想を得ていると考えられる。

このアレクサンドロスとアリストテレスが、すでにウマイヤ朝期にビザンツ・ペルシアの政治・軍事理念をイスラーム世界に取り入れるための媒介者となっていたことは興味深い。この師弟を過去の学ぶべき模範として提示することによって、同時代の政治にかかわる忠言をしながら、中立的で普遍的な立場を装うことができたのであろう。サーリムの書簡集や『秘中の秘』で、アリストテレスが伝授する知の受け皿として登場するアレクサンドロスは、東西を奔走して布教する二本角に比べると静的・受動的な存在である。イスラーム初期の二本角伝承がムスリム共同体の拡大と重なって見えるといったが、アリストテレスの助言を真摯に受け止めるアレクサンドロスには、剣をいったん置いて、帝国の統治者として相応しい教養を身につけようと学びの姿勢に入ったムスリム支配者たちの姿が見えてくるのではなかろうか。

一方、金言・格言集においてはアレクサンドロスは自らも知の発信者となり、王たる者の言動の模範を示している。さらにインドの賢者たちとの問答では、権力も財力も永遠の命がない限り無意味であることを悟り、最後には自らの死をもって人間の限界を諭す訓戒としている。こうして「哲人王」としてのアレクサンドロス像が成り立っていった。

第Ⅳ部では、歴史学的観点からアレクサンドロスにまつわる言説を見た。イスラームが興ってから最初の二世紀ほどは、断片的で歴史的具体性に欠けた二本角伝承が、ムスリムのアレクサンドロスに対する歴史観を反映していた。初期の伝承には、「ルーム」のアレクサンドロス、あるいはアレクサンドリアの建設者への言及はありながらも、ペルシア王ダレイオス、インド王ポロスなど実在の王とのやりとりは含まれていなかった。

歴史学の転換期はアッバース朝時代、九世紀前半頃に訪れ、聖書的な古代史観とペルシア古代史が融合し、より歴史的具体性を持ったアレクサンドロス伝（それは虚構の物語に基づいた伝記ではあった）が、ペルシアの列王伝に取り込まれた形で伝わる。ここでアレクサンドロスは、ペルシア王の血を引いた、半分イラン化された特異な存在として浮上する。それと同時に、アレクサンドロスを完全に悪玉扱いするササン朝的歴史観も一部の歴史家には反映されるようになった。

一〇世紀後半、東方イスラーム世界にイラン系地方王朝が興り、ペルシア語でバルアミーがタバリーの『歴史』を翻訳し、フィルダウスィーが『王書』をまとめるが、それらにもアレクサンドロスについて矛盾する系統の伝承――アレクサンドロスを否定的に描くイスラーム以前から伝わるものと、イスラーム以降により広く普及したであろうアレクサンドロス物語に端を発するもの――がまだ残っていた。

ガズナ朝時代になると、アレクサンドロスをめぐるこうした民族意識の発露は影をひそめてゆくようである。君主賞賛と歴史叙述のレトリックにおいて、アレクサンドロスは偉大な征服者というイメージを喚起させると同時に、権力の儚さを体現する人物として、一つのトポスになってゆく。そこには、イラン民族が抱えてきたアレクサンドロスに対するトラウマはなく、スルタンの偉大さを称える立役者としてのアレクサンドロスしか見られない。

本書で扱った作者の中では時代的には最後に位置するニザーミーの『アレクサンドロスの書』は、第II部、第III部で見たように、真の教えの布教者、イランの正統な統治者、拝火殿の破壊者、著名な哲学者たちに囲まれた賢王といった、それまでの著述家たちが調和しきれなかった全ての要素を一つの物語の中に、つじつまが合うように丸く収めている。この点において、この作品はイスラーム古典期のアレクサンドロス伝の一つの収束地点ではないかと筆者は考える。もちろんそれは、彼が宗教家でも道徳家でも歴史家でもなく、創意が許された詩人であったからこそ可能であったことなのであろうが。

あとがき

アレクサンドロス大王の研究をしているという話をするとよく聞かれるのが、アレクサンドロスの「現代的価値」は何なのでしょう、という質問である。これには、個人によって、また共同体によって様々な答えが出てくるであろうが、皆が何かしらのメッセージ性を感じていなければ、そもそもこの質問も出てこないだろう。

この現代的価値の例をいくつか挙げると、「文明間の対話」が訴えられる昨今、現代人が大王に、文明と文明を結ぶ道を切り開いた偉人としての価値を見出そうとする視点は、例えば、NHKが二〇〇三年に放映したNHKスペシャル文明の道シリーズの第一回「アレクサンドロス大王　ペルシャ帝国への挑戦」に表れていたといえよう。また、アレクサンドロスが歴史書の分野に限らず、経営指南書の類などにも登場することは、現代日本人のアレクサンドロスへの関心の諸相を示している。(1)

アレクサンドロスが政治的・民族的な問題の「駒」とされ、その所有権をめぐって対立が続いているのは、ギリシアとマケドニア共和国の間である。双方がアレクサンドロスを民族的英雄として主張しているのである。さらには、北ギリシアのエーゲ海沿岸のとある山の斜面に、アレクサンドロス大王の巨大な頭像を彫刻するというとてつもない計画を企てる輩も現れている。ギリシア系アメリカ人芸術家の発案による「アレクサンドロス大王山」(Alexander the Great Mountain) のプロジェクトで、アメリカにおけるギリシア人コミュニティーのルーツ再発見の欲求とアメリカ的なメガロマニアのなせる技なのであろう。[2] このように、アレクサンドロスは、人間の理想や信念の寓意として機能する効力を今なお持ち続けている。

中世ヨーロッパにおける寓意の一つの形態は、古代神話の寓意的解釈によってそこにキリスト教的意味を見出すことであった。この過程において寓意とは古代と中世を統合する動因であり、過去と現在を結ぶ手段であった。つまり、過去の言説に「現代的な意味」を読み取るプロセスであったといえる。

イスラーム世界においても、アレクサンドロスをめぐる言説について同じような寓意的意味づけがなされたのではないか。人類の過去にムスリム共同体が自らの存在意義を見つけ出そうとした時に、統治者のパトロネージが特に強く働いた宗教と政治思想と歴史という分野においてアレクサンドロスは、信仰の先導者、理想の統治者として浮かび上がった。二本角アレクサンドロスが一つの寓意として、ソロモンやモーセなどの聖書的偉人に並ぶ位置を占めたのは、先行する一神教ユダヤ・キリスト教の書物においてアレクサンドロスが宗教的象徴性を持っていたことにまずは起因するのであろうが、それだけではない。アレクサンドロスはモーセなどにはない地理的な広がりと進取の気性を内包しており、それがアラビア半島から破竹の勢いで拡張した初期のムスリムの精神に見事に合致したのである。アレクサンドロスがムスリム共同体の意識において単なる歴史上の偉大な人物に終わらず、これだけ強い象徴性を持った原因はまさにここにあるといえよう。

もう一つ指摘しておきたい重要な点は、過去に「現代的価値」を見出そうとする際、ときに人は「現代の価値」に見合うようにその過去を都合よく捏造してきた、ということである。イランにおけるアレクサンドロス像の変遷は、その例である。ササン朝の創建理念に形作られた歴史意識におけるアレクサンドロスは、その破壊者としての側面が強調されており、創健者アルダシールと対峙する悪魔的存在であった。それがイスラーム期以降には、ディーナワリーやタバリーなどがペルシア人たちの言として記録している伝承に見られたように、ダレイオスを父とする半イラン人説が流布するようになった。かつては憎むべき敵と見なされていたアレクサンドロスが民族の歴史の中で、ある程度の正統性を与えられたのである。敵であるか、味方であるかの大きな違いはもちろんあるものの、操作された集団的記憶が民族のアイデンティティの形成に利用されているという点においては共通している。

このようにアレクサンドロスが、宗教共同体なり、民族なりの人間の集団のアイデンティティの拠り所とされたのは何故なのか。一つには、蔀氏が述べるように、人間には「自らの正統性の根拠を過去、それも原初に遡るできるだけ遠い過去とのつながりに求めようとする心性」があるからかもしれない[3]。アレクサンドロスは、過去とのつながりを示す標章として存在感があり、分かりやすくもある。いわば、身につけるとステータスの上がる「ブランド価値」の高い歴史的人物なのである。また、アレクサンドロス自身がエジプトからインドまでの広大な地域の歴史を実際に動かしたため、その地域の様々な民族が繋がりを求めやすかった、ということもいえるだろう。

アレクサンドロスという事例を通して、イスラーム古典期の知的営みの仕組み――知的環境の発展、情報の伝達方法、政治的背景――が少しずつ見えてきた。どの作者が何を原典としたか、どの史料とどの史料がどういう情報経路で繋がっているか、源流にあるものは何か、といった知識の流動の複雑なメカニズムの回路が次第に明らかになってきたのである。ようやくパズルのピースが模様ごとに分類され、繋がってきたという感がある。

本書は、二〇〇七年に東京大学大学院総合文化研究科に提出した博士論文『寓意としてのアレクサンドロス――イスラーム古典期の信仰と歴史意識において』を加筆・修正したものである。特に第III部はあらたに追加した部分である。内容の一部は和・英・仏文にて国内外の雑誌や論文集に発表してきた拙論がもとになっている。初出情報は適宜註に示した。

本書では政治権力に関わりのある言説に焦点を当てるために取り上げなかったアレクサンドロスのその他の

「顔」――博物誌や地理書、驚嘆文学 (mirabilia) における「探求者」、そして韻文・散文の物語文学における「英雄」――は、今後の課題として残っている。巨大で、入り組んだジグソーパズルは半分が完成したといったところである。

私にとってアレクサンドロス研究は時代・地域・言語・分野の境界を飛び超えるいわば魔法の絨毯である。最初はおもしろそうだということで飛び乗ったが、史料から史料へと追って行くうちに、時々とんでもないところに迷い込むこともあった。歴史書のみならず、叙事詩から神秘主義詩、教訓書に現れれば錬金術の書にも登場する。地理的にも時代的にも相当広範囲な領域を飛びまわらねばならず、振り落とされそうになりながらも必死に摑まっているうちに、少しずつ操る力も、周りを見る力もついてきた。しかし、色々調べれば調べるほど、自分の無知が明らかになり、パズルの大きさと複雑さを思い知らされた。

二〇歳を過ぎて間もないアレクサンドロスは、マケドニアのペッラを進発して以来、故郷の地を再び踏むことなく、三三歳でバビロニアで客死した。思えば、私が大学院に入り、アレクサンドロス研究というとんでもない遠征を始めてもったのも二〇歳代前半であった。アレクサンドロスが死んだ歳までには何とかまとめるぞと勢い込んでいたのが、さらに一〇年近くもかかってしまった。自分の研究者としての出発点である駒場に博士論文という戦利品を持っていつか戻りたい、戻らなければならないという、望郷の念にも似た思いを秘めながら研究を続けた。その間、魔法の絨毯の乗客が三人増え、その分、一時的にスピードが落ち、焦りを感じることもちろんあった。しかしこの体験がなければ、「己の限界を知る」という、アレクサンドロスが死ぬまで成し遂げられなかったことを自分もできずに、空の彼方に飛んでいったままになってしまっていたかもしれない。碇を下ろし、じっくりと考えをまとめる停泊所を作ってくれた家族の存在には心から感謝する。なかなかまとまらない大風呂敷な研究計画にこの一〇年、本当に根気よく付き合ってくれ、支えてくれ、一緒に育ってくれた。

本書はまた、次の助成金を得て実現したものである。日本学術振興会特別研究員（一九九一―九二年度）、同海外特別研究員（一九九四―九六年度）、科学研究費奨励A（若手B）「中世イスラーム世界におけるアレクサンドロス伝承の検索システム構築」（二〇〇一―〇二年度）、科学研究費基盤C「アラブ・ペルシア文学における異形の表象の比較研究」（二〇〇六―〇九年度）。学術振興会の長年にわたる、様々な形での支援に感謝する。そしてその研究の成果を本という形で、ようやく世に還元できるのもまた学術振興会の「研究成果公開促進費（学術図書）」（二〇〇八年度）のお陰である。

学問の道を選んでからこのかた、これまでに様々な分野の環境に身を置く機会があり、その度に新たな学問的・精神的素養を身につけることができたと思う。この幸運にも感謝せねばならない。まずは、テクストの読み解き方と比較の視点を徹底的にしこんで下さった東京大学比較文学比較文化研究室の先生方、特に芳賀徹先生、平川祐弘先生、そして川本皓嗣先生。次に、助手として在籍した東京大学東洋文化研究所の元同僚の方々、およびその歴史家仲間は、歴史学の手法と批判精神を植えつけて下さった。そして国立民族学博物館の現同僚たちとの日々の交流は、「門前の小僧」さながら、人類学的視点に目覚めさせてくれた。在外研究で滞在したフランスやドイツの研究者との交流は、日本国内だけにとどまらず、世界レベルでの競争あるいは協力に積極的に参加するためのネットワークと根性を与えてくれた。

博士論文の審査員であった菅原克也先生（主査）、竹内信夫先生、杉田英明先生、蔀勇造先生、上岡弘二先生、神野志隆光先生には、大変貴重なご意見・ご批判をいただいた。特に、アラブ・ペルシア比較文学の先導である偉大な先輩、杉田英明氏は、いつも数里も先にいらして、「いつかは追いついてやる」という悔しさ（あるいは無謀さ）が前進の原動力になっている。

そして、博士論文指導教官の竹内信夫先生には、お待たせしたお詫びと感謝の念を述べたい。竹内先生の一言によって、自ら隠し持っていたことすら意識していなかった最終兵器のターボエンジンが作動し、ご退官間際に重たい「お餞別」をなんとかお届けすることができた。

最後になるが、博士論文を本にするにあたって、今や暗澹とした日本の学術出版業界において明星のごとく光彩を放つ名古屋大学出版会の橘宗吾氏の導きを得るという僥倖に恵まれたことは、研究者としてはこの上ない幸せである。橘氏の簡明かつ的確な指摘によって、本書の全体像を客観的に見直すことができた。氏が、博士論文では省いた「哲人王」の部をやはり追加するように勧めて下さったお陰で、執筆作業は困難を極めたものの、構成のバランスはよくなったように思う。また、同出版会の長畑節子氏には大変念入りな校正作業を行っていただいた。両氏には心から感謝する。

二〇〇八年一二月

著　者

《著者略歴》

山中由里子（やまなか ゆりこ）

1966年生
1993年　東京大学総合文化研究科博士課程中退
2007年　学術博士（東京大学）
現　在　国立民族学博物館・准教授
編　著　*The Arabian Nights and Orientalism : Perspectives from East and West*, London : I.B. Tauris, 2006.

アレクサンドロス変相

2009年2月25日　初版第1刷発行
2012年8月30日　初版第2刷発行

定価はカバーに
表示しています

著　者　山　中　由里子

発行者　石　井　三　記

発行所　一般財団法人　名古屋大学出版会
〒464-0814　名古屋市千種区不老町1名古屋大学構内
電話(052)781-5027/FAX(052)781-0697

印刷・製本 ㈱クイックス　ISBN978-4-8158-0609-5
乱丁・落丁はお取替えいたします。

索　引

ア　行

アイガイの劇場　389
アーイーンの書　207,210-1,217
『アヴェスター』　67-9,79-80,82-5,178-9,351,372
アウグストゥス　91-4
アウルス・ゲッリウス　→ゲッリウス
アエギディウス　204
アエリアノス　320
アガティアス　23,287
アガトダエモン　359
アガピウス　293
アギス三世　55
アクスム王国　25
アグレーラート　78
アケメネス朝　1-4,45-7,55-64,67,71-2,74-5,81,87,89,273,351,366,372-4,394
アーサー王伝説　229
アサダーバード　387
アーザルアーバード（タブリーズ）　178
アーザル・フマーユーン　178
アジャム（ペルシアも参照）　110,116,265,267,296,298,359,361-2
アシュカーニー朝（アルサケス朝）　68-9,366
アシュガーニーヤ（アルサケス朝）　87
アシュク　327,361
アスマーイー（偽(プセウド)アスマーイーも参照）　307-8
アゼルバイジャン　123
アダブ　200,206-12,254-5,284
アダム　153,167,253,256,264,289,295,299,322-3,332,339,350,353
アタルネウス　35
遏根陀（アレクサンドリア）　195
アッシリア　316
アッ＝ズフリー　263
『アッティカ夜話』（アウルス・ゲッリウス著）　34
アッバース朝　6-7,162,208,212,214,221,236,254-5,262-3,282-4,288,293,297,300,307,331,354,357-8,391,400
アッラー　102,106,125,135,151,155,176
アッリアノス　6,16-8,35,52-4,240,252,319
アディーブ　331
アテナイオス　373
アテネ　1,23,37,40,50,53-4,215,334
アデン　303
アドゥド・アッ＝ダウラ（ブワイフ朝大アミール）　247
アドナーンの子マアド　172
アナーヒター　73
アナーブデー　27
アヌーシールヴァーン　→ホスロウ一世
アビシニア　303
アフガニスタン　239,376,380,387
アブー・スライマーン・アッ＝シジスターニー　247
アブド・アッラー王子（アッバース朝）　212
アブド・アッ・ラシード・ブン・マフムード　381
アブド・アッラー・ブン・アッバース　105,107,159,303,335
アブド・アッラー・ブン・アムル・ブン・アル＝アース　280
アブド・アッラー・ブン・アリー　284
アブド・アッラー・ブン・サラーム　259
アブド・アル＝ハミード　211-4,216
アブド・アル＝マリク（ウマイヤ朝カリフ）　130,308
アブド・アル＝ムンイム　261
アブナー　259
アフナーン　216
アフバール　→ハバル
アブー・マァシャル　119
アブー・マンスール　365
アフラースィヤーブ（フラースィーヤーグも参照）　76,369-70
アブラハム　111-4,140,155,169,175-7,181,189,193,266,269,273,296,332,335,350
アフラマズダ　64,68,73-4,76-7,85,179,

369, 372
アフリカ　26, 91, 303, 331-2, 353
アフリマン　22, 45, 62, 66-7, 73, 77-9, 89, 369
アブ・ル＝トゥファイル　116
アブ・ル＝ファズル　356
アブ・ル＝ファラジュ　291-2
アボット　261
アポロニウス　→バリーナース
アポロン神　64
アマゾン　28
アマフラスパンド　76, 369
アミュンタス　388
アーミリー　231
アミール・ホスロウ・ディフラヴィー　344
アムダリア川　348, 378
アームル　305
アモン神（ゼウス・アモン神）　26, 29, 65, 95, 117-8, 121, 139, 341
アラビア半島　6, 25, 30, 172, 174, 194, 211, 268, 272, 279, 303, 306, 332, 371, 394
アラブ・ムスリム軍　130, 141, 270-2, 274, 300, 323, 358, 390
アリー（第四代正統カリフ）　113, 115-6, 153, 163-4, 284, 335
アリオバルザネス　27, 56
アリストテレス　1, 8, 16, 19-20, 23, 27, 30-1, 32-43, 64, 83, 87, 93, 95, 97, 112, 141, 169-72, 200-1, 214-9, 222-37, 239, 245, 247-8, 252, 286-7, 291, 301, 306, 309-10, 312-3, 316, 318, 329, 335, 340, 348, 357, 359, 361, 363, 367-8, 385, 399
「アリストテレスのアレクサンドロスへの忠言の書」　233
アーリム　→ウラマー
アル＝イスカンダル　101, 111, 151, 155, 259-60, 297
アル＝イスカンダルース　297, 328
アルサケス朝　46, 59-60, 62, 68-70, 73, 76, 84-5, 87, 366
アルダシール一世　70-7, 82, 85-6, 89-90, 211, 230, 232, 286, 297-9, 327, 349-51, 369, 372, 384-5, 394
『アルダシールの行伝』　→『パーバグの子アルダシールの行伝』
『アルダシールの遺言』　86, 217, 369
アルタバヌス三世　60
アルタバヌス四世　70, 73
アルタバヌス五世　76, 352
アルダワーン　→アルタバヌス五世
アルバニア　94
アルハミーア　135
アルボルズ山　78
『アルマゲスト』（プトレマイオス著）　18, 315
アル＝ムフィード　318
アルメニア　26, 69, 90, 122-3, 268, 270, 314
アレクサンデル・セウェルス　90-1
アレクサンドリア　19-20, 24-6, 28-30, 39, 46, 59, 65, 83, 91, 110, 114, 119, 124, 129, 134, 136, 139-41, 158, 164, 167, 195, 218, 263, 269, 274-81, 285, 297, 302, 306-7, 324, 328, 333, 336, 340-8, 352, 362, 390, 400
アレクサンドリアのクレメンス　118
アレクサンドリアのテオン　316
アレクサンドリアの燈台　113, 195, 345-8
アレクサンドリアの図書館　83
『アレクサンドロス遠征記』（アッリアノス著）　6, 17-8, 35
「アレクサンドロスが師アリストテレスに聞いた一一五の問いから抜粋した人間に関する諸説」　232
「アレクサンドロスからアリストテレスへの一一〇の問いとその答え」　232
「アレクサンドロスから賢人アリストテレスへの質問」　232
『アレクサンドロス戦記』　137
「アレクサンドロスに宛てたアリストテレスの書簡集」　141, 214-8, 283, 310, 313, 368
「アレクサンドロスにまつわるシリア語キリスト教伝説」　121-6, 130, 137, 150-2, 276, 278, 292
アレクサンドロスの
　悪魔化　74-91, 265, 298-9, 310-1, 367-75, 400, 404
　イスラーム化　97, 101-21, 133-98, 311, 313, 398-9
　イラン化　155, 285-6, 310-1, 363, 366, 375-6, 388, 391, 400, 404-5
　最期（死）　4, 20, 28, 31, 65, 87, 124, 164, 166-7, 216, 244-7, 306, 318, 324, 328, 335-6, 362, 382, 385, 399
　出自　25, 29, 34, 290-1, 310, 326-7, 366-7, 388
　昇天　134-42, 276, 342, 344, 363

神格化　128-32
潜水　122,342-4
都市の建設　291,306,328,340-5,348,352,356,362,400
墓　128,164,336,340
『アレクサンドロスの鏡』（アミール・ホスロウ・ディフラヴィー著）　344
『アレクサンドロスの財宝』　227-8
『アレクサンドロスの書』（作者・年代不詳）　388
『アレクサンドロスの書』（作者不詳，14 世紀）　173
『アレクサンドロスの書』（ニザーミー著）　100,119,174-93,235,248,400
「アレクサンドロス，または植民地化について」　39
アレクサンドロス物語　→偽カッリステネス
アレクサンドロス模倣　90-4,380,383
アレクサンドロス四世アイゴス　316-7,334,394-5
アレクサンドロス暦　350-3,393-5
アンダーソン，A. R.　109
アンダルシア　30,189,270,303,382
アンダルス　270
アンダルズ　200,207,210-1,217,232
アンティオキア　24,59,218,289-90,348
アンティオコス一世ソテル　58-9,329,348
アンティオコス四世　66
アンティゴノス　320
アントニヌス　90
『異域志』（周到中著）　197
イエス　114,153,155,193-4,255,296-8,328,332,350-1,393
イエメン　110,113-4,121,172,259,265-6,296,300,303,335
イギリス　203-4
イーサー（イエス）　114,155
イサク　155,335
イーサー・ブン・アリー　284
『医師の学派に関する情報源の書』（イブン・アビー・ウサイビア著）　231
『医者と賢者伝集成』（イブン・ジュルジュル）　231
イシュマイール　131
イスカンダル　→アル＝イスカンダル
イスカンダルース　164
イスタフル（ペルセポリス）　82,179,208,367,374
イスタンブール　215
『イスティマーフスの書』　227
イスナード　136,254,259-60,266-7,274,280,282,286,296,307,321-2,330,358
イスファハーニー　→ハムザ・アル＝イスファハーニー
イスファハーン　76,158,178,306,328,355,362
イスファンディヤール　179
イスラーイーリーヤート　151,258-62,264,267-8,272,282,293,296,308,311,329,390
イスラエルの民　273-4,300,328,332,351
イスラーム　6-10,13,32,100-2,110,112,132,151-3,176-7,179,193-4,200,207,252-6,258-9,262-3,265,267,279,284-5,292-3,296,312,345,364-5,375,380,392,398-9
イタリア　26,29,138
イッソスの戦い　1,26,291
犬人間／犬顔の民　123,135-7,276
イフシード朝　341
イブラヒーム（ガズナ朝スルタン）　387
イフリーキーヤ（アフリカ）　270
イブン・アッバース　→アブド・アッラー・ブン・アッバース
イブン・アビー・ウサイビア　231
イブン・アブド・アル＝ハカム　135-7,272-81,307,344,398
イブン・アル＝カルビー　294-6,324-5,329-30
イブン・アル＝バルヒー　368,387
イブン・アル＝ファキーフ　161,271
イブン・アル＝ムカッファア　207-12,216,232,283-7,296,298,308,313,322,330,365,368
イブン・アン＝ナディーム　210,214-5
イブン・イスハーク　110,259-68,307,322,390
イブン・クタイバ　210-1,231,285-6,295-300,307,329,390,393
イブン・ジュルジュル　231
イブン・スィーナー　235
イブン・ハビーブ・アル＝バグダーディー　294-6
イブン・ハルドゥーン　353
イブン・ヒシャーム　113-4,173,264,266-

72,390
イブン・フマイド　259-60,264-6
イブン・フルダーズビ　162
イブン・ルシュド　235
イベリア半島　200,207,270,272
『今鏡』　205
イラク　164,211-2,268,283-4,295,301,306,318-9,324,328,335,359-62,364
イーラジュ　77-8,370-1
イラム　→円柱の都市イラム
イラン　16,22-4,45-97,174-7,179,207,211,217,231-5,255,259,270,274,283-8,295,299-300,308,311,313-5,352,354-94,404-5
イラン高原　4,87,92
『イランの諸都市』　81-3,87
『イリアス』　36
インダス川　3-4,57,87,380,386
インダス高原　239
インド　4,20,27,30,37-8,96,120,128,158,167-8,174,179,189-90,207-9,216-7,232,239-42,247-8,268,302-3,305-6,314-5,318-20,324,328,332-40,351,353,359,362,376-7,380-1,384-7,391,393-4,405
『インド誌』（ビールーニー著）　381
インド洋　332
ウァッロ　64
ヴァラフシュ（ヴォロガセス一世）　85
ヴァンサン・ド・ボーヴェ　203
ヴィシュタースパ／ヴィシュタースプ（カイ・ビシュタスプ，グシュタースプも参照）　82,351
ヴィテルボのゴットフリート　204
ヴィーラーズ　79
『ヴィーラーズの書』　→『敬虔なヴィーラーズの書』
ヴェネチア　18
ウェルジェリオ　17-8
ヴォロガセス一世　59,69,85
ヴォロガセス四世　70
ウクバ・ブン・アビー・ムアイト　105-6
ウクバ・ブン・アーミル　104,110,134,141-2,152,274-81,344,363,398
ウスマーン・ブン・サーリフ　273-4
『宇宙について』（偽アリストテレス著）　38
ウマイヤ朝　38,130,212-4,218,221,246,254,262-3,269-70,272,274-5,282-4,288,297,300,308,310,318,346,399
ウマーラ・ブン・ズィヤード　135
ウマル（第二代正統カリフ）　211,265,297,335
ウラニオス　23
ウラマー　206
ウルワ・ブン・アッ＝ズバイル　263
ウンスリー　377
ウンマ　296-7
『英知の精霊の審判』　77,88,369
『英雄伝』（プルタルコス著）　17-8,49,234,240-1,374
『栄誉の書』（ニザーミー著）　173-81,189,193
エウセビオス　288-9
エウテュキウス　285,293
エーゲ海　72
エサウ　335
エジプト　2,4,19-20,25-6,29,31,56,79,81,87,92,95,110,114,119,122-3,130,134,136,139-40,174,195,265,269-70,272-5,279-81,289-91,303-4,310,314,328,332-3,336,340-1,344-8,350-1,388,393,395,405
『エジプト征服記』（イブン・アブド・アル＝ハカム著）　135-7,140,272-81
エチオピア　25,28,131,270,289-91,360
エディー，S. K.　66-7
エデッサのヤコブ　289
エフェソス　65
エーラーンシャフル　89
エリマイス　70
エルサレム　118,123,127,130,160,173,189,306,328,351
『エルサレム・タルムード』　141-2
エーレンベルク，V.　36
『遠征記』（アッリアノス著）　→『アレクサンドロス遠征記』
遠征譚　→マガーズィー
円柱の都市イラム　340
オウィディウス　120
『王冠の書』　→『ヒムヤルの諸王に関する王冠の書』
『王冠をいただいた君主の書』（伝ワフブ著）　269
王圻　195
「王権について」　39,41-3,218
『黄金の牧場と宝石の鉱山』（マスウーディー

著）　114,271,331-47,352
黄金の館　38,216
「王様の耳はロバの耳」　120
『王書』（シャーナーメ，フィルダウスィー著）　7,29,116,140,155,172,178-9,193,210,235,242,246-7,270,285-6,308,313,363-76,381-2,387,391,400
『王書』（フワダーイ・ナーマグ）　283,285-6
「黄銅の城」　271,341
『王の鏡』（ヴィテルボのゴットフリート著）　204
『大鏡』（ヴァンサン・ド・ボーヴェ著）　203
『大鏡』　205
オクシュアトレス　81
オケアノス　123
オスマン朝　7,17,94
オネシクリトス　239-40,320
オバルキア　28
オベリスク　345
オリュントスのエフィプス　117-8
オリュンピアス　1,20,25,27-30,34,290-1,310,342
オロシウス　17

カ　行

カァバ　172,179-80
カァブ・アル＝アフバール　259
カイ・ウース（カイ・カーヴースも参照）　77-8
カイ王朝　76,78,179,366-8
カイ・カーヴース（カイ・ウースも参照）　77,140
カイダファ（カンダケも参照）　382
『街道と国々の書』（イブン・フルダーズビ著）　162
カイハン　318,320
カイ・ビシュタスブ（ヴィシュタースパ，グシュタースブも参照）　351
カイ・ホスロウ　78
カイラワーン　304
カイロ　341
カイロネイアの戦い　1
ガウガメラの戦い　2,46,319
カエサリア　288
カエサル　42,91,370
ガザ　24
ガザーリー　233,236-7,242-4
カーシャーニー　232
カージャール朝　94
カスィーダ　377
ガズナ　377,380,383,386
ガズナ朝　376-87,391,400
カスピア門　27
カスピ海　355
カターダ　162
ガッサーン朝　114
カッサンドロス　4,86,394
カーッス　→クッサース
カッパドキア　304
カッラス川　123
カッリステネス　19,37
カーディー　272,295
カーティブ　→クッターブ
カナン　303
狩野山楽　205
狩野探幽　205
『カノン』　→「プトレマイオスの王名表」
カービール　186-7
カーフ山　167,335
ガブリエル・ド・シノン　120
ガヨーマルト　295,322-3,350
カラカラ　91,93-4
芥子の種　156-7,309,325,360
カラヌス　240
『カリーラとディムナ』　208-11,284
カルケドン・マロン派　293
カルタゴ　26,29
カルデア（メソポタミア）　332
ガルディーズィー　381
カルビー　160
ガレノス　359
ガワー　203
『簡易表』（「プトレマイオスの王名表」も参照）　315-7,333
ガンジス川　348,376
カンダケ（カンダファも参照）　28,290,303-4,382
カンダハル　189
カンド　337-8
カンパース，F.　127
偽カッリステネス　→偽（プセウド）カッリステネス
キケロ　42-3,218
キサーイー　154
キスラー・アヌーシルワーン　→ホスロウ一世

北アフリカ　130,200,207,269-70,272
ギブ，H. A. R.　213
キャリー，G.　10-1
キャンベル，J.　11
『旧約聖書』　111-3,118-9,131,259,261,273,292,296-7,350
キュロス　28,48,60,72,121
ギュンター，S.　276
『行伝』 →『スィーラ』
キリキア　26
ギリシア　4,26,31,35,37,40,50,55,58,62,64,131,155,192,232,240,244,249,252-3,287-8,292,315-6,324,328,332,337,340,347-8,353,359,362-3,366,392,394-5
『ギリシア人への勧告』（アレクサンドリアのクレメンス著）　118
キリスト →イエス
キリスト教　9,11,13,23-5,32,84,100,102,105,110,117,121-32,142,151-2,176,193-4,204,206,252,258,261-5,267,278,282-3,288,290-3,295-7,328-9,331,333,348,350-1,362,388,390-2,394,398,404
キンディー　333
金の卵　156,327,334,360
グアリノ・ダ・ヴェロナ　18
『寓話』（ラ・フォンテーヌ著）　210
『愚者の鏡』（ニゲルス・ウィレカー著）　203
グジャラート　380
クシュ　131
クーシュ　341
グシュタースプ（ヴィシュタースパ，カイ・ビシュタスプも参照）　179,371
クーシュヤト　131
クスター・ブン・ルーカー　17
クセルクセス　27-8,49-50,54
『究竟の書』（偽アスマーイー著）　307-11,368
クッサース　356
クッターブ（クルアーン学校）　295
クッターブ（書記官）　206,208
クテシフォン　23
『国々の経験と大志の継承』（ミスカワイフ著）　86,248,355-7,368
クーファ　263,284
クライシュ族　106,269
クラウディアー山　123
グラニコス川　26
グラフ，K. H　121
暗闇の国　30,119,126,163-5,167,174,180,268,304,309,328,362
グリニャスキー，M.　215-7,221,286,307-8,311
グリフォン　137-8,342
『クルアーン』　8-9,100-9,112-4,116-21,124-7,133-4,142,153-5,159-62,166,169,171-3,181,194-5,198,207,252-3,259,261,264,267,269-70,272-3,275-6,278,280-1,292,311,321,332,362-4,380,390,398
クルティウス・ルフス　6,17,47-8,52-4,81,252,319
クルド　75
クレイタルコス　20
クレオパトラ　92,280,347,395
クロノス　65
クロール，G.　20,27
『君主の統治』（ローマのアエギディウス著）　204
グンデーシャープール　24
『敬虔なヴィーラーズの書』　78,82-3,86-7,368,372
敬虔な人々 →公正で穏健な人々
啓典の民　104-7,110,126,136,141,265,275-7,283
ゲッリウス　34
ケルマーン　70,284,351-2
犬儒学派　239-41,244,320
『幸運の書（または知識の書）』（ニザーミー著）　119,174,182-4,186-7,189-93,248
紅海　25,273,342
後継者たち（ディアドコイ）　4,86-7,291,320,328,348,394-5
公正で穏健な人々（敬虔な人々）　147-50,189-92,242-4,260,266,363
神野志隆光　12
『幸福の追求と実現』（アーミリー著）　231
コーカサス　109,332
ゴグとマゴグ（ヤージュージュとマージュージュも参照）　108-9,119,123-4,128,137,292
黒海　26
コプト教徒　273,280-1,293,340,350,388
胡麻　156-7,309,325,360
コリントス同盟　1
コンスタンティヌス　91,93,129

コンスタンティノポリス　93,293,347

サ　行

サァディー　234
サァブ　113-4,265,268-9,295
サァラビー　100,154-69,195,399
サアーリビー　381-3,393
サイード，E.　10
サイドゥーダ　306
ザカリヤ　264
サクハン川　28
ザグロス山脈　56
サーサーン　75-6,298
ササン朝　16,22-4,45-6,61-2,70-91,97,122,128,130,177,200,207-11,213,218,232,252,259,273,282,285-9,291,295,298-9,307,310-1,313,323,329,349-51,355-6,358,366-7,369-72,374-5,390,392,400
ザッハーク（ベーヴァラスブも参照）　76,111,295,314,324,369-70
サッファーフ（アッバース朝カリフ）　282
サッファール　358
サッラーム　162-3
サナア　303
サービア教徒　105,283
サファヴィー朝　7
サブクティギーン　383
サマルカンド　158,268,305,328,362
サーマーン朝　357-6
沙弼茶　196-7
サーミールス　117
サムラ　303
サラマ　259-60,264-6
サリートゥーン　389
サーリム・アブ・ル＝アラー　141,213-21,230-1,233,246,283,286,310,313,368,399
サルーグのヤコブ　122,126
サルナーコース　123
サルム　69,77-8,370-1
サロニカ（テッサロニキ）　348
サワード　324
『三才図会』（王圻編）　195-7
サンダルース　155
ザンド　67,69,80,83,85,178-9
シーア派　163-5,354
シウァ　139
シェイクスピア　204
シギスムント（神聖ローマ皇帝）　18
『資治通鑑』（司馬光編）　204,357
『時代の情報』（マスウーディー著）　331,338
シチリア　26,29
シドニス　303
蔀勇造　268,270,405
シナイ山　123
司馬光　204-5
シビュッラ　64-8
ジブラルタル海峡　270
「詩篇」　261
清水宏祐　354
シモン，M.　129-30
ジャイ　306,362
ジャウハル　341
ジャズィーラ　263,318,324-5
シャッダード　340-1,345-7
『王書（シャーナーメ）』（フィルダウスィー著）　→『王書』
ジャーバルサー　196
ジャーヒズ　116,211-2
シャフラスターニー　113
シャフラズール　328,335
シャープール一世　71-2
シャフルバラーズ　273
ジャーマースプ　371
ジャム（ジャムシード）　77
ジャムシード　77,182,295,324
ジャムシードの玉座　274
ジャルウィーン　306
周到中　197
シュウービーヤ　211,288
儒教　205-6
『種々の知識と過ぎし時代の出来事』（マスウーディー著）　347,352
ジュッダ（ジェッダ）　303
シュミット，E. F　50-2
『純潔兄弟団の百科全書』　221-2
小アジア　4,26,64-5,67,87,91,394
小国の君主たち　87,164,291,297-8,306-7,312-3,315,328-9,348-9,351-2,357,362,364,368-9,385,394
小ダレイオス（大ダレイオスの子）　155-6,360
『情報の泉』（イブン・クタイバ著）　210
『情報の原典』　117
『諸王および指揮者たちの格言』（プルタルコス著）　43,235-6

『諸王朝の歴史抄本』(アブ・ル＝ファラジュ著) 291
『諸王の忠言』 233-4,237,242-4
『書記官に宛てた書簡』(アブド・アル＝ハミード著) 212
『書記の道徳と非難』(ジャーヒズ著) 211
『植物の書』(ディーナワリー著) 299
『諸国誌』(イブン・アル＝ファキーフ著) 161,271
『諸国誌』(ヤァクービー著) 314
『諸国の大王と諸預言者の歴史』(ハムザ・アル＝イスファハーニー著) 355-6
『諸蕃誌』(趙汝适著) 195-7
『諸分派と諸宗派の書』(シャフラスターニー著) 113
『諸預言者と諸王の歴史』(タバリー著) 111,140,155,157-8,259,321-30,358-9,362,392,398,400
シリア 4,26,87,90,123,130,211,268,270,283,290,304,306,328,346,353,360,388,394-5
シリアのミカエル 290
シールーイー 370
ジルジース(聖ゲオルギウス) 297
シルダリア川 378
ジン(精霊) 143,160,164,295
シンジャール山 130
神宗 205
新バビロニア王国 316
新プラトニズム 222
『新約聖書』 261,296
スィカンダル 192
スィースターン 81,84
『スィースターンの驚異と異議』 81,84,87
スィヤーサ 254
『スィーラ』『行伝』 258,262-8,272,276,390
スィンド 268,303
ズィンミー 283
スカンデルベグ 94
『過ぎし時代の痕跡』(ビールーニー著) 114,395
スキタイ 25,59,128
『ズクニーン修道院年代記』 289
スーサ 40,46-8
スタフル(イスタフル) 61,73,79,82
ストラボン 6,17,239-40,252,320
ストランガ川 27
ストーン，オリバー 398
ストーンマン，R. 20
スパーハーン(イスファハーン) 76
スパルタ 1,55
スピタメネス 58
スラブ人の地 303-4
ズール 362
ズ・ル＝カルナイン →二本角
スワット 239
スンナ派 376
『聖訓』(サルーグのヤコブ著) 122,126
『聖書』 108-9,282,293,295-6,332-3,353
『精選された格言と珠玉の金言』(ムバッシル・ブン・ファーティク著) 231,236,388-90
征服史(マガーズィー，フトゥーフも参照) 258,262,272-80
生命の泉 30,119,126,163-7,180,268,328,330,339,362
セイロン 339
ゼウス 65
ゼウス・アモン神 →アモン神
『世界の驚異』 96
セソンコシス 139
ゼノン 359
セプティミウス・セウェルス 70
セミラミス 28
セム 303
セラピス神 129,139,345
セルジューク朝 386-90
セレウキヤ 348
セレウコス一世 4,57-8,87,328-9,348,394-5
セレウコス紀年 351,393-5
セレウコス朝 4,46,57-63,66-7,70,84,87,94-5,328,394
『千一夜物語』 30,208,244,271,341
戦象 319-20,357
『千年周期の書』(アブー・マァシャル著) 119
創世 258,295
「創世記」(『旧約聖書』) 261,296-7
『創世の書』(イブン・イスハーク著) 263-8,308
『創造と諸預言者の書』(ワフブ・ブン・ムナッビフ著) 261-2
徂渇尼／狙葛尼 195-8

ソグディアナ　3,58
ソグド　28
ソクラテス　240,248,335,359,363
ソテイラ　59
ソフラーブ　367
ソームナート　377
ゾロアスター　68,79,82-3,85,351,367,394
ゾロアスター教　16,23,45,61-2,64,66-70,73-4,78-89,95,97,120,158,175-9,193,286-7,295,307,310-1,313,331,350-2,358,365-7,375-6,392,394
ソロモン　160,230,280,295-6,347,382,404

タ 行

『大アダブの書』(イブン・アル＝ムカッファア著)　210,285
大洪水　332-3,350,353,356
体臭　300-1,310,325-7,366
タイス　54
太宗　204
大ダレイオス（小ダレイオスの父）　114-6,120,360
ダイラム　355
ダヴィデ　296
ターウィール　143,145,151,159,187
タウルス山脈　26
ダキーキー　365
タキーザーデ，S. H.　393-5
タキトゥス　60
タクシラ　239,320
タークディース　371-5
ダニエル　118,291,297
「ダニエルの書」　118-9,121,127,131,292,297
ダハーグ（ザッハーク）　76-8,88
ターハー・フサイン　213
タバリー　9,100,102,107,110-3,116,135,137,155,159,165,171,173,182-3,242,259-61,264,267,270,275,280,285-6,321-30,352,356,358-9,362-5,375,381,387,391-2,398,400,404
ターヒル朝　314-5,358
『タフスィール』(タバリー著)　100,102,105,108,110-1,116-7,119,126,133-54,158-61,165-6,168-9,182,185,187-8,191-4,242,259,261,264-9,276,280,321,329,358,362-3,398
ダブシャリーム　209
タフムーラス　295
タブリーズ　178
ダマスクス　283
ダーラーイの子ダーラーイ（ダレイオス三世も参照）　80,85
ダーラナワー　325
ダーラーの子ダーラー（ダレイオス三世も参照）　75-6,86,113,115,155-8,178-9,298,300,305,315,318
ダーラーブ（ダレイオス）　366
ダーラブキャルド　359
『ダーラーブの書』(タルスースィー著)　172,229,235
ダーラーブの子ダーラー（ダレイオス三世も参照）　367
ダリウス・ティベルティウス　18
タリスマン　221-2,225-7
ダーリユース（ダレイオス三世も参照）　334
ダルーカ　273-4,280,345
タルスースィー　172,229,235
『タルムード』　127,152,278
ダレイオス一世　47-8,51,73-4
ダレイオス三世（ダーラーイ，ダーラー，ダーリユース，小ダレイオス，大ダレイオスも参照）　1-3,26-7,29-30,46,51-2,55,57,72,76,80,90,113,175-6,178-9,217,237-8,268,281,286,290-1,298-302,305,307,309-10,312,314-9,324-8,334-6,350,355,357,359-61,364,367,374,384,386,388,394,400
タレス　248
タンサル　82,85
『タンサルの書簡』　90,286,368
タンジール　303
ダンダミス　320
『知恵の書』(作者不詳)　232
『知恵の書』(ニザーミー著)　249
知恵の館　172,283
『知識の書』(イブン・クタイバ著)　295,298
チベット　328,335
中央アジア　270,354,376
中国　28,77,174,189,195-8,204-5,253,268,270,303-6,314,328,331-3,335,351,357,362,364,371
中国皇帝　304-5,328,357
『鋳造された金塊』(ガザーリー著『諸王の忠言』アラビア語訳)　237,244

柱頭行者ヨハネス　289
『中庸の書』(マスウーディー著)　334, 352
張居正　205
『長史』(ディーナワリー著)　100, 155, 169-73, 299-313, 315, 368
趙汝适　195
チーン(中国)　371
ディアドコイ　→後継者たち
ディオクレティアヌス　290
ディオゲネス(犬儒学者)　239-40, 320
ディオゲネス・ラエルティオス　39, 218
ディオドロス　6, 17, 48, 52-4, 81, 252
ディオニュソス　28
ディオン　42
『帝鑑図説』(張居正著)　205
ティグリス川　26, 46, 123, 303
『提言と再考の書』(マスウーディー著)　162, 331-4, 347-53
ディーナワリー　9, 100, 116, 155, 169-73, 180, 195, 286, 299-315, 318, 325, 327, 329-30, 329, 356, 365-6, 375, 381, 390, 392-3, 399, 404
ディーナワル　295
ティハーマ　172, 303
ティベリウス　60
ティリダテス(ペルセポリスの宝庫管理人)　48
ティリダテス一世　69
ティンニーン　146-7
テオシードス　389
テオファネス　290
テオフュラクトゥス　124
テオポンプス　42
『哲人賢人逸史』(フナイン・ブン・イスハーク著)　231, 236, 246
テーベ　56
デマラトス　374
テミスティウス　41
デメトリオス　41, 43
テュロス　26, 46
デルフォイ　64
テル・マフレのディオニュシウス　289
テルメズ　348
『デーンカルド』　69, 78, 82, 84-5, 87-8, 370, 372
天蓋の玉座　→タークディース
天使イスラーフィール　167, 309
天使ガブリエル(ジブリール)　106, 118
天使ラファエル(ラファーイール)　163
ドイツ　137, 204
唐　204
『唐鑑』　357
トゥキュディデス　288
トゥジーブ　275
トゥース　306
トゥッバ　303, 335
トゥーバールラーク　123-5
『動物の書』(ジャーヒズ著)　116
『動物の本性について』(アエリアノス著)　320
ドゥーマ・アル=ジャンダル　164, 167
トゥーラーン　76-8, 366, 369, 371
ドゥーリー, A. A.　262
トゥール　77-8, 370-1
トゥルクマーン　386
徳川幕府　205
「都市に対する政策」　215-6, 231
ドナー, F. M　288
豊臣秀頼　205
トーラー　168
トラキア　4, 87
トラヤヌス　43, 93, 235
トランスオクシアナ　200
トリポリのフィリッポス　219
トルキスタン　77
トールキン　227
トルコ　303-4, 332, 359

ナ　行

ナイサーブーリー　100, 153-4, 166-9
ナイル川　25, 303
ナクシェ・ロスタム　71-4
ナーゲル, T.　151, 269-70
ナジュラーン　306
ナースィク　143, 145, 151, 159, 186-7
ナスル　381
ナドル・ブン・アル=ハーリス　105
ナドル・ブン・キナーナ　172, 180, 303
ナボナッサル　316, 350
ナポリの大司祭レオ　109, 137, 342
ナポレオン　94
ニカノル　64
ニキウのヨハネス　289
ニゲルス・ウィレカー　203

『ニコマコス倫理学』(アリストテレス著) 217
ニザーミー 100,119-20,172,174-95,235,248-9,393,400
ニシビス 24,335
ニシビスのエリアス 289
ニーシャープーリー →ナイサーブーリー
ニーシャープール 306,384
日本 195-8
二本角(ズ・ル=カルナイン) 8,96,100-28,131-7,142-55,158-69,181-2,188,190-2,194-8,215,228,242-3,252-3,259-61,264-6,268-72,274-81,292-3,295-7,307,312-3,315,318,329,335,344,348,359,362-4,380-1,390,398-400,404
『二本角アレクサンドロス物語』(ウマーラ・ブン・ズィヤード著) 135
ニムルド 140,295-6
ニュービー, G. D 264,267
ニョッリ, Gh. 45,89
『人間の鏡』(ガワー著) 203
ヌーフ二世 365
ネクタネボス 20,25,29,290-1,310,388,391
ネストリウス派 24,236,283,293,295,329
ネブカドネザル 140,264,273-4,295-6,334
ネルデケ, Th. 10,22-3,121-2,127,137,265,307-8,320
『年代記』(アブ・ル=ファラジュ著) 291
『年代記』(エウセビオス著) 288
『年代記』(テオファネス著) 290
『年代記』(ニキウのヨハネス著) 289
『年代記』(ヨハネス・マララス著) 289
ノア(ヌーフ) 110-2,265,295,303,324,332-3,335,350,353
ノウルーズ 177,179

ハ　行

バイダバー(ヴェーダ・パティ) 209
バイハキー, アブ・ル=ファズル 383-7
バイハキー, イブラーヒーム・ブン・ムハンマド 231
『バイハキーの歴史』(アブ・ル=ファズル・アル=バイハキー著) 383-7
ハイラッラー, A. 392
ハインリヒ六世 204
ハーヴァル 371
ハーウィール 143,145,151,159,186-7
パウサニアス 388-9
ハーカーン 382
バーギース 27
パキスタン 239
バグダード 172,214,216,254,263,282-4,295,331,333,354,356,358
バクトリア 3
『博物誌』(プリニウス著) 83
パコール 28
ハザール 122,162,303-4
バジャル 239
バスラ 284
バダウィ, A. R. 225
裸の哲人(バラモンも参照) 30,150,239-44,320
ハッガダー 264
バッジ, E. A. W. 10,122
ハッラーン 216,218,283
ハディース 207,254,257,260-8,279,281-2,296,307,313,321,330-1,392
ハディル →ヒドル
ハデス 66
羽田正 7-9
バニー・サドル 94
バヌー・アリー 284
パーバグ/バーバク 70,73,75-6,82,349
『パーバグの子アルダシールの行伝』(アルダシールの行伝) 75-7,79,86-8,313,369
ハバル 261-3,299,321
ハービール →ハーウィール
バビロニア 4,57,65,81,131,158,291-2,295,298,316,318,406
『バビロニア・タルムード』 127,150,242
バビロニア天文学 394
バビロン 28,31,46,56-7,117,178,264,351,359-61,364
バフティヤーヌース(ネクタネボスも参照) 388
ハフトワード 369
バフマン 67
『バフマン・ヤシュトのザンド』 67-70,78,88,370
バフラーム 287
バフラーム・チュービーン 382
バフラーム・グール 232
ハマダーニー 382
ハマダーン 301

ハマー＝プルクシュタル　121
ハム　303
「五部作」（ニザーミー著）　174,193
ハムザ・アル＝イスファハーニー　355-6,387,392
ハラーイ　325
『薔薇園』（サァディー著）　234
パラディオス　241
バラモン（裸の哲人も参照）　27,30,268
ハリーディー，T.　254-5,257-2,357
バリーナース／バリーヌース（アポロニウス）　178,228,248,359
バルアミー　358-65,391-2,400
バルカのシメオン　289
バルサー，J. M.　56
バルサーティース　28
バルザワイヒ　208
パールス（ペルシス，ファールスも参照）　2,76,359,361,364
パールスィー　120
パルティア　27,59-60,62,69-70,88
バルビエ・ド・メイナール　334
バル・ヘブラエウス　291-2
バルフ　359,362,364
バルフ川　303
パルメニオン　53
ハルワーン　306,362
ハールーン・アッ＝ラシード（アッバース朝カリフ）　283,307
パレスティナ　128
ハワーリジュ派　212
范祖禹　204
『パンチャタントラ』　208-9,284
パンド　207-9,232
ヒエロニムス　288
ヒクマ　201,230,254,255
ピサ　25
ビザス王　131
ビザンツ帝国　23,114,122-3,127-31,200,207,217-8,236,252,287-8,292,297,332,346-8,392
ヒシャーム（ウマイヤ朝カリフ）　213-4,216,246,283,286
ヒシャーム・ブン・ムハンマド（イブン・アル＝カルビーも参照）　324
ピーシュダーディーヤーン　366
ピタゴラス　240
『秘中の秘』　219-29,233,399
ヒドル（ハディル）　102,163-4,167
ヒポクラテス　359
ヒムヤル　113,268,295
『ヒムヤルの諸王に関する王冠の書』（イブン・ヒシャーム著）　113,173,268-72
ビュザンティオン　35,131
ヒュスタスペス　67-8
ヒュダスペス川　3,57
ピュラモス　303
ヒーラ　296,329
ヒーラークース　158
ピラトゥス　389
ビルキース　168
ビールーニー　114,116-7,155,381,392,394-5
ヒンド　268
ヒンドゥークッシュ山脈　239
ヒンドゥースタン　359
ファイスーン　303
ファイナーウス　304-5
ファッルフザード（ガズナ朝スルタン）　383,387
ファッロヒー　377-80
ファーティマ朝　341
ファトフ・アリー・シャー　94
ファラオ　20,29,223-4,273,280,290,345
ファラーティース　237
ファラニーヤ　306
ファーラービー　175
ファリードゥーン　77,111-2,232,324,366,370-1,382
ファールス（パールス，ペルシスも参照）　2,110,116,157,208,284,298,300,310,351-2,359,387
『ファールスの書』（イブン・アル＝バルヒー著）　368,387
ファロス島　195,345
フィーラートゥス　389
フィリッポス三世アリダエオス　316-7,334,395
フィリッポス二世　1,25,29,33-5,113,115,154-5,215,236,290-1,300-1,303,310,315-6,325-6,334,347,359-60,363,388-9
フィールーザーバード　284
フィルダウスィー　29,116,155,172,178-9,180,235,242,246-7,270,285-6,313,363-

76,381,387,391,400
フィロポヌス　39,218
フェルガーナ　305
ブーキール（アブーキール）　280
「福音書」　261
ブークファーラスブ（ブケファロス）　327
フザーア　172,180,303
不思議な石　163-4,167,268
フスタート　341
偽（プセウド）アスマーイー　308-11,318,325,368,381
偽（プセウド）カッリステネスのアレクサンドロス物語　16-32,38,43,95,97,109,111,122,127-8,137,139-41,150-1,164-5,168,235,241-2,244,246-7,252,268-71,278,289,291,310-1,319-20,340-2,345,365,375,388-9,391,397
偽（プセウド）メトディオス　130-1,292
フトゥーフ（征服史，マガーズィーも参照）　270,272
プトレマイオス（天文学者）　18,315-7,333-4
プトレマイオス（アリストテレス伝作者）　41
プトレマイオス一世　4,54,87,95,117,164,291,328,335-6
プトレマイオス朝　4,30,87,95,273,315,328,347-8,395
プトレマイオス二世　83
「プトレマイオスの王名表」（『簡易表』も参照）　18,315-7,333-4,395
フナイン・ブン・イスハーク　172,231,236,246
ブハーラー　305,358
プフィスター，F.　128
フライ，R. N.　22
ブラウン，E. G.　307-8
フラエンケル，S.　23
プラシアケー　28
フラースィヤーグ／フラースィヤーブ（アフラースィヤーブ）　76-8,88
フラタラカー　61-3
プラトン　23,42,230,237,248,287,335,359,363
フランク　303
フランス　203
フーリー，R. G.　262
フリードレンダー，I.　10,110
プリニウス　83
ブルガリア　332
プルタルコス　6,16-8,35-6,39,43,49-50,52-4,81,234-6,240-1,252,341,374
プレジア，M.　217
フレードーン（ファリードゥーンも参照）　77
プロテウス島　341
プロブス　122
フローム　77-83,85,87,178
ブワイフ朝　247,354-8
フン族　123-4,291
『文体論』（デメトリオス著）　41
『ブンダヒシュン』　79,83,86-7,178,313,372
フンニウス　122
ベア，B.　121,127
「平民に対する政策の詳細」　215,221
ベイルート　24
ベーヴァラスブ（ザッハークも参照）　77
ベーコン，ロジャー　219
ヘシュキオス　39
ベッソス　3,27,57,80
ペッラ　1,25,33,35,406
ベディアン，E.　55
ベヒストゥン　73-4
ヘラクライデス（クーマイの）　373
ヘラクレイア　59
ヘラクレイオス　123,130,273-4
ヘラクレス　270
ヘラート　158,259,268,328,362
ペルシア（パールス，ファールス，ペルシスも参照）　27,131,268,291-2,300,316,324,332,353,359,364
『ペルシア諸王史の華』（サアーリビー著）　381-3
ペルシア戦争　1,48,50
ペルシア門　46,56
「ペルシア列王伝」　7,9,210,217,282,284-7,297-9,307-8,310,313-5,322-5,329-30,353,359,365-6,375,381,390-1,393,400
ペルシア湾　332
ペルシス（パールス，ファールス，ペルシアも参照）　2,46,56,61-3,70-1,76
ペルセポリス　2,46-57,61-2,71,73-4,79,81-3,88,274,367,372-4
ベルベル　270

ヘルミアス　35
ヘルミッポス　83
ヘルメス（ヘルメス・トリスメギストス）　248,295,359
ヘルメス主義者　216,218,283
ヘレスポントス　26
ヘレナ　155
ヘレニズム　4,24,31,283,286,295,347
ヘレノポリス　241
ヘロドトス　288
ヘンリー八世　204
ボイス，M.　61,64
『傍輩に関する書簡』（イブン・アル＝ムカッファア）　211
ホウシャング　295
ホスロウ　28,176
ホスロウ一世（ホスロウ・アヌーシールヴァーン）　23,77,85,90,208,232,259,287
ホスロウ二世　123,289,382
ホスロウ・パルヴィーズ　370-2,374
ボゾルグメフル／ボゾルジミフル　208,211,232
ホメロス　36
ホラーサーン　157-8,216,287,295,305-6,314-5,335,358-9,362,381,386
ポリニヤック，Fr.　138-41
ボルザ，E. N.　55
ホルザード　287
ホルミズダガーン　70
ポルフュリウス　248
ポロ球技の小槌と玉　156,309,325,360
ポロス　27,30,217,269,281,302,305,307,312,318-20,328,336,348,357,384-5,390,400
ポントス　91
ポンペイウス　91-2

マ　行

マアド　172
マァムーン（アッバース朝カリフ）　214,217,283,312
マウラー　→マワーリー
マウリキウス　122
前嶋信次　341
マガーズィー（征服史，フトゥーフも参照）　272
『マカーマート』（ハマザーニー著）　382
『マギについて』　83
マグレブ　270-1,303,328,332,341,354
マケドニア　1,4,25-6,29,31,33-5,40,54,58,60,62,65,67,87,93,122,141,290-1,310,316-7,319,336,359,380,388,394,406
マジック・ボウル　227-8
マスウーディー　114,155,162,173,242,271,281,314,331-53,391,394
マスウード一世（ガズナ朝スルタン）　383,386-7
『マスウード典範』（ビールーニー著）　395
『マスウード年代記』　→『バイハキーの歴史』
『増鏡』　205
マズダ教　80,85
マズダク　210
『マズダクの書』（イブン・アル＝ムカファア著）　210-1
「マタイの書」　296
マトゥン　260
マニ教　84
マヌーチェフル　324
マフディー（アッバース朝カリフ）　263,283
マフムード（ガズナ朝スルタン）　376-83,386
マムルーク　376
マムルーク朝　254
マリア　122
マーリン　229
マルヴ（メルヴ）　28,158,306,328,362
マルギアナ　28
マルグース　78
マルクス・アウレリウス　91
マルズバーン　110,265
マルハーヌース（マルヴ）　306
マルワーン二世（ウマイヤ朝カリフ）　212
マワーリー（マウラー）　211-2,262,283-4
マンサク　143,145,151,159,186-7
マンザラウィ，M.　220-2,225
マンスール（アッバース朝カリフ）　208,211,263,282-4,358
マンダニス　240
ミィラージュ　138
ミエザ　33,35
『水鏡』　205
ミスカワイフ　86,248,355-7,368,385,392
ミダス王伝説　120

『未知への鍵』（ラーズィー著） 112, 114
ミドラシュ 127
ミトラ神 78, 179
ミトラダテス一世 59
ミトラダテス二世 59-60
ミトラダテス六世 91
南アラビア 25, 102, 113-4, 265, 268-9, 271-2, 341, 345, 390
ミュラー，K. F. 19
ミーラーヌース（マルヴ） 306
明 205
ムアーウィア一世（ウマイヤ朝カリフ） 269, 274
ムゥタミド（アッバース朝カリフ） 296
ムカウキス 274
ムガール朝 96
ムーサー（モーセも参照） 102, 126
ムーサース 123
ムーサー・ブン・ヌサイル 270
ムティーウ 332
ムバッシル・ブン・ファーティク 231, 236-7, 388-90
ムハッラビー 356
ムハンマド 9, 102-7, 110, 118, 125-7, 130, 134, 138, 141, 152-3, 158, 166-8, 176, 194, 230, 254, 256, 258, 260-4, 267, 272, 274-9, 295-8, 300, 322, 331-2, 363, 380, 390, 393
ムハンマド・ブン・イスハーク →イブン・イスハーク
ムハンマド・ムゥタシム（アッバース朝カリフ） 300
ムルタダー 158
メイサミー，J. S. 364
メソポタミア 24, 57, 90, 92, 130, 270, 318, 332
メッカ 102, 106-7, 126, 166, 168, 172-3, 180, 278-9, 303, 363, 382
メディア 26, 131, 291-2, 366, 372
メディナ 259, 263, 393
メフメット二世（オスマン朝スルタン） 17-8, 94
メルヴ →マルヴ
メルキト派 285, 293
メルケルバッハ，R. 20
メンフィス 26, 46, 56, 247, 273
『黙示録』（偽（プセウド）メトディオス） 130-1
『目録の書』（イブン・アン＝ナディーム編） 210, 214
勿斯里国（エジプト） 195
モスール 178, 360
モーセ（ムーサーも参照） 102, 126, 153, 168, 273-4, 324, 363, 404
モータメド・ッ＝ドウレ・ファルハード・ミールザー 52
『模範の鏡』（ローマのアエギディウス著） 204

ヤ 行

ヤァクービー 242, 244-6, 293-316, 318-20, 322, 329, 334, 356, 391, 395
ヤコブ 351
ヤコブ派 289-91, 293
ヤージュージュとマージュージュ（ゴグとマゴグも参照） 103, 108-9, 113, 135-7, 143, 145-7, 150-1, 160, 162-3, 165-7, 189, 194, 260, 266-8, 292, 305, 311, 348, 363, 381
ヤズィード 269
ヤズダギルド三世 86, 297-8, 323, 349-50
ヤフヤー・ブン・ビトリーク 221
ヤペテ（ヤーファト） 110, 155, 265, 303, 335
ヤムルークの戦い 130
ユダヤ教 9, 13, 25, 32, 64-6, 84, 100, 102, 105-7, 109-10, 118-9, 121, 126-9, 140-2, 150-2, 166, 168, 173, 176, 193-4, 242, 252, 258-9, 261-5, 267, 276-8, 280, 288, 291-2, 295, 331, 363, 392, 394, 398, 404
『ユダヤ古代誌』（ヨセフス著） 118, 127-8
『ユダヤ戦記』（ヨセフス著） 128
ユスティニアヌス 23
ユーナーン 110, 155-6, 265, 334-5, 359
ユニアヌス・ユスティヌス 6
ユーヌーン 359
『指輪物語』 227
ユーフラテス川 26, 46, 57, 123, 271, 303
ユリウス・ウァレリウス 27, 109
『良きことと悪しきことの書』（バイハキー著） 231
預言者伝集 100, 152-69, 258
『預言者伝集』（ナイサーブーリー著） 166-9
『預言者伝選集』（サァラビー著） 154-66, 399
ヨセフ 273
ヨセフス 118, 127-8
ヨハネ（洗礼者） 264, 328

ヨハネス・マララス　289
ヨーロッパ　11,13,94,135,137,139-40,189,194,202-4,206,210,219,253,332,342-4,404

ラ・ワ行

ライ（レイ）　263,306,356
「ライラとマジュヌーン」　392-3
裸行者　→裸の哲人
ラクタンティウス　64,67
ラクミド　295
ラーズィー　112-6,119
ラビーア　335
ラビ・ヨナ　141
ラ・フォンテーヌ　210
ラーマス山　123
リサーラ　212
『理想都市論』（ファーラービー著）　175
リタルブ　289
リビア　26,332
流砂の川　271
リュケイオン　37
リュシッポス　91
リュシマコス　4,87,95,117
ルクマーン　230
ルービン　276
ルーム　110-1,114-6,119-20,134-6,142,151,155-7,159,169-70,174,180,183,187,259-60,266,274,277,280,292,298,300-1,304,306-7,310,335,346,359,366,368,370-1,385,390,400
レイ　→ライ
『麗筆の書』（イブン・ヒシャーム著）　294
レイニンク，G. J.　121-2,126,130
レオニダス　1,34
『歴史』（タバリー著）　→『諸預言者と諸王の歴史』
『歴史』（テオフュラクトゥス著）　122
『歴史』（ヤァクービー著）　314-21
『歴史大要』　387
『歴史の精華』（ガルディーズィー著）　381
『列王伝』　→「ペルシア列王伝」
『列王伝，ペルシア・アラブ史に関する究竟の書』　→『究竟の書』
レッドスロプ，G. M.　121
ロクサネ　27,30,157-8,178-9,290-1,302,316,324-6,334,336,361,367,394
ロシア　174,332
ロス，D. J.　11
ロスタム　366-7
ロードス島　28,31,275
ロビンソン，Ch.　253-5,257
ロフラースプ　179
ローマ帝国　24,26,29,38,60,67,89-94,129-31,273,295,316,328,332,345,367,371,392
ローマのアエギディウス　→アエギディウス
ロムルス　131
ロランジュ，H. P.　372
『和漢三才図会』（寺島良安編）　195-7
ワーキディー　262
ワーシク（アッバース朝カリフ）　162
ワフブ・ブン・ムナッビフ　110-1,117,142,151-2,154,158,161-2,182,242,258-62,266-70,296-8,363
ワリード一世（ウマイヤ朝カリフ）　270,346
ワルドマン，M. R.　377,386

作品名の日本語訳

Abdīh ud Sahīgīh ī Sēstān　→『スィースターンの驚異と異議』
‘Ahd Ardashīr　→『アルダシールの遺言』
‘Ajā‘ib al-dunyā　→『世界の驚異』
Akhbār al-ṭiwāl　→『長史』
“Alexandros e hyper apoikon”　→「アレクサンドロス，または植民地化について」
Alf layla wa layla　→『千一夜物語』『アレクサンドロス遠征記』
Almagest　→『アルマゲスト』
Al-sa‘āda wa ’l-is‘ad　→『幸福の追求と実現』
Anabasis Alexandri　→『アレクサンドロス遠征記』
Ardā Vīrāz Nāmag　→『敬虔なヴィーラーズの書』
Bioi Paralleloi　→『英雄伝』
Bundahišn　→『ブンダヒシュン』

Chronici Canones →『年代記』(エウシビオス)
Chronicon Palatinum →『年代記』(ニキウのヨハネス)
Chronographia →『年代記』(ヨハネス・マララスおよびテオファネス)
Dādestān ī Mēnōg ī Xrad →『英知の精霊の審判』
Dārābnāma →『ダーラーブの書』
De Elocutione →『文体論』
De Mundo →『宇宙について』
De Natura Animalium →『動物の本性について』
Dēnkard →『デーンカルド』
De regimine principum →『君主の統治』
Dhakhīra al-Iskandar →『アレクサンドロスの財宝』
Fables →『寓話』
Fārsnāma →『ファールスの書』
Futūḥ Miṣr →『エジプト征服記』
Ghurar akhbār al-mulūk al-Furs →『ペルシア諸王史の華』
Gulistān →『薔薇園』
Historia de preliis →『アレクサンドロス戦記』
Historia Naturalis →『博物誌』
Homilie →『聖訓』
Iqbālnāma yā Khiradnāma →『幸運の書(または知識の書)』
Iskandarnāma →『アレクサンドロスの書』
Kārnāmag ī Ardašīr Pābagān →『パーバグの子アルダシールの行伝』
Khiradnāma →『知恵の書』
Khvadāy-nāmag →『王書』
Kitāb al-adab al-kabīr →『大アダブの書』
Kitāb akhbār al-zamān →『時代の情報』
Kitāb al-āthār al-bāqiya 'an al-qurūn al-khāliya →『過ぎし時代の痕跡』
Kitāb al-buldān →『諸国誌』
Kitāb al-fihrist →『目録の書』
Kitāb al-ḥayawān →『動物の書』
Kitāb al-ma'ārif →『知識の書』
Kitāb al-maḥāsin wa 'l-masāwi →『良きことと悪しきことの書』
Kitāb al-masālik wa 'l-mamālik →『街道と国々の書』
Kitāb al-milal wa 'l-niḥal →『諸分派と諸宗派の書』
Kitāb al-mubtadā' wa 'l-qiṣaṣ al-anbiyā' →『創造と諸預言者の書』
Kitāb al-muḥabbar →『麗筆の書』
Kitāb al-mulūk al-mutawwaja →『王冠をいただいた君主の書』
Kitāb al-nabāt →『植物の書』
Kitāb al tanbīh wa 'l-ishrāf →『提言と再考の書』
Kitāb al-tījān fī mulūk Ḥimyar 『ヒムヤルの諸王に関する王冠の書』
Kitāb al-ulūf →『千年周期の書』
Kitāb 'uyūn al-anbā' fī ṭabaqāt al-aṭibbā' →『医師の学派に関する情報源の書』
Madīna al-fāḍila →『理想都市論』
Makhtbhanuth Zabhne (*Chronicon*) →『年代記』(アブ・ル=ファラジュ)
Maqāmāt →『マカーマート』
Miroir exemplaire →『模範の鏡』
Mujmāl al-tawārīkh →『歴史大要』
Mukhtār al-ḥikam wa maḥāsin al-kalim →『精選された格言と珠玉の金言』
Mukhtaṣar ta'rīkh al-duwal →『諸王朝の歴史抄本』
Murūj al-dhahab wa ma'ādin al-jawhar →『黄金の牧場と宝石の鉱山』
Mutūn al-akhbār →『情報の原典』
Nāma-yi Tansar →『タンサルの書簡』
Naṣīḥat al-mulūk →『諸王の忠言』
Nawādir al-falāsifa wa 'l-ḥukamā' →『哲人賢人逸史』
Nihāyat al-arab →『究竟の書』
Noctes Atticae →『アッティカ夜話』
"Peri basileias" →「王権について」
Peri magon →『マギについて』
Protrepticus →『ギリシア人への勧告』
Qānūn al-Mas'ūdī →『マスウード典範』
Qiṣaṣ al-anbiyā' →『預言者伝集』
Qiṣaṣ al-anbiyā' al-musammā 'arā'is al-majālis →『預言者伝選集』
"Rasā'il 'Arisṭāṭālīs 'ilā 'l-Iskandar" →「アレクサンドロスに宛てたアリストテレスの書簡集」
Rasā'il ikhwān al-ṣafā' →『純潔兄弟団の百科全書』
Regum et imperatorum apophthegmata →『諸王および指揮者たちの格言』

Risāla fī dhamm akhlāq al-kuttāb →『書記の道徳と非難』
Risāla fī 'l-ṣaḥāba →『傍輩に関する書簡』
Šahrestānihā ī Ērān →『イランの諸都市』
Shāhnāma →『王書』
Sharafnāma →『栄誉の書』
Sīra →『行伝』
Sirr al-asrār →『秘中の秘』
Siyar al-mulūk →『列王伝』
Siyar mulūk al-'ajam →『ペルシア列王伝』
"Siyāsa al-'āmmīya" →「平民に対する政策の詳説」
"Siyāsa al-mudun" →「都市に対する政策」
Speculum majus →『大鏡』
Speculum meditantis →『人間の鏡』
Speculum regum →『王の鏡』
Speculum stultorum →『愚者の鏡』
Tabaqāt al-aṭibbā' wa 'l-ḥukamā' →『医者と賢者伝集成』
Tajārib al-umam wa ta'āqub al-himam →『国々の経験と大志の継承』
Ta'rīkh al-rusūl wa 'l-mulūk →『諸預言者と諸王の歴史』
Tārīkh-i Bayhaqī →『バイハキーの歴史』
Ta'rīkh sinī mulūk al-arḍ wa 'l-anbiyā' →『諸国の大王と諸預言者の歴史』
Tibr al-masbūk →『鋳造された金塊』
'Uyūn al-akhbār →『情報の泉』
Zand ī Vahman Yašt →『バフマン・ヤシュトのザンド』
Zayn al-akhbār →『歴史の精華』

図版出典一覧

カバー表　天使イスラーフィールとアレクサンドロス（フィルダウスィー『王書』挿絵，1580年頃）。フランス国立図書館蔵，Supplément persan 489, fol. 352.

カバー裏　アレクサンドロスの横顔が彫られたカメオ（ピュルゴテレス作，紀元前320年頃。七宝が施された金の縁はルネッサンス時代）。フランス国立図書館メダル陳列室蔵，Camée 222.

序　章

地図1　アレクサンドロスの帝国（前334-323年）……2-3

地図2　後継者たち（ディアドコイ）による帝国の分裂……5

図1　イッソスの戦いを描いたモザイク（ポンペイ出土）。東京国立博物館，NHK，NHKプロモーション編『アレクサンドロス大王と東西文明の交流展』2003年，12頁……4

第I部

地図1　文明の接点。ローマ帝国とササン朝ペルシアの国境地帯。Jean-François Duneau, “Quelques aspects de la pénétration de l'héllénisme dans l'Empire perse sassanide,” in *Mélanges offerts à René Crozet*, eds. P. Gallais and Y.-J. Riou (Poitiers : Soc. d'études médiéval, 1966), 1 : 14をもとに作成……24

図1　ペルセポリス，アパダーナ階段。属州の朝貢者たち。E. F. Schmidt, *Persepolis I ; Structures. Inscriptions* (Chicago : U of Chicago P, 1953)……47

図2　ペルセポリス，帝王謁見図。E. F. *Schmidt, Persepolis I ; Structures. Inscriptions* (Chicago : U of Chicago P, 1953)……50

図3　セレウコス朝時代のペルシス地方の貨幣。E. Yarshater ed., *CHI*, 3(1), 1983, plate 10……63

図4　ナクシェ・ロスタムのアケメネス朝王墓。John Curtis and Nigel Tallis eds., *Forgotten Empire : The World of Ancient Persia* (London : Brisith Museum, 2005), 15……71

図5　ナクシェ・ロスタムのササン朝浅浮彫り（シャープール1世の前に跪くローマ皇帝ウァレリアヌスとフィリッポス）。Walther Hinz, *Altiranische Funde und Forschungen* (Berlin : Gruyter, 1969), 181……72

図6　ナクシェ・ロスタムのササン朝浅浮彫り（王権を授けられるアルダシール）。*Les Perses sassanides : Fastes d'un empire oublié* (224-642), (Paris : Paris-Musée, 2006), 38……72

図7　ベヒストゥン，ダレイオスの記念碑。John Curtis and Nigel Tallis eds.,

Forgotten Empire : The World of Ancient Persia (London : British Museum, 2005), 13 ……73
図 8　ペルセポリス，三門宮入り口柱上部。E. F. Schmidt, *Persepolis I ; Structures. Inscriptions* (Chicago : U of Chicago P, 1953), plate 79 ……73
図 9　アレクサンドロス肖像（ペッラ，紀元前 4 世紀末—3 世紀初め）。ペッラ考古学博物館蔵。東京国立博物館他編『アレクサンドロス大王と東西文明の交流展』2003 年，53 頁，図版 27 ……92
図10　ポンペイウス肖像（紀元前 50 年頃）。INN 733. Ole Haupt 撮影 ……92
図11　アレクサンドロスの肖像が刻まれた皇帝アウグストゥスの認印（紀元前29-23 年頃）。メトロポリタン美術館蔵。M. Bieber, *Alexander the Great in Greek and Roman Art* (Chicago, 1964), fig. 62 ……92
図12　プトレマイオス 1 世のテトラドラクマ銀貨（紀元前 318-315/4 年）。ボストン美術館蔵，no. 04. 1181. B. Childs ed., *The Search for Alexander : an Exhibition* (Boston : New York Graphic Soc., 1980), plate 18 ……95
図13　リュシマコスのテトラドラクマ銀貨（紀元前 300-298 年）。ボストン美術館蔵，no. 35. 215. B. Childs ed., *The Search for Alexander : an Exhibition* (Boston : New York Graphic Soc., 1980), plate 17 ……95
図14　ダレイオスの死を嘆くアレクサンドロス（フィルダウスィー『王書』挿絵，1580-1600 年）。大英図書館蔵，I.O. Islamic 3540, fol. 373 ……96
図15　双角のアレクサンドロス（『世界の驚異』挿絵，17-18 世紀）。フランス国立図書館蔵，Supplément persan 1568, fol. 146v ……96

第II部

図 1　ヤージュージュとマージュージュの防壁の建設（フィルダウスィー『王書』大モンゴル版挿絵，1330 年頃）。*Alessandro Magno. Storia e Mito* (Milano : Leonardo Arte, 1995), 341, plate 130b ……108
図 2　ヤージュージュとマージュージュの防壁の建設（フィルダウスィー『王書』シャー・イスマール 2 世版挿絵，1577 年頃）。A. Soudavar, *Art of the Persian Courts* (New York : Rizzoli, 1992), plate 100 ……108
図 3　アレクサンドロスの昇天（イタリア，オトラント大聖堂床モザイク細部，1166 年）。Grazio Gianfreda, *Il Mosaico di Otranto : Biblioteca Medioevale in inmagini* (Lecce : Grifo, 2005), 166 ……138
図 4　アレクサンドロスの昇天が描かれたクロワゾンネ七宝ブロンズ皿（グルジア，12 世紀頃）。チロール州立博物館フェルディナンデウム蔵。*Alessandro Magno : Storia e Mito* (Milano : Leonardo Arte, 1995), plate 142 ……138
図 5　ゴグとマゴグの障壁を建てる二本角（ナイサーブーリー『預言者伝集』挿絵，16 世紀）。ニューヨーク市立図書館蔵，スペンサー・コレクション Persian Ms. 46 fol. 132a. Rachel Milstein et als. eds., *Stories of the Prophets : Illustrated Manuscripts of Qiṣaṣ al-Anbiyā'* (Costa Mesa : Mazda, 1999),

plate XVII ……154
図6　箱舟に乗るノア（ナイサーブーリー『預言者伝集』挿絵，16世紀）。ニューヨーク市立図書館蔵，スペンサー・コレクション Persian Ms. 46, fol. 19a. Milstein 1999 : plate XIV……154
図7　カァバ巡礼をするアレクサンドロス（ニザーミー『栄誉の書』挿絵，1560年頃）。フランス国立図書館，Supplément persan 1956, fol. 212v ……181
図8　沙羂茶国『三才図会』人物十二巻，上海古籍出版社，1985年，826頁 ……197
図9　沙弼茶『和漢三才図会』外夷人物巻十四，二十二，大空社，1998年，CD-ROM版 ……197

第III部
図1　アリストテレスとアレクサンドロス（イブン・ブフティシュウ『動物誌』Ibn Bukhtishū', *Kitāb na't al-hayawān wa manāfi'i-hi* 挿絵，13世紀）。大英図書館蔵，Or. 2784, fols. 95v–96 ……200
図2　狩野山楽，帝鑑図屏風のうち「拒関賜布」。土居次義『狩野山楽・山雪』集英社，1976年，図版31 ……205
図3　「マジック・ボウル」（イラン，16世紀）。Nasser D. Khalili Collection of Islamic Art, MTW 1378. Francis Romeril Maddison and E. Savage-Smith, *Science, Tools & Magic Part 1* (London : Nour Foundation, Azimuth Editions, Oxford UP, 1997), plate 29 ……227
図4　アレクサンドロスの最期（フィルダウスィー『王書』大モンゴル版挿絵，1330年頃）。フリーア美術館蔵，n. 38. 34. Oleg Grabar, *Epic Images and Contemporary History : The Illustrations of the Great Mongol Shahnama* (Chicago : U of Chicago P, 1980), plate 39 ……247
図5　アレクサンドロスと七賢人（ニザーミー『幸運の書』挿絵，1590年頃）。ケンブリッジ大学フィッツウィリアム博物館蔵。PD. 144–1948. *Alessandro Magno : Storia et Mito*, plate 139 ……248

第IV部
図1　潜水するアレクサンドロス（スポレートのクィルキヌス『アレクサンドロス大王の歌』Quilichinus de Spoleto, *Alexandreis* 挿絵，13世紀末）。フランス国立図書館蔵，Latin 8501, fol. 49 ……343
図2　潜水するアレクサンドロス（『いかさま狐の物語』*Roman de Renart le contrefait* 挿絵，1314年以降）。フランス国立図書館蔵，Français 1630, fol. 126v ……343
図3　潜水するアレクサンドロス（『シュルーズベリー・タルボット物語本』*Shrewsbury Talbot Book of Romances* 挿絵，1445年以前）。大英図書館蔵，Royal 15 E. VI : fol. 20v ……343
図4　潜水するアレクサンドロス（ジャン・ウォークラン『アレクサンドロス物

語』Jean Wauquelin, *La Geste ou histore du noble roy Alixandre, roy de Macedonne* 挿絵，15 世紀)。フランス国立図書館蔵，Français 9342, fol. 182 ……343
図 5　潜水するアレクサンドロス（アミール・ホスロウ・ディフラヴィー「五部作」の中の『アレクサンドロスの鏡』*Āʾīna-yi Iskandarī*［1298-1301 年］挿絵［伝ムクンダ画，ラホール］，1595 年頃)。メトロポリタン美術館蔵，Gift of Alexander Smith Cochran, 1913 (13. 228. 27) ……344
図 6　玉座担ぎの浅浮彫り（ペルセポリス，百柱の間)。John Curtis and Nigel Tallis eds., *Forgotten Empire : The World of Ancient Persia* (London : British Museum, 2005), 77 ……373
図 7　玉座担ぎの浅浮彫り，天蓋部分（ペルセポリス，百柱の間)。John Curtis and Nigel Tallis eds., *Forgotten Empire : The World of Ancient Persia* (London : British Museum, 2005), 76 ……374

付録 「偽カッリステネスのアレクサンドロス物語」諸系統

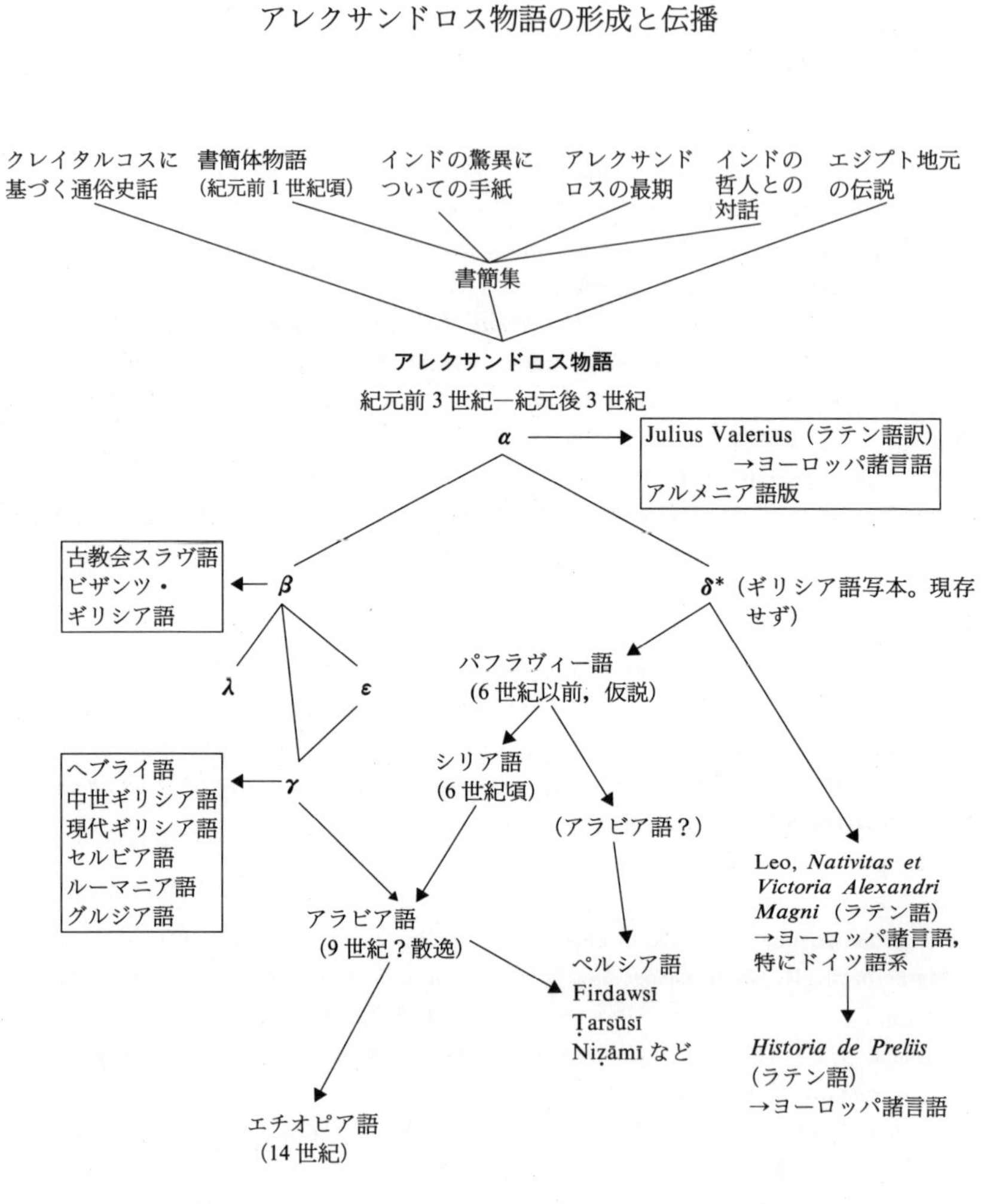

注：ヨーロッパ諸言語異本のより詳しい系図は，D. J. Ross, *Alexander Historiatus* (1982), 26, 46, 52, 60を参照。

各系統写本，校訂本，訳本・異本，研究リスト

【α系（3世紀頃，アレクサンドリアにて編纂。地元色が強い）】

ギリシア語写本

A（Paris, Bib. Nat. gr. 1711）11世紀

1846年に K. F. Müller によって Bibliothèque nationale de France において発見。綴りの間違い，欠落多し。

校訂本・翻訳

Crit. ed. Kroll, G. *Historia Alexandri Magni*（*Pseudo Callisthenes*），*I : Recensio Vetusta*. Berlin : Weidmann, 1926（アルメニア語版，ラテン語版をもとに補われた原典）. French transl. Tallet-Bonvalot, A. *Le Roman d'Alexandre*. Paris : GF-Flammarion, 1994（Kroll 版の仏訳）.

Ausfeld, A. *Der griechische Alexanderroman*. Leipzig : Tuebner, 1907（α 本をドイツ語で再現しようという試み）. Engl. transl. Haight, E. H. *The Life of Alexander of Macedon*. New York : Longmans Green, 1955（Ausfeld 版の英訳）.

訳本（ギリシア語原典に近いとされるもの）

ラテン語（310-330年頃）

Julius Valerius. *Res gestae Alexandri Macedonis.* Ed. Zacher, J. *Iulii Valerii Epitome*. Halle, 1867 ; Ed. Kübler, B. *Iuli Valerii Alexandri Polemii Res gestae Alexandri Macedonis*. Leipzig, 1888.

アルメニア語（5世紀）

Patmut'iun Aleksandri Makedonatsvoy. Venice, 1842（pub. by Mekhitarist monastery of San Lazzaro）; Engl. transl. Wolohojian, A. *The Romance of Alexander the Great by Pseudo-Callisthenes*, New York : Columbia UP, 1969. Greek retro-version by Raabe, R., *'Ιστορία 'Αλεξάνςρου, die armenische Übersetzung auf ihre mutmassliche Grundlage züruckgeführt.* Leipzig, 1896.

研究

Akinian, N. "Die handschriftliche Überlieferung der armenischen Übersetzung des Alexanderromans von Pseudo-Kallisthenes." *Byzantion* 13（1938）: 203-6.

Merkelbach, R. *Die Quellen des griechischen Alexanderromans*, Zetemata, Monographien zur klassischen Altertumswissenschaft 9. Munich : Beck, 1954.

Samuel, A. E. "The Earliest Elements in the Alexander Romance." *Historia : Zeitschrift für alte Geschichte* 35.4（1986）: 427-37.

Skinner, J. *The Alexander Romance in the Works of the Armenian Historians*. PhD diss., Harvard Univ., 1940.（未見）

Zacher, J. *Pseudo-Callisthenes, Forschungen zur Kritik und Geschichte der ältesten Aufzeichnung der Alexandersage*. Halle, 1867.

【β系（300–550頃，より史実に近づけ，エジプト色，アレクサンドリア色を取り除こうとした α の改訂版）】

ギリシア語写本

B（Paris, Bib. Nat. gr. 1685） Otrante 1469年

L（Leiden, Vulc. 93） 15世紀

M（Messina, fondo vecchio 62）

V（Vatican, gr. 1556）

S（Paris, suppl. gr. 690）

F（Laurentia, 70.37）

K（Moskow, Gosudarskvenii Istoricheskii Muzei 436, formerly Synodal Library 298）

Q²（Oxford, Bodleian, Barrocci 17, fols. 119^{v}–121^{r}）

校訂本・翻訳

Ed. Müller, K. F. *Pseudo-Callisthenes, primum edidit Carolus Müller accedit Itinerarium Alexandri*（Scriptores Historiae Alexandri, II）. Paris, 1846.（写本BにAとCの異文）

Ed. Meusel, H. “Pseudo-Callisthenes, nach der Leidener Handschrift hrsg. von H. Meusel.” *Jahrbücher für classische Philologie*. Neue Folge. Supplementband V. Leipzig, 1871, 700–816.

Ed. Bergson, L. *Der griechische Alexanderroman, Recension β, Studia* Graeca Stockholmiensia III. Stockholm-Göteborg-Uppsala, 1965.

Ed. and German transl. Van Thiel, H. *Leben und Taten Alexanders von Makedonien. Der griechische Alexanderroman nach der Handschrift L*（Texte zur Forschung 13）. Darmstadt, 1974.（Lの独訳）

French transl. Bounoure, G. and B. Serret. *Pseudo-Callisthène, le Roman d'Alexandre*. Paris : Les Belles Lettres, 1992.（Lの仏訳，付録に異文，抜けている逸話）

Engl. transl. Stoneman, R. *The Greek Alexander Romance*. London : Penguin Books, 1991.（Lの英訳に異文，逸話追加）

橋本隆夫訳『伝カリステネス　アレクサンドロス大王物語』国文社，2000年。

訳本・異本

古教会スラヴ語（12世紀以前，ロシア語年代記へ）

Ed. Istrin, V. M. *Aleksandria russkikh khronografov : Issledovanie i Texti*. Moskow, 1893.

ビザンツ・ギリシア語（1392–1404，詩［Venice, Biblioteca Marciana, Gr. 408］）

Ed. Wagner, W. *Trois poèmes grecs du moyen âge*. Berlin, 1881, 56–241 ; Ed. Reichmann, S. *Das byzantinische Alexandergedicht nach dem Codex Marcianus 408 herausgegeben*, B. z. k. P. 13. Meisenheim am Glan : Hain, 1963.

研究

Christensen, H. “Die Vorlagen des byzantinischen Alexandergedichtes.” *Sitzungsberichte der Kgl. Bayer. Akademie der Wissenschaften, phil.-hist. Klasse* 1（1897）: 33–118.

Gildemeister, J. "Pseudokallisthenes bei Moses von Khoren," *ZDMG* 40 (1886) : 88–91.

Gleixner, H. J. *Das Alexanderbild der Byzantiner*. PhD diss., Munich, 1961.

Moennig, U. *Die spätbyzantinische Rezension des Alexanderromans*. Cologne: Romiosini, 1992.

Pfister, F. "Alexander der Grosse in der byzantinischen Literatur und neugriechischen Volksbüchern." In *Probleme der neugriechischen Literatur* III. Berlin: Akademie, 1960, 112–30.

Popov, A. *Obzor khronografov russkoi redaktsii*. Moskow, 1866.

【λ系（βの異本・訳本なし）】

ギリシア語写本

O（Oxford, Bodleian, Barrocci 23）

W（Vatican, gr. 171）

H（Oxford, Bodleian, Holkham gr. 99）

N（Ambrosia, O 117 sup）

P（Oxford, Bodleian misc. 283）

G（Venice, Marciana Gr. Cl, 2. Nr. 91 coll. 1260, fol. 95^{r}–186^{v}）

U（Mount Athos, no. 4285, Iviron 165, fols. 153^{r}–177^{v}）

校訂本・研究

Ed. Thiel, H. van. *Die Rezension λ des Pseudo-Kallisthenes*. Bonn: Habelt, 1959.

【ε系（7-8世紀）】

ギリシア語写本

Q（Oxford, Bodleian, Barrocci 17）13世紀

校訂本・研究

Ed. Trumpf, J. *Anonymi Byzantini Vita Alexandri regis Macedonum, Recension ε*. Bibliotheca Scriptorum Graecorum et Romanorum (Teubneriana). Stuttgart: Teubner, 1974.

【γ系（ユダヤ教徒によるβにεを導入した改編版，エルサレム訪問やゴグとマゴグの挿話）】

写本

C（Paris Bibl. Nat. suppl. grec. 113）1567年

D（Venice, Istituto di Studi Bizantini）

R（Oxford, Bodleian Barrocci 20）

Z（Mount Athos, no. 4860, Iviron 740）

校訂本・翻訳

Ed. Müller, K. F. *Pseudo-Callisthenes, primum edidit Carolus Müller accedit Itinerarium Alexandri* (Scriptores Historiae Alexandri, II). Paris, 1846.（写本C）

Ed. Lauenstein, U. von. *Der griechische Alexanderroman. Rezension Γ. Buch I nach der Handschrift R herausgegeben* (*Beitrage zur klassischen Philologie* 4). Meisenheim am Glan : Hain, 1962 ; Ed. Engelmann, H. *Buch II* (*Beitrage zur klassischen Philologie* 12), 1963 ; Ed. Parthe, F. *Buch III* (*Beitrage zur klassischen Philologie* 33), 1969. (写本 R)

橋本隆夫訳『伝カリステネス　アレクサンドロス大王物語』国文社, 2000 年, 「補遺」268-357 頁。

訳本・異本

ヘブライ語（おそらく 13 世紀, 空想的な冒険譚を多く含む）

Ed. Lêvi, I. "Un nouveau Roman d'Alexandre." In *Festschrift zum 80. Geburtstag M. Steinschneiders*. Leipzig, 1896, 142-63 ; Engl. transl. Gaster, M. "An Old Hebrew Romance of Alexander." *JRAS* (1897) : 485-549 (ed. and Engl. transl. of MS Oxford, Bodleian Library Hebrew D 11) ; Ed. Reich, R. *Tales of Alexander the Macedonian, a Medieval Manuscript Text and Translation with a Literary and Historical Commentary*. New York : Kiav, 1972 (improved ed. and Engl. transl. of MS Oxford, Bodleian Library Hebrew D 11) ; Ed. Bekkum, W. Jac. van. *A Hebrew Alexander Romance according to MS London, Jew's College, no. 145* (Orientalia Lovaniensia Analecta 47). Leuven : Peeters, 1992 ; idem. *A Hebrew Alexander Romance According to MS Héb. 671.5*. Paris : Bibliothèque nationale (Hebrew language and literature series 1). Groningen : STYX, 1994.

中世ギリシア語（12,3 世紀, 散文）

Ed. Veselovskii, A. N. *Iz istorii romana i povesti* (St. Petersburg, 1886), I : 1-64 (full ed. of MS Vienna, Nationalbibliothek, theol. Gr. 244).

現代ギリシア語（1699 年にヴェネチアで印刷出版, 1750 年以降版を重ねた）

Ed. Pallēs, Alexandros. *Ê fullada tou Meg' Aléxantrou, ê, istoría tou Megalou Aléxandrou tou Makedonos, bios, Polemoi kai thanatos autou*. Athens : Pursos, 1935, 1961².

セルビア語　→ロシア語年代記 *Aleksandria*.

Ed. Jagic, V. "Zivot Aleksandra velikoga." In *Starine* 3 (Jugoslavenska Akademija Znanosti i Umjetnosti, 1871 ; Ed. Novakovi, c. S. *Prinovetka o Alexandru velikom i Staroi Srpskoi Knizhevnosti*, 1878).

ルーマニア語, セルビア語版に基づく

グルジア語, セルビア語版に基づく, 散文および韻文

研究

Bekkum, W. Jac. van. "Alexander the Great in Medieval Hebrew Literature." *Journal of the Warburg and Courtauld Institutes* 49 (1986) : 218-226.

Cartojan, N. "Alexandria in líteratura românească." In *Noui Contributii*. Bucarest, 1922.

Gero, S. "The Legend of Alexander the Great in the Christian Orient." *Bulletin of the John Rylands Univ. Library of Manchester* 75.1 (1993) : 3-9.

Gleixner, H. J. *Das Alexanderbild der Byzantiner*. PhD. diss. Munich, 1961.
Khakhanov, A. "Gruzinskaia povest' ob Alexandre Makedonskom i Serbskaia Aleksandria." *Zhurnal Minsterstva Narodnogo Prosveshcheniia* 289 (1893) : 241–52.
Pfister, F. "Alexander der Grosse in der byzantinischen Literatur und neugrichischen Volksbüchern." In *Probleme der neugriechischen Literatur* III. Berliner byzantinische Arbeiten 16. Berlin : Akademie, 1960, 112–30.

【δ* 系（ギリシア語写本は現存しない）】

訳本・異本

Leo Archipresbyter. *Nativitas et Victoria Alexandri Magni.* コンスタンチノープルで写されたギリシア語版から，952 年頃ナポリでラテン語訳。Leo の原典は現存しないが，ヨーロッパ諸言語に幅広く訳された。

Ed. Pfister, F. *Der Alexanderroman des Archpresbyters Leo* (Sammlung mittellateinischer Texte 6). Heidelberg : Winter, 1913.（Leo の原典に最も近いとされる 1000 年頃のラテン語写本：Bamberg E.iii.14 の校訂）

芳賀重徳訳『アレクサンデル大王の誕生と勝利――ナポリの首席司祭レオ訳』近代文芸社，1996 年。

Historia de Preliis（『アレクサンドロス戦記』）I^1（11 世紀頃），I^2（12 世紀半ば前），I^3（12 世紀末，13 世紀初め）の 3 系統。Leo の改竄版，ヨーロッパ諸言語に派生。

Ed. Bergmeister, H. J. *Die Historia de Preliis Alexandri Magni ... Synoptische Edition der Rezensionen des Leo Archipresbyter und der interpolierten Fassungen J^1, J^2, J^3 (Buch I und II)*, B. z. k. P. 65. Meisenheim am Glan : Hain, 1975 ; Hilka, A. and K. Steffens. *Historia Alexandri Magni (Historia de Preliis) Rezension J^1*, B. z. k. P. 107. Meisenheim am Glan : Hain, 1979 ; Hilka, A. (H. J. Bergmeister & R. Grossman) *Historia Alexandri Magni (Historia de Preliis) Rezension J^2*, B. z. k. P. 79, 89. Meisenheim am Glan : Hain, 1976–77 ; Steffens, K. *Die Historia de preliis Alexandri Magni Rezensionen J^3*, B. z. k. P. 73. Meisenheim am Glan : Hain, 1975 ; Engl. transl. Kratz, Dennis M. *The Romances of Alexander*. New York-London : Garland, 1991.

パフラヴィー語（6 世紀以前？仮定，Nöldeke 説）

シリア語（パフラヴィー語版に基づく，6 世紀？）

Ed. and Engl. transl. Budge, E. A. W. *The History of Alexander the Great, Being the Syriac Version of the Pseudo-Callisthenes*. London : Cambridge UP, 1889.

アラビア語（9 世紀？，散逸）

ペルシア語，完全な物語のかたちで残っているのはフィルダウスィーの『王書』のアレクサンドロスの部分が最も古い（10 世紀末）。直接の典拠は不明。

Firdawsī. *Shāhnāma*. Ed. Khaleghi Motlagh. New York : Bibliotheka Persica, 1997, 2005, 5 : 515–6 : 129.

エチオピア語（14 世紀，アラビア語訳に基づく）

Engl. transl. Budge, E. A. W. *The Life and Exploits of Alexander the Great, Being*

a Series of Ethiopic Texts. London, 1896; idem. *The Alexander Book in Ethiopia*. London, 1933, 1976[2].
研究
Czeglēdy, K. "The Syriac Legend Concerning Alexander the Great." *Acta Orientalia Hung*. 7 (1957): 231–49.
Hilka, A. and F. P. Magoun. "A List of Manuscripts containing Texts of the Historia de preliis Alexandri Magni, Recensions I1, I2, I3." *Speculum* 9 (1934): 84–86.
Nöldeke, Th. "Beiträge zur Geschichte des Alexanderromans." *Denkschriften der Kaiserlichen Akademie der Wissenschaften in Wien, phil.-hist. Klasse* 38.5 (1890): 1–56.
Pfister, F. ed. *Der Alexanderroman des Archpresbyters Leo.* Sammlung mittellateinischer Texte 6. Heidelberg: Winter, 1913.

(R. Merkelbach, *Die Quellen des griechischen Alexander-romans* [1977]; G. Cary, *The Medieval Alexander* [1967]; D. J. Ross, *Alexander Historiatus* [1982] などをもとに作成)

参考文献

1. 欧文, その他

'Abbās, Iḥsan. *'Abd al-Ḥamīd b. Yaḥyā al-Kātib wa mā tabqa min rasā'ili-hi wa rasā'il Sālim Abi 'l-'Alā'*. Amman : Dār al-shurūq li 'l-nashr wa 'l-tawzī, 1988.

Abbott, Nabia. *Studies in Arabic Literary Papyri, I : Historical Texts*. Oriental Institute Publications 75. Chicago : Univ. of Chicago, 1957.

'Abdel-Meguid, 'Abdel-'aziz. "A Survey of Story Literature in Arabic from before Islam to the Middle of the Nineteenth Century." *The Islamic Quarterly* 1.2 (1954) : 104-13.

———. "A Survey of the Terms Used in Arabic for 'Narrative' and 'Story'." *The Islamic Quarterly* 1.4 (1954) : 195-204.

Abel, Armand. *Aristote : La légende et l'histoire*. Brussels : Office de Publicité, 1944.

———. "Dhū l-Qarnayn, prophète de l'universalité." *Annuaire de l'Institut de philologie et d'histoire orientale et slaves* 11 (1951) : 5-18.

———. *Le roman d'Alexandre*. Brussels : Office de Publicité, 1955.

———. "La figure d'Alexandre en Iran." In *Convegno sul tema la Persia e il mondo greco-romano*. Rome : Accademia Nazionale dei Lincei, 1966, 119-34.

Abramowski, Rudolf. *Dionysius von Tellmahre. Jakobitischer Patriarch von 818-845. Zur Geschichte der Kirche unter dem Islam*. Nendeln, Liechtenstein : Kraus, 1966 [Leipzig : Brockhaus, 1940].

Abo 'l-Kalām Āzād, Mowlānā. *Dho 'l-qarneyn yā Korūsh-e Kabīr*. Persian transl. Bastani Parizi. Tehran, 1965.

Abumalham, Montserrat. "Alejandro 'Du l-qarnayin' en el *Kitab adab al-falasifa*." *Anaquel de estudios árabes* 2 (1991) : 75-118.

Aerts, W. J. *Exemplum et similitudo : Alexander the Great and other heroes as points of reference in medieval literature*. Groningen : Forsten, 1988.

———. "Alexander the Great and Ancient Travel Stories." In *Travel Fact and Travel Fiction : Studies on Fiction, Literary Tradition, Scholarly Discovery and Observasion in Travel Writing*. Ed. Z. von Martels. Leiden : Brill, 1994, 30-38.

Aerts, W. J., Jos. M. M. Hermans and E. Visser eds. *Alexander the Great in the Middle Ages : Ten Studies on the Last Days of Alexander in Literary and Historical Writing*. Nijmegen : Alfa Nijmegen, 1978.

Aerts, W. J., E. R. Smits and J. B. Voorbij eds. *Vincent of Beauvais and Alexander the Great : studies on the Speculum Maius and its translations into medieval vernaculars*. Groningen : Forsten, 1986.

Afnan, S. M. *Philosophical Terminology in Arabic and in Persian*. Leiden : Brill, 1964.

Afshar, I. "Alexandre selon Djāmi." *Revue de la Faculté des Lettres de Tehran* 12.2 (1964) : 162–69.

Akinian, N. "Die handschriftliche überlieferung der armenischen übersetzung des Alexanderromans von Pseudo-Callisthenes." *Byzantion* 13 (1938) : 203–6.

Alessandro Magno. *Storia e Mito*. Antonino Di Vita, Carla Alfano. Milano : Leonardo Arte, 1995. Catalogue of exhibition at Palazzo Ruspoli, Roma.

Alexander, Paul J. *The Byzantine Apocalyptic Tradition*. Berkeley-Los Angeles-London : U of California P, 1985.

Allgemeine Deutsche Biographie. Leipzig : Königl. Akademie der Wissenschaften, 1879.

Altheim, F. "Alexander und Zarathustra." *Gymnasium* 63 (1951) : 123–29.

——. "Die Araber zwischen Alexander und Mohammed." *Altertum* 8 (1962) : 102–13.

——. *Zarathustra und Alexander : Eine ost-westliche Begegnung*. Frankfurt am Main-Hamburg : Fischer Bücherei, 1960.

Altheim, F. and R. Stiehl. "Alexander the Great and the Avesta." *East and West* 8.2 (1957) : 123–35.

Ambraseys, N. N., C. P. Melville and R. D. Adams. *The Seismicity of Egypt, Arabia and the Red Sea : a Historical Review*. Cambridge : Cambridge UP, 1994.

Anderson, A. R. "Alexander's Horns." *Transactions and Proceedings of the American Philological Association* 58 (1927) : 100–22.

——. "Alexander at the Caspian Gates." *Transactions and Proceedings of the American Philological Association* 59 (1928) : 130–63.

——. "The Arabic History of Dulcarnain and the Ethiopian History of Alexander." *Speculum* 6 (1931) : 434–45.

——. *Alexander's Gate, Gog and Magog and the Inclosed Nations*. Cambridge, MA : Mediaeval Academy of America, 1932.

Arkoun, Mohammed. "Lecture de la sourate 18." *Annales E.S.C.* 3–4 (1980) : 418–35. *Lecture du Coran* (Paris : Maisonneuve et Larouse, 1982), 69–86 に再録.

——. *L'humanisme arabe au IVᵉ/Xᵉ siècle : Miskawayh, philosophe et historien*. Paris : Vrin, 1982.

Ashtiany, J., T. M. Johnstone, J. D. Latham, R. B. Serjeant and G. R. Smith eds. *Cambridge History of Arabic Literature : Abbasid Belles-Lettres*. Cambridge : Cambridge UP, 1990.

Atkinson, J. E. A. *Commentary on Q. Curtius Rufus' Historiae Alexandri Magni : Books 3 and 4*. Amsterdam : Gieben, 1980.

——. *Commentary on Q. Curtius Rufus' Historiae Alexandri Magni : Books 5 to 7.2*. Amsterdam : Hakkert, 1994.

Ausfeld, A. *Der griechische Alexanderroman*. Leipzig : Teubner, 1907.

Bacqué-Grammont, Jean-Louis, François de Polignac and Georges Bohas. "Monstres et murailles, Alexandre et bicornu, mythes et bon sens. Quelques notes." In *Figure*

mythiques des mondes musulmans. Ed. Denise Aigle, 109-27. Révue des Mondes Musulmans et de la Méditeranée-Série Histoire 89-90. Aix-en-Provence : Édisud, 2000.

Badawi, 'Abd al-Rahman. *La transmission de la philosophie grēcque au monde arabe*. Paris : Vrin, 1987 [1968].

——. *Aristū 'ind al-arab*. Kuweit : Wakāla al-maṭbū'āt, 1978.

——. *Quelques figures et thēmes de la philosophie islamique*. Paris : Maisonneuve et Larouse, 1979.

Badawi, Amin 'Abd al-Majid. *Al-qiṣṣa fī 'l-adab al-Fārsī*. Cairo : Dar al-ma'ārif, 1964.

Badi', Amir Mehdi. *D'Alexandre à Mithradates*. Paris : Geuthner, 1991.

Badian, E. "Agis III." *Hermes* 95 (1967) : 170-92.

——. "The Deification of Alexander the Great." In *Ancient Macedonian Studies in Honor of Charles F. Edson*. Ed. H. Dell. Thessaloniki : Institute for Balkan Studies, 1981, 21-71.

Bahar, M. T. *Sabk shenāsī*. Tehran : Amīr Kabīr, 1337/1958.

Bailey, H. W. *Zoroastrian Problems in the Ninth-Century Books : Ratabai Katrak Lectures*. Oxford : Clarendon, 1971.

Balcer, J. M. "Alexander's Burning of Persepolis." *Iranica Antiqua* 13 (1978) : 119-33.

Balsdon, J.P.V.D. "The Divinity of Alexander." *Historia* 1 (1950) : 363-88.

Bani Sadr, Abu-l Hasan. *Quelle révolution pour Iran?* Paris : Fayolle, 1980.

Bartholomae, Christian. "Die Erzeugung Alexanders des Großen in einer neuen Wendung." *Wiener Zeitschrift für die Kunde Morgenlands* 27 (1913) : 23-24.

——. *Zur Kenntnis der mitteliranischen Mundarten*. Vol. 3. Heidelberg : Winter, 1920.

Basset, René. "Alexandre en Algérie." *Revue des traditions populaires* 2.6, 2.10 (1887) : 279, 440.

——. *Le dialecte de Syouah*. Publication de l'Ecole des Lettres d'Algers 5. Paris : Leroux, 1890.

Battistini, Olivier and Pascal Charvet eds. *Alexander le Grand : Histoire et Dictionnaire*. Paris : Robert Lafont, 2004.

Baumstark, A. *Aristoteles bei den Syrern vom V-VIII Jahrhundert*. Leipzig : Teubner, 1900.

——. *Geschichte der Syrischen Literatur*. Bonn : Ahn, 1922.

Bausani, A. *L'Impero bizantino e l'islamismo*. Eds. F. Burgarella and A. Guillou. Torino : Unione Tipografico-Ed. Torinese, 1981.

Baynham, E. "Who Put the 'Romance' in the Alexander Romance? The Alexander Romances within Alexander Historiography." *Ancient History Bulletin* 9 (1995) : 1-13.

Becka, J. "Alexander the Great in Persian-Tajik and Czech Literatures." *Archív Orientální* 53 (1985) : 314-38.

Beer, B. "Welchen Aufschluss geben jüdische Quellen über dem Zweihörnigen des Koran?"

ZDMG 9 (1855) : 785–94.

Beeston, A. F. L. *Cambridge History of Arabic Literature : Arabic Literature to the End of the Umayyad Period*. Eds. T. M. Johnstone, R. B. Serjeant and G. R. Smith. Cambridge : Cambridge UP, 1983.

Bekkum, Wout Jac. Van. "Alexander the Great in Medieval Hebrew Literature." *Journal of the Warburg and Courtauld Institutes* 49 (1986) : 218–26.

——. *A Hebrew Alexander Romance according to MS London, Jew's College, no. 145*. Orientalia Lovaniensia Analecta 47. Leuven : Peeters, 1992.

——. *A Hebrew Alexander Romance according to MS Héb. 671.5, Paris, Bibliothèque Nationale*. Hebrew language and literature series 1. Groningen : STYX, 1994.

Bell, H. Idris. *Egypt from Alexander the Great to the Arab Conquest*. Oxford : Clarendon, 1948.

Berges, W. *Die Fürstenspiegel des hohen und späteren Mittelalters*. Schriften des Reichsinstituts für ältere deutsche Geschichtskunde, Monumenta Germaniae historica 2. Stuttgart, 1952 [1938].

Berghoff, Wilhelm. *Palladius De Gentibus Indiae et Bragmanibus*. Meisenheim am Glan : Hain, 1967.

Bergson, Leif. *Der griechische Alexanderroman, Recension β*. Studia Graeca Stockholmiensia III. Stockholm-Göteborg-Uppsala : Almagvist Wiksell, 1965.

Bergsträser, G. *Ḥunain Ibn Isḥāk und seine Schule*. Leiden : Brill, 1913.

Bernand, André. *Alexandrie des Ptolémées*. Paris : CNRS Éd., 1995.

Bertel's, E. *Roman ob Aleksandre i ego glavnye versii na vostoke*. Moscow : Izdat. Akad. Nauk SSSR, 1948.

Bevan, E. R. *The House of Seleucus*. 2 vols. London : Arnold, 1902.

Beygdeli, Gh. *Chehre-ye Eskandar dar Shahnāme-ye Ferdowsī va Eskandarnāme-ye Neẓāmī*. Tehran : Āfarīnesh, 1369/1991.

Bickerman, E. J. *Les Institutions des Séleucides*. Paris : Geuthner, 1938.

——. "The Seleucids and the Achaemenids." In *Convegno sul tema : la Persia e il mondo greco-romano*, 87–117. Rome : Accademia Nazionale dei Lincei, 1966.

——. *Chronology of the Ancient World*. Aspects of Greek and Roman Life. H. H. Scullard gen. ed. London : Thames and Hudson, 1967. Revised ed. 1980.

——. "The Seleucid Period." In *CHI*, 3(1) : 3–20.

Bidez, J. and F. Cumont. *Les mages hellénisés : Zoroastre, Ostanès et Hystaspe d'après la tradition grecque*. 2 vols. Paris : Les Belles Lettres, 1938.

Bieber, Margarete. *Alexander the Great in Greek and Roman Art*. Chicago : Argonaut, 1964.

Bielawski, J. "Lettres d'Aristote à Alexandre en version arabe." *Rocznik Orientalistyczny* 28 (1964) : 7–34.

Bielawski, Józef ed., French transl. and comm. *Siyāsat al mudun, Lettre d'Aristote à*

Alexandre sur la politique envers les cités. Archiwum Filologiczne 25. Marian Plezia. Breslau : Ossolineum, 1970.

Bilde, Per, T. Engberg-Pedersen, L. Hannestad and J. Zahle eds. *Ethnicity in Hellenistic Egypt*. Aarhus : Aarhus UP, 1992.

Birkeland, Harris. *The Legend of the Opening of Muhammad's Breast*. Oslo : Dybwad, 1955.

Bloom, Jonathan. *Paper Before Print : The History and Impact of Paper in the Islamic World*. New Haven : Yale UP, 2001.

Bohm, Claudia. *Imitatio Alexandri im Hellenismus : Untersuchungen zum politischen Machwirken Alexanders des Großen in hoch-und späthellenistischen Monarchien*. Munich : Tuduv, 1989.

Bonebakker, S. A. "Adab and the Concept of Belles-Lettres." In *Cambridge History of Arabic Literature : 'Abbasid Belles-Lettres.* Eds. J. Ashtiany et al. Cambridge : Cambridge UP, 1990, 16–30.

Booz, E. *Die Fürstenspiegel des Mittelalters*. PhD diss., Freiburg, 1913.

Borchardt, R. "Die Messingstadt in 1001 Nacht — eine Erinnerung an Atlantis?" *Petermann's* [*Geogr.*] *Mitteilungen* 73 (1927) : 328–31.

Borza, Eugene N. "Fire from Heaven : Alexander at Persepolis." *Classical Philology* 67 (1972) : 233–45.

Bosworth, Albert B. *Alexandre le Grand, Image et Réalité*. Geneva : Fondation Hardt, 1976.

——. "Alexander and the Iranians." *Journal of Hellenic Studies* 100 (1980) : 1–21.

——. *A Historical Commentary on Arrian's History of Alexander*. Oxford : Clarendon, 1980.

——. *Conquest and Empire*. Cambridge : Cambridge UP, 1988.

——. *The Legacy of Alexander : Politics, Warfare, and Propaganda under the Successors*. Oxford : Oxford UP, 2002.

Bosworth, A. B. and E. J. Baynham. *Alexander the Great in Fact and Fiction*. Oxford : Oxford UP, 2000.

Bosworth, C. E. *The Ghaznavids : their empire in Afghanistan and Eastern Iran*. Edinburgh : Edinburgh UP, 1963.

——. "The Development of the Persian Culture under the Early Ghaznavids." *Iran* 6 (1968) : 33–44.

——. "The Heritage of Rulership in Early Islamic Iran and the Search for Dynastic Connections with the Past." *Iran* 11 (1973) : 51–62.

——. "The Interaction of Arabic and Persian Literature and Culture in the 10th and Early 11th Centuries." *Al-Abhath* 27 (1978/9) : 59–75.

Bounoure, G. and B. Serret transl. and comm. *Pseudo-Callisthène, le Roman d'Alexandre*. Paris : Les Belles Lettres, 1992.

Bouriant, U. "Fragments d'un roman d'Alexandre en dialecte thēbain." *Journal asiatique* 8e ser. t. 9 (1887) : 1-38.

——. "Fragments d'un roman d'Alexandre en dialecte thēbain (Nouveau mēmoire)." *Journal asiatique* 8e ser. t. 10 (1887) : 340-49.

Bousset, Wilhelm. "Beiträge zur Geschichte der Eschatologie." *Zeitschrift für Kirchengeschichte* 20 (1899) : 103-31.

——. "Oracula Sibyllina." *Zeitschrift für die Neutestamentliche Wissenschaft* 3 (1902) : 22-25.

Boyce, Mary. "Some Remarks on the Transmission of the Kayanian Heroic Cycle." *Serta Cantabrigiensia*. Wiesbaden : F. Steiner, 1954 : 45-52.

——. "The Indian Fables in the Letter of Tansar." *Asia Minor* 5 (1955) : 50-58.

——. "Zariadres and Zarer." *BSOAS* 17.3 (1955) : 463-77.

——. "The Parthian Gosān and the Iranian Minstrel Tradition." *JRAS* (1957) : 10-45.

——. *The Letter of Tansar*. UNESCO Persian Heritage Series. Vol. 38. Rome : Istituto Italiano per il Medio ed Estremo Oriente, 1968.

——. "Middle Persian Literature." *Handbuch der Orientalistik. Abt. i. Bd. IV. Iranistik Abs. 2. Literatur Lief 1*. Leiden : Brill, 1968.

——. "The Persian Sibyl and the Zand ī Vahman Yašt." *Etudes irano-aryennes offertes à Gilbert Lazard*. Ed. C.-H. de Fouchecour and Ph. Gignoux, 59-77. Paris, 1989.

——. *A History of Zoroastrianism*. Handbuch der Orientalistik I, VIII.1.2.2.1-3. Vols. I-III. Leiden : Brill, 1989, 1982, 1991.

——. *Zoroastrianism : Its Antiquity and Constant Vigour*. Costa Mesa : Mazda, 1992.

Boyle J.A. "Alexander and the Mongols." *JRAS* 2 (1979) : 123-36.

——. "The Alexander Legend in Central Asia." *Folklore* 85 (1974) : 217-28.

——. "The Alexander Romance in Central Asia." *Zentralasiatische Studien* 9 (1975) : 265-73.

——. "Alexander and the Turks." *Tractata Altaica Denis Sinor Sexegenario optime de rebus Altacis merito dedicata*. Ed. W. Heissig. Wiesbaden : Harrassowitz, 1976, 107-17.

——. "The Alexander Romance in the East and West." *John Rylands University Library of Manchester* 60.1 (1977) : 13-27.

Brahman, David Alan. *The Arabic 'De Mundo' : an Edition with Translation and Commentary*. PhD diss., Duke Univ., 1985.

Braun, Martin. *Legendary and Historical Figures in Hellenistic-Oriental Popular Literature*. PhD diss., Cambridge, 1936-37.

——. *History and Romance in Graeco-Oriental Literature*. Oxford : Blackwell, 1938.

Bray, Julia. "Lists and Memory : Ibn Qutayba and Muḥammad b. Ḥabīb." In *Culture and Memory in Medieval Islam*. Eds. Farhad Daftary and Josef W. Meri. London : Tauris, 2003.

Brend, Barbara. "Akbar's 'Khamsah' of Amir Khusrau Dihlavi : A Reconstruction of the Cycle of Illustration." *Artibus Asiae* 49.3/4 (1988–89) : 281–315.

Bres, Henri. "Les cendres et la rose : l'image de l'Alexandrie médiévale dans l'Occident Latin." *Mélanges de l'École Française de Rome, Moyen Age* 96 (1984) : 441–58.

Briant, Pierre. "Conquête territoriale et stratégie idéologique : Alexandre le Grand et l'idéologie monarchique achéménide." *Actes du colloque international sur l'idéologie monarchique dans l'antiquité*. Ed. Jósef Wolski, Cracow : Pánstw. Wyd. naukowe, 1980, 37–83.

——. *De la Grèce à l'Orient : Alexandre le Grand*. Paris : Gallimard, 1987. 桜井万里子監修，福田素子訳『アレクサンダー大王——未完の世界帝国』創元社，1991 年。

——. *Histoire de l'Empire Perse. De Cyrus à Alexandre*. Paris : Fayard, 1996.

——. *Darius dans L'ombre d'Alexandre.* Paris : Fayard, 2003.

Bridges, Margaret and Johan Christoph Bürgel eds. *The Problematics of Power : Eastern and Western Representations of Alexander the Great*. Bern : Lang, 1996.

Brock, S. P. "The Laments of the Philosophers over Alexander in Syriac." *Journal of Semitic Studies* 15.2 (1970) : 205–18.

——. *Syriac Perspectives on Late Antiquity*. London : Valorium Reprints, 1984.

——. *Studies in Syriac Christianity : history, literature, and theology*. Hampshire, GB-Brookfield, VT : Variorum, 1992.

Brockelmann, Carl. *Geschichte der christlichen Literaturen des Orients*. Leipzig : Amelangs, 1907.

——. *Geschichte der Arabischen Litteratur* I, II, suppl. I–III. Leiden : Brill, 1939–49.

Brocker, Max. *Aristoteles als Alexanders Lehrer in der Legende*. PhD diss., Bonn, 1966.

Brooks, Ernest Walter. "The Chronological Canon of James of Edessa." *ZDMG* 53 (1899) : 261–327.

Brown, T. S. "Callisthenes and Alexander." *American Journal of Philology* 70 (1949) : 225–48.

Browne, Edward G. "Some Account of the Arabic Work entitled 'Nihâyatu 'l-irab fî akhbâri 'l-Furs wa 'l-'arab, particularly of that part which treats of the Persian Kings." *JRAS* n. s. 32 (1900) : 195–259.

——. *A Literary History of Persia*. Cambridge : Cambridge UP, 1964.

Bruhl, A. "Les influences hellenistiques dans le triomphe romain." *Mélanges de l'Ecole français de Rome* 45 (1928) : 77–95.

——. "Le souvenir d'Alexandre et les Romains." *Mélanges de l'Ecole Français de Rome* 47 (1930) : 202–21.

Buchler, A. "La Relation de Josèphe concernant Alexandre le Grand." *Revue des études juives* 36 (1898) : 1–36.

Budge, E. A. W. transl. and notes. *The History of Alexander the Great, Being the Syriac Version of the Pseudo-Callisthenes*. Cambridge : Cambridge UP, 1889. Reprint.

Amsterdam : APA Philo, 1976.
——. *The Life and Exploits of Alexander the Great, Being a Series of Ethiopic Texts*. London : Clay, 1896.
——. *The Laughable Stories by Mar Gregory John Bar-Hebraeus*. London : Luzac, 1897.
——. *The Alexander Book in Ethiopia*. London : Oxford UP, 1933. Reprint, New York : AMS, 1976.
Bunt, G. H. V. "Alexander and the Universal Chronicle : Scholars and Translators." In *The Medieval Alexander Legend and Romance Epic : Essays in Honour of David J. A. Ross*. Eds. P. Noble, L. Polak and C. Isoz. Millwood, NY : 1982, 1-10.
Bürgel, J. C. "The Contest of Two Philosophers in Niẓāmī's First and Last Epics." In *Yād-nāma in Memoria di Alessandro Bausani*. Ed. Biancamaria Scarcia Amoretti. Rome : Bardi, 1991, 1 : 109-17.
——. "Conquērant, Philosophe et Prophète : l'image d'Alexandre le Grand dans l'ēpopēe de Neẓâmi." In *Pand-o Sokhan : Mēlanges offert ā Charles-Henri de Fouchēcour*. Ed. C. Balaï, C. Kappler and Z. Vesel. Tehran : Institut Français de Recherche en Iran, 1995, 65-78.
——. "Die Geheimwissenschaften im Iskandarname Nizamis." In *Proceedings of the Second European Conference of Iranian Studies*. Eds. Bert Fragner et al. Rome : Ist. Italiano per il Medio ed Estremo Oriente, 1995, 103-12.
Burich, N. *Alexander the Great : a bibliography*. Kent, OH : Kent State UP, 1970.
Burn, A. R. *Alexander the Great and the Middle East*. Harmondsworth : Penguin Books, 1973.
Burnstein, Stanley M. "Alexander in Egypt." In *Achaemenid History* 8 : *Continuity and Change*. Eds. H. Sancisi-Weerdenburg, A. Kuhrt and M. C. Root. Leiden : Nederlands Inst. voor het Nabije Oosten, 1994, 381-87.
Cahen, C. "History and Historians." In *Cambridge History of Arabic Literature : Religion, Learning, and Science in the 'Abbasisd Period*. Eds. J. D. Latham, M. J. L. Young and R. B. Serjeant. Cambridge : Cambridge UP, 1990, 188-233.
Calmeyer, P. "Textual Sources for the Interpretation of Achaemenian Palace Decorations." *Iran* 18 (1980) : 55-63.
——. "Das Persepolis der Spätzeit." In *Achaemenid History*. Eds. H. Sancisi-Weerdenburg et al. Leiden : Nederlands Inst. voor het Nibije Oosten, 1990, 4 : 7-36.
Cambridge History of Iran → Yarshater ed.
Cameron, Averil ed. *History as Text : the Writing of Ancient History*. London : Duckworth, 1989.
Cameron, Averil and Lawrence I. Conrad eds. *The Byzantine and Early Islamic Near East I : Problems in the Literary Source Material*. Princeton : Darwin, 1992.
Campbell, Joseph. *The Hero with a Thousand Faces*. New York : Pantheon, 1953.
Canas Murillo, Jesus. "Un nuevo dato sobre la leyenda de Alejandro Magno en Espana :

El manuscrito 3897 de la Biblioteca Nacional de Madrid." *Anuario de Estudios Filologicos* 7 (1984) : 55–60.

Cary, George. *The Medieval Alexander*. Cambridge: Cambridge UP, 1967 [1956].

Cawkwell, G. L. "The Deification of Alexander the Great: a Note." In *Ventures into Greek History*. Ed. I. Worthington. Oxford: Clarendon, 1994, 293–306.

Centre de recherches d'histoire des religions (Strasbourg). *Les sagesses du Proche-Orient ancien*. Paris: Pr. Univ. de France, 1963.

Chapot, V. "Alexander fondateur des villes." *Mélanges Gustave Glotz*. Paris: Pr. Univ. de France, 1932, 1: 173–81.

Charles, Robert H. transl. *The Chronicle of John (c. 690 A.D.) Coptic Bishop of Nikiu Being a History of Egypt Before and During the Arab Conquest*. London: Williams and Norgate, 1916. Reprint, Amsterdam: APA-Philo, 1982.

Chaumont, M. L. "Le culte d'Anahita à Staxr." *Rêvue de l'Histoire des Religions* 158 (1958) : 154–75.

——. "Papak, roi de Staxr et sa cour." *Journal Asiatique* 247 (1959) : 175–91.

Chebel, Malek. *Dictionnaire des symboles musulmans*. Paris: Michel, 1995.

Cheddadi, Abdesselam. *Les arabes et l'appropriation de l'histoire : émergence et premiers développements de l'historiographie musulmane jusqu'au IIe/VIIIe siècle*. Arles: Sindbad Actes Sud, 2004.

Cheikho, L. *Maqālāt falsafiyya qadīma li-baḍi mashāhīr falsifa al-ʿarab*. Beirut: Maṭbaʿa Kātūlikiyya, 1911.

Chelkowski, P. J. "Nizāmī's Iskandarnāmeh." *Collquio sul poeta persiana Nizāmī e la Leggenda Iranica di Alessandro Magno*. Rome: Accademia Nazionale dei Lincei, 1977.

Childs, B. ed. *The Search for Alexander: an Exhibition* (National Gallery of Art, Washington). Boston: New York Graphic Soc., 1980.

Christensen, Arthur. *Les types du premier homme et du premier roi dans l'histoire légendaire des Iraniens.* I, II. Archives d'Etudes Orientales. Vol. 14.1–2. Stockholm: Norstedt, 1917. Leiden: Brill, 1934.

——. *Les Kayanides*. Det Kgl. Danske Videnskabernes Selskab, Hist.-Filolog. Meddelelser 19.2. København: Høst, 1931.

——. "Abarsam et Tansar." *Acta Orientalia* 10 (1932) : 43–55.

——. *L'Iran sous les Sassanides*. Copenhague: Lêvin and Munksgaard. Paris: Geuthner, 1936.

——. *Les gestes des rois dans les traditions de l'Iran antique*. Paris: Geuthner, 1936.

Christensen, H. "Die Vorlagen des byzantinischen Alexandergedichtes." *Sitzungsberichte der köiglichen bayerischen Akademie der Wissenschaften* 1 (1897) : 33–118.

——. "Die Sprache des byzantinischen Alexandergedichtes." *Byzantinische Zeitschrift* 7 (1898) : 366–97.

Christides, Vassilios. "The Tomb of Alexander the Great in Arabic Sources." In *Studies in Honour of Clifford Edmond Bosworth*. Ed. I. R. Netton. Leiden: Brill, 2000, 1: 165-73.

Chroust, A. H. *Aristotle: New Light on His Ideas and on Some of His Lost Works*. Vol. 1. Notre Dame, IN: U of Notre Dame P, 1973.

Cizek, Alexandre. "La rencontre de deux 'sages': Salomon le 'Pacifique' et Alexandre le Grand dans la légende hellénistique et médiévale." In *Images et signes de l'Orient dans l'Occident médiéval: Littérature et civilization*. Colloque du Centre d'Études et de Recherches Médiévales ⟨Aix-en-Provence⟩. Marseille: Laffitte, 1982.

Clarke, Graeme and Brian Croke eds. *Reading the Past in Late Antiquity*. Rushcutters Bay: Australian National UP, 1990.

Cleaves, Francis Woodman. "An Early Mongolian Version of the Alexander Romance." *Harvard Journal of Asiatic Studies* 22 (1959): 1-99.

Cölln, Jan, Susanne Friede and Hartmut Wulfram eds. *Alexanderdichtungen im Mittelalter: Kulturelle Selbstbestimmung im Kontext literarischer Beziehungen*. Göttingen: Wallstein, 2000.

Cohen, S. J. D. "Alexander the Great and Jaddus the High Priest According to Josephus." *Association for Jewish Studies* 7, 8 (1982/3): 41-68.

Connelly, Bridget. *Arab Folk Epic and Identity*. Berkeley: U of California P, 1986.

Conrad, Lawrence I. "Theophanes and the Arabic Historical Tradition: Some Indications of Intercultural Transmission." *Byzantinische Forschungen* 15 (1990): 1-44.

Cook, Michael. "Pharaonic History in Medieval Egypt." *Studia Islamica* 57 (1983): 67-103.

——. "An Early Islamic Apocalyptic Chronicle." *JNES* 52 (1993): 25-29.

Corfis, Ivy A. "Libro de Alexandre: Fantastic Didactism." *Hispanic Review* 62.4 (1994): 477-86.

Croisille, Jean-Michel. *Alejandro Magno, modelo de los emperadoros romanos. Actes du IVe Colloque international de la Société Internationale d'Études Néroniennes*. Brussels: Latomus, 1990.

Croke, Brian. "The Originality of Eusebius' Chronicle." *American Journal of Philology* 103 (1982): 195-200.

——. *Christian Chronicles and Byzantine History, 5th-6th centuries*. Aldershot: Variorum, 1992.

Croke, Brian and Alanna M. Emmett eds. *History and Historians in late antiquity*. Papers of the Conference "Old and New in Late Antique Historiography," Macquarie Univ., Sidney, 17-19 July 1981. Sydney: Pergamon, 1983.

Crombach, M. ed. *'Bocados de Oro': kritische Ausgabe des altspanischen Textes*. Romanistische Versuche und Vorarbeiten. Bonn: Roman. Seminar d. Univ. Bonn, 1971.

Crone, Patricia. "Did al-Ghazālī Write a Mirror for Princes? On the Authorship of Naṣīḥat al-mulūk." *Jerusalem Studies in Arabic and Islam* 10 (1987) : 167–91.

Crone, Patricia and Michael Cook. *Hagarism : the Making of the Islamic World*. Cambridge : Cambridge UP, 1977.

Crum, W. E. "Another Fragment of the Story of Alexander." *Proceedings of the Society of Biblical Archaeology* 14 (1892) : 473–82.

Cumont, F. "La fin du monde selon les mages occidentaux." *Revue de l'Histoire des Religions* 103 (1931) : 29–96.

Cunningham, David R. *The Influence of the Alexander Legend on Some Roman Political Figures*, PhD diss., Washington Univ., 1971.

Curtis, John and Nigel Tallis. *Forgotten Empire : The World of Ancient Persia*. London : The British Museum, 2005.

Czeglédy, K. "The Syriac Legend Concerning Alexander the Great." *Acta orientalia Academiae Scientiarum Hungaricae* 7 (1957) : 231–49.

Dandamaev, M. A. and V. G. Lukonin. *The Culture and Social Institutions of Ancient Iran*. Cambridge : Cambridge UP, 1989.

Danesh-Pazūh, M. T. *Noskhe-hāye khaṭṭī* (*Bulletin de la Bibliothèque Centrale de l'Université de Tehran concernant des articles sur les Manuscrits Orientaux*). Vols. 1, 2, 4. Tehran : Ketābkhāne-ye markazī-ye Dāneshgāh-e Tehrān, 1339/1961, 1341/1962, 1344/1966.

Daniel, Elton L. "Manuscripts and Editions of Bal'amī's *Tarjamah-i tārīkh-i Ṭabarī*." *JRAS* (1990) : 282–321.

——. "Bal'amī's Account of Early Islamic History." In *Culture and Memory in medieval Islam*. Eds. Farhad Daftary and Josef W. Meri. London : Tauris, 2003, 163–89.

Dankoff, R. "The Alexander romance in the Dīvān Lughāt at-Turk." *Humaniora Islamica* 1 (1973) : 233–44.

——. "Qarakhanid Literature and the Biginnings of Turco-Islamic Culture." In *Central Asian Monument*. Ed. Hasan B. Paksoy. Istanbul : Isis, 1992, 73–80.

Darmesteter, James. *Essais Orientaux*. Paris : Lévy, 1883.

——. "Alexandre le Grand dans le Zend-Avesta." *Revue des Etudes Greques* V (1892) : 189–96.

——. *Zend Avesta I, Annales du Musée Guime*. Paris : Adrien-Maisonneuve, 1892 (Repr int, 1960).

——. "Lettre de Tansar au roi de Tabaristan." *Journal Asiatique* ser. 9 tom 3 (mars-avril 1894), 185–250 (intro., text), (mai-juin 1894) : 502–55 (transl.).

Dastgerdi, Vaḥīd. *Ganjīne-ye Ganjavī : yā daftar-e haftom-e Neẓāmī be nām-e ganjīne-ye Neẓamī*. Tehran : Armaghān, 1939/1318.

Davidson, Olga M. *Poet and Hero in the Persian Book of Kings*. Ithaca : Cornell UP, 1994.

——. *Comparative Literature and Classical Persian Poetics*. Costa Mesa : Mazda, 2000.

Davis, Dick. *Epic and Sedition : the Case of Ferdowsi's Shāhnāmeh*. Fayetteville : U of Arkansas P, 1992.

——. *Panthea's Children : Hellenistic Novels and Medieval Persian Romances*. New York : Bibliotheca Persica, 2002.

Dawood, A. H. *A Comparative Study of Arabic and Persian Mirrors from the Second to the Sixth Century A. H*. PhD diss., London, 1965.

Dehkhodā, 'Alī Akbar. "Dho 'l-qarneyn." *Loghatnāme*, 7 : 10157–10171. Tehran : Dāneshgāh, 1329/1950–51.

Delia, Diana. "From Romance to Rhetoric : The Alexandrian Library in Classical and Islamic Traditions." *The American Historical Review* 97.5 (1992) : 1449–67.

Delling, G. "Alexander der Grosse als Bekenner des jüdischen Gottesglaubens." *Journal for the Study of Judaism* 12 (1981) : 1–51.

Derrett, J. Duncan M. "The History of 'Palladius on the Races of India and the Brahmans'." *Classica et Mediaevalia* 21 (1960) : 100–35.

——. "Whatever Happened to the Land Flowing with Milk and Honey?" *Vigiliae Christianae* 38 (1984) : 178–84.

Destree, Annette. "Quelques reflexions sur le heros des recits apocalyptiques persans et sur le mythe de la ville de cuivre." In *Atti del convegno internazionale sul tema : La Persia nel Medioevo* (Roma, 1970). Rome : Accademia Nazionale dei Lincei, 1971, 639–54.

DeWeever, Jaqueline. "Candace in the Alexander Romance : Variations on the Portrait Theme." *Romance Philology* 43 (1990) : 529–46.

Donath, L. *Die Alexandersage in Talmud und Midrasch, mit Rücksicht auf Josephus Flavius, Pseudo-Callisthenes und die mohammedanische Alexandersage*. PhD diss., Rostock, 1873.

Donner, Fred M. *Narratives of Islamic Origins : the Beginnings of Islamic Historical Writing*. Studies in Late Antiquity and Early Islam 14. Princeton : Darwin, 1998.

Dosson, S. *Étude sur Quinte-Curce*. Paris : Hachette, 1887.

Doufikar-Aerts, F. C. W. "A Legacy of the Alexander Romance in Arab Writings : al-Iskandar, Founder of Alexandria." In *The Search for the Ancient Novel*. Ed. J. Tatum. Baltimore : Johns Hopkins UP, 1994, 323–43.

——. "The Marginal Voice of a Popular Romance : Sīrat al-Iskandar wa-mā fīhā min al-'ajāyib wa-'l gharāyib." In *Marginal Voices in Literature and Society : Individual and Society in the Mediterranean Muslim World*. Ed. Robin Ostle. Strasbourg : European Science Foundation, 2000, 13–24.

——. "*Sīrat al-Iskandar* : an Arabic Popular Romance of Alexander." *Oriente Moderno* n. s. 22.2 (2003) : 502–20.

——. "Alexander the Flexible Friend : Some Reflections on the Representation of

Alexander the Great in the Arabic Alexander Romance." *The Journal of Eastern Christian Studies* 55 (2003) : 195–210.

Dubler, C. E. "Über arabische Pseudo-Aristotelica : Beitrag zur Kenntnis des angeblich hellenischen Wissens unter den Muslimen." *Asiatische Studien* 14 (1961) : 33–92.

Duneau, Jean-François. "Quelques aspects de la pénétration de l'héllénisme dans l'Empire perse sassanide." In *Mélanges offerts à René Crozet*. Eds. P. Gallais and Y.-J. Riou. Poitiers : Soc. d'études médiéval, 1966, 1 : 13–22.

Duri, A. A. *The Rise of Historical Writing Among the Arabs*. Ed. and transl. Lawrence I. Conrad. Princeton : Princeton UP, 1983.

Düring, Ingemar. "Notes on the History of the Transmission of Aristotle's Writings." *Acta Universitatis Gothoburgensis* (1950) : 37–70.

——. *Aristotle in the Ancient Biographical Tradition*. Göteborg : Elander, 1957.

Eastwick, E. B. "Translation, from the Persian, of the Kissah-i-Sanjān ; or, History of the Arrival and Settlement of the Pārsīs in India." *Journal of the Bombay Branch of the Royal Asiatic Society* 1 (April 1842) : 167–91.

Eddy, S. K. *The King is Dead : Studies in the Near East Resistance to Hellenism 334–31 BC*. Lincoln : U of Nebraska P, 1961.

Ehrenberg, V. *Alexander and the Greeks*. Transl. R. Fraenkel von Velsen. Oxford : Blackwell, 1938. Reprint, Westport, CT : Hyperion, 1980.

El-Hibri, Tayeb. *Reinterpreting Islamic History : Hārūn al-Rashīd and the Narrative of the 'Abbāsid Caliphate*. Cambridge : Cambridge UP, 1999.

El-Shamy, H. *Folk Traditions of the Arab World : a Guide to Motif Classification*. 2 vols. Bloomington, IN : Indiana UP, 1995.

Elwell-Sutton, L. P. "The Influence of Folk-tale and Legend on Modern Persian Literature." In *Iran and Islam*. Ed. C. E. Bosworth. Edinburgh : Edinburgh UP, 1971, 247–54.

Endres, Franz Carl and Annemarie Schimmel. *Das Mysterium der Zahl*. Cologne : Diederich, 1984.

Ethé, Hermann. "Alexanders Zug zum Lebensquell im Land der Finsternis." *Sitzungsberichte der Bayrischen Akademie der Wissenschaften* (1871) : 343–405.

Fahd, T. "La version arabe du Roman d'Alexandre." *Graeco-Arabica* 4 (1991) : 25–31.

Farbridge, M. H. *Studies in Biblical and Semitic Symbolism*. New York : KTAV, 1970.

Feldbusch, Michael. *Der Brief Alexanders an Aristoteles über die Wunder Indiens*. Beiträge zur klassischen Philologie 78. Meisenheim am Glan : Hain, 1976.

Ferrand, Gabriel. *Relations de voyages et textes géographiques arabes, persans et turks relatifs à l'extrême-orient*. Paris : Leroux, 1913–14.

Festugière, André-Jean. *La revélation d'Hermès Trismégiste*. Paris : Gabalda, 1989–90.

Fishwick, Duncun. *The Imperial Cult in the Latin West*. Leiden : Brill, 1992.

Flügel, G. "Beitrag zu den Berichten der Araber über Ḏû'l karnain." *ZDMG* 9 (1855) :

794–97.

Fodor, Alexander. "The Origins of the Arabic Legends of the Pyramids." *Acta Orientalia Academiae Scientiarum Hungaricae* 23 (1970) : 335–63.

Foerster, R. *De Aristotelis quae feruntur Secretis Secretorum*. Kiel : Schmidt and Klaunig, 1888.

Fouchécour, Charles Henri de. "Une lecture du Livre des Rois de Ferdowsi." *Studia Iranica* 5 fasc. 2 (1976) : 172–202.

——. *Moralia : les notions morales dans la littérature persane du 3ᵉ/9ᵉ au 7ᵉ/13ᵉ siècle*. Paris : Éd. Recherche sur les Civilisations, 1986.

——. "Akhlāq-e pahlavānī va akhlāq-e klāsīk dar Shāhnāme-ye Ferdowsi (Morale de héros et morale classique dans le Shahnameh de Ferdowsi)." *Iran-nāme* 10.1 (1370/1991) : 8–13.

Fraenkel, Sigismund. "Anzeige : Nöldeke, Th., 'Beiträge zur Geschichte des Alexanderromans,' *Denkschriften der Kaiserlichen Akademie der Wissenschaften in Wien, phil. hist. Klasse* 38.5, 1890." *ZDMG* 45 (1891) : 309–30.

Frank, Allen J. "Historical Legends of the Volga-Ural Muslims concerning Alexander the Great, the City of Yelabuga and Bāchmān Khān." In *Figure mythiques des mondes musulmans*. Revue des Mondes Musulmans et de la Méditeranée - Série Histoire 89–90. Ed. Denise Aigle. Aix-en-Provence : Édisud, 2000, 89–107.

Fraser, P. M. *Ptolemaic Alexandria*. Vols. 1–3. Oxford : Clarendon, 1972.

——. *The Cities of Alexander the Great*. Oxford : Clarendon, 1996.

Friedlaender, I. "Alexanderzug nach dem Lebensquell." *Archiv für Religions-wissenschaft* 13 (1910) : 161–246.

——. *Die Chadirlegende und der Alexanderroman : Eine sagengeschichtliche und literarhistorische Untersuchung*. Leipzig : Teubner, 1913.

Frye, R. N. *The Heritage of Persia*. Cleveland : World Pub., 1963.

——. "The Charisma of Kingship in Ancient Iran." *Iranica Antiqua* 4 (1964) : 36–54.

——. "Persepolis Again." *Journal of Near Eastern Studies* 33 (1974) : 383–86.

——. "Two Iranian Notes (The Pahlavi Alexander Romance, A Celestial Double)." In *Papers in Honour of Professor Mary Boyce. Acta Iranica* 24. Ed. Jacques Duchesne-Guillemin. Leiden : Brill, 1985, 185–90.

Fück, J. *Muḥammad ibn Isḥāq-Literarhistorische Untersuchungen*. PhD diss., Frankfurt am Main, 1925.

Fuhrmann, Manfred. *Untersuchungen zur Textgeschichte der pseudo-aristotelischen Alexander-Rhetorik (der τεχγη des Anaximenes von Lampsakos)*. Wiesbaden : Steiner in Komm., 1965.

Gabrieli, F. "L'opera di Ibn al-Muqaffa'." *Rivista degli Studi Orientali* 13 (1931–32) : 197–247.

——. "Il Kātib 'Abd al-Hamīd ibn Yaḥyā e i primordi della epistografia araba." In *Atti*

della Academia Nazionale dei Lincei. Rendiconti della Classe di Scienze morale, storiche e filologiche. Ser. VIII, XII, 1957.

Gaeffke, Peter. "Alexander in Avadhī and Dakkinī Mathnawī." *JAOS* 109.4 (1989) : 527-32.

Gagé, Jean. *La montée des Sassanides et l'heure de Palmyre*. Paris : Michel, 1964.

Gaillard, Marina. *Le livre de Samak-e 'Ayyār : Structure et idéologie du roman persan médiéval*. Paris : Klincksieck, 1987.

——. *Alexandre le Grand en Iran : Le Dârâb Nâmeh d'Abu Tâher Tarsusi*. Paris : De Boccard, 2005.

García Gómez, Emilio. *Un texto 'arabe occidental de la Leyenda de Alejandro, según el manuscrito ár. XXVII de la Biblioteca de la Junta para ampliación de estudios, edición, traducción española y estudio preliminar por Emilio García Gómez*. Madrid : Inst. de Valencia de Don Juan, 1929.

Gaster, M. "An Old Hebrew Romance of Alexander." *JRAS* n. s. 29 (1897) : 485-549.

——. "The Hebrew Version of the Secretum Secretorum." Hebrew text, transl. and intro., *JRAS* n. s. 39 (1907) : 879-912, 40 (1908) : 111-62, 1065-84.

Geffcken, J. *Die Oracula Sibyllina*. Leipzig : Hinrichs, 1902.

Genequand, Charles. "Autour de la ville de bronze : d'Alexandre à Salomon." *Arabica* 39 (1992) : 328-45.

Gerhardt, Mia I. *The Art of Story-telling ; a Literary Study of the Thousand and One Nights*. Leiden : Brill, 1963.

Gero, S. "The Alexander Legend in Byzantium : Some Literary Gleanings." *Dumbarton Oaks Papers* 46 (1992) : 83-87.

——. "The Legend of Alexander the Great in the Christian Orient." *Bulletin of the John Rylands University Library of Manchester* 75.1 (1993) : 3-9.

Ghazi, M. F. "La littérature d'imagination en arabe du IIe/VIIIe siècle." *Arabica* 4.2 (1957) : 168-78.

Gianfreda, Grazio. *Il Mosaico di Otranto : Biblioteca Medioevale in inmagini*. Lecce : Grifo, 2005.

Gignoux, Philippe. *Le livre d'Ardā Vīrāz, translittération, transcription et traduction du texte pehlevi*. Paris : Éd. Recherche sur les Civilisations, 1984.

——. "Sur l'inexistence d'un Bahman Yašht avestique." *Journal of Asian and African Studies* (『アジア・アフリカ言語文化研究』) 32 (1986) : 53-64.

——. "Apocalypses et voyages extra-terrestres dans l'Iran mazdéen." In *Apocalypses et voyages dans l'au-del*. Ed. C. Kappler. Paris : Éd. du Cerf, 1987, 351-78.

Gildemeister, J. "Pseudokallisthenes bei Moses von Khoren." *ZDMG* 40 (1886) : 88-91.

Ginzberg, L. *The Legends of the Jews*. 7 vols. Philadelphia : The Jewish Publication Society of America, 1946-59.

Ginzel, Friedrich K. *Handbuch der mathematischen und technischen Chronologie : das*

Zeitrechnungswesen der Völker. 3 vols. Leipzig: Hinrichs, 1906–14.
Gleixner, H. J. *Das Alexanderbild der Byzantiner*. PhD diss., Munich, 1961.
Gnoli, Gherardo. *The Idea of Iran*. Rome: Ist. Italiano per il Medio ed Estremo Oriente, 1989.
——. "La demonizzazione di Alessandro nell'Iran sasanide (III–VII secolo d. C.) e nella tradizione zoroastriana." *Alessandro Magno. Storia e Mito*. Catalogue of exhibition at Palazzo Ruspoli, Roma. Milano: Leonardo Arte, 1995, 175–76.
Goodenough, E. R. "The Political Philosophy of Hellenistic Kingship." *Yale Classical Studies* 1 (1928): 55–102.
Goodman, L. E. "The Translation of Greek Materials into Arabic." In *Cambridge History of Arabic Literature: Religion, Learning, and Science in the 'Abbasid Period*. Eds. M. J. L. Young et al. Cambridge: Cambridge UP, 1990, 477–97.
Gosman, Martin. *La légende d'Alexandre le Grand dans la littérature française du 12e siècle: une réécriture permanente*. Amsterdam, Atlanta: Rodopi, 1997.
Goukowsky, Paul. *Essai sur les Origines du Myth d'Alexandre I: Les origines politique*. Nancy: Univ. de Nancy, 1978.
——. *Essai sur les Origines du Myth d'Alexandre II: Alexandre et Dionysos*. Nancy: Univ. de Nancy, 1981.
Grabar, André. "Le Roman d'Alexandre illustré de la bibliothèque de Sofia." *Recherches sur les influences orientales dans l'art balkanique*. Paris: Les Belles Lettres, 1928.
Grabar, Oleg. *Epic Images and Contemporary History: The Illustrations of the Great Mongol Shahnama*. Chicago: U of Chicago P, 1980.
Graf, K. H. "Über den Zweigehörnten des Koran." *ZDMG* 8 (1854): 442–50.
Green, Peter. *Alexander of Macedon 356–323 B. C.: a Historical Biography*. Harmondsworth: Penguin Books, 1974. Reprint, Berkeley: U of California P, 1991.
Grenfell, B. P. and A. S. Hunt eds. *The Hibeh Papyri* I. London: Egypt Exploration Society, 1906.
Griffith, G. T. ed. *Alexander the Great: the main problems*. Cambridge: Heffer, 1966.
Griffith, Sidney H. "Eutychius of Alexandria on the Emperor Theophilus and Iconoclasm in Byzantium: a 10th-century moment in Christian Apologetics in Arabic." *Byzantion* 52 (1982): 154–90.
——. "The Gospel in Arabic: an Inquiry into its Appearance in the First Abbasid Century." *Oriens Christianus* 69 (1985): 126–67.
——. "The Monks of Palestine and the Growth of Christian Literature in Arabic." *The Muslim World* 78 (1988): 1–28.
Grignaschi, Mario. "Les Rasā'il 'Arisṭāṭālīsa 'ilā-l-Iskandar de Sālim Abū-l-'Alā' et l'activité culturelle à l'époque omayyade." *Bulletin d'Etudes Orientales* 19 (1965–66, pub. 1967): 7–83.
——. "Quelques spécimens de la littérature sassanide conservés dans les bibliothèques

d'Istanbul." *Journal Asiatique* 254.1 (1966) : 1-142.

———. "Le roman épistolaire classique conservé dans la version arabe de Sālim Abū-l-'Alā'." *Le Muséon* 53 (1967) : 211-64.

———. "La Nihāyatu-l-'Arab fī aḫbāri-l-Furs wa-l-'Arab (première partie)." *Bulletin d'Etudes Orientales* 22 (1969) : 15-67.

———. "La Nihāyatu-l-'Arab fī aḫbāri-l-Furs wa-l-'Arab et les Siyaru-mulūki-l-'Aǧam du Ps. Ibn al-Muqaffa'." *Bulletin d'Etudes Orientales* 26 (1973) : 83-184.

———. "La 'Siyāsatu-l-'āmmiyah' et l'influence irannienne sur la pensée politique islamique." *Acta Iranica* 6 (*Monumentum Nyberg* 2 : 3) (1975) : 33-287.

———. "L'origine et les métamorphoses du «Sirr-al-Asrār»." *Archives d'Histoire Doctrinale et Littéraire du Moyen-âge* 43 (1976) : 7-112.

———. "Remarques sur la formation et l'interpretation du Sirr al-'asrār." In *Pseudo-Aristotle 'The Secret of Secrets', Sources and Influences*. Eds. W. F. Ryan and C. B. Schmitt. London : The Warburg Inst., 1982, 3-33.

———. "La figure d'Alexandre chez les Arabes et sa genèse." *Arabic Sciences and Philosophy* 3 (1993) : 205-34.

Grunebaum, G. E. von. "Arabic and Persian Literature : Problems of Aesthetic Analysis." In *Convegno Internazionale sul Tema La Persia nel Medievo*. Rome : Accademia Nazionale dei Lincei, 1971, 337-49.

———. "The Hero in Medieval Arabic Prose." In *Concepts of the Hero in the Middle Ages and the Renaissance*. Eds. N. T. Burns and C. J. Reagan. Albany : State U of New York P, 1975, 83-100.

———. *Islam and Medieval Hellenism*. London : Variorum Reprints, 1976.

Guillén Robles, F. *Leyendas de Jose hijo de Jacob ēde Alejandro Magno saccadas de dos manoscritos morisco*. Saragossa : Imprenta del hospicio provincial, 1888.

Gunderson, L. L. *Alexander's Letter to Aristotle about India* (Beiträge zur klassischen Philologie 110). Meisenheim am Glan : Hain, 1980.

Gunter, S. "Fictional Narration and Imagination within an Authoritative Framework : Towards a New Understanding of Hadith." In *Story-telling in the Framework of Non-fictional Arabic Literature*. Ed. Stefan Leder. Wiesbaden : Harrassowitz, 1998, 433-71.

Gutas, Dimitri. *Greek Wisdom Literature in Arabic Translation : A Study of the Graeco-Arabic Gnomologia*. American Oriental Series. Vol. 60. New Haven : American Oriental Society, 1975.

———. *Greek Thought, Arab Culture : The Graeco-Arabic Translation Movement in Baghdad and Early Abbasid Society (2nd-4th/5th-10th C.)*. London : Routledge, 1998.

Haarman, Ulrich. "Regional Sentiment in Medieval Islamic Egypt." *BSOAS* 43.1 (1980) : 55-66.

Haight, Elizabeth Hazelton. *The Life of Alexander of Macedon.* New York : Longmans, Green, 1955.
Hamilton, J. R. *Plutarch, Alexander. A Commentary.* Oxford : Clarendon, 1969.
——. *Alexander the Great.* London : Hutchinson, 1973.
Hammer-Purgstall, F. von. "Auszüge aus Saalebi's Buche der Stützen des sich Beziehenden und dessen worauf es sich bezieht." *ZDMG* 6 (1852) : 505-20.
Hammond, N. G. L. *Alexander the Great : King, Commander and Statesman.* London : Chatto and Windus, 1981.
——. *Three Historians of Alexander the Great : The so-called Vulgate Authors Diodorus, Justin and Curtius.* Cambridge : Cambridge UP, 1983.
——. *Sources for Alexander the Great : an Analysis of Plutarch's Life and Arrian's Anabasis Alexandrou.* Cambridge : Cambridge UP, 1993.
Hanaway, William L. *Persian Popular Romances Before the Safavid Period.* PhD diss., Columbia Univ., 1970.
——. "Formal Elements in the Popular Persian Romances." *Review of National Literatures, Iran* 2.1 (1971) : 130-60.
——. "Anāhitā and Alexander." *JAOS* 102 (1982) : 285-95.
——. "Alexander and the Question of Iranian Identity." *Acta Iranica* ser. 3, vol. 16 (1990) : 93-103.
Harf-Lancner, Laurence, C. Kappler and F. Suard eds. *Alexandre le Grand dans les littératures occidentales et proche-orientales* (Actes du Colloque de Paris, 27-29 novembre 1997). Nanterre : Centre des Sciences de la Littérature, Univ. Paris X-Nanterre, 1999.
Harper, P. O. "The Ox-headed Mace in Pre-Islamic Persia." In *Papers in Honour of Professor Mary Boyce, Acta Iranica* 24. Leiden : Brill, 1985, 247-59.
Heckel, Waldemar. *The Last Days and Testament of Alexander the Great : a Prosopographic Study.* Historia/Einzelschriften : Zeitschrift für alte Geschichte 56. Stuttgart : Steiner, 1988.
Henning, W. B. "The Murder of the Magi." *JRAS* (1944) : 133-44.
Heron, A. "La légende d'Alexandre et d'Aristote." *Précis analytique des travaux de l'Academie des sciences, belles-lettres et arts de Rouen 1890-91.* Rouen, 1892.
Hertz, W. *Aristoteles in den Alexanderdichtungen des Mittelalters.* Abhandlungen der Bayerischen Akademie der Wissenschaften, Philosophisch-Philologische und Historische Klasse, 19,1. Munich : Akademie der Wissenschaften, 1890.
Herzfeld, E. "Der Thron des Khosrô." *Jahrbuch der königlich Preussischen Kunstsammlungen* 41 (1920) : 1-24, 103-47.
Hilka, Alfons and F. P. Magoun. "A List of Manuscripts containing Texts of the Historia de Preliis Alexandri Magni, Recensions I_1, I_2, I_3." *Speculum* 9 (1934) : 84-86.
Hilka, Alfons. *Historia Alexandri Magni (Historia de Preliis) Rezension J2.* Beiträge zur

klassischen Philologie. Heft 79, 89. Meisenheim am Glan : Hain, 1976, 1977.
Hilka, A. and K. Steffens. *Historia Alexandri Magni* (*Historia de Preliis*). *Rezension J1*. Beiträge zur klassischen Philologie. Heft 107. Meisenheim am Glan : Hain, 1979.
Hill, Betty. "Alexander Romance : The Egyptian Connection." *Leeds Studies in English* 12 (1981) : 185–94.
Hill, G. F. "Alexander the Great and the Persian Lion-Gryphon." *Journal of Hellenistic Studies* 43 (1923) : 156–61.
Hinz, Walther. *Altiranische Funde und Forschungen*. Berlin : Gruyter, 1969.
Hirth, Friedrich and W. W. Rockhill. *Chau Ju-Kua : His Work in the Chinese and Arab Trade in the Twelfth and Thirteenth Centuries, Entitled Chu-fan-chï*. St. Petersburg : Printing Office of the Imperial Academy of Sciences, 1911.
Hoegemann, P. *Alexander der Große und Arabien*. Munich : Beck, 1985.
Hoffman, W. *Das literarische Porträt Alexanders des Grossen im griechischen und römischen Altertum*. Leipzig : Quelle and Meyer, 1907.
Honigmann, Ernst. *Die sieben Klimata*. Heidelberg : Winter, 1929.
Horovitz, J. *Koranische Untersuchungen*. Berlin-Leipzig : Gruyter, 1926.
Hoyland, Robert G. *Seeing Islam as Others Saw It : A Survey and Evaluation of Christian, Jewish and Zoroastrian Writings on Early Islam*. Princeton : Darwin, 1997.
—— ed. *Muslims and Others in Early Islamic Society*. Aldershot : Ashgate, 2004.
Huart, M. Clément. *Textes persanes relatifs à la Secte des Houroûfîs, publiés, traduits et annotés* (Gibb Memorial Series IX). Leiden : Brill, 1909.
Humphreys, R. Stephen. *Islamic History : a Framework for Inquiry*. Princeton : Princeton UP, 1991.
Hunnius, C. *Das syrische Alexanderlied*. PhD diss., Göttingen, 1904.
——. "Das syrische Alexanderlied." *ZDMG* 60 (1906) : 169–209, 558–89, 802–21.
Ivánka, Endre von. *Die aristotelische Politik und die Städtegründungen Alexanders des Grossen*. Budapest : Kir. M. Pázmány Péter Tudományegy. Görög Filol. Intézet, 1938.
Jacob, C. "Alexandre et la maîtrise de l'espace : l'art du voyage dans l'Anabase d'Arrien." *Quaderni di Storia* 34 (1991) : 5–40.
Jacob, C. and F. de Polignac, eds. *Alexandrie IIIe siècle av. J.-C*. Paris : Autrement, 1992.
Jacobsen, T. *The Treasures of Darkness, A History of Mesopotamian Religion*. New Haven-London : Yale UP, 1976.
Jaeger, W. *Aristoteles, Grundlegung einer Geschichte seiner Entwicklung*. Berlin : Weidmann, 1955.
Jasnow, Richard. "The Greek Alexander Romance and Demotic Egyptian Literature." *JNES* 56 (1997) : 95–104.
Jones, A. H. M. *The Greek City From Alexander to Justinian*. Oxford : Clarendon, 1940.
Jouanno, Corinne. *Naissance et métamorphoses du Roman d'Alexandre*. Paris : CNRS Éd., 2002.

Justi, Ferdinand. *Iranisches Namenbuch*. Hildesheim: Olms, 1963 [Marburg: N. G. Elwert, 1895.]

Kampers, F. *Alexander der Große und die Idee des Weltimperiums in Prophetie und Sage*. Freiburg: Herder, 1901.

Kaplan, L. ed. *Understanding Popular Culture: Europe from the Middle Ages to the Nineteenth Century*. Berlin: Mouton, 1984.

Kappler, C.-C. "Alexandre et les merveilles dans le Livre des Rois de Firdousi." In *Et c'est la fin pour quoy sommes ensemble: Hommage à Jean Dufournet: Littérature, Histoire, et Langue du Moyen Age*. Ed. J.-C. Aubailly. Paris: Champion, 1993, 2: 759–73.

——. "Alexandre le Grand et les frontières." In *Frontières terrestres, frontières célestes dans l'antiquité*. Ed. A. Rousselle. Perpignan: Presses Univ. de Perpignan, 1995, 371–85.

Karabaček, J. von. *Papyrus Erzherzog Rainer: Führer durch die Austellung Wien*. Wien: Selbstv. d. Sammlg-A. Hölder, 1894.

Karīmī-Hakkāk, A. "Adab, akhlaq, andarz: ta'ammolatī dar bāre-ye seh mahfūm dar farhang-e Īrān." *Īrānnāme* 7.4 (1989/1368): 637–66.

Karoui, Said. *Die Rezeption der Bibel in der frühislamischen Literatur am Beispiel der Hauptwerke von Ibn Qutayba (gest. 276/889)*. PhD diss., Heidelberg, 1997.

Kazis, I. J. *The Book of Gests of Alexander of Macedon, Sefer Toledot Alexandros ha-Makdoni, A Mediaeval Hebrew Version of the Alexander Romance by Immanuel ben Jacob A Bonfils*. Cambridge, MA: Mediaeval Acad. of America, 1962.

Keseling, Paul. "Die Chronik des Eusebius in der syrischen Überlieferung." *Oriens Christianus* 3. Ser. 1=23 (1927): 23–48, 223–41; 3. Ser. 2=24 (1927): 33–56.

Khairallah, Asad E. *Love, Madness, and Poetry: an Interpretation of the Magnun Legend*. Beirut-Wiesbaden: Steiner, 1980.

Khalidi, Tarif. "Masudi's Lost Works: A Reconstruction of Their Content." *Journal of the American Oriental Society* 94.1 (1974): 35–41.

——. *Islamic Historiography: the Histories of al-Mas'ūdī*. Albany: State U of New York P, 1975.

——. *Arabic Historical Thought in the Classical Period*. Cambridge: Cambridge UP, 1994.

Khan, M. S. "Miskawayh and the Buwayhids." *Oriens* 21 (1968–69): 235–47.

——. "Miskawaih and Arabic Historiography." *JAOS* 89 (1969): 710–30.

——. "The Use of Letters and Documents in the Contemporary History of Miskawaih." *Islamic Quarterly* 14 (1970): 41–49.

Khoury, R. G. *Wahb b. Munabbih*. 2 vols. (Vol. 1, *Der Heidelberger Papyrus PSR Heid Arab 23: Leben und Werk des Dichters*. Vol. 2, *Faksimiletafeln*). Wiesbaden: Harrassowitz, 1972.

——. *Les Lêgendes prophêtique dans l'Islam depuis le Ier jusqu'au IIIe siècle de l'Hégire.* Wiesbaden : Harrassowitz, 1978.

Kienast, D. "Augustus und Alexander." *Gymnasium* 76 (1969) : 430–56.

Kiyā, Khojaste. *Qahrmānān-e bādpā dar qeṣṣa-hā va namāyesh-hā-ye Īrānī.* Tehran, 1375/1996.

Klamroth, M. K. "Ueber die Auszüge aus griechischen Schriftstellern bei al-Ja'qûbî. IV. Mathematiker und Astronomen." *ZDMG* 42 (1888) : 1–44.

Knauth, W. *Das altiranische Fürstenideal von Xenophon bis Ferdousi.* Wiesbaden : Steiner, 1975.

Kratz, D. M., J. J. Wilhelm and L. Nelson. *The Romances of Alexander.* Garland library of medieval literature 64 : Series B. New York : Garland, 1991.

Krenkow, Fritz. "The Two Oldest Books on Arabic Folklore." *Islamic Culture* 2 (1928) : 55–89, 204–36.

Lambton, A. K. S. "Justice in the Medieval Persian Theory of Kingship." *Studia Islamica* 17 (1962) : 91–119.

——. "Islamic Mirrors for Princes." *Quaderno dell' Accademia Nazionale dei Lincei* 160 (1971) : 419–23.

Lanchester, H. C. O. "The Sibylline Oracles." In *Apocrypha and Pseudepigrapha of the Old Testament in English.* Ed. R. H. Charles. Oxford : Clarendon, 1913, 2 : 368–406.

Latham, J. D. "The Beginnings of Arabic Prose Literature : the Epistolary Genre." In *Cambridge History of Arabic Literature ; Arabic Literature to the End of the Umayyad Period.* T. M. J. A. F. L. Beeston, R. B. Serjeant and G. R. Smith eds. Cambridge : Cambridge UP, 1983, 154–79.

——. "Ibn al-Muqqafa' and Early 'Abbasid Prose." In *Cambridge History of Arabic Literature ; 'Abbasid Belle-Lettres.* Cambridge : Cambridge UP, 1990, 48–95.

Lavagnini, B. *Studi sul Romanzo greco.* Messina : D'Anna, 1950.

Lecomte, Gerard. *Ibn Qutayba : l'homme, son œuvre, ses idées.* Damascus : Institut français de Damas, 1965.

Le Coz, Raymond. *Les médecins Nestoriens au moyen âge : les maîtres des Arabes.* Paris : Harmattan, 2004.

Leder, Stefan. "Features of the Novel in Early Historiography." *Oriens* 32 (1990) : 72–96.

——. "The Literary Use of the Khabar : A Basic Form of Historical Writing." In *The Byzantine and Early Islamic Near East I : Problems in the Literary Source Material.* Eds. Averil Cameron and Lawrence I. Conrad. Princeton : Darwin, 1992, 277–315.

—— ed. *Story-telling in the Framework of Non-fictional Arabic Literature.* Wiesbaden : Harrassowitz, 1998.

Leeuwen, Pieter Johannes van. *De maleische Alexanderroman.* Meppel : Ten Brink, 1937.

Le Goff, J. "The Learned and Popular Dimensions of Journeys in the Otherworld in the

Middle Ages." In *Understanding Popular Culture: Europe from the Middle Ages to the Nineteenth Century*. Ed. L. Kaplan. Berlin: Mouton, 1984.

Lemm, O. v. *Der Alexanderroman bei den Kopten: ein Beitrag zur Geschichte der Alexandersage im Orient*. St. Petersburg: Impr. de l'Académie Impériale des Sciences, 1903.

Le Roy, C. "Les oiseaux d'Alexandrie." *Bulletin de correspondence Hellénique* 105 (1981): 393-406.

Lesky, A. *A History of Greek Literature*. London: Duckworth, 1966.

Lévi, Israel. "La Légende d'Alexandre dans le Talmud." *Revue des études juives* 2 (1881): 293-300.

——. "Les traductions hébraiques de l'histoire légendaire d'Alexandre." *Revue des études juives* 3 (1881): 238-65.

——. *Sēfer Tōledōt Ālexander*. Sammelband kleiner Beiträge aus Handschriften (Kobez al Jad) II. Berlin, 1886.

——. *Le Roman d'Alexandre, Texte hébreu anonyme*. Paris: Durlacher, 1887.

——. "Sēfer 'Ālexandrōs Mōqdōn." *Festschrift zum achtzigsten Geburtstag Moritz Steinschneider*, 142-63. Leipzig: Harrassowitz, 1896.

Lida de Malkiel, M. R. "Datos para la leyenda de Alejandro en la Edad Media castellana." *Romanische Philologie* 15 (1962): 412-23.

Lidzbarski, Mark. "Zu den arabischen Alexandergeschichten." *Zeitschrift für Assyriologie und verwandte Gebiete* 8 (1893): 263-312.

Lippert, Julius. *De epistula pseudoaristotelica ΠΕΡΙΒΑΣΙΛΕΙΑΣ commentatio (Accedunt textum arabicum et interpretationem latinum)*. PhD diss., Halle, 1891.

——. "Quellenforschungen zu den arabischen Aristotelesbiographien." In *Studien auf dem Gebiete der griechisch-arabischen Übersetzungslitteratur*. Braunschweig: R. Sattler, 1894, 3-38.

Lloyd, A. B. "Nationalist Propaganda in Ptolemaic Egypt." *Historia* 31 (1982): 33-55.

Loewenthal, A. *Ḥonein Ibn Isḥāq, Sinnsprüche der Philosophen nach der hebräischen Übersetzung Charisi's*. Berlin: Calvary, 1896.

Lolos, A. ed. *Die Apocalypse des Ps.-Methodius*. Meisenheim am Glan: Hain, 1976.

L'Orange, Hans Peter. *Studies on the Iconography of Cosmic Kingship in the Ancient World*. Oslo: Aschehoug, 1953.

Lyons, M. C. *The Arabian Epic: Heroic and Oral Storytelling*. 3 vols. Cambridge: Cambridge UP, 1995.

McAuliffe, Jane Dammen. "Assessing the *Isrā'īliyyāt*: An Exegetical Conundrum." In *Story-telling in the Framework of Non-fictional Arabic Literature*. Ed. Stefan Leder. Wiesbaden: Harrassowitz, 1998, 345-69.

Macuch, R. "Pseudo-Callisthenes Orientalis and the Problem of Ḏu l-qarnain." *Graeco-Arabica* 4 (1991): 223-64.

Maddison, Francis Romeril and E. Savage-Smith. *Science, Tools & Magic Part I*. London : Nour Foundation, Azimuth Editions, Oxford UP, 1997.

Magoun, Francis P. *The Gests of Alexander of Macedon*. Cambridge, MA : Harvard UP, 1929.

Maguire, J. P. *Sources of Pseudo-Aristotle de Mundo*. New Haven, 1939.

Maḥjūb, M. J. "Dāstānhā-ye 'āmmiyāne-ye fārsī (Persian Popular Romances)." *Sokhan* 10-12, (1959-61/1338-40) ; 10 : 64-68, 167-74, 273-91, 380-86, 624-48, 735-42, 829-34, 980-86, 1107-14, 1275-81 ; 11 : 34-53, 200-05, 338-44, 449-52, 565-72, 756-64, 911-20, 1139-49, 1264-78 ; 12 : 85-91, 298-302, 408-14, 784-95, 1013-25.

——. "Moṭāle'e dar dāstānhā-ye 'āmmiyāne-ye fārsī (A Study on Persian Popular Stories)." *Nashrīye-ye Dāneshkade-ye adabiyāt va-'olūm-e ensānī-ye Dāneshgāh-e Tabrīz* 10 (1341/1962) : 68-112, 211-237.

——. "Eskandarnāme." *Sokhan* 17.4 (1346/1967) : 447-57.

——. "Natījehā-ye 'elmī ke az moṭāle'e-ye dāstānhā va afsānehā-ye mellī be dast mī-āyad (Results obtained from the Study of Popular Stories and Legends)." *Yaghmā* 24 (1350/1971) : 353-58.

——. "Zendegī-ye afsāneyī-ye Eskandar kabīr (Legendary Life of Alexander the Great)." *Sokhan* 26.10, 26.11-12 (1357/1978) : 1033-7, 1156-72.

——. "Taḥavvol-e naqqālī va qeṣṣe-khwānī, tarbiyat-e qeṣṣe-khwānān va ṭūmār-hā-ye naqqālī (The Development of Naqqali and Storytelling)." *Irānnāme* 9.2 (1991) : 186-211.

Manzalaoui, M. "The Pseudo-Aristotelian Kitāb Sirr al-Asrār." *Oriens* 23.4 (1970/1) : 147-256.

—— ed. *Secretum Secretorum : Nine English Versions*. Vol 1. text. Oxford : Oxford UP, 1977.

Marín, Manuela. "Legends on Alexander the Great in Moslem Spain." *Graeco-Arabica* 4 (1991) : 71-89.

Marzolph, Ulrich. *Dāstānhā-yi širin : fünfzig persische Volksbüchlein aus der zweiten Hälfte des zwanzigsten Jahrhunderts*. Stuttgart : Steiner, 1994.

——. "Mirzâ 'Ali-Qoli Xu'i Master of Persian Lithograph Illustration." *Annali di Istituto Universitario Orientale Napoli* 57.1-2 (1997) : 183-202.

Maspero, Gaston. *Comment Alexandre devint dieu en Egypte*. Annuaire de l'École Pratique des Hautes Études, Section des Science Historiques et Philologiques. Paris : Imprimerie nationale, 1897.

——. *Les contes populaires de l'Égypte ancienne*. 3rd. ed. Paris : Guilmoto, 1906.

Massé, Henri. *Firdousi et l'épopée nationale*. Paris : Libr. Acad. Perrin, 1935.

Mazzaoui, Michael M. "Alexander the Great and the Arab Historians." *Graeco-Arabica* 4 (1991) : 33-43.

Mederer, E. *Die Alexanderlegenden bei den ältesten Alexanderhistorikern*. Stuttgart :

Kohlhammer, 1936.
Meisami, Julie Scott. *Medieval Persian Court Poetry*. Princeton : Princeton UP, 1987.
——. "Dynastic History and the Ideals of Kingship in Bayhaqi's *Tarikh-i Mas'udi*." *Edebiyat* n.s. 3.1 (1989) : 57–77.
——. "The Past in the Service of the Present : Two Views of History in Medieval Persia." *Poetics Today* 14.2 (1993) : 247–75.
——. *Persian Historiography to the End of the Twelfth Century*. Edinburgh : Edinburgh UP, 1999.
——. "Why Write History in Persian? Historical Writing in the Samanid Period." *Studies in Honour of Clifford Edmund Bosworth*. Ed. Carole Hillenbrand. Leiden : Brill, 2000, 2 : 348–74.
Meisami, Julie Scott and Paul Starkey. *Encyclopedia of Arabic Literature*. Vols. 1–2. London : Routledge, 1998.
Meissner, B. *Alexander und Gilgamos*. Leipzig : Druck v. Aug. Pries, 1894.
——. "Mubašširs Aḫbār el-Iskender." *ZDMG* 49 (1895) : 583–627.
Merkelbach, R. *Die Quellen des griechischen Alexander-romans*. München : Beck, 1954. Revised ed. in collaboration with J. Trumpf. Munich : Beck, 1977.
Merkle, Karl. *Die Sittensprüche der Philosophen "Kitâb âdâb al-falâsifa" von Ḥonein ibn Isḥâq in der Überarbeitung des Muḥammed ibn 'alî al-Anṣârî*. Leipzig : Kreysing, 1921.
Meusel, H. *Pseudo-Callisthenes nach der Leidener Handschrift herausgegeben*. Jahrbücher für classische Philologie Suppl Bd. 5. Leipzig : Teubner, 1871.
Meyer, Paul. *Alexander le Grand dans la littérature française du moyen âge*. Genève : Slatkine, 1970 [Paris, 1886].
Meyerhoff, M. "Von Alexandrien nach Baghdad, Ein Beitrag zur Geschichte des philosophischen und medizinischen Unterrichts bei den Araben." *Sitzungsberichte der Preussischen Akademie der Wissenschaften zu Berlin, phil.-hist. Klasse* 23 (1930) : 389–429.
——. "La fin de l'école d'Alexandrie d'après quelques auteurs arabes." *Bulletin de l'Institut d'Egypte* 15 (1933) : 109–23.
Michael, Ian. *The Treatment of Classical Material in the Libro de Alexandre*. Manchester : Manchester UP, 1970.
——. *Alexander's Flying Machine : the History of a Legend*. Southampton : Univ. of Southampton, 1974.
Michel, D. *Alexander als Vorbild für Pompeius, Caesar und Marcus Antonius. Archäologische Untersuchungen*. Brussels : Latomus, 1967.
Millet, G. "L'ascension d'Alexandre." *Syria* 4 (1923) : 85–133.
Milstein, Rachel, Karin Rührdanz and Barbara Schmitz eds. *Stories of the Prophets : Illustrated Manuscripts of Qiṣaṣ al-Anbiyā'*. Costa Mesa : Mazda, 1999.

Minorsky, V. "A Persian Geographer of A. D. 982 on the Orography of Central Asia." *Geographical Journal* 90.3 (1937) : 259-64.

Minovi, M. "Az khazā'en-e Turkīya." *Révue de la Faculté des Lettres de Téhéran* 8.3 (1340/1961) : 1-29.

Miquel, André. *La géographie humaine du monde musulman jusqu'au milieu du 11ᵉ siècle*. 4 vols. Paris-La Haye : Mouton, 1975.

Modi, J. J. "Alexander the Great and the Devastation of the Ancient Literature of the Parsis at his Hands (*summary*)." *All India Oriental Conference* 2 (1923) : 101-7.

Moennig, Ulrich. *Die spätbyzantinische Rezension des Alexanderromans*. Cologne : Romiosini, 1992.

Moghaddam, M. K. *The Evolution of the Hero Concept in Iranian Epic and Dramatic Literature*. PhD diss., Florida State Univ., 1982.

Mohl, J. t. "Extraits du Modjmel al-tewarikh relatifs à l'histoire de la Perse traduits par M. J. M. (suite)." *Journal Asiatique* 3ᵉ ser. II (1841) : 320-61.

Mölk, Ulrich ed. *Herrschaft, Ideologie und Geschichtskonzeption in Alexanderdichtungen des Mittelalters*. Göttingen : Wallstein Verlag, 2002.

Monroe, James T. *The Art of Badi' az-Zaman al-Hamadhani as Picaresque Narrative*. Beirut : American Univ., 1983.

Moraux, Paul. *Les Listes anciennes des ouvrages d'Aristote*. Leuven : Éd. Univ. de Louvain, 1951.

Morgan, D. O. ed. *Medieval Historical Writing in the Christian and Islamic Worlds*. London : School of Oriental Studies and African Studies, Univ. of London, 1982.

Mosshammer, A. A. *The Chronicle of Eusebius and Greek Chronographic Tradition*. Lewisberg-London : Bucknell UP, 1979.

Muranyi, Niklos. *Die Prophetengenossen in der frühislamischen Geschichte*. Bonn : Selbstverlag des Orientalischen Seminars der Universitat, 1973.

Musée Cernuschi. *Les Perses sassanides : Fastes d'un empire oublié (224-642)*. Paris : Paris-Musées, 2006.

Musée du Petit Palais. *De Bagdad à Ispahan manuscrits islamiques de la Filiale de Saint-Petersbourg de l'Institut d'Études orientales, Académie des Sciences de Russie*. Paris : Paris-Musées, 1994.

Musti, D. "Lo Stato dei Seleucidi." *Studi classici e orientali* 15 (1966) : 61-197.

Nagel, Tilman. *Die Qiṣaṣ al-anbiyā' : ein Beitrag zur arabischen Literaturgeschichte*. PhD diss., Bonn, 1967.

———. *Alexander der Grosse in der frühislamischen Volksliteratur*. Waldorf-Hessen : Verl. für Orientkunde, 1978.

Nakhjavānī, H. "Pandnāme-ye Arastātalis be Eskandar." *Yaghmā* 5.1 (1952/1331) : 31-34.

Nallino, Carlo Alfonso. "Ebrei e Christiani nell' Arabia preislamic." *Raccolta di scritti editi e inediti*. Roma : Istituto per l'Oriente, 1941, 3 : 122-29.

Nariman, G. K. transl. *Iranian Influence on Moslem Literature*. Translated from the Russian of M. Inostranzev, with supplementary appendices from Arabic sources. Bombay : D. B. Taraporevala, 1918.

Neugebauer, Otto. "The Early History of the Astrolabe. Studies in Ancient Astronomy IX." *Isis* 40 (1949) : 240–56.

——. *A History of Ancient Mathematical Astronomy*. 3 vols. Berlin-Heidelberg : Springer, 1975.

Newby, Gordon Darnell. *The Making of the Last Prophet : a Reconstruction of the Earliest Biography of Muhammad*. Columbia, SC : U of South Carolina P, 1989.

Noble, Peter, Lucie Polak and Claire Isoz eds. *The Medieval Alexander Legend and Romance Epic : essays in honour of David J. A. Ross*. Millwood, NY : Kraus, 1982.

Nöldeke, Theodore transl. *Geschichte der Perser und Araber zur Zeit der Sasaniden aus der Arabischen Chronik des Tabari*. Leiden : Brill, 1879.

——. "Beiträge zur Geschichte des Alexanderromans." *Denkschriften der kaiserlichen Akademie der Wissenschaften in Wien, phil.-hist. Klasse* 38.5 (1890) : 1–56.

——. *Burzōes Einleitung zu dem Buche Kalīla wa Dimna*. Strasbourg : Trübner, 1912.

——. *Das Iranische Nationalepos*. 2nd ed. Berlin : Gruyter, 1920.

——. *The Iranian Natioinal Epic*. Transl. L. Bogdanov. K.R. Cama Oriental Institute Publication No. 7. Bombay : K.R. Cama Oriental Inst., 1930.

Norsa, M. and V. Bartoletti. *Lettere del Ciclo di Alessandro in un Papiro Egiziano*. Pubblicazioni della società italiana per la ricerca dei papyri greci e Latini in Egitto, vol. 12, no.1285. Florence : Felice le Monnier, 1951. Re-edition of Pieraccioni ed. 1947.

Noth, A. *The Early Arabic Historical Tradition : a Source-Critical Study*. Transl. M. Bonner. Princeton : Darwin, 1994 (原文 *Quellenkritische Studien zu Themen, Formen, und Tendenzen frühislamischer Geschichtsüberlieferung*. Bonn : Orientalisches Seminar der Univ., 1973).

Nyberg, H. S. *Die Religionen des alten Iran*. Transl. from the Swedish by H. H. Schaeder. Leipzig : Hinrichs, 1938.

——. *A Manual of Pahlavi* (part I : texts, part II : glossary). Wiesbaden : Harrassowitz, 1964. Reprint 1974.

Nylander, C. "Al-Bērūnī and Persepolis." In *Commêmoration Cyrus, Acta Iranica* 1. Ed. J. Duchesne-Guillemin. Leiden : Brill, 1974, 137–50.

Olearius, Adam. *Vermehrte Newe Beschreibung der Muscowitischen und Persischen Reyse*. Ed. Dieter Lohmeier. Fax., Reprint. Tübingen : Max Niemeyer, 1971 [Schleswig, 1656].

O'Leary, De Lacy. *How Greek Science Passed to the Arabs*. Chicago : Ares, 1979 [London, 1949].

Orland (nê Thierfelder), B. *Die Alexander-Anekdoten der Schachbücher, Gesta romanorum und Meister Ingolds Goldenem Spiel*. PhD diss., München, 1974.

Pacella, D. "Alessandro e gli Ebrei nella testimonianza dello Ps. Callistene." *Annali della Scuola di Pisa* 12 (1982) : 1255–69.

Page, M. E. *Naqqali and Ferdowsi*. PhD diss., Univ. of Pennsylvania, 1977.

——. "Professional Story Telling in Iran : Transmission and Practice." *Iranian Studies* 12 (1979) : 195–215.

Paret, R. *Die legendäre Maghāzi-Literatur, arabische Dichtungen über die muslimischen Kriegszüge zu Mohammeds Zeit*. Tübingen : Mohr, 1930.

——. *Der Koran. Kommentar und Konkordanz*. Qum : Ansariyan, 1981. Reprint. Stuttgart : Kohlhammer, 1980.

Pauliny, Jān. "Zur Rolle der Quṣṣāṣ bei der Entstehung und Überlieferung der populären Prophetenlegenden." *Asian and African Studies* 10 (1974) : 125–41.

Pearson, Lionel. "The Diary and the Letters of Alexander the Great." *Historia* 3 (1955) : 429–55.

——. *The Lost Histories of Alexander the Great*. Chico, CA : Scholars Press, 1983 [Philadelphia, 1960].

Pellat, Charles. *The Life and Works of Jaḥiẓ*. Berkeley-Los Angeles : U of California P, 1969.

Penzer, Norman Mosley. *Poison Damsels : and Other Essays in Folklore and Anthropology*. London : Sawyer, 1952.

Perry, B. E. "The Egyptian Legend of Nectanebus." *Transactions of the American Philological Association* 97 (1966) : 327–33.

Pertusi, A. "Le epistole storiche di Lauro Quirini sulla caduta di Constantinopoli e la potenza dei Turchi." In *Lauro Quirini umanista. Studi e testi*. Ed. V. Branca. Civiltã Veneziana, Saggi, XXIII. Florence : Olschki, 1977.

Peters, Francis E. *Aristotle and the Arabs*. New York : New York UP, 1968.

——. *Aristoteles arabus. The Oriental Translaitons and Commentaries on the Aristotelian Corpus*. Leiden : Brill, 1968.

Pfister, Friedrich. *Kleine Texte zum Alexanderroman. Commonitorium Palladii, Briefwechsel zwischen Alexander und Dindimus, Brief Alexanders über die Wunder Indiens. Nach der Bamberger Handschrift hrsg*. Heidelberg : Winter, 1910.

—— ed. *Der Alexanderroman des Archprebysters Leo*. Sammlung mittel-lateinischer Texte 6. Heidelberg : Winter, 1913.

——. *Eine jüdische Gründungsgeschichte Alexandriens mit einem Anhang über den Besuch Alexanders in Jerusalem*. Sitzungsberichte der Heidelberger Akd. d. Wissenschaften, phil.-hist. Klasse Abhandelung 11. Heidelberg : Winter, 1914.

——. "Ein kleiner lateinischer Text zur Episode von Gog Magog." *Berliner Philologische Wochenschrift* 35.49 (1915) : col. 1549–52.

——. "Das Nachleben der Überlieferung von Alexander und den Brahmanen." *Hermes* 76 (1941) : 143–69.

——. *Alexander der Grosse in den Offenbarungen der Griechen, Juden, Mohammedaner und Christen*. Berlin : Akademie-Verl., 1956.

——. "Alexander der Grosse in der byzantinischen Literatur und neugriechischen Volksbüchern." In *Probleme der neugriechischen Literatur* 3. Ed. Johannes Irmsxher. Berlin : Akademie, 1960, 112–30.

——. "Ein apokrypher Alexanderbrief. Der sogenannte Leon von Pella und die Kirchenväter." In *Mullus : Festsschrift Theodor Klauser*. Ed. A. Stuiber. Münster : Aschendorff, 1964, 291–97.

——. "Alexander der Grosse. Die Geschichte seines Ruhms." *Historia* 13 (1964) : 37–79.

——. *Kleine Schriften zum Alexanderroman*. Ed. R. Merkelbach. Meisenheim am Glan : Hain, 1976.

——. *Der Alexanderroman mit einer Auswahl aus den verwandten Texten*. Meisenheim am Glan : Hain, 1978.

Pieraccioni, D. *Lettere del Ciclo di Alessandro in un Papiro Egiziano*. Florence : Tip. E. Ariani, 1947.

Pietschmann, R. "Zu den Ueberbleibseln des Koptischen Alexanderbuches." In *Beiträge zur Bücherkunde und Philologia : August Wilmanns zum 25. März 1903 gewidmet*, 304–12. Leipzig : Harrassowitz, 1903.

Pinault, David. *Story-telling Techniques in the Arabian Nights*. Leiden : Brill, 1992.

Pingree, David. *The Thousands of Abū Ma'shar*. London : Warburg Institute, 1968.

Plessner, M. "Līqūṭīm l^e Sēfer Mūs^erēy ha Fīlōsōfīm mē'ēt Ḥunayn ibn Isḥāq ū-l^e-tirgūmō hā-'ivrī (Analecta to Hunain Ibn Ishaq's Apophthegms of the Philosophers and its Hebrew translation)." *Tarbīẓ* 24 (1955) : 60–72. Engl. transl. vi–vii.

Plezia, Marian. *Aristotelis epistularum fragmenta cum testamento*. Warsaw : Pânstw. Wyd. Nauk., 1961.

——. "Supplementary Remarks on Aristotle in the Ancient Biographical Tradition." *Eos* 51 (1961) : 241–49.

——. *Aristoteles, Privatorum scriptorum fragmenta*. Leipzig : Teubner, 1977.

Polignac, François de. "L'image d'Alexandre dans la littérature arabe : l'Orient face à l'Hellenisme?" *Arabica* 29 (1982) : 296–306.

——. "L'Homme aux Deux Cornes : Une image d'Alexandre du symbolisme grec à l'apocalyptique musulmane." *Mélanges de l'Ecole Française de Rome, Antiquités* 35 (1984) : 29–51.

——. "Al-Iskandariya : œil du monde et frontière de l'inconnu." *Mélanges de l'École Française de Rome, Moyen Age* 96 (1984) : 425–39.

——. "L'imaginaire arabe et le mythe de la fondation légitime." *Revue de l'Occident méditerranéen et musulman* 46 (1987) : 55–62.

——. "Statues, métaux et miroirs : images de la facination en Islam." In *Démons et Merveilles au Moyen Age* (Nice, 1987). Ed. Denis Menjot. Nice : Univ. de Nice

Sophia-Antipolis, 1990, 69–77.

——. “Cosmocrator : l’Islam et la légende antique du souverain universel.” In *The Problematics of Power : Eastern and Western Representations of Alexander the Great*. Eds. M. Bridges and J. C. Bürgel. Bern : Lang, 1996.

——. “Alexandre entre ciel et terre : initiation et investiture.” *Studia Islamica* 84 (1996) : 135–44.

——. “From the Mediterranean to Universality? The Myth of Alexander, Yesterday and Today.” *Mediterranean Historical Review* 14.1 (1999) : 1–17.

—— ed. *Alexandre Le Grand, figure de l’incomplétude* (Actes de la table ronde de la Fondation Hugot du Collège de France, 31 Mai 1997). *Mélanges de l’École Française de Rome, Moyen Age* 112. Rome : École Française, 2000.

——. “Un ‘Nouvel Alexandre’ mamlouk, al-Malik al-Ashraf Khalīl et le regain eschatologique du XIIIe siècle.” In *Figure mythiques des mondes musulmans* (Revue des Mondes Musulmans et de la Méditeranée-Série Histoire 89–90). Ed. Denise Aigle. Aix-en-Provence : Édisud, 2000, 73–87.

Polotsvoff, N. “Iskandar-Zulkarnain.” *Forum* 75 (1926) : 691–99.

Pope, Arthur U. “Persepolis as a Ritual City.” *Archaeology* 10 (1957) : 123–30.

——. *Persian Architecture*. London : Oxford UP, 1969. 石井昭訳『ペルシア建築』鹿島出版会, 1981 年。

Poppe, N. “Eine mongolische Fassung der Alexandersage.” *ZDMG* 107 (1957) : 105–27.

Raabe, Richard. *’Istoria Alexandrou, die armenische übersetzung der sagenhaften Alexander-Biographie (Pseudo-Callisthenes) auf ihre mutmasslichen Grundlagen zurückgeführt*. Leipzig : Hinrichs, 1896.

Raby, J. “Mehmed the Conqueror’s Greek Scriptorium.” *Dumbarton Oaks Papers* 37 (1983) : 15–34.

Radet, G. *Alexandre le Grand*. Paris : Artisan du Livre, 1931.

Redford, Scott. “How Islamic is it? The Innsbruck Plate and its Setting.” *Muqarnas* 7 (1990) : 119–35.

Redslob, G. M. “Über den Zweihörnigen des Koran.” *ZDMG* 9 (1855) : 214–23.

Rehatsek, E. “The Alexander Myth of the Persians.” *Journal of the Bombay Branch of the Royal Asiatic Society* 15 (1881/2) : 57–64.

Reich, Rosalie. *Tales of Alexander the Macedonian, a Medieval Manuscript Text and Translation with a Literary and Historical Commentary*. New York : Ktav Pub. House, 1972.

Reichmann, Siegfried. *Das byzantinische Alexandergedicht nach dem Codex Marcianus 408*, Meisenheim am Glan : Hain, 1963.

Reinink, G. J. *Das Syrische Alexanderlied in drei Rezensionen, Corpus Scriptorum Christianorum Orientalium 454, 455, Scriptores Syri Tomus 195, 196*. Leuven : Peeters, 1983.

——. "Die syrischen Wurzeln der mittelalterlichen Legende vom römischen Endkaiser." In *Non nova, sed nove. Mêlanges de civilisation médiévale dédié à Willem Noomen*. Ed. Martin Gosman. Groningen : Bouma, 1984 : 195-209.

——. "Die Entstehung der syrischen Alexanderlegende als politisch-religiöse Propagandaschrift für Herakleios' Kirchenpolitik." In *After Chalcedon. Studies in Theology and Church History offered to Professor Albert van Roey for his seventieth birthday*. Eds. C. Laga, J. A. Munitiz and L. Van Rompay. Leuven : Dep. Oriëntalistiek, 1985 : 263-81.

——. "Pseudo-Methodius und die Legende vom Römischen Endkaiser." In *Use and Abuse of Eschatology in the Middle Ages*. Eds. W. Verbeke, D. Verhelst and A. Welkenhuysen. Leuven : Leuven UP, 1988, 82-111.

——. "Alexander der Grosse und der Lebensquell im syrischen Alexanderlied." *Studia Patristica* 18.4 (1990) : 282-88.

——. "Ps.-Methodius : A Concept of History in Response to the Rise of Islam." In *The Byzantine and Early Islamic Near East I : Problems in the Literary Source Material*. Eds. A. Cameron and L. I. Conrad. Princeton : Darwin, 1992, 149-87.

——. "Heraclius, the New Alexander : Apocalyptic Prophecies during the Reign of Heraclius." In *The Reign of Heraclius (610-641) Crisis and Confrontation*. Eds. Gerrit J. Reinink and Bernard H. Stolte. Leuven : Peeters, 2002, 81-94.

Reinink, Gerrit J. and Bernard H. Stolte eds. *The Reign of Heraclius (610-641) Crisis and Confrontation*. Leuven : Peeters, 2002.

Renard, J. *Islam and the Heroic Image : Themes in Literature and the Visual Arts*. Columbia, SC : U of South Carolina P, 1993.

Richter, G. *Studien zur Geschichte der älteren arabischen Fürstenspiegel*. Leipziger Semitische Studien, neue folge Band III. Leipizg : Hinrich, 1932.

Robinson, Charles Alexander. *The Ephemerides of Alexander's Expedition*. Providence : Brown Univ., 1932.

——. *The History of Alexander the Great*. Vol.I-II. Providence : Brown Univ., 1953.

Robinson, Chase. *Islamic Historiography*. Cambridge : Cambridge UP, 2003.

Rösger, A. "Severus Alexander und Alexander der Große zu Herodian." In *Zu Alexander*. Ed. W. Will. Amsterdam : Hakkert, 1988, 2 : 885-906.

Roisman, Joseph ed. *Alexander the Great : Ancient and Modern Perspectives*. Lexington, MA : D. C. Heath, 1995.

—— ed. *Brill's Companion to Alexander the Great*. Leiden : Brill, 2003.

Romer, Cornelia E. *Manis frühe Missionreisen nach der Kölner Manibiographie*. Papyrologica Colonienza 24. Opladen : Westdt. Verl., 1994.

Romm, J. S. "Aristotle's Elephant and the Myth of Alexander's Scientific Patronage." *American Journal of Philology* 110.4 (1989) : 566-75.

Root, Margaret Cool. *The King and Kingship in Achaemenid Art : Essays on the*

Creation of an Iconography of Empire. Acta Iranica 19. Leiden : Brill, 1979.
Rose, V. *Aristoteles Pseudepigraphicus*. Leipzig : Teubner, 1863.
Rosenthal, F. "Al-Kindī and Ptolemy." In *Studi Orientalistici in onore di G. L. Della Vida*. Roma : Istituto per l'Oriente, 1956, 2 : 436–56.
——. "Al-Mubashshir b. Fâtik. Prolegomena to an abortive edition." *Oriens* 13–14 (1961) : 132–58.
——. *The Classical Heritage in Islam*. Berkeley : U of California P, 1975.
——. *Greek Philosophy in the Arab World*. Aldershot : Variorum, 1990.
Ross, D. J. "Letters of Alexander." *Classica et Mediaevalia* 13 (1952) : 38–58.
——. "Illustrated MSS of Orosius." *Scriptorium* 9 (1955) : 35–56.
——. "Some Unrecorded Mss. of the *Historia de preliis*." *Scriptorium* 9 (1955) : 149–50.
——. "A Check-list of Manuscripts of Three Alexander Texts. The Julius Valerius Epitome, the Epistola ad Aristotelem, and the Collatio cum Dindimo." *Scriptorium* 10 (1956) : 127–32.
——. *Alexander Historiatus : A Guide to Medieval Illustrated Alexander Literature*. London : Warburg Institute, 1963. Reprint with additional notes and corrections, 1982.
——. "Alexander Historiatus. A Supplement." *Journal of the Warburg and Courtauld Institutes* 30 (1967) : 383–88.
——. *Studies in the Alexander Romance*. London : Pindar Press, 1985.
Rostovtzeff, M. I. *Social and Economic History of the Hellenistic World*. Oxford : Clarendon, 1941.
Roth, R. "Aus einem Briefe des Herrn Prof. Roth in Basel an Prof. Graf." *ZDMG* 9 (1855) : 797–99.
Rowley, H. H. *Darius the Mede and the Four World Empires*. Cardiff : U of Wales P Board, 1935.
Rubanovich, Julia. "The Reconstruction of a Storytelling Event in Medieval Persian Prose Romance : The Case of the *Iskandarnāma*." *Edebiyât* 9.2 (1998) : 215–47.
Rubin, Uri. *The Eye of the Beholder : the Life of Muḥammad as Viewed by the Early Muslim*. Princeton : Darwin, 1995.
——. *Between Bible and Qur'ān ; the Children of Israel and the Islamic Self Image*. Princeton : Darwin, 1999.
Rubio, P. F. "Un texto castellano occidental de la leyenda de Alejandro Magno." *La Ciudad de Dios* 178 (1965) : 311–36.
——. "Las leyendas sobre Alejandro Magno en la 'General Estoria' de Alfonso el Sabio." *La Ciudad de Dios* 189 (1966) : 431–62.
Rühl, F. *Die Verbreitung des Justinus im Mittelalter*. Leipzig : Tuebner, 1871.
Ruska, Julius. *Das Steinbuch des Aristoteles*. Heidelberg : Winter, 1912.
——. *Tabula Smaragdina*. Heidelberg : Winter, 1926.
Ryan, W. F. and C. B. Schmitt, eds. *Pseudo-Aristotle, 'The Secret of Secrets', Sources and*

Influences. London : Warburg Inst., 1982.
Ryding, William W. *Structure in medieval narrative*. The Hague-Paris : Mouton, 1971.
Rypka, Jan. *History of Iranian Literature*. Dordrecht : Reidel, 1968.
Rzach, A. "Sibyllen." In *Real-Encyclopädie der klassischen Altertumswissenschaft*. Eds. Pauly and Wissowa. Reihe II, IV, cols. 2074-2183.
Ṣafā, Z. "Eshāre-ye kūtāh be dāstāngozārī va dāstāngozārān tā dowrān-e safavī (Tale-telling and Tellers of Tales to the Safavid Period)." *Īrānshenāsī* 1.3 (1989) : 463-71.
——. "Eshāra-ye kūtāh be taḥrīr-e dāstān-hā dar dowrān-e ṣafavī (Further Comments on the Composition of Safavid Era Tales." *Īrānshenāsī* 2.4 (1991) : 724-29.
——. "Molāḥezātī dar bāre-ye dāstān-e Eskandar-e Maqdūnī va Eskandarnāme-hā-ye Ferdowsī va Neẓāmī (Observations on the Story of Alexander the Great and the Iskandarnāma of Firdawsi and Nizāmī)." *Īrānshenāsī* 3.3 (1991) : 469-81.
Saffrey, H. D. "Le Chrétien Jean Philopon et le survivance de l'école d'Alexandrie du VI e siècle." *Revue des études grèques* 67 (1954) : 396-410.
Samir, Khalil and Paul Nwyia. *Une correspondance Islamo-Chrétienne entre Ibn al-Munaǧǧim Ḥunayn ibn Isḥāq et Qusṭā ibn Lūqā*. Patrologia Orientalis 40, 4. Nr. 185. Turnhout : Brepols, 1981.
Samuel, A. E. "The Earliest Elements in the Alexander Romance." *Historia : Zeitschrift für alte Geschichte* 35.4 (1986) : 427-37.
Sancisi-Weerdenburg et als. eds. *Achaemenid History* I-IX. Leiden : Nederlands Instituut voor het Nabije Oosten, 1987-1996.
——. "Nowruz in Persepolis." In *Achaemenid History*. Eds. Sancisi-Weerdenburg et als., Leiden : Nederlands Instituut voor het Nabije Oosten, 1991, 173-201.
Sanford, Eva Matthews. "The Study of Ancient History in the Middle Ages." *Journal of the History of Ideas* 5.1 (1944) : 21-43.
Savage-Smith. → Maddison and Savage-Smith.
Ščeglova, O. P. *Katalog litografirovannyx knig na persidskom jazyke v sobranii Leningradskogo otdeleniya Instituta vostokovedeniya AN SSR*. Moscow : Nauka, 1975.
——. *Iranskaya litografirovannaya kniga*. Moscow : Nauka, 1979.
Schmeling, Gareth ed. *The Novel in the Ancient World*. Leiden : Brill, 1996.
Schmidt, E. F. *Persepolis I ; Structures. Inscriptions*. Chicago : U of Chicago P, 1953.
——. *Persepolis II ; Contents of the Treasury and Other Monuments*. Chicago : U of Chicago P, 1957.
——. *Persepolis III ; The Royal Tombs and other Monuments*. Chicago : U of Chicago P, 1970.
Schmitt, Charles B. and D. Knox. *Pseudo-Aristoteles latinus : a Guide to Latin Works Falsely Attributed to Aristotle before 1500*. London : Warburg Inst., 1985.
Schnabel, P. "Zur Frage der Selbstvergöttung Alexanders." *Klio* 20 (1926) : 398-414.

Schulte, J. Manuel. *Speculum Regis : Studien zur Fürstenspiegel-literatur in der griechisch-römischen Antike*. Berlin : LIT, 2001.

Schützinger, Heinrich. *Ursprung und Entwicklung der arabischen Abraham-Nimrod-Legende*. PhD diss., Bonn, 1960.

Schwartz, Stephan A. *The Alexandria Project*. New York : Delacorte, 1983.

——. *The Alexandria Project-Updated with New Material*. Lincoln, NE : iUniverse, 2001.

Schwarzbaum, Haim. *Biblical and Extra-Biblical Legends in Islamic Folk-Literature*. Walldorf-Hessen : Verl. für Orientkunde, 1982.

Seibert, Jakob. *Die Eroberung des Perserreiches durch Alexander den Großen auf kartographischer Grundlage*. Reihe B (Geisteswissenschaft). Nr. 68. Tübingen Atlas des Vorderen Orients. Wiesbaden : Reichert, 1985.

Seif, T. "Vom Alexanderroman nach orientalischen Beständen der Nationalbibliothek." *Festschrift der Nationalbibliothek in Wien* (1926) : 745–70 (+2 plates).

Sellwood, D. "Parthian Coins." In *CHI*, 3(1). Ed. E. Yarsharter. Cambridge : Cambridge UP, 1983, 279–298.

——. "Minor States in Southern Iran." In *CHI*, 3(1). Ed. E. Yarsharter. Cambridge : Cambridge UP, 1983, 299–306.

Servat, Mansūr. *Ganjīne-ye ḥekme dar āthār-e Neẓāmī*. Tehran, 1370/1991.

Settis-Frugoni, C. *Historia Alexandri elevati per griphos ad aerem*. Rome : Istituto Storico Italiano per il Medio Evo, 1973.

Sezgin, Fuat. *Geschichte des Arabischen Schrifttums*. Vols. 1–12. Leiden : Brill, 1967–2000.

——. coll. and repr. *Calenders and Chronology in the Islamic World*. Frankfurt : Institute for the History of Arabic-slamic Science, 1998.

Shahbazi, A. Shapur. "The 'Traditional Date of Zoroaster' Explained." *BSOAS* 40. 1 (1977) : 25–35.

Shaked, S. *The Pahlavi Andarz Literature*, PhD diss., London Univ., 1964.

——. "Specimens of Middle Persian Verse." In *W. B. Henning Memorial Volume*. Eds. M. Boyce and Gershvitch, 395–405. London : Asia Major Library, 1970.

——. "From Iran to Islam : Notes on some themes in transmission." *Jerusalem Studies in Arabic and Islam* 4 (1984) : 31–67.

Shaki, M. "The Denkard Account of the History of the Zoroastrian Scriptures." *Arichīv Orientālnī* 49 (1981) : 114–25.

Shboul, Ahmad M. H. *Al-Mas'ūdī and his world : a Muslim Humanist and his Interest in Non-Muslims*. London : Ithaca, 1979.

Shepherd, Dorothy. "Sassanian Art." In *CHI*, 3(2) : 1055–112.

Shipley, Graham. *The Greek World after Alexander*. Routledge History of the Ancient World Series. London : Routledge, 2000.

Shirazi, F. I. *A Study of the Evolutionary Trend and the Current Atmosphere and Condition of Shāhnāmikhānī in Iran*. PhD diss., Wayne State Univ., 1973.

Shoshan, Boaz. "High Culture and Popular Culture in Medieval Islam." *Studia Islamica* 83 (1991) : 67-107.
——. *Popular Culture in Medieval Cairo*. Cambridge : Cambridge UP, 1993.
——. *Poetics of Islamic Historiography : Deconstructing Ṭabarī's History*. Leiden : Brill, 2004.
Siddiqi, Akhtar Husain. "Muslim Geographic Thought and the Influence of Greek Philosophy." *Geo Journal* 37.1 (1995) : 9-15.
Siddiqi, B. H. "Ibn Miskawaih's Theory of History." *Iqbal* 12 (1963) : 71-80.
Sidersky, David. *Les Origines des légendes Musulmanes dans le Coran et dans les Vies des Prophètes*. Paris : Geuthner, 1933.
Simon, M. "Alexandre le Grand Juif et Chrétien." *Revue d'histoire et de philosophie religeuses* 21 fasc. 3 (1941) : 177-91.
Skinner, J. *The Alexander Romance in the Works of the Armenian Historians*. PhD diss., Harvard Univ., 1940.
Solalinde, A. G. "El juicio de Paris en el 'Alexandre' y en la 'General Estoria'." *Revista de Filología Española* 15 (1928) : 1-51.
—— ed. *Alfonso el Sabio, General Estoria I*. Madrid : Junta para Ampliación de Estudios é Investigaciones científicas, 1930.
Solalinde, A. G., L. A. Kasten and V. R. B. Oelschläger, eds. *Alfonso el Sabio, General Estoria II*. Madrid : Junta para Ampliación de Estudios é Investigaciones científicas, 1957.
Soudavar, Abolala. *Art of the Persian Courts*. New York : Rizzoli, 1992.
Sourdel, D. "La biographie d'Ibn al-Muqaffaʻ d'après les sources anciennes." *Arabica* 1 (1954) : 307-23.
Southgate, Minoo S. *A Study and a Translation of a Persian Romance of Alexander, its Place in the Tradition of Alexander Romances, and its Relation to the English Versions*. PhD diss., New York Univ., 1970.
——. "Portrait of Alexander in Persian Alexander-Romances of the Islamic Era." *JAOS* 97 (1977) : 278-84.
—— transl. *Iskandarnamah : A Persian Medieval Alexander-Romance*. New York : Columbia UP, 1978.
Spencer, Diana. *The Roman Alexander : Reading a Cultural Myth*. Exeter : U of Exeter P, 2002.
Spiegel, F. *Die Alexandersage bei den Orientalen*. Leipzig : Engelmann, 1851. Reprint. Osnabruek : Biblio, 1972.
Spitaler, A. "Die arabische Fassung des Trostbriefs Alexanders an seine Mutter." In *Studi Orientalistici in onore di G. L. Della Vida* 2. Roma : Istituto per l'Oriente, 1956 : 493-508.
Sprengling, M. "From Persian to Arabic." *American Journal for Semitic Languages and*

Literature 56 (1939) : 175–224, 325–36 ; 57 (1940) : 302–5.

Springberg-Hinsen, Monika. Die *Zeit vor dem Islam in arabischen Universalgeschichten des 9. bis 12. Jahrhunderts*. Würzburg : Echter Verlag, 1989.

Stadter, P. A. *Arrian of Nicomedia*. Chapel Hill, NC : U of North Carolina P, 1980.

Steele, Robert. ed. *Three Prose Versions of the Secreta secretorum*. Millwood, NY : Kraus, 1973 [London, 1898].

Stein, A. *On Alexander's Track to the Indus*. London : Macmillan, 1929.

Steinschneider, M. *Die hebraïschen Übersetzungen des Mittelalters und die Juden als Dolmetscher*. Berlin : Bibliogr. Bureau, 1893.

Stern, S. M. "The Arabic Translations of the Pseudo-Aristotelian Treatise «De Mundo»." *Le Museon* 77 (1964) : 187–204.

——. *Aristotle on the World-State*. London : Cassirer, 1968.

Stern, S. M. and S. Walzer. *Three Unknown Buddhist Stories in an Arabic Version*. Oxford : Cassier, 1971.

Stock, H. "Ein Alexanderbrief in den *Acta Cyriaci et Julittae*." *Zeitung für Kirchengeschichte* 31 (1910) : 1–46.

Stoneman, R. transl., intro. and notes. *The Greek Alexander Romance*. London : Penguin Books, 1991.

——. "Naked Philosophers : the Brahmans in the Alexander Historians and the Alexander Romance." *Journal of Hellenic Studies* 115 (1995) : 99–114.

——. *Alexander the Great*. London : Routledge, 1997.

Suhr, E. G. *Sculptured Portraits of Greek Statesmen with Special Study of Alexander the Great*. Baltimore : Johns Hopkins, 1931.

Sumner, W. M. "Achaemenid Settlement in the Persepolis Plain." *American Journal of Archaeology* 90 (1986) : 3–31.

Szidat, J. "Alexandrum Imitatus (Amm.24, 4, 27). Die Beziehung Iulians zu Alexander in der Sicht Ammians." In *Zu Alexander* 2. Ed. W. Will. Amsterdam : Hakkert, 1988 : 1023–35.

Tamari, Shmuel. "Iram dhat al-'Imad, an Arab Atlantis." *Atti della Accademia Nazionale dei Lincei. Rendiconti : Classe de Scienze Morali, Storiche e Filologiche*. Ser. 9.4.2 (1993) : 277–97.

Taqizadeh, S. H. "Various Calendars Used in the Countries of Islam." *BSOAS* 10 (1939) : 107–32.

Tarbell, F. B. "The Form of the Chlamys." *Classical Philology* 1 (1906) : 283–89.

Tarn, William W. *The Greeks in Bactria and India*. Cambridge : Cambridge UP, 1938.

——. *Alexander the Great*. Vols. 1–2. Cambridge : Cambridge UP, 1948.

Tavadia, Jehangir. *Die mittelpersische Sprache und Literatur der Zarathustrier*. Leipzig : Harrassowitz, 1956.

Taylor, L. R. "The 'Proskynesis' and the Hellenistic Ruler Cult." *Journal of Hellenic*

Studies 47 (1927) : 53-62.

Tchéraz, Minas. "La légende d'Alexandre le Grand chez les Arméniens." *Revue de l'histoire des Religions* 43 (1901) : 345-51.

Thapar, Romila. *Somanatha : the Many Voices of a History*. London-New York : Verso, 2005.

Trumpf, J. "Alexander und die Königin von Saba." *Athenaeum* 44 (1966) : 307-8.

——. "Zur Überlieferung des mittelgriechischen Prosa-Alexander Φυλλάδα τοῦ Μεγαλέβαντρου." *Byzantinische Zeitschrift* 60 (1967) : 20-38.

Tzalas, Harry E. " 'The Tomb of Alexander the Great' : The History and the Legend in the Greco-Roman and Arab Times." *Graeco-Arabica* 5 (Athens) 1993 : 259-354.

Ujfalvy, Charles de. *Type physique d'Alexandre le Grand d'après les auteurs anciens et les documents iconographiques*. Paris : Fontemoign, 1902.

Vacherot, Etienne. *Histoire critique de l'école d'Alexandrie*. Vols. 1-3. Amsterdam : Hakkert, 1965 (Paris, 1946-51).

Vajda, Georges. "Judeo-Arabica. 1. Observations sur quelques citations bibliques chez Ibn Qotayba." *Revue des Etudes Juives* 99 (1935) : 68-80.

Veloudis, G. *Der Neugriechische Alexander : Tradition in Bewahrung und Wandel*. Munich : Univ., Inst. für Byzantinistik u. Neugriechische Philologie, 1968.

Vergerio, Pietro Paolo. *Epistolario*. Ed. Leonardo Smith. Fonti per la Storia d'Italia 74. Roma : Tip. del Senato, 1934.

Waldman, Marilyn R. *Toward a Theory of Historical Narrative : a Case Study in Perso-Islamicate Historiography*. Columbus : Ohio State UP, 1980.

Walker, R. M. "Oral Delivery or Private Reading? A Contribution to the Debate on the Dissemination of Medieval Literature." *Forum for Modern Language Studies* 7 (1971) : 36-42.

Wallach, L. "Alexander the Great and the Indian Gymnosophists in Hebrew Tradition." *Proceedings of the American Academy of Jewish Research* 11 (1941) : 47-83.

Walpole, Horace. *The Works of Horace Walpole, Earl of Oxford*. London : G. G. and J. Robinson and J. Edwards, 1798 (Reprint. London : Pickering & Chatto, 1999).

Walzer, R. *Greek into Arabic : Essays on Islamic philosophy*. Oxford : Cassirer, 1962.

Ward-Perkins, J. B. *Cities of Ancient Greece and Italy : Planning in Classical Antiquity*. New York : Braziller, 1974.

Wasserstrom, Steven M. "Jewish Pseudepigrapha and *Qiṣaṣ al Anbiyā'*." In *Judaism and Islam : Boundaries, Communication and Interaction ; essays in honor of William M. Brinner*. Ed. B. H. Hary. Leiden : Brill, 2000, 237-55.

Watt, W. M. *Muhammad at Mecca*. Oxford : Clarendon, 1953.

——. *Muslim-Christian Encounters : Perceptions and Misperceptions*. London : Routledge, 1991.

Weedman, G. E. *Alexander the Great : the Misunderstanding of a King*. PhD diss.,

Indiana Univ., 1971.

Weinreich, O. *Der Trug des Nectanebos*. Berlin-Leipzig : Teubner, 1911.

Weippert, O. *Alexander-Imitatio und römische Politik in republikanischer Zeit*. PhD diss., Würzburg, 1972.

Welles, C. B. "The Discovery of Sarapis and the Foundation of Alexandria." *Historia* 11 (1962) : 271–98.

——. *Alexander and the Hellenistic World*. Toronto : Hakkert, 1970.

Weltecke, Dorothea. "The World Chronicle by Patriarch Michael the Great (1126–1199) : Some Reflections." *Journal of Assyrian Academic Studies* 11.2 (1997) : 6–30. http://www.jaas.org/edocs/v11n2/weltecke.pdf.

Westermarck, E. *Pagan Survivals in Mohammedan Civilization : Jinn, the Evil Eye, the Curse and the Sensitivity of Holiness*. London : Trubner, 1933.

Weymann, Karl Friedrich. *Die aethiopische und arabische Übersetzung des Pseudo-callisthenes. Eine literarkritische Untersuchung*. PhD diss., Heidelberg, 1901.

Wheeler, Robert E. M. *Flames over Persepolis : Turning-point in History*. New York : Reynal, 1968.

Wheeler, Brannon M. "Moses or Alexander? Early Islamic Exegesis of Qur'ān 18 : 60–65." *Journal of Near Eastern Studies* 57.3 (1998) : 191–215.

Whitby, M. "Greek Historical Writing after Procopius : Variety and Vitality." *The Byzantine and Early Islamic Near East I : Problems in the Literary Source Material*. Eds. Averil Cameron and Lawrence I. Conrad. Princeton : Darwin, 1992, 25–80.

White, Hayden. *The Content of the Form : Narrative Discourse and Historical Representation*. Baltimore-London : Johns Hopkins UP, 1987.

Widengren, G. "Oral Tradition and Written Literature among the Hebrews in the Light of Arabic Evidence, with Special Regard to Prose Narratives." *Acta Orientalia* 23 (1959) : 201–62.

——. "Sources of Parthian and Sasanian History." In *CHI*, 3(2), 1983, 1261–83.

Wiesehöfer, J. "Die Persis nach Alexander : Widerstand gegen den Hellenismus zur Zeit der Frataraka̅-Dynasten." In *Forms of Control and Subordination in Antiquity : Proceed. of the Intern. Symposium for Studies on Ancient Worlds, Jan., 1986, Tokyo*. Eds. Toru Yuge and Masaoki Doi. Leiden : Brill, 1988, 488–91.

——. "Zum Nachleben von Achaimeniden und Alexander in Iran." *Achaemenid History* 8 : *Continuity and Change*. Eds. H. Sancisi-Weerdenburg, A. Kuhrt and M. C. Root. Leiden : Nederlands Instituut voor het Nabije Oosten, 1994, 389–97.

Wilcken, Ulrich. "Alexander der Grosse und die indischen Gymnosophisten." In *Sitzungsberichte der Preussischen Akademie der Wissenschaften. phil.-hist. Klasse*. Berlin, 1923, 150–83.

——. *Alexander the Great*. Transl. with intro, notes, and biblio. E. N. Borza. New York :

Norton, 1967 (原文 *Alexander der grosse*. Leipzig : Quelle & Meyer, 1931).
Will, W. ed. *Zu Alexander der Grosse : Festschrift G. Wirth zum 60. Geburtstag am 9.12. 86*. 2 vols. Amsterdam : Hakkert, 1987–88.
Williams, Steven J. "Roger Bacon and the Secret of Secrets." In *Roger Bacon and the Sciences*. Ed. Jeremiah Hackett. Leiden : Brill, 1977, 365–93.
Willis, R. S. J. ed. *El Libro de Alexandre. Texts of the Paris and the Madrid Manuscripts* (Elliot Monographs 32). Princeton : Princeton UP, 1934. Reprint. New York : Kraus, 1965.
Wilson, C. E. "The Wall of Alexander Against Gog and Magog and the Expedition Sent out to Find it by the Khalif Wathiq in 842 A.D." In *Hirth Anniversary Volume*. Ed. Bruno Schindler. London : Probsthain, 1923, 575–612.
Windisch, H. *Die Orakel des Hystaspes*. Amsterdam : Koninklijke Akad.v. Wetenschappen, 1929.
Wirth, G. "Dareios und Alexander." *Chiron* 1 (1971) : 133–52.
——. "Alexander und Rom." *Alexandre le Grand. Image et Réalité*. Ed. A. B. Bosworth, 181–221. Geneva : Fondation Hardt, 1976.
Witakowski, Witold. "The Chronicle of Eusebius : its Type and Continuation in Syriac Historiography." *ARAM Periodical* 12 (2000) : 419–37.
Wlosok, A. ed. *Römischer Kaiserkult*. Darmstadt : Wiss. Buchges, 1978.
Wolski, J. "The Decay of the Iranian Empire of the Seleucids and the Chronology of the Parthian Beginnings." *Berytus* 12.1 (1956/7) : 35–52.
——. "Les Achéménides et les Arsacides : Contribution à la formation des traditions iraniennes." *Syria* 43 (1966) : 65–89.
——. "Sur le «philhellénisme» des Arsacides." *Gérión* 1 (1983) : 145–56.
——. "Les Séleucides et l'héritage d'Alexandre le Grand en Iran." *Studi Ellenistici I, a cura di Biagio Virgilio*. Pisa : Istituti Editoriali e Poligrafici Internazionali, 1984, 1 : 9–20.
——. "Les sources de l'époque hellénistique et parthe de l'histoire de l'Iran. Difficulté de leur interprétation et problèmes de leur évaluation." *Collection of the Sources for the History of Preislamic Central Asia*. Ser. 1, vol. 3. Budapest : Akad. Kiadó, 1984, 137–45.
——. "Alexandre le Grand et l'Iran." *Acta Antiqua Academiae Scienticarum Hungaricae* 31 (1985–88) : 3–11.
——. "L'héritage d'Alexandre le Grand et les Arsacides." *Zu Alexander der Grosse : Festschrift G. Wirth zum 60. Geburtstag am 9.12.86*. Ed. W. Will. Amsterdam : Hakkert, 1988, 2 : 991–1006.
——. "Alexandre le Grand : légende et réalité. De l'avènement des Séleucides à la chute des Arsacides." *Neronia IV, Alejandro Magno, modelo de los emperadores romanos*. Brussels : Latomus, 1990, 100–9.
——. *L'Empire des Arsacides*. *Acta Iranica* 32. Leuven : Peeters, 1993.

Woodcock, G. "Persia and Persepolis." *History Today* 17 (1967) : 236-307.
Woolsey, T. D. and Justin Perkins. "Notice of a life of Alexander the Great translated from the Syriac." *JAOS* 4 (1854) : 357, 359-440.
Worthington, Ian ed. *Alexander the Great : a Reader*. London : Routledge, 2003.
Wright, W. *A Short History of Syriac Literature*. London : Black, 1894.
Wunsche, A. "Die Alexandersage nach jüdischen Quellen." *Die Grenzboten* 33 (1879) : 269-80.
Wycherley, R. E. *How the Greeks Built Cities*. London : Macmillan, 1949.
Yādnāme-ye Abō 'l-Faḍl Bayhaqī. Mashhad : Dāneshgāh-e Ferdowsī Mashhad, 1995.
Yamanaka, Yuriko. "From Evil Destroyer to Islamic Hero : the Transformation of Alexander the Great's Image in Iran." *Annals of the Japan Association for Middle East Studies* 8 (1993) : 55-87.
——. "The Philosopher and the Wise King : Aristotle and Alexander the Great in Arabic and Persian Literature." In *Proceedings of the International Congress : Comparative Literature in the Arab World* (Cairo, 1995). Ed. Ahmed Etman. Cairo : Egyptian Society of Comparative Literature, 1998, 73-88.
——. "Ambiguïté de l'image d'Alexandre chez Firdawsī : les traces des traditions sassanides dans le Livre des Rois." In *Alexandre le Grand dans les littératures occidentales et proches-orientales* (Actes du Colloque de Paris, 27-29 novembre 1997). Eds. L. Harf-Lancner, C. Kappler and F. Suard. Nanterre : Centre des Sciences de la Littérature Univ. Paris X-Nanterre, 1999, 341-53.
——. "Urban Space in Vision : Exploring the City of Brass in the Thousand and One Nights." In *Erzählter Raum in Literaturen der islamischen Welt / Narrated Space in the Literatures of the Islamic World*. Ed. Roxane Haag-Higuchi and Christian Szyska. Wiesbaden : Harrassowitz, 2001, 43-55.
——. "The *Eskandar-nāme* of Manūchehr Khān Ḥakīm : a 19th century persian popular romance on Alexander." In *Iran Questions et Connaissances vol. II Périodes Médiévale et Moderne (Proceedings of Societas Iranologica Europaea 4ème conférence Européenne* (Cité Universitaire Paris, September 6-10, 1999). Cahier de Studia Iranica 26. Ed. Maria Szuppe. Leuven : Peeters, 2002, 181-89.
——. "History and Kingship through the Looking Glass : a Comparative Study of Specula / Jiàn in Oriental and Occidental Literatures." In *Genres between cultures*. Eds. Christian Szyska and Frederike Pannewick. Wiesbaden : Reichert, 2003, 11-25.
——. "Alexander in the Thousand and One Nights : the Ghazālī Connection." In *Arabian Nights and Orientalism : Perspectives from the East and West*. Eds. Yuriko Yamanaka and Tetsuo Nishio. London : I. B. Tauris, 2006, 93-115.
——. "Un héros aux mille et un visages : classification des récits sur Alexandre dans la littérature médiévale arabe et persane. " In *Classer les récits : Théories et Pratiques*. Ed. Aboubakr Chraïbi. Paris : L'Harmattan, 2007, 241-56.

Yarshater, Ehsan. "Were the Sasanians heirs to the Achaemenids?" In *Atti del Convegno Internazionale sul Tema : La Persia nel Medioevo*. Rome : Accademia Nazionale dei Lincei, 1971, 517–31.

——. "Iranian National History." In *CHI*, 3(1) : 359–477. Cambridge : Cambridge UP, 1983.

—— ed. *The Cambridge History of Iran : The Seleucid, Parthian, and Sasanian Periods*. Vol. 3 (1–2). Cambridge : Cambridge UP, 1983.

Young, M. J. L., J. D. Latham and R. B. Serjeant, eds. *The Cambridge History of Arabic Literature : Religion, Learning, and Science in the 'Abbasid Period*. Cambridge : Cambridge UP, 1990.

Zacher, J. *Pseudo-Callisthenes, Forschungen zur Kritik und Geschichte der ältesten Aufzeichung der Alexandersage*. Halle : Waisenhaus, 1867.

Zarrinkūb, A. "Nizāmī, a life-long quest for a utopia." In *Colloquio sul Poeta Persiano Nizami e la Leggenda Iranica di Alessandro Magno*. Roma : Accademia Nazionale dei Lincei, 1975, 5–10.

——. "Falsafe-ye Yūnān dar bazm-e Eskandar (Greek Philosophy at the Banquet Table of Alexander : a View of Nezāmi's Eskandarnāmeh)." *Īrānshenāsī* 3.3 (1991) : 482–98.

Zayyat, Mohamed Hassan el-. *Persian Influence on Arabic Court Literature in the First Three Centuries of the Hijra*. PhD diss., Oxford, 1947.

Zingerle, P. "Über eine syrische Übersetzung des Pseudo-Kallisthenes." *ZDMG* 9 (1855) : 780 84.

Zuwiyya, Zachary David. *Western and Oriental Aspects of the Rrekontamiento del rrey Alisandre*. PhD diss. Univ. of California, Santa Barbara, 1995.

——. *Islamic Legends concerning Alexander the Great : taken from Two Medieval Arabic Manuscripts in Madrid*. Binghamton, NY : Global Publications, 2001.

2. 和　文

阿刀田高『獅子王アレクサンドロス』講談社，1997 年。

荒俣宏『幻想皇帝』角川春樹事務所，1996–97 年。

伊藤義教『古代ペルシア——碑文と文学』岩波書店，1974 年。

伊東俊太郎『比較文明』東京大学出版会，1985 年。

——編『比較文明学を学ぶ人のために』世界思想社，1997 年。

岡崎勝世『聖書 vs 世界史——キリスト教的歴史観とは何か』講談社現代新書，1996 年。

神野志隆光『古代天皇神話論』若草書房，1999 年。

——「テキストのなかに成り立つ聖徳太子」『万葉集研究』26，塙書房，2004 年。

佐藤次高「歴史を伝える」林佳世子・桝屋友子編『記録と表象——史料が語るイスラーム世界』(イスラーム地域研究叢書 8)，東京大学出版会，2005 年，55–79 頁。

蔀勇造「アラビアのアレクサンドロス——ズ・ル・カルナイン考序説」『比較文化雑誌』4，東京工業大学比較文化研究会，1989 年，72–98 頁。

――「前イスラム期の南アラビアに関する三つの英雄伝説――ソロモン，アレクサンドロス，カイ・カーウース」『日本中東学会年報』5，1990 年，1-43 頁。

――「古代文明とイスラーム」後藤明編『文明としてのイスラーム』（板垣雄三監修・講座イスラーム世界 2），栄光教育文化研究所，1994 年，43-81 頁。

――『歴史意識の芽生えと歴史記述の始まり』世界史リブレット 57，山川出版社，2004 年。

――「ヒムヤル王国トゥッバァ朝の実体に関する一仮説――後世から見た 3-6 世紀の南アラビア・エチオピア関係」『東洋学報』86 巻 4 号，2005 年，1-29 頁。

――『シェバの女王――伝説の変容と歴史の交錯』山川出版社，2006 年。

清水宏祐「十字軍とモンゴル――イスラーム世界における世界史像の変化」歴史学研究会編『世界史とは何か』東京大学出版会，1995 年，19-46 頁。

杉田英明『事物の声　絵画の詩』平凡社，1993 年。

――『日本人の中東発見』東京大学出版会，1995 年。

――『葡萄樹の見える回廊　中東・地中海文化と東西交渉』岩波書店，2002 年。

土居次義『狩野山楽・山雪』集英社，1976 年。

東京国立博物館，NHK，NHK プロモーション編『アレクサンドロスと東西文明の交流展』NHK，NHK プロモーション，2003 年。

日本イスラム協会監修『新イスラム事典』平凡社，2002 年。

林佳世子・桝屋友子編『記録と表象――史料が語るイスラーム世界』（イスラーム地域研究叢書 8），東京大学出版会，2005 年。

深井晋司・田辺勝美『ペルシア美術史』吉川弘文館，1983 年。

前嶋信次「マルコ・ポーロとアレクサンドロス伝説（一）」『史学』第 41 巻第 4 号，1969 年，3-30 頁。

――「アレクサンドロス・ロマンスの東伝」『アジア文化』第 12 巻第 4 号，1976 年，85-102 頁。

前田耕作編・監訳『ゾロアスター教論考』平凡社，1996 年。

森谷公俊『王妃オリュンピアス――アレクサンドロス大王の母』筑摩書房，1998 年。

――『王宮炎上――アレクサンドロス大王とペルセポリス』吉川弘文館，2000 年。

――『アレクサンドロス大王――「世界征服者」の虚像と実像』講談社，2000 年。

家島彦一『海域から見た歴史――インド洋と地中海を結ぶ交流史』名古屋大学出版会，2006 年。

山中由里子「都市の誕生と死――アレクサンドロス伝説におけるアレクサンドリアの建設とペルセポリスの破壊（上・下）」『比較文学研究』61-2 号，1992 年，120-43，103-27 頁。

――「アリストテレスのアレクサンドロスへの書簡――アラブ世界への移入」『オリエント』41 巻 2 号，1998 年，229-44 頁。

――「千の顔を持つ英雄――西アジアにおけるアレクサンドロス・ロマンス」『民博通信』82 号，1998 年，120-27 頁。

――「歴史と伝説の重層性――西アジアにおける imitatio Alexandri」松原正毅・後藤明

編『西アジア社会の重層的構造』(JCAS 連携研究成果報告 5), 2003 年, 155-67 頁。

——「アラブ・ペルシア文学におけるアレクサンドロス大王の神聖化」『国立民族学博物館研究報告』27 巻 3 号, 2003 年, 395-481 頁。

——「初期イスラーム時代の歴史認識におけるアレクサンドロス」『比較文学研究』(特集中東世界) 87 号, 2006 年, 17-40 頁。

——「紙の辿った道——中国とヨーロッパの狭間のイスラム世界」齋藤晃編『テクストと人文学——知の土台の解剖』人文書院, 2008 年, 195-208 頁。

山本啓二「アブー・マアシャルの『千年周期の書』について」『京都産業大学国際言語科学研究所所報』15.2, 1994 年, 159-73 頁。

3. インターネットサイト

Alexander the Great : A Bibliography. Waldemar Heckel, University of Calgary.
http://hum.ucalgary.ca/wheckel/alexande.htm (2007 年 2 月 5 日検索)

Alexander the Great on the Web. Tim Spalding.
http://www.isidore-of-seville.com/Alexanderama.html (2007 年 2 月 5 日検索)

A Hellenistic Bibliography. Martijn Cuypers, Department of Classics, Trinity College Dublin.
http://132.229.7.185/letteren/opleiding/klassieketalen/index.php3?c=118 (2008 年 9 月 4 日検索)

原典資料

偽カッリステネスの校訂本・訳に関しては，本書「付録」を参照。

1. ギリシア語

Aelianos. *De Natura Animalium*. 校訂・英訳 = A. F. Scholfield. *On the Characteristics of Animals*. 3 vols. London : LCL, 1972.

Agathias. *Historiae*. 校訂 = R. Keydell. Berlin : Gruyter, 1967. 英訳 = J. D. Frendo. *The Histories*. Berlin : Gruyter, 1975.

Aristoteles. *Politica*. 校訂・英訳 = E. Capps. Reprint. London : LCL, 1977.

Aristoteles. *Peri poietikes*. 校訂・英訳 = W. H. Fyfe. London : LCL, 1973. 藤沢令夫訳，田中美知太郎編『世界の名著 8　アリストテレス』中央公論社，1972 年。

Arrianos, Flavios. *Anabasis Alexandri*. 校訂・英訳 = P. A. Brunt. Cambridge, MA-London : LCL, 1976. 大牟田章『アレクサンドロス東征記およびインド誌』本文編・注釈編，東海大学出版会，1996 年。

Athenaeos. *Deipnosophistae*. 校訂・英訳 = C. B. Gulick. *The Deipnosophists*. 7 vols. London : LCL, 1960-80.

Clemens, Titus Flavius. *Protrepticus*. 校訂・英訳 = G. W. Butterworth. *Clement of Alexandria*. London : LCL, 1979.

Demetrius. *De Elocutione*. 校訂・序・英訳 = W. R. Roberts. *On Style*. Cambridge : Cambridge UP, 1902.

Dio, Cassius. *Historia Romana*. 英訳 = E. Cary and H. B. Foster. 9 vols. London : LCL, 1969-70.

Diodoros, Sikeliotis. *Bibliotheke Historike*. 校訂・英訳 = C. B. Welles. Cambridge, MA : LCL, 1963.

Diogenes Laertius. *Vitae Philosophorum*. 校訂・英訳 = R. D. Hicks. Cambridge : LCL, 1972.

Herodianos. *Historicus*. 校訂・英訳 = C. R. Whittaker. 2 vols. London : LCL, 1969-70.

Hesychius Alexandrinus. *Hesychii Alexandrini Lexicon.* 校訂 = Kurt Latte and P. A. Hansen. Berlin : Gruyter.

Hesychius Milesius. *Hesychii Milesii qui fertur de viris illustribus librum*. 校訂 = Hans Flach. Leipzig : Teubner, 1880.

Ioannes Malalae. *Chronographia.* 校訂 = Hans Thurn. Berlin : de Gruyter, 2000. 英訳 = Elizabeth Jeffreys. *The Chronicle of John Malalas*. Melbourne : Australian Assoc. for Byzantine Studies, 1986.

Josephus, Flavius. *Antiquitates Judaicae*. 校訂・英訳 = Ralph Marcus. *Jewish Antiquities*. London : LCL, 1978.

——. *Bellum Judaicum*. 校訂・英訳 = H. St. J. Thackeray. *Jewish War*. London : LCL,

1979.
Justinus, Martyr. *Apologiae pro christianus.* 校訂 = M. Marcovich. Berlin : Gruyter, 1994.
Philoponus, Ioannes. *In Aristotelis categorias commentarium*. 校訂 = A. Busse. *Commentaria in Aristotelem Graeca.* XIII, 1. Berlin : Reimer, 1898.
Plutarchos. *Bioi Paralleloi : Alexandros*. 校訂・英訳 = B. Perrin. *Plutarch's Lives*. London : LCL, 1919. 井上一訳，村川堅太郎編『プルタルコス英雄伝（中）』ちくま書房，1987 年。
——. "Regum et imperatorum apophthegmata." In *Moralia*. Vol. 3. 校訂・英訳 = F. C. Babbitt. London : LCL, 1968.
——. "De Alexandri magni fortuna aut virtute." In *Moralia*. Vol. 4. 校訂・英訳 = F. C. Babbitt. Reprint. London : LCL, 1972.
Pseudo-Aristoteles. 校訂 = W. L. Lorimer. *Aristoteli qui fertur libellus de mundo*. Paris : Belles Lettres, 1933. 英訳 = E. S. Forster. Oxford Aristotle Series. Vol. 3. Ed. W. D. Ross. Oxford, 1927.
Pseudo-Callisthenes. 本書「付録」の文献リストを参照。
Strabon. *Geographia*. 校訂・英訳 = H. L. Jones. Cambridge, MA : LCL, 1930.
Themistius. *Orationes*. 校訂 = H. Schenkl. 3 vols. Leipzig : Teubner, 1965-74.
Theophanes Homologetes. *The Chronicle of Theophanes Confessor : Byzantine and Near Eastern history ; AD 284-813*. 英訳・序・注 = Cyril Mango. Oxford : Clarendon, 1997.
Theophylactus Simocatta. *Historiae*. 校訂 = Karl de Boor. Stuttgart : Teubner, 1972. 英訳 = Michael and Mary Whitby. *The History of Theophylact Simocatta*. Oxford : Clarendon, 1986.

2. ラテン語

Ammianus. *Ammianus Marcellinus*. 校訂・英訳 = J. C. Rolfe. 3 vols. London : LCL, 1971, 1972, 1986.
Aulus Gellius. *Noctes Atticae*. 校訂・英訳 = J. C. Rolfe. 3 vols. London : LCL, 1967-70.
Cicero. *Epistolae ad Atticum*. 校訂・英訳 = D. R. Shackleton Bailey. 7 vols. Cambridge : Cambridge UP, 1965-70.
Curtius Rufus, Quintus. *Historiarum Alexandri Magni Macedonis*. 校訂・英訳 = J.C. Rolfe. Cambridge, MA : LCL, 1946.
Julius Valerius. *Res Gestae Alexandri Macedonis*. 校訂 = B. Kuebler. Leipzig : Teubner, 1888.
Justinus, Marcus Junianus. *Epitoma Historiarum Philippicarum Pompei Trogi*. 校訂 = O. Seel. Stuttgart : Teubner, 1972. 英訳・補遺 = J. C. Yardley. 注 = W. Heckel. *Justin's 'Epitome' of 'The Philippic History' of Pompeius Trogus*. Oxford : Clarendon, 1997.
Justinus Martyr. *Justini Martyris Apologiae pro Christianis*. 校訂 = Miroslav Marcovich. Berlin : Gruyter, 1994.

Lactantius. *Divinae institutiones*. 校訂 = H. Hross. Munich : Kösel, 1963.
Ovidius. *Metamorphoses*. 校訂・英訳 = F. J. Miller. Vols. 1-2. London : LCL, 1984.
Plinius Secundus, Gaius. *Historia Naturalis*. 校訂・英訳 = H. Rackham and W. H. S. Jones. 9 vols. Cambridge, MA : LCL, 1947-84.
Secretum secretorum cum glossis et notulis, tractatus brevis et utilis ad declarandum quedam obscure dicta fratris Rogeri. 校訂= Robert Steele. Oxford : Clarendon, 1920.
Tacitus, Cornelius. *Annales*. 校訂= M. Hutton. London : LCL, 1968-86.
Vergerio, Pier Paolo. "Epistola CXXXVIIII (to the Emperor Sigismund)" in *Epistolario*. Ed. L. Smith. 379-84. Rome : Tip. del Senato, 1934.

3. パフラヴィー語

Abdīh ud Sahīgīh ī Sagastān. 校訂 = Jamasp-Asana, *Pahlavi texts contained in the codex MK*. Vol. 2. Bombay : Fort Printing Press, 1913, 25-26. 英訳 = J. J. Modi. In *Aiyadgar-i Zareran Shatroiha-i Airan, and Afdiya va sahigiya-i Sistan*. Bombay, 1899 ; E. W. West. "Wonders of Sagastan." *JAOS* 36 (1917) : 115-21.
Ardā Vīrāz Nāmag. 綴字転写・音声転写・仏語訳 = Ph. Gignoux. *Le livre d'Ardā Vīrāz, translittération, transcription et traduction du texte pehlevi*. Paris : Editions Recherches sur les Civilisations, 1984. 校訂・英訳 = H. J. Asa and M. Haug. *The Book of Ardā-Vīrāf together with Gōsht-i Fryānō and Hādōkht Nask*. London-Bombay, 1872. 校訂 = J. Jamasp-Asa. *Arda Viraf Nameh*. Bombay : Education Society's Steam, 1902.
Bundahišn. 翻字・英訳 = B. T. Anklesaria. *Zand-Ākāsīh, Iranian or Greater Bundahišn*. Bombay : Rahnumae Mazdayasnan Sabha, 1956.
Dādestān ī Mēnōg ī Xrad. ファクシミリ = Andreas. *The Book of the Mainyo-i-khard*. Kiel : Lipsius and Tischer, 1882. 校訂 = P. Sanjana. *The Dīnā ī Maīnū ī Khrat*. Bombay, 1895. パザンドおよびサンスクリット原典・校訂・英訳 = E. W. West. *Mainyō-i-Khard*. Stuttgart-London : C. Grünninger, 1871. ファクシミリ = *Codices Avestici et Pahlavici Bibliothecae Universitatis Hafniensis*. t. V. Copenhague : Lēvin & Munksgaard, 1935. 英訳 = E. W. West. *Dīnāī Maīnōg-ī Khirad. Pahlavi Texts III*. In *Sacred Books of the East* 24. Oxford : Clarendon, 1885, 1-113.
Dēnkard. 校訂 = D. M. Madan. *The Complete Text of the Pahlavi Dinkard*. 2 vols. (part I, books III-V : 1-470 ; part II, books VI-IX : 473-953). Bombay : The Society for the Promotion of Researches into the Zoroastrian Religion, 1911 (*DkM*). 校訂・英訳 = P. Sanjana. *The Dinkard I-XIX*. Bombay, 1874-1928. 校訂 = M. J. Dresden. *Dēnkart*. Wiesbaden : Harrassowitz, 1966. 第3書，仏訳 = J. de Menasce. *Le troisième livre du Dēnkart*. Paris : C. Klincksieck, 1973. 第6書，英訳・注記 = S. Shaked. *Wisdom of Sasanian Sages*. Boulder, CO : Westview, 1979. 第5，7書，仏訳 = M. Molē. *La lēgende de Zoroastre selon les textes Pehlevis*. Paris : C. Klincksieck, 1967 ; 第5，7書，英訳 = E. W. West. *Marvels of Zoroastrianism*.

Pahlavi Texts V. In *Sacred Books of the East* 47. Oxford : Clarendon, 1897 : 3–130.

Kārnāmag ī Ardašīr Pābagān. 原典・転写・英訳 = Anklesaria. Bombay, n.d. 独訳 = Th. Nöldeke. In *Bezzenberger's Beiträge zur Kunde der indogermanischen Sprachen* IV. Göttingen, 1879, 22–69. 原典・転写・ペルシア語訳 = B. Farahvashi. *Kārnāme-ye Ardashir-e Bābakān*. Tehran : Dāneshgāh-e Tehrān, 1354/1975.

Šahrestānihā ī Ērān. 校訂 = Jamasp-Asana. *Pahlavi texts contained in the codex MK*. Bombay : Fort Printing Press, 1969 [1913], 18–24. 校訂 = J. Marquart and G. Messina. *A Catalogue of the Provincial Capitals of Ērānshahr*. Rome : Pontificio Istituto Biblico, 1931 ; H. S. Nyberg. *A Manual of Pahlavi*. 2 vols. Wiesbaden : Harrassowitz, 1964–74, 113–17.

Zand ī Vahman Yašt. 英訳 = E. W. West. *Pahlavi Texts I*. In *Sacred Books of the East* 5. Oxford : Clarendon, 1880, 189–235. ファクシミリ・序文 = A. Christensen. *The Pahlavi Codices K20 and K20b*. The Asia Institute 48. Copenhagen : Levin & Munksgaard, 1931 ; B. T. Anklesaria. *Zand î Vohûman Yasn and Two Pahlavi Fragments with Text, Transliteration, and Translation in English*. Bombay : Bhargava, 1957. 原典・翻字・転写・英訳・注 = Carlo G. Cereti. *The Zand ī Wahman Yasn. a Zoroastrian Apocalypse*. Rome Oriental Series LXXV. Rome : Is. M.E.O., 1995.

4. ヘブライ語

Genesis Rabbah. 校訂 = J. Theodor and Ch. Albeck. *Midrash Bereshit Rabba : Critical Edition with Notes and Commentary*. 3 vols. Jerusalem : Wahrmann Books, 1965. 英訳 = J. Neusner. *Genesis Rabbah : The Judaic Commentary on Genesis : A New American Translation*. 3 vols. Atlanta : Scholars Press, 1985.

Megillat Ta'anit, H. Lichtenstein. "Die Fastenrolle : Eine Untersuchung zur jüdisch-hellenistischen Geschichte," *Hebrew Union College Annual* 8-9 (1931–32) : 257–351.

Tāmīd. The Talmud : the Steinsaltz Edition. 校訂 = A. Steinsaltz. New York : Random House, 1989–. 校訂・英訳 = I. Epstein. *The Babylonian Talmud*. 35 vols. London : Soncino, 1935–52.

5. シリア語

Bar Hebraeus (1225–1286). Ibn al-'Ibri Gerīghōr Abu 'l-Faraj を参照。

Elias Nisibenus (975–1049). *Opus Chronologicum*. 校訂・英訳 = E. W. Brooks and J. B. Chabot. Scriptores Syriacae. 3rd ser., 7–8. Paris : Poussielque, 1909–10.

Ibn al-'Ibrī Gerīghōr Abu 'l-Faraj または Bar Hebraeus (1225/6–1286). *Makhtbhanuth Zabhne* (Chronicon). 校訂 = Paul Bedjan. *Gregorii Barhebræi Chronicon Syriacum*. Paris : Maisonneuve, 1890. 英訳 = Ernest Wallis Budge. *The Chronography of Abu' l-Faraj Bar Hebraeus*. London : Oxford UP, 1932. Reprint. Amsterdam : APA-Philo Press, 1976.

Jacobus Sarugensis. *Das syrische Alexanderlied in drei Rezensionen*. 校訂・英訳 = G. J.

Reinink. *Corpus Scriptorum Christianorum Orientalium 454, 455*. Scriptores Syriacae. Tomus 195, 196. 2 vols. Leuven : Peeters, 1983.
Michael Syrus (1166–1199). *Chronique de Michel le Syrien*. 校訂・英訳 = J. B. Chabot. 4 vols. Paris : Leroux, 1899–1924. Reprint. Brussels : Cultures et Civilisations, 1963.
Pseudo- Methodius. *Die syrische Apokalypse des Pseudo-Methodius*. 校訂・独訳 = G. J. Reinink. *Corpus Scriptorum Christianorum Orientalium 540, 541*. 2 vols. Leuven : Peeters, 1993.

6. エチオピア語

Johannes Nikius. *Chronique de Jean, Évêque de Nikiou, Texte éthiopien publié et traduit*. 校訂・英訳 = Hermann Zotenberg. Paris : Impr. Nationale, 1883. 英訳 = Robert Henry Charles. *The Chronicle of John (c. 690 A.D.) Coptic Bishop of Nikiu Being a History of Egypt Before and During the Arab Conquest*. London : Williams & Norgate, 1916.

7. アラビア語

Abd Abd al-Hamīd. “Risāla ilā ’l-kuttāb.” In Muḥammad Kurd ‘Alī. *Rasā‘il al-bulaghā’*. Cairo : Maṭba‘a lajnat at-ta’līf wa ’l-tarjama wa ’l-nashr, 1954.
Agapius Mabbugensis. *Kitāb al ‘unwān*. 校訂 = L. Cheikho. *Historia Universalis*. CSCO 65. Beirut : Typographeo Catholico, 1912. 校訂・仏訳 = A. Vasiliev. “Kitab al-‘Unvan, histoire universelle écrite par Agapius (Mahboub) de Menbidj, 1.1, 1.2, 2.1, 2.2. ” *Patrologia Orientalis* 5.4 (1910) : 557–692, 11.1 (1915) : 5–144, 7.4 (1911) : 457–91, 8.3 (1912) : 397–550.
‘Ahd Ardashīr (原典はササン朝ヤズダギルド3世の頃, アラビア語訳は8世紀?). 校訂 = Iḥsān ‘Abbās. Beirut : Dār Ṣādir 1387/1967 ; ファクシミリ・校訂 = Ibn Miskawayh. *Tajārib al-umam wa ta‘āqub al-himam*. Gibb Memorial Series VII, I. Leiden : Brill, 1909, 99ff ; Ibn Miskawayh. *Tajārib al-umam wa ta‘āqub al-himam*. 校訂・注解・序 = Abo ’l-Qāsem Emāmī. Tehran : Dār al-sorūsh, 1987, 58–59 ; 校訂・仏訳 = M. Grignaschi. “Quelques spécimens de la littérature sassanide conservés dans les bibliothèques d’Istanbul.” *Journal Asiatique* 254 (1966) : 1–142.
Alf layla wa layla. The Alif Laila or, Book of the Thousand and One Night, Commonly known as ‘The Arabian Nights Entertainments’. 校訂 = W. H. Macnaghten. 4 vols. Calcutta : W. Thacker and Co., St. Andrew’s Library. London : W. H. Allen and Co., 1839–1842.
‘Āmirī, Abu ’l-Ḥasan al- (992 没). *Al-Sa‘āda wa’l-is‘ād*. 校訂 = Mojtaba Minovi. Wiesbaden : Steiner, 1957/8.
Baghawī (1117 または 1122 没). *Tafsīr al-Baghawī, al-musammā ma‘ālim al-tanzīl*. 校訂 = Khālid ‘Abd al-Raḥmān al-‘Akk and Marwān Sawār. 4 vols. Beirut : Dār al-ma‘rifa, 1986.

Bayhagī, Ibrāhīm b. Muḥammad (10世紀初め). *Kitāb al-maḥāsin wa 'l-masāwī*. 校訂 = Friedrich Schwally. Giessen : Ricker, 1902.

Bīrūnī, Abū Rayḥān Muḥammad ibn Aḥmad (973–1050以後). *Kitāb al-āthār al-bāqiya 'an al-qurūn al-khāliya* (1000). 校訂 = E. Sachau. Leipzig : Brockhaus, 1923. 英訳 = E. Sachau. *The Chronology of Ancient Nations*. London : Allen, 1879.

Damīrī, Muḥammad ibn Mūsā (1344–1405). *Ḥayāt-al-ḥayawān.* Cairo : Maymanīya, 1305/1887.

Dīnawarī, Abū Ḥanīfa (894頃没). *Kitāb al-akhbār al-ṭiwāl*. 校訂 = V. Guirgass. Leiden : Brill, 1888, 序・転訛・索引 = I. J. Kračkovskij. Leiden : Brill, 1912. ペルシア語訳 = M. Mahdavī-Dāmghānī. Tehran, 1364/1985.

Diyārbakrī, Ḥusayn ibn Muḥammad (1574没). *Ta'rīkh al-khamīs*. Cairo : al-Wahbīya, 1283/1866.

Fārābi, Abū Naṣr (870頃–950). *Mabādi' ārā' ahl al-madīna al-fāḍila*. 校訂・英訳 = Richard Walzer. *Al-Farabi on the Perfect State*. Oxford : Clarendon, 1985.

Ghazālī, Abū Ḥamīd Muḥammad al- (1058/9–1111). *Tibr al-masbūk fī naṣīḥa al-mulūk*. Cairo: Maktaba al-kulliyāt al-azharīya, 1968.

Hamadhānī, Badī al-Zamān (967–1007). *The Maqamat of Badi al-Zaman al-Hamadhani*. 英訳・序・注記 = W. J. Prendergast. London : Luzac, 1915.

Ḥamza al-Iṣfahānī (970頃没). *Ta'rīkh sinī mulūk al-arḍ wa 'l-anbiyā'* (961). 校訂 = J.M. E.Gottwald. *Hamzae Ispahanensis Annalium*. Vol. I (text). Vol. II (Latin transl.). Leipzig : Voss, 1844–48.

Ḥunayn ibn Isḥāq (808–873). *Kitāb nawādir al-falāsifa wa 'l-ḥukamā' wa ādāb al-mu'allimīn wa 'l-qudamā'*. 校訂 = 'A. Badawī. Kuwait : Organisation de la Ligue Arab pour l'éducation, la culture et les sciences, 1985.

Ibn 'Abd al-Ḥakam (871没). *Futūḥ Miṣr*. 校訂・英訳 = Charles Torrey. *The History of the Conquest of Egypt, North Africa and Spain Known as the Futūḥ Miṣr*. New Haven : Yale UP, 1922.

Ibn Abī Uṣaybi'a (1203–1269). *Kitāb 'uyūn al-anbā' fī ṭabaqāt al-aṭibbā'*. 校訂 = August Müller. Königsberg, 1884. Reprint. Westmead : Gregg, 1972.

Ibn al-Athīr. *Kāmil al-tawārīkh* (1231). Beirut : Dār Ṣādir, 1965–67.

Ibn Baṭṭūṭa (1304–68/9). *Tuḥfat al-nuẓẓar* (*Riḥla*) (1357). 校訂・仏訳 = C. Defremery and B. R. Sanguinetti. *Voyages d'Ibn Battuta*. Paris : Anthropos, 1969 [1854].

Ibn Biṭrīq, Sa'id (Eutychios, 877–940). *Kitāb al-ta'rīkh al-majmū' 'alā 'l-taḥqīq wa 'l-taṣdīq (935)*. 校訂・ラテン語訳 = E. Pocock. *Contextio Gemmarum, sive, Eutychii Patriarchae Alexandrini Annales*. Oxford, 1656. 校訂 = L. Cheikho. *Corpus Scriptorum Christianorum Orientalium 50–51*. Scriptores Arabici 6–7. Beirut, 1905, 1909. 校訂 = Michael Breydy. *Corpus Scriptorum Christianorum Orientalium 471*. Scriptores Arabici 44. Leuven ; Peeters, 1985. 独訳 = Michael Breydy. *Das Annalenwerk des Eutychios von Alexandrien. Corpus Scriptorum Christianorum*

Orientalium 472. Scriptores Arabici 45. Leuven : Peeters, 1985.
Ibn Faḍlān, *Risāla* (922 以降). 校訂 = Sami al-Daḥḥān. Beirut : Dār Ṣādir, 1993. 独訳 = Ahmed Zeki Velidi Togan. *Ibn Fadlan's Reisebericht*. Reprint. Frankfurt am Main : Inst. for the History of Arabic-Islamic Science, 1994. 家島彦一『イブン・ファドラーンのヴォルガ・ブルガール旅行記』東京外国語大学アジア・アフリカ言語文化研究所, 1969 年。
Ibn al-Faqīh. *Kitāb al-buldān* (903 頃). 校訂 = De Goeje. Leiden : Brill, 1967 [1885].仏訳 = Henri Massé. *Abrégê du livre des pays*. Damas : Institut français de Damas, 1973.
Ibn Ḥabīb al-Baghdādī, Muḥammad (859 没). *Kitāb al-muḥabbar*. 校訂 = J. Lichtenstädter. Hyderabad : Matba'a jām'iya dā'ira al-ma'ārif al-'uthmānīya, 1942.
Ibn Hishām (833 没). *Kitāb al-tījān fī mulūk Ḥimyar*. 校訂 = Mark Lidzbarski. "Zu den arabischen Alexandergeschichten." *Zeitschrift für Assyriologie und verwandte Gebiete* 8 (1893) : 278-311. 校訂 = F. Krenkow. Hyderabad : Majlis dā'ira al-ma'ārif al-'uthmān, 1928.
Ibn al-'Ibrī Gerīghōr Abu 'l-Faraj or Bar Hebraeus (1225/6-1286). *Mukhtaṣar ta'rīkh al-duwal*. 校訂 = Edward Pocock. *Historia Compendiosa Dynastiarum auctore Gregorio Abul-Pharajio*. Oxford, 1663, Suppl. 1672. 校訂 = Antun Ṣāliḥānī. Beyrut : al-Maṭba'a al-Kāthūlīkīya li 'l-ābā al-yasūīyīn, 1890. ペルシア語訳 = Moḥammad Alī Tājpūr. *Tarjome-ye tārīkh-e mokhtaṣar al-dowal*. Tehran : Eṭṭelā'āt, 1364/1985. 独訳 = Georg Lor. Bauer. *Des Gregorius Abulfaradsch kurze Geschichte der Dynastien oder Auszug der allgemeinen Weltgeschichte, besonders der Geschichte der Chalifen und Mogolen*. 2vols. Leipzig, 1783, 1785.
Ibn Juljul. *Ṭabaqāt al-aṭibba' wa 'l-ḥukamā'*. 校訂 = Fu'ād Sayyid. Cairo : 1955.
Ibn Khaldūn (1332-1406). *Kitāb al-'ibar*. Vol. 1. Beirut : Dār al-kitāb al-Lubnānī, 1961. 英訳 = Franz Rosenthal. *The Muqaddimah : an introd. to history*. Vol. 1. London : Routledge & Kegan Paul, 1958.
Ibn Khurdādhbih (820 頃-911 頃). *Kitāb al-masālik wa 'l-mamālik*. 校訂 = De Goeje. Leiden : Brill, 1967 [1889].
Ibn al-Muqaffa' (720-756). *Kalīla wa Dimna*. Beirut : Maktaba Lubnān, 1994. 菊池淑子訳『カリーラとディムナ――アラビアの寓話』平凡社, 1978 年。
Ibn al-Nadīm (936 頃-995). *Kitāb al-Fihrist* (988). 校訂 = Gustav Flügel and August Müller. Leipzig : Vogel, 1871-72, 英訳 = Bayard Dodge. *The Fihrist of al-Nadim*. 2 vols. New York : Columbia UP, 1970.
Ibn Qutayba (828-889). *Kitāb al-ma'ārif*. 校訂 = Tharwat 'Ukkāsha. Cairo : Dār al-ma'ārif, 1981.
——. *'Uyūn al-akhbār*. 校訂 = Carl Brockelmann. Strassburg : Treubner, 1900, 1903, 1908.
Ibn Rusta. *Kitāb al-a'lāq al-nafīsa* (903 頃-913). 校訂 = de Goeje, Leiden : Brill, 1967 [1892].
Ikhwān al-ṣafā. *Rasā'il ikhwān al-ṣafā'* (10 世紀半ば). 菊地達也訳「イフワーン・アッサ

ファー書簡集」竹下政孝監修『中世思想原典集成　イスラーム哲学』平凡社，2000年，197-262頁。
Jāḥiẓ, ‘Amr ibn Baḥr (776頃-868/9). *Kitāb al-ḥayawān*. 校訂 = ‘Abd al-Salām Hārūn. 7 vols. Beirut-Cairo : al-Majma‘ al-‘ilmī al-‘arabī al-isālmī, 1969.
——. *Rasā'il Jāḥiẓ*. 校訂 = ‘Abd al-salām Hārūn. 4 vols. Cairo : Maktaba al-khānjī, 1964.
Jahshiyārī (942没). *Kitāb al-wuzarā' wa 'l-kuttāb* (908頃). ファクシミリ = H. von Mžik. Leipzig : Harrassowitz, 1926 ; 校訂 = Beirut : Dār al-fikr al-ḥadīth, 1988.
Kisā'ī. *Qiṣaṣ al-anbiyā'*. 校訂 = *Vita Prophetarum*. 2 vols. Leiden : Brill, 1922-23.
Kitāb al-‘ajā'ib (10世紀？). 仏訳 = Carra de Vaux. *Abrégé des Merveilles*. Paris : Klincksieck, 1898. Reprint. Islamic Geography 196. Frankfurt am Main : Inst. for the History of Arabic-Islamic Science, 1994.
Maqdisī, al-Mutahhar Ibn-Tahir al-. *Kitāb al-bad' wa'l-ta'rīkh* (996). 校訂 = Cl. Huart. Bagdad : Maktaba al-Mutanna, 1964 [1899-1919].
Mas‘ūdī, Abu'l-Ḥasan (893頃-956頃). *Murūj al-dhahab wa ma‘ādin al-jawhar*. 校訂・仏訳 = Barbier de Meynard. *Les prairies d'or*. Paris : Impr. Nationale, 1970 [1863].
——. *Kitāb al tanbīh wa 'l-ishrāf* (955-56). 校訂 = De Goeje. Leiden : Brill, 1967 (1894) ; 仏訳 = Carra de Vaux. *Le Livre de l'avertissement et de la revision*. Paris : Impr. nationale, 1896.
Miskawayh (1030没). *Tajārib al-umam wa ta‘āqub al-himam*. 校訂 = Abo 'l-Qāsem Emāmī. Vol. 1 (2 vols.). Tehran : Dār al-sorūsh, 1987. ファクシミリ・校訂 = L. Caetani. Gibb Memorial Series VII, I. London, Luzac and Leiden : E. J. Brill, 1909.
Mubashshir ibn Fātik (1053/4没). *Mukhtār al-ḥikam wa maḥāsin al-kilam* (1048-49). 校訂 = ‘A. Badawī. Madrid : Instituto de Estudios Islamicos, 1958 (Beirut : al-Mu‘assasa al-‘Arabīya li ‘l-dirāsāt wa 'l-nashr, 2nd ed. 1980). B. Meissner. "Mubašširs Aḫbār el-Iskender." *ZDMG* 49 (1895) : 583-627.
Pseudo-Asmā'ī. *Nihāyat al-‘irab fī akhbār al-furs wa 'l-‘arab* (9世紀初め？). Mss. British Library Add. 23298, Add. 18505 ; Cambridge Qq 255 ; Gotha A1741 ; resumé and extracts in Brown *JRAS*, 1900 : 195ff.
Pseudo-Majritī. *Ghāyat al ḥakīm* (1040年頃). 校訂 = H. Ritter, *Das Ziel des Weisen*. Vol. 1 (Arabic text). Leipzig : Tuebner, 1933. 独訳 = H. Ritter and M. Plessner. *Picatrix : Das Ziel des Weisen von Pseudo-Magriti*. London : Warburg Institute, Univ. of London, 1962.
Qazwīnī (1203-1283). *Kitāb ‘ajā'ib al-makhlūqāt wa gharā'ib al-mawjūdāt*. 校訂 = F. Wüstenfeld. *el-Cazwini's Kosmographie*. 1. Theil, Göttingen : Dieterich, 1849. Reprint. Islamic Geography 137. Frankfurt am Main : Inst. for the History of Arabic-Islamic Science, 1994.
Qur'ān. 校訂 = G. Flügel. *Corani textus arabicus*. Leipzig : Bredt, 1869. 井筒俊彦『コーラン』上・中・下，岩波書店，1964 (1958) 年。
Rāzī, Fakhr al-dīn (1149-1209). *Mafātīḥ al-ghayb*. Beirut : Dār al-fikr. 3rd ed. 1985.

Samʻānī (1113–1166). *Al-Ansāb*. 校訂 = al-Yamanī. 12 vols. Hyderabad : Dāʼirat al-maʻārif al-uthmānīya, 1962.

Shahrastānī (1076–1153). *Kitāb al-milal wa 'l-niḥal*. 校訂 = W. Cureton, *Book of Religious and Philosophical Sects*. London : Society for the Publication of Oriental Texts, 1846.

Sibṭ Ibn al-Jawzī (1186–1257). *Mir'āt al-zamān fī ta'rīkh al-a'yān*. 校訂 = Iḥsān ʻAbbās. Beyrut : Dār al-shurūq, 1985.

Sirr al-asrār. 校訂 = ʻAbd al-Raḥmān Badawī. In *Al-Uṣūl al-yūnānīya li 'l-naẓarīyāt as-sīyāsīya fi 'l-islām*. 67–171. Cairo : Dār al-kutub, 1954. 英訳 = A. S. Fulton in *Secretum secretorum cum glossis et notulis, tractatus brevis et utilis ad declarandum quedam obscure dicta fratris Rogeri*. Ed. Robert Steele, 176–266. Oxford : Clarendon, 1920.

Ṭabarī, Abū Jaʻfar Muḥammad ibn Jarīr (923 没). *Ta'rīkh al-rusūl wa 'l-mulūk*. 校訂 = Gen. De Goeje. ser. I. 2 vols. Eds. J. Barthe and Th. Nöldeke. Leiden : Brill, 1964 [1881–82]. 英訳 = F. Rosenthal. *The History of Tabarī*. Vol. 1 (General Introduction and From the Creation to the Flood). Albany, NY : State U of New York P, 1989. 英訳 = W. M. Brinner. Vol. 2 (Prophets and Patriarchs). Albany, NY : State U of New York P, 1987. 英訳 = M. Perlmann. vol. 4 (The Ancient Kingdoms). Albany, NY : State U of New York P, 1987. 英訳 = C. E. Bosworth. Vol. 5 (The Sassanids, the Byzantines, the Lakhmids, and Yemen). Albany, NY : State U of New York P, 1999.

——. *Jāmiʻ al-bayān fī tafsīr al-Qur'ān*. Vols. 15–16. Cairo : Būlāq, 1328/1910.

Thaʻālibī (961–1038?). *Ghurar akhbār al-mulūk al-Furs* (1021 以前). 校訂・仏訳 = H. Zotenberg. *Histoire des Rois des Perses*. Paris : Impr. nationale, 1900.

Thaʻlabī (1035 没). *Qiṣaṣ al-anbiyā' al-musammā ʻarā'is al-majālis*. Cairo : Muṣṭafā al-Bābī al-Ḥalabī, 1954. 英訳 = William M. Brinner. *Lives of the Prophets*. Leiden : Brill, 2002.

ʻUmāra b. Ziyad (8 世紀後半—9 世紀前半頃). *Qiṣṣat al-Iskandar*. British Museum MS Add. 5928. 部分的校訂 = I. Friedlaender. *Die Chadirlegende und der Alexanderroman*. 308–16. Leipzig : Teubner, 1913.

Yaʻqūbī (d. 897). *Ta'rīkh* (*Historiae*). 校訂 = M. Th. Houtsma. 2 vols. Leiden : Brill, 1969 [1883].

Yāqūt (d. 1229). *Muʻjam al-buldān*. 校訂 = F. Wüstenfeld. *Jacut's Geograpisches Wörterbuch*. 4 vols. Leipzig : Brockhaus, 1866–69.

8. ペルシア語

Balʻamī, Abū ʻAlī Muḥammad. *Tārīkh-i Ṭabarī* (963). 校訂 = M. T. Bahār and M. P. Gonābādī. Tehran : Vezārat-e farhang, 1962. 仏訳 = M. Hermann Zotenberg. *Chronique de Abou-Djafar-Mo'hammed- ben-Djarir-ben-Yezid-Tabari traduite sur la*

version persane d'Abou-'Ali Mo'hammed Bel'ami d'après les manuscrit de Paris, de Gotha, de Londres et de Cantebury. Paris : Impr. impériale, 1867.

Bayhaqī, Abū al-Faḍl (995–1077). *Tārīkh-i Bayhaqī*. 校訂 = Khalīl Khaṭīb Rahbar. Tehran : Entehārat-e mahtāb, 1992.

Farrukhī, Abū 'l-Ḥasan 'Alī (1037 没). *Dīvān-i ḥakīm-i Farrukhī Sīstānī*. 校訂 = M. Dabīr Siyāqī. Tehrān : Eqbāl, 1957.

Firdawsī (1020 頃没). *Shāhnāma*. 校訂・仏訳 = J. Mohl. 7 vols. Paris : Maisonneuve, 1976 [1838–78]. 校訂 = Beroukhīm. 10 vols. Tehran : Beroukhīm, 1313/1934–1315/1936. 校訂 = E. Bertel's. 10 vols. Moscow : Izd. Vostočnoj Literatury, 1963–71. 校訂 = Djalal Khāleghī-Motlagh. New York : Bibliotheca Persica, 1988–2008 (vols. 1–8). 英訳 = A. G. Warner and E. Warner. *The Shāhnāma of Firdausī*. 9 vols. London : Kegan Paul, Trench, Trübner, 1905–25 (本書では Khaleghi-Motlagh 版を典拠とした).

Gardīzī, 'Abd al-Ḥayy (1052 頃没). *Zain al-Akhbār*. 校訂 = 'Abd al-Ḥayy Ḥabībī. Tehran : Entehārāt-e bonyād-e farhang-e Īran, 1968.

Ghazālī (1058/9–1111). *Kitāb naṣīḥat al-mulūk*. 校訂 = Jalāl al-Dīn Homāyī. Tehran Mo'assese-ye nashr-e homā, 1367/1988. 英訳 = F. R. C. Bagely. *Ghazālī's Book of Counsel for Kings*. Oxford : Oxford UP, 1971 [1964].

Ibn al-Balkhī, *Fārsnāma* (12 世紀初め). 校訂 = G. Le Strange and R. A. Nicholson. Gibb Memorial Series, New Series I. London : Cambridge UP, 1921.

Iskandarnāma (12–14 世紀). 校訂 = Īraj Afshār. Tehrān, 1964. 英訳 = Minoo Southgate. New York : Columbia UP, 1978.

Kāshānī (1256 または 1265 没). *Muṣannafāt*. 校訂 = M. Mīnōvī. 2vols. Tehran : Dāneshgāh-e Tehrān, 1952–58.

Khwāndamīr (1475–1535/6). *Ḥabīb al-siyar*. Bombay : Ahmudee, 1857.

Mīrkhwand (1498 没). *Tārīkh-i rawḍat al-ṣafā*. Tehran : Markazī, Khayyām, Pīrūz, 1960/1339. 英訳 = E. Rehatsek. Part I, vol. 2. London : Royal Asatic Society, 1892.

Mujmāl al-tawārīkh wa'l-qiṣaṣ (1126). 校訂 = M. T. Bahār. Tehran : Khāvar, 1939.

Nāma-yi Tansar. 校訂・仏訳 = J. Darmesteter. "Lettre de Tansar au roi du Ṭabaristān." *Journal asiatique*. Ser. 9, t. 3 (1894) : 185–250 (text), 502–55 (transl.). 校訂 = M. Minovi. *Nāma-yi Tansar bi Gushnasp/ Tansar's Epistle to Goshnasp*. Tehran : Majles, 1354/1975 [1311/1932]. 英訳 = M. Boyce. *The Letter of Tansar*. Rome : IsMEO, 1968.

Naysābūrī (11 世紀末頃). *Qiṣaṣ al-anbiyā'*. 校訂 = Ḥ. Yaghmā'ī. Tehran : Bongāh-e tarjome va nashr-e ketāb, 1340/1961.

Niẓāmī-yi 'Arūḍī-yi Samarqandī. *Chahār maqāla* (ca. 1156–7). 英訳 = E. G. Browne. Hertford : Austin, 1899.

Niẓāmī (1141–1209). *Sharafnāma, Iqbālnāma yā Khiradnāma*. 校訂 = W. Dastgerdī. Tehran : Rād, 1374/1995. 英訳 = H. Wilberforce Clarke. *The Sikandar Name, E*

Bara ; or, Book of Alexander the Great. London : Allen, 1881. 独訳 = J. Ch. Bürgel. *Das Alexander Buch, Eskandarname.* Züric : Manesse, 1991.
Sa'adī. *Gulistān*. In *Kulliyāt-i Sa'adī*. 校訂 = Mohammad 'Alī Forūghī and 'Abbās Eqbāl Āshtiyānī, Tehran : Forūghī, 1368/1989.
Ṭarsūsī, *Dārābnāma-yi Ṭarsūsī* (11 世紀). 校訂 = Z. Ṣafā. Tehran : Bongāh-e tarjome va nashr-e ketāb, 1965–68. 仏訳 = Marina Gaillard. *Alexandre le Grand en Iran : Le Dârâb Nâmeh d'Abu Tâher Tarsusi*. Paris : Boccard, 2005.

9. 漢文・和文

一然撰（1206–1289）『三国遺事』学習院東洋文化研究所，1964 年。金思燁訳『完訳 三国遺事』朝日新聞社，1976 年。

王圻撰『三才図会』(1607)，全 3 巻，上海古籍出版社，1985 年。

『大鏡』(12 世紀初め)，松村博司校注，古典文学大系 21，岩波書店，1960 年。

周到中撰『異域志』(元) 台北，広文書局，1969 年。

趙汝适撰『諸蕃誌』(1225)，台北，広文書局，1969 年。藤善真澄訳注『諸蕃誌』(関西大学東西学術研究所訳注シリーズ 5)，関西大学出版部，1990 年。英訳 = Friedrich Hirth and W. W. Rockhill. *Chau Ju-Kua : His Work in the Chinese and Arab Trade in the Twelfth and Thirteenth Centuries, Entitled Chu-fan-chï*. St. Petersburg : Printing Office of the Imperial Academy of Sciences, 1911.
寺島良安編『和漢三才図会』(1712)，大空社，1998 年。原書 105 巻 81 冊（大阪，杏林堂，1712 年脱稿）の CD–ROM 版。

註

序 章　歴史と虚構の狭間のアレクサンドロス

（1）　アレクサンドロスの伝記を記した歴史家の一人ピーター・グリーンは次のように述べている。「人は皆，自らの信条，夢や野望，恐れや誇大妄想を投影するために彼を利用するのである」。Peter Green, *Alexander of Macedon 356–323 B.C.: a Historical Biography* (Berkeley-Los Angeles : U of California P, 1991), 480.

（2）　古代ギリシア・ローマのアレクサンドロスに関する歴史資料については，次を参照。N. G. L. Hammond, *Three Historians of Alexander the Great : The so-called Vulgate authors Diodorus, Justin and Curtius* (Cambridge : Cambridge UP, 1983) ; idem, *Sources for Alexander the Great : an analysis of Plutarch's Life and Arrian's Anabasis Alexandrou* (Cambridge : Cambridge UP, 1993) ; Lionel Pearson, *The Lost Histories of Alexander the Great* (Chico, CA : Scholars, 1983) ; J. Roisman ed., *Alexander the Great : Ancient and Modern Perspectives* (Lexington, MA : D. C. Heath and Co., 1995) ; Ian Worthington, *Alexander the Great : A Reader* (Oxon : Routledge, 2003).

（3）　アレクサンドロスに関する歴史研究には膨大な量がある。ここでは，最近の辞典や必携書，およびインターネットのサイトを挙げておく。辞典，必携書：Joseph Roisman ed., *Brill's Companion to Alexander the Great* (Leiden : Brill, 2003) ; Olivier Battistini and Pascal Charvet eds., *Alexander le Grand : Histoire et Dictionniare* (Paris : Robert Lafont, 2004). インターネット：http://132.229.7.185/letteren/opleiding/klassieketalen/index.php3?c=118（ライデン大学文学部ギリシア・ラテン言語文学科のサイト内で運営されていた "A Hellenistic Bibliography" の一部で，2003–07 年に刊行されたアレクサンドロスに関する参考文献のリスト。責任者の Martin Cuypers がアイルランドのトリニティー大学に移ったため，2007年9月以降はアップデートされていない。）http://hum.ucalgary.ca/wheckel/alexande.htm "Alexander the Great : A Bibliography"（カナダのカルガリー大学ギリシア・ローマ学科の Waldemar Heckel 教授によるオンライン参考文献表。）http://www.isidore-of-seville.com/Alexanderama.html "Alexander the Great on the Web"（ポートランドの Tim Spalding によるこのリンク集は研究書だけでなく，映画，小説，政治的言説，絵本，ビジネスマニュアルから，ヘビメタルバンド，アイアン・メイデンによる歌の中のアレクサンドロスまで幅広く取り上げている。現代のアレクサンドロス伝説の諸相が見え，興味深い。）

（4）　林佳世子・桝屋友子編『記録と表象——史料が語るイスラーム世界』東京大学出版会，2005 年，1–13 頁。

（5）　例えば，Tarif Khalidi, *Arabic Historical Thought in the Classical Period*

(Cambridge: Cambridge UP, 1994).

(6) 羽田正『イスラーム世界の創造』東京大学出版会，2005年。

(7) 同上，76頁。

(8) 個別の作品の研究については本文中で随時言及する。この30年ほどの間に出た論文集には次のようなものがある。W. J. Aerts, Jos. M. M. Hermans and E. Visser eds., *Alexander the Great in the Middle Ages: Ten Studies on the Last Days of Alexander in Literary and Historical Writing* (Nijmegen: Alfa Nijmegen, 1978); M. and J. Bridges and C. Bürgel eds., *The Problematics of Power: Eastern and Western Representations of Alexander the Great* (Bern: Lang, 1996); L. Harf-Lancner, C. Kappler and F. Suard eds., *Alexandre le Grand dans les littératures occidentales et proche-orientales* (Nanterre: Centre des Sciences de la Littérature, Univ. Paris X-Nanterre, 1999).

(9) Theodore Nöldeke, "Beiträge zur Geschichte des Alexanderromans," *Denkschriften der kaiserlichen Akademie der Wissenschaften in Wien, phil.-hist. Klasse* 38. 5 (1890): 1–56; I. Friedlaender, *Die Chadirlegende und der Alexanderroman: Eine sagengeschichtliche und literarhistorische Untersuchung* (Leipzig: Teubner, 1913); E. A. W. Budge transl. and notes, *The History of Alexander the Great, Being the Syriac Version of the Pseudo-Callisthenes* (Cambridge: Cambridge UP, 1889); idem, *The Life and Exploits of Alexander the Great, Being a Series of Ethiopic Texts* (London: Clay, 1896); idem, *The Alexander Book in Ethiopia* (London: Oxford UP, 1933).

(10) ちなみに筆者は，パフラヴィー語はなんとか読めるようになったが，ヘブライ語・シリア語は原典で読むことができないので，翻訳や先行研究に頼った。

(11) George Cary, *The Medieval Alexander* (Cambridge: Cambridge UP, 1967 [1956]).

(12) アラビア語のアレクサンドロス物語写本の研究には，Faustina C. W. Doufikar-Aerts や Zacary D. Zuwiyya のものがある。François de Polignac の諸論文は主にアラビア語の歴史文献におけるアレクサンドロス伝承を扱っている。Mario Grignaschi の諸論文はアレクサンドロスとアリストテレスの書簡集の写本の詳細な研究である。ペルシア語韻文作品におけるアレクサンドロスに関しては Christophe Bürgel, Claire C. Kappler らの諸論文，散文のペルシア語アレクサンドロス物語に関しては Marina Gaillard, Julia Rubanovich, Minoo Southgate らによる翻訳や論文がある。詳しくは本書「参考文献」を参照。

(13) 神野志隆光『古代天皇神話論』若草書房，1999年，387頁；同上「テキストのなかに成り立つ聖徳太子」『万葉集研究』26，塙書房，2004年。

第I部　アレクサンドロスに関する知識の源

(1) Ibn al-Nadīm, *The Fihrist of al-Nadim*, transl. Bayard Dodge (New York: Columbia UP, 1970), 584, 588, 602, 604, 611, 694, 743; C. Brockelmann, *Geschichte*

der arabischen Literatur, supl. I (Leiden : Brill, 1937), 365–66 ; L. E. Goodman, "The Translation of Greek Materials into Arabic," in *CHAL : Religion, Learning, and Science in the 'Abbasid Period*, eds. M. J. L. Young et al. (Cambridge : Cambridge UP, 1990), 492.

(2) メフメット2世の古代史に対する関心，特にアレクサンドロスへの傾倒についての同時代ヨーロッパ人の証言は次の文献に挙げられている。A. Pertusi, "Le epistole storiche di Lauro Quirini sulla caduta di Constantinopoli e la potenza dei Turchi," in *Lauro Quirini umanista. Studi e testi*, ed. V. Branca (Florence : Olschki, 1977), 188–90.

(3) J. Raby, "Mehmed the Conqueror's Greek Scriptorium," *Dumbarton Oaks Papers* 37 (1983) : 15–34. トプカプ・サライ所蔵ギリシア写本 GI 16，おそらく1460年代。

(4) George Cary, *The Medieval Alexander* (Cambridge : Cambridge UP, 1967 [1956]), 16–17, 62–70 ; D. M. Kratz, Wilhelm and Nelson eds., *The Romances of Alexander* (New York : Garland, 1991), x. クイントス・クルティウス・ルフス Quintus Curtius Rufus の『アレクサンドロスの生涯』*Gesta Alexandri Magni* はおそらくアウグストゥスの時代に書かれたとされ，Gautier de Châtillon の *Alexandreis* (1184–87年)や，Rudolf von Ems の *Alexander* (1230年)，Domenico Falugio の *Triompho Magno* がこれに依拠している。5世紀のスペインの司祭オロシウス Orosius は，ユニアヌス・ユスティヌス Junianus Justinus という3世紀頃の作者が作ったポンペイウス・トログス Pompeius Trogus の『フィリッポス史伝』*Historiae Philippicae* の摘要をもとに，『反異教徒の歴史』7巻 *Historia Adversus Paganos Libri Septum* を著し，その第3巻のほとんどがアレクサンドロスの記述にあてられている。 S. Dosson, *Étude sur Quinte-Curce* (Paris : Hachette, 1887), 360ff. ; F. Rühl, *Die Verbreitung des Justinus im Mittelalter* (Leipzig : Teubner, 1871) ; D. J. A. Ross, "Illustrated MSS of Orosius," *Scriptorium* 9 (1955) : 35–56.

(5) Cary, *Medieval Alexander*, 233ff.

(6) ibid., 238–39, 267.

(7) Pier Paolo Vergerio, Epistola CXXXVIIII (to the Emperor Sigismund) in *Epistolario*, ed. L. Smith (Rome : Tip. del Senato, 1934), 379–84. Cary, *Medieval Alexander*, 375–77 に全文引用。

(8) Cary, *Medieval Alexander*, 267, n. 2.

第I部第1章　偽カッリステネスのアレクサンドロス物語

(1) R. Merkelbach, *Die Quellen des griechischen Alexanderromans* (München : Beck, 1954. Revised ed. in collaboration with J. Trumpf, 1977).

(2) ibid., 230–52 に再現されたギリシア語テクスト。

(3) ibid., 253–83 に再現されたギリシア語テクスト。

(4) R. Stoneman transl., intro. and notes, *The Greek Alexander Romance* (London : Penguin Books, 1991), 8–17. その他 Ausfeld, Wilken, Braun, Lavagnini も紀元前説

を主張している。A. Ausfeld, *Der griechische Alexanderroman* (Leipzig : Teubner, 1907) ; U. Wilcken, *Alexander the Great*, transl. with intro., notes and biblio. E. N. Borza (New York : Norton, 1967) ; M. Braun, *History and Romance in Graeco-Oriental Literature* (Oxford : Blackwell, 1938) ; B. Lavagnini, *Studi sul Romanzo greco* (Messina : D'Anna, 1950).

(5) Pseudo-Callisthenes, *Historia Alexandri Magni*, ed. G. Kroll (Berlin : Weidmann, 1926), 17-18.

(6) 中世ヨーロッパのアレクサンドロス物語についての研究書の代表的なものは以下の通り。F. P. Magoun, *The Gests of King Alexander of Macedon* (Cambridge, MA ; Harvard UP, 1929) ; George Cary, *The Medieval Alexander* (Cambridge : Cambridge UP, 1967 [1956]) ; D. J. A. Ross, *Alexander Historiatus : A Guide to Medieval Illustrated Alexander Literature* (London : Warburg Institute, Univ. of London, 1963) ; idem, *Studies in the Alexander Romance* (London : Pindar, 1985).

(7) 歴史上の人物の伝説的物語である，非日常的で空想的である，作者不明であるなどの特徴からこの作品はロマンスと呼ばれるが，ギリシア世界自体には「ロマンス」のジャンルを指す用語はない。A. Lesky, *A History of Greek Literature* (London : Duckworth, 1966), 860. L. L. Gunderson, *Alexander's Letter to Aristotle about India* (Meisenheim am Glan : Hain, 1980), 7-33 は，ギリシア文学史上におけるロマンスの台頭と，その中でのアレクサンドロス物語の位置づけについて考察している。古代世界の散文文学に関しては，G. Schmeling ed., *The Novel in the Ancient World* (Leiden : Brill, 1996). 特に 13D 章の R. Stoneman, "The Metamorphoses of the Alexander Romance."

(8) λ 本，ε 本もあるが，他言語への影響という点においてはさほど重要ではない。

(9) Ausfeld, *Der griechische Alexanderroman*, 17-21.

(10) Th. Nöldeke, "Beiträge zur Geschichte des Alexanderromans," *Denkschriften der kaiserlichen Akademie der Wissenschaften zu Wien, phil.-hist. Klasse* 38.5 (1890) : 1-56.

(11) ネルデケ論文の翌年に出されたフラエンケルによる批評は，細かい点において意見の違いを述べているが，ネルデケ説を根本から覆すものではない。S. Fraenkel, "Anzeige : Nöldeke, Th., 'Beiträge zur Geschichte des Alexanderromans'," *ZDMG* 45 (1891) : 309-30.

(12) R. N. Frye, "Two Iranian Notes," in *Papers in Honour of Professor Mary Boyce, Acta Iranica 24* (Leiden : Brill, 1985), 185-88.

(13) J.-F. Duneau, "Quelques aspects de la pénétration de l'héllénisme dans l'Empire perse sassanide," in *Mélanges offerts à René Crozet*, t. 1, eds. P. Gallais and Y.-J. Riou (Poitiers : Soc. d'études médiéval, 1966), 13-22.

(14) Agathias, *Historiae*, II.28.

(15) ibid., II.29.

(16) ibid., II.30–31.

(17) ネストリウス派について詳しくは次を参照。Raymond Le Coz, *Les mêdecins Nestoriens au moyen âge : les maîtres des Arabes* (Paris : Harmattan, 2004).

(18) Fraenkel, "Anzeige," 319–20.

(19) 蔀勇造氏の一連の研究は，紅海をはさんだエチオピアと南アラビアの交流の様相を明らかにしている。これらをふまえると，エジプト→エチオピア→紅海→アラビア半島の伝播経路があった可能性も捨てきれないと考えさせられる。蔀勇造「アラビアのアレクサンドロス——ズ・ル・カルナイン考序説」『比較文化雑誌』4，東京工業大学比較文化研究会，1989 年，72–98 頁；同上「前イスラム期の南アラビアに関する三つの英雄伝説——ソロモン，アレクサンドロス，カイ・カーウース」『日本中東学会年報』5，1990 年，1–43 頁；同上「古代文明とイスラーム」後藤明編『文明としてのイスラーム』（板垣雄三監修・講座イスラーム世界 2），栄光教育文化研究所，1994 年，43–81 頁；同上「ヒムヤル王国トゥッバァ朝の実体に関する一仮説——後世から見た 3～6 世紀の南アラビア・エチオピア関係」『東洋学報』86 巻 4 号，2005 年，1–29 頁。

(20) 本書「付録」24 頁を参照。特に A. Ausfeld, *Der griechische Alexanderroman* は，α 本のドイツ語訳に詳細な歴史的解説が施されており有益である。

(21) E. A. W. Budge, *The History of Alexander the Great, Being the Syriac Version of the Pseudo-Callisthenes* (London : Cambridge UP, 1889). なお，ギリシア語写本が存在し，物語原型が再現されている版に関しては「−本」と表現し，その系統に属する異本や訳本は「−系」と呼ぶことにする。

(22) アレクサンドロス物語のエジプト起源に関してはバッジの前掲書の "The Egyptian Origin of the Alexander Story" の章を参照。Budge, *History of Alexander*, xxxv–li.

(23) 実際には，最後のエジプト人ファラオ，ネクタネボス 2 世（在位紀元前 359–342 年）は，アケメネス朝ペルシアのアルタクセルクセス 2 世の侵攻（紀元前 343–342 年）を受けエチオピアに逃亡した。

(24) アレクサンドロスがゼウス・アモン神の子であるという伝説はすでに彼の生前からあり，アレクサンドロス自身がそのことを意識し，自らの神格化を政治的にも利用した。偽カッリステネスの出生譚はこの伝説に拠っている。W. Tarn, *Alexander the Great* (Cambridge : Cambridge UP, 1948), 1 : 77–82, 2 : 347–74 ; P. Schnabel, "Zur Frage der Selbstvergöttung Alexanders," *Klio* 20 (1926) : 398–414.

(25) 山中由里子「都市の誕生と死（上）」『比較文学研究』61 号，1992 年，131–38 頁。

(26) P. M. Fraser, *Ptolemaic Alexandria* (Oxford : Clarendon, 1972) は，この点で偽カッリステネスを充分に活用している。

(27) アレクサンドロスが紀元前 328–327 年冬に最初に結婚したのはロクサネであるが，彼女はダレイオスの娘ではなく，ソグディアナの豪族オクシュアルテスの娘であった。アレクサンドロスがダレイオスの娘（史料によってその名はスタテイラまたはバルシネとされる）を妻として迎えたのは，紀元前 324 年 2 月，ペルシア貴族との協調政策としてマケドニア人側近や将兵たちとペルシア人娘の集団婚礼儀式がスー

サで行われた時である。

(28) 詳しくは本部第2章第2節「アリストテレスに宛てたインドの不可思議についての書簡」を参照。

(29) ベルリン・エジプト博物館蔵 Pap. Berol. 13044. 校訂テクストは，U. Wilcken, "Alexander der grosse und die indischen Gymnosophisten," in *Sitzungsberichte der Preussischen Akademie der Wissenschaften, phil.-hist. Klasse* (Berlin, 1923), 150–83.

(30) Y. Yamanaka, "Alexander in the Thousand and One Nights: the Ghazālī Connection," in *Arabian Nights and Orientalism: Perspectives from the East and West*, eds. Yuriko Yamanaka and Tetsuo Nishio (London: I. B. Tauris, 2006), 93–115.

(31) Ausfeld, *Der griechische Alexanderroman*, 199–210; Merkelbach, *Die Quellen*, 164–92. W. Heckel, *The Last Days and Testamant of Alexander the Great* (Stuttgart: Steiner-Verl.-Wiesbaden, 1988) によるとこの文章は，アレクサンドロスの千人隊長（キリアルコス）であったペルディッカスの一派に概して有利に書かれているため，ペルディッカスと同盟したポリペルコンの仲間の間から出たものではないかとされている。

(32) Gunderson, *Alexander's Letter*, 9–11.

第I部第2章　ギリシア・ローマ古典史料におけるアリストテレスとアレクサンドロス

(1) 本章は次の拙論に基づいている。「アリストテレスのアレクサンドロスへの書簡——アラブ世界への移入」『オリエント』41巻2号，1998年，229–44頁。

(2) I. Düring, *Aristotle in the Ancient Biographical Tradition* (Göteborg: Elander, 1957); M. Brocker, *Aristoteles als Alexanders Lehrer in der Legende* (PhD diss., Bonn, 1966).

(3) Aulus Gellius, *Noctes Atticae*, IX.3.

(4) Plutarchos, *Bioi Paralleloi: Alexandros*, VII.1–2. 井上一訳『プルタルコス英雄伝(中)』ちくま書房，1987年，14頁。

(5) W. Jaeger, *Aristoteles, Grundlegung einer Geschichte seiner Entwicklung* (Berlin: Weidmann, 1955), 121; Düring, *Aristotle in the Ancient Biographical Tradition*, 287.

(6) Plutarchos, *Bioi Paralleloi: Alexandros*, VII.5. 井上訳，15頁。

(7) ibid., VII.6–7.

(8) ibid., VII.8.

(9) ibid., VII.9. 前述のアウルス・ゲッリウスも同じ書簡の往復をギリシア語で引用しており，「哲学者アンドロニコスの書物から引いた」という注釈を付けている(Aulus Gellius, *Noctes Atticae*, XX.5)。アウルス・ゲッリウスが参照したアンドロニコスとは，紀元前40年から20年頃の間にアリストテレスの著作をほぼ現在まで伝わっている形に編集した有名なロドス人のことである。デューリングによると，公開された教え（エクソテリカ）と秘伝の奥義（アクロアティカ，またはアクロアマティカイ）とを区分する概念は，このアンドロニコスがアリストテレスの著作集

を編集するにあたって導入したもので，上記の書簡のやりとりは，この区分の概念がアリストテレスにゆかりあることを裏付けるためにアンドロニコスが捏造したものであると見られる(Düring, *Aristotle in the Ancient Biographical Tradition*, 426-43)。

(10) Plutarchos, *Bioi Paralleloi : Alexandros*, VIII.1.

(11) ibid., VIII.2-3.

(12) ibid., VIII.4.

(13) V. Ehrenberg, *Alexander and the Greeks*, transl. R. Fraenkel von Velsen (Reprint, Westport, CT : Hyperion, 1980), 98.

(14) J. Romm, "Aristotle's Elephant and the Myth of Alexander's Scientific Patronage," *American Journal of Philology* 110 : 4 (1989) : 566-75.

(15) T. S. Brown, "Callisthenes and Alexander," *American Journal of Philology* 70 (1949) : 225-48.

(16) M. Plezia, *Aristotelis epistularum fragmenta cum testamento* (Warsaw : Pânstw. Wyd. Nauk., 1961) ; idem, *Aristoteles privatorum scriptorum fragmenta* (Leipzig : Teubner, 1977).

(17) 紀元前100年頃に，アリストテレスの私文書類をトロイの近くのスケプシスにおいて発見したアペルリコンと同時代のアルテモンによって，アリストテレスの書簡は収集，校訂された。この書簡集は8巻本であったとされる。アペルリコンが発見した書類から材料を得ている可能性もあるが，偽書も多く含んでいたと思われる。Düring, *Aristotle in the Ancient Biographical Tradition*, 235.

(18) M. Feldbusch, *Der Brief Alexanders an Aristoteles über die Wunder Indiens* (Meisenheim am Glan : Hain, 1976) ; L. L. Gunderson, *Alexander's Letter to Aristotle about India* (Meisenheim am Glan : Hain, 1980).

(19) George Cary, *The Medieval Alexander* (Cambridge : Cambridge UP, 1967 [1956]), 14-16.

(20) Plezia, *Aristoteles privatorum scriptorum fragmenta*, 7-33.

(21) Diogenes Laertius, *Vitae Phil.*, 5.1.27 : 144. ディオゲネス・ラエルティオスのアリストテレス伝はヘルミッポス（紀元前2世紀頃）のそれに基づいているとされる。ヘルミッポスはおそらくアレクサンドリアの図書館においてアリストテレスの古い著作目録を見つけ，その構成順序を変えることなくほぼそのまま伝記の中に掲載したものと思われる（Düring, *Aristotle in the Ancient Biographical Tradition*, 67-69)。しかしモローの研究によると，ヘルミッポスが使った目録の構成は当時の図書館で通常使用されていたアルファベット順に従っておらず，それは実用的な検索用のカタログではなかったという。分析の結果，目録の制作者はアリストテレスの学園長の四代目の後継者アリストン（紀元前3世紀末）であるとモローは推断している。P. Moraux, *Les Listes anciennes des ouvrages d'Aristote* (Leuven : Éd. Univ. de Louvain, 1951), 211-47.

(22) Diogenes Laertius, *Vitae Phil.*, 5.1.22 : 17-18 ; Hesychius, *Hesychii*, 10 : 16, 22.

(23) Ioannes Philoponus, *In Categ.* (*Commentaria in Aristotelem Graeca*, XIII), 1 : 3, 22–24.

(24) Plutarchos, “De Alexandri magni fortuna aut virtue,” in *Moralia*, vol. 4, I.6.329B. ストラボンの地誌もエラトステネスからの引用として，同じ忠告に触れている。Strabon, *Geog*., I.4.9.

(25) E. v. Ivánka, *Die aristotelische Politik und die Städtegründungen Alexanders des Grossen* (Budapest : Kir. M. Pázmány Péter Tudományegy. Görög Filol. Intézet, 1938).

(26) Aristotles, *Politica*, I.2.1252b.6, I.6.1255a.29, III.14.1285a.20.

(27) Moraux, *Les Listes anciennes*, 37–38, 344–46.

(28) これらの書簡は後述するサーリム・アブ・ル＝アラーSālim Abū al-‘Alā’ の書簡集の第 11 篇と第 12 篇の他に，イブン・アル＝ムカッファア Ibn al-Muqaffa‘による とされる『タンサルの書簡』*Tansarnāma* への序論（J. Darmesteter, “Lettre de Tansar au roi de Tabaristan,” *Journal Asiatique* sér. 9 t. 3 [1894] : 201–3, 503–5），イブン・アル＝バルヒーIbn al-Balkhī の『ファールスの書』*Fārsnāma* (eds. Le Strange and Nicholson [London : Cambridge UP, 1921], 57–58)，そしてフィルダウスィー Firdawsī の『王書』*Shāhnāma*, Iskandar, vv. 1718–1745 (ed. Khaleghi-Motlagh [New York : Bibliotheca Persica, 2005], 6 : 116–18) に見られる。

(29) アラブ世界に伝わったアリストテレス伝はほとんどこのプトレマイオス版に依拠しているが，この伝記作者の素姓は明確には分かっていない。Düring, *Aristotle in the Ancient Biographical Tradition*, 209–10 ; Moraux, *Les Listes anciennes*, 289–94.

(30) Vita Marciana 21. Cf. Vita Latina 21. Vita Vulgata 22. Düring, *Aristotle in the Ancient Biographical Tradition* にテクスト校訂あり。

(31) Themistius, *Orationes*, VIII. 107d.

(32) 『文体論』の作者と年代は確定できない。元来はファレルムのデメトリオス Demetrius Phalereus（紀元前 283 年没）のものとされていた。彼はエジプト王プトレマイオス・ソテルに招待されアレクサンドリア図書館の蔵書収集に助力したという人物である。しかし内在的証拠も外的証拠も紀元前 1 世紀または紀元後 1 世紀頃にデメトリオスという名の別の作者がこれを書いたことを示している。W. R. Roberts ed., intro. and transl., *Demetrius on Style* (Cambridge : Cambridge UP, 1902), 49–64.

(33) Demetrius, *De Elocutione*, 233, 234.

(34) Cicero, *Ad Atticum*, XII. 40.2.

(35) ibid., XIII. 28.2.

(36) Plutarchos, “Regum et imperatorum,” 179–81.

(37) H. van Thiel, *Die Rezension λ des Pseudo-Kallisthenes* (Bonn, 1959), 21–24.

第I部第3章　イスラーム以前のイランにおけるアレクサンドロス

(1)　G. Gnoli, *The Idea of Iran* (Rome : Ist. Italiano per il Medio ed Estremo Oriente, 1989).

(2)　アレクサンドロスによるペルセポリス破壊の歴史と伝説については，拙論「都市の誕生と死——アレクサンドロス伝説におけるアレクサンドリアとペルセポリス(下)」において詳しく考察した。その後，西洋古代史の森谷公俊氏がこの問題について単著を記している。森谷公俊『王宮炎上——アレクサンドロス大王とペルセポリス』吉川弘文館，2000年。

(3)　毎年3月21日の春分の日に新年（ノウルーズ）を祝うための宮殿であったというのが通説であったが，現在ではこのノウルーズ説は否定されている。C. Nylander, "Al-Bērūnī and Persepolis," in *Commêmoration Cyrus, Acta Iranica* 1, ed. J. Duchesne-Guillemin (Leiden : Brill, 1974), 137–50 ; P. Calmeyer, "Textual Sources for the Interpretation of Achaemenian Palace Decorations," *Iran* 18 (1980) : 55–63 ; idem, "Das Persepolis der Spätzeit," in *Achaemenid History*, eds. H. Sancisi-Weerdenburg et al. (Leiden : NINO, 1990), 4 : 7–36 ; M. C. Root, *The King and Kingship in Achaemenid Art : Essays on the Creation of an Iconography of Empire, Acta Iranica* 19 (Leiden : Brill, 1979) ; H. Sancisi-Weerdenburg, "Nowruz in Persepolis," in *Achaemenid History* (Leiden : NINO, 1991), 7 : 173–201. 森谷『王宮炎上』(33–36頁）にこれまでの議論の要約。

(4)　Quintus Curtius, *Historiarum*, V.5.2–3, 6.11. Cf. A. B. Bosworth, *A Historical Commentary on Arrian's History of Alexander* (Oxford : Clarendon, 1980), 329.

(5)　Quintus Curtius, *Historiarum*, V.6.9 ; Diodoros, *Bibliotheke*, XVII.71.2.

(6)　Plutarchos, *Bioi Paralleloi : Alexandros*, 37.2.

(7)　Diodoros, *Bibliotheke*, XVII.71.2.

(8)　ibid., XVII.70.1 ; Quintus Curtius, *Historiarum*, V.6.1 ; Plutarchos, *Bioi Paralleloi : Alexandros*, 37.2.

(9)　Quintus Curtius, *Historiarum*, V.6.1.

(10)　「ロイヤル・シティ」という名称はポープに拠る。A. U. ポープ，石井昭訳『ペルシア建築』鹿島出版会，1981年，42頁。ペルセポリス周辺地域のより詳細な再現については，W. M. Sumner, "Achaemenid Settlement in the Persepolis Plain," *American Journal of Archaeology* 90 (1986) : 3–31. 森谷『王宮炎上』(57–60頁）にその要約。

(11)　Diodoros, *Bibliotheke*, XVII.70.1–6 ; Quintus Curtius, *Historiarum*, V.6.1–8. アッリアノスは，ペルセポリスの城下町におけるアレクサンドロス軍の蛮行については，一言も触れていない。

(12)　Plutarchos, *Bioi Paralleloi : Alexandros*, 37.3. 井上一訳『プルタルコス英雄伝(中)』ちくま書房，1987年。ここでプルタルコスが言及しているクセルクセスの巨像らしき彫像はペルセポリスの王宮跡からは見つかっていないが，発掘調査の結果，アパダーナの基壇の西側のへりのところに，おそらく巨大な像を固定して置く

ための間釘が打ち込まれていたと思われる穴が四つ見つかっている。考古学者のシュミットはこの穴の存在を説明する際に，プルタルコスの上記の一節に言及し，そこが，マケドニア兵に「誤って」倒されたというクセルクセス王の巨像の設置場所としては理想的であることを指摘している。E. F. Schmidt, *Persepolis I; Structures. Inscriptions* (Chicago: U of Chicago P, 1953), 81.

(13) Schmidt, *Persepolis*, I: 163.

(14) E. F. Schmidt, *Persepolis II; Contents of the Treasury and other Monuments* (Chicago: U of Chicago P, 1957), 81.

(15) ibid., 57, 81.

(16) J. M. Balcer, "Alexander's Burning of Persepolis," *Iranica Antiqua* 13 (1978): 119-33.

(17) Schmidt, *Persepolis*, I: 132.

(18) ibid., 78-79.

(19) ibid., 79.

(20) Schmidt, *Persepolis*, II: 3.

(21) Arrianos, *Anabasis*, III.18.11-12.

(22) ディオドロス，プルタルコス，クルティウスらの記述の細部は多少異なっているが，内容にそれほどの差異はない。Diodoros, *Bibliotheke*, XVII.72; Plutarchos, *Bioi Paralleloi: Alexandros*, 38; Quintus Curtius, *Historiarum*, V.7.2-11.

(23) コーモスは本来は村祭りの意。酒宴，お祭り騒ぎ。最後には冠をかぶり，松明を持ち，歌って，踊って，浮かれ騒ぎながら通りを練り歩いた。

(24) アレクサンドロスがすぐに後悔して消火を命じたということはプルタルコスが記している。クルティウスの説によると，兵士たちが駆けつけたとき，アレクサンドロス自身はまだ火を投げ入れている最中であったので，彼らも運んで来た水を捨て，放火に参加した。そして次の朝になってから，正気を取り戻したアレクサンドロスは，初めて自分のしたことを後悔したという。

(25) 山中「都市の誕生と死（下）」114-18 頁；森谷『王宮炎上』。

(26) E. Badian, "Agis III," *Hermes* 95 (1967): 170-92.

(27) E. N. Borza, "Fire from Heaven," *Classical Philology* 67 (1972): 233-45.

(28) J. M. Balcer, "Alexander's Burning of Persepolis," *Iranica Antiqua* 13 (1978): 119-33.

(29) この定説に対する異論もある。S. M. Burnstein, "Alexander in Egypt," in *Achaemenid History* (Leiden: NINO, 1994), 8: 381-87.

(30) E. Yarshater, "Introduction," in *CHI* (Cambridge: Cambridge UP, 1983), 3(1): xvii- lxxv; E. Bickerman, "The Seleucid Period," in ibid., 3-20.

(31) Bickerman, "The Seleucid Period," 12. Cf. M. Boyce, *A History of Zoroastrianism* (Leiden: Brill, 1991), 3: 51-58.

(32) 「セレウコス朝という国家は，天に碇をおろした船であったのではなく，支配者と被支配者の間の相互の善意に停泊していたのであった」。Bickerman, "The Seleucid

Period," in *CHI*, 3(1) : 7 ; D. Musti, "Lo Stato dei Seleucidi," *Studi classici e orientali* XV (1966) : 87.

(33) Plinius, *Historia Naturalis*, VI.16.

(34) J. Wolski, "Les Séleucides et l'héritage d'Alexandre le Grand en Iran," in *Studi Ellenistici, a cura di Biagio Virgilio* (Pisa : Istituti Éditoriali e Poligrafici Internazionali, 1984), 1 : 9-20 ; idem, "Alexandre le Grand et l'Iran : contribution à l'histoire de l'époque Séleucide et Arsacide," *Acta Antiqua Academiae Scienticarum Hungaricae* 31 (1985-88) : 3-11 ; idem, "Alexandre le Grand : légende et réalité. De l'avènement des Séleucides à la chute des Arsacides," in *Neronia IV, Alejandro Magno, modelo de los emperadores romanos* (Bruxelles : Latomus, 1990), 100-9.

(35) アルサケス朝がアケメネス王朝およびアレクサンドロスの記憶をどのように扱ったかについては，J. Wolski, "Les Achéménides et les Arsacides : contribution à la formation des traditions iraniennes," *Syria* 43 (1966) : 65-89 ; idem, "L'héritage d'Alexandre le Grand et les Arsacides," in *Zu Alexander, Festschrift*, ed. G. Wirth (Amsterdam : Hakkert, 1988), 2 : 991-1006.

(36) J. Wolski, "Sur le «philhellénisme» des Arsacides," *Gérión* 1 (1983) : 145-56.

(37) *CHI*, 3(1) : xxx-xxxi.

(38) D. Sellwood, "Parthian Coins," *CHI*, 3(1) : 279-98.

(39) ibid., 285ff. ; Wolski, "Les Achéménides et les Arsacides," 74.

(40) Tacitus, *Annales*, VI.31 ; Wolski, "Les Achéménides et les Arsacides," 72-73.

(41) Boyce, *History of Zoroastrianism*, 3 : 58-61. ただし，主に口頭で表現されたものであったという性質上，具体的にどのようなことが誦詠され，どれほどの影響力を持っていたかなどを示す証拠はほとんどない。M. Boycc, "The Parthian Gosān and the Iranian Minstrel Tradition," *JRAS* (1957) : 10-45.

(42) アラム語銘 *prtrk'* の読み *frataraka* に関する議論の要約については，Boyce, *History of Zoroastrianism*, 3 : 110-2.

(43) D. Sellwood, "Minor States in Southern Iran," in *CHI*, 3(1) : 299-306, plates 10-11 ; Boyce, *History of Zoroastrianism*, 3 : 112-6. Cf. S. K. Eddy, *The King is Dead. Studies in the Near Eastern Resistance to Hellenism 334-31 B.C.* (Lincoln : U of Nebraska P, 1961), 75-80.

(44) J. Wiesehöfer, "Die Persis nach Alexander : Widerstand gegen den Hellenismus zur Zeit der Fratarakā-Dynastien," in *Forms of Control and Subordination in Antiquity*, ed. M. Doi and T. Yuge (Leiden : Brill, 1988), 488-91.

(45) コインの図像に見られるアケメネス朝的要素以外にも，その銘にあるダレイオス，アルタクセルクセスといった王の名前にも，アケメネス朝の伝統が反映されている。

(46) Eddy, *The King is Dead*, 3-80 ; Boyce, *History of Zoroastrianism*, 3 : 371-87.

(47) Boyce, *History of Zoroastrianism*, 3 : 69-360 は，アレクサンドロス以降のゾロア

スター教集団の歴史を地域別（イラン西部，インドとの国境地帯，イラン東部，小アジア西部，小アジア中東部，シリア，エジプト）に詳しく論じている。

(48) A. Rzach, “Sibyllen,” in Pauly and Wissowa, *Real-Encyclopädie der klassischen Altertumswissenschaft*, Reihe II, IV, cols. 2074–2183 ; J. Geffcken, *Die Oracula Sibyllina* (Leipzig : Hinrichs, 1902) ; H. C. O. Lanchester, “The Sibylline Oracles,” in *Apocrypha and Pseudepigrapha of the Old Testament in English*, ed. R.H. Charles (Oxford : Clarendon, 1913), 2 : 368–406.

(49) “primam fuisse de Persis, cuinus mentionem fecerit Nicanor, qui res gestas Alexandri Macedonis scripsit.” Lactantius, *Divinae Institutionum*, I.6.8. ラクタンティウスはキリスト教の教義を擁護するために，ギリシア，ペルシア，エジプトなどの異教徒の預言から類似した啓示を引いて証拠とした。特に最後の審判に関する部分がキリスト教徒の関心を引いた。

(50) Boyce, *History of Zoroastrianism*, 3 : 372.

(51) ibid., 373.

(52) Lanchester, “The Sibylline Oracles,” 375, 385.

(53) Eddy, *The King is Dead*, 68.

(54) *The Sibylline Oracles*, Book iii : ll.381–87 ; Lanchester, “The Sibylline Oracles,” 385–86 に基づいた引用者訳。

(55) ゼウス・アモン神はギリシア最高神ゼウスと古代エジプトの太陽神アモン神が同化した神で，エジプトのシウァのオアシスに有名な神託所があった。アレクサンドロスは紀元前 332 年にそこを詣で，自分が神の子であるか神託を請うたという。

(56) *The Sibylline Oracles*, Book iii : ll.388–95 ; Lanchester, “The Sibylline Oracles,” 385–86 ; Eddy, *The King is Dead*, 12, n. 17 ; Boyce, *History of Zoroastrianism*, 3 : 13 を併せて参考にした引用者訳。

(57) W. Bousset, “Oracula Sibyllina,” *Zeitschrift für die neutestamentliche Wissenschaft* 3 (1902) : 22–25 ; Lanchester, “The Sibylline Oracles,” 385 ; H. H. Rowley, *Darius the Mede and the Four World Empires* (Cardiff : U of Wales Press Board, 1935), 115–19.

(58) Eddy, *The King is Dead*, 12–14.

(59) Bousset, “Oracula Sibyllina,” 23ff. 続く一節が後にユダヤ教徒によって付け足されたとされる部分である（*The Sibylline Oracles*, Book iii : ll.396–400）。

破壊者が断ち切るであろう根を一本出した後に，
十の枝の木を残すであろう。
かの者は紫の氏族の祖先の戦士を殺すが，
かの者自身自らの孫たちによって戦いで殺される。
そして寄生する枝が世を支配するであろう。

(60) “Areimanios, that is, Hades among the Persians.” Hesychius, *Lexicon*. Boyce, *History of Zoroastrianism*, 3 : 13.

(61) Boyce (ibid.) が引用している J. J. Collins (*Old Testament Pseudepigrapha*, 370–

71）の訳では “But even so Hades will attend him in everything though he knows it not.”「ハデスは全てのことにおいて奴を見張っている，奴は知らないが」とある。Lancaster 訳は “But even so Hades shall attend him utterly destroyed.”「それでもハデスは奴が完全に破滅するのを見届ける」とある。

(62) 例えば『敬虔なヴィーラーズの書』に「しかし憎き邪な悪の精霊アフリマンは人々がこの教えを信じないようにするために，エジプトに住む憎きフローム人アレクサンドロスを誑かし，イランの国へ抑圧と争いと病とを共に送り込んだ。（中略）そして（アレクサンドロス）自らは滅ぼされ，地獄に堕ちた」とある。本章で後述する。

(63) 「ヒュスタスペスの神託」に関する研究には以下がある。H. Windisch, *Die Orakel des Hystaspes*（Amsterdam: Koninklijke Akad. v. Wetenschappen, 1929）; F. Cumont, “La Fin du monde selon les mages occidentaux,” *Revue de l'Histoire des Religions* 103（1931）: 29–96; J. Bidez and F. Cumont, *Les mages hellēnisés*（Paris: Les Belles Lettres, 1938）, 2: 359–76. Boyce, *History of Zoroastrianism*, 3: 376, n. 59 にその他参考文献あり。

(64) Boyce, *History of Zoroastrianism*, 3: 380.

(65) ヒュスタスペスの神託に関するラクタンティウスのテクスト断片と解説は以下を参照。Bidez and Cumont, *Les mages hellēnisés*, 2: 359–76.

(66) Lactantius, *Divinae institutiones*, VII.15.19.

(67) ibid., VII. 15.11.

(68) Justinus Martyr, *Apologiae*, I.44.12:「邪な悪魔の力によって，ヒュスタスペスやシビュラや預言者たちの書を読む者は死刑に処せられることが決められた」。ユスティノス（100 年頃のサマリア生まれのキリスト教弁証家）が言及しているのは，アウグストゥスによる禁書命令のことだとされる。逆にこの類の預言書のキリスト教徒の間での人気が窺われる。Cf. Bidez and Cumont, *Les mages hellēnisés*, 2: 362, n. 3.

(69) Windisch, *Die Orakel des Hystaspes*, 70; Cumont, “La Fin du monde,” 64–65.

(70) Eddy, *The King is Dead*, 33–36.

(71) Cumont, “La Fin du monde,” 67.

(72) E. W. West transl., *Pahlavi Texts*, I, Sacred Books of the East 5（Oxford: Clarendon, 1880）, 189–235; B. T. Anklesaria ed., *Zand-î Vohûman Yasn and Two Pahalavi Fragments*（Bombay: Bhargava, 1957）; C. G. Cereti, *The Zand ī Wahman Yasn: a Zoroastrian Apocalypse*（Rome: Istituto italiano per il Medio ed Estremo Oriente, 1995）. Cf. “Bahman Yašt,” in *EIr*, 3: 492–93.

(73) Vohu Manah（Avestan）→ Vahman（MP）→ Bahman（NP）.「善き考え」を意味する。アマフラスパンド神の一人。

(74) もともと『アヴェスター』の中には『バフマン・ヤシュト』は存在しなかったという説もある。Ph. Gignoux, “Sur l'inexistence d'un Bahman Yašt avestique,” *Journal of Asian and African Studies*（『アジア・アフリカ言語文化研究』）32（1986）: 53–

64.

(75) この書の時代設定に関する諸説を要約して紹介しているのが，Cereti, *The Zand ī Wahman Yasn*, 15–27.

(76) "ud ān ī brinǰēn xvadāyīh ī Aškānān šāh kē ǰud-ristagīh būd az gēhān be barēd. ud ān ī druvand Akandgar ī kilisyāgīg az ēn dēn be abesīhēd ud az gēhān vany ud abaydāg šavēd." *Zand ī Vahman Yašt*, transl. West, II.19 ; ed. Anklesaria, III.26 ; facs. ed. fol. 131v, *The Pahlavi Codices K20 and K20b*, 258.

(77) *Zend Avesta*, Yasna 9 Hōm Yašt 1.24. ダルメステテールはこの『アヴェスター』の「ホーム・ヤシュト」の一節における *kərəsāni* とはアレクサンドロスのことを指していると述べている。J. Darmesteter, *Zend Avesta I, Annales du Musée Guimet* (Paris : Adrien-Maisonneuve, 1892. Reprint, 1960), 82 ; idem, "Alexandre le Grand dans le Zend-Avesta," *Revue des Etudes Greques* 5 (1892) : 189–96.

(78) *Zand ī Vahman Yašt*, transl. West, III.3 ; ed. Anklesaria, VI.3.

(79) *Zand ī Vahman Yašt*, transl. West, III.8 ; ed. Anklesaria, VI.6.

(80) Darmesteter, "Alexandre le Grand dans le Zend-Avesta," 193.

(81) "Valaxš ī Aškānān abestāg ud zand čiyōn abēzagīhā andar āmad ēstād hammōg-iz ī aziš harv čē az vizand ud āšoft kārīh ī Aleksandar ud ērār ud rōb ī hrōmāyān andar ērān šahr pargandagīhā abar nibištag tā čē uzvān abespārišnīg pad dastvar mānd ēstād andar šahr čiyōn frāz mad ēstēd nigāh dāšt ō šahrīhā ayādgār kardan framūd." *DkM*, 412.5-11 (Book IV). 聖典『アヴェスター』の散逸をアレクサンドロスのせいとするゾロアスター教徒の伝承については後に詳しく触れる。

(82) Tacitus, *Annales*, XV.31.

(83) Sellwood, "Parthian Coins," 295.

(84) E. Yarshater, "Were the Sasanians heirs to the Achaemenids?," in *Atti del Convegno Internazionale sul Tema : La Persia nel Medioevo* (Rome : Accad. Nazionale dei Lincei, 1971), 517–31.

(85) Dio, *Historia Romana*, 80.3 ; Herodianus, *Historicus*, VI.2.1–2.

(86) M. L. Chaumont, "Papak, roi de Staxr et sa cour," *Journal Asiatique* 247 (1959) : 175–91.

(87) M. L. Chaumont, "Le culte d'Anahita à Staxr," *Revue de l'Histoire des Religions* 158 (1960) : 167.

(88) D. Shepherd, "Sasanian Art," in *CHI*, 3(2) : 1081.

(89) M. C. Root, *The King and Kingship in Achaemenid Art : Essays on the Creation of an Iconography of Empire* (Leiden : Brill, 1979), 58–61, 72–76, 95–100, 169–79. Root は，この翼付き円盤の中に浮く神が輪を持つイコノグラフィーの原型がアッシリア美術にあることを指摘しており，ニムルドの王宮の玉座の間の浮彫りに描かれているアッシュール神の例を挙げている。

(90) G. ニョリ，前田龍彦訳「ゾロアスターからマニへ」前田耕作編・監訳『ゾロアスター教論考』平凡社，1996 年，190 頁。

(91) Cf. H. W. Bailey, *Zoroastrian Problems in the Ninth-Century Books* (Oxford : Clarendon, 1971) ; M. Boyce, "Middle Persian Literature," in *Handbuch der Orientalistik. Abt. i. Bd. IV. Iranistik Abs. 2. Literatur Lief 1* (Leiden : Brill, 1968).

(92) 伊藤義教『古代ペルシア——碑文と文学』岩波書店，1974年，275-320頁にかなりの部分が引用訳出されている。

(93) "kār-nāmag ī Ardašīr ī Pābagān ēdōn nibišt kū pas az marg ī Aleksandar hrōmāyīg ērān dō sad u čehel kadag-xvadāy būd. ... Sāsān šubān ī Pābag būd ud hamvār abāg gōspandān būd ud az tōhmag ī Dārāy ī Dārāyān būd. ud andar dušxvadāyīh ī Aleksandar ō virēg ud nihān ravišnīh ēstēd ud abāg Kurdigān šubānān raft." *Kārnāmag ī Ardašīr Pābagān*, ed. Anklesaria, I.1-6.

(94) "Ardašīr vas andōhgēn būd ⟨ud⟩ hamāg handēšīd ; ud avēšān drōn yašt ō Ardaxšīr xvāhišn kard ku 'vāz framāy griftan ⟨ud⟩ xvarišn xvar ud andūh ud tēmār ma dār. čē Ahrmazd ud amahraspandān čārag ēn čīš ī xvāhēnd. ud ēn petyārag ēdōn bē nē hilēnd ; čē abāg stahmagīh Dahāg ud Frāsyāg ī Tūr ud Aleksandar ī hrōmāg pas-iz Yazdān padiš hunsand nē būd. u-šān pad varz ud xvarrah ī xvēš ēdōn vany abaydāg kard čiyōn ān ī gēhān āšnavāg.' " *Kārnāmag ī Ardašīr Pābagān*, VIII.10.

(95) "čē paydāg ku Ohrmazd Jam ud Frēdōn ud Kay-Us ahōš dād hēnd. ud Ahriman ēdōn vardēnēd čiyōn āšnāg. ud Ahriman Bēvarasb ud Frāsyāg ud Aleksandar ēdōn sahist ku anōšag hēnd. Ohrmazd ō meh sūdīh ēdōn vardēnēd čiyōn ān ī paydag." *Dādestān ī Mēnōg ī Xrad*, VIII.27-30.

(96) 「Hrōm は広くギリシア・ローマ世界をさす。h はギリシア語 'Pῶμν の粗気音を写すペルシア語音。パルティア語ではこれを f で写して Frum とよんだ。このパルティア語形がソグド人商人によって中国に伝えられ Fulin（拂菻，伏盧尼，普嵐など）となった」(伊藤『古代ペルシア』276頁)。筆者は「ローマ」ないし「ルーム」と訳した。

(97) イラン神話のこれらの登場人物の解説については，*CHI*, 3 (1) : 422-26 (Jamshēd), 426-27 (Dahāk), 427-29 (Frēdōn), 440-43 (House of Afrāsiyāb), 444-48 (Kai Us).

(98) "vizandgarān čiyōn Aleksandar ud Agrērāt ud zadār Margūs ud Dahāg." *DkM*, 437. 11.

(99) "ud pas mihr ī frāx-*gōyōd vāng kunēd kū, ēn nō hazār sāl pašt-*ēv ī-š kard tā nūn Dahāg ī dujdēn, ud Frāsyāb ī Tūr, ud Aleksandar ī hrōmāyīg, ud avēšān davāl-kustīgān dēvān ī vizārd-vars ēk hazār *sāl āvām vēš az paymān xvadāyīh kard." *Zand ī Vahman Yašt*, transl. West, III.34 ; ed. Anklesaria, VII.32 ; ed. Cereti, 144. ゾロアスター教の終末論においては，1千年期を「1カ月」とした1年の10カ月目の初めにゾロアスターが現れ，彼の千年期の終わりに救世主 Ušedar が到来すると信じられていた。しかしゾロアスター以後千年がたっても待ち望まれた救世主は現れず，「アフリマンの千年期」が続いた。Cf. M. Boyce, *Zoroastrianism : Its Antiquity and Constant Vigour* (Costa Mesa : Mazda, 1992),

168–69.

(100) “ēdōn gōvēnd ku ēv-bār ahlav Zardu(x)št dēn ī padīrift andar gēhān ravāg be kard tā bovandagīh ⟨ī⟩ sē sad sāl dēn andar abēzagīh ud mardōm andar abēgumānīh būd hēnd. ud pas gizistag gan(n)āg mēnōg ī druvand gumān kardan ī mardomān pad ēn dēn rāy ān gizistag Aleksandar ī hrōmāyīg ī muzrāyīg mānišn viyābānēnīd ī pad garān sezd ud nibard ud yask ō Ērānšahr āmad u-š ōy Ērān dahibed ōzad ud dar ud xvadāyīh višuft ud avērān kard. ud ēn dēn čiyōn namāg abestāg ud zand abar gāv pōstīhā ī virāstag ud pad āb ī zarr nibištag andar Staxr Pābagān pad diz ⟨ī⟩ nibišt nihād ēstād ud ōy petyārag ī vad-baxt ī ahlomōg ī druvand ī anāgkardār Aleksandar ī hrōmāyīg ī muzrāyīg mānišn abar āvurd ud be sōxt ud čand dastvarān ud dādvarān ud hērbedān ud movbedān ud dēn-burdārān ud abzārōmandān ud dānāgān ī Ērān-šahr rāy be kušt ud mehān ud kadag-xvadāyān ī Ērānšahr ēk abāg did kēn ud anāštih ō mayān abgand ud xvad škast ō dušōx dvārist.” *Ardā Vīrāz Nāmag*, I.1–7.

(101) 「エジプトに住む」という形容は，アレクサンドロスがエジプトからイランに攻め入り，また，死後その遺体がエジプトに運ばれアレクサンドリアに墓廟が建てられたという史実に基づいたものと思われる。と同時にゾロアスター教徒にとってエジプトは「反イラン的巣窟とされ，しだいに発展して魔域とされた」（伊藤『古代ペルシア』222頁）という点において，アレクサンドロスが「ローマ人」であることにさらに加えてエジプトからやって来たとされていることは，その否定的なイメージをいっそう強調する要素となっている。

(102) “pas andar xvadāyīh ⟨ī⟩ Dārāy ī Dārāyān Aleksandar kaysar az Hrōm dvārist ō Ērānšahr āmad. Dārāy šāh ōzad hamāg ī xvadāyān ud maγūkmardān ⟨ud⟩ paydāgān ⟨ī⟩ Ērānšahr abēsīhēnīd. vas marag ātaxš afsard dēn ī māzdēsnān zand stad ō Hrōm frēstād abestāg sōxt ud Ērānšahr pad 90 kadāg-xvadāy baxt.” *Bundahišn*, 214.8ff.

(103) Cf. H. Berve, “Die Verschmelzungspolitik Alexanders des Grossen,” *Klio* 31 (1938) : 135–68 ; E. Badian, “The Administration of the Empire,” *Greece and Rome* 12 (1965) : 166–82 ; A. B. Bosworth, “Alexander and the Iranians,” *Journal of Hellenic Studies* 100 (1980) : 1–21.

(104) Plutarchos, *Bioi Paralleloi : Alexandros*, 43.7 ; Curtius, *Historiarum*, vi.2.11.

(105) “ka gizistag Aleksandar ī hrōmāy ō Ērānšahr mad avēšān kē pad brēh ī moγmardān raft grift ōzad mard ud rēdak ē-čand ō Sagastān āmad hēnd.” *Abdīh ud sahīgīh ī Sagestān,* Jamasp-Asana ed., *Pah. Texts*, I : 25–26.

(106) ゾロアスター教におけるアレクサンドロス像の影響を受けていると思われるソグド語で書かれたトルファン出土のマニ教文献の断片（ベルリン・トルファンコレクション TM393）にも，「マギの殺害を行ったナクシンタル王（アレクサンドロス）」という記述がある。W. B. Henning, “The Murder of the Magi,” *JRAS* (1944) : 133–44.

(107) Boyce, *History of Zoroastrianism*, 3 : 10–11.

(108) ibid., 12–15.

(109) “pad Zardušt dēn āvurd az framān ⟨ī⟩ vištāsp šāh 12000 fragart pad dēn-dibīrīh pad taxtagīhā ⟨ī⟩ zarrēn kand ud nibišt ud pad ganǰ ⟨ī⟩ ān ātaxš nihād. ud pas gizistag skandar sōxt ud andar ō drayāb afkand.” *Šahrestāniha ī Ērān*, in H. S. Nyberg, *A Manual of Pahlavi* (Wiesbaden : Harrassowitz, 1964), 1 : 113, sentences 4–5.

(110) “ud andar vizand ī az mar ī dušxvarrah Aleksandar ō Ērānšahr dēn xvadāyīh mad ān ī pad diz ī nibišt ō sōzišn ān ī pad ganǰī šāhīgān ō dast ī hrōmāyān mad u-š ō-iz yōnānāyīg uzvān vizārd pad āgāhīh ī az pēšēnīgān guft.

payvastag ōy bay Ardaxšahr šāhān šāh ⟨ī⟩ Pābagān mad ud ō abāz ārāstārīh ī ērān xvadāyīh ham nibēg az pargandagīh ō ēk gyāg āvurd. ud pōryōtēš ahlav Tansar ī hērbedān hērbed būd abar mad ud abāg paydāgīh ī az abestāg abāz handāxt az ān paydāgīh bovandagēnīdan framūd. ud ham-gōnag kard. ud hangōšīdag az brēh ī bun rōšn pad ganǰī šīčīgān dāštan paččēn passazagīhā frāxēnīdan framūd āgāhīh.” *DkM*, 405.12–406.10.

「王家の」を意味する*šāhīgān* の読みについては諸説ある。sīčīgān（ウルミエ湖の南東，重要な拝火殿があった), H. S. Nyberg, *A Manual of Pahlavi* (Wiesbaden : Harrassowitz, 1974²), II : 186. *ša⟨sa⟩pīgān*, Bailey, *Zoroastrian Problems*, 155, 230–31, Addenda 57. 筆者はシャーキーの説を取った。M. Shaki, “The Dēnkard Account of the History of the Zoroastrian Scriptures,” *Archīv Orientālnī* 49 (1981) : 115, n. 2.

(111) ササン朝時代の原典の影響を受けたアラビア語・ペルシア語史料にも，アレクサンドロスによる書物の破壊に関する記述がある。ホスロウ1世の時代に書かれたとされる『タンサルの書簡』は，イブン・イスファンディヤールの『タバリスターン史』という地方誌の中にペルシア語に訳された形でのみ現存する。そこにはこう書かれている。“mī-dānī ki Iskandar az kitāb-i dīn-i mā davāzda hazār pūst-i gāv bi-sūxt bi Istaxr. sih-yakī az ān dar dilhā mānda būd. wa ān nīz jumla-yi qiṣaṣ wa aḥādīth.”「アレクサンドロスがイスタフル（ペルセポリス）にて，我らの聖典の12000の牛皮紙を焼いたことは知っているだろう。三分の一ほどは人々の心の中（記憶）に残ったが，それも物語や言い伝えばかりであった」。*Nāma-yi Tansar*, ed. Darmesteter, 212.

(112) F. Altheim and R. Stiehl, “Alexander the Great and the Avesta,” *East and West* 8. 2 (1957) : 123–35.

(113) Plinius, *Historia Naturalis*, 30.2.4.

(114) アルトハイムとシュティールは，アレクサンドリアにおける旧約聖書のギリシア語訳，いわゆる「セプトゥアギンタ」が翻字，翻訳という過程を経て作られたことを例証として挙げ，アレクサンドロスは厳密には聖典の翻訳ではなく，アラム文字で書かれた原典をギリシア文字へ翻字させたのではないかということを証明しようとしている。ヘルミッポスが解説したというゾロアスターの経典は，アレクサンドロスが遠征から持ち帰ったものだということが前提とされており，それが正典か偽書かということは問題とされていない。

(115) H. S. Nyberg, *Die Religionen des alten Iran*, transl. H. H. Schaeder (Leipzig: Hinrichs, 1938), 423ff.; Bailey, *Zoroastrian Problems*, 151–76; Boyce, *History of Zoroastrianism*, 3: 16–17, 121–24, 509–10, 525–26; Bidez and Cumont, *Les Mages hellénisés*, 1: 85–88.

(116) Bailey, *Zoroastrian Problems*, 158–67.

(117) Boyce, *History of Zoroastrianism*, 3: 527.

(118) "ud pas az višobišn (ī) mar ī dušxvarrah xešm-kard Aleksandar mad aziš būd ī ēdōn abāz nē vindād pad dastvar dāštan šāyest hē." *DkM*, 679.14ff.

(119) *Abdīh ud sahīgīh ī Sagestān*, ed. Jamasp-Asana, *Pah. Texts*, I: 26. Cf. Boyce, *History of Zoroastrianism*, 3: 16.

(120) 古代ペルシア語に属するアヴェスター語で伝えられてきた『アヴェスター』の文字化の際には，約48文字からなる「アヴェスター文字」がパフラヴィー文字をもとにしてササン朝時代に発明された。

(121) Bailey, *Zoroastrian Problems*, 172.

(122) *DkM*, 406.3–10.

(123) "Dārāy ī Dārāyān hamāg abestāg ud zand čiyōn zardūxšt az Ohrmazd padīrift nibištag 2 paččēn ēk pad ganjī šāhīgān, ēk pad diz ī nibišt dāštan framūd. Valaxš ī Aškānān abestāg ud zand čiyōn abēzagīhā andar āmad ēstād hammōg-iz ī aziš har čē az vizand ud āšoft kārīh-ī Aleksandar ud ēvār ud rōb ī Hrōmāyān andar Ērānšahr pargandagīhā abar nibištag tā čē uzvān abespārišnīg pad dastvar mānd ēstād andar šahr čiyōn frāz mad ēstēd nigāh dāstan ō šahrīhā ayādgār kardan framūd. ōy bay Ardaxšahr šahān šāh ī Pābagān pad rāst dastvarīh ⟨ī⟩ Tansar ān-iz hammōg ī pargandag hamāg ō dar xvāst. Tansar abar mad ān ī ēvar frāz padīrift ud abārīg az dastvar hišt. ud ēn-iz framān dād ku frāz ō hamāg har nigēzišn ān ē bavēd az dēn māzdēsn čē nūn-iz āgāhīh ud dānišn aziš frōd nēst." *DkM*, 412.3–16.

(124) C. Bartholome, *Zur Kenntnis der mitteliranischen Mundarten* (Heidelberg: Winter), 3: 9, n. 2.

(125) Bailey, *Zoroastrian Problems*, 155.

(126) "ḥattā kāna 'alā ra'si Dārā bni Dārā mā kāna. wa ghalaba-hu al-Iskandaru 'alā mā ghalaba 'alay-hi min mulki-nā. wa kāna ifsādu amri-nā wa tafrīqu-hu jamā'ata-nā wa takhrību-hu 'umrāna mamlakati-nā ablagha la-hu fī-mā arāda min safki dimā'i-nā." Miskawayh, *Tajārib al-umam*, ed. Emāmī (Tehran, 1987), 59.

(127) 本書第III部第1章で取り上げるサーリム・アブ・ル＝アラーの書簡第11篇「ペルシアの王族を処刑することに関しての諮問」と第12篇「そのような処置は回避するようにとの答申」（権力を分割せよという忠告）がおそらくその最も早い例。

(128) "ān gizistag Aleksandar ī hrōmāyīg ī muzrāyīg mānišn"; "ōy petyārag ī vad-baxt ahlomōg ī druvand ī anāgkardār Aleksandar ī hrōmāyīg ī muzrāyīg mānišn"; "gizistag Aleksandar ī hrōmāy"; "gizistag skandar"; "mar ī dušxvarrah Aleksandar"; "mar ī dušxvarrah xešm-kard"; "ān ī druvand Akandgar ī kilisyāgīg."

(129) Gnoli, *The Idea of Iran*, 129ff.

(130) ibid., 178.

(131) ibid.

(132) "va ba'd azīn rāy bar ān mawqūf ast ki bi-ghazv-i Rūm mashghūl shud. va tā kīna-yi Dārā bāz na-khwāhad az Iskandariyān va khazā'in va bayt al-māl ma'mūr nakunad va bi-sabab-i dharārī-yi īshān shahrhā-yī ki Iskandar az Fārs kharāb kard ābādān nakunad, na-khwāhad ārāmīd." *Nāma-yi Tansar*, ed. Darmesteter, 244.

(133) Herodianos, *Historicus*, V.7.3 によると，バッシアヌスが叔父にあたるカラカラ帝の息子であるという噂があり，そのカラカラがマケドニアのアレクサンドロスをいたく崇拝していたことにちなんで，この名が付けられたという。Dio, *Historia Romana*, 80.18 は，予兆としてあった不思議な事件を記録している。バッシアヌスが皇帝の養子に迎えられ，アレクサンデルと改名する少し前に，アレクサンドロス大王と称する亡霊が 400 人の従者とともにモエシアとトラキア地方を行進し，ビザンティウムにおいて船に乗り，小アジアのカルケドンに上陸し夜中に儀式を執り行い，木馬を地中に埋めた後に消え去ったという。

(134) Herodianos, *Historicus*, VI.2-6 にこの戦いの様子が描かれている。

(135) Gnoli, *The Idea of Iran*, 124, n. 27 ; idem, "La demonizzazione di Alessandro nell'Iran sasanide (III-VII secolo d. C.) e nella tradizione zoroastriana," in *Alessandro Magno. Storia e Mito* (Milano : Leonardo Arte, 1995), 175.

(136) ローマの権力者によるアレクサンドロス模倣に関しては以下を参照。A. Bruhl, "Le souvenir d'Alexandre et les Romains," *Mélanges de l'Ecole Français de Rome* 47 (1930) : 202-21 ; D. Michel, *Alexander als Vorbild für Pompeius, Caesar und Marcus Antonius. Archäologische Untersuchungen* (Brussels : Latomus, 1967) ; D. Kienast, "Augustus und Alexander," *Gymnasium* 76 (1969) : 430-56 ; D. R. Cunningham, *The Influence of the Alexander Legend on Some Roman Political Figures* (PhD diss., Washington Univ., 1971) ; O. Weippert, *Alexander-Imitatio und römische Politik in republikanischer Zeit* (PhD diss., Würzburg, 1972) ; G. Wirth, "Alexander und Rom," in *Alexandre le Grand. Image et Réalité*, ed. A. B. Bosworth (Geneva : Foundation Hardt, 1976), 181ff. ; A. Wlosok ed., *Römischer Kaiserkult* (Darmstadt : Wiss. Buchges, 1978) ; Duncun Fishwick, *The Imperial Cult in the Latin West* (Leiden : Brill, 1992) ; J. Szidat, "Alexandrum Imitatus (Amm.24, 4, 27). Die Beziehung Iulians zu Alexander in der Sicht Ammians," in *Zu Alexander*, ed. W. Will (Amsterdam : Hakkert, 1988), 2 : 1023-35 ; A. Rösger, "Severus Alexander und Alexander der Große zu Herodian V7 und Dio 79 (80), 17-18," in *Zu Alexander*, ed. W. Will (Amsterdam : Hakkert : 1988), 2 : 885-906 ; Jean-Michel Croisille, "Alejandro Magno, modelo de los emperadoros romanos," in *Actes du IVe Colloque international de la Société Internationale d'Etudes Néroniennes* (Brussels : Latomus, 1990) ; D. Spencer, *The Roman Alexander* (Exeter : U of Exeter P, 2002) ; 山中由里子「歴史と伝説の重層性——西アジアに

おける imitatio　Alexandri」松原正毅・後藤明編『西アジア社会の重層的構造』(JCAS 連携研究成果報告 5)，2003 年，155–67 頁。

(137) Dio, *Historia Romana*, 78.7–8.

(138) Strabon, *Geo.*, I.4.9 ; Plutarchos, “De Alexandri magni fortuna aut virtute,” in *Moralia*, 4 : I.6.329B.

(139) Diodoros, *Bibliotheke Historike*, XVIII.4.4.

(140) ピエール・ブリアン，桜井万里子監修，福田素子訳『アレクサンダー大王——未完の世界帝国』創元社，1991 年，142–53 頁（「アレクサンダーと近代植民地主義」)。

(141) Bani Sadr, *Quelle révolution pour l'Iran?* (Paris : Fayolle, 1980), 193.

(142) A. R. Anderson, “Alexander's Horns,” *Transactions and Proceedings of the American Philological Association* 58 (1927) : 100–22 ; François de Polignac, “L'Homme aux Deux Cornes : Une image d'Alexandre du symbolisme grec à l'apocalyptique musulmane,” *Mélanges de l'Ecole Française de Rome, Antiquités* 35 (1984) : 29–51. ポリニヤックは見落としているようであるが，牧羊神パンに見立てられた，山羊の角を生やしたアレクサンドロス像もペッラから出土している。東京国立博物館，NHK, NHK プロモーション編『アレクサンドロスと東西文明の交流展』NHK，NHK プロモーション，2003 年，50–51 頁。

第II部第 1 章　「二本角のアレクサンドロス」

(1) 例えば，H. Schwarzbaum, *Biblical and Extra-Biblical Legends in Islamic Folk-Literature* (Walldorf-Hessen : Verl. für Orientkunde, 1982).

(2) 無信仰な人々の迫害を逃れて洞窟に入り，何年も眠り込んでしまった「7 人の眠り人」の話がこの章の冒頭に含まれているためこのように呼ばれている。

(3) 『クルアーン』第 18 章のコンテクスト *récit-cadre* については，M. Arkoun, “Lecture de la sourate 18,” in *Lecture du Coran* (Paris : Maisonneuve et Larouse, 1982), 69–86.

(4) 『コーラン』中巻，井筒俊彦訳，岩波書店，1964 年，303–4 頁。

(5) 同上，123–25 頁。

(6) ウクバ・ブン・アーミルはムハンマドの教友（サハーバ）の一人で，ムスリム軍のエジプト遠征に参加し，後にその地の総督に任命された。M. Muranyi, *Die Prophetengenossen in der frühislamischen Geschichte* (Bonn : Selbstverlag des Orientalischen Seminars der Univ., 1973), 37–38.

(7) Ṭabarī, *Tafsīr* (Cairo : Būlāq, 1910), 16 : 7. この伝承の続きの部分については本章で後述する。ほぼ同じ内容とイスナード（伝承の過程）を持つ伝承がタバリーと同時代のエジプトの歴史家・伝承学者，イブン・アブド・アル＝ハカム（871 年没）の『エジプト征服記』に挙げられている。Ibn ‘Abd al-Ḥakam, *Futūḥ Miṣr*, ed. C. Torrey (New Haven : Yale UP, 1922), 38–39.

(8) イブン・アブド・アル＝ハカムでは，彼らは実際に「写本または本を何冊か」(*maṣāḥif aw kutub*) 持参してきたとされている。Ibn ‘Abd al-Ḥakam, *Futūḥ*, 38,

ll.12–13. 本書第IV部第1章註(61)を参照。

(9) Ṭabarī, *Tafsīr*, 15 : 127–28.

(10) 前者はアブド・アッ＝ダール家 ‘Abd al-Dār の一員で，後者はウマイヤ・ブン・アブド・シャムス Ummayya b. ‘Abd Shams の一家の有力人物で，ムハンマドの活動に真っ向から反発していた。両者ともムハンマドがメッカのクライシュ族を破ったバドルの戦い（624年）の際に殺されている。W. M. Watt, *Muhammad at Mecca* (Oxford : Clarendon, 1953), 92, 175, 179. ナドル・ブン・アル＝ハーリスはペルシアとの交易に携わっていたとされ，古代ペルシア王の伝説を記した書物をもたらしたことで知られている。“al-Naḍr b. al-Ḥārith,” in *EI*².

(11) Ṭabarī, *Tafsīr*, 15 : 127.

(12) ムハンマドに啓示が下された背景に関する類似の伝承は，バルアミーBal‘amī によるタバリーの『諸預言者と諸王の歴史』のペルシア語訳に見られる（タバリーのアラビア語原典にはない)。それによると，メッカの多神教徒が Khaybar, Fadak, Wadī al-Qūra のユダヤ教徒にムハンマドを試すための28の問いをトーラーの中から用意させる。その内の第9の質問が「ゴグとマゴグはどのような民族か。どこに住んでいるのか。どのような信仰を持っているか。いつ現れるのか。どのような姿，特性で，何を食物とするか。二本角が彼らと人類の間に建てた防壁はどのようなものであったか。二本角はいつ生きていたか。どのような人物であったか。彼が活躍したのはいつの時代か」。タバリーの『タフスィール』にある伝承と同じく，ムハンマドは答える約束をしながらなかなか啓示が下らず，15日目にやっと天使ガブリエルが現れ，返答の内容を大啓として示す（Bal‘amī, *Tārīkh-i Ṭabarī*, transl. Zotenberg, 1 : 15–20)。Bahār 校訂本のテクストでは内容が多少異なる上，この逸話は二カ所に分かれて記されている。いずれの箇所においても質問は三つのみである。洞窟の教友たち，霊，最後の審判の時について（Bal‘amī, *Tārīkh*, ed. Bahār, 1 : 26–27)。霊，洞窟の教友たち，二本角について（ed. Bahār, 1 : 702–6)。バルアミーは，タバリーがその『歴史』において，神が『クルアーン』の中で言及している二本角の話を省略したことを批判した上で，『タフスィール』の方からそれを引いて付け加えた（ed. Bahār, 1 : 701)。タバリーの『歴史』と『タフスィール』はいずれもサーマーン朝の君主マンスール・ブン・ヌーフ Manṣūr b. Nūḥ（在位961–976年）の命によってペルシア語に翻訳されている。

(13) 『クルアーン』第18章23–24節（以下引用）は，ムハンマドのこの不注意に対する神の忠告と解釈されている。「何事によらず，『わしは明日これこれのことをする』と言いっ放しにしてはならない。必ず『もしアッラーの御心ならば』と（付け加える）ように。もし忘れたら，主の御名を唱え，『おそらく主は私を導いて，これよりもっと正道に近いところへお連れ下さるであろう』と言うように」。

(14) 『クルアーン』第17章87節。「みなが霊について質問して来るであろう。こう言ってやるがよい，『霊は主の御言から（生ずる）もの。お前たちが元来授かっておる知識はまことに些少なもの』と」。

(15) *asbāb al-nuzūl* については，U. Rubin, *The Eye of the Beholder* (Princeton :

Darwin, 1995), 226–33.

(16) タバリーの歴史叙述にも同じ傾向が見られる。本書第IV部第3章第4節「ハディースへのこだわり——タバリー」を参照。

(17) 教友ウクバの言が，事実ではないにしても，それが語る「真実」が何かについては，次部で詳しく検討する。

(18) *Sabab* は元来「縄」を指し，通常83節で使われているように「方法，手段」という意味を持つ。84節，88節，91節にある「道」(*atba'a sababan*) という特殊な用法についての解説は，R. Paret, *Der Koran. Kommentar und Konkordanz* (Qum : Ansariyan, 1981), 319.

(19) 「創世記」10.2 ;「エゼキエル」38 ;「ヨハネの黙示録」20.7–8.『聖書』における「ゴグとマゴグ」については，A. R. Anderson, *Alexander's Gate, Gog and Magog and the Inclosed Nations* (Cambridge, MA : Mediaeval Academy of America, 1932), 4, n. 1 に先行研究の参考文献リストあり。イスラーム世界におけるゴグとマゴグ伝説の概説は "Yādjūdj wa Mādjūdj," in EI^2 を参照。

(20) アンダーソンの上記の著作は多少古いが，ゴグとマゴグについて最もまとまった研究である。ただしイスラーム世界の資料については原典ではなく翻訳に頼っているところに大きな問題がある。例えば『クルアーン』第18章91節の Sale による意訳 "he prosecuted his journey *from south to north*."「(二本角は) 南から北に向かって旅を続けた」を無批判に使い，二本角つまりアレクサンドロスの壁が『クルアーン』によると北東の果てに建てられたことの証拠としている (Anderson, *Alexander's Gate*, 28ff.)。しかし，前述したように，啓典のテクスト自体は二本角の第三の旅の方角も防壁の地理的な位置も特定していない。

(21) Anderson, *Alexander's Gate*, 34–43. 偽カッリステネスの諸系統については，本書の付録を参照。

(22) A. R. Anderson, "Alexander at the Caspian Gates," *Transactions and Proceedings of the American Philological Association* 59 (1928) : 130–63.

(23) Anderson, *Alexander's Gate*, 16–20.

(24) 例えば，マスウーディー (956年頃没) の『黄金の牧場と宝石の鉱山』には次のように記されている。「彼 (アレクサンドロス) が二本角と同一人物かということについても様々な意見がある。一部の者はそれに賛同し，他の者は反対する。二本角という呼び名自体も論議の的になってきた (以下いくつかの説が挙げられている)」。Mas'ūdī, *Murūj*, ed. and transl. B. de Meynard (Paris : Imprimerie nationale, 1863), § 671 (2 : 248–49). 以降，マスウーディーの『黄金の牧場』については参照箇所の§番号と，メイナール版の巻号頁数を記す。

(25) I. Friedlaender, *Die Chadhirlegende und der Alexanderroman* (Berlin : Teubner, 1913), 276–301. その他参考文献は，J. Horovitz, *Koranische Untersuchungen* (Berlin-Leipzig : Gruyter, 1926), 111–13 ; A. R. Anderson, "Alexander's Horns," *Transactions and Proceedings of the American Philological Association* 58 (1927) : 100–22 ; 'Alī Akbar Dehkhodā, "Dhū 'l-qarnayn" in *Loghatnāme* (Tehran, 1329/

1950-51)；蔀勇造「アラビアのアレクサンドロス――ズ・ル・カルナイン考序説」『比較文化雑誌』4，東京工業大学比較文化研究会，1989 年，72-98 頁；同上「古代文明とイスラーム」『文明としてのイスラーム』後藤明編，栄光教育文化研究所，1994 年，44-81 頁；同上「ヒムヤル王国トゥッバ朝の実体に関する一仮説――後世から見た 3-6 世紀の南アラビア・エチオピア関係」『東洋学報』86 巻 4 号，2005 年，1-29 頁。

(26) タバリーの『クルアーン』注釈書の「二本角」の部分（Ṭabarī, *Tafsīr*, 16：7-23）は参照されていない。おそらくカイロ・ブーラーク版の 16 巻（1910 年刊）が未見であった（15 巻にある「ヒドル」の部分は使っている）のだろうと考えられる。この他，タバリーとほぼ同時代のエジプトの歴史家・伝承学者，イブン・アブド・アル＝ハカムも，その『エジプト征服記』のアレクサンドリア建設に関する一節（Ibn ʻAbd al-Ḥakam, *Futūḥ Miṣr*, 37-40）の中で，二本角の正体をめぐる様々な伝承を挙げているが，こちらもフリードレンダーの研究には使われていない。

(27) Ṭabarī, *Tafsīr*, 16：7. Cf. Ibn ʻAbd al-Ḥakam, *Futūḥ Miṣr*, 39.

(28) Ṭabarī, *Tafsīr*, 16：8.

(29) Ṭabarī, *Tafsīr*, 16：14. イブン・アブド・アル＝ハカムの『エジプト征服記』にも，ムハンマド・ブン・イスハークの同じ伝承が載っている。校訂本のもとになった写本には，“Marzabbā b. Marzaba al-Yūnānī min walad Yūnān b. Yāfath b. Nūḥ”と母音符号がふられて，読み方が示されているという。Ibn ʻAbd al-Ḥakām, *Futūḥ Miṣr*, 37. サムアーニー（1113-1166 年）の家系辞典の“Dhū ʻl-Qarnayn”の項にも“Marzubān b. Mardwīya al-Yūnānī min Yūn b. Yūnān b. Yāfath b. Nūḥ”と挙げられている。Samʻāni, *Ansāb*, 6：24. バガウィーの注釈書は，“Marzubān b. Marzaba? al-Yūnānī min walad Yūnān b. Yāfath b. Nūḥ”とある。Baghawī, *Tafsīr*, 2：178.

(30) ササン朝時代のアレクサンドロス伝承においてアレクサンドロスが「エジプトに住むローマ人」（*hrōmāyīg ī muzrāyīg mānišn*）（『敬虔なヴィーラーズの書』）と呼ばれていることについては，本書第 I 部で言及した。フリードレンダーが挙げる別の典拠には類似した名前が見られる。ダミーリーDamīrī（1405 年没）の『動物の生活』*Ḥayāt al-ḥayawān*（Cairo：Maymanīya, 1305, II.19）がイブン・イスハークのムハンマド伝から引いた伝承によると，二本角は Marzubān b. Mardwayh (Mardūya）という人物であるという。またディヤールバクリーDiyārbakrī（1574 年頃没）の『第五の歴史』*Ta'rīkh al-khamīs*（Cairo：Wahbīya, 1283), I：101 には Marzubān b. Marzba?（مرزبة）al-Yūnānī とある。フリードレンダーは，マルズバーンというペルシア系の名は二本角をペルシア人と見なす“national-persischen Tendenz”を反映するとしているが，結局この人物の素性は不明としている（Friedlaender, *Die Chadhirlegende*, 284)。また，ウマーラʻUmāra のアレクサンドロス伝によるとアレクサンドロスの母親の父の名が Marrīya?（مررية）b. ʻŪnlā?（عونلا）b. Yūnan b. Sām b. Nūḥ となっている（Friedlaender, *Die Chadhirlegende*, 309, l.17)。

(31) Ṭabarī, *Tafsīr*, 16：14.

(32) 「老婆の息子」(*Ibn al-ʻajūz*) という呼称は,『クルアーン』に登場する預言者の一人, アル=ヤサア (vi : 86, xxxviii : 46) のことを指して使われる (“Alīsaʻ,” in *EI*²)。『クルアーン』においてはアル=ヤサアが優れた者であったということ以外は書かれていないが, ムスリムの伝承はこの預言者を『旧約聖書』「列王記上」17に登場するセレプタの未亡人 (飢饉の際にエリアが遣わされた) の息子と同一視する。また,『クルアーン』には登場しないが, 注釈学においては預言者と見なされているエゼキエルも「老婆の息子」と呼ばれる (“Ḥizqīl,” in *EI*²)。モーセを追って紅海に呑み込まれたファラオを継いだ女王がナイル川沿いに建設した「老婆の障壁」の伝説もある (“*Ḥāʼiṭ al-ʻajūz*,” in *EI*²)。この女王の名は, アラビア語ではDalūkaとされる (Ibn ʻAbd al-Hakam, *Futūḥ*, 26 ; Masʻūdī, *Murūj*, § 809 [2 : 398])。アレクサンドロスが老婆に育てられたとする伝説は, ハーンダミール (1475年ヘラート生— 1535/6年インド没) のペルシア語で記された歴史書『伝記の友』*Ḥabīb al-siyar* (1520–1524年) に含まれている。それによると, フィリッポスはアレクサンドリアの王との争いを終結させるために自分の娘を王のもとに送るが, すでに娘は妊娠していたために父親のもとに送り返される。その帰路, 娘は荒野のただ中で一人でアレクサンドロスを産み落とす。その子は, 羊に乳を与えられているところを老婆に拾われ育てられ, 後に実の母と再会する。Khwāndamīr, *Ḥabīb al-siyar* (Bombay, 1857), 1 : 21. また, 11世紀頃にタルスースィーṬarṣūṣī によってペルシア語散文で書かれたアレクサンドロス物語『ダーラーブの書』*Dārābnāma* にあるアレクサンドロスの出生譚をも連想させる。それによると, ペルシア王ダーラーブはルーム王の娘ナーヒードを娶るが, 彼女の口臭のために父のもとに送り返す。途中ナーヒードは, アリストテレスの修道院の近くのテントでアレクサンドロスを産み落とし, 置き去りにする。山羊に養われているところを老婆に見つけられ, 育てられる。そして4歳から10歳までアリストテレスに預けられ, 夢判断を教わる。Ṭarsūsī, *Dārābnāma*, ed. Z. Ṣafa (Tehran, 1965–68).

(33) Ṭabarī, *Tafsīr*, 16 : 8.

(34) Ṭabarī, *Ta'rīkh*, Leiden ed. ser. I : 225.

(35) パフラヴィー語では, ダハーグ, フレードーン。本書第I部第3章第3節(2)「アレクサンドロスの悪魔化」を参照。

(36) 例えば, サムアーニーの家系辞典には, “Dhū ʻl-Qarnayn” はルーム人アレクサンドロスの異名 (*laqab*) であると記されている。Samʻānī, *Ansāb*, 6 : 24.

(37) Rāzī, *Mafātīḥ al-ghayb* (Beirut : Dār al-fikr, 1985), 21 : 164. 二本角の一節の解説部分は164–73。ラーズィーのアレクサンドロスの遠征に関する叙述は, ビールーニーのそれとほぼ一致する (Bīrūnī, *Kitāb al-āthār al-bāqiya*, ed. Sachau, 36–37)。前者は後者に基づいていると考えられる。

(38) Rāzī, *Mafātīḥ*, 166.

(39) Friedlaender, *Die Chadhirlegende*, 281, 298–300. フリードレンダーは言及していないが, 地誌家イブン・アル=ファキーフは『諸国誌』*Kitāb al-buldān* (903年頃) において, 700年生き, ゴグとマゴグの防壁を建てるなどの偉業を果たした「長寿

の二本角」（*Dhū 'l-Qarnayn al-mu'ammar*）と，寿命が短く「もっと邪な」（*akhbath*）生涯を送った「ルーム人」のアレクサンドロスとは別人物であると述べている。Ibn al-Faqīh, *Buldān*, ed. De Goeje (Leiden : Brill, 1967 [1885]), 71.

(40) Ibn Bābūya, *Ikmāl al-dīn*, fol. 179b. Friedlaender, *Die Chadhirlegende*, 281, n. 1 に引用。

(41) Ibn 'Amīd, cod. Gotha, fol. 100b. Th. Nöldeke, "Beiträge zur Geschichte des Alexanderromans," *Denkschriften der kaiserlichen Akademie der Wissenschaften in Wien, phil.-hist. Klasse* 38.5 (1890) : 8, n. 2 に言及。

(42) Diyārbakrī, *Ta'rīkh*, 1 : 101.

(43) Friedlaender, *Die Chadhirlegende*, 281.

(44) Shahrastānī, *Kitāb al-milal wa 'l-niḥal*, ed. W. Cureton, *Book of Religious and Philosophical Sects* (London : Society for the Publication of Oriental Texts, 1846), 328.

(45) 「神の友」（*walīyan min awliyā'i -llāhi*），聖者の意。サァブの遠征に随行したとされるヒドルのことを指している。

(46) M. Lidzbarski, "Zu den arabischen Alexandergeschichten," *Zeitschrift für Assyriologie und verwandte Gebiete* 8 (1893) : 278-79.

(47) Bīrūnī, *Āthār al-bāqiya*, ed. Sachau, 41 ; transl. 43-44.

(48) Mas'ūdī, *Murūj*, § 672 (2 : 249).

(49) Friedlaender, *Die Chadhirlegende*, 287. Sibṭ b. al-Jawzī, *Mirā'at al-zamān* (British Museum Or. 4215, fol. 77b. Friedlaender, 320 に校訂テクストあり）が伝えるところによると，ローマへ花嫁として送られたガッサーン朝の娘が身ごもって国へ戻り二本角を産んだという。

(50) Rāzī, *Mafātīḥ*, 164-66.

(51) 「天使」（*malak*）は，「王」（*malik*）と読むことも可能であるが，同じ伝承を伝えるイブン・アブド・アル＝ハカムの『エジプト征服記』では *malak* と母音符号がふられている。Ibn 'Abd al-Ḥakam, *Futūḥ*, 40.

(52) Baghawī, *Tafsīr*, 2 : 178 ; Bal'amī, *Tārīkh-i Ṭabarī*, ed. Bahār, 701 ; transl. Zotenberg, 518 ; Bīrūnī, *Āthār al-bāqiya*, 37.

(53) Bīrūnī, *Āthār al-bāqiya*, 37.

(54) アレクサンドロスをペルシア化したこの伝説の形成については，本書第IV部において詳しく検討する。

(55) Ṭabarī, *Tafsīr*, 16 : 8. Cf. Baghawī, *Tafsīr*, 2 : 178.

(56) Jāhiz, *Kitāb al-ḥayawān*, ed. 'Abd al-Salām Hārūn (Beirut-Cairo : al-Majma' al-'ilmī al-'arabī al-isālmī, 1969), 1 : 188, 4 : 69.

(57) Ṭabarī, *Tafsīr*, 16 : 8. Cf. Ibn 'Abd al-Ḥakam, *Futūḥ*, 39-40 ; Baghawī, *Tafsīr*, 2 : 178.

(58) Ṭabarī, *Tafsīr*, 16 : 8, 14. Cf. Sam'āni, *Ansāb*, 6 : 24.

(59) Dehkhodā ("Dhū 'l-qarnayn," *Loghatnāme* [Tehran : Dāneshgāh, 1329/1950-51],

10168）にアラビア語抜粋が，R. Macuch（"Pseudo-Callisthenes Orientalis and the Problem of Ḏu l-qarnain," *Graeco-Arabica* 4［1991］: 249）にその英語訳が Dehkhodā からの引用として挙げられている。いずれも原典の書誌が明らかにされていない。原典筆者未見。おそらく『クルアーン』注釈学の書。

(60) タバリー，サムアーニーにも挙げられている。Ṭabarī, *Tafsīr*, 16: 8; Sam'āni, *Ansāb*, 6: 24. バガウィーの注釈書には「ターバンに隠された二本の角」とある。Baghawī, *Tafsīr*, 2: 178.

(61) 本書第 I 部第 3 章註(142)を参照。

(62) Bīrūnī, *Āthār al-bāqiya*, 48.

(63) Bal'amī, *Tārīkh-i Ṭabarī*, ed. Bahār, 701; transl. Zotenberg, 1: 518; Sam'āni, *Ansāb*, 6: 24.

(64) Cf. "dhu'ābatān ḥasanatān," Baghawī, *Tafsīr*, 2: 178.

(65) Ṭabarī, *Tafsīr*, 16: 15. この神と二本角との対話の一節は前掲の「二本角はルーム人で，ある老婆の一人息子であった」とするワフブ・ブン・ムナッビフの伝承の続きの一部である。

(66) Athenaeos, *Deipnosophistae*, 537e. これが後の作り話という説もある。E. R. Bevan, *House of Seleucus*（London: Arnold, 1902), 275.

(67) Clemens, *Protrepticus*, 48P.

(68) Anderson, "Alexander's Horns," 108–9; G. M. Redslob, "Über den Zweihörnigen des Koran," *ZDMG* 9（1855）: 214–23; Abū 'l-Kalām Āzād, *Dhū 'l-qarnayn yā Kurūsh-i Kabīr*, Pers. transl. Bastani Parizi（Tehran, 1965).

(69) これまでの研究では指摘されていないことであるが，「ダニエル書」の中の山羊に象徴されるギリシア王は，牧羊神パンの姿をし，山羊の角を生やしたアレクサンドロスの彫像（本書第 I 部第 3 章註(142)を参照）と何らかのつながりがあるかもしれない。パンはもともと牧畜の神だが，紀元前 490 年のペルシア戦争でギリシア軍を加勢したとされ，それ以来アテネでは戦争の際に助っ人として活躍する神として崇敬されたという。この彫像はマケドニアのペッラで出土したものであり，時代もヘレニズム時代の初期，つまりアレクサンドロスと同時代，あるいはそう離れてはいない時代とされる（東京国立博物館他編『アレクサンドロスと東西文明の交流展』50 頁)。ペルシア軍と戦った神であり，しかもその名前が「全て」という意味を持ち合わせる Pan にあやかろうと，アジアの「全て」を支配しようとしたアレクサンドロス自らがこのような姿を望んだということも考えられなくもない。ペルシアを倒すギリシア王の寓意とされる山羊の起源は，もしやすると，アレクサンドロスの時代からすでにあったのかもしれない。それが後に「ダニエル書」（最終的な形になったのは紀元前 2 世紀頃とされる）に，預言という形で含まれたという仮説が立てられないであろうか。

(70) Macuch, "Pseudo-Callisthenes Orientalis," 252.

(71) 一方，二本角の雄羊は，Redslob や Abū 'l-Kalām Āzād の仮説によると，アケメネス朝の創始者キュロス大王だとされる。

(72) Cf. Baghawī, *Tafsīr*, 2 : 178.

(73) "hamān qawl-i dīgar ki dar vaqt-i khwāb, du qarn-ī falak bastad az āftāb." Niẓāmī, *Iqbālnāma*, ed. Dastgirdī, v. 9.7 (p. 1332).

(74) Ṭabarī, *Tafsīr*, 16 : 7.

(75) Cf. Baghawī, *Tafsīr*, 2 : 178.

(76) アブー・マァシャルは中世ヨーロッパでは Albumaser として知られていた。彼の散逸した『千年周期の書』は，神殿，宗教建築などについての書であったといわれる。"Abū Ma'shar," in *EI*^{2} ; D. Pingree, *The Thousands of Abū Ma'shar* (London : Warburg Institute, 1968) ; 山本啓二「アブー・マアシャルの『千年周期の書』について」『京都産業大学国際言語科学研究所所報』15.2，1994 年，159-73 頁。

(77) Niẓāmī, *Iqbālnāma*, vv. 9.9-9.19 (p. 1332).

(78) Niẓāmī, *Iqbālnāma*, vv. 9.23-9.68 (pp. 1332-34).

(79) Ovidius, *Metamorphoses*, XI.164ff. オウィディウスがもとにしたのは東洋起源の伝承ではないかとアンダーソンは推測している。Anderson, "Alexander's Horns," 120. ちなみに，この王様の耳の伝承は，おそらく朝鮮経由で日本へも伝播したようである。『大鏡』第一巻序には「おぼしきこといはぬはげにぞはらふくるゝ心ちしける。かゝればこそ，むかしの人は，ものいはまほしくなれば，あなをほりてはいひいれ侍りけめと，おぼえ侍り」(『大鏡』35 頁) と記されており，朝鮮の禅僧一然 (1206-1289 年) が晩年に編んだ史書『三国遺事』巻二に景文大王の伝として「王耳忽長，如驢耳。王后及宮人皆未知。唯幞頭匠一人知之。(以下略)」とある (一然撰『三国遺事』学習院東洋文化研究所，1964 年，137 頁)。

(80) Gabriel de Chinon, *Relations Nouvelles du Levant* (Lyon, 1671). J. Darmesteter, "La lēgende d'Alexandre chez les Parses," in *Essais Orientaux* (Paris : Lēvy, 1883), 227-50 に引用。Cf. Anderson, "Alexander's Horns," 120-21.

(81) 例えば，19 世紀半ばにはドイツ東洋学協会の学会誌上にこの問題に関して一連の論文が掲載された。F. von Hammer-Purgstall, "Auszüge aus Saalebi's Buche der Stützen des sich Beziehenden und dessen worauf es sich bezieht," *ZDMG* 6 (1852) : 505-20 ; K. H. Graf, "Über den Zweigehörnten des Koran," *ZDMG* 8 (1854) : 442-50 ; G. M. Redslob, "Über den Zweihörnigen des Koran," *ZDMG* 9 (1855) : 214-23 ; B. Beer, "Welchen Aufschluss geben jüdische Quellen über dem 'Zweihörnigen' des Koran?," *ZDMG* 9 (1855) : 785-94 ; G. Flügel, "Beitrag zu den Berichten der Araber über D̲û'l karnain," *ZDMG* 9 (1855) : 794-97 ; R. Roth, "Aus einem Briefe des Herrn Prof. Roth in Basel an Prof. Graf," *ZDMG* 9 (1855) : 797-99. この論戦の展開は，アンダーソンが簡潔にまとめている。Anderson, "Alexander's Horns," 112-15.

(82) Nöldeke, "Beiträge," 1-56.

(83) G. J. Reinink, *Das syrische Alexanderlied in drei Rezensionen*, Corpus Scriptorum Christianorum Orientalium 455, Scriptores Syri Tomus 196 (Leuven, 1983) ; idem,

"Die Entstehung der syrischen Alexanderlegende als politisch-religiöse Propagandaschrift für Herakleios' Kirchenpolitik," in *After Chalcedon. Studies in Theology and Church History offered to Professor Albert van Roey for his seventieth birthday*, eds. C. Laga, J. A. Munitiz and L. Van Rompay (Leuven : Dep. Oriëntalistiek, 1985), 263–81.

(84) 蔀勇造「古代文明とイスラーム」後藤明編『文明としてのイスラーム』栄光教育文化研究所，1994 年，74–77 頁；同上『シェバの女王』山川出版社，2006 年，172–76 頁。

(85) Nöldeke, "Beiträge," 27–33.

(86) E. A. W. Budge transl. and notes, *The History of Alexander the Great, Being the Syriac Version of the Pseudo-Callisthenes* (Cambridge: Cambridge UP, 1889), lxxvii–lxxix, 144–58.

(87) ここで指摘しておきたいのは，『クルアーン』の二本角説話およびそれに付随した伝承は，このユダヤ色が強いとされる γ 系偽カッリステネスのアレクサンドロス伝説の系譜上にあるもので，本書第IV部で見るアラブ・ペルシアの歴史書，叙事詩などに影響を与えたペルシア化されたアレクサンドロス伝は，多少内容が違う δ^* 系に起源を持つということである。イスラーム時代の著作ではこの二つの系統の情報は混ざってくる。

(88) Budge, *History of Alexander*, lxxvii.

(89) サルーグのヤコブについては，C. Brockelmann, *Geschichte der christlichen Literature des Orients* (Leipzig : Amelang, 1907), 25–26.『聖訓』のシリア語テクストおよびドイツ語訳は，C. Hunnius, "*Das syrische Alexanderlied*," *ZDMG* 60 (1906) : 169–209, 558ff., 802ff. ; *Das syrische Alexanderlied in drei Rezensionen*, ed. and transl. G. J. Reinink. Corpus Scriptorum Christianorum Orientalium 454, 455, Scriptores Syri Tomus 195, 196. 2 vols. (Leuven : Peeters, 1983). 英語訳は，Budge, *History of Alexander*, 163–200. その他のテクスト校訂および翻訳は，Anderson, *Alexander's Gate*, 26, n. 2.

(90) Nöldeke, "Beiträge," 30–31.

(91) W. Bousset, "Beiträge zur Geschichte der Eschatologie," *Zeitschrift für Kirchengeschichte* 20 (1899) : 115.

(92) Nöldeke, "Beiträge," 31.

(93) C. Hunnius, *Das syrische Alexanderlied* (PhD diss., Göttingen, 1904), 21ff.

(94) Reinink ed., *Das syrische Alexanderlied*, 4.

(95) Theophylactus, *Historiae,* V.15.8–10 ; transl. Michael and Mary Whitby, *The History of Theophylact Simocatta* (Oxford : Clarendon, 1986), 154.

(96) G. J. Reinink, "Heraclius, the New Alexander : Apocalyptic Prophecies during the Reign of Heraclius," in *The Reign of Heraclius (610–641) Crisis and Confrontation*, eds. G. J. Reinink and Bernard H. Stolte (Leuven : Peeters, 2002), 89–90.

(97) ヤコブの『聖訓』では，暗闇の国に生命の泉を求めに行くことがアレクサンドロスの主要な動機とされている。Budge, *History of Alexander*, 165. 伝説の方には含まれていない生命の泉譚は，トゥーバールラークとの戦い，ゴグとマゴグの防壁建設のエピソードの前に挿入されている。ibid., 171–74.

(98) ヤコブの『聖訓』では，アレクサンドロスはマゴグに対する防壁を建設するよう神に命じられていたためにこれらの工匠を同行させる。ibid., 167.

(99) ヤコブの『聖訓』では，アレクサンドロスの一行は，悪臭放つ海を離れた後はマーシース Māsīs 山に直行し，そこからすぐに北へ上る。太陽に関する一節は省略。ibid., 168–69.

(100) ここで予言されているローマの王はヘラクレイオスを暗示している。Reinink, "Heraclius, the New Alexander," 84–86. ヤコブの『聖訓』では，ゴグとマゴグが終末の時に関を破り出てこの世にもたらす惨事について天使がアレクサンドロスに啓示し，アレクサンドロスが黙示録に記す。この部分はかなり長く，『聖訓』全体の三分の一ほどを占めている。

(101) 『クルアーン』の陽の没する処にある「泥の泉」とは，あるいは悪臭放つ海のことか。

(102) Budge, *History of Alexander*, 146.

(103) ヤコブの『聖訓』では，神は直接現れず，天使がアレクサンドロスに話しかける。また，二本の角に関する言及はない。ibid., 180.

(104) ibid., 156.

(105) 角は多くの古代宗教において神威を象徴する。M. H. Farbridge, *Studies in Biblical and Semitic Symbolism* (New York : KTAV, 1970), 191–92.

(106) Nöldeke, "Beiträge," 32.

(107) F. Kampers, *Alexander der Große und die Idee des Weltimperiums in Prophetie und Sage* (Freiburg : Herder, 1901), 27–28, 77ff.

(108) このことを，イスラームがその形成期のごく初めの頃はユダヤ教のメシアニズムに非常に近いものであり，双方が協力的な関係にあったというクローンとクックの物議を醸した「ハガリズム」説に照らして考えると興味深い。クローンとクックはイスラーム伝承以外の同時代史料をもとに，ムハンマドがメシアの到来を宣言していたことを主張している。これが事実だとすると，ユダヤ教徒たちが特にこの「二本角」に関する問題を選んだのは，アラブの預言者が自らが救世主の先駆者であると自称していたからこそではなかろうか。P. Crone and M. Cook, *Hagarism : the Making of the Islamic World* (Cambridge : Cambridge UP, 1977), 3–9 ; Reinink, "Heraclius, the New Alexander," 92.

(109) Beer, "Welchen Aufschluss," 794.

(110) Scholium to *Megillat* Ta'anīt, ch. 3 ; *Babylonian Talmud Yōmā*, 69a ; *Genesis Rabbah* 60. I. 7. Cf. Bekkum, "Alexander the Great in Medieval Hebrew Literature," *Journal of the Warburg and Courtauld Institutes* 49 (1986) : 220–21.

(111) L. Wallach, "Alexander the Great and the Indian Gymnosophists in Hebrew

Tradition," *Proceedings of the American Academy of Jewish Research* 11 (1941) : 56-63, 81-82. Cf. I. Lévi, "La Légende d'Alexandre dans le Talmud," *Revue des études juives* 2 (1881) : 293-300.

(112) F. Pfister, *Alexander der Grosse in den Offenbarungen der Griechen, Juden, Mohammedaner und Christen* (Berlin : Akademie-Verl., 1956), 24-35. プフィスターのこの小冊子は、ギリシア、ユダヤ教、イスラーム、キリスト教のそれぞれの宗教において、アレクサンドロスがどのように神聖化されているか比較しているという点で興味深いが、イスラーム文献に関する部分はやや弱い。ユダヤ文献におけるアレクサンドロス伝承およびヘブライ語のアレクサンドロス物語について詳しくは、Bekkum, "Alexander the Great in Medieval Hebrew Literature"とその註に挙げられている文献を参照。D. Sidersky, *Les Origines des légendes Musulmanes dans le Coran et dans les Vies des Prophètes* (Paris : Geuthner, 1933) は、二本角・アレクサンドロスに関してはあまり参考にならない。

(113) 蔀「古代文明とイスラーム」76-77頁。

(114) G. Maspero, "Comment Alexandre devint dieu en Egypte," *Annuaire de l'Ecole Pratique des Hautes Etudes, Section des Science Historiques et Philologiques* (Paris : Imprimerie Nationale, 1897), 5-30 ; E. Badian, "The Deification of Alexander the Great," in *Ancient Macedonian Studies in Honor of Charles F. Edson*, ed. H. Dell (Thessaloniki : Institute for Balkan Studies, 1981), 21-71.

(115) P. M. Fraser, *Ptolemaic Alexandria* (Oxford : Clarendon, 1972), 1 : 213-46.

(116) Pfister, *Offenbarungen*, 10-23.

(117) M. Simon, "Alexandre le Grand, juif et chrétien," *Revue d'histoire et de philosophie réligieuses* 21. fasc. 3 (1941) : 190-91.

(118) ibid., 191.

(119) Ps.-Methodius, *Die syrische Apokalypse des Pseudo-Methodius* の校訂本およびドイツ語訳は、G. J. Reinink, *Corpus Scriptorum Christianorum Orientalium 540, 541*, 2 vols. (Louvain : Peeters, 1993). 英語訳テクストを含んだ研究書は、Paul J. Alexander, *The Byzantine Apocalyptic Tradition* (Berkeley-Los Angeles-London : U of California P, 1985). レイニンクの諸論文を参照、特にG. J. Reinink, "Pseudo-Methodius und die Legende vom Römischen Endkaiser," in *Use and Abuse of Eschatology in the Middle Ages*, eds. W. Verbeke, D. Verhelst and A. Welkenhuysen (Leuven : Leuven UP, 1988), 82-111 ; idem, "Ps.-Methodius : A Concept of History in Reponse to the Rise of Islam," in *The Byzantine and Early Islamic Near East I : Problems in the Literary Source Material*, eds. A. Cameron and L. I. Conrad (Princeton : Darwin, 1992), 149-87.

(120) アブド・アル=マリクの時代には、反乱や疫病によって乱れていたイスラーム帝国内の政情が安定し、さらにイスラームが既存の一神教の後継者であることを正当化する強力なシンボルとなる岩のドームが建設された。この『黙示録』は、このことによって多くのキリスト教徒がイスラーム教に改宗してゆくことを恐れた作者が、

仲間のキリスト教徒に向かってキリスト教王国の最終的な勝利を訴えたメッセージであるという。Reinink, "Ps.-Methodius' Concept of History," 181–87.

(121) ここでは要点のみを紹介する。詳しくは Reinink, "Ps.-Methodius' Concept of History" を参照。

(122) 『クルアーン』全体が，歴史性を全く排除したテクストであることについては，ハリーディーやドナーが論じている。T. Khalidi, *Arabic Historical Thought in the Classical Period* (Cambridge, Cambridge UP, 1994), 8–13. Cf. F. M. Donner, *Narratives of Islamic Origins : the Beginnings of Islamic Historical Writing* (Princeton : Darwin, 1998), 80ff. 詳しくは本書第IV部を参照。

第II部第2章　イスラーム世界におけるアレクサンドロスの神聖化

(1) Ṭabarī, *Tafsīr*, 16 : 7–8.

(2) Ibn ʻAbd al-Ḥakam, *Futūḥ Miṣr*, 38–39 ; ʻUmāra b. Ziyad, Qissa al-Iskandar Dhū 'l-Qarnayn, British Museum MS Add. 5928 fol. 16a ; F. Guillēn Robles, *Leyendas de Jose hijo de Jacob y de Alejandro Magno saccadas de dos manoscritos morisco* (Saragossa, 1888) : 140. Cf. Fr. de Polignac, "Alexandre entre ciel et terre : initiation et investiture," *Studia Islamica* 84 (1996) : 135–44.

(3) Ibn ʻAbd al-Ḥakam, *Futūḥ Miṣr* にあるイスナード：ʻUthmān b. Ṣāliḥ ← ʻAbd Allāh b. Wahb ← ʻAbd al-Raḥman b. Ziyād b. Anʻam ← Saʻad b. Masʻūd al-Tujībī ← 同胞の二人のシャイフ ← ʻUqba b. ʻĀmir. Ṭabarī, *Tafsīr* にあるイスナード：Abū Kurayb ← Zayd b. Ḥabāb ← Ibn Lahīʻa ← ʻAbd al-Raḥmān b. Ziyād b. Anʻam ← Tujīb の二人のシャイフ ← ʻUqba b. ʻĀmir.

(4) Ibn ʻAbd al-Ḥakam, *Futūḥ Miṣr*, 39. 後半部分はタバリーと違い，二本角が一人で旅立ったように書かれている。

(5) 「……犬人間の先にはメニーネーの国があり，メニーネーを越えると無人の地に至る。そこには恐しい山や丘，谷や荒野のみが広がり，大蛇，毒蛇，うわばみがうごめく洞穴もある。人は蛇にたちまち食われずにかの地を通ることはできない。不毛と荒廃以外は何もない」。E. A. W. Budge transl. and notes, *The History of Alexander the Great, Being the Syriac Version of the Pseudo-Callisthenes* (Cambridge : Cambridge UP, 1889), 152.

(6) ヨーロッパにおけるこの伝説の伝播とイコノグラフィーに関する主要な研究は C. Settis-Frugoni, *Historia Alexandri elevati per griphos ad aerem* (Rome : Istituto Storico Italiano per il Medio Evo, 1973) ; I. Michael, *Alexander's Flying Machine : the History of a Legend* (Southampton : Univ. of Southampton, 1974). G. Cary, *The Medieval Alexander* (Cambridge : Cambridge UP, 1967 [1956]), 296, n. 53 にもより古い参考文献がいくつか挙げられている。図4の皿に関しては Scott Redford, "How Islamic is it? The Innsbruck Plate and its Setting," *Muqarnas* 7 (1990) : 119–35.

(7) α本ギリシア語原典に近いとされるアルメニア語版偽カッリステネス（5世紀）に

も昇天の話は含まれているが，どのような方法で飛んだかは示されていない。

(8) Cary, *Medieval Alexander*, 135, 258.

(9) ムハンマドは天馬ブラークに乗り，天使ガブリエルに導かれ，聖なる礼拝堂（メッカのカァバ）から遠隔の礼拝堂（エルサレムの神殿）に一夜の内に旅し，そこから光のはしごを使って天に昇り，神の御座にひれ伏したと伝えられている。

(10) Fr. de Polignac, "Alexandre entre ciel et terre : initiation et investiture," *Studia Islamica* 84 (1996) : 135–44.

(11) この預言はシリア語偽カッリステネスにも含まれているが，都市建設の前に置かれている。Budge, *History of Alexander*, 39–42.

(12) Polignac, "Alexandre entre ciel et terre," 140–41.

(13) ibid., 141. G. Millet, "L'Ascension d'Alexandre," *Syria* 4 (1923) : 85–133 の 103 からの引用。

Grifus pren(di)dit altum ascensum, viditque mirabilia
Hic in altum subiit mox mori aestimavit
Ad Dominum deprecatus est ut potuisset reverti:
In illum locum ubi descendit civitatem aedificat
Ibi fecit civitatem (quam) dicunt Alexandriam

(14) Polignac, "Alexandre entre ciel et terre," 137–39.

(15) L. Ginzberg, *The Legends of the Jews* (Philadelphia : The Jewish Publication Society of America, 1946–59), 1 : 179–81.

(16) Ṭabarī, *Ta'rīkh*, Leiden ed. ser. I : 321–22.

(17) Firdawsī, *Shāhnāma*, Kay Kāvūs vv. 357–441 (ed. Khaleghi-Motlagh, 2 : 95–101). タバリーの歴史にも同じ話が含まれているが，どのような方法を使って飛んだかは記されていない。Ṭabarī, *Ta'rīkh*, Leiden ed. ser. I : 603.

(18) Polignac, "Alexandre entre ciel et terre," 143.

(19) "...il reçoit un droit de conquête universel, non une initiation prophétique." ibid., 143.

(20) ibid., 137.

(21) W. J. van Bekkum, *A Hebrew Alexander Romance according to MS London* (Leuven : Peeters, 1992), 11–12 の英訳に基づく。

(22) 12–13 世紀頃のヘブライ語のアレクサンドロス物語にもアレクサンドロスが鷲鷹を用いて天に昇るエピソードがある（Bekkum, *MS London*, 188–89 [fol. 64] ; idem, *A Hebrew Alexander Romance According to MS Heb. 671.5, Paris, Bibliothèque Nationale* [Groningen : STYX, 1994], 276b)。このヘブライ語アレクサンドロス物語は，『アレクサンドロス戦記』*Historia de Preliis* のアラビア語訳（散逸）に基づいているとされる（Bekkum, *MS London*, 23)。つまり，失われたアラビア語訳にも，鷲を使って昇天するエピソードが含まれていた可能性はある。

(23) この部分はニュービーが，イブン・イスハークの『創世の書』*Kitāb al-mubtada'* を復元するにあたって英訳しているが（G. D. Newby, *The Making of the Last*

Prophet [Columbia, SC : U of South California P, 1989], 194–200)，以下は引用者のアラビア語原典からの訳である。

(24) Nāsik と Mansak （*nsk*「敬虔，信心」の派生形）および Hāwil （Abel/Hevel, Hābīl）と Tāwil は，徳の高い架空の民族の名前。A. Miquel, *La géographie humaine du monde musulman* (Paris-La Haye : Mouton, 1975), 2 : 508.

(25) 「胸を開く」という表現に関しては，H. Birkeland, *The Legend of the Opening of Muhammed's Breast* (Oslo : Dybwad, 1955).

(26) アレクサンドロスは実際に橋のない川を渡る際に様々な工夫をした。オクソス川を渡った時は露営用の天幕で作った浮き袋を用い，インダス川を渡る際は舟橋を設置した。

(27) ティンニーンについては，Miquel, *Géographie humaine*, 2 : 510–11.

(28) ヤージュージュとマージュージュの奇態に関して記しているその他のアラビア語原典史料については，Miquel, *Géographie humaine*, 2 : 509.

(29) この二つの段落（ヤージュージュとマージュージュの奇態，壁の建設）は，ワフブに遡る伝承として，イブン・アル＝ファキーフにも，やや簡略化された形で引用されている。Ibn al-Faqīh, *Buldān*, 299–300.

(30) Ṭabarī, *Tafsīr*, 16 : 14–18.

(31) この逸話の源泉は，偽カッリステネスのアレクサンドロス物語やギリシアの史書（Arrianos, *Anabasis*, 7.1.5–6 ; Strabon, *Geo*., 15.63–64 ; Plutarchos, *Bioi Paralleloi : Alexandros*, 64–65）などに含まれている，「アレクサンドロスとインドの裸の哲学者（*gymnosophistai*）の対話」である。ギリシア語版偽カッリステネス L 写本に含まれるこの逸話の日本語訳は，伝カッリステネス『アレクサンドロス大王物語』橋本隆夫訳，国文社，2000 年，162–68 頁を参照。この話は偽カッリステネス A 写本にも含まれるが，元来は，紀元後 5 世紀パッラディオス作のものとされる。以下は参考文献。U. Wilcken, *Alexander der grosse und die indische Gymnosophisten* (Berlin : Reimer, 1923), 150–83 ; J. D. M. Derrett, "The History of 'Palladius on the Races of India and the Brahmans,'" *Classica et Mediaevalia* 21 (1960) : 100–35 ; W. Berghoff, *Palladius De Gentibus Indiae et Bragmanibus* (Meisenheim am Glan : Hain, 1967) ; F. Pfister, "Das Nachleben des Überlieferung von Alexander und den Brahmanen," in *Kleine Schriften zum Alexanderroman* (Meisenheim am Glan : Hain, 1975) ; R. Stoneman, "Naked Philosophers : the Brahmans in the Alexander Historians and the Alexander Romance," *Journal of Hellenic Studies* 115 (1995) : 99–114.

(32) 本部第 1 章註(111)を参照。

(33) Budge, *History of Alexander*, 156. 本部第 1 章に訳文あり。

(34) 「アレクサンドロスは答えて言った。『神に勝利あれ』。そして軍も叫んだ。『神よ，お助けあれ』。アレクサンドロスが『神よ，この地で我の前に現れ出でた神よ，我らをお助けあれ』と言うと，神は現れた。熾天使（セラフィム）のチャリオットに乗り，見張りの者や天使たちの賛美をあびながら。そして神は天使たちをアレクサンドロスの陣営

に導き，西に立った。アレクサンドロス軍の兵は皆，神を見上げ，神は彼らを助け，人々は力を得た。神は彼らを救いたもうたのであった」。Budge, *History of Alexander*, 157.

(35) T. Nagel, *Alexander der Grosse in der frühislamischen Volksliteratur* (Waldorf-Hessen : Verl. für Orientkunde, 1978), 39.

(36) ワフブは祖先がイラン系であるといわれ，おそらく父の代にユダヤ教からイスラーム教に改宗したとされる。彼は『諸預言者伝集』を編纂したとされるが，現存するのは後の文献への断片的な引用のみである。この人物については，R. G. Khoury, *Wahb b. Munabbih*, 2 vols. (Wiesbaden : Harrassowitz, 1972)。ワフブなどが伝えた「イスラーイーリーヤート」（ユダヤ，キリスト教徒の伝説）が，イスラーム初期の歴史学に与えた影響については，本書第IV部で検討する。

(37) イスラームの宗教説話の起源と伝播における語り部 *quṣṣāṣ* の役割については，J. Pauliny, "Zur Rolle der Quṣṣāṣ bei der Entstehung und Überlieferung der populären Prophetenlegenden," *Asian and African Studies* 10 (1974) : 125–41.

(38) Bal'amī, *Tārikh-i Tabarī*, ed. Bahār, 711 ; transl. Zotenberg, 519.

(39) Ṭabarī, *Tafsīr*, 16 : 8 ; Baghawī, *Tafsīr*, 2 : 178.

(40) ミルスタインはこの点について，画家がフィルダウスィーの『王書』やニザーミーの「五部作」の挿絵のアレクサンドロス像に影響されたために，二本角を後光なしの王として描いたのだと述べている。R. Milstein, K. Rührdanz and B. Schmitz eds., *Stories of the Prophets : Illustrated Manuscripts of Qiṣaṣ al-Anbiyā'* (Costa Mesa, 1999), 149.

(41) Kisā'ī, *Qiṣaṣ al-anbiyā'*, ed. I. Eisenberg (Leiden : Brill, 1922–23). キサーイーと呼ばれる作者については，ほとんど何も分かっていない。伝キサーイーの『預言者伝集』の写本は，ものによって長さ，内容，話の順番などにかなりばらつきがある。最古の写本は 13 世紀初頭のもの。

(42) F. M. Donner, *Narratives of Islamic Origins* (Princeton : Darwin, 1998), 156.

(43) サァラビーの生涯とその作品については，T. Nagel, *Die Qiṣaṣ al-anbiyā'* (PhD diss., Bonn, 1967), 80–102.

(44) Tha'labī, *Qiṣaṣ al-anbiyā'* (Cairo : Muṣṭafā al-Bābī al-Ḥalabī, 1954), 359–70. 二本角の話は，Balūqiyā（シバの女王）と『旧約聖書』の預言者ザカリア Zakariyā の間にある。

(45) サァラビーは『クルアーン』注釈書も先立って記しており，この『預言者伝選集』はその副産物，あるいは別巻として書かれたものとされる。Nagel, *Die Qiṣaṣ al-anbiyā'*, 81.

(46) "*ahl al-siyar*" は英語に直訳すると "people of the biographies" となるので「伝記作者」と訳した。イブン・アル＝ムカッファア（720 頃–756 年頃）がパフラヴィー語からアラビア語に訳したとされる『ペルシア諸王の列伝』*Siyar mulūk al-'ajam* の題にあるように，*ahl al-siyar* は歴代の王の伝記に沿って歴史を記した著述家を指していると思われる。

(47) Mas‘ūdī, *Murūj*, § 670（2：248）; Bīrūnī, *Āthār al-bāqiya*, 40.

(48) Tha‘labī, *Qiṣaṣ al-anbiyā’*, 359.

(49) その他，ラーズィーもその『クルアーン』注釈書の中で，二本角の由来を説明する際に，この話を挙げている。本部第1章註(50)。

(50) サァラビーは，二本角の名前の由来として以下の10説を挙げている。ギリシア（*Rūm*）とペルシア（*Fāris*）の王であったから。角のようなものが二つ頭にあったから。夢の中で太陽の二角を摑んだ，つまり東と西を制したから。人々に唯一神信仰を呼びかけたところ左の角を打たれ，もう一度呼びかけたら右の角を打たれたから。二房の美しい巻き毛を垂らしていたから。両親ともに高貴な家柄だったから。人間の二世代分生きたから。戦闘の際に両手と馬で攻撃したから。表面的意味（*ẓāhir*）と内面的意味（*bāṭin*）の両方を会得したから。光と闇を通り抜けたから。Tha‘labī, *Qiṣaṣ al-anbiyā’*, 359–60. すでに上に見た諸説と重なるものもある。

(51) ibid., 360–61.

(52) カフィーズ（*qafīz*）は，重量の単位。

(53) Tha‘labī, *Qiṣaṣ al-anbiyā’*, 360–61.

(54) Ṭabarī, *Ta’rīkh*, 694–96 ; Engl. transl. 4：88–89. ポロの槌と玉，胡麻をめぐる往復書簡は，サアーリビーやニザーミーも取り上げている。Tha‘ālibī, *Ghurār*, 403–4 ; Niẓāmī, *Sharafnāma*, vv. 23–24（pp. 991–97）.

(55) タバリーの『歴史』および『タフスィール』がともに，サァラビーの主要な情報源であったことは，すでに指摘されている。Nagel, *Die Qiṣaṣ al-anbiyā’*, 84–95.

(56) このムルタダーは，サァラビーとほぼ同時代に生きた，バグダードのシーア派学者 al-Sharīf al-Murtaḍā（967–1044年)のことであると思われる。サァラビーは口頭で直接伝えられた伝承を挿入することも多く（Cf. ibid., 99–100），これもおそらくその一つであろう。

(57) 金の文字で記されたゾロアスター教の聖典に関する史料については，本書第I部第3章第3節「ササン朝ゾロアスター教文献におけるアレクサンドロス」を参照。アレクサンドロスが宗教を滅ぼすためでなく，金を得るためにゾロアスター教の聖典を焼いたという説明は，他の文献には見られない。サァラビーがこの話を，バグダードのシーア派学者から聞いているという点が興味深い。

(58) Ṭabarī, *Ta’rīkh*, 702 ; Engl. transl. 4：94–95.「人々に唯一神を信仰するよう呼びかけた」という記述は，タバリーにはない。また，パールマンによるタバリーの英訳では，イスファハーンに建てられた都市は「蛇（*ḥayya* حية）のような形」をしていたと訳されているが，ライデン版のアラビア語原典校訂本では，サァラビーと同じく「庭園」（*janna* جنة）が採用されている。アラビア語写本では，点がどの文字に付されているのか明瞭でなかったり，点が省略されている場合すらあるので，文字の形が似ているこの二語は混同されたのであろう。タバリーとほぼ同時代の地誌家イブン・アル＝ファキーフは，『諸国誌』のイスファハーンに関する記述において，前者の説を裏付ける興味深い話を挿入している。それに拠ると，（イスファハーンの原形となった）ジャイはアレクサンドロスによって「蛇の通った跡に沿っ

て」（*'alā majarri ḥayyatin*）建設されたというのである。「アレクサンドロスは，この町を四角形に建ててみたり，丸くしてみたり，何度も建設を試みたが，そのたびに崩れてしまった。町を建てるまでその地を離れないと誓ったある日，アレクサンドロスは，穴から出てきた蛇を見た。それは町の周りを急いで一周して，また穴に戻っていった。アレクサンドロスはその蛇の通った跡に沿って町を建設するように部下に命じ，彼らはそれを実行した」(Ibn al-Faqīh, *Buldān*, 262)。

(59) 本章註(55)を参照。

(60) Tha'labī, *Qiṣaṣ al-anbiyā'*, 361.

(61) ibid., 362.

(62) ibid., 363.

(63) これは，'Abdallāh b. Ḥāmid al-Iṣfahānī という人物が伝えるイブン・アッバースまで遡る伝承であり，*ḥam'a* の読み方をめぐって『クルアーン』解釈学者のイブン・アッバースとムアーウィヤ（ウマイヤ朝初代カリフ，在位 661-680 年）の間に議論が生じた時の様子が伝えられている。前者が後者に「何故 *ḥami'a-hu* と読まないのか」と質問したところ，問題を解決するためにカリフ・ムアーウィヤはアブー・ブン・カァブ Abū b. Ka'b（おそらくユダヤ教徒）を呼び，「(ユダヤの聖典）トーラー（*al-tawrāt*）において太陽はどのような場所に沈むのか」と尋ねる。カァブは「トーラーでは陽は水と土に沈んでゆく」と答え，次の詩を朗読する。「ムスリムとなる前の二本角は，他の王たちが従い平伏す王であった。東と西の果てに行き，権能を得る手段（てだて）を賢明な導き人に求めた。彼は陽が沈むのを見た，土（*khulub*）と黒い泥（*tha'ṭ ḥarmad*）を含む泉へと」。『クルアーン』の正式な読み方が統一されゆく過程で，トーラーの権威の知識が生かされていたことを示す興味深い伝承である。カァブの言とされる上記の詩に酷似した詩句が，ビールーニーにも引用されており，イエメンの君子の一人 As'ad b. 'Amr b. Rabī'a b. Malik b. Ṣubayḥ b. 'Abdallāh b. Zaid b. Yāsir b. Yun'im al-Ḥimyarī なる人物の詩とされている。Bīrūnī, *Āthār al-bāqiya*, 40-41. この二者の関係は，今後明らかにする必要がある。

(64) Ṭabarī, *Tafsīr*, 16 : 15-16.

(65) Muḥammad b. al-Sā'ib al-Kalbī（763 年没）のことか，あるいは，その息子 Ibn al-Kalbī（737-819 年）のことか。

(66) Ṭabarī, *Tafsīr*, 16 : 16.

(67) サーフーンはペルシア語の *sāhūr* に由来すると考えられる。*sāhūr* はこの世で最も堅い石が採れる山の名前とされる。

(68) Tha'labī, *Qiṣaṣ al-anbiyā'*, 365.

(69) Ibn al-Faqīh, *Buldān*, 300. イブン・アル＝ファキーフは，二本角が建てた壁に関して，他にも色々な説を挙げており，詳しい。ただし，イブン・アル＝ファキーフはその著書全体を通して，二本角とアレクサンドロスをあくまでも別人物として扱っている。

(70) 特に，ギリシア，ビザンツ帝国，北アフリカの歴史を重点的に扱った作品であった

とされる。“Mas‘ūdī,” in *EI*²．

(71) Mas'ūdī, *Tanbīh*, ed. de Goeje, 116. 同作者の『黄金の牧場』のアレクサンドロスに関する部分では，ヤージュージュとマージュージュや壁に関する記述はない。

(72) Tha‘labī, *Qiṣaṣ al-anbiyā'*, 365-67.

(73) このカターダは，おそらくバスラの伝承継承者 Qatāda b. Du‘āma（680-746年）のことである。Cf. Nagel, *Die Qiṣaṣ al-anbiyā'*, 32-36.

(74) Tha‘labī, *Qiṣaṣ al-anbiyā'*, 366-67.

(75) Ibn Khurdādhbih, *Kitāb al-masālik wa 'l-mamālik*, ed. de Goeje（Leiden: Brill, 1967), 163-70. Cf. C. E. Wilson, “The Wall of Alexander Against Gog and Magog and the Expedition Sent out to Find it by the Khalif Wathiq in 842 A.D.,” in *Hirth Anniversary Volume* (London: Probsthain, 1923), 575-612. ウィルソンは地理学者イドリースィー（1100-1165年）らによる類似の記述も比較検証した上で，サッラーム一行はバイカル湖の南辺りまで赴いたのではないかと推察している。

(76) 例えば，地誌家ジャイハーニーAbū ‘Abd Allāh Muḥammad b. Aḥmad al-Jayhānī（10世紀初頭）の『街道と国々の書』*Kitāb al-masālik wa ‘l-mamālik*（散逸）。

(77) Tha‘labī, *Qiṣaṣ al-anbiyā'*, 367-70. この生命の泉譚は，アレクサンドロスに関する伝承・伝説の中でも，最も広く普及しているモチーフの一つである。ここでは話の概略のみを述べる。

(78) サァラビーは，アリーまで遡る途中の伝承系統は示していない。細かな伝承過程（イスナード）を省略するのは，この作者の特徴である。Nagel, *Die Qiṣaṣ al-anbiyā'*, 97.

(79) 天使ラファーイールについては，I. Friedlaender, *Die Chadirlegende und der Alexanderroman* (Leipzig: Teubner, 1913), 163, n. 6を参照。

(80) このヒドルは生命の泉と深く関連した人物であるが，彼にまつわる伝説とアレクサンドロスとの関係については，Friedlaender, *Die Chadirlegende* が詳しい。ヒドルをめぐる信仰の歴史的展開，地理的分布，そして現状については，家島彦一『海域から見た歴史――インド洋と地中海を結ぶ交流史』名古屋大学出版会，2006年，625-65頁。

(81) ここではラッパの主の名前は記されていないが，『クルアーン』によると，終末のラッパを吹くのは天使イスラーフィールの役目とされている。ナイサーブーリーの『預言者伝集』にある類似の伝承では，この男はイスラーフィールとされている。Naysābūrī, *Qiṣaṣ al-anbiyā'*, ed. Ḥ. Yaghmā'ī (Tehran: Bongāh-e tarjome va nashr-e kitāb, 1340/1961), 332.

(82) ただし，各部分によってアレクサンドロスと二本角の名前が使い分けられていることには注意を払わなければならない。フリードレンダーによるサァラビーの分析は，この点においてあまり厳密でない。例えば，Friedlaender, *Die Chadirlegende*, 171-72.

(83) このような時間軸に沿った叙述がこの作者の文体の特徴であることは，この作品自体の章立て――地の創造，天の創造，天体の創造，アダムからムハンマドに至るま

での預言者たちの序列――にも表れている。
- (84) タバリーは，二本角がアレクサンドロスであるという伝承を挙げてはいるが，アレクサンドロスに関する歴史的な情報は，彼の『歴史』の方に含めており，『タフスィール』には載せていない。Y. Yamanaka, "Un héros aux mille et un visages : classification des récits sur Alexandre dans la littérature médiévale arabe et persane, " in *Classer les récits : Théories et pratiques*, ed. Aboubakr Chraïbi (Paris : L' Harmattan, 2007), 241-56.
- (85) シブト・ブン・ジャウズィー（1186-1257年）は，サァラビーの預言者伝を典拠として歴史書『歴代傑士をめぐる時の鑑』*Mir'at al-zamān fī ta'rīkh al-a'yān* を記している。
- (86) Naysābūrī, *Qiṣaṣ al-anbiyā'*, 321-33.
- (87) この閉ざされた都市の話は，『千一夜物語』にある「黄銅の城」のエピソードとも深く関わりがある。黄銅の城に関しては拙論を参照。Y. Yamanaka, "Urban Space in Vision : Exploring the City of Brass in the *Thousand and One Nights*," in *Erzählter Raum in Literaturen der islamischen Welt / Narrated Space in the Literatures of the Islamic World*, ed. Roxane Haag-Higuchi and Christian Szyska (Wiesbaden : Harrassowitz, 2001), 43-55.
- (88) 「牛油」（*gāv rawghan*）は，バターの水分を蒸発させ精製した脂肪，インド料理でいうギーのこと。同じ段落の中で，*rawghan-i gāv* とも書かれている。
- (89) このやりとりに類似した一節がマスウーディーにある。Mas'ūdī, *Murūj*, §685-94 (2 : 265-76).
- (90) サァラビーにはあった天使ラファーイールとの対話はなく，二本角が生命の泉に興味を持った動機についてここでは説明されてない。
- (91) 遺言には，「客人を招き，膳を供し，身内を亡くしたことがない者のみが食事を口にするように告げよ」と書いてある。母がその通りにすると，食べ物に手をつける客が一人もいなかったことから，母はそれが自分への慰めであったことを知る。これは，アレクサンドロス物語の最後によく現れるエピソードである。本書第III部第2章第4節「アレクサンドロスの最期」を参照。
- (92) この「落ち」は，バルアミーによるタバリーの『歴史』のペルシア語訳（次章を参照）に含まれている二本角の一節の最後にも見られる。Bal'amī, *Tārīkh-i Ṭabarī*, ed. M. T. Bahār (Tehran : Vezārat-e farhang, 1962), 720.
- (93) ディーナワリーとその歴史叙述については，本書第IV部で詳しく述べる。
- (94) Dīnawarī, *Kitāb al-akhbār al-ṭiwāl*, ed. V. Guirgass (Leiden : Brill, 1888), 32-34. ネルデケはこの部分を "frommes Intermezzo"（宗教的な間奏曲）と呼び，省いてしまっても話全体の流れには何も影響しないとしているが (Th. Nöldeke, "Beiträge zur Geschichte des Alexanderromans," *Denkschriften der kaiserlichen Akademie der Wissenschaften in Wien, phil.-hist. Klasse* 38.5 (1890) : 37)，これは歴史叙述の中にこのような宗教的な逸話は不釣り合いであるという先入観か，イスラーム教に対する彼の偏見からくる評言ではないかと察することができる。

(95)　『クルアーン』の二本角説話が意識されていることは，「地上の東から西の果てまで文書で公布することを命じ，それに従うか，拒むかの度合いによってその民の扱いを決めた」という部分に特に表れている。『クルアーン』第 18 章 85–87 節において二本角は神にこのように答えている。「不義なす者は，（まず）我らが懲らしめを加えておいて，次に主の御手元に連れて行かれ，（あらためて）いやというほど懲らしめられるということになりましょう。しかし信仰ぶかく，善行にいそしむ者は，この上もない見事な御褒美を戴いた上，我らとしてもごく安易な仕事を命じてやることになりましょう」。それに，ディーナワリーはヤージュージュとマージュージュに対する防壁の建設についても言及している（Dīnawarī, *Akhbār*, 39）。

(96)　預言者ムハンマドが属したクライシュ族は，キナーナの支族。

(97)　Dīnawarī, *Akhbār*, 36.

(98)　Firdawsī, *Shāhnāma*, Iskandar, vv. 627–65 (ed. Khaleghi-Motlagh, 6 : 48–51). ナスル Naṣr の訴えを聞いたアレクサンドロスが，メッカを支配するフザーア族を滅ぼすという『王書』の中のエピソードも，ディーナワリーと共通の伝承に基づいていると思われる。

(99)　M. Lidzbarski, “Zu den arabischen Alexandergeschichten,” *Zeitschrift für Assyriologie und verwandte Gebiete* 8 (1983) : 284, ll.5–6. 上にも述べたように，イブン・ヒシャーム自身は二本角がアレクサンドロスであることは否定し，ヒムヤルの王であるとしているが，彼の二本角に関する記述はアレクサンドロス伝承の影響を多分に受けている。

(100)　Mas‘ūdī, *Murūj*, § 671 (2 : 248–49). 各歴史家の叙述法の違いは，本書第 IV 部で詳しく述べる。

(101)　ニザーミーは新たな書を記すにあたって，過去の様々な著名な人物の中からアレクサンドロスを主人公として選んだ。

(102)　*dīvān-i dastūr* は二重の意味にとれる。「模範的な統治」という意味の他，「よき顧問官（*dastūr*）に恵まれた宮廷（*dīvān*）」とも解釈できる。ニザーミーの作品中のアレクサンドロスは，アリストテレス，プラトンをはじめとする 7 人の哲学者に囲まれている。

(103)

nihādam zi-har shīva hangāma-ī	magar dar sukhan naw kunam nāma-ī
dar ān ḥayrat ābād bī yāvarān	zadam qur‘a bar nām-i nām-āvarān
har ā’īna kaz khāṭir-ash tāftam	khiyāl-ī sikandar dar-ū yāftam
mabīn sarsarī sū-yi ān shahriyār	ki ham tīgh zan būd-u ham tājdār
gurūhī-sh khānand ṣāḥib sarīr	vilāyat-satān bal-ki āfāq gīr
gurūhī zi dīvān-i dastūr-i ū	ba ḥikmat nibishtand manshūr-i ū
gurūhī zi pākī va dīn parvarī	padhīrā shudand-ash ba payghambarī
man az har sih dāna ki dānā fishānd	dirakhtī barūmand khāham nishānd
nukhustīn dar-ī pādshā’ī zanam	dam az kār-i kishvargushā’ī zanam
zi ḥikmat bar ārāyam ān-gah sukhan	kunam tāza bā ranjhā-yī kuhan
ba payghambarī kūbam ān-gah dar-ash	ki khānad khudā nīz payghambar-ash

Niẓāmī, *Sharafnāma*, vv. 8.39–49 (pp. 932–33).

「神も彼を預言者と呼んだのだから」は,『クルアーン』第18章85節「我ら(アッラー)が『これ二本角よ(中略)』と言えば」(*qulnā yā dhā 'l-qarnayn*)を指す。

(104) J. C. Bürgel, "Conquérant, Philosophe et Prophète : l'image d'Alexandre le Grand dans l'épopée de Neẓâmi," in *Pand-o Sokhan : Mélanges offert à Charles-Henri de Fouchécour*, eds. C. Balaï, C. Kappler and Z. Vesel (Tehran : Institut Français de Recherche en Iran, 1995), 65–78.

(105) Fārābī, *Madīna al-fāḍila*, ed. and transl. R. Walzer, *Al-Farabi on the Perfect State* (Oxford : Clarendon, 1985), V.15.10–14 (p. 447).

(106) Niẓāmī, *Sharafnāma*, v. 28.45.

(107) ibid., v. 28.39.

(108) ba-ṣuḥ(u)f-ī brāhīm-i īzad shinās　　k-az-ān dīn kunam pīsh-i yazdān sipās
ki gar dast yābam bar īrāniyān　　baram dīn-i zardusht rā az miyān
na ātish gudhāram na ātishkadah　　shavad ātish az dast-am ātish zadah
chunīn rasm-i pākīza ū rāh-i rāst　　rah-ī mā u rasm-ī niyākān-i māst
Niẓāmī, *Sharafnāma*, vv. 24.29–32 (p. 995).

(109)「ホスロウ」はここでは偉大な王の意。アレクサンドロスのこと。

(110) guzāranda-yī dāstān-hā-yi pīsh　　chunīn gūyad az pīsh 'ahdān-i khwīsh
ki chūn dīn-i dihqān bar ātish nishast　　bi-murd ātish ū sūkht ātish parast
sikandar bi-farmūd k-īrāniyān　　gushāyand az ātish parastī miyān
hamān dīn-i dīrīna rā naw kunand　　girāyish suy-ī dīn-i khusraw kunand
maghān rā ba ātish sipārand rakht　　bar ātishkada kār gīrand sakht
chunān būd rasm andarān rūzgār　　ki bāshad dar ātishgah āmūzgār
kunad ganj-hā'ī dar ū pāy bast　　na-bāshad kasī rā badān ganj dast
tavāngar ki mīrāth khwārī na-dāsht　　bar ātishkadā māl-i khwud rā gudhāsht
badān rasm k-āfāq rā ranj būd　　har ātishkadā khāna-yī ganj būd
sikandar chu kard ān banā-hā kharāb　　ravān kard ganjī chu dariyā-yi āb
bar ātishgahī kū gudhar dāshtī　　banā kandī ān ganj bar-dāshtī
Niẓāmī, *Sharafnāma*, vv. 28.9–19 (p. 1019).

(111) Niẓāmī, *Sharafnāma*, vv. 28.20–45 (pp. 1019–20).

(112) chunān dād farmān shah-ī nīk rāy　　ki rasm-ī mughān kas na-yārad ba-jāy
garāmī 'arūsān-i pūshīda rūy　　ba mādar namāyand rukh yā ba shūy
hamah naqsh-i nayrang-hā pāra kard　　mughān rā zi maykhāna āvāra kard
jahān rā zi dīn-hā-yi ālūda shust　　nigahdāsht bar khalq dīn-ī durust
ba īrān zamīn az chunān pushti'ī　　na-mānd ātish-ī hīch zardushti'ī
Niẓāmī, *Sharafnāma*, vv. 28.36–40.

(113) Niẓāmī, *Sharafnāma*, v. 28.58.

(114) ibid., v. 28.64.

(115) magar z-ū bi-bīnī yakī nāmdār　　ki-jā naw kunad nām-i Isfandiyār

bi-yārāyad īn ātish-ī zarduhusht　bi-gīrad hamīn zand u ustā ba-musht
nigahdārad īn fāl-i jashn-ī sadah　hamīn farr-i nawrūz u ātishkadah
hamān Ūrmuzd-ī mah ū rūz-i Mihr　bi-shūyad ba-āb-ī khirad jān u chihr
kunad tāzah ā'īn-i Luhrāspī　bi-mānad pay-ī dīn-i Gushtāspī
mihān rā ba-mih dārad ū kih ba-kih　buvad dīn furūzandah ū rūz bih
Firdawsī, *Shāhnāma*, Dārā vv. 375–80 (ed. Khaleghi-Motlagh, 5: 559).

(116) 一方，ニザーミーのアレクサンドロス物語のダレイオスは，(1)自分の暗殺者を処刑すること，(2)カイ王朝の王冠と玉座を守ること，(3)宮中の女性に害を与えず，娘ロクサネと結婚することをアレクサンドロスに約束させるが，宗教の保護については一言も述べていない（*Sharafnāma*, vv. 26.171–77 [pp. 1008–9]）。

(117) 例えば，『栄誉の書』の終わりにはこのように記されている。Niẓāmī, *Sharafnāma*, v. 62.50 (p. 1171).
kujā pīsh pīrā-yi pīr-ī kuhan　ghalaṭ rānda būd az durustī sukhan,
ghalaṭ gufta rā tāza kardam ṭarāz　badīn 'udhr vā guftam ān gufta bāz
「古の老詩人（フィルダウスィー）が以前に，真実を曲げて伝えたところについては，／誤った詩句は我が改めた。故に，すでに語られたことを再び語った申し訳が立」つ。

(118) ニザーミーはカァバの周りを旋回することをコンパスの動きに例えている。アラブ・ペルシア文学におけるコンパスの象徴性については，杉田英明『事物の声　絵画の詩』平凡社，1993年，72–114頁。

(119) *ganj-ī ravān*（流れる宝）は，『クルアーン』に登場するカールーン Qārūn の宝の呼び名でもある。カールーン（『旧約聖書』「民数記」XVI の Korah）は，自らの富をむやみに誇示し，屋敷ごと大地に呑み込まれたという人物で，否定的なイメージがあるので，ここでは文字通り「宝の川」と訳した。

(120) suy-ī ka'ba shud rukh bar āfrūkhtah　ḥisāb-ī manāsik dar āmūkhtah
qadam bar sar-ī nāf-i 'ālam nihād　basā nāfa k-az nāf-i 'ālam gushād
chu pargār-i gardūn bar ān nuqta gāh　ba-pāy-ī parast-ash bi-paymūd rāh
ṭavāfī k-az ū nīst kas rā guzīr　bar āvurd u shud khāna rā ḥalqa gīr
nukhustīn dar-ī ka'ba rā būsa dād　panāhanda-yī khwīsh rā kard yād
bar ān āsitān zad sar-ī khwīsh rā　khazīnah basī dād darvīsh rā
diram dādan-ash būd ganj-ī ravān　shutur dādan-ash kārvān kārvān
chu dar khāna-yī rāstān kard jāy　khudāvand rā shud parast-ash namāy
hamah khāna dar ganj u gawhar girift　dar ū bām dar mushk u 'ambar girift
Niẓāmī, *Sharafnāma*, vv. 32.51–59 (p. 1038).

(121) Niẓāmī, *Iqbālnāma*, vv. 9.3–68 (pp. 1331–34).

(122) ibid., vv. 20.15–74 (pp. 1378–81).

(123) surūsh āmad az ḥaḍrat-ī īzidī　khabar dād-ash az khud dar-ān bī-khwudī
surūsh-ī dirafshān chu tābanda hūr　zi visvās-i dīv-ī farībanda dūr
nihuftah bidān gawhar-ī tābnāk　rasānīd waḥī az khudāvand-i pāk

chunīn guft k-afzūn-tar az kūh u rūd	jahān āfarīn-at rasānad durūd
birūn z-ān-ki dād ū jahānbāni-yat	ba payghambarī dāsht arzāni-yat
ba farmānbarī chūn tu'ī shahryār	chunīnast farmān-i parvardagār
ki bar-dāri ārām az ārāmgāh	dar īn dāvarī sar napīchī zi-rāh
bar-āyī ba gard-ī jahān chūn sipihr	dar-ārī sar-ī vaḥshiyān rā ba mihr
kunī khalq rā da'vat az rāh-i bad	ba dāranda-yī dawlat ū dīn-i khwud
banā naw kunī īn kuhan ṭāq rā	zi ghaflat firūshū'i āfāq rā
rahānī jahān-rā zi bī-dād dīv	girāyish namā'ī ba kīhān khidīv
sar-ī khuftagān rā bar-ārī zi khwāb	zi rūy-ī khirad bar-gushā'ī niqāb
tu'ī ganj-i raḥmat zi yazdān-i pāk	firistāda bar bī naṣībān-i khāk
takāpūy kun gird-i pargār-i dahr	ki tā khākiyān az tu yāband bahr
chu bar mulk-i īn 'ālamat dast hast	bi ār mulk-i ān 'ālam ārī ba dast
dar īn dāvarī k-āvarī rāh-i pīsh	riḍā-yī khudā bīn na āzarm-i khwīsh
ba bakhshāyish-ī jānvar kun basīch	ba nājānvar bar ma-bakhshāy hīch
gar az jānvar nīz yābī gazand	zamān-ash madih yā bi-kush yā bi-band

Niẓāmī, *Iqbālnāma*, vv. 20.15–32 (pp. 1378–79).

(124)

sikandar badān rūy basta surūsh	chunīn guft k-ay hātif-ī tīz hūsh
chu farmān chunīn āmad az kirdigār	ki bīrūn zanam nawbatī z-īn ḥiṣār
zi mashriq ba maghrib shabīkhūn kunam	khimār az sar-ī khalq bīrūn kunam
ba har marz agar khwud shavam marzbān	chi-gūyam chu kas rā na-dānam zabān
chi dānam ki īshān chi gūyand nīz	va-z īn-am batar hast bisyār chīz
yikī ān-ki dar lashgar-am vaqt-i pās	zi dizhkhīm tarsam ki āyad hirās
digar ānki bar qaṣd-i chandīn gurūh	sipah chūn kasham dar biyābān u kūh
gurūhī farāvān-tar az khāk u āb	chigūna kunam har yikī rā 'adhāb
gar-ān kūr chishmān ba man na-gravand	zi karī shukhan-hā-yi man na-shnavand
dar-ān jāy-i bīgāna az khushk u tar	chi darmān kunam khāṣa bā kūr u kar
va-gar da'vi āram ba payghambarī	chi ḥujjat kunad khalq rā rahbarī
chi mu'jiz buvad dar sukhan yāvaram	ki dārand bīnandagān bāvaram
dar āmūz avval ba man rasm u rāh	pas ān-gah zi-man rāh raftan bi-khwāh
bar āmūdagānī chu daryā ba dur	sar ū maghziy az khwīshtan gashta pur
chigūnah tavān dād pā laghzishān	ki ān kibr kam gardad az maghz-ishān

Niẓāmī, *Iqbālnāma*, vv. 20.33–47 (pp. 1379).

(125) ハービールおよびカービールは，アベルとカインのアラビア語名とされる。

(126) *shabchirāgh*（柘榴石）は，逐語的には「夜の灯火（ともしび）」。

(127)

surūsh-ī sarāyanda-yī kār sāz	javāb-ī sikandar chunīn dād bāz
ki ḥukm-ī tu bar chār ḥadd-ī jahān	ravandāst bar āshkār ū nihān
ba maghrib gurūhī (a)st ṣaḥrā khirām	manāsik rahā karda nāsik ba-nām
ba mashriq gurūhī firishtah sirisht	ki juz mansak-ash nām na-tavān nivisht
gurūhī chu daryā janūbī girāy	ki būdast hābīl-ishān rahnamāy

gurūhī shumālīst iqlīm-ishān	ki qābīl khwānī zi ta'ẓīm-ishān
chu tū bāragī sūy-i rāh āvarī	gudhar bar sipīd ū siyāh āvarī
zi-nāsik ba-mansak dar-ārī sipāh	zi hābīl yābī ba qābīl rāh
hamah pīsh-i ḥukm-at musakhkhar shavand	va-gar sar kashand az tu dar sar shavand
na-dārad kas az sar kashān pāy-i tu	na-gīrad kasī dar jahān jāy-i tu
tu ān shabchirāghī ba nīk akhtarī	shab afrūz chūn māh u chūn mushtarī
ki har jā ki tābī ba awj-ī buland	gushā'ī zi ganjīna-hā qufl u band
chunān kun ki chūn sar ba rāh āvarī	ba dāranda-yī khwud panāh āvarī
ba har jā ki mawkib dar ārī ba rāh	kunī dāvar-ī dāvarān rā panāh
na-yārad jahān āfatī bar sar-at	gazandī na bar tu na bar lashgar-at
va-gar z-ānki dar rahgudhar-hā-yi naw	kasī bāyad-at pas raw ū pīsh raw
ba har jā girāyish kunad jān-i tu	buvad nūr u ẓulmat ba farmān-i tu
buvad nūr-at az pīsh u ẓulmat zi pas	tu bīnī na-bīnad tu-rā hīchkas
kasī kū na-bāshad zi 'ahd-ī tu dūr	az ān rawshanā'ī badū bakhsh nūr
kasī k-āvarad bā tu dar sar khumār	bar-ū ẓulmat-ī khwīsh rā bar gumār
badān tā chu sāyah dar ān tīragī	farū mīrad az khwāri ū khīragī
digar chūn 'inān sūy-i rāh āvarī	ba kishvar gushūdan sipāh āvarī
ba har ṭāyfah k-āvarī rūy-i khwīsh	lughat-hā-yi bīgān-at ārand pīsh
ba ilhām-i yārī-dih-ī rahnamūn	lughat-hā-yi har qawmi ārī birūn
zabān dān shavī dar hamah kishvarī	na-pūshad sukhan bar tu az har darī
tu nīz āncha gū'ī ba rūmī zabān	bi-dānad niyūshanda bī tarjumān
ba burhān-i īn mu'jiz-ī īzidī	tu nīkī u yābad mukhālif badī

Niẓāmī, *Iqbālnāma*, vv. 20.28–74 (pp. 1379–80).

(128) 以下は，アレクサンドロスの預言者としての旅の布教活動に関わる部分のみに注目した要約である。不可思議な民族や自然現象に遭遇する冒険譚も多く含まれている。

(129) Niẓāmī, *Iqbālnāma*, vv. 24.56–83 (pp. 1394–95).

(130) "dar-āmūkht-ishān rasm u āīn-i khwīsh	bar-afrūkht-ishān dānish az dīn-i khwīsh." Niẓāmī, *Iqbālnāma*, vv. 24.321–22 (p. 1404).

(131) ibid., vv. 25.10–34 (pp. 1405–06).

(132) ibid., vv. 26.25–61 (pp. 1411–13).

(133) ibid., vv. 26.73 (p. 1413).

(134) ibid., vv. 27.16–82 (pp. 1422–25).

(135) ibid., vv. 27.96–176 (pp. 1425–28).

(136) agar sīrat īn-ast mā bar chi-īm	vagar mardum īn-and pas mā ki-īm
firistādan-ī mā ba daryā u dasht	ba-dān būd tā bāyad īnjā gudhasht
magar sīr gardam zi khūy-ī dadān	dar-āmūzam āīn-i īn bakhrdān
gar īn qawm rā pīsh az-īn dīdamī	ba gard-ī jahān bar na-gardīdamī
ba kunjī dar az kūh ba-nshastamī	ba īzad parastī miyān bastamī

az-īn rasm na-gdhashtī āīn-i man juz īn dīn na-būdī digar dīn-i man
chu dīd ānchunān dīn u dīn parvarī na-kard az bunah yād-i payghambarī
chu dar ḥaqq-i khud dīd-ashān ḥaqq shināṣ durūd ū diram dād-ashān bī qiyās
az ān mamlukat shādmān bāz gasht ravān kard lashgar chu daryā ba dasht
Niẓāmī, *Iqbālnāma*, vv. 27.165–73 (p. 1428).

(137) ペルシア語では，詩の韻の具合によってアレクサンドロスのことをイスカンダルのかわりに，スィカンダルとも言う。スィカンダルは sīn, kāf, nūn, dāl, rā'の五文字で記す。

(138) *panj nawbat* (五度の時鼓) は，権力者が日に五度鳴らす時をしらせる太鼓のこと。

(139) chunān-sh āmad āvāz-i hātif ba gūsh k-az-īn bīshtar sūy-i bīshī ma-kūsh
rasāndī zamīn rā ba ākhir navard suy-ī manzil-ī avvalīn bāz gard
sikandar chu bar khaṭ nigārad dabīr buvad *panj ḥarf* īn sukhan yād gīr
bas-ast īn-ki bar kūh u daryā-yi zharf zadī *panj nawbat* ba-dīn *panj ḥarf*
zi-kār-ī jahān *panja* kūtāh kun suy-ī khāna tā *panj mah* rāh kun
magar jān ba yūnān burī z-īn diyār niyūshanda-yī mast shud hūshiyār
Niẓāmī, *Iqbālnāma*, vv. 28.25–30 (p. 1429).

(140) 信仰を支える五柱（信仰告白，礼拝，喜捨，断食，巡礼），日に五回の礼拝，邪師除けの五本指などと，イスラームにおいて五は重要な数字である。F. C. Endres and A. Schimmel, *Das Mysterium der Zahl* (Cologne : Diederich, 1984), 120–36 ; M. Chebel, *Dictionnaire des symboles musulmans* (Paris : Michel, 1995), 100.

(141)「征服物語」については，"al-maghāzī," in *EI*²を参照。また，イスラーム勃興期の歴史において重要なテーマの一つであるフトゥーフ（*futūḥ*.「征服」「勝利」）も関連深い。Cf. A. Noth, *The Early Arabic Historical Tradition* (Princeton : Darwin, 1994), 31–33 ; Donner, *Narratives of Islamic Origins*, 174–82.

(142) 杉田英明『日本人の中東発見』東京大学出版会，1995 年，82–85，274–75 頁。

(143)『諸蕃誌』台北，広文書局，1969 年，巻上 32–33（64–65 頁）。

(144)『三才図会』上海古籍出版社，1985 年，人物十二巻，832 頁。

(145)『和漢三才図会』原典では，「吹角鳴鑼撃鼓」を「角鳴鑼を吹き，鼓を撃ち」と訓読しているが，「角鳴鑼」*jiǎo-míng-luó* をポルトガル語の *charamela*（チャルメラ）の転訛音名として読んだのであろうか。寺島良安編『和漢三才図会』大空社，1998 年。原書 105 巻 81 冊（大阪，杏林堂，1712 年脱稿）の CD–ROM 版。

(146)『三才図会』人物十二巻，826 頁。『和漢三才図会』外夷人物巻十四，二十二。

(147)『諸蕃誌』巻上三十三。藤善真澄訳注『諸蕃誌』（関西大学東西学術研究所訳注シリーズ 5），関西大学出版部，1990 年，205 頁。

(148) F. Hirth and W. W. Rockhill, *Chau Ju-Kua : His Work in the Chinese and Arab Trade in the Twelfth and Thirteenth Centuries, Entitled Chu-fan-chï* (St. Petersburg : Printing Office of the Imperial Academy of Sciences, 1911), 153.

(149)『異域志』台北，広文書局，1969 年，巻上六，22 頁。

(150) 「異人」狙葛尼が「聖人」になった時代や背景をより明らかにするには，元代から明代にかけての史料を，今後より詳しく調べてみる必要があるだろう。

第III部第 1 章　「君主の鑑」文学におけるアレクサンドロス

(1) 以下考察は，拙論 "History and Kingship through the Looking Glass : a Comparative Study of Specula/Jiàn in Oriental and Occidental Literatures," in *Genres between cultures*, eds. Christian Szyska and Frederike Pannewick (Wiesbaden : Reichert, 2003), 11–25 に基づいている。

(2) J. Manuel Schulte, *Speculum Regis : Studien zur Fürstenspiegel-literatur in der griechisch-römischen Antike* (Berlin : LIT, 2001), 4.

(3) *Allgemeine Deutsche Biographie* (Leipzig : Königl. Akademie der Wissenschaften, 1879), 9 : 481–82.

(4) S. A. Bonebakker, "Adab and the Concept of Belles-Lettres," in *CHAL : 'Abbasid Belles-Lettres*, eds. J. Ashtiany et al. (Cambridge : Cambridge UP, 1990), 16–30 ; "Adab" in *Encyclopedia of Arabic Literature*, eds. J. S. Meisami and P. Starkey (New York : Routledge, 1998), 1 : 53–55.

(5) イスラーム以前のイランの教訓文学に関しては，S. Shaked, *The Pahlavi Andarz Literature* (PhD diss., London Univ., 1964) ; idem, "From Iran to Islam : Notes on some themes in transmission," *Jerusalem Studies in Arabic and Islam* 4 (1984) : 31–67 ; Ch. H. de Fouchécour, *Moralia : les notions morales dans la littérature persane du 3e/9e au 7e/13e siècle* (Paris : Éd. Recherche sur les Civilisations, 1986).

(6) イブン・アル＝ムカッファアに関しては，本書第 IV 部第 2 章の註(4), (5)を参照。

(7) 日本語訳が平凡社の東洋文庫から刊行されている。イブヌ・ル・ムカッファイ，菊池淑子訳『カリーラとディムナ――アラビアの寓話』平凡社，1978 年。

(8) Alia Baccar ed., *La Fontaine et l'Orient : réception, réécriture, représentation* (Paris : Papers on French Seventeenth Century Literature, 1996) ; A. Tilley, "La Fontaine and Bidpai," *The Modern Language Review* 34. 1 (Jan., 1939) : 21–39.

(9) Jāḥiẓ, *Rasā'il Jāḥiẓ*, ed. 'Abd al-Salām Muḥammad Hārūn (Cairo : Maktaba al-khānjī, 1964), 2 : 191–92 ; Charles Pellat, *The Life and Works of Jāḥiẓ* (Berkeley-Los Angeles : U of California P, 1969), 274–75.

(10) アブド・アル＝ハミードに関する参考文献。F. Gabrielli, "Il Kātib 'Abd al-Hamīd ibn Yaḥyā e i primordi della epistografia araba," in *Atti della Academia Nazionale dei Lincei. Rendiconti della Classe di Scienze morale, storiche e filologiche*, ser. VIII, XII (1957) ; J. D. Latham, "The Beginnings of Arabic Prose Literature : the Epistolary Genre," in *CHAL : Arabic Literature to the End of the Umayyad Period*, eds. T. M. J. A. F. L. Beeston, R. B. Serjeant and G. R. Smith (Cambridge : Cambridge UP, 1983), 154–79.

(11) アラビア語テクスト。'Abbās, Iḥsan ed., *'Abd al-Ḥamīd b. Yaḥyā al-Kātib wa mā*

tabqa min rasā'ili-hi wa rasā'il Sālim Abi 'l-'Alā' (Amman : Dār al-shurūq li 'l-nashr wa 'l-tawzī, 1988), 281–88.

(12) アラビア語テクスト。ibid., 215–65.

(13) Latham, "The Beginnings," 177.

(14) Ibn al-Nadīm, *Fihrist*, ed. Flügel and Müller (Leipzig : Vogel, 1871–72), 1 : 117.

(15) M. Grignaschi, "Les «Rasā'il 'Arisṭāṭālīsa 'ilā-l-Iskandar» de Sālim Abū-l 'Alā et l'activité culturelle à l'époque omayadde," *Bulletin d'Etudes Orientales* 19 (1965–66 [published 1967]) : 7–83 ; idem, "Le Roman épistolaire classique conservé dans la version arabe de Sālim Abū-l 'Alā," *Le Muséon* 80 (1967) : 211–64 ; idem, "La 'Siyāsatu-l-'āmmiyah' et l'influence iranienne sur la pensée politique islamique," *Acta Iranica* 6 (*Monumentum Nyberg* 2 : 3) (1975) : 33–287.

(16) 北メソポタミアに位置するハッラーンを中心に活動したヘルメス主義者とは，9 世紀以降にサービア教徒と称されるようになる集団のことで，ギリシア・ローマ多神教の最後の名残ともいわれる。ハッラーンはウマル 2 世（在位 717–720 年）によってアレクサンドリアの医学校がそこに移された都市でもあり，またアッバース朝時代には翻訳活動の重要な拠点の一つであった。

(17) グリニャスキーは 1965–66 年の論文において，書簡集の一部の内容がウマイヤ朝カリフ，ヒシャームの時代の政治的状況に符合することからその年代を推定し，また書簡第 8 篇に見られるヘルメス主義的ロゴスから翻訳者がヘルメス主義者であることを証明した。1967 年の論考では，手紙の中に織り込まれたホメロスの引用句を指摘し，書簡集の原典がギリシア起源のものであることを主張した。さらに 1975 年の論文は，書簡中に混在するヘレニズム，ササン朝ペルシア，ビザンツ的要素を分析したものである。

(18) M. Manzalaoui, "The Pseudo-Aristotelian Kitāb Sirr al-asrār," *Oriens* 23–4 (1974) : 147–257. グリニャスキー論の批評は 162–64。

(19) Latham, "The Beginnings," 156.

(20) 「これら（の書簡）は明らかにフナイン以前の早い時期のものであり，書記たちの世俗的散文とアラブ哲学の文体の繋がりを示す重要な環である」。S. M. Afnan, *Philosophical Terminology in Arabic and in Persian* (Leiden : Brill, 1964), 19.

(21) J. Bielawski ed. and transl., M. Plezia comment., *Siyāsat al-mudun, Lettre d'Aristote sur la politique envers les cités*, Archiwum Filologiczne 25 (Breslau : Ossolineum, 1970), 15.

(22) M. Grignaschi, "Quelques spécimens de la littérature sassanide conservés dans les bibliothèques d'Istanbul," *Journal Asiatique* 254.1 (1966) : 85, n. 19.

(23) 拙論を参照。Yuriko Yamanaka, "Ambiguïté de l'image d'Alexandre chez Firdawsī : les traces des traditions sassanides dans le *Livre des Rois*," in *Alexandre le Grand dans les littératures occidentales et proches-orientales*, eds. L. Harf-Lancner, C. Kappler and F. Suard (Nanterre : Univ. Paris X, 1999), 341–53.

(24) Grignaschi, "La'Siyāsatu-l-'āmmiyah'"に第 8 篇のテクストの校訂と解説あり。

(25) アラビア語訳 *'Ahd Ardashīr* のみが現存する。原典はササン朝末期（ヤズダギルド 3 世の頃）のものとされる。Grignaschi, "Quelques spécimens," 46–90（アラビア語テクスト，フランス語訳，解説）; *'Ahd Ardashīr*, ed. Iḥsān 'Abbās (Beirut : Dār Ṣādir, 1967), 49–84.

(26) この書簡に見られるギリシア，ビザンツ，ペルシア的要素はグリニャスキーの 1975 年の論文において考察されているが，S. Shaked, "From Iran to Islam : Notes on Some Themes in Transmission," *Jerusalem Studies in Arabic and Islam* 4 (1984) : 41–49 もペルシアの影響をいくつか指摘している。

(27) これらの問題をより深く検討し，グリニャスキーの仮説の当否を確かめるためには書簡集全体のテクスト校訂が待望される。

(28) "Pseudo-Aristotle," in *Medieval Science, Technology, and Medicine : an Encyclopaedia*, eds. Thomas Glick, S. J. Livesey and F. Wallis (New York-London : Routledge, 2005), 423–25. 中世ヨーロッパにおける『秘中の秘』の受容については，W. F. Ryan and C. B. Schmitt eds., *Pseudo-Aristotle 'The Secret of Secrets', Sources and Influences* (London : The Warburg Inst., 1982).

(29) Cf. Steven J. Williams, "Roger Bacon and the Secret of Secrets," in *Roger Bacon and the Sciences*, ed. Jeremiah Hackett (Leiden : Brill, 1977), 365–93.

(30) *Secretum secretorum cum glossis et notulis, tractatus brevis et utilis ad declarandum quedam obscure dicta fratris Rogeri*, ed. Robert Steele (Oxford : Clarendon, 1920).

(31) M. Manzalaoui, "The Pseudo-Aristotelian Kitāb Sirr al-Asrār," *Oriens* 23.4 (1970–1) : 147–256 ; idem ed., *Secretum Secretorum : Nine English Versions*, vol. 1. text. (Oxford : Oxford UP, 1977).

(32) *Sirr al-asrār*, ed. 'Abd al-Raḥmān Badawī, in *Al-Uṣūl al-yūnānīya li 'l-naẓarīyāt al-sīyāsīya fi 'l-islām* (Cairo : Dār al-kutub, 1954), 67–171. アラビア語テクストからの英訳が，ロジャー・ベーコン校訂版の補遺に含まれているが，一部正確ではない。A. S. Fulton, "The Translation from the Arabic," in *Secretum secretorum cum glossis et notulis, tractatus brevis et utilis ad declarandum quedam obscure dicta fratris Rogeri*, ed. Robert Steele, 176–266.

(33) M. Grignaschi, "L'origine et les mētamorphoses du «Sirr-al-Asrār»," *Archives d'Histoire Doctrinale et Littēraire du Moyen-âge* 43 (1976) : 7–112 ; idem, "Remarques sur la formation et l'interpretation du Sirr al-'asrār," in *Pseudo-Aristotle 'The Secret of Secrets', Sources and Influences*, eds. W. F. Ryan and C. B. Schmitt (London : The Warburg Inst., 1982), 3–33.

(34) イフワーン・アッ＝サファーは純正同朋会などとも訳される，10 世紀にイラクのバスラに根拠地のあったイスマール派の秘密結社。この学者集団の実態については謎が多い。菊地達也訳「イフワーン・アッサファー書簡集」竹下政孝監修『中世思想原典集成　イスラーム哲学』平凡社，2000 年，197–262 頁。

(35) Manzalaoui, "The Pseudo-Aristotelian," 170–93.

(36) *Sirr al-asrār*, ed. Badawi, 70–71.

(37) *ẓāhir* と *bāṭin* はイスラーム哲学，神学において対で表れる概念。シーア派の『クルアーン』解釈学においては「外面的意味」の解釈学である *tafsīr* と「内面的意味」の解釈学である *ta'wīl* に分けられる。

(38) 第 10 篇以外にも，秘術的な内容は見られる。例えば第 9 篇の戦術の章には，敵味方の大将たちの姓名占いによって勝敗を予見する方法が記されている。

(39) "talismanic mumbo-jumbo." Manzalaoui, "The Pseudo-Aristotelian," 237.

(40) *Sirr al-asrār*, ed. Badawi, 156–57.

(41) *jawzahar* の語源については "Gōzihr," in *EIr*.

(42) *Sirr al-asrār*, ed. Badawi, 160.

(43) 筆者が 1993 年にイスラエルのネゲヴ砂漠のベドゥイン博物館を訪れた際に呪術的な文様が刻まれた金属の小さな器が展示されていた。現地の文化人類学者アーレフ・アブー・ラビア氏が説明してくれた用法によると，その器は夜，テントの支柱などに吊るされ，そこに夜露を溜めるという。この夜露には星のパワーが宿っていると信じられ，呪術に使われたという。バラ水などの液体を入れたものを夜空のもとに置いて，星の力を集める場合もあるようである。Cf. H. Henry Spoer, "Arabic Magic Medicinal Bowls," *JAOS* 55 (1935) : 237–56 ; idem, "Arabic Magic Bowls II : An Astrological Bowl," *JAOS* 58. 2 (Jun., 1938) : 366–83 ; Anne Regourd, "Deux coupes magico-thérapeutiques, biens de fondation pieuse (Nord du Yémen) : transmission du savoir et efficacité," in *Coran et talismans : textes pratiques magiques en milieu musulman*, ed. Constant Hamès (Paris : Karthala, 2007), 309–46 ; Annette Ittig, "A Talismanic Bowl," *Annales Islamologiques* 18 (1982) : 79–94 ; E. Savage-Smith, "Magic-medicinal Bowls," in *Science, Tools & Magic*, Part Ⅰ, eds. F. R. Maddison and E. Savage-Smith (London : Nour Foundation, Azimuth Editions, Oxford UP, 1997), 72–100.

(44) テクストの長い引用：Pseudo-Majritī, *Ghāya al-ḥakīm* (1040 年頃，ラテン語訳は *Picatrix*), ed. Hellmutt Ritter, *Das Ziel des Weisen* (Leipzig : Tuebner, 1933) ; German transl. H. Ritter and M. Plessner, *Picatrix : Das Ziel des Weisen von Pseudo-Magriti* (London : Warburg Institute, Univ. of London, 1962).

(45) 一部校訂・翻訳は，Julius Ruska, *Tabula Smaragdina* (Heidelberg : Winter, 1926), 68–107, 132–33.

(46) Marina Gaillard transl., *Alexandre le Grand en Iran : Le Dârâb Nâmeh d'Abu Tâher Tarsusi* (Paris : Boccard, 2005).

第III部第 2 章　アダブからヒクマへ

(1) 本章はカイロの国際比較文学会で発表した拙論に加筆したものである。Yuriko Yamanaka, "The Philosopher and the Wise King : Aristotle and Alexander the Great in Arabic and Persian Literature," in *Proceedings of the International Congress : Comparative Literature in the Arab World* (Cairo, 1995), ed. Ahmed

Etman (Cairo : Egyptian Society of Comparative Literature, 1998), 73–88.

(2) Ḥunayn b. Isḥāq, *Kitāb nawādir al-falāsifa wa 'l-ḥukamā' wa ādāb al-mu'allimīn wa 'l-qudamā'*, ed. 'A. Badawī (Kuwait : Organisation de la Ligue Arab pour l'éducation, la culture et les sciences, 1985).

(3) Ibn Qutayba, *Uyūn al-akhbār*, ed. Carl Brockelmann (Strassburg : Treubner, 1900, 1903, 1908).

(4) 'Āmirī, *Al-sa'āda wa 'l-is'ād*, ed. Mojtaba Minovi (Wiesbaden : Steiner, 1957/8).

(5) Ibn Juljul, *Ṭabaqāt al-aṭibbā' wa 'l-ḥukamā'*, ed. Fu'ād Sayyid (Cairo : 1955).

(6) Bayhaqī, *Kitāb al-maḥāsin wa 'l-masāwī*, ed. Friedrich Schwally (Giessen : Ricker, 1902).

(7) Mubashshir b. Fātik, *Mukhtār al-ḥikam wa maḥāsin al-kilam*, ed. 'A. Badawī (Beirut : al-Mu'assasa al-'Arabīya li 'l-dirāsāt wa-'l-nashr. 2nd ed., 1980).

(8) Ibn Abī Uṣaybi'a, *Kitāb 'uyūn al-anbā' fī ṭabaqāt al-aṭibbā'*, ed. August Müller (Königsberg, 1884. Reprint, Westmead : Gregg, 1972).

(9) Mubashshir, *Mukhtār al-ḥikam*, 185, 189, 193, 196–98, 203, 205, 208, 215–19.

(10) Cf. Charles-Henri de Fouchecour, *Molalia* (Paris : Éditions Recherche sur les civilisations, 1986), 24–38, passim.

(11) この他にも同書には，第10部「アレクサンドロスの賢人たちへの質問」“mas'al-hā-yi Sikandar az ḥakīmān”，第14部「アリストテレスの格言より」“nukta-hā az maqālāt-i Arisṭāṭālis-i ḥakīm” が含まれている。

(12) Bodleian 288, Ankara 0324.

(13) Kāshānī, *Muṣannafāt*, ed. Mīnōvī (Tehran : Dāneshgāh-e Tehrān, 1958), 2 : 660. Cf. de Fouchecour, *Moralia*, 73.

(14) Ed. Nakhjavānī, in *Yaghmā*, 5.1 (1331/1952) : 31–32. Cf. de Fouchecour, *Moralia*, 75.

(15) Ghazālī, *Tibr al-masbūk*, 63 ; Engl. transl. Bagely, *Counsel for Kings* (Oxford : Oxford UP, 1971), 75.『諸王の忠言』の原作者については諸説ある。第一部がガザーリー自身がセルジューク朝のスルタンのためにペルシア語で記した信条の注解で，第二部に含まれる統治に関する実用的な助言や格言は，ガザーリーの死後，別のイラン人編者によって追加されたといわれる。さらに，1199年以前に Alī b. Mubārak b. Mawhūb（1169–1239年）によって，一部と二部が併せてアラビア語訳され，『諸王の忠言に関する鋳造された金塊』*Tibr al-masbūk fī naṣīḥat al-mulūk* と題された。マムルーク朝，オスマン朝下においては，ペルシア語原典よりもアラビア語訳の方が広く普及した。詳しくは，ホマーイーによるペルシア語版の校訂本およびベイグリーによる英訳の序論，さらに Patricia Crone, “Did al-Ghazālī Write a Mirror for Princes? On the Authorship of Naṣīḥat al-mulūk,” *Jerusalem Studies in Arabic and Islam* 10 (1987) : 167–91.ここでは，ペルシア語原典からの引用は *Naṣīḥat al-mulūk*，アラビア語訳からの引用は *Tibr al-masbūk* として挙げた。

(16) Ghazālī, *Naṣīḥat al-mulūk*, ed. Homāyī, 138–39 ; Engl. transl. Bagely, 82–83.

(17) Ghazālī, *Tibr al-masbūk*, 110 ; Engl. transl. Bagely, 137.

(18) Plutarchos, *Bioi Paralleloi : Alexandros*, VIII.4.

(19) Ibn Durayd (933 年没), *Mujtanā*, XXXIV ; Abū Sulaymān al-Sijistānī (987/8 年以降没), *Siwān al-ḥikma*, fol. 21a ; Ibn Hindī (1019 年または 1029 年没), *Kalim al-rūḥāniyya fī 'l-ḥikam al-yūnāniyya*, 118 ; Tha'ālibī (1038 年没？), *Ghurar akhbār al-mulūk*, 443 ; Mubashshir, Alexander no. 22 ; ms. Aya Sofia 2460 fol. 53a-b (in Gutas, *Greek Wisdom Literature*, 178–79) ; Shahrastānī (1153 年没), *Kitāb al-milal*, 328–29 (Sijistānī とほぼ同文) ; Mīrkhwand (1498 年没), *Tārikh-i rawḍat al-safā*, 664–65. Cf. F. Rosenthal, *Greek Philosophy in the Arab World* (Aldershot : Variorum, 1990), 42, 171.

(20) pādishāhī pisar ba maktab dād　　lawḥ-i sīmīnsh bar kinār nihād
bar sar-ī lawḥ-i ū nibishta ba-zar　　jawr-i ustād bih zi mihr-i pidar
Sa'adī, *Gulistān*, 157.

(21) Plutarchos, *Regum et imperatorum*, 179–81.

(22) Cf. Grignaschi, "La figure d'Alexandre chez les arabes et sa Genèse," *Arabic Sciences and Philosophy* 3 (1993) : 206–9.

(23) Helmut van Thiel, *Die Rezension λ des Pseudo-Kallisthenes* (Bonn : Habelt, 1959).

(24) プルタスコスが記したアレクサンドロスの格言の例を示す。ダレイオスが 200 万タラントの大金とともにアジアの支配権を二分することをアレクサンドロスに提案した際に，パルメニオが「私がアレクサンドロスであれば受け取るでしょう」と言うと，アレクサンドロスは「私がパルメニオなら受け取るであろう」と言った。しかしダレイオスには「世界に二つの太陽が要らないように，アジアに二人の王は要らない」と返答したという。Plutarchos, "Regum et imperatorum," 180.11.

(25) Grignaschi, "La figure d'Alexandre," 209. イブン・ヒンドゥーAbū al-Faraj b. Hindū の格言集からもいくつか引かれているらしいが，こちらは筆者未見である。

(26) Mubashshir, *Mukhtār al-ḥikam*, 243 ; Hunayn, *Nawādir al-falāsifa*, 88.

(27) Mubashshir, *Mukhtār al-ḥikam*, 243 ; Hunayn, *Nawādir al-falāsifa*, 89.

(28) Mubashshir, *Mukhtār al-ḥikam*, 243.

(29) Mubashshir, *Mukhtār al-ḥikam*, 244 ; Ghazālī, *Tibr al-masbūk*, 77, transl. Bagely, 92.

(30) Mubashshir, *Mukhtār al-ḥikam*, 245 ; Hunayn, *Nawādir al-falāsifa*, 89.

(31) Mubashshir, *Mukhtār al-ḥikam*, 245 ; Hunayn, *Nawādir al-falāsifa*, 87.

(32) Mubashshir, *Mukhtār al-ḥikam*, 246.

(33) Mubashshir, *Mukhtār al-ḥikam*, 246–47.

(34) Mubashshir, *Mukhtār al-ḥikam*, 247.

(35) Mubashshir, *Mukhtār al-ḥikam*, 247–48.

(36) Mubashshir, *Mukhtār al-ḥikam*, 248 ; Ghazālī, *Tibr al-masbūk*, 63-64, transl. Bagely, 75.

(37) R. Stoneman, "Naked Philosophers : the Brahmans in the Alexander Historians and

the Alexander Romance," *Journal of Hellenic Studies* 115 (1995) : 99-114.
(38) Pap. Berol. 13044. Wilcken を参照。
(39) Arrianos, *Anabasis*, 7.1.5-7.2.4.
(40) Plutarchos, *Alexandros*, 64.1-65.4
(41) R. Merkelbach, *Die Quellen des griechischen Alexander-romans* (München : Beck, 1954. Revised ed. in collaboration with J. Trumpf. Munich : Beck, 1977), 72-75, 142, 157-161. J. D. M. Derret, "The History of 'Palladius on the Races of India and the Brahmans'," *Classica et Mediaevalia* 21 (1960) : 100-35 も参照。
(42) アレクサンドロス物語のこの問答と『ミリンダ王の問い』を比較した研究もある。その概要は, R. Stoneman transl., intro. and notes, "Naked Philosophers," *The Greek Alexander Romance* (London : Penguin Books, 1991), 113.
(43) Ps.-Call., III : 5-6.
(44) zi farzāna ō mard-i purkhāshkhar   zi bakhshish ba kūshish na-bāyad gudhar Firdawsī, *Shāhnāma*, ed. Khāleghī-Motlagh, 6 : 74-78, ed. Bertel's, 7 : 64-68.
(45) *Tāmīd*, 31b-32a.
(46) L. Wallach, "Alexander the Great and the Indian Gymnosophists in Hebrew Tradition," *Proceedings of the American Academy of Jewish Research* 11 (1941) : 47-83 ; I. Lêvi, "La légende d'Alexandre dans le Talmud," *Révue des études juives* 2 (1881) : 293-300 ; W. J. van Bekkum, *A Hebrew Alexander Romance* (Leuven : Peters, 1992), 7-13.
(47) 詳細な比較は Wallach, "Alexander the Great," 53.
(48) Ṭabarī, *Tafsīr*, 16 : 17-18.
(49) Ghazālī, *Naṣīhat al-mulūk*, ed. Homāyī, 74-77, Engl. transl. Bagley, 42-43.
(50) Ghazālī, *Tibr al-masbūk*, 41-42.
(51) 詳しくは Y. Yamanaka, "Alexander in the Thousand and One Nights : the Ghazālī Connection," in *Arabian Nights and Orientalism : Perspectives from the East and West*, ed. Y. Yamanaka and T. Nishio (London : I. B. Tauris, 2006), 93- 115. 拙論において, ガザーリーと『千一夜物語』の比較を通して,『千一夜物語』の従来あまり注目されていなかった典拠の一つが『諸王の忠言』のアラビア語訳であった可能性を論じた。
(52) A. Spitaler, "Die arabische Fassung des Trostbriefs Alexanders an seine Mutter," in *Studi Orientalistici in onore di G. L. Della Vida* (Roma : Istituto per l'Oriente, 1956), 2 : 493-508 ; M. Girgnaschi, "Le roman épistolaire classique conservé dans la version arabe de Sālim Abū-l-'Alā'," *Le Muséon* 53 (1967) : 231.
(53) M. Grignaschi, "Le roman épistolaire classique conservé dans la version arabe de Sālim Abū-l-'Alā'," *Le Muséon* 53 (1967) : 211-64. 特に 228-39。母への手紙についての言及の原文テクストは, 228, n. 32。哲学者たちの弔辞のテクストは同論文補遺 261-63。
(54) Grignaschi の上記論文 264 に主な類似テクストに含まれている格言の比較表があ

るが，ヤァクービーを見落としている。アラビア語文献における母への手紙についてはシュピターラーの研究がある。エウティキウス，アル＝キンディー，マスウーディーなどに含まれるアラビア語で伝わるエピソードを，三つの系統に分類している。Spitaler, “Die arabische Fassung,” 2 : 493-508. アラブ文学におけるアレクサンドロスを弔う哲学者たちの言葉についてのまとまった研究はまだない。Cf. F. Rosenthal, *The Classical Heritage in Islam*, transl. E. and J. Marmorstein (London-New York : Routledge, 1975), 120-24 ; D. Gutas, *Greek Wisdom Literature in Arabic Translation : A Study of the Graeco-Arabic Gnomologia* (New Haven : American Oriental Society, 1975), 43, 445.

(55) Merkle ドイツ語訳はヘブライ語訳のドイツ語訳 A. Loewenthal, *Ḥonein Ibn Isḥāq, Sinnsprüche der Philosophen nach der hebräischen Übersetzung Charisi's* (Berlin : Calvary, 1896) に含まれていない部分を補っているだけで，完全ではない。アラビア語校訂は，Ḥunayn b. Isḥāq, *Kitāb nawādir al-falāsifa wa 'l-ḥukamā' wa ādāb al-mu'allimīn wa 'l-qudamā'*, ed. Badawi (Kuwait : Organisation de la Ligue Arab pour l'ēducation la culture et les sciences, 1985), 97-98.

(56) Spitaler, “Die arabische Fassung,” 494.

(57) E. A. W. Budge transl. and notes, *History of Alexander the Great, Being the Syriac Version of the Pseudo-Callisthenes* (Cambridge : Cambridge UP, 1889. Reprint ed. Amsterdam : APA Philo, 1976), 142 ; S. P. Brock, “The Laments of the Philosophers over Alexander in Syriac,” *Journal of Semitic Studies* 15.2 (1970) : 205-18 ; D. Gutas, *Greek Wisdom Literature in Arabic Translation* (New Haven : American Oriental Soc., 1975), 445.

(58) Arkoun, *L'humanisme arabe*, 68, n. 4. タウヒディーTawḥīdī (923-1023) の『接近の書』*Kitāb al-zulfā* からの情報として，『国々の経験補遺』*Dhayl Tajārib al-umam* に引用されているというが，原典は筆者未見。

(59) Niẓāmī, *Iqbālnāma*, vv. 14.1-23.77 (pp. 1351-92).

(60) いわゆる「ギリシア７賢人」は，アテナイのソロン，ミレトスのタレス，スパルタのキロン，プリエネのビアス，リンドスのクレオブロス，ミテュレネのピタコス，コリントのペリアンデロスとされる。

(61) Niẓāmī, *Iqbālnāma*, vv. 19.1-23.77 (pp. 1370-92).

第IV部　歴史叙述の中のアレクサンドロス

(１) ユダヤ教・キリスト教的歴史観からの離脱，『クルアーン』における時間軸の不連続性に関するシェッダディの考察は，実証的というより哲学的だが，歴史学者によって充分に議論されてこなかった重要な問題を取り上げている。Abdesselam Cheddadi, *Les Arabes et l'appropriation de l'histoire : émergence et premiers dēveloppements de l'historiographie musulmane jusqu'au IIᵉ / VIIIᵉ siēcle* (Arles : Sindbad Actes Sud, 2004), 144-51.

(２) “Ahistorical,” in F. M. Donner, *Narratives of Islamic Origins* (Princeton : Darwin,

1998), 114. "Meta-historical," in T. Khalidi, *Arabic Historical Thought in the Classical Period* (Cambridge: Cambridge UP, 1994), 35.

(3) Donner, *Narratives of Islamic Origins*, 115.

(4) Abd al-Aziz Duri, *The Rise of Historical Writing among the Arabs*, transl. Lawrence Conrad (Princeton: Princeton UP, 1983); C. Cahen, "History and Historians," in *CHAL: Religion, Learning, and Science in the 'Abbasid Period*, eds. J. D. Latham, M. J. L. Young and R. B. Serjeant (Cambridge: Cambridge UP, 1990), 188–233; R. S. Humphreys, *Islamic History: a Framework for Inquiry* (Princeton: Princeton UP, 1991); A. Noth, *The Early Arabic Historical Tradition: a Source-Critical Study* (Princeton: Darwin, 1994); Khalidi, *Arabic Historical Thought*; Donner, *Narratives of Islamic Origins*; Chase Robinson, *Islamic Historiography* (Cambridge: Cambridge UP, 2003); Cheddadi, *Les Arabes et l'appropriation de l'histoire*. 日本語の参考文献としては以下が挙げられる。清水宏祐「十字軍とモンゴル――イスラーム世界における世界史像の変化」歴史学研究会編『歴史とは何か』東京大学出版会，1995年；佐藤次高「歴史を伝える」林佳世子・桝屋友子編『記録と表象――史料が語るイスラーム世界』（イスラーム地域研究叢書 8)，東京大学出版会，2005年，55–79頁。

(5) オスマン朝侵入によるマムルーク朝滅亡（1517年）までを，アラブ歴史学の古典期の区切りとしている(Robinson, *Islamic Historiography*, xx)。

(6) Khalidi, *Arabic Historical Thought*, 232–33.

(7) ペルシア語の歴史書におけるアレクサンドロスに関する言説については，メイサミーのペルシア歴史学に関する研究書を参照しながら，アラブのそれと比較することにする。J. S. Meisami, *Persian Historiography to the End of the Twelfth Century* (Edinburgh: Edinburgh UP, 1999). イランの古代史に関する情報を提供する一次史料の紹介は Yarshater, "Iranian National History," in *CHI*, 3(1): 359–66; G. Widengren, "Sources of Parthian and Sasanian History," in *CHI*, 3(2): 1261–83; A. Christensen, *L'Iran sous les Sassanides* (Copenhague: Levin & Munksgaard. Paris: Geuthner, 1936).

(8) 例外的な先行研究として挙げられるのが，Monika Springberg-Hinsen, Die *Zeit vor dem Islam in arabischen Universalgeschichten des 9. bis 12. Jahrhunderts* (Würzburg: Echter Verlag, 1989)。ただし，これは著者の修士論文を出版用に手直ししたもので，代表的な万国史におけるイスラーム以前の歴史の記述の特徴をなぞっているが，具体的な記述の典拠にまではあまり踏み込んでいない。モンゴメリー・ワットは，キリスト教の歴史に対するムスリムの歴史家の態度について記しているが，これも概説的である。W. Montgomery Watt, *Muslim-Christian Encounters: Perceptions and Misperceptions* (London: Routledge, 1991), 37–51. 中世エジプトにおける古代エジプト史観についての論考もある。M. Cook, "Pharaonic History in Medieval Egypt," *Studia Islamica* 57 (1983): 67–103. 中世ヨーロッパの万国史におけるアレクサンドロスに関しては次を参照。G. H. V.

Bunt, "Alexander and the Universal Chronicle: Scholars and Translators," in *The Medieval Alexander Legend and Romance Epic: Essays in Honour of David J. A. Ross*, ed. P. Noble, L. Polak and C. Isoz (Millwood, NY: Kraus International, 1982), 1-10; W. J. Aerts, E. R. Smits and J. B. Voorbij eds., *Vincent of Beauvais and Alexander the Great: studies on the Speculum Maius and its translations into medieval vernaculars* (Groningen: Forsten, 1986). 中世ヨーロッパの古代史の知識については，Eva Matthews Sanford, "The Study of Ancient History in the Middle Ages," *Journal of the History of Ideas* 5. 1 (1944): 21-43.

第IV部第1章　初期のアラブ歴史学

(1) イスラーム世界における紙の歴史については，J. Bloom, *Paper Before Print The History and Impact of Paper in the Islamic World* (New Haven: Yale UP, 2001). アッバース朝における学問の開花と紙の生産の関係については，C. Robinson, *Islamic Historiography* (Cambridge: Cambridge UP, 2003), 27。

(2) ドナーは書承文化がいつ頃確立されたかという疑問についての先行研究をまとめている。F. M. Donner, *Narratives of Islamic Origins* (Princeton: Darwin, 1998), 5-25.

(3) ナビア・アボットは，アッバース朝以前の学問の口承性のみが強調されることを批判し，すでにウマイヤ朝時代から宗教的・世俗的内容の書物が記されていたことをパピルス文書の研究によって示している。Nabia Abbott, *Studies in Arabic Literary Papyri I: Historical Texts* (Chicago: Chicago UP, 1957), 5-31.

(4) T. Khalidi, *Arabic Historical Thought in the Classical Period* (Cambridge: Cambridge UP, 1994), 15-16.

(5) 「イスラエルもの」とでも訳せるこの言葉は，*Banū Isrā'īl*（イスラエルの子ら，つまりユダヤ教徒たち。ひいてはユダヤ・キリスト教徒を指す）に由来する。この用語が使われるようになった時期や，それが指すジャンルの定義については諸説あり，さらには現代の政治的な問題までからんでくるため注意が必要である。ここでは，イスラーム教的文脈に移入された，ユダヤ・キリスト教説話という意味で使う。Cf. "Isrā'īliyyāt", in *EI*^{2}; Jane Dammen McAuliffe, "Assessing the *Isrā'īliyyāt*: An Exegetical conundrum," in *Story-telling in the Framework of Non-fictional Arabic Literature*, ed. Stefan Leder (Wiesbaden: Harrassowitz, 1998), 345-69.

(6) セズギンの『アラブ書誌史』によると，カァブに拠るとされる『アレクサンドロス行伝』なる書がある。F. Sezgin, *GAS*, I: 305. セズギンはカイロにある『アレクサンドロス行伝，その驚嘆と奇異』*Sīra al-Iskandar wa mā fīhā min al-'ajā'ib wa 'l-gharā'ib* (Un. Bibl. Kairo 22974) が，イスタンブールにある2巻本 (262ff., 260ff.) の写本のコピーで，881AH/1476AD に作成されたものであると記述している。この写本はおそらく間違いなく，Aya Sofya 3003, 3004 のことで，ドゥーフィカール＝エアツによって研究されている。彼女の 2003 年の博士論文は未見であるが，その他の論文によると，これらの写本に含まれる話はスーリーIbrāhīm b.

Mufarrij al-Ṣūrī という物語師が語ったとされ，このスーリーが情報源としてよく挙げているのが，カァブやワフブ・ブン・ムナッビフやバクリーAbū 'l-Ḥasan al-Bakrī である。F. Doufikar-Aerts, "The Marginal Voice of a Popular Romance: Sīrat al-Iskandar wa-mā fīhā min al-'ajāyib wa-'l gharāyib," in *Marginal Voices in Literature and Society: Individual and Society in the Mediterranean Muslim World*, ed. Robin Ostle (Strasbourg: European Science Foundation, 2000), 13–24; idem, "*Sīrat al-Iskandar*: an Arabic Popular Romance of Alexander," *Oriente Moderno* n. s. 22.2 (2003): 502–20.

(7) "Wahb b. Munabbih," in *EI*²; R. G. Khoury, *Wahb b. Munabbih*, vol. 1 (Wiesbaden: Harrassowitz, 1972); T. Nagel, *Die Qiṣaṣ al-anbiyā': ein Beitrag zur arabischen Literaturgeschichte* (PhD diss., Bonn, 1967), 61–68; A. A. Duri, *The Rise of Historical Writing among the Arabs* (Princeton: Princeton UP, 1983), 122–34.

(8) "Ibn Isḥāḳ," in *EI*², 8llb.

(9) *Isrā'īliyyāt* という題であったという説もあるが，それは後代の書誌家がつけた可能性もある。いずれも同じ作品と考えられている。Duri, *The Rise of Historical Writing*, 126–27.

(10) Abbott, *Arabic Literary Papyri*, 36.

(11) ワフブの著作として唯一現存するのはパピルスで残っているものでムハンマドの征服史の抜粋（PSR Heid. Arab. 23）である。これもワフブの書のほんの一部である可能性が高い。R. G. Khoury, *Wahb b. Munabbih*, vol. 1, *Der Heidelberger Papyrus PSR Heid Arab 23: Leben und Werk des Dichters* (Wiesbaden: Harrassowitz, 1972).

(12) Duri, *The Rise of Historical Writing*, 124–26.

(13) Abbott, *Arabic Literary Papyri*, 9.

(14) "Wahb b. Munabbih," in *EI*².

(15) Duri, *The Rise of Historical Writing*, 128–30.

(16) イブン・イスハークに関する参考文献は，J. Fück, *Muḥammad ibn Isḥāq: Literarhistorische Untersuchungen* (PhD diss., Frankfurt am Main, 1925).

(17) G. D. Newby, *The Making of the Last Prophet* (Columbia, SC: U of South Carolina P, 1989), 7–8. その他，イブン・イスハークのムハンマド伝成立の政治的背景については，Duri, *The Rise of Historical Writing*, 11–14; Khalidi, *Arabic Historical Thought*, 34–39; Robinson, *Islamic Historiography*, 24–27.

(18) Newby, *Making of the Last Prophet*, 2–3.

(19) ニュービーは断片を再編集するにあたって，タバリーの年代記の章立てに基づいて復元している。その根拠については，ibid., 15–16.

(20) ibid., 193–200.

(21) Ṭabarī, *Tafsīr*, 16: 14–18. 同書 16: 8 にあるイブン・イスハークの伝承（頭の両脇が銅でできていたからという二本角の名の由来）は，16: 14, l.23 にある伝承と

ほぼ同一である。ニュービーは四つ目の伝承は使っていない。

(22) マルズバーンは地方総督の意味。ササン朝時代4-5世紀頃に，国境地方の軍事司令官の呼称として使われるようになった。"Marzbān," in *EI*[2].

(23) イブン・イスハークはアレクサンドリアに滞在し伝承を集めた。この都市にはプトレマイオス朝時代からユダヤ人が多く住んでいたが，415年大司教キュリロス(412-444年) によってほとんどが放逐された。ムスリム軍によるエジプト征服とともに再びユダヤ教徒が戻り，中には元ササン朝領から移ってきた者もいたかもしれない。ユダヤ人はササン朝軍のエルサレム攻略 (614年) に貢献しビザンツ帝国に対して戦ったが，ペルシア側に充分な見返りを受けなかったため，後にビザンツ皇帝ヘラクレイオス側へ寝返った。しかし，629年にエルサレムを奪回したヘラクレイオスは恩赦の約束を守らず，ユダヤ人を虐殺。生き残った者はエジプトへ逃がれた。イブン・イスハークはまた，ライ (現テヘランの南にある小都市) も訪れているが，ササン朝下のライは東方シリア教会の聖座であった。Cf. "Rayy," in *EI*[2].

(24) 本書第I部第1章第2節「東方への伝播」を参照。

(25) イブン・フマイド←サラマ←ムハンマド・ブン・イスハーク←サウル・ブン・ヤズィード Thawr b. Yazīd ←ハーリド・ブン・マァダーン・アル=カラーイー Khālid b. Maʿdān al-Kalāʿī.「ハーリドは人々に言った。預言者が二本角について聞かれたらこう答えるだろう，「(神に与えられた？) 力によってこの世を制覇したものである」と。ハーリドはまたこのようにも伝える。ウマル・ブン・アル=ハッターブはある男が『おお二本角よ』と言っているのを聞いてこう言った。『神よ，お赦しあれ。預言者の名を唱えることを認めたら，そのうち天使の名まで唱えるであろう。神の使徒，彼に祈りと神の平安あれ，が言うのは正しいが，信徒たちが言うのは間違っている』」。

(26) Ṭabarī, *Tafsīr*, 16 : 18.

(27) Newby, *Making of the Last Prophet*, 8-14.

(28) Duri, *The Rise of Historical Writing*, 9.

(29) F. Krenkow, "The Two Oldest Books on Arabic Folklore," *Islamic Culture* 2 (1928) : 55-89, 204-36 ; T. Nagel, *Alexander der Grosse in der frühislamischen Volksliteratur* (Waldorf-Hessen : Verl. für Orientkunde, 1978) ; 蔀勇造論文については，本書第I部第1章註(19)を参照。

(30) Ibn Hishām, *Kitāb al-tījān fī mulūk Ḥimyar*, ed. F. Krenkow (Hyderabad, 1928), 81-110 ; Mark Lidzbarski, "Zu den arabischen Alexandergeschichten," *Zeitschrift für Assyriologie und verwandte Gebiete* 8 (1893) : 278-311.

(31) 蔀勇造「アラビアのアレクサンドロス」『比較文化雑誌』4，東京工業大学比較文化研究会，1989年，89-94頁；同上「前イスラム期の南アラビアに関する三つの英雄伝説」『日本中東学会年報』5，1990年，19-22頁。蔀氏は紅海西岸のアドゥリスにあった碑文の研究をもとに，南アラビアの二本角のモデルが，3世紀前半から半ばに実在したエチオピアのアクスム王国の王アスベハ Aṣbeḥa であると同定している。「曙光をもたらす者」という意味のエチオピア名アスベハと，「二つの光を放つ

者」という意味にもとれる（アラビア語の *qrn* という語根は，「角」という意味だけでなく，「光」という意味も持つ）ズ・ル＝カルナインとが共鳴し，アラビア人の間に流布したアレクサンドロスの綽名が，アスベハのアラビア語名として使われるようになったのではないかと論じている（蔀「三つの英雄伝説」32–35頁；同上「ヒムヤル王国トゥッバァ朝の実体に関する一仮説」『東洋学報』86巻4号，2005年，16–19頁)。

(32) 第一夜，高い山から地獄で火責めにあっている黒い人々を見る。
第二夜，梯子で天に昇る。剣を抜いて昴にかけ，右手で太陽を，左手で月を摑む。それらを手に天空を翔る。

第三夜，空腹と喉の渇きのあまり，大地を食い尽くし，海を飲み干す。世界をとりまく大洋を飲もうとすると，泥と黒い泡で飲み込めない。

第四夜，全人類，ジン，鳥獣，虫を集めた。風が頭上で渦巻き，生物を地上の四隅に分配するよう風に命令する。猛獣だけが足元に残る。

(33) Ibn Hishām, *Kitāb al-tījān*, 110; Lidzbarski, "Zu den arabischen Alexandergeschichten," 278–79.

(34) Nagel, *Alexander der Grosse*, 40–59; 蔀「アラビアのアレクサンドロス」90–91頁。

(35) ワフブはウマイヤ朝の政権に近い人間であったはずで，反体制的な南アラビア賛美をするはずがない。それにワフブがイエメンにおいては差別の対象であったアブナーの家系であったことも理由として挙げられる。Nagel, *Alexander der Grosse*, 40–42.

(36) Nagel, *Alexander der Grosse*, 67–77.

(37) 蔀「三つの英雄伝説」21–22頁。

(38) Nagel, *Alexander der Grosse*, 74–75.

(39) Ibn Hishām, *Kitāb al-tījān*, 83.

(40) ヘラクレスは，大洋オケアノスの西の果てに浮かぶ島エリュテイアの紅い牛を生け捕りに行く冒険の途中，ジブラルタル海峡の両岸に柱を立てた。

(41) Manuela Marín, "Legends on Alexander the Great in Moslem Spain," *Graeco-Arabica* 4 (1991): 71–89.

(42) Marín, "Legends on Alexander," 77, n. 31.

(43) Ibn Hishām, *Kitāb al-tījān*, 88–89.

(44) 砂の流れる川は偽カッリステネスのアレクサンドロス物語の ε 本，γ 本に含まれている。J. Trumpf ed., *Anonymi Byzantini Vita Alexandri regis Macedonum, Recension*, Bibliotheca Scriptorum Graecorum et Romanorum (Stuttgart: Teubner, 1974), 91–92; 橋本隆夫訳『伝カッリステネス　アレクサンドロス大王物語』国文社，2000年，309頁。これらでは，三日間は水が流れ，三日間は砂が流れる大河で，アレクサンドロスは石を詰めた箱を使ってそれを渡る方法を考案する。シリア語版アレクサンドロス物語にはアリストテレスに宛てた手紙の中に大河を渡る話は出てくるが（E. A. W. Budge, *The History of Alexander the Great, Being the Syriac Version of the Pseudo-Callisthenes* [Cambridge: Cambridge UP, 1889],

115-16)，砂が流れる川は登場しないようである。このことからも，イブン・ヒシャームの二本角伝のもとになったアレクサンドロス物語が「イラン系」（シリア語版のもとになったとされるパフラヴィー語版）ではないであろうということが推測できる。ビザンツかユダヤ系との関連の方が考えられる。

(45) 黄銅の城に関しては，拙論に先行研究を挙げている。Yuriko Yamanaka, "Urban Space in Vision : Exploring the City of Brass in the Thousand and One Nights," in *Erzählter Raum in Literaturen der islamischen Welt / Narrated Space in the Literatures of the Islamic World*, eds. Roxane Haag-Higuchi and Christian Szyska (Wiesbaden : Harrassowitz, 2001), 43-55.

(46) Ibn al Faqīh, *Kitāb al-buldān*, ed. de Goeje (Leiden : Brill, 1885, 1967[2]), 71, 84.

(47) 橋本『伝カッリステネス』309 頁。

(48) Marín はマグレブ，アンダルシアにおけるアレクサンドロス伝説の流布に与えた『王冠の書』の影響の重要性を示唆しているが，より詳しい検討が必要。Marín, "Legends on Alexander," 88.

(49) Ibn ʻAbd al-Ḥakam, *Futūḥ*, 26-28. この女王に関してはマスウーディーにも記述がある。Masʻūdī, *Murūj*, § 809-10.

(50) *jidār al-ʻajūz*「老婆の壁」。マスウーディーでは *ḥā'iṭ al-ʻajūz.* Cf. "Ḥā'iṭ al-ʻadjūz," in *EI*[2].

(51) Ibn ʻAbd al-Ḥakam, *Futūḥ*, 28-31.

(52) ibid., 33-35.

(53) ibid., 35-37.

(54) コプト教徒の伝承との関わりも考えられる。ムスリムのエジプト征服と同時代に生まれたとされるコプト教司教，ニキウのヨハネによる『年代記』（690 年頃）によると，モーセの後のエジプトの民は神を見捨て，牛，犬，ロバ，ライオン，魚，ワニなどを崇拝したとある。当時の王の名前は Prosopis とされる。妖術使いの女王は登場しない。Robert H. Charles, transl., *The Chronicle of John* (*c. 690 A. D.*) *Coptic Bishop of Nikiu Being a History of Egypt Before and During the Arab Conquest* (Amsterdam : APA-Philo Press, 1982), 28-29.

(55) アレクサンドリアのメルキト派（皇帝派）大司教キュロスのこと。642 年にアレクサンドリアをムスリム軍に明け渡した。

(56) Ibn ʻAbd al-Ḥakam, *Futūḥ*, 37.

(57) アレクサンドロスであるという説，Marzabbā b. Marzaba al-Yūnānī であるという説，西エジプトの Lūbiya という村の者であるという説，ギリシア人またはヒムヤル（南アラビア）人であるなどという説が並んでいる。

(58) Ibn ʻAbd al-Ḥakam, *Futūḥ*, 38-39. イスナードは次の通り。ʻUthman b. Ṣāliḥ ← ʻAbd Allāh b. Wahb ←ʻAbd al-Raḥman b. Ziyād b. Anʻam ← Saʻad b. Masʻūd al-Tujībī ←同じ部族の二人のシャイフ。トゥジーブ族は，スペイン征服で活躍したイエメン出身の部族。

(59) ウクバはヒジュラの際にすでにムハンマドの教友であった「先立つ人々」(*ahl*

al-sābiqa）の一人に数えられ，またムアーウィヤ一世とともに657年のシッフィーンの会戦で第四代カリフ・アリーの軍勢と戦っている。N. Muranyi, *Die Prophetengenossen in der frühislamischen Geschichte* (Bonn : Selbstverlag des Orientalischen Seminars der Univ., 1973), 37-38.

(60) ムハンマドが二本角の話をするまでにいたる前置きの部分の訳は，本書第II部第1章を参照。

(61) "maṣāḥif" は "muṣḥaf/maṣḥaf" の複数形。物質的な存在としての書き写された『クルアーン』を指す際に使われるが，ここでは啓典の民（おそらくユダヤ教徒）の聖典を意味していると思われる。Cf. "Muṣḥaf," in *EI²*.

(62) ムハンマドの言行をまとめたハディース集の中でも最も権威のある二書，ブハーリーの『サヒーフ集』およびムスリムの『サヒーフ集』にはこのハディースは含まれていないことから，狭い意味でのハディース正伝としては認められない伝承であったと考えられる。Muslim Student Association at University of Southern California. *Hadith Database*, http://www.usc.edu/dept/MSA/reference/searchhadith.html（2005年6月13日検索）

(63) U. Rubin, *The Eye of the Beholder : the Life of Muḥammad as Viewed by the Early Muslim* (Princeton : Darwin, 1995), 226-33.

(64) S. Günter, "Fictional Narration and Imagination within an Authoritative Framework," in *Story-telling in the Framework of Non-fictional Arabic Literature*, ed. Stefan Leder (Wiesbaden : Harrassowitz, 1998), 433-71.

(65) 本書第II部で指摘したように，ユダヤ教のアレクサンドロス昇天伝説が神の全能に対する人間の限界を表したエピソードで，キリスト教のそれは天をも支配しようとしたアレクサンドロスの傲慢に対する戒めとして解釈された。これに対して，イスラーム教の二本角昇天伝説に表れるのは，神に対抗しようという無謀な王ではなく，神のなす業に操られ，布教の使命を負う，神の従僕である。

(66) Ibn ʻAbd al-Ḥakam, *Futūḥ*, 39-40.

(67) ibid., 40-41.

(68) ibid., 41-42. 五つのモスクのうち，二本角モスク，ヒドル・モスクの名があることに注目。

(69) 例えば，Masʻūdī, *Murūj*, § 787-803.

第IV部第2章　非アラブの貢献

(1) アッバース朝の文学と学問に関する参考図書は，M. J. L. Young, J. D. Latham and R. B. Serjeant eds., *CHAL : Religion, Learning, and Science in the ʻAbbasid Period* (Cambridge : Cambridge UP, 1990) ; Julia Ashtiany, T. M. Johnstone, J. D. Latham, R. B. Serjeant and G. R. Smith eds., *CHAL : Abbasid Belles-Lettres* (Cambridge : Cambridge UP, 1990).

(2) D. Gutas, *Greek Thought, Arabic Culture* (London : Routledge, 1998).

(3) ただしグタスはハールーン・アッ＝ラシードやマァムーンによる宮廷直属の研究機

関の「設立」を疑問視している。「知恵の館」とハールーン・アッ＝ラシードやマァムーンを結びつける一次資料は実は非常に乏しく，「知恵の館」はマンスールの時代に設けられた行政局の一つにすぎなかったというのである。ギリシア語の哲学書，自然科学書，医学書の翻訳事業において中心的役割を果たしたネストリウス派キリスト教徒の医者・翻訳者フナイン・ブン・イスハーク（808-873 年）一派が「知恵の館」に所属していたという広く受け入れられている説も根拠がないという。「知恵の館」が教育，学問交流も担った総合研究所のような存在であったという見方は，現代の研究者の学問的理想を反映した想像であるという。Gutas, *Greek Thought*, 55-60.

（4） F. Gabrieli, "L'opera di Ibn al-Muqaffa'," *Rivista degli Studi Orientali* 13 (1931-32) : 197-247 ; D. Sourdel, "La biographie d'Ibn al-Mugaffa' d'après les sources anciennes," *Arabica* 1 (1954) : 307-23 ; "Ibn al-Muḳaffa'," in *EI*[2]. 平凡社『イスラム事典』の「イブン・アルムカッファー」の項目にある「カリフ，マンスールの書記」という記述は正確ではない。イブン・アル＝ムカッファアがカリフ自身に仕えていたという事実はなく，カリフの叔父イーサー・ブン・アリーとその兄弟の庇護を受けていた。

（5） J. D. Latham, "Ibn al-Muqqafa' and Early 'Abbasid Prose," in *CHAL : 'Abbasid Belle-Lettres* (Cambridge : Cambridge UP, 1990), 48-95.

（6） Theodore Nöldeke transl., *Geschichte der Perser und Araber zur Zeit der Sasaniden aus der Arabischen Chronik des Tabari* (Leiden : Brill, 1879), xx-xxiii ; Gabrieli, "L'opera di Ibn al-Muqaffa'," 208-15. ただし，後の歴史家たちに「列王伝から」として引かれている情報がすべてイブン・アル＝ムカッファアの翻訳に依拠しているとは限らない。パフラヴィー語の『王書』からのアラビア語訳は，イブン・アル＝ムカッファアとは別に独自に訳されたものもイスラーム初期の時代に何通りか存在していたようである。A. Christensen, *Les types du premier homme et du premier roi dans l'histoire légendaire des Iraniens* II (Leiden : Brill, 1934), 81-82.

（7） E. Yarsharter, "Iranian National History," in *CHI : The Seleucid, Parthian and Sasanian Periods* 3(1), ed. E. Yarshater (Cambridge : Cambridge UP, 1983), 359-477.

（8） Yarsharter, "Iranian National History," 419-20.

（9） S. Shaked, "From Iran to Islam : Notes on some themes in transmission," *Jerusalem Studies in Arabic and Islam* 4 (1984) : 31-67 ; Latham, "Ibn al-Muqaffa'," 57-64.『小アダブの書』*Kitāb Ādāb al-ṣaghīr* はイブン・アル＝ムカッファア作で，『大アダブ』の姉妹篇と考えられていたが，最近の研究ではそれが否定されている。

（10） Yuriko Yamanaka, "From Evil Destroyer to Islamic Hero : the Transformation of Alexander the Great's Image in Iran," *Annals of the Japan Association for Middle East Studies* 8 (1993) : 55-87.

（11） 「アレクサンドロス物語」がイブン・アル＝ムカッファが訳した『列王伝』にすで

に含まれていたとするデューリーの見解は，おそらくフィルダウスィーの『王書』と内容が同じという前提に立ってのものであると思われるが，正確ではない。A. A. Duri, *The Rise of Historical Writing among the Arabs* (Princeton : Princeton UP, 1983), 59.

(12) ネルデケはイブン・アル＝ムカッファアかその同時代人が，『列王伝』の翻訳にすでにアレクサンドロス物語を導入した可能性を指摘しており，アボットもそれを支持している (Th. Nöldeke, "Beiträge zur Geschichte des Alexanderromans." *Denkschriften der kaiserlichen Akademie der Wissenschaften in Wien, phil.-hist. Klasse* 38.5 [1890] : 34 ; N. Abbott, *Studies in Arabic Literary Papyri* [Chicago : U of Chicago, 1957] 1 : 55)。しかしイブン・クタイバの引用を見る限り，彼が典拠とした『列王伝』にはアレクサンドロス物語の影響は見られず，ササン朝時代に作られた否定的なアレクサンドロス像が表れている。

(13) M. Grignaschi, "Quelques spécimens de la littérature sassanide conservés dans les bibliothèques d'Istanbul," *Journal Asiatique* 254.1 (1966) : 85, n. 19. Cf. Y. Yamanaka, "Ambiguïté de l'image d'Alexandre chez Firdawsī : les traces des traditions sassanides dans le Livre des Rois," in *Alexandre le Grand dans les littératures occidentales et proches-orientales*, eds. L. Harf-Lancner, C. Kappler and F. Suard (Nanterre : Univ. Paris X, 1999), n. 28. アレクサンドロスとアリストテレスの書簡集の受容に関しては，本書第III部第 1 章第 4 節「『秘中の秘』」を参照。

(14) Yamanaka, "Ambiguïté," 341–53.

(15) 『タンサルの書簡』は，タバリスターンの王グシュナスプにタンサルが宛てた忠言の手紙で，ササン朝のホスロウ一世の頃に書かれたものとされる。イブン・アル＝ムカッファアによってパフラヴィー語からアラビア語に翻訳されたが散逸。イブン・イスファンディヤールの『タバリスターン史』(1210 年頃) という地方誌の中にペルシア語に訳された引用のみが現存する。

(16) *Nāma-yi Tansar*, ed. and French transl. Darmesteter, 200, 502 ; ed. Minovi, 45 ; Engl. transl. Boyce, 26.

(17) シェッダディはビザンツの伝記や軍記のジャンルが，イスラーム初期のスィーラやマガーズィーに継承されていると主張する。A. Cheddadi, *Les arabes et l'appropriation de l'histoire : émergence et premiers développements de l'historiographie musulmane jusqu'au IIe/VIIIe siècle* (Arles : Sindbad Actes Sud, 2004), 127–157, 187–226, 299–302.

(18) F. M. Donner, *Narratives of Islamic Origins* (Princeton : Darwin, 1998), 198–200. デューリーはギリシア・シリア語からアラビア語への翻訳活動はあったものの，歴史叙述への影響はほとんどないとしている。Duri, *The Rise of Historical Writing*, 60. ローゼンタールもギリシアの詩，悲劇，喜劇，歴史書はアラビア語に翻訳されなかったと述べている。Franz Rosenthal, *The Classical Heritage in Islam* (London-New York : Routledge, 1994), 10.

(19) M. Whitby, "Greek Historical Writing after Procopius : Variety and Vitality," in

The Byzantine and Early Islamic Near East, I : Problems in the Literary Source Material, ed. Averil Cameron and Lawrence I. Conrad (Princeton : Darwin, 1992), 25–80, 特に 66–74.

(20) Whitby, "Greek Historical Writing after Procopius" ; Robert G. Hoyland, *Seeing Islam as Others Saw It : A Survey and Evaluation of Christian, Jewish and Zoroastrian Writings on Early Islam* (Princeton : Darwin, 1997), 387–453.

(21) Whitby, "Greek Historical Writing after Procopius," 69–74.

(22) A. A. Mosshammer, *The Chronicle of Eusebius and Greek Chronographic Tradition* (Lewisberg-London : Bucknell UP, 1979) ; S. Brock, *Syriac Perspective on Late Antiquity* (London : Variorum Reprints, 1984), II : 1–17 ; Brian Croke, "The Originality of Eusebius' Chronicle," *American Journal of Philology* 103 (1982) : 195–200 ; idem, "The Origins of the Christian World Chronicle," in *History and Historians in Late Antiquity*, eds. G. Clarke, B. Croke, R. Mortley and A. Emmett Nobbs (Sydney : Pergamon Press, 1990), 165–203 ; idem, *Christian Chronicles and Byzantine History, 5th–6th Centuries* (Aldershot : Variorum, 1992).

(23) Paul Keseling, "Die Chronik des Eusebius in der syrischen Überliferung," *Oriens Christianus* 3. Ser. 1=23 (1927) : 23–48, 223–41, 3. Ser. 2=24 (1927) 33–56 ; Hoyland, *Seeing Islam*, 116–73, 390–91 ; Witold Witakowski, "The Chronicle of Eusebius : its Type and Continuation in Syriac Historiography," *ARAM Periodical* 12 (2000) : 419–37.

(24) 断片のみ現存。Ernest Walter Brooks, "The Chronological Canon of James of Edessa," *ZDMG* 53 (1899) : 261–327.

(25) Elias Nisibenus, *Opus Chronologicum*, ed. and transl. E. W. Brooks, Scriptores Syriacae, 3rd ser., VII–VIII (Paris : Poussielque, 1909–10).

(26) Keseling, "Die Chronik," 23 : 41–48.

(27) S. Brock, "Syriac Historical Writing : a survey of the main sources," in *Studies on Syriac Christianity* (Hampshire : Variorum, 1992), I : 10–13 ; Hoyland, *Seeing Islam*, 409–14. Pseudo-Dionysius of Tel-Mahre, *Chronicle Part III*, transl. with notes and introd. W. Witakowski (Liverpool : Liverpool UP, 1996) ; *The Chronicle of Zuqnīn, parts III and IV : A. D. 488–775*, transl. from Syriac with notes and intro. Amir Harrak (Toronto : Pontifical Inst. of Mediaeval Studies, 1999) は後半の英訳で，この年代記の最初の部分（紀元 488 年以前の歴史）は訳されていない。

(28) Hoyland, *Seeing Islam*, 416–19 ; *Eusebii Canonum Epitome ex Dionysii Telmaharensis Chronico petita*, ed. C. Siegfried and Gelzer (Leipzig, 1884) ; R. Abramowski, *Dionysius von Tellmahre. Jakobitischer Patriarch von 818–845. Zur Geschichte der Kirche unter dem Islam*, Nendeln (Liechtenstein : Kraus, 1966. Reprint of Leipzig : Brockhaus, 1940). アレクサンドロス物語の影響が見られるとされる。Keseling, "Die Chronik," 23 : 225.

(29) Ioannes Malalae, *Chronographia*, ed. Hans Thurn (Berlin : de Gruyter, 2000) ; *The*

Chronicle of John Malalas, transl. Elizabeth Jeffreys (Melbourne: Australian Assoc. for Byzantine Studies, 1986).

(30) Johannes Nikius, *Chronique de Jean, Évêque de Nikiou, Texte éthiopien publié et traduit*, ed. and transl. Hermann Zotenberg (Paris: Impr. nationale, 1883); *The Chronicle of John (c. 690 A.D.) Coptic Bishop of Nikiu Being a History of Egypt Before and During the Arab conquest*, transl. Robert Henry Charles (London: Williams & Norgate, 1916); Hoyland, *Seeing Islam*, 152–56.

(31) 従来指摘されていないようであるが，アラビア語の歴史書に見られるアワーイル（*awā'il*.「最初の」という意味の *awwal* の複数。英語でいえば "the firsts"）はここから影響を受けている可能性がある。例えば，ヒシャーム・ブン・アル＝カルビー Hishām b. al-Kalbī（737頃–819年，または821年）はクーファに生まれ，アッバース朝カリフ，マフディー（785年没）の治世におそらくバグダードに滞在していたとされるアラブ部族史家で，どの部族がどこ出身でどこに移住し，誰が名士かという情報を集めた『部族系統集』*Jamhara al-nasab* を記した。彼は父から受け継いだイスラーム以前のアラブ文化や部族史に関する知識だけでなく，アラブ以外の民族に関する情報も自ら収集したとされ，聖書原典の知識を持った情報提供者やパフラヴィー語の翻訳をする書記ジャーバラとの繋がり，ヒーラのキリスト教文書を参照していた可能性が指摘されている（"al-Kalbi," in *EI²*; T. Khalidi, *Arabic Historical Thought in the Classical Period* [Cambridge: Cambridge UP, 1994], 50–54)。独立した著作として現存しないが，タバリーの万国史に頻繁に引用されているイブン・アル＝カルビーの言には，アダムからアッバース朝までの人類史への関心が窺われ，アラビア語の最初の万国史とする研究者もいる（M. Springberg-Hinsen, *Die Zeit vor dem Islam in arabischen Universalgeschichten des 9. bis 12. Jahrhunderts* [Würzburg: Echter Verlag, 1989], 5, n. 1)。最初のペルシア王，初めて徴税を始めた王あるいは貨幣を鋳造した王，最初の医者などといったアワーイルを多く記録していたと考えられている。後述するイブン・クタイバの『知識の書』もアワーイルに関する章を含んでいる。Cf. "Awā'il," in *EI²*.

(32) Johannes Nikius, *Chronique de Jean*, transl. Charles, 42, 47.

(33) 後述する歴史家の中では，ヤァクービー，マスウーディー，イスファハーニーなどが積極的にギリシア，シリア，コプト系の情報を取り入れようとしている。

(34) *The Chronicle of Theophanes Confessor: Byzantine and Near Eastern history; AD 284–813*, transl., intro. and comm. Cyril Mango (Oxford: Clarendon, 1997); Lawrence I. Conrad, "Theophanes and the Arabic Historical Tradition: Some indications of intercultural transmission," *Byzantinische Forschungen* 15 (1990): 1–44.

(35) Michael Syrus, *Chronique de Michel le Syrien*, 4 vols., ed. and transl. J. B. Chabot (Paris, 1899–1924. Reprint, Brussels, 1963). Cf. Dorothea Weltecke, "The World Chronicle by Patriarch Michael the Great (1126–1199): Some Reflections," *Journal of Assyrian Academic Studies* 11.2 (1997): 6–30. http://www.jaas.org

(2005年7月13日検索)

(36) Michael Syrus, *Chronique de Michel le Syrien*, transl. Chabot, 1 : 112-13.

(37) Ibn al-ʻIbrī Gerīghōr Abu ʼl-Faraj or Bar Hebraeus (1225/6-1286), *Mukhtaṣar taʼrīkh al-duwal*, ed. Edward Pocock, *Historia Compendiosa Dynastiarum auctore Gregorio Abul-Pharajio* (Oxford, 1663, suppl. 1672), German transl. Georg Lor. Bauer, *Des Gregorius Abulfaradsch kurze Geschichte der Dynastien oder Auszug der allgemeinen Weltgeschichte, besonders der Geschichte der Chalifen und Mogolen*, vols. 1-2 (Leipzig, 1783, 1785) ; ed. Antun Ṣāliḥānī (Beyrut : al-Maṭbaʻa al-Kāthūlīkīya li ʼl-ābā al-yasūīyīn, 1890) ; ed. and transl. E.A.W. Budge, *The Chronography of Gregory Abû ʼl-Faraj*, vols. 1-2 (London : Oxford UP, 1932). Cf. E. A. W. Budge, *The History of Alexander the Great, Being the Syriac Version of the Pseudo-Callisthenes* (Cambridge : Cambridge UP, 1889. Reprint Amsterdam : APA Philo, 1976), lxxxv.

(38) Budge transl., *The Chronography of Gregory*, 35-36.

(39) Ibn al-ʻIbrī Gerīghōr Abu ʼl-Faraj, *Mukhtaṣar taʼrīkh al-duwal*, ed. Ṣāliḥānī, 89.

(40) Budge transl., *The Chronography of Gregory*, 39.

(41) G. J. Reinink, "Ps.-Methodius : A Concept of History in Response to the Rise of Islam," in *Byzantine and Early Islamic Near East, I : Problems in the Literary Source Material*, eds. Averil Cameron and Lawrence I. Conrad (Princeton : Darwin, 1992), 149-87 ; idem, "Heraclius, the New Alexander : Apocalyptic Prophecies during the Reign of Heraclius," in *The Reign of Heraclius (610-641) Crisis and Confrontation* (Leuven : Peeters, 2002), 81-94.

(42) 例えばMubashshir, *Mukhtār al-ḥikam*, ed. Badawī 226 ; Meissner 607.

(43) ウマーラの『二本角アレクサンドロス物語』にその例が見られる。テクストは, I. Friedlaender, *Die Chadhirlegende und der Alexanderroman : Eine sagengeschichtliche und literarhistorische Untersuchung* (Leipzig : Teubner, 1913), 308-9.

(44) P. J. Alexander, *The Byzantine Apocalyptic Tradition* (Berkeley-Los Angeles-London : U of California P, 1985), 185-92.

(45) アラビア語で『旧約聖書』は *Tawrāt* (トーラーから),『新約聖書』は *Injīl* (Evangel. 福音書から) と呼ばれる。Cf. "Indjīl," "Tawrāt," in *EI*². ムハンマド以前に『新約聖書』がアラビア語に訳されていたという説もあるが,『新約聖書』の「エペソ書」,「使徒行伝」,「公同書簡」のアラビア語訳を含む最も古い写本は867年,「福音書」の最も古い写本は897年のものとされる。S. H. Griffith, "The Gospel in Arabic : an Inquiry into its Appearance in the First Abbasid Century," *Oriens Christianus* 69 (1985) : 126-67.

(46) S. H. Griffith, "Eutychius of Alexandria on the Emperor Theophilus and iconoclasm in Byzantium : a Tenth Century Moment in Christian Apologetics in Arabic," *Byzantion* 52 (1982) : 154-90, 特に158-63. Cf. idem, "The Monks of Palestine and the Growth of Christian Literature in Arabic," *The Muslim World* 78 (1988) : 1-28.

第IV部第3章　万国史の登場

（1）「普遍史」を“universal history”の訳語としてあてる研究者もいるが（岡崎勝世『聖書 vs. 世界史——キリスト教的歴史観とは何か』講談社現代新書，1996年），ここではより普及している「万国史」という名称を使う。

（2）M. Springberg-Hinsen, *Die Zeit vor dem Islam in arabischen Universalgeschichten des 9. bis 12. Jahrhunders* (Würzburg: Echter Verlag, 1989), 5.

（3）Ibn Ḥabīb al-Baghdādī, *Kitāb al-muḥabbar*, ed. J. Lichtenstädter (Haidarabad: Matbaʻa jāmʻiya dāʻira al-maʻārif al-ʻuthmānīya, 1942).

（4）Springberg-Hinsen, *Die Zeit vor dem Islam*, 20–23; Julia Bray, “Lists and Memory: Ibn Qutayba and Muḥammad b. Ḥabīb,” in *Culture and Memory in Medieval Islam*, ed. Farhad Daftary and Josef W. Meri (London: Tauris, 2003), 210–31.

（5）Ibn Ḥabīb al-Baghdādī, *Kitāb al-muḥabbar*, 359 (“Mundhir b. Imruʻ al-Qays wa hūwa Dhū ’l-Qarnayn”), 365–66 (“Ṣaʻab b. QRYN b. al-Himāl, wa hūwa Dhū ’l-Qarnayn alladhi dhikruhu allah fī kitābhu”), 393 (Sulaymān, Dhū ’l-Qarnayn, Nimurūdh, Bukht Naṣṣar [= Nebkadnezar]).

（6）ジンはアダム以前に地上に住んでいたとされる天使の一族。

（7）この系図はタバリーがギリシア人の説によるアレクサンドロスの家系として挙げているものに近い。“ibn Maṣrīm b. Hirmis b. Hardas b. Mīṭūn b. Rūmī b. Lantī b. Yunān b. Japhet b. Thūbah b. Sarḥūn b. Rūmyah b. Barbat b. Jubal b. Rūfī b. al-Aṣfar b. Eliphaz b. Esau b. Isaac b. Abraham.” Ṭabarī, *Ta’rīkh*, I.2: 700–1.

（8）M. Grignaschi, “La Nihāyatu-l-ʻArab fī aḫbāri-l-Furs wa-l-ʻArab et les Siyaru-mulūki-l-ʻAǧam du Ps. Ibn al-Muqaffaʻ,” *Bulletin d’Etudes Orientales* 26 (1973): 151, 155.

（9）イブン・クタイバについての参考図書は，Gerard Lecomte, *Ibn Qutayba: l’homme, son œuvre, ses idées* (Damascus: Institut Français de Damas, 1965); Said Karoui, *Die Rezeption der Bibel in der frühislamischen Literatur am Beispiel der Hauptwerke von Ibn Qutayba (gest. 276/889)* (PhD diss., Heidelberg, 1997).

（10）例えば，アダムの死と大洪水の間は2240年，大洪水とノアの死の間は352年であるといった具合に，世界史の主要な出来事・歴史的人物の間の年数を列挙した，年表のような機能を果たしている章。聖書年代学の影響であろう。Ibn Qutayba, *Kitāb al-maʻārif*, ed. Tharwat ʻUkkasha (Cairo: Dar al-maʻārif, 1981), 56–57.

（11）イブン・クタイバがその著作の中で依拠しているギリシアの史料は，アラビア語訳されたアリストテレスの動物誌，および Cassianus Bassus Scholasticus, *Geoponica* (Kitab al-filāḥa) 以外は，ほとんどないとされる。Lecomte, *Ibn Qutayba*, 189.

（12）Karoui, *Rezeption der Bibel*, 146–223, 278–85.

（13）Bray, “Lists and Memory,” 215–17.

（14）Ibn Qutayba, *Maʻārif*, 32.

（15）ibid., 54.

（16）ibid., 57–58.

(17) ヤズダギルド三世がイラクにおける主権をムスリム軍によって失うのはウマルの時代であるが，殺されたのは第三代カリフ，ウスマーンの治世に入ってからである。

(18) 前述のワフブの引用では al-Iskandarūs という名になっていたが，ここでは al-Iskandar となっている。二本角アル・イスカンダルースとペルシアの列伝に出てくるイスカンダルが同一人物であることを，認めていることになる。

(19) Ibn Qutayba, *Ma'ārif*, 653.

(20) 本書第 I 部第 3 章第 3 節「ササン朝ゾロアスター教文献におけるアレクサンドロス」を参照。

(21) イブン・クタイバがカーディーをしていたディーナワルはディーナワリーの出身地であり，ほぼ同時代の二人の知識人がこの地で出会っていた可能性はある。しかもイブン・クタイバはディーナワリーを剽窃したともいわれているので（Dīnawarī, *Kitāb al-akhbār al-ṭiwāl*, preface, variants and index I. J. Kračkovskij [Leiden: Brill, 1912], prēface, 48–50），ディーナワリーが知り得た情報をイブン・クタイバが取り上げていないということは，その歴史的信憑性を疑ったからとも考えられる。

(22) Abū Ḥanīfa Dīnawarī, *Kitāb al-akhbār al-ṭiwāl*, ed. V. Guirgass (Leiden: Brill, 1888).

(23) Dīnawarī, *Akhbār*, 31–41.

(24) Cambridge Codex Qq. 225 (1615/1024A.H.), British Museum Add. 23298, Add. 18505, Gotha A 1741. Theodore Nöldeke, *Geschichte der Perser und Araber zur Zeit der Sasaniden aus der Arabischen Chronik des Tabari* (Leiden: Brill, 1879), 475–78; E. G. Browne, "Some Account of the Arabic Work entitled 'Nihâyatu 'l-irab fi akhbâri 'l-Furs wa 'l-'arab," particularly of that part which treats of the Persian Kings," *JRAS* n. s. 32 (1900): 195–259; M. Grignaschi, "La Nihāyatu-l-'Arab fī aḫbāri-l-Furs wa-l-'Arab (première partie)," *Bulletin d'Etudes Orientales* 22 (1969): 15–67; idem, "La Nihāyatu-l-'Arab fī aḫbāri-l-Furs wa-l-'Arab et les Siyaru-mulūki-l-'Ağam du Ps. Ibn al-Muqaffa'," *Bulletin d'Etudes Orientales* 26 (1973): 83–184. 筆者はこの作品の写本は未見のため，以下はこれらの先行研究の成果に基づいた見解である。

(25) Browne, "Some Account," 200; Grignaschi, "La Nihāyatu-l-'Arab" (1969), 15.

(26) アスマイーの筆によることが間違いない別の『アラブ王朝史』と，全く重なる部分がないことが証拠とされている。Grignaschi, "La Nihāyatu-l-'Arab" (1969), 17–18.

(27) ibid., 18.

(28) ibid., 34.

(29) Grignaschi, "La Nihāyatu-l-'Arab" (1973), 101.

(30) ibid., 115–36.

(31) Browne, "Some Account," 212–15.

(32) ダレイオスの暗殺者はアレクサンドロス自身が仕向けたという話の展開は，現存す

る偽アスマイーのテクストにはない。現存する写本は，アレクサンドロスを二本角的な英雄像に近づけようと，後の編者がその部分を改編したものではないかとグリニャスキーは推測する。つまり，ディーナワリーのほうが，現存する偽アスマイーより古い形の筋書きを残しているということになる。

(33) Mario Grignaschi, “Les «Rasā’il ’Arisṭāṭālīsa ’ilā-l-Iskandar» de Sālim Abū-l‘Alā’ et l’activité culturelle à l’époque omayadde,” *Bulletin D’Etudes Orientales* 19 (1965-6) : 7-83. 書簡第 11 篇と第 12 篇のアラビア語のテクストは 59-66，類似テクストとの比較分析は 15-25。ただし，ディーナワリーの直接の典拠ではない。ディーナワリーでは，アレクサンドロスは世界中の王を不当に扱ったためにその後継者たちが報復にくるのではないかと危惧しているが，サーリムの書簡では，インド，中国，さらに極東に赴く際に，遠征中にペルシアの王族たちが反乱を起こすのではないかと案じている。また，アリストテレスが諫める理由も微妙に違う。ディーナワリーでは王族を殺せば，他国民の恨みはいっそう増すのでやめたほうがよいと言い，サーリム訳の書簡では，高貴な者たちを殺してしまうと，卑しい者どもがのし上がり，この世は混乱するからとされている。

(34) Ya‘qūbī, *Ta’rīkh* (*Historiae*), 2 vols., ed. M. Th. Houtsma (Leiden : Brill, 1969), I : 92-106, 204-9.

(35) スプリングベルグ＝ヒンゼンは，イスラーム前史を記したアラブの歴史家別に，扱っている地域，文明圏を一覧にした表にしている（Springberg-Hinsen, *Die Zeit vor der Islam*, 62-63）。ヤァクービーについては，同上 17-18, 29-31 も参照。

(36) Ya‘qūbī, *Ta’rīkh*, I : 178-79. Cf. T. Khalidi, *Arabic Historical Thought in the Classical Period* (Cambridge : Cambridge UP, 1994), 116.

(37) ibid., 179.

(38) ibid., 106-61. ヤァクービーが紹介しているギリシアの著作については次の研究がある。M. K. Klamroth, “Ueber die Auszüge aus griechischen Schriftstellern bei al-Ja‘qûbî. IV. Mathematiker und Astronomen,” *ZDMG* 42 (1888) : 1-44.

(39) Ya‘qūbī, *Ta’rīkh*, I : 161.

(40) 古代オリエントにおける王名表の起源については次を参照。蔀勇造『歴史意識の芽生えと歴史記述の始まり』山川出版社，2004 年，30-51 頁。

(41) プトレマイオスの『簡易表』については次を参照。F. K. Ginzel, *Handbuch der mathematischen und technischen Chronologie : das Zeitrechnungswesen der Völker*, vol. 1 (Leipzig : Hinrichs, 1906), 138-43（139 に校訂された王名表あり）; O. Neugebauer, *A History of Ancient Mathematical Astronomy*, vol. 2 (Berlin-Heidelberg : Springer, 1975), 969-1028（特に，王名表については 1025-26).

(42) E. Honigmann, *Die sieben Klimata* (Heidelberg : Winter, 1929), 116-22 ; O. Neugebauer, “The Early History of the Astrolabe. Studies in Ancient Astronomy IX,” *Isis* 40 (1949) : 242 ; “Baṭlamiyūs,” in EI^2, I : 1100b. キンディーへの影響については，F. Rosenthal, “Al-Kindī and Ptolemy,” in *Studi Orientalistici in onore di G. L. Della Vida*, 2 (Roma : Istituto per l’Oriente, 1956), 436-56.

(43) フィリッポスのマケドニア王国以前のギリシア都市国家体制や，プトレマイオス朝以外のヘレニズム期のギリシア王朝は，プトレマイオスの王名表には含まれておらず，情報が伝わっていないことが窺われる。

(44) エジプト系のプトレマイオス暦に加え，シリアのキリスト教徒たちに使用されていたセレウコス紀年法（セレウコス1世がアジアを支配し始めた紀元前311年を紀元とする）にも影響を受けたアラブの歴史家たちの間では，アレクサンドロスをめぐる暦の情報がさらに錯綜した。この問題については，本章最後に触れる。

(45) サイード・ブン・ビトリーク（エウテュキウス）では الومفيدا alūmfīdā (Ibn Biṭrīq, *Ta'rikh*, ed. Breydy, 39 ; German transl. Breydy, 35）とある。オリュンピアスの転訛か。

(46) Ya'qūbī, *Ta'rīkh*, I : 161–62.

(47) ibid., 96–97.

(48) Arrianos, *Anabasis*, V. 15–7 ; Curtius, *Historiarum Alexandri*, VIII. 13–14.

(49) Ps.-Call., III. 3.

(50) E. A. W. Budge, transl. and notes, *The History of Alexander the Great, Being the Syriac Version of the Pseudo-Callisthenes* (Cambridge : Cambridge UP, 1889. Reprint, 1976), 90–91.

(51) Aelianos, *Natura Animalium*, XVI, 36.

(52) Ya'qūbī, *Ta'rīkh*, I : 97.

(53) Th. Nöldeke, "Beiträge zur Geschichte des Alexanderromans," *Denkschriften der kaiserlichen Akademie der Wissenschaften in Wien, phil.-hist. Klasse* 38.5 (1890) : 47.

(54) 本書第II部第2章註(31)，第III部第2章を参照。

(55) Ṭabarī, *Ta'rīkh*, I : 6–7.

(56) シリア，コプトのキリスト教史は，タバリーの視野には入っていないようである。後のマスウーディーは，これらの史料も導入している。

(57) この問題に関してはクリスチェンセンが詳しく論じている。A. Christensen, *Les types du premier homme et du premier roi dans l'histoire legendaire des Iraniens* I, II (Leiden : Brill, 1934 [Stockholm : Norstedt, 1917]).

(58) Ṭabarī, *Ta'rīkh*, I : 148–49.

(59) ibid., I : 693–702 ; transl. Perlemann, *The History of Tabari* (Albany, NY : State U of New York P, 1987), 4 : 87–95.

(60) Ṭabarī, *The History of Tabarī*, transl. F. Rosenthal (Albany, NY : State U of New York P, 1989), 1 : 110.

(61) Ṭabarī, *The History of Tabarī*, vol. 5, transl. C. E. Bosworth (Albany, NY : State U of New York P, 1999), 5–6, n. 12.

(62) Ibn al-Nadīm, *Fihirist*, 244 ; "al-Kalbī," in EI^2.

(63) 後述するペルシア詩人フィルダウスィー（1020年頃没）の『王書』や，第II部で取り上げたサァラビー(1035年没)の『諸預言者伝集』にもこのエピソードは登場

する。

(64) アレクサンドロスの実際の愛馬ブケファロス（牛頭）の転訛。Būkfārasb はペルシア語で馬の意味の *asb* をかけている。

(65) ディーナワリーでは，治療に使われた薬草の効能にダレイオスが感嘆する言葉「アール，サンダル！　サンダルの香りのなんと強いことよ」が名前の由来とされていた。ここでは，母の名前ハラーイと薬草の名サンダルースにちなんでいる。

(66) 大ダレイオスの息子であるという説とフィリッポスの息子であるという説に続けて，アブラハムに遡る血統が記されている。Maṣrīm b. Hermes b. Hardas b. Mītūn b. Rūmī b. Lantī b. Yūnān b. Japhet b. Thūbah b. Sarḥūn b. Rūmyah b. Barbat b. Jubal b. Rūfī b. al-Aṣfar b. Eliphaz b. Esau b. Isaac b. Abraham.

(67) 二本角の名前は，章の題名の中に表れているが，本文中には登場しない。章の見出しは，後の筆耕が加えたという可能性もある。タバリーの『歴史』において二本角が登場するのは，古代の預言者たちの列伝の部分である。ペルシア王アーファリードゥーンが二本角と同一であるという説（Ṭabarī, *Ta'rīkh*, I : 225），全世界を支配した王はニムルド，二本角，ソロモンの3人（253），または ニムルド，ソロモン，二本角，ネブカドネザルの4人であった（254）。

(68) タバリーによる情報の使い分けについては，拙論を参照。Y. Yamanaka, "Un hēros aux mille et un visages: classification des rēcits sur Alexandre dans la littērature mēdiēvale arabe et persane," in *Classer les rēcits : Thēories et Pratiques*, ed. Aboubakr Chraïbi (Paris : L'Harmattan, 2007), 241-56.

(69) "Tabarī," in *EI*².

(70) "idjāza," in *EI*².

(71) T. Khalidi, *Islamic Historiography : the Histories of al-Mas'ūdī* (Albany, NY : State U of New York P, 1975). マスウーディー自身の作品の特徴や彼の歴史的思考はよく分析されているが，マスウーディーの典拠や情報提供者について，具体的で掘り下げた考察がされていない。この欠点を補うのがシュブールの研究である。Ahmad M. H. Shboul, *Al-Mas'ūdī and his World : A Muslim Humanist and his Interest in Non-Muslims* (London : Ithaca, 1979).

(72) この題名の解釈は議論の的になった。Khalidi, *Islamic Historiography*, 2-3.

(73) T. Khalidi, "Masudi's Lost Works : A Reconstruction of Their Content," *Journal of the American Oriental Society* 94.1 (1974) : 35-41 ; idem, "Appendix B : Reconstruction of Lost Works," in *Islamic Historiography*, 153-64.

(74) カッラ・ド・ヴォが，『驚異の書抄録』*Abrēgē de merveilles* (Paris, 1898) として翻訳した同名の書 *Kitāb akhbār al-zamān* は，マスウーディーの作品とは関係ない。

(75) 神による天の創造についてとりあえず『クルアーン』の引用があるが，プラトン，アリストテレスなどギリシア哲学に依拠した情報に明らかに重点が置かれている。

(76) アダムからアレクサンドロスまでは5118年，といった具合に様々な暦を照らし合わせた人類史の年代計算がされている。聖書の主要な出来事，ムハンマドに先立つ

預言者の出現は他国の歴史の指標とともにここに織り込まれている。アダムがここで初めて登場するのは特筆に値する。

(77) Khalidi, *Islamic Historiography*, 84–88.

(78) マスウーディーにとって「民族」（複数形 *umam*）を定義する最も重要な要素は，地理的・政治的な境界に区切られた集団ではなく，同一の言語を共有することであったようである。ibid., 89–90.

(79) ibid., 88–113.

(80) 『提言の書』でマスウーディーは，ルームの歴史に関して参考になるキリスト教徒の歴史書として，サイード・ブン・ビトリーク Sa‘īd b. Biṭrīq，マフブーブ・アル＝マンビジーMaḥbūb al-Manbijī，マロン教徒のカイス Qays al-Mārūnī などを挙げている(Mas‘ūdī, *Tanbīh*, 154 ; transl., 212–13)。サイード・ブン・ビトリーク（877–940年）は，933年にメルキト派アレクサンドリアの大主教となってエウテュキウス Eutychius の名を得た，マスウーディーと同時代の人物である。エウテュキウスがアラビア語で記した万国史『研究と立証に基づく歴史の書』*Kitāb al-ta’rīkh al-majmū‘ ‘alā ’l-taṣqīq wa ’l-taṣdīq* をマスウーディーは知っていたようであるが，アレクサンドロスに関する部分（ed. Breydy, 33–40 ; German transl. Breydy, 30–35）については，現存の作品にはそれほど反映されていないようである。しかし，アレクサンドロスの故郷が通常アラブ・ペルシア文献に見られるユーナーンやルームではなく，より歴史的に正確なマケドニア Maqdūnīya となっているところは，マスウーディーに受け継がれている（下記参照)。ただ，エウテュキウスは *madīna Maqdūniya*（マケドニア市）と表現しており，マケドニアをギリシアの都市国家（ポリス）の一つと見なしているようである（Eutychius, ed. Breydy, 33)。マフブーブ・アル＝マンビジーとは，エウテュキウスと同時代のシリアのメルキト派アガピウス（10世紀）のことで，万国史『題名の書』*Kitāb al-‘unwān* をアラビア語で記している（Cf. R. G. Hoyland, *Seeing Islam as Others Saw It : A Survey and Evaluation of Christian, Jewish and Zoroastrian Writings on Early Islam* [Princeton : Darwin, 1997], 440–42)。アレクサンドロスの記述は(Agapius, *Kitāb al-‘unwān*, ed. and French transl. A. Vasiliev, 1 : 639–41, 2 : 92–108)，マスウーディーとあまり重なるところはない。インド遠征――象の軍隊との闘い，インド王との往復書簡，王同士の一騎打ち，アレクサンドロスの策略――の叙述が非常に細かい。またアレクサンドロスの最期と後継者（ディアドコイ）争いに関してはエウテュキウスよりかなり正確で，セレウコスに有利に書かれている。

(81) フィリッポスという名は実際に，ギリシア語の *philo*（愛好）と *hippos*（馬）からきている。

(82) Mas‘ūdī, *Murūj*, § 668（2 : 247).

(83) マスウーディーは，この名前の形態をギリシア語から訳された文献に見つけた可能性が考えられる。マスウーディーも「ダーリユース，ペルシアの王，すなわちダーラーの子のダーラー」と注意書きを加えているように，ダレイオスの名前は，アラブ・ペルシア語の文献では通常ダーラーの子ダーラー，またはダーラーブ（Dārā

b. Dārā, Dārāb）として登場する。古代ペルシア語のダーラヤワウシュDārayavauš が，パフラヴィー語で記された際にダーラーとなり，アラブ・ペルシア文献でも踏襲された。

(84) 第III部第2章ですでにこの追悼言に関して少し触れた。

(85) マスウーディーはマケドニアMaqadūniyaがエジプトのプトレマイオス王朝のことであると理解していたようである。クレオパトラQalābaṭraに関する記述に，「彼女にはアントニウスAnṭūniyūsという夫がおり，共にアレクサンドリアやその他の都市を含むエジプトの国，マケドニアを統治していた」(§ 707)，とある。アレクサンドロスが即位したのが「マケドニア」であるという知識はエウテュキウスから得た可能性があるが，マケドニアがプトレマイオス王朝の国であるというのはマスウーディーの勘違いかもしれない。

(86) マスウーディーの訳者ド・メイナールは，カンドはチャンドラグプタに由来するのではないかという仮説Kand ← Tchand[ragoupta]? を提示している（§ 680）が，ネルデケはダンダミス説を唱えている。Y. Yamanaka, "Alexander in the Thousand and One Nights: the Ghazālī Connection," in *Arabian Nights and Orientalism: Perspectives from the East and West*, eds. Y. Yamanaka and T. Nishio（London: I. B. Tauris, 2006), 113, n. 9.

(87) 前述のヤァクービーの書にも，インド王カイハンが「自己暗示」の効能を最初に発見した人物であることが書かれていた。肉体的な苦痛や欲求を統御するヨガ，あるいは瞑想を指しているかと思われる。

(88) ムスリムの伝説では，楽園を追放されたアダムが神に許しを請い，片足で立っていた場所が，セイロン島（アラビア語でセレンディーブ）のセレンディーブ山頂（スリ・パダ山）の岩にある足の形のくぼみであるとされる。仏教徒はそれを仏陀の足跡であるとする。

(89) インドの賢者とアレクサンドロスの問答のエピソードは，アラブ・ペルシア文学では二つの系統が存在していたようである。一つは偽カッリステネスのアレクサンドロス物語α本にも含まれていた，禁欲的な裸の哲人との対話の系統である。タバリーの『タフスィール』に登場するこのエピソードについては，本書第II部で触れたし，この話の起源とアラブ文学における発展については拙論（Yamanaka, "Alexander in the Thousand and One Nights"）で述べた。もう一つの系統は，インド王カンド（別名カイド，カイハーン）から贈られた賢者とアレクサンドロスの知恵比べのようなやりとりの話である。充分に調査が及んでいるわけではないが，初期の偽カッリステネスにも中世ヨーロッパのアレクサンドロス物語にも，こちらの形はないようである。Cf. G. Cary, *The Medieval Alexander*（Cambridge: Cambridge UP, 1967 [1956]), 12-16, 83-85, 91-95. このタイプの類話はサアーリビー（961-1038年）の『ペルシア列王伝』，フィルダウスィー（1020年没）の『王書』などに見られるため，ペルシアの列王伝の一部に取り入れられたアレクサンドロス伝からの抜粋であると考えられる。Tha'ālibī, *Ghurar*, 424-31; Firdawsī, *Shāhnāma*, Iskandar, vv. 1056-1133（ed. Khāleghī-Motlagh, 6: 74-78). ナイサー

ブーリーによるこの話の「パロディー」版については，本書第II部第2章第2節「預言者伝集」を参照。

(90) アレクサンドロスの墓の記録については，Harry E. Tzalas, "'The Tomb of Alexander the Great' — The History and the Legend in the Greco-Roman and Arab Times," *Graeco-Arabica* 5 (Athens), 1993 : 259–354 ; Vassilios Christides, "The Tomb of Alexander the Great in Arabic Sources," *Studies in Honour of Clifford Edmond Bosworth*, vol. 1, ed. I. R. Netton (Leiden : Brill, 2000), 165–73. アレクサンドロスの墓の在り処の謎は，18世紀にヨーロッパ旅行者がエジプトに入り始めて以来，幾世代もの考古学者，歴史家たちが解決しようとしてきた。超能力者に透視をさせて探しあてようという「アレクサンドリア・プロジェクト」なるものまで，1980年代から行われている。Stephan A. Schwartz, *The Alexandria Project* (New York : Delacorte, 1983) ; idem, *The Alexandria Project : Updated with New Material* (Lincoln, NE : Universe, 2001).

(91) 例えば，エジプト総督イブン・トゥールーンが873年頃に130歳のコプト教徒の老人から聞きだした内容（Mas'ūdī, *Murūj*, § 787–803 [2 : 372–92]）には，ピラミッドやヒエログラフに関して地元にどのような伝承が遺されていたかということが分かって興味深い。マスウーディー自身も，「ファラオ」という言葉のもともとの意味を上エジプトのコプト教徒たちに問いただしているが，知る者がいないと嘆いている（§ 822 [2 : 413–14]）。また，古代の宝物の発掘の話もある。盗掘を防ぐために仕掛けられていた恐ろしい装置や（§ 823–24 [2 : 414–17]），ミイラの描写（§ 825–26 [2 : 417–20]）などは，冒険娯楽映画の一場面を連想させる。アラブのピラミッド伝説については，A. Fodor, "The Origins of the Arabic Legends of the Pyramids," *Acta Orientalia Academiae Scientiarum Hungaricae* 23 (1970) : 335–63.

(92) Mas'ūdī, *Murūj*, § 827–43 (2 : 420–41). 前嶋信次は，「アレクサンドロス・ロマンスの東伝」（『アジア文化』第12巻第3号，1975年，85–102頁）で，この一節に触れている。この他，マスウーディー，および他のアラブ文献におけるアレクサンドリアに関する情報については，次の参考文献が挙げられる。F. Pfister, "Eine jüdische Gründungsgeschichte Alexandrias," in *Kleine Schriften zum Alexander-roman*, ed. R. Merkelbach (Meisenheim am Glan : Hain, 1976), 80–103 ; Alfred J. Butler, *The Arab conquest of Egypt and the last thirty years of the Roman dominion*, ed. P. M. Fraser (Oxford : Clarendon, 1978), 368–426 ; François de Polignac, "Al-Iskandariya : œil du monde et frontière de l'inconnu," *Mélanges de l'Ecole Française de Rome, Moyen Age* 96 (1984) : 425–39 ; F. C. W. Doufikar-Aerts, "A Legacy of the Alexander Romance in Arab Writings : al-Iskandar, Founder of Alexandria," *The Search for the Ancient Novel*, ed. J. Tatum (Baltimore : The Johns Hopkins UP, 1994), 323–43. 比較の対象として，中世ヨーロッパにおけるアレクサンドリアの「記憶」に関する論文を挙げておく。Henri Bres, "Les cendres et la rose : l'image de l'Alexandrie médiévale dans l'Occident Latin," *Mélanges de l'École Française de Rome, Moyen Age* 96 (1984) : 441–58. アラビア語文献におけ

るアレクサンドリア伝説の豊かさは，ラテン語文献には見られないものである。

(93) アードの子シャッダードは『千一夜物語』(276-79夜，その他）などにもその名が登場する古代南アラビアの伝説上の王。Shmuel Tamari, “Iram dhat al-'Imad, an Arab Atlantis,” *Atti della Accademia Nazionale dei Lincei. Rendiconti : Classe de Scienze Morali, Storiche e Filologiche* ser. 9.4.2 (1993) : 277-97. アラブの歴史家の中には，シャッダードはエジプトを征服し，ピラミッドを建てたと記している者もある（Ibn ʻAbd al-Ḥakam, *Futūḥ*, 41, 43 など)。Cf. M. Cook, “Pharaonic History in Medieval Egypt,” *Studia Islamica* 57 (1983) : 87, 94. 上に見たイブン・アブド・アル＝ハカムの『エジプト征服記』では，アレクサンドリア建設地にあったという遺跡がダルーカやソロモン伝説と結びついていたことに注目。

(94) Ps.-Call., I : 30.7.

(95) ドゥーフィカル＝エアツはPfisterの先行研究に基づき，マスウーディーのアレクサンドリア創建伝説の典拠はアレクサンドリアのユダヤ教徒の伝説ではないかと述べている（Doufikar-Aerts, “A Legacy,” 332-34)。この点に関しては同意するが，彼女は南アラビア系のムスリムの歴史的役割を充分に検討していない。

(96) Masʻūdī, *Murūj*, § 829 (2 : 423-25).

(97) 前嶋「アレクサンドロス・ロマンスの東伝」93頁。

(98) アレクサンドロスの部下たちが都市の輪郭線を引く際に大麦を用いたところ，あらゆる種類の鳥が舞い降りてきて，麦を一粒残らずくわえて様々な方角に飛び去って行ってしまう。これは，これから建立する都市の将来を予示する重大な出来事なのではないかとアレクサンドロスは案じるが，予言者たちは，「ここに建てられた都市は全世界を養う都市となるでしょう。そしてここで生まれた人間はいたるところに行くでしょう。なぜなら翼あるものは世界中を旅するものだから」と答え，王を安心させる。Plutarchos, *Bioi Paralleloi : Alexandros*, XXVI.5 ; QC. IV.8.6 ; Ps.-Call., I : 32.4.

(99) Masʻūdī, *Murūj*, § 830-31 (2 : 425-28).

(100) 基礎工事が始まると，現場に一匹の大蛇が現れるようになった。作業員たちがこの大蛇の出現におびえて工事が中断されることもあったので，アレクサンドロスは，見つけしだいその蛇を退治するように現場の者に命じた。間もなく大蛇は捕らえられ，「現在の」（語り手の当時の）ストア（列柱廊）という場所で殺されたが，アレクサンドロスはその地をこの獣の神域と定め，蛇をそこに埋めた。そしてこのアガトス・ダイモン（善霊，つまり大蛇）が現れたことを記念して，その近くに花冠を飾るように王は命じた。Ps.-Call., I : 32.6-7.

(101) 潜水エピソードの起源とヨーロッパにおける伝播，その視覚的表象については，次を参照。D. J. Ross, “Alexander and the Faithless Lady : A Submarine Adventure,” in *Studies in the Alexander Romance* (London : Pindar Press, 1985), 382-403 ; idem, “Blood in the Sea : An Episode in ‘Jourdain de Blaivies’,” in ibid., 254-65 ; Ivy A. Corfis, “Libro de Alexandre : Fantastic Didactism,” *Hispanic Review* 62.4 (1994) : 477-86.

(102) ギリシア語原典テクストおよび英訳は次を参照。L. Bergson, *Der griechische Alexanderroman Rezension β* (Stockholm-Göteborg-Uppsala : Almqvist Wiksell, 1965), 196–98.

(103) オリュンピアスへの手紙は含まれており，右に高い山，左に大海があるという場所でポセイドンに生贄を供えたとはある（Budge, *History of Alexander*, 132)。

(104) ポリニャックは，マスウーディーの潜水の話が，ヨーロッパに普及したヴァージョンのように地の果てではなく，アレクサンドリアが舞台となっていることについて，アレクサンドリアという都市が想像世界と人間界の境界に位置していたから，という抽象的なレベルでしか解釈していない（Polignac, "Al-Iskandariya : œil du monde et frontière de l'inconnu," *Mélanges de l'Ecole Française de Rome, Moyen Age* 96 [1984] : 437)。しかし，重要な点――マスウーディーがおそらくこの伝承をアレクサンドリア現地（あるいはエジプトのどこか）で聞いた可能性が強いということ，エジプト色が薄まっている *λ* 本よりもアレクサンドリアに成立した *α* 本の物語の原型に近い形であること――を見落としている。

(105) Mas'ūdī, *Murūj*, § 832 (2 : 428–29). この碑文は，もちろんマスウーディーが実際に見たものではなく，彼が読んだか聞いた話の一部として語られている。

(106) セラピスがアレクサンドロスの夢の中に現れて預言を与える部分は，40行にわたる韻文形式で書かれている。夢の中のセラピスはアレクサンドロス自身の運命と，さらに都市そのものの運命について語っている。まずアレクサンドロスの運命についてセラピスは，野蛮な国々の民族を征服した後に王は「死にながら死なずに」アレクサンドリアに戻り，そこで神として崇められるようになると告げるが，実際にアレクサンドロスの遺体はアレクサンドリアに運ばれ，その墓廟（セマ）は神格化されたアレクサンドロスの崇拝の中心であったことが知られている。さらにセラピスは建設されたばかりの都市の将来に関しては，そこには神々が永く住み，多数の神殿が建てられ，多くの人々が移住し，南風，地震，伝染病，飢え，戦争もこの都市を夢のように通り過ぎるであろうと預言している。

(107) Mas'ūdī, *Murūj*, § 833 (2 : 429–30).

(108) Mas'ūdī, *Murūj*, § 834 (2 : 430–31).「クレオパトラの針」と呼ばれるオベリスクのことであろう。19世紀になってロンドンとニューヨークに運ばれるまでアレクサンドリアにまだ残っていた。マスウーディーの言うようにアレクサンドロスが建立したものではなく，トトメス三世の命によって紀元前1450年頃ヘリオポリスに建てられたもの。

(109) Mas'ūdī, *Murūj*, § 836–38, 841 (2 : 432–36, 439–40).

(110) 蟹の形の土台への言及は，他のアラブ文献にも表れる。ポリニャックは，蟹座のシンボリズムとの関連において説明を試みている。Polignac, "Al-Iskandariya," 431–34.

(111) Mas'ūdī, *Murūj*, § 838 (2 : 434–36).

(112) 典拠については次を参照。N. N. Ambraseys, C. P. Melville and R. D. Adams, *The Seismicity of Egypt, Arabia and the Red Sea : a Historical Review* (Cambridge :

Cambridge UP, 1994), 26. その後マスウーディーは956年の大地震をフスタートで体験しており，『提言の書』にアレクサンドリアの燈台が30キュービット（約22メートル）崩れたと記録している（*Tanbīh*, 48–50. Cf. Ambraseys et al., *The Seismicity of Egypt*, 29)。さらに，1303年の大地震で燈台はほぼ全壊した(Ambraseys et al., *The Seismicity of Egypt*, 42–44)。

(113) イブン・アル=ファキーフは，エジプト征服者アムルの息子，アブド・アッ=ラー・ブン・アムルの言として，「世界の不思議の一つがアレクサンドリアの燈台の鏡である。コンスタンティノポリスの街の様子が見えるのである」と伝えている。Ibn al-Fakīḥ, *Buldān*, V : 71 ; transl. 63 ; Butler, *The Arab Conquest*, 393 ; Polignac, "Al-Iskandariya," 436.「アレクサンドロスの鏡」は歴史的なコンテクストから離れ，後のペルシア神秘主義詩において，「ジャムの酒盃」と同様，この世の全てを映す鏡という象徴的なトポスに発展する。

(114) 直接関係はないが，アレクサンドリアの図書館の破壊が，アラブ軍による，というのも伝説である。アラブの到来以前に，ローマ軍やキリスト教徒の破壊活動によって荒廃していたのだが，アラブ軍は武勇談として，古代の偉大な都市の征服をかなり誇張したのではないかという。Diana Delia, "From Romance to Rhetoric : The Alexandrian Library in Classical and Islamic Traditions," *The American Historical Review* 97.5 (1992) : 1449–67.

(115) Mas'ūdī, *Tanbīh*, 99–115 ; transl. Carra de Vaux, 158–62. マスウーディーは，ギリシア王の系列と在位期間については，主にアレクサンドリアのテオンの『カノン』を参考としているようである。これは天文学者プトレマイオスによる『簡易表』のテオンによる改訂版のことである。マスウーディーは『黄金の牧場』では，「プトレマイオスの書物」として挙げている。プトレマイオスの王名表はヤァクービーも参照している（上記参照)。

(116) Mas'ūdī, *Tanbīh*, 115 ; transl. Carra de Vaux, 163.

(117) Mas'ūdī, *Tanbīh*, 26 ; transl. Carra de Vaux, 43.

(118) Mas'ūdī, *Tanbīh*, 48 ; transl. Carra de Vaux, 72.『黄金の牧場』ではアレクサンドリアの灯台の建設者についてはアレクサンドロス，ダルーカ，第10代目のファラオ，ローマの創建者など，様々な説があることが紹介されていたが，ここでは歴史的により正しい情報に訂正されている。

(119) Mas'ūdī, *Tanbīh*, 56 ; transl. Carra de Vaux, 83.

(120) Mas'ūdī, *Tanbīh*, 65 ; transl. Carra de Vaux, 96.

(121) Mas'ūdī, *Tanbīh*, 180 ; transl. Carra de Vaux, 244.

(122) Mas'ūdī, *Tanbīh*, 196–99 ; transl. Carra de Vaux, 263–64.

(123) Mas'ūdī, *Tanbīh*, 197–201 ; transl. Carra de Vaux, 264–70.

(124) このインドや中国の暦への言及の部分でマスウーディーは，仏陀以来インドの年代記が保管されてきたという「黄金の館」をめぐるアレクサンドロスとアリストテレスの往復書簡について脇道に逸れている（Mas'ūdī, *Tanbīh*, 201–2 ; transl. Carra de Vaux, 270–71)。これはサーリム・アブ・ル=アラーが翻訳させたというアリス

トテレスの書簡集にすでに含まれていたものである。

(125)「アレクサンドロス暦」の起源と使用範囲について詳しくは本部第4章第4節「歴史の指標としてのアレクサンドロス」を参照。

(126)「ペルシアの列王伝」に基づくとするイブン・クタイバ（Ibn Qutayba, *Ma'ārif*, 57-58, 653）によるとアレクサンドロスとアルダシールの間の小国の君主たちの時代は465年。ディーナワリーは，小国の君主たちの時代が266年続いた後にアルダシールが現れたと記している（Dīnawrī, *Akhbār*, 44)。ディーナワリーがもとにしたとされる偽アスマイーも同じく266年としている（Browne, "Some Account of the Arabic Work," 215)。タバリーは小国の君主の時代の長さについて，266年（Ṭabarī, *Ta'rīkh*, 706, 708）と，523年（Ṭabarī, *Ta'rīkh*, 711）という異なる説を記録している。また，キリスト教徒とゾロアスター教徒の間で，アレクサンドロスから洗礼者ヨハネまでの年数に食い違い――キリスト教徒が303年，ゾロアスター教徒は51年――があることも記している（Ṭabarī, *Ta'rīkh*, 718-19)。しかし，矛盾があるという事実だけを述べ，理由を説明しようとはしていない。

(127) Mas'ūdī, *Tanbīh*, 98 ; transl. Carra de Vaux, 140-41.

(128) イブン・ハルドゥーンはその『イバル（戒め）の書』*Kitāb al-'ibar* の冒頭で，史実を歪める虚構（*kadhib*）の例の一つとして，マスウーディーによるアレクサンドロスの潜水の話を挙げ，このような話があり得ない理由を述べている。まず，王たる者はこれほど浅はかな冒険はしない。また，ジン（精霊）は変幻自在で特定の様相を持たない。さらに，たとえ箱の中にいようが，深海では通常の呼吸に必要な冷気が不足するので，生気（*al-rūḥ al-qalbī*，ガレノスの気質論で言うところの *pneuma zoticon* = vital spirit）がたちまち熱くなり死んでしまう，というのである。興味深いのは，ガレノスの影響を受けた医学理論を根拠に箱に入った潜水の可能性は否定しているものの，ジンの存在自体は自然の条理に反する事だとは考えていないことである。イブン・ハルドゥーンは，黄銅の城伝説もこうした「不条理な作り話」（*khurāfa mustaḥīla*）の一つであるとしている。Ibn Khaldun, *Kitāb al-'ibar*, 58-59 ; transl. Rosenthal, 1 : 73.

(129) これらの物語的な逸話は，マスウーディー自身が自らの作意で脚色しているのではないかという説もある。A. M. H. Shboul, *Al-Mas'ūdī and his world : a Muslim Humanist and his Interest in Non-Muslims* (London : Ithaca, 1979), 116-18.

第IV部第4章　権力の地方分散と歴史

(1) 清水宏祐「十字軍とモンゴル――イスラーム世界における世界史像の変化」歴史学研究会編『世界史とは何か』27頁。

(2) 地方王朝の君主たちが，古代ペルシアの伝説上の王や英雄，ササン朝の君主や武将に遡る血統を主張していたこと――例えば，ブワイフ朝はササン朝のバフラーム5世，サーマーン朝はホスロウ2世の将軍バフラーム・チュービーン，ガズナ朝がササン朝最後の王ヤズダギルド3世の娘――は，このことを顕著に示している。J. S. Meisami, *Persian Historiography to the End of the Twelfth Century* (Edinburgh :

Edinburgh UP, 1999), 24.

(3) "Ḥamza al-Iṣfahānī," in *EI²*.

(4) Ḥamza al-Iṣfahānī, *Ta'rīkh*, 39.

(5) ibid.

(6) ミスカワイフについては次の参考文献がある。M. S. Khan, "Miskawayh and the Buwayhids," *Oriens* 21 (1968–69) : 235–47 ; idem, "Miskawaih and Arabic Historio-graphy," *JAOS* 89 (1969) : 710–30 ; Mohammad Arkoun, *L'humanisme arabe au IVᵉ/Xᵉ siècle : Miskawayh, philosophe et historien* (Paris : Vrin, 1982).

(7) Miskawayh, *Tajārib al-umam*, ed. Emāmī, 64–69.

(8) T. Khalidi, *Arabic Historical Thought in the Classical Period* (Cambridge : Cambridge UP, 1994), 170–76.

(9) 佐藤次高氏は，このように権謀術策を唱道したミスカワイフを「イスラーム世界のマキャベリ」と呼んでいる。佐藤「歴史を伝える」林佳世子・桝屋友子編『記録と表象——史料が語るイスラーム世界』東京大学出版会，2005 年，68 頁。

(10) Miskawayh, *Tajārib al-umam*, ed. Emāmī, 69–77.

(11) M. S. Khan, "The Use of Letters and Documents in the Contemporary History of Miskawaih," *Islamic Quarterly* 14 (1970) : 41–49.

(12) Meisami, *Persian Historiography*, 23–37 ; idem, "Why Write History in Persian? Historical Writing in the Samanid Period," *in Studies in Honour of Clifford Edmund Bosworth*, ed. Carole Hillenbrand (Leiden : Brill, 2000), 2 : 348–74 ; Elton L. Daniel, "Manuscripts and Editions of Bal'amī's *Tarjamah-i tārīkh-i Ṭabarī*," *JRAS* (1990) : 282–321 ; idem, "Bal'amī's Account of Early Islamic History," in *Culture and Memory in medieval Islam*, ed. Farhad Daftary and Josef W. Meri (London : Tauris, 2003), 163–89.

(13) Meisami, *Persian Historiography*, 29.

(14) バルアミーのテクストは後世の筆耕や編者によって様々に手が加えられ，写本の系統はかなり複雑である。いずれかを原典に忠実と断定することが難しい。ここで使ったバハール版は，比較的問題箇所が少ないイスラーム以前の時代のみの校訂である（バハール版の利点と欠点については，Daniel, "Manuscripts and Editions," 305–6 を参照)。ゾータンベールによるフランス語訳は参考にするに留めた。Bal'amī, *Tārīkh-i Ṭabarī*, ed. Bahār and Gonābādī (Tehran : Vezārat-e farhang, 1962), 692–725 ; French transl. M. H. Zotenberg, *Chronique de Abou-Djafar-Mo'hammed-ben-Djarir-ben-Yezid-Tabari traduite sur la version persane d'Abou-'Ali Mo'hammed Bel'ami* (Paris : Impériale, 1867), 510–25.

(15) ゾータンベール訳では，Fārs, Pārs, 'Ajam が全て「ペルシア」と訳されているが，ペルシア語原典では，微妙に使い分けられている。「アジャム」は「イラクとバビロン」も含めた広い範囲のペルシア帝国の意味のようで，ほぼ同意義的に使われている「ファールス」と「パールス」は，イラクより東，バルフより西の地域を指しているようである。

(16) 本書第II部第2章註(58)を参照。

(17) ゾータンベールの訳には，生命の泉探求の話が含まれていないが，バハールのペルシア語校訂本には短い記述がある。

(18) タバリーが二本角の伝承とアレクサンドロスに関する歴史を，前者を『タフスィール』に，後者を『歴史』の方に完全に分離していることは，上のタバリーの章で述べた通りである。

(19) Bal‘amī, *Tārīkh-i Ṭabarī*, 701.

(20) この結末は，ナイサーブーリーによる11世紀末ペルシア語の預言者伝集にも含まれている。本書第II部第2章を参照。

(21) バハールのペルシア語校訂本には含まれていないが，写本によってはこの話が含まれているものもあるようである。ゾータンベールの仏訳では，バフマン王（ママ）がルーム王の娘を娶ったが，すぐに国に帰し（拒絶の理由である体臭については触れていない），すでに身ごもっていた彼女が産んだ息子アレクサンドロスはフィリッポスの息子として育てられたという一節が挿入されている。ゾータンベールが使った写本のほとんどは，バハールの底本より質が劣るとされる（Daniel, “Manuscripts and Editions,” 304)。アレクサンドロスの実父がダレイオスでなくバフマンとされているところを見ると，後代の編者が何か勘違いして付け足した部分ではないかと推測できる。

(22) 後に詩人ニザーミーはそのアレクサンドロス物語の第2巻『幸運の書』において，アレクサンドロスの宮廷に7人のギリシアの哲学者たちが集って問答をする場面を描いたが，バルアミーにヒントを得たのかもしれない。

(23) “vaz sipāh va ra‘iyat hīch asīr na-kard. va hīch jāy vīrān na-kard.”

(24) “va har chand bi-tavānist az shahrhā-yi Bābil va ‘Irāq va Pārs bīrān kard va mihtarān rā bi-kusht va dīvānhā-yi Dārā hama bi-sūkht.”

(25) “va Iskandar chūn ān mulūk-i ṭawā’if ba-zamīn-i ‘ajam bi-nishānad khud bi-raft sū-yi Balkh shud va ba-har shahrī az shahr-hā-yi ‘ajam ki bi-rasīdī hamī kusht va vīrān kard...”

(26) Ṭabarī, *Ta’rīkh*, 699.

(27) Meisami, *Persian Historiography*, 44–45.

(28) 『王書』をイラン民族史の史料として扱った研究もある。Ehsan Yarshater, “Iranian National History,” in *CHI*, 3(1), ed. E. Yarshater (Cambridge : Cambridge UP, 1983), 359–477.

(29) フィルダウスィーにおけるアレクサンドロス伝は，「ダーラーブ」，「ダーラー」，「イスカンダル」の三章にまたがっている。*Shāhnāma*, Dārab, Dārā, Iskandar, ed. Khaleghi-Motlagh, 5 : 515–6 : 129.

(30)
buzurgān-ī āzādagān rā bi-khān / ba jashn ū ba sūr ū ba rāy ū ba khān
sazāvār-i har mihtarī kishvarī / bi-yārī u āghāz kun daftarī
ba nām-ī buzurgān u āzādagān / k-az-īshān jahān yāftī rāygān
yakī rā ma-dah bar digar dastgāh / kasī rā ma-khān bar jahān nīz shāh

sipar kun kiyān rā hamah pīsh-i būm chu khāhī ki lashkar nay-āyad ba Rūm
Firdawsī, *Shāhnāma*, Iskandar, vv. 1736–1740 (ed. Khaleghi-Motlagh, 6 : 117–18).

(31) *Lettre de Tansar au roi du Ṭabaristān*, ed. and transl. J. Darmesteter, *Journal Asiatique* 9.3 (1894, I) : 185–250 (intro., text) ; (mai-juin 1894) : 502–55 (transl.) ; *Nāme-ye Tansar*, ed. M. Minovi (Tehran : Majles, 1975), 45–48 ; *The Letter of Tansar*, transl. M. Boyce (Rome : IsMEO, 1968), 26–29.

(32) *Nihāyat al-'arab fī akhbār al-Furs wa-l-'Arab*, ms. Cambridge Qq 225, f.77.

(33) Dīnawarī, *Akhbār*, 34–35.

(34) Ibn al-Balkhī, *Fārsnāma*, ed. G. Le Strange and R. A. Nicholson (London : Cambridge UP, 1921), 57–58 ; French transl., A. Christensen, "Abarsam et Tansar," *Acta Orientalia* 10 (1932) : 50–54.

(35) Miskawayh, *Tajārib al-umam*, ed. Emāmī (Tehran : Dār al-sorūsh, 1987), 1 : 38–40 ; facs. ed. L. Caetani (London : Luzac, 1909), 71–73.

(36) nigah kun ki Ẓaḥḥāk-i bīdādgar chi āvurd az-ān takht-i shāhī ba sar
ham Afrāsiyāb ān badandīsh mard k-az-ū bud dil-ī shahriyārān ba dard
Sikandar ki āmad ba-dīn rūzgār bi-kusht ān-ki bud dar jahān shahriyār
bi-raftand u z-īshān bi-juz nām-i zisht na-mānd ū na-yāband khurram bihisht
namānad hamīn nīz bar Haftwād bi-pīchad ba farjām az īn badnijād
Shāhnāma, Ashkāniyān, vv. 667–670 (ed. Khaleghi-Motlagh, 6 : 180–81).

(37) 本書第I部第3章第3節「ササン朝ゾロアスター教文献におけるアレクサンドロス」を参照。

(38) sidīgar Sikandar ki āmad zi Rūm ba-Īrān va vīrān shud īn marz u būm
chu Dārā-yi shamshīr zan-rā bi-kusht khur ū khvāb-i Īrāniyān shud durusht
Shāhnāma, Khusraw Parviz, vv. 827–828 (ed. Khaleghi-Motlagh, 8 : 64).

(39) bi-tarsam ki Shīrūy gardad buland risānad ba Rūm ū ba Īrān gazand
nukhust andar āyad zi-Salm-ī buzurg zi-Iskandar ān kīna dār-ī saturg
zi-kīn-ī naw-āyīn u kīn-ī kuhan magar dar jahān tāza gardad sukhan
Shāhnāma, Khusraw Parviz, vv. 3360–62 (ed. Khaleghi-Motlagh, 8 : 257).

(40) M. Molé, "La partage du monde dans la tradition iranienne," *Journal Asiatique* 240 (1952) : 455–63.

(41) Kinga Márkus, "The Wars between the Sasanian Iran and the Imperial Rome and their Legendary Interpretation in Firdausi's Shāhnāme," *Transactions of the International Conference of Orientalists in Japan* 30 (1985) : 38–53.

(42) この「三種の神器」の残りの二つは，「牛頭の杖」(*gurza-yi gāvsār* または *gurza-yi gāvsar*) と，「七つの泉」(*haft chasmah*) という名の宝石である。「天蓋の玉座」については，E. Herzfeld, "Der Thron des Khosrô," *Jahrbuch der königlich preussischen Kunstsammlungen* 41 (1920) : 1–24, 103–47 ; A. Christensen, *L'Iran sous les Sassanides* (Copenhague : Lēvin and Munksgaard. Paris : Geuthner, 1936), 460–63.「牛頭の杖」については，P. O. Harper, "The Ox-headed Mace in

Pre-Islamic Persia," in *Papers in Honour of Professor Mary Boyce, Acta Iranica* 24 (Leiden : Brill, 1985), 247-59.

(43) *Shāhnāma*, Khusraw Parviz, vv. 3545-3636 (ed. Khaleghi-Motlagh, 8 : 272-81).

(44) chunīn tā ba gāh-ī Sikandar rasīd zi-shāhān har ānkas ki ān gāh dīd
hamī bar fuzūdī ba rū chand chīz zi-zarr ū zi sīm ū zi ʻāj ū zi shīz
mar ān rā Sikandar hamah pāra kard zi-bī-dānishī kār yakbāra kard
Shāhnāma, Khusraw Parviz, vv. 3569-71 (ed. Khaleghi-Motlagh, 8 : 275).

(45) *Shāhnāma*, Khusraw Parviz, vv. 3573-75 (ed. Khaleghi-Motlagh, 8 : 275).

(46) 本書第 I 部第 3 章を参照。

(47) 「百柱の間」は名前の通り，10 柱 10 列，100 本の石柱（高さ 12.96 メートル）を備えた大広間で，70×70 の矩形プランに基づいて構築されている。北側の中庭に面した正面には 8 柱 2 列，16 本の柱廊があり，建物の四辺にそれぞれ二カ所ずつ設けられた出入口には玉座かつぎ，謁見図，帝王と牡牛の闘争図などの浅浮彫りが施されている。百柱の間はクセルクセス一世が創建し，アルタクセルクセス一世（紀元前 465 年即位—424 年没）が完成したものであることが，ここから出土した石板の楔形文字銘から判明している。ここは属州の朝貢品を帝王が受け取る場所であったとも，あるいは王の財宝を展示しておくための巨大な陳列室であったともいわれている。E. F. Schmidt, *Persepolis I ; Structures. Inscriptions* (Chicago : U of Chicago P, 1953), 129.

(48) H. P. L'Orange, "The Astral Movement of the Achaemenian Throne," in *Studies on the Iconography of Cosmic Kingship in the Ancient World* (Oslo : Aschenhoug, 1953), 80-87.

(49) Athenaeus, *Deipnosophistae*, xii. 514c.

(50) 深井晋司・田辺勝美『ペルシア美術史』吉川弘文館，1983 年，7-8 頁。L'Orange, "Astral Movement."

(51) Plutarchos, *Bioi Paralleloi : Alexandros*, 37.4 ; 井上一訳『プルタルコス英雄伝（中）』ちくま書房，1987 年。

(52) Niẓāmī-yi 'Arūḍī, *Chahār maqāla*, transl. E. G. Browne (Hertford : Austin, 1899), 54-59.

(53) J. S. Meisami, "The Past in the Service of the Present : Two Views of History in Medieval Persia," *Poetics Today* 14.2 (1993) : 261-62 ; idem, *Persian Historiography*, 51-53.

(54) ガズナ朝の歴史一般については，C. E. Bosworth, *The Ghaznavids : their empire in Afghanistan and Eastern Iran* (Edinburgh : Edinburgh UP, 1963). 文化的な背景については同著者の次の論文を参照。idem, "The Development of the Persian Culture under the Early Ghaznavids," *Iran* 6 (1968) : 33-44.

(55) Marilyn R. Waldman, *Toward a Theory of Historical Narrative : a Case Study in Perso-Islamicate Historiography* (Columbus : Ohio State UP, 1980), 62-63.

(56) ソームナート Somanatha の破壊について詳細は，インド側の史料も併せて検証し

た研究として次を参照。Romila Thapar, *Somanatha: the many voices of a history* (London-New York: Verso, 2005).

(57) *ṣabr* の訳語としてあてた「蘆薈」はアロエのこと。

(58) *kamar* は「帯」という意味であるが，ここではおそらく山脈を指していると思われる。作者不詳のペルシア語地理書『地球の諸地帯』*Ḥudūd al-ʿālam*（982 年）の中では，インド北部（ヒマラヤ山脈）からカスピ海領域にかけて連なる山岳地帯が「地球の帯」（*kamar-i zamīn*）と呼ばれている。ミノルスキーは，この地球の帯という概念が，ゾロアスター教的な起源に遡る可能性があることを指摘している。V. Minorsky, "A Persian Geographer of A. D. 982 on the Orography of Central Asia," *Geographical Journal* 90.3 (1937): 259–64.

(59) fasāna gasht u kuhan shud ḥadīth-i Iskandar
　　sukhan nu ār ki naw rā ḥalāvatī-st digar
fasāna-yī kuhan ū kārnāma-yī ba drūgh
　　ba kār nāyad rū dar durūgh ranj ma-bar
ḥadīth-i ān-ki Sikandar kujā rasīd u chi kard
　　zi bas shinīdan gasht-ast khalq rā az bar
shinīda-am ki ḥadīthī ki ān du bāra shavad
　　chu ṣabr gardad talkh ar chi khvush buvad chu shikar
agar ḥadīth-i khvush ū dil-padhīr khvāhī kard
　　ḥadīth-i shāh-i jahān pīsh gīr u z-īn ma-gudhar
Yamīn-i dawlat Maḥmūd shahriyār-i jahān
　　khudāygān-i nikū manẓar ū nikū makhbar
shahī ki rūz u shab ū rā juz īn tamannā nīst
　　ki chūn zanad but u butkhāna bar sar-ī butgar
gahī zi Jayḥūn lashkar kashad suy-ī Sayḥūn
　　gahī sipah burd az bākhtar suyī khāvar
zi kārnāma-yi ū gar du dāstān khvānī
　　ba khanda yād kunī kārhā-yi Iskandar
balī Sikandar sar tā ba-sar jahān rā gasht
　　safar guzīd u biyābān burīd u kūh u kamar
valīkan ū zi safar āb-i zindagānī just
　　malik riḍā-yi khudā ū riḍā-yi payghambar
vagar tu gūyī dar shān-ash āyat-ast ravāst
　　nayam man īn rā munkir ki bāshad ān munkar
ba vaqt ānki Sikandar hamī imārat kard
　　na-būd nabwat rā bar nihāda qufl ba dar
ba vaqt-i shāh-i jahāngir payambarī būdī
　　duvīst āyat būdī ba shān-i shāh andar
hama ḥadīth-i Sikandar badān buzurg shuda-ast

ki dil ba shughl-i safar bast u dūst dāsht safar
agar Sikandar bā shāh yak safar kardī
zi asb-i tāzī zūd āmadī firūd ba khar
dirāztar safar-ī ū badān rahī būda-st
ki dih zi dih na gusasta-st u kardar az kardar

Farrukhī, *Dīvān-i ḥakīm-i Farrukhī Sīstānī*, ed. Dabīr Siyāqī (Tehran: Iqbal, 1957), 66-67.

(60) 「聞き飽きた」という表現に，逆に当時のアレクサンドロス物語の普及度が窺える。それは，一つの固定した内容のものではなく，様々な筋の物語が存在したと思われる。フィルダウスィーの『王書』に含まれているアレクサンドロスの章は，一つのヴァージョンであるが，ペルシア語散文で書かれた『ダーラーブの書』*Dārābnāma*（12世紀以前）も一種のアレクサンドロス物語である。年代は確定していないが，作者とされるタルスースィーがスルタン，マフムードの名に言及しているため，マフムードと同時代という説もある。Marina Gaillard, *Alexandre le Grand en Iran: Le Dârâb Nâmeh d'Abu Tâher Tarsusi* (Paris: Boccard, 2005), 84.

(61) Meisami, "The Past in the Service of the Present," 263-64.

(62) Tha'ālibī, *Ghurar akhbār al-mulūk al-Furs*, ed. and French transl. H. Zotenberg, *Histoire des Rois des Perses* (Paris: Impr. nationale, 1900), 392-459.

(63) 'Abd al-Ḥayy Gardīzī, *Zain al-Akhbār*, ed. 'Abd al-Ḥayy Ḥabībī (Tehran: Enteshārāt-e bonyād-e farhang-e Īran, 1968), 16-17.

(64) ビールーニーは，この『過ぎし時代の痕跡』ではいわゆる「アレクサンドロス暦」と呼ばれる紀年法の計算を間違っており，後の『マスウード典範』で訂正している。詳しくは本章第5節「歴史の指標としてのアレクサンドロス」にまとめた。

(65) Bīrūnī, *Kitāb al-āthār al-bāqiya 'an al-qurūn al-khālīya*, ed. E. Sachau (Leipzig: Brockhaus, 1923), 36-37, 40-42; Engl. transl. E. Sachau, *The Chronology of Ancient Nations* (London: Allen, 1879), 43-44, 48-51.

(66) このサアーリビーが，ニーシャープールのサアーリビー（961-1038年）と同一人物かどうかは疑問であるとされている（"Tha'ālibī," in *EI*²を参照）。下に見るように，『ペルシア諸王史の華』の中にハマザーニーから直接聞いたという詩が引用されていることから，『諸王史』の作者とニーシャープールのサアーリビーは同一人物ではないかと筆者は推察する。ニーシャープールのサアーリビーは伝記集『時の精選』*Yatīmat al-dahr* (Cairo, 1934) 4: 240-84に，ハマザーニーを知己として紹介している。Hamadhānī, *The Maqamat of Badi al-Zamanal-Hamadhani*, transl., intro. and notes W. J. Prendergast (London: Luzac, 1915), 7.

(67) ta'ālā Allāhu mā shā'a　　wa zāda Allāhu īmānī
a Āfarīdūn fī 'l-tāji　　ami al-Iskandar al-thānī
ami al-raj'a-hun qad 'ādat　　ilay-nā bi-Sulaymāni
aṭallat shamsu Maḥmūdin　　'alā anjumi Sāmāni

wa-aḍḥā ālu Bahrāmin 'abīdan li-ibni Khāqāni

Tha'ālibī, *Ghurar*, 447.

この詩はウトビーAbū Naṣr Muḥammad b. 'Abd al-Jabbār al-'Utbī（961-1036 年または 1040 年）の歴史書 *Ta'rīkh al-Yamīnī* にも引用されている。Meisami, *Persian Historiography*, 51.

(68) マカーマートとはサジュー体（押韻散文）で書かれた説話文学の一ジャンルで，機知に富んだ主人公が人の集う所（マカーマ）で知恵を働かしては金銭を騙し取り，立ち去る，という話を一人の語り手が語るもの。このジャンルを確立させたのが，ハマザーニーであるといわれている。ハマザーニーの『マカーマート』には上に挙げたプレンダーガストの英訳がある。Cf. James T. Monroe, *The Art of Badi' az-Zaman al-Hamadhani as Picaresque Narrative* (Beirut : American Univ., 1983).

(69) "Badī' al-Zamān," in *Encyclopedia of Arabic Literature*, ed. J. S. Meisami and P. Starkey (London : Routledge, 1998), 1 : 123-24.

(70) ハーカーンは「ハーンの中のハーン」つまり最高君主という意味。突厥帝国の領主が「小可汗」，君主が「大可汗」と呼ばれていた。突厥以降，トルコ系遊牧民の支配者たちがカガン，カンの称号を名乗った。「ハーン」『新イスラム事典』（平凡社，2002 年）を参照。

(71) Waldman, *Toward a Theory* ; J. S. Meisami, "Dynastic History and the Ideals of Kingship in Bayhaqi's *Tarikh-i Mas'udi*," *Edebiyat* n. s. 3.1 (1989) : 57-77.

(72) Waldman, *Toward a Theory*, 57-59.

(73) フトバとは，通常は金曜礼拝の際に行われる説教を意味する。ibid., 152.

(74) sabīl-i vay ān-ast ki kasī bi-har tamāshā bi-jāyhā bi-guzarad.

(75) pas Iskandar mardī buda ast bā-ṭūl va 'arẓ va bāng va barq va ṣā'iqat chunānki dar bahār va tābistān abr bāshad ki pādishāhān-i rū-yi zamīn bi-guzashta ast va bi-bār īda va bāz shuda.

(76) "fa-ka-anna-hu saḥābatu ṣayfin 'an qalīlin taqashsha'u." ここの詩の引用部分だけはアラビア語である。ガズナ朝の教養人の多くは，アラビア語・ペルシア語の両方が使え，バイハキーも書記として，その二カ国語の素養を備えていなければならなかった。バイハキーの文章自体にはアラビア語の語彙は比較的少ないといわれるが，時折アラビア語がまるごと一文挿入されている場合もある。Waldman, *Toward a Theory*, 111-12.

(77) Bayhaqī, *Tārīkh-i Bayhaqī*, ed. Khalīl Khaṭīb Rahbar (Tehran : Enteshārāt-e Mahtāb, 1992), 150-51. Waldman, *Toward a Theory*, 153-54 に該当部分の英訳あり。ただし，明らかに原文を理解できていないと思われる意味不明な部分もある。

(78) Meisami, *Persian Historiography*, 81-83.

(79) Waldman, *Toward a Theory*, 113-14.

(80) ibid., 114-15.

(81) Ibn al-Balkhī, *Fārsnāma*, ed. G. Le Strange and R. A. Nicholson (London :

Cambridge UP, 1921), 55–58.

(82) Anon., *Mujmāl al-tawārīkh wa'l-qiṣaṣ*, ed. M. T. Bahār (Tehran : Khāvar, 1939), 31–32, 54–58, 61, 119–20, 124–25.

(83) "pādishāhī būd sakht dāhī va fīlsūf va bā ḥikmat va rāy-i ṣā'ib va mardānagī ... va miyān-i jahāniyān ṭarīq-i 'adl sipurdī..."

(84) Meisami, *Persian Historiography*, 207–9.『歴史大要』の内容の要約は，ibid., 188–205.

(85) 校訂者バハールは写本を直接使ったのではなく，複写物をもとにして校訂しているので，読み違えている可能性がある。フランス国立図書館の写本を確認する必要がある。写本の筆耕の写し間違いの可能性も大いにありうる。

(86) Mubashshir b. Fātik, *Mukhtār al-ḥikam wa maḥāsin al-kilam*, ed. 'A. Badawī (Madrid : Instituto de Estudios Islamicos, 1958. 2nd ed. Beirut : al-Mu'assasa al-'Arabīya li 'l-dirāsāt wa 'l-nashr, 1980) ; B. Meissner, "Mubašširs Aḫbār el-Iskender," *ZDMG* 49 (1895) : 583–627.

(87) Mubashshir, *Mukhtār al-ḥikam*, ed. Badawī, 222.

(88) Ps.-Calli., I.24 ; R. Stoneman, *The Greek Alexander Romance* (London : Penguin, 1991), 55–56.

(89) E. A. W. Budge, *The History of Aleander the Great, Being the Syriac Version of the Pseudo-Callisthenes* (London : Cambridge UP, 1889), 31–33.

(90) Asad E. Khairallah, *Love, Madness, and Poetry : an Interpretation of the Magnun Legend* (Beirut-Wiesbaden : Steiner, 1980).

(91) そもそも，ある時点，あるいは君主を紀元とする紀年法はヘレニズム時代に確立したシステムだという。E. J. Bickerman, *Chronology of the Ancient World* (London : Thames and Hudson, 1967. Revised ed., 1980), 71.

(92) S. H. Taqizadeh, "Various Calendars Used in the Countries of Islam," *BSOAS* 10 (1939) : 107–32 (アレクサンドロス暦については 124–30). 古代の紀年法については Bickerman, *Chronology*, 70–72. アラブ歴史学における時間・年代の概念については Khalidi, *Arabic Historical Thought*, 118–22 ; "ta'rīkh," in *EI*².

(93) 例えば，タバリーはこう述べている。「キリスト教徒たちは二本角アレクサンドロスの暦を紀元として使っている。今日もそれを使っていると思われる」。Ṭabarī, transl. 1 : 370–71.

(94) この「258 年」という数字の根拠とタキーザーデ以降のゾロアスターの年代に関する議論は，A. S. Shahbazi, "The 'Traditional Date of Zoroaster' Explained," *BSOAS* 40. 1 (1977) : 25–35.

あとがき

(1) 欧米のアレクサンドロス小説の日本語訳もあるが，日本の小説家の創作意欲もくすぐるようである。荒俣宏の『幻想皇帝』(角川春樹事務所，1996–97 年) は，宣教師ルイス・フロイスが織田信長に大王の話を語るという設定で着想がおもしろい。

阿刀田高の『獅子王アレクサンドロス』（講談社，1997年）もある。アレクサンドロスを題材とした現代の帝王学，経営指南書なども多く出ている。Lance B. Kurke，青井倫一訳『アレキサンダー最強の帝王学——「自分の可能性」に挑む，奇跡の10年！』三笠書房，2005年；マンフレッド・F. R. ケッツ・ド・ブリース，エリザベト・エンゲラウ，宮島桂子・石原薫訳『アレキサンダーに学ぶ100戦100勝の成功法則』イーストプレス，2005年；甲斐慶司『アレクサンドロス大王と経営戦略——その戦史に見る情報活用術と戦略』東洋出版，2006年。果ては池田大作が少年向けに『高校新報』（聖教新聞社）に連載したエッセー集『アレクサンドロスの決断』（集英社，1987年）まである。

（2） 詳細は「みんぱく e-news」7号（2002. 12. 19配信）。http://www.minpaku.ac.jp/e-news/07.html

（3） 荘勇造『歴史意識の芽生えと歴史記述の始まり』山川出版社，2004年，6-7，37頁。